CONTAGEM REGRESSIVA

Alan Weisman

CONTAGEM REGRESSIVA

Nossa última e melhor esperança de um futuro na Terra?

Tradução
Alice Klesc

LeYa

Título original: *Countdown*

Diretor editorial: Pascoal Soto
Editora executiva: Maria João Costa
Produtoras editoriais: Pamela Oliveira, Renata Alves e Maitê Zickuhr
Assistentes editoriais: Marcelo Nardeli e Maria Luiza Almeida
Diretor de produção gráfica: Eduardo dos Santos
Gerente de produção gráfica: Fábio Menezes

Preparação: Iraci Miyuki Kishi
Revisão: Juliana Caldas
Índice remissivo: Eduardo Lucena e Juliana Caldas
Capa: Ideias com Peso
Diagramação: Vivian Oliveira
Imagem (página 3): Roberto Neumiller

Dados Internacionais de Catalogação na Publicação (CIP)
Angélica Ilacqua CRB-8/7057

Weisman, Alan
Contagem regressiva / Alan Weisman; tradução de Alice Klesck. – São Paulo : LeYa, 2014.
576 p.

Bibliografia
ISBN 978-85-441-0042-4
Título original: *Countdown*

1. Superpopulação 2. Homem – efeito do meio ambiente 3. Ecologia 4. Planejamento familiar I. Título II. Klesck, Alice

14-0404 CDD–304.2

Índices para catálogo sistemático:
1. Ecologia humana

2014
TEXTO EDITORES LTDA.
Uma editora do Grupo LeYa
Rua Desembargador Paulo Passaláqua, 86
01248-010 — Pacaembu — São Paulo, SP
www.leya.com.br

Para Beckie,
por acompanhar tudo.

Sumário

QUINTA PARTE

Isso pede sabedoria. Se alguém tiver visão,
que calcule o número da besta,
pois esse é o número do homem.

Apocalipse 13:18
Novo Testamento, Nova Versão Internacional

Quando a sabedoria diz que você não precisa de mais filhos,
a vasectomia é permissível.

Aiatolá Ali Khamenei, CA. 1989

NOTA DO AUTOR

MUITOS LEITORES DEVEM SE LEMBRAR DO MEU ÚLTIMO LIVRO, *O MUNDO sem nós* (*The World without Us*), como uma experiência reflexiva do que aconteceria se as pessoas desaparecessem do nosso planeta.

A ideia de teoricamente nos varrer da face da Terra foi para mostrar que, apesar dos danos colossais que nós causamos, a natureza tem poderes incríveis de recuperação e cura. Quando aliviada das pressões que nós, humanos, diariamente despejamos sobre ela, sua restauração e renovação começam com rapidez surpreendente. Eventualmente, até novas plantas, criaturas, fungos e tudo mais evoluem para preencher os nichos vazios.

Minha esperança era de que os leitores, seduzidos pela maravilhosa possibilidade de uma Terra saudável e renovada, talvez então se perguntassem como nós poderíamos inserir o *Homo sapiens* de volta ao panorama – apenas em harmonia, não em combate mortal, com o restante da vida terrestre.

Em outras palavras, como poderíamos ter um mundo *com* a gente?

Bem-vindo a outra experiência reflexiva, exatamente sobre esse assunto. Só que, desta vez, não é imaginação: os cenários são reais. E além das pessoas que eu descrevo, dos locais e especialistas apresentados, existem todos os demais – incluindo você e eu. E, no fim das contas, todos nós fazemos parte da resposta para aquilo que basicamente foi resumido em quatro perguntas que fiz percorrendo o mundo – perguntas que alguns dos especialistas mencionados julgam as mais importantes.

"Porém, provavelmente", disse um deles, "elas são impossíveis de responder."

Quando ele fez essa observação, estávamos almoçando numa das mais antigas instituições de estudo superior do mundo, de cujo corpo docente ele faz parte. Naquele momento, fiquei feliz em não ser um especialista. Jornalistas raramente alegam profundidade em qualquer campo: nossa função é buscar as pessoas que dedicam suas carreiras estudando – ou, na verdade, vivem – o que quer que estejamos investigando e fazer-lhes perguntas de senso comum, para que o restante de nós possa entender.

Se essas perguntas são as mais importantes do mundo, é irrelevante se os especialistas julgam suas respostas impossíveis: é melhor que a gente descubra. Ou que continuemos perguntando, até descobrirmos.

E foi o que eu fiz, em mais de vinte países, ao longo de dois anos. Agora, vocês mesmos podem perguntar, à medida que seguirem minhas viagens e averiguação.

Se no fim vocês acharem que chegamos às respostas – bem, estou certo de que irão perceber o que precisam fazer em seguida.

A.W.

PRIMEIRA PARTE

CAPÍTULO 1

Uma terra exausta de quatro perguntas

1. Batalha dos bebês

Faz uma tarde fria em Jerusalém, é sexta-feira, véspera do sabá judaico. O sol de inverno, caindo no horizonte, dá à Cúpula da Rocha, acima do Templo do Monte, um tom de sangue alaranjado. Do lado leste, onde o chamado muezim vespertino para a prece dos muçulmanos acaba de cessar, sobre o Monte das Oliveiras, a Cúpula dourada está coberta por uma redoma rosada de poeira e fumaça de trânsito.

A essa hora, o Templo do Monte, em si, local mais sagrado para o judaísmo, é um dos pontos mais silenciosos dessa cidade antiquíssima e vazia, com exceção de poucos estudiosos vestindo sobretudo, apressados, com seus livros, atravessando a praça sombreada pelos ciprestes. Um dia, o tabernáculo original do Rei Salomão esteve erguido aqui. Ele guardava a Arca da Aliança, contendo as tabuletas de pedra sobre as quais se acredita que Moisés teria inscrito os Dez Mandamentos. Em 586 a.C. os invasores babilônios a destruíram e levaram o povo judaico prisioneiro. Meio século depois, Ciro, o Grande, imperador da Pérsia, os libertou para que regressassem e reconstruíssem seu templo.

Por volta do ano 19 da Era Cristã, o Templo do Monte foi restaurado e fortificado com um muro pelo Rei Herodes, apenas para ser demolido novamente pelos romanos após noventa anos. Embora o exílio da Terra Santa tenha ocorrido antes e depois da restauração do Templo, essa destruição romana do Segundo Templo mais famoso de Jerusalém simboliza a diáspora que espalhou os judeus pela Europa, pelo nordeste da África e Oriente Médio.

Hoje, as reminiscências de fragmentos do Segundo Templo e seus dezoito metros de altura, ao longo da Velha Jerusalém, conhecido como Muro das Lamentações, é uma peregrinação obrigatória aos judeus que visitam Israel. No entanto, para que não pisem inadvertidamente onde o mais Sagrado dos Sagrados um dia pisou, um decreto oficial dos rabinos proíbe que os judeus subam ao Templo do Monte. Embora ele seja ocasionalmente desafiado e exceções possam ser abertas, isso explica por que o Templo do Monte é administrado por muçulmanos, que também o consideram sagrado. Dizem que dali, numa noite, o Profeta Maomé partiu para uma jornada, num cavalo alado, até o Sétimo Céu e voltou. Somente Meca e Medina, locais do nascimento e sepultamento de Maomé, são considerados mais sagrados. Em um acordo raro entre Israel e o Islã, somente os muçulmanos podem rezar nesse solo santificado que chamam de al-Haram al-Sharif.

Mas os muçulmanos não vêm tanto aqui, como costumavam vir. Antes de setembro de 2000, eles chegavam aos milhares, perfilando-se diante de uma fonte, perto dos bancos de pedra, para fazer as purificações, antes de adentrar pelo tapete vermelho-carmim e a mesquita de mármore al-Aqsa, do outro lado da praça, oposta à Cúpula da Rocha. Eles vêm principalmente às sextas-feiras, ao meio-dia, para o sermão semanal do imã, um discurso sobre os acontecimentos atuais e também sobre o alcorão.

Um assunto frequente, relembra Khalil Toufakji, é o que as pessoas brincam chamando de "bomba biológica Yasser Arafat". Só que não é brincadeira. Conforme relembra Toufakji, demógrafo palestino da Sociedade de Estudos Árabes: "Na mesquita, na escola e em casa nos foi ensinado que devemos ter muitos filhos, por muitos motivos. Na América ou na Europa, se existe um problema, você chama a polícia. Em um lugar sem lei, para se resguardar, você recorre à sua família".

Ele suspira, alisando seu caprichado bigode grisalho; seu pai era policial. "Aqui, você precisa de uma família grande para se sentir protegido."

"Em Gaza é até pior", acrescenta ele. Lá, um líder do Hamas teve catorze filhos e quatro esposas. "Nossa mentalidade é da época dos beduínos. Se você tem uma tribo suficientemente grande, todos o temem."

A melhor arma da Organização pela Libertação da Palestina era o útero palestino, conforme seu líder Arafat gostava de dizer.

Durante o ramadã, Toufakji e alguns de seus treze irmãos estariam entre o meio milhão de devotos que lotam a mesquita al-Aqsa, inundando a praça de pedras al-Haram al-Sharif. Isso foi antes daquele dia de setembro de 2000, quando o ex-ministro da Defesa israelense, Ariel Sharon, fez uma visita ao Templo do Monte, escoltado por mil policiais israelenses. À época, Sharon era candidato a primeiro-ministro. Em uma ocasião, ele havia sido propositalmente considerado negligente, por uma comissão israelense, por não proteger mais de mil refugiados civis palestinos, massacrados pelos Falangistas Cristãos, durante a guerra civil do Líbano, em 1982, enquanto as forças de ocupação israelenses apenas assistiam. A viagem de Sharon ao Templo do Monte, que teve a intenção de afirmar o direito israelense histórico ao local, gerou demonstrações e apedrejamentos, que foram recebidos com gás lacrimogêneo e balas de borracha. Quando as pedras do Templo do Monte foram arremessadas para baixo, sobre os judeus em culto no Muro das Lamentações, as balas ganharam vida.

O tumulto logo tomou grandes proporções, levando a centenas de mortes em Jerusalém, naquilo que ficou conhecido como a Segunda Intifada. Os bombardeios suicidas acabaram vindo – e, mais tarde, principalmente depois que Sharon foi eleito primeiro-ministro, anos de retaliação mútua, com tiroteios, massacres, ataques de foguetes e mais bombardeios suicidas, até que Israel começou a se fechar dentro do muro.

Uma barreira imponente de concreto e arame de mais de duzentos quilômetros de comprimento agora praticamente cerca a Cisjordânia – exceto por onde ela corta a Linha Verde que demarca territórios tomados por Israel, ocupados desde a Guerra dos Seis Dias, em 1967, com seus adversários árabes ao redor. Há locais em que a linha faz zigue-zague passando por dentro de cidades como Bethlehem e a Grande Jerusalém, voltando a si mesma, para isolar bairros individuais, excluindo palestinos não apenas de Israel, mas uns dos outros e de seus campos e pomares, alegando que o propósito é incorporar território e confiscar fontes, assim como garantir a segurança.

Isso também impede a maioria dos palestinos de chegar à mesquita al-Aqsa, a não ser que vivam em Israel ou em partes do leste de Jerusalém, dentro dos limites da barreira de segurança. No entanto, desses, somente os homens palestinos acima de quarenta e cinco anos têm permissão da polícia israelense para passar pelos detectores de metal nos portões do Templo do Monte. Oficialmente, isso é para prevenir que quaisquer jovens árabes sejam tentados a apedrejar judeus em culto – sobretudo turistas judeus estrangeiros, enquanto eles depositam suas preces escritas em frestas dos gigantescos blocos de pedras brancas do Muro das Lamentações, acima da praça adjacente.

Esse costume é particularmente popular à medida que começa o sabá. Porém, em anos recentes, chegar a qualquer lugar perto do Muro das Lamentações, numa sexta-feira, ao pôr do sol, tornou-se um desafio até para os judeus. A menos que você seja um *haredi*, e homem.

A palavra hebraica *haredi* significa, literalmente, "temor e tremor". Na Israel de hoje, isso se refere aos judeus extremamente ortodoxos, de vestimenta sombria e fiéis fervorosos a Deus, ouvidos pelos séculos passados e terras distantes, onde seus ancestrais viveram, durante dois milênios de diáspora. Para apreensão dos judeus não *haredi*, o Muro das Lamentações foi eficazmente usurpado e convertido em uma sinagoga *haredi*. No sabá, dezenas de milhares de homens de batas pretas, com seus chapéus de abas largas e rituais que envolvem tudo, curvam-se, tremem, regozijam, cantam e louvam, exceto por um pequeno trecho cercado e reservado para as mulheres – quer dizer, para mulheres que se atrevem a se aproximar. Mulheres que insistem no direito judaico feminino de rezar com seus xales e filactérios – ou o horror *haredi* máximo: de tocar ou ler um pergaminho da Torá – podem receber cuspidas dos homens *haredi*, que já jogaram cadeiras nas blasfemadoras atrevidas, e são xingadas aos berros de piranhas pelos rabinos, que tentam afogar tudo com suas canções do sabá.

Os *haredi* extremistas acreditam que as mulheres devem ficar em casa preparando a refeição do sabá para seus homens devotos e famílias em rápido crescimento. Embora ainda minoria, os *haredim* de Israel estão implacavelmente empenhados em mudar isso. Sua tática é simples: procriação. As famílias *haredi* têm, em média, cerca de sete filhos e frequentemente chegam a números de dois dígitos. A prole multiplicadora é considerada uma solução para os judeus modernos, que desonram sua religião, e também a melhor defesa contra os palestinos, que ameaçam superar os judeus em proliferação, em sua histórica terra natal.

O *Haaretz*, jornal diário de Jerusalém, relata que um homem *haredi* ostenta 450 descendentes. Os números elevados forçam os políticos israelenses a incluir partidos *haredi* em coalizões que regem o governo de Israel. Tamanha influência ganhou privilégios dos ultraortodoxos que evocam uivos dos outros israelenses: isenção do serviço militar (eles supostamente defendem o judaísmo por meio do estudo incessante da Torá) e uma pensão do governo para cada criança israelense que chega ao mundo. Até 2009, esse subsídio subia a cada novo nascimento, até que o custo da escalada demográfica chocou até mesmo o primeiro-ministro conservador Benyamin Netanyahu, que o passou para uma taxa fixa. No Muro das Lamentações, onde milhares de garotos com solidéus pretos e cachos laterais rodopiam ao redor de seus barbudos e dançantes pais, ainda não se vê efeito algum da contenção reprodutiva *haredi*.

No alto do céu, acima da Velha Cidade murada, surge uma lua redonda e amarelada como as pedras calcárias de Jerusalém, e os *haredim* começam a voltar para casa – a pé; nenhum transporte motorizado é autorizado durante o sabá – para suas mulheres grávidas e filhas. A maioria segue rumo a Mea She'arim, um dos maiores bairros de Jerusalém, que visivelmente está se deteriorando sob a pressão de tanta gente. As bolsas de estudos da Torá pagam nada ou muito pouco; esposas *haredi* geralmente trabalham em quaisquer empregos que consigam conciliar com a criação dos filhos, e mais de um terço das famílias vive abaixo da linha da pobreza. Saguões e escadarias de prédios surrados estão apinhados de carrinhos de bebê. O ar exala lixo, esgotos sobrecarregados e fumaça de óleo diesel – algo surpreendente para um local onde nenhum veículo pode circular durante o sabá. Como muitos *haredim* insistem que é um sacrilégio que a Companhia de Eletricidade Israelense continue a funcionar durante o sabá, antes do pôr do sol eles acionam centenas de geradores portáteis, nos porões de Mea She'arim, para manter as luzes acesas. O tradicional *z'mirot* ouvido ao redor das mesas do sabá é cantado e se sobrepõe ao som monótono dos geradores.

Quatro quilômetros ao norte de Mea She'arim, o solo se eleva em cumes de cascalho. Uma colina logo do outro lado da Linha Verde, o Ramat Shlomo, é o local de uma antiga pedreira que abasteceu as lacas da fundação de quase seis metros de profundidade que Herodes usou para construir o muro do Segundo Templo. Em 1970, pouco tempo depois que a área foi tomada, Israel plantou uma floresta ali. Ao contrário das primeiras florestas do Fundo Judaico Nacional – fileiras de eucaliptos australianos ou pinheiros-de-alepo, pagos com moedas economizadas por crianças judias ao redor do mundo, em latinhas da coleção do FJN (ou JNF – Jewish National Fund) –, eram uma mata mista que incluía alguns carvalhos nativos, coníferas e terebintos. A jovem floresta foi declarada reserva natural, uma classificação com a qual os palestinos não concordaram, alegando que a verdadeira intenção era evitar o crescimento de Shuafat, um vilarejo árabe próximo. A desconfiança deles foi confirmada quando, em 1990, a floresta foi derrubada para abrir caminho para um novo bairro *haredi* em Jerusalém – ou um novo assentamento na Cisjordânia, dependendo de quem o descreve.

"Pelaram a colina inteira", admite o assentado de Ramat Shlomo e rabino hassídico Dudi Zilbershlag. Fundador da Haredim for the Environment, uma organização sem fins lucrativos, cujo nome também se traduz como *Temor pelo Meio Ambiente*, ele lamenta. "Mas, depois", acrescenta, animando-se, "nós replantamos".

Em sua sala de estar, Zilbershlag toma um gole de chá de rosa-mosqueta, cercado por estantes de madeira envidraçadas, que guardam fileiras de literatura sobre Kabbalah e Talmude, em volumes encadernados em couro. Uma vitrine é dedicada aos menorás de prata, castiçais do sabá e copos do *kiddush*. Esse homem robusto, de cinquenta e poucos anos, sorriso largo, cachos grisalhos caindo das laterais do solidéu preto e uma barba grisalha que bate no colete preto sobre a camisa branca, também é o fundador da maior instituição de caridade de Israel: Meir Panim, uma rede de cozinhas comunitárias. Seu grupo ambiental ultraortodoxo enfoca principalmente as questões urbanas: ruído, poluição do ar, estradas congestionadas, queima de lixo a céu aberto e embalagens descartáveis de alimentos, jogadas por toda parte, nos bairros *haredi*. Mas seu próprio interesse vai além, até a preservação da natureza.

"Segundo a Gematria", ele explica – numerologia cabalística –, "as palavras *Deus* e *natureza* são equivalentes. Portanto, a natureza é o mesmo que Deus."

Ele diz que você não precisa de milagres para saber que Deus existe. "Eu vejo Deus nos detalhes da natureza: nas árvores, nos vales, no céu e no sol." No entanto, num mistério que talvez somente um cabalista possa resolver, ele frisa que a sobrevivência judaica vem dependendo de milagres envolvendo o domínio de Deus sobre a lei natural, ou até sua suspensão. "Um exemplo clássico é quando Israel deixou o Egito, Ele fez o mar se abrir."

O ato foi precedido por outros milagres extraordinários: água se transformando em sangue, bandos de sapos no deserto, noite que durou três dias, granizo que caiu somente na plantação egípcia e a morte que só atingiu os animais egípcios e primogênitos egípcios. Todas essas intervenções divinas são comemoradas na Páscoa judaica, que começa com as crianças judias fazendo quatro perguntas tradicionais sobre o simbolismo da noite. As respostas, dadas ao longo da refeição, recontam a libertação milagrosa de Israel da escravidão.

Em cada canto da casa de Dudi Zilbershlag há um lembrete – um carrinho de bebê, um chiqueirinho infantil, um berço – das crianças que faziam essas perguntas: ele e a esposa, Rivka, tiveram onze filhos e esperam ser avós de muitos. Ainda assim, nada é certo nessa terra mítica, onde a tensão entre dois povos que a reivindicam crepita na atmosfera. A cada dia, com o aumento da pressão e dos riscos – assim como dos números, com um querendo ultrapassar o outro –, também aumenta uma realidade que começou a ser assimilada tanto pelos judeus quanto pelos árabes, estendendo-se pelo espectro político e religioso de ambos os lados:

Na Palestina histórica – ou seja, entre o Mar Mediterrâneo e o Rio Jordão, nas terras disputadas de Israel e da Palestina; uma distância que não chega a cinquenta milhas – hoje existem cerca de 12 milhões de pessoas.

Após a Primeira Guerra Mundial, os britânicos, que governavam a Palestina sob mandado internacional, acreditavam que essa terra, boa parte composta de deserto, poderia abrigar, no máximo, 2,5 milhões de pessoas. Durante os anos 1930, para persuadir a coroa britânica, em dúvida quanto ali ser a terra para os judeus, o sionista David Ben-Gurion argumentou que a determinação e ingenuidade judaicas para transformar o que os britânicos consideravam um lugar atrasado não deveriam ser desconsideradas.

"Não devemos negligenciar nem um centímetro quadrado de terra; nem uma única fonte de água deixaremos de perfurar; nem um pântano deixaremos de escoar; nem uma duna de areia deixaremos de frutificar; nem uma colina seca deixaremos de arborizar; nada ficará intocado", escreveu o futuro primeiro-ministro de Israel. Ben-Gurion estava se referindo à capacidade de potencial do solo palestino e dos recursos de água para manter seres humanos – tanto os judeus quanto os árabes, que, nas primeiras escritas, ele imaginou coexistindo.

Ele estava convencido de que a terra poderia abrigar 6 milhões de pessoas. Mais tarde, como primeiro-ministro, Ben-Gurion viria a oferecer prêmios às "heroínas" israelenses que tivessem dez ou mais filhos (oferta que acabou descontinuada, porque muitas vencedoras eram mulheres árabes). Hoje, a população *haredi* de Israel dobra a cada dezessete anos. Ao mesmo tempo, com metade de todos os palestinos apenas ingressando em seus anos reprodutivos ou aproximando-se deles, a população árabe da Palestina histórica – Israel, Cisjordânia e a Faixa de Gaza – poderia superar a dos judeus israelenses até 2016.

A essa altura, projeções do lado vencedor dessa corrida demográfica – ou perdedor, dependendo do ponto de vista – ficam enevoadas. Historicamente, muito do crescimento de Israel tem dependido da imigração de judeus vindos de outros lugares. Mais de um milhão de russos chegaram, após a queda da União Soviética. No entanto, a tendência de judeus fazendo *aliyah* a Israel desacelerou dramaticamente. Muito mais judeus agora se mudam de Israel para os Estados Unidos do que o contrário. Contudo, enquanto o coeficiente de natalidade *haredim* aumenta drasticamente, os judeus poderão reassumir como maioria em 2020. Ao menos, por um tempo.

Ainda mais importante do que quem lidera é algo que nem os demógrafos judeus nem os árabes negam: se as coisas continuarem no rumo que estão, até a metade deste século o número de humanos espremidos entre o mar e o Jordão vai praticamente dobrar para pelo menos 21 milhões.

Talvez nem o milagre de Jesus, com os pães e peixes, chegue perto de suprir as necessidades dessa região. Uma aritmética tão implacável implora por um novo conjunto de quatro perguntas:

Primeira pergunta

> Quantas pessoas essa terra realmente pode abrigar? Já que a influência dessa Terra Sagrada se estende muito além de suas fronteiras disputadas, quantas pessoas nosso planeta pode abrigar?

Essa é uma pergunta que, para se tentar responder, em qualquer lugar da Terra, exige um conhecimento panorâmico, *expertise* e imaginação. Que pessoas? O que elas comem? Como se abrigam e se deslocam? Onde elas obtêm sua água e quanta água há para elas? E o combustível: quanto há disponível e quão perigosa é sua descarga de gases? E – voltando à comida – as próprias pessoas plantam? Se for o caso, quanto podem armazenar, ou seja: quanto chove, quantos rios atravessam a terra, o quão férteis e fartos são os solos, que quantidade de fertilizante e outras formas de químicos estão envolvidos e qual é a desvantagem em usá-los?

A lista prossegue: que tipo de casas, de que tamanho? Feitas de quê? Se usarem material local, quanto há disponível? (Dica: embora metade de Israel seja um deserto, a cidade já se preocupa em ficar sem areia para construção – que dirá água, para misturar o cimento). E quanto aos locais adequados para a construção – e todas as estradas, sistemas de saneamento, gás e redes elétricas a serem interligados? E a infraestrutura para que todas as escolas, hospitais e negócios atendam e empreguem... quantas pessoas?

Quaisquer respostas completas para tais perguntas exigem dados de ecologistas, geógrafos, hidrólogos e agrônomos, não apenas engenheiros e economistas. Mas em Israel e na Palestina – como em todos os outros lugares – a maioria das decisões não é tomada por nenhum deles. A política, que inclui estratégias militares, paralelamente aos negócios e à cultura, tem sido o árbitro máximo desde o início da civilização, e ainda é.

O diretor de uma organização sem fins lucrativos, politicamente astuto e comercialmente sagaz, o rabino hassídico Dudi Zilbershlag, também é um realista cultural, pelo menos até certo ponto. Ele aceita que Israel precisa de judeus seculares, assim como os religiosos – quem mais irá apoiar todos os talmudes? –, e até acrescenta que seus filhos e os árabes terão de conviver. "Precisamos encontrar uma linguagem comum e deixar que a paz prevaleça."

No entanto, o que ele não pode fazer é algum dia imaginar restringir o número de filhos que seu povo coloca no mundo.

"Deus traz as crianças ao mundo. Ele encontrará lugar para elas", diz a educadora ambiental *haredim* Rachel Ladani.

Se a frase *controle populacional* evoca tremores nos malthusianos, ou pesadelos de totalitarismo chinês em alguns, para judeus hassídicos, como Ladani e Dudi Zilbershlag, é simplesmente impensável. Ladani vive na ultraortodoxa Bnei Brak, cidade de população mais densa de Israel, um pouco mais central que a costeira Tel Aviv. Ela não vê conflito entre lecionar conscientização ambiental e ser mãe de oito. Seu estilo de vida hassídico significa ir a pé aos mercados, à escola e à sinagoga, raramente se aventurando além de seu bairro. Ninguém, incluindo Rachel, jamais esteve num avião. "Minhas duas filhas e seis filhos produzem menos dióxido de carbono em um ano", ela gosta de dizer, "do que alguém que vive na América e visita Israel, em um voo."

Talvez. Mas todos eles comem e precisam de habitação, o que, por outro lado, exige material de construção e a infraestrutura de conexão – assim como exigirão seus incontáveis rebentos. E, apesar da proximidade dos serviços – em duas quadras há mercados, açougues *kosher*, lojas vegetarianas e muitas outras que vendem produtos de bebês e perucas (modestas coberturas de cabeça para mulheres ortodoxas; a de Rachel é ruiva, com corte pajem) –, fica claro que a austera *haredim* não está imune às tentações modernas e famintas de energia. Em Bnei Brak há carros estacionados por toda parte: nos divisores das ruas, e com duas rodas nas calçadas. As motocicletas enxameiam as ruas apinhadas de casas, pontilhadas com antenas parabólicas.

Essa é a maior concentração humana na parte norte de Israel, onde não há deserto, com 740 pessoas por quilômetro quadrado, maior densidade populacional do que qualquer país do mundo ocidental (a Holanda é a mais densa da Europa, com 403 pessoas por quilômetro quadrado). Sendo assim, o que Rachel Ladani acha que acontecerá, quando a população de seu país dobrar até 2050? Ou, ao nosso mundo, onde, segundo as Nações Unidas, até meados do século, seremos 10 bilhões?

"Não preciso pensar nisso. Deus fez o problema e Ele irá resolvê-lo."

Um dia, havia uma floresta de pinheiros ali perto, onde a imigrante russa e mãe de Rachel lhe ensinava os nomes das flores e dos pássaros. Quando tinha apenas dez anos, ela conheceu uma arquiteta paisagista e teve uma dupla revelação: ela não sabia da existência de algo como arquitetura de paisagismo, nem que mulheres trabalhavam. Quando se casou, aos dezenove anos, ela não disse ao *rebbe* que oficializou a união que também estava se matriculando no Technion, Instituto Tecnológico de Israel. Ela levou cinco anos para obter o diploma, já que durante esse tempo também teve três filhos.

Ela e o marido, Eliezer, diretor de uma escola de aprendizado para deficientes, conseguiram ter mais cinco filhos, enquanto Rachel trabalhava para manter a beleza de sua cidade movimentada. Quando estava com quarenta anos, ela descobriu o centro de pesquisas ambientais de Israel, o Heschel Center for Environmental Learning and Leadership, em Tel Aviv. Assim como o Technion, ele não era ortodoxo, mas isso abriu seus olhos e mudou sua vida, sem mudar sua fé.

"O meio ambiente é como a Torá. É parte de você", ela diz às meninas a quem leciona, em escolas religiosas. Em um país onde as crianças cantavam na escola canções patriotas sobre sionistas transformando a terra ao cobri-la de concreto, ela as ensina a abrirem os próprios olhos, para observar as sementes germinando, para observar a natureza, até realmente enxergarem. Ela cita um *midrash* antigo, um comentário rabínico sobre a Torá, no qual Deus mostra a Adão as árvores do Éden dizendo: "Veja meus trabalhos, como são adoráveis. Tudo o que criei foi para você".

No entanto, como observou Jeremy Benstein, fundador do Heschel Center, em seu livro *The Way into Judaism and the Environment*, de 2006, no mesmo *midrash*, Deus alerta Adão: "Tome cuidado para não corromper nem destruir Meu mundo, porque se você o arruinar, não haverá ninguém para vir depois de você e consertá-lo".

Quando citou isso, Benstein estava respondendo ao otimismo teológico dos profundamente devotos quanto a Deus não nos decepcionar, se estivermos fazendo as coisas certas, aos Seus olhos. "Nós somos convidados", ele relembra em seu livro, "a não dependermos de milagres para solucionar nossos problemas. Deus deixa claro que não haverá ninguém para arrumar nossa bagunça."

Benstein cresceu em Ohio e frequentou Harvard, antes de vir para Israel. Ele obteve seu doutorado em antropologia ambiental pela Universidade Hebraica de Jerusalém. Com outros imigrantes da América, ele fundou o Heschel e lecionou no Arava Institute, um centro de pesquisas sustentáveis, em um *kibbutz* na parte sul de Israel. As Intifadas lhe esclareceram duas coisas relativas à população: elas tiveram um impacto imenso no ambiente conjunto, dos israelenses e palestinos, mas discutir isso é quase um tabu.

"Porque ainda estamos nos recuperando do massacre de um terço dos judeus do mundo", diz ele, na biblioteca do Heschel Center, sentado numa cadeira com o espaldar apoiado ao seu peito. O Holocausto, que levou as Nações Unidas a cindir a Palestina em duas partes e criar a terra judaica, sempre será recente ali. "O significado de 6 bilhões", ele escreveu, em seu livro de 2006, "deve legitimamente ocupar o segundo lugar, atrás dos 6 milhões." Principalmente, acrescenta ele, pelo fato de que um milhão dos judeus assassinados eram crianças.

"Hoje há menos judeus no mundo do que havia em 1939. Nós nos vemos como qualquer população indígena dizimada pela cultura ocidental. Temos direito de nos reabastecer."

No entanto, Benstein, que é pai de gêmeos, sabe que só levou doze anos para que o mundo passasse de seis para sete bilhões de habitantes. Pesquisando a Torá e os estudos bíblicos em busca de orientação ambiental, como o édito que diz em Êxodos, 23:11, para se deixar a terra sem cultivo a cada sete anos, ele também buscou pistas do que Deus queria dizer, exatamente, quando orientou os humanos a serem prolíficos e se multiplicarem.

"Parece estar implícito que há um limite. Porque não se diz que frutifiquemos e nos multipliquemos infinitamente. Diz 'Sejam fecundos e preencham a terra'".

Benstein, diplomado em linguística em Harvard, investigou a língua do Gênesis. "Se levarmos isso a sério, então haverá um tempo em que teremos cumprido inteiramente esse mandamento, e podemos parar. A pergunta passa a ser: quando? Já teremos chegado lá? E rabinos não podem responder à pergunta sobre a lotação da Terra. Essa é uma questão para ecologistas."

No entanto, no Gênesis, ele encontra uma pista interessante. Ela surge após quarenta capítulos de homens tomando esposas e listas subsequentes de pais e gerações de filhos. O povo do Velho Testamento não tinha problema em obedecer ao mandamento da multiplicação, o que fazia com vigor e geralmente com cobiça. Porém, veio José, um dos treze filhos do patriarca Jacó.

José teve dois filhos antes de interpretar o sonho do faraó egípcio. A essa altura, Benstein escreve: "Ele parou de procriar antes de a fome que sabia vir pela frente. O Talmude usa esse exemplo para afirmar: 'É proibido ter relações matrimoniais em tempos de fome'".

Ele acrescenta uma passagem talmúdica paralela: "Veja a proibição como um chamado ao controle da população, afirmando diretamente: 'Quando vires a fome entrando no mundo, mantenha sua esposa sem filhos'".

Mas uma simples contagem de cabeças, diz Benstein, não explica inteiramente a fome e a sede que assolam grande parte da humanidade, com previsão para piorar seriamente durante este século. Embora a população humana tenha quadruplicado ao longo do último século, ele calcula que nosso consumo de recursos, medido pela combinação dos produtos domésticos brutos ao redor do mundo, aumentou numa proporção de dezessete vezes. Esse devorar no banquete planetário foi desfrutado por apenas alguns, à custa de muitos. A distribuição desigual de bens, que causou aflições e guerras até mesmo em tempos bíblicos, jamais esteve tão distorcida quanto hoje.

No entanto, ele reconhece que o consumo e a população são duas faces da mesma moeda. E conforme a moeda gira mais veloz, ela levanta a questão que transcende sua nação dividida, pois o mundo inteiro está ficando tonto, por conta das forças que giram descontroladas.

2. A água

Segunda pergunta

Se, para termos um ecossistema robusto o suficiente e garantir a sobrevivência humana, temos de evitar ultrapassar 10 bilhões – ou até reduzirmos nosso número de 7 bilhões, onde já estamos –, há um meio não violento e aceitável de convencer as pessoas de todas as culturas, religiões, nacionalidades, tribos e sistemas políticos do mundo de que é de seu interesse fazê-lo? Há alguma coisa em suas liturgias, histórias ou sistemas de crença – ou qualquer outra razão – que potencialmente abrace a ideia aparentemente artificial de limitar o que é tão natural para a maioria de nós e todas as outras espécies: fazer cópias de nós mesmos?

Ayat Um-Said conhece uma. "Religião, não. Realidade".

Com grandes olhos delineados por uma sombra azul que complementa seu *hijab* lilás e casaco roxo de lã, ela dá uma olhada para a mãe. Ruwaidah Um-Said, em seu vestido de veludo verde e lenço preto na cabeça, encolhida contra o frio de janeiro, recosta sobre o braço de sua cadeira de plástico branco e conta a idade de seus filhos: "Vinte e cinco, vinte e quatro, vinte e três, vinte e dois, vinte, dezenove, dezesseis, catorze, treze e dez". Seis meninos, quatro meninas. O mais novo recosta em seu joelho, encolhido num moletom preto de zíper, sobre uma camisa de gola rolê e uma jaqueta de náilon forrada de lã. O único aquecimento na casa – três cômodos no piso térreo de uma caixa de concreto de cinco andares em Al-Amari, num campo de refugiados que agora é um bairro permanente na cidade de Ramallah, na Cisjordânia – emana dos corpos das pessoas que vivem ali, que são sempre em grande número.

Ruwaidah nasceu ali, em 1958, dez anos após a família ser expulsa de Lydda – que se chamava Lod, nos tempos bíblicos –, quando Israel foi criada. Naquela época, seu pai tinha um pomar de romãs, laranjas e limões, e também cultivava cebolas, rabanetes, espinafre, vagem, trigo e cevada. "Ele sempre achou que nós voltaríamos, por isso se recusou a comprar propriedade por ali." Ela olha ao redor da casa abafada, com as paredes azuladas que ela viu a vida inteira, vazias, exceto pelo forro de lambri azul mais escuro. "A ONU é dona dessa terra." Ela diz, zangada. "Nós somos donos da casa."

Como milhares de refugiados de Al-Amari foram aos poucos percebendo que tão cedo não voltariam aos seus vilarejos, ao longo de uma década a argamassa e o concreto substituíram as tendas da ONU. Depois de outra década e da Guerra dos Seis Dias, quando não havia mais fronteiras porque tudo se tornara Israel, seu pai os levou para que vissem sua terra. Ele ainda tinha a escritura, mas não importava. Ele finalmente desistiu, quando suas árvores desapareceram sob uma pista do que agora é o Aeroporto Internacional Ben-Gurion.

Outra coisa mudou. "Cada família palestina tinha alguém na prisão, ou ferido, ou morto. Portanto, as famílias, que costumavam ter cinco ou seis filhos, começaram a ter mais." Ruwaidah aponta para uma foto escolar de seu filho Yassim, de treze anos. "Quando um parente é morto, você tem outro filho para usar seu nome. E nós vamos precisar de muitos mais", acrescenta ela, virando-se para a filha Ayat, "para libertar toda a terra."

Ayat sorri meigamente, mas sacode a cabeça. "Somente dois", diz ela.

Ruwaidah sacode os ombros, impotente. Todas as suas filhas só querem dois filhos, torcendo por um casal.

"Todos da minha idade", diz Ayat, "estão fartos de ser seis num cômodo. E quem pode sustentar tantos filhos? A vida é muito cara."

Não há lugar para cultivar o próprio alimento – e mesmo que houvesse, com a água fluindo da Cisjordânia apenas duas vezes por semana, eles não poderiam irrigar. A ONU costumava entregar açúcar, arroz, farinha, óleo de cozinha e leite, mas esse orçamento acabou. "A única chance de ganhar o sustento", diz Ayat, com os braços ao redor do filho, Zacariah, e da filha, Rheem, "é a educação. Que custa dinheiro."

Dois de seus irmãos chegaram à universidade. Outro, por milagre, é pago para jogar futebol na Noruega. Para o restante, empregos são raros e geralmente pagam salários de miséria. "E agora, com a maior parte de Israel fechada, encontrar trabalho é ainda mais difícil."

Os muros imponentes, acima de Ramallah, e as esperas intermináveis nos onipresentes pontos israelenses de revista militar tornam impossível chegar até onde talvez haja trabalho – ou a qualquer lugar. As mulheres em trabalho de parto dão à luz esperando para passar; uma até batizou seu bebê de Ponto de Revista. Os muros de segurança são visíveis praticamente em qualquer lugar da Cisjordânia, em muitos locais separando os agricultores de seus campos de oliveiras. Como acontece nos assentamentos israelenses – na verdade, cidades, com arranha-céus, *shopping centers*, parques industriais e expansão de terrenos de *trailers* –, eles vão espremendo os palestinos a espaços cada vez mais apertados.

Com a habitação tão escassa e todos tão espremidos, não há mais pregação sobre bebês nas mesquitas. "De qualquer forma, isso não é da conta do imã", esbraveja Ayat.

"Isso é exatamente o que os israelenses querem que você pense", diz uma mulher vizinha que entrou, embrulhada em seu *hijab* marrom com franja.

"Então, deixe que os políticos libertem a Palestina de uma vez, não nos peça que façamos isso tendo uma porção de filhos. Como é que o próprio Arafat teve somente uma filha?" Na televisão, Ayat vê que os políticos israelenses pagam às *haredim* para ter mais filhos. "Aqui, quanto mais filhos você tem, mais *você* paga".

Pelo menos, a clínica da ONU ainda distribui DIUs gratuitos.

Em Bethlehem, Abeer Safar estuda um mapa da Cisjordânia na parede, com seu formato de feijão. No local da curva do feijão fica Jerusalém. Bethlehem, sua cidade natal, fica apenas a poucos quilômetros abaixo.

Abeer trabalhou como engenheira química na Universidade de Ciência e Tecnologia da Jordânia. Ali, ela é uma especialista do ARIJ, um instituto palestino de pesquisa. Ela usa *jeans*, um suéter preto, por cima de uma blusa verde, uma corrente de ouro e seus longos cabelos castanhos descobertos. Ela e o marido vivem na casa da família que, como a maioria das casas por ali, está ficando mais alta. Com o local de nascimento de Jesus cercado pelos muros de segurança de Israel – muros de segregação, como os palestinos chamam –, não há escolha.

Para ela, não faz sentido. Se Israel continuar a fragmentar os palestinos, jamais poderá ser formado um Estado palestino viável. Mas se ele permanecer um Estado único, os judeus correm o risco de serem ultrapassados em número, passando a ser minoria. O único modo para que uma minoria permaneça no poder é por meio do *apartheid*, não pela democracia. E Abeer, com trinta e tantos anos, só agora está esperando seu primeiro filho. Outras profissionais palestinas também adiaram a gravidez e hoje as meninas querem estudo e emprego, antes de ter bebês.

Ainda assim, vai levar tempo até que a pressão dos números caia e, enquanto isso, há preocupações mais imediatas. "Nós partilhamos as bacias aquíferas com Israel", conta Abeer, "mas não há o menor gerenciamento."

O que significa que Israel administra sozinha, e a Palestina não tem permissão para furar poços. As principais áreas de reabastecimento do Aquífero Western Mountain agora ficam do lado de dentro de um muro que serpenteia pelo território. Entretanto, três quartos da água do solo, que se originam nas colinas da Cisjordânia, vão para Israel. "E", diz Abeer, "os assentamentos usam o quanto querem" – incluindo água para manter suas piscinas cheias. Os palestinos alegam que os israelenses recebem 280 litros diários de água, *per capita*, enquanto eles só recebem sessenta. As diretrizes da Organização Mundial da Saúde recomendam no mínimo cem.

Os ambientalistas israelenses concordam que seja uma loucura que a porção preciosa de água de seu país vá para a agricultura, que só produz 1% da renda de Israel. Embora Israel tenha sido pioneiro em técnicas como irrigação por gotejo e água reciclada para as plantações, eles argumentam que cultivar plantas sequiosas como algodão e flores e vendê-las para a Europa – ou batatas para a Polônia, que certamente pode plantar as suas – significa exportar seu recurso mais vital. ("A boa notícia", frisa o *Jerusalem Post*, "é que até 2020 todos os israelenses terão água reciclada de esgoto para beber. A má notícia: essa água pode não ser suficiente.")

Outro recurso principal de Israel, o Rio Jordão, agora é um dique fétido que sai em filete de um lago cujo nome evoca conflito, porque é chamado de três formas: Lago Kinneret, para os judeus; Lago Tibério, para os palestinos; e Mar da Galileia, para os cristãos. Como ele forma parte da fronteira internacional de Israel com um país que leva seu nome, a bacia ribeirinha da Jordânia é uma área militar restrita, portanto a Palestina não tem acesso a ela. A Jordânia recebe uma parte, assim como a Síria, que controla parte de suas águas (os outros são os Colinas de Golã, que Israel tomou da Síria em 1967 e não devolve. Os ataques aéreos em projetos da Liga Árabe para desviar essas águas ajudaram a fomentar a Guerra dos Seis Dias).

Hoje, com exceção de 2%, o Rio Jordão já está todo distribuído ao deixar o lago. O que goteja para o Mar Morto escorre dos campos ou das fazendas de piscicultura, poluído com pesticidas, fertilizantes, hormônios, restos de peixes e esgoto não tratado. Peregrinos tentando se banhar nas águas onde, segundo a tradição, Jesus foi batizado e Josué atravessou para a Terra Santa contrairiam uma alergia, ou vomitariam, caso engolissem um pouco dessa água que um dia foi pura e sagrada.

Mais de 90% da água de esgoto da Cisjordânia flui sem tratamento para o meio ambiente. Até 2013, só havia um aterro sanitário, perto do Lago Kinneret-Tibério; outro finalmente abriu, para Bethlehem e Hebron. No entanto, a maior parte do lixo sólido é queimada, ou simplesmente abandonada ao vento, no deserto. Mas não é apenas lixo palestino.

"Os assentamentos descartam livremente a água de esgoto nas fazendas palestinas", conta Abeer. "Muitos têm fábricas que não aplicam as leis ambientais israelenses." Suas equipes de campo, percorrendo as estradas internas, paralelas às rotas principais fechadas aos palestinos, depois da última Intifada, tentam rastrear efluentes de fábricas de pesticidas e fertilizantes que se deslocaram para a Cisjordânia, após terem sido fechadas por Israel por ordem judicial.

"Tudo isso flui para dentro do aquífero do qual Israel também bebe. Nós argumentamos que eles estão envenenando a si mesmos." Mas Israel não emite autorizações para que os palestinos construam mais reservas de saneamento, a menos que eles concordem em também tratar o esgoto dos assentamentos judeus. "O que não faremos, pois eles são ilegais." Ela aponta para seu pingente. "É um impasse."

Isso também viria a exaurir o orçamento apertado: um terço de um milhão de judeus hoje vive em assentamentos na Cisjordânia. E há também a Faixa de Gaza – 1,5 milhão de pessoas em um pedaço de terra com quarenta quilômetros de comprimento por onze quilômetros de largura, com sua população dobrando a cada doze ou quinze anos. Desconfia-se que a retirada unilateral de Israel, em 2005, tenha sido porque o Aquífero Costeiro já esteja tão esgotado que 90% dos poços de Gaza estejam minando dejetos dos campos ou água do mar. Embora a companhia israelense de águas passe direto, entregando água do Lago Kinneret ao sul do Deserto do Neguev, próximo ponto que pretende desenvolver, a porção vendida aos palestinos cobre apenas 5% das necessidades de Gaza.

Dois povos, geneticamente quase idênticos, por alguns acontecimentos transformados em inimigos permanentes, aos quais as duas esposas ciumentas de Abraão-Ibraim, Sara e Agar, deram à luz, respectivamente, judeus e árabes, lutando por um filete de terra – embora um seja bem maior em influência mundial, histórica, religiosa e politicamente.

No entanto, segundo uma medida – do ponto de vista ecológico –, o que significa sua caixinha de areia à beira do mar e seus mais de 12 milhões de pessoas juntas – mal chegando a 1/584 da população atual da humanidade – para um mundo que ruma a 10 bilhões?

Muito mais do que o mundo imagina, segundo crê Yossi Leshem. A menos, é claro, que você olhe para cima.

3. O céu

Terceira pergunta

> Quanto do ecossistema é necessário para manter a vida humana? Ou que espécies ou processos ecológicos são essenciais para a nossa sobrevivência?
> Ou até que ponto nossa presença opressora descarta tantas outras espécies que eventualmente extinguimos algo do planeta do qual não percebíamos dependia nossa existência até que fosse tarde demais? O que não podemos absolutamente viver sem?

Yossi Leshem, na verdade, começou olhando para baixo, de um penhasco das montanhas da Judeia. Ele deveria estar em um laboratório de ornitologia da Universidade de Tel Aviv, correlacionando a extensão dos bicos dos pássaros canoros com suas dietas, para seu mestrado em biologia. Em vez disso, aflito para estar em meio à natureza, ele se ofereceu como voluntário para ajudar outro cientista a observar águias de pernas compridas. Na primeira vez que ele se encolheu para pegar três filhotes no ninho, ficou apaixonado por aves de rapina.

Ele mudou dos canoros para o estudo da águia-de-bonelli, um pássaro predador de grande porte, nativo da África e Ásia. Em Israel, pelo menos setenta pares foram registrados, porém até 1982 somente dezesseis permaneciam. Leshem decidiu descobrir por que e ver se algo poderia salvá-los. Não demorou para descobrir a causa.

Nos anos 1960, Israel tinha soltado 50 mil galinhas injetadas com estricnina para suprimir uma deflagração de raiva, cuja culpa recaiu sobre a população de chacais – em decorrência, soube-se, de um pico na população humana. Os chacais estavam se banqueteando com animais mortos, como perus, galinhas, bezerros e vacas, em lixões com restos das fazendas. O sucesso da operação com as galinhas – que também matou incontáveis animais da vida selvagem e provavelmente causou a extinção dos leopardos da Galileia – reforçou a crença dos oficiais no mérito do veneno. À medida que a população crescia e a agricultura se intensificava, aviões pulverizando DDT e fosfato orgânico ocupavam cada vez mais o céu israelense. As águias-de-bonelli, alimentando-se de *chukars* e pombos envenenados, começaram a cair. Embora o DDT agora seja proibido, o uso de pesticida em Israel, em áreas de cultivo, ainda é o mais alto no mundo desenvolvido. Em 2011, restavam apenas oito pares de águias.

No entanto, a maior descoberta de Leshem veio no começo dos anos 1980, quando pesquisava outro predador em extinção, para seu doutorado: um poderoso devorador de cadáveres chamado *lappet-faced vulture* (abutre com babados na cara). Para ter uma noção melhor de seu número, ele contratou um piloto para voar acima do Deserto do Neguev, no sul de Israel, durante a migração do outono. O que viu do alto o deixou impressionado. Bandos de pássaros grandes, pequenos pássaros, e de todos os tamanhos. Milhões deles.

Um encontro perto de Hebron, com uma águia, segundo seu piloto mencionou, recentemente destruíra um jato de US$ 5 milhões da Força Aérea Israelense. Subitamente, Yossi Leshem soube o que deveria estudar. Em pouco tempo, ele estava no quartel-general da IAF (Força Aérea

Israelense), procurando registros de colisões entre pássaros e aeronaves militares. Ocorriam, em média, três colisões sérias a cada ano. Ele viu que, entre 1972 e 1982, mais aeronaves haviam sido perdidas e mais pilotos mortos em encontros com pássaros do que com inimigos.

"Diferentes espécies de pássaros colidem contra nós, em épocas distintas, em altitudes diversas também", Leshem, um veterano de quatro guerras e oficial da reserva, disse à IAF. "Vocês não gostariam de saber exatamente quando e onde?"

A força aérea lhe proveu um planador motorizado. Ao longo dos dois anos seguintes, ele passou 272 dias seguindo nuvens girantes de pássaros canoros, gansos voando em vê e bandos de garças, cegonhas e pelicanos que sobrevoavam as areias do Neguev, as fazendas da Galileia e as florestas de pinheiros do JNF (Jewish National Fund, ou Fundo Nacional Judaico). De volta, ele relatou ao quartel-general que essa não era uma mera rota migratória: era *a* rota. A cada ano, um bilhão de pássaros atravessa o espaço aéreo israelense. Por não haver correntes térmicas acima do mar aberto, as aves de migração sazonal entre a África e a Europa, ou o oeste da Ásia, evitam o Mediterrâneo. Algumas atravessam o Estreito de Gibraltar ou voam da Tunísia para a Itália, via Sicília, porém a maioria – 280 espécies diferentes – passa bem em cima de Israel e da Palestina, o cruzamento entre três continentes, onde sempre existe ar quente emanando da terra.

Segundo Leshem escreveu em sua tese de doutorado, Israel mantinha, por área, o recorde mundial de pássaros migratórios e também de aeronaves militares voando, em qualquer momento. Ele disse à força aérea que evitar mais colisões fatais exigia duas coisas. A primeira era uma estação de radar. Felizmente, à época, com a dissolução da União Soviética estava havendo uma liquidação de equipamentos militares e eles encontraram uma estação de rastreamento meteorológico da Moldova, avaliada em US$ 1,6 milhão, sendo vendida por 20 mil. E o ex-general judeu soviético que estava fazendo a venda concordou em acompanhar para fazer a adaptação para a pesquisa dos pássaros.

A outra coisa de que eles precisavam era a colaboração dos vizinhos de Israel, para que os observadores de pássaros em seus países os alertassem quando as migrações viessem em sua direção. Leshem convenceu a

IAF a deixá-lo contatar as forças aéreas da Turquia e da Jordânia e fazer que os ornitologistas palestinos e jordanianos partilhassem dados com os parceiros israelenses. Leshem já conhecia ornitologistas no Líbano, Egito e até no Irã. Da Síria, ele podia obter informações indiretamente, por meio do escritório da Birdlife International, em Amã.

Esses relacionamentos e a estação de radar camuflada que eles instalaram na estrada que liga Jerusalém a Tel Aviv reduziram as colisões em 76% e salvaram um valor estimado em US$ 750 milhões em aeronaves perdidas ou danificadas, sem mencionar as vidas dos pilotos – e as vidas dos pássaros. E talvez muito mais. Se algo vier a ameaçar a viabilidade desse corredor aéreo estreito, ou o ecossistema abaixo, que alimenta e abriga os pássaros migratórios, conforme fazem suas paradas, isso irá afetar muito mais que apenas Israel e a Palestina. Os pássaros não são meramente coloridos e musicais. Eles são polinizadores, disseminadores de sementes e comedores de insetos. Os ecossistemas de boa parte da África e Europa sofreriam perdas inimagináveis e possivelmente entrariam em colapso sem esse gargalo.

Não são apenas os caças que os ameaçam. Os abutres *lappet-faced* que Yossi Leshem estudou desapareceram do Neguev, assim como os imensos abutres-barbudos que costumavam fazer ninhos no Mar Morto, em Masada. Antes que mais espécies fossem extintas, ele realizou uma campanha nacional contra os pesticidas, usando os próprios pássaros como alternativa. Percebendo que as corujas que antes se aninhavam em edificações rurais de madeira não possuem mais ninhos decentes em estruturas modernas metálicas, Leshem, seus colegas e centenas de alunos israelenses, palestinos e jordanianos colocaram quase duas mil caixas-ninho em campos agrícolas.

"Um casal de corujas come cerca de 5 mil roedores por ano. Multiplique isso por 2 mil", diz Leshem. "Então, os fazendeiros pararam de usar pesticidas. Talvez não possamos impedir todos, mas dos 826 pesticidas utilizados em Israel, podemos reduzir os piores." Ele arruma o *yarmulke* de tricô que traz sobre os cachos grisalhos. "Nossa contagem de espermas caiu 40%. Nossos índices de câncer subiram na mesma proporção. Tudo por causa dos hormônios e pesticidas. No Vale Huleh, eles usaram tantos químicos que afetaram a capacidade cognitiva. Nós sabemos por que eles vêm testando as crianças há vinte anos. Agora estão testando os netos.

O Vale Huleh, um pouco ao norte do Lago Kinneret, é onde as garças comuns passam o inverno. Nos anos 1950, o pântano Huleh – ponto biológico mais rico do Oriente Próximo – foi drenado para converter em terra agriculturável. Já era tarde demais quando Israel percebeu que o pântano era antes o filtro do lago. O nitrogênio e o fósforo que ele absorvia agora fluíam livremente para dentro do Kinneret, junto com tanta turfa exposta que a fonte mais importante de água de Israel estava em perigo de se transformar num lodo verde sem oxigênio.

Três mil hectares do Huleh tiveram de ser novamente alagados para salvar o Kinneret da morte. Mas isso foi menos de um décimo da área pantanosa que antes alimentava as aves aquáticas migratórias. Os agricultores estavam ameaçando envenenar todas as garças que sobrevoavam seus campos de amendoim, junto com 70 mil pelicanos e 100 mil cegonhas brancas que pescavam nas fazendas de criação de carpas e tilápias, até que Leshem e seus colegas receberam subsídio para espalhar milhares de quilos de milho e grão-de-bico para as garças e criaram peixinhos de isca no Lago Huleh para as cegonhas e os pelicanos.

Naquilo que hoje se transformou em atração turística de inverno, 30 mil garças gralham e são conduzidas para longe dos campos de amendoim de Huleh, por um trator que derrama porções de milho na terra esponjosa, com as montanhas nevadas de Golan ao fundo. É um espetáculo surreal nesse corredor árido, onde tão poucos lugares molhados ainda restam para os pássaros que voam um terço da volta ao mundo possam se reabastecer. Se o Huleh sumisse totalmente, isso resultaria numa cascata de desastres ecológicos, afetando desde a Rússia até a África do Sul.

De uma estação numa encosta rochosa que ele estabeleceu no solo israelense de Knesset, Yossi Leshem olha em direção ao leste, ao outro lado de Jerusalém, para a Jordânia, e imagina o que o profeta Jeremias deve ter visto ali, quando frisou "Até a cegonha no céu sabe os seus tempos determinados; e os pombos, a grande garça azul e a andorinha observam o tempo da sua arribação; mas o meu povo não conhece o juízo do Senhor".[1]

1. Jeremias 8:7.

Garças – Vale Huleh, Israel
(*Maxmacs/Shutterstock.com*)

"Ele não precisava de radar. Estava olhando para um céu com pelo menos três vezes o número de pássaros que vemos hoje. Mais."

À época, a população de Jerusalém era menos de duas mil pessoas. O deserto abaixo era repleto de sálvia, azedeiras rosadas e flores de cardo. O verde abarrotado de carvalhos, pistaches e oliveiras fervilhava com pássaros canoros, chapins, abadavinas, corvos e *sunbirds*. Das colinas da Judeia vinham os guepardos, os leões, os lobos e os leopardos para caçar corças vermelhas, gazelas, órix, jumento montês e a íbex. Hoje, ainda há alguns pássaros. A maior parte dos outros animais se foi.

"Nossas reservas naturais são meros fragmentos do ecossistema antigo", conta Leshem. "Somos um país do tamanho de Nova Jersey, nossa metade superior é superpopulosa. Temos uma porção de estradas e muros de segurança que interceptam os bandos de gazelas e íbex, impedindo-os de se encontrar uns aos outros. Uma gazela macho precisa dominar um grupo de fêmeas. Ele subitamente depara com um muro e não consegue chegar até elas. O mesmo acontece com o mangusto e os lobos – eles percorrem setenta quilômetros numa noite, para encontrar sua presa. Os pássaros podem voar. Mas os mamíferos e os répteis, esses têm um problema."

Ele gesticula na direção das colinas da Judeia, na periferia da cidade, onde há um bando remanescente de vinte gazelas. "Os cães selvagens perseguem seus bezerros. Seu futuro é duvidoso."

"E o das pessoas também", ele acrescenta. "Os palestinos estão muito fragmentados. Como a vida selvagem."

4. O deserto

Nas profundezas do Neguev, nas areias do Vale Arava Rift, pouco acima da ponta sul de Israel, há uma reserva natural cercada para os mamíferos remanescentes. Dentre eles, está o órix branco, que os membros das Cruzadas confundiram com unicórnios. Já extintos, salvo por alguns espécimes de zoológicos de outros continentes, eles são procriados ali, na esperança de serem reinseridos em seus ecossistemas naturais. Os leopardos árabes, o lince caracal, os lobos e as hienas estão ali enjaulados, mas os órix, o íbex e outros ungulados circulam por um território de cinco quilômetros que pode ser percorrido de carro por turistas. Há até avestruzes, embora essas sejam da Somália e substituam a subespécie local: a avestruz árabe, vista, pela última vez, em 1966.

A dez minutos de distância, fica Ketura, o *kibbutz* que abriga o Arava Institute, um programa de graduação ambiental para árabes e judeus. Os membros docentes, que lecionam energia renovável, gerenciamento de água transfronteira e agricultura sustentável são israelenses e palestinos; também há muitos alunos da Jordânia, a poucos quilômetros ao leste. A crença norteadora de Arava é que o meio ambiente é um direito compartilhado e uma crise compartilhada, algo cuja urgência supera todas as diferenças políticas, culturais e econômicas dos povos.

O refeitório comunitário dos alunos e kibutzianos serve leite próprio e legumes frescos como pepinos, tomates e hortaliças. Comer salada nas três refeições diárias é um hábito compartilhado por israelenses e palestinos, e vem de longa data, desde os anos pioneiros, quando carne era um luxo; esse pode ser o fator responsável para que as pessoas estejam entre as que possuem a mais alta expectativa de vida – quase oitenta anos –, apesar de todos os pesticidas ambientais. Alguns desses são utilizados até aqui: a renda do Kibbutz Ketura vem, principalmente, das plantações de tamareiras não nativas, uma espécie vulnerável aos besouros, cujas fêmeas desovam nos talos dessas plantas, resultando no ataque às árvores. A vigilância química para protegê-las é um trabalho que os israelenses não querem e os palestinos não conseguiriam obter, mesmo que quisessem, por conta de sua mobilidade e autorizações de trabalho constantemente verificadas pela ocupação militar. Como resultado, a população da Terra Santa fica ainda mais oprimida pelos milhares de agricultores tailandeses convidados, incluindo um contingente no Kibbutz Ketura, para lidar com empregos tão tóxicos.

Os trabalhadores tailandeses de renda irrisória, que na terra natal eram caçadores, suplementam suas dietas em Israel com armadilhas e estilingues, para pegar gazelas, texugos, chacais, raposas, coelhos, javalis-do-mato e até vacas e cães. Usando armadilhas com cola, eles pegam roedores, aves, sapos, salamandras, cobras e lagartos. Devido às leis da dieta *kosher*, que só permitem a matança de animais domésticos, poucos israelenses caçam. Mas a vida selvagem já escassa, como escreveu Alon

Tal, fundador do Arava Institute, em seu livro *Pollution in a Promised Land*, tem sido criticamente explorada pelas mais de 30 mil armadilhas tailandesas. Somente nas Colinas de Golã, ele estima que já tenham exterminado 90% da população de gazelas.

Um homem magro, com cinquenta e poucos anos, um cavanhaque grisalho, Tal está entre os poucos ambientalistas israelenses que se atreveram a tratar um assunto tão pesado, numa nação fundada para resgatar uma cultura alvo de aniquilação. "Nossa terra está *lotada*. Os futuros historiadores poderão identificar o atual beco sem saída como uma das maiores tragédias de Israel." O problema da população se tornou sem saída, segundo Tal, deputado do Partido Verde de Israel, por conta de subsídios que premiam as famílias ultraortodoxas para terem mais filhos. "Um judeu ortodoxo mediano que morre deixa uma prole de uma centena. Pense somente nas fraldas!"

A pressão que essas fraldas representam se torna letal não apenas para o meio ambiente mas também para as pessoas, quando judeus e palestinos reivindicam o mesmo território. A bênção da longevidade mútua acrescenta ao número competitivo. Como professor de ecologia, na Universidade de Ben-Gurion, Tal já elaborou diversos projetos ambientais com colegas palestinos, principalmente para gerenciamento conjunto da água. "Mas a população está por trás de tudo. Se não lidarmos logo com isso, será tarde demais. Seremos ecologicamente estéreis e socialmente insustentáveis. Eu deixaria todo o restante de lado, para colocarmos o assunto em pauta. Mas é muito difícil."

Alon Tal dirige meia hora ao sul de Ketura até a parte mais ao sul de Israel, Eilat. Do outro lado da fronteira, no Days Inn, em Aqaba, Jordânia, ele irá palestrar para um grupo de ex-alunos do Arava Institute: jovens jordanianos, judeus e palestinos, agora trabalhando para agências governamentais e sem fins lucrativos, como planejadores ambientalistas e cientistas. No caminho, ele passa por usinas de dessalinização de água israelenses do Golfo de Aqaba, transmutando água salgada em água potável. Segundo Tal, um motivo para que as pessoas neguem ou desafiem a ameaça da superpopulação é o otimismo tecnológico de seu país. A fé de que Israel pode fazer o deserto florescer inspirou doações de judeus do mundo inteiro, resultando em invenções como a irrigação gotejante.

Quando David Ben-Gurion percebeu que a Terra Prometida de leite e mel carecia de um ingrediente contemporâneo crítico do Meio Oeste – o petróleo –, seu desafio aos físicos judeus internacionais de equipar sua nação com um recurso abundante, a luz do sol, produziu o moderno coletor solar de telhado.

A convicção que existe ali de que os humanos podem encontrar meios infinitos de estender a capacidade dessa terra não se restringe aos judeus. Tareq Abu Hamed, um palestino que administra o Center for Renewable Energy and Energy Conservation (Centro de Energia Renovável e Conservação de Energia), em Arava, está enchendo o *campus* com painéis fotovoltaicos. Seu objetivo é aperfeiçoar a energia elétrica conduzida pelo sol para isolar moléculas de água em seus componentes, oxigênio e hidrogênio, depois armazenar o hidrogênio em um meio à base de boro, para liberar sob demanda, como combustível isento de carbono.

"Essa região tem a maior radiação solar do mundo. Nós podemos reduzir a poluição e nos tornarmos independentes na questão da energia", diz ele.

No entanto, os arranjos tecnológicos que limitam a existência de Israel e da Palestina colidem com determinadas realidades. As usinas de dessalinização de Eilat agora estão cercadas de montes gigantescos de sal. Alguns são vendidos como sal do Mar Vermelho para aquários, outros como sal de mesa *kosher*. Os mercados, porém, têm um limite de absorção, e descartar o excesso de volta para o Golfo é prejudicial à vida marinha. Também é preciso uma energia formidável para impulsionar a água do mar por meio dos filtros de osmose reversa. Em Israel, carente não somente do petróleo mas também de rios que forneçam energia de hidrelétricas, a energia vem de usinas movidas a carvão que cobrem sua costa mediterrânea. Em 2011, a falta de água se tornou tão severa que, por um decreto emergencial, as usinas de dessalinização de Israel começaram a funcionar em período integral, queimando ainda mais carvão.

Mais energia solar pareceria a solução óbvia, mas a vantagem da luz solar do Oriente Médio é comprometida pelo fato de que a 45 graus Celsius, temperatura frequente em Arava, a eficiência dos painéis solares cai. "Estamos trabalhando para resolver isso", conta Tareq Abu Hamed, passando a mão na cabeça raspada.

No entanto, as temperaturas continuam subindo. Se o patriarca Jacó voltasse – ele passou por ali há 4 mil anos, a caminho de se reunir com seu filho José, que estava alertando os egípcios de escassez vindoura –, exceto pela vida selvagem, a paisagem ainda seria parecida. A vegetação primordial, agora, como à sua época, é de acácias resistentes, fonte de alimento para as gazelas, o íbex, insetos e pássaros. "Toda a agricultura do Vale Arava é baseada nelas", diz o colega de Abu Hamed, o ecologista Elli Groner. "Elas é que mantêm a terra no lugar, e sua água."

O problema é que as acácias estão morrendo, devido à redução de chuvas.

"Se elas se forem, haverá um colapso total do ecossistema, o que os ecologistas chamam de um estágio de mudança, de um estado para outro. Nós não sabemos qual será esse novo. Ninguém pode prever."

A Autoridade Israelense Protetora da Natureza sugeriu regá-las. Groner, que dirige ali uma pesquisa ecológica de longo prazo, tira os óculos de moldura metálica e gesticula para o vale seco. "Com água do Lago Kinneret? Das usinas dessalinizadoras?"

Ele acrescenta que a agência florestal israelense "fez a única coisa que eles sabem fazer. Eles começaram a plantar novas acácias. Os doadores do Fundo Nacional Judaico agora podem adotar uma acácia em Israel, para substituir uma morta."

Os ecologistas da população frequentemente abordam a Falácia dos Países Baixos: o fato de tantos pontos holandeses tão populosos terem um nível de vida tão alto não é a prova viva de que os humanos podem prosperar em um ambiente essencialmente artificial. Como todo o mundo, os holandeses precisam de coisas que só um ecossistema pode prover; felizmente, eles podem comprar essas coisas em outros lugares. Israel, igualmente, sobrevive do excedente (e da generosidade) dos outros.

Suponhamos, porém, que o custo do combustível para trazer bananas, mirtilos ou grãos, do outro lado do oceano, se torne proibitivamente alto – ou pela escassez, ou pelo que o combustível faz à atmosfera. Se Israel, a Palestina ou qualquer outro lugar da Terra algum dia for forçado a depender de sua autossuficiência, será preciso se contentar com numerosos dependentes humanos – e com o fato de que a humanidade depende de outras coisas viventes que requerem terra e água suficientes para florescer.

Não apenas israelenses e palestinos: na Terra Santa eles nem são os mais fecundos. As famílias beduínas, segundo imagina Alon Tal, podem ter uma média de até catorze filhos, o que seria a mais alta do mundo. Por sempre estarem se deslocando como nômades do deserto, ninguém nunca teve certeza disso. Mas eles são muitos.

Com apenas o Neguev restando para mais cidades e bases militares, Israel está reivindicando terras onde os beduínos tradicionalmente alimentam seus rebanhos. Com poucas chances, eles também estão se mudando para as cidades que Israel está construindo.

Na cidade beduína de Rahat, Ahmad Amrani, um professor escolar e um dos colegas de Alon Tal, do Partido Verde, está sobre um telhado plano de uma casa de quatro andares que ele agora partilha com vários membros de sua família. Na verdade, os Amrani habitam a rua inteira. "Todas as ruas ali embaixo", diz ele, indicando a cidade, onde treze mesquitas se destacam, em meio à poeira de vento e fragmentos plásticos, "são outra família."

Sua casa, de calcário Jerusalém polido, é praticamente vazia. Atrás há uma tenda beduína onde seus parentes passam a maior parte do tempo, sentados em tapetes e bebendo chá adoçado. Ao contrário de seu pai e avô, Ahmad não veste nem *caftan* nem *keffiyeh*[2]; ele veste *jeans* e uma jaqueta de couro. Ele também cursou uma universidade, o primeiro de sua família.

"Há dez anos, quando frequentei a Universidade de Ben-Gurion, eu era um dos quatro alunos beduínos. Hoje há mais de quatrocentos." Ele faz uma pausa. "E 350 deles são mulheres."

"Fazer a transição aos confins do urbanismo após uma vida passada na corcova de um camelo, conduzindo bodes pelo deserto aberto, não tem sido fácil para os homens beduínos", conta ele. Ninguém mais é xeique. Com a maioria dos homens sem trabalhar ou prover, as mulheres estão assumindo esse papel. Rapidamente, as jovens enxergam que, quanto mais formação tiverem, melhor é.

---

2. De origem mesopotâmica, *caftan* é um casaco de mangas compridas, abotoado pela frente e cujo comprimento chega até os tornozelos. *Keffiyeh* é um pano geralmente usado por homens do Oriente Médio, para proteger dos raios solares, da poeira e da areia de regiões áridas. (N.T.)

A grande pergunta agora é com quem essas mulheres bem-educadas vão se casar. "É uma questão delicada", diz Amrani. "Porque elas têm uma autoestima mais elevada e têm tido dificuldades de encontrar parceiros compatíveis. Um maior número delas estão permanecendo solteiras. E ninguém mais tem catorze filhos." Ele segue para sua tenda, para tomar chá e comer biscoitos de amêndoas. Sua esposa professora e seu filho único estarão em casa em breve.

Antes de deixar Israel e a Palestina, mais uma pergunta permanece. No entanto, sua resposta irá emergir mais claramente além desse ponto incandescente do Oriente Médio, onde as paixões humanas, espirituais e vorazes, resistem a ser reduzidas a mera demografia. Ainda assim, é bom lembrar que, em tempos de Gênesis, quando havia somente alguns milhares aqui, batalhas por fontes preciosas já estavam a caminho entre as tribos que cresciam.

Quarta pergunta

Se uma população sustentável para a Terra acabar sendo menor do que os mais de 10 bilhões para os quais rumamos, ou até menos que os 7 bilhões que já somamos, como elaborar uma economia para uma população em encolhimento e, depois, para uma população estável – ou seja, uma economia que possa prosperar sem depender de um crescimento constante?

CAPÍTULO 2

Um mundo com costuras que se esgarçam

CABO CANAVERAL, JUNHO DE 1994: SEISCENTOS CIENTISTAS E ENGENHEIROS estão fazendo um *tour* pelo John F. Kennedy Space Center, uma caravana de ônibus azuis e brancos, com ar-condicionado. Eles vieram de 34 países, para a Conferência Mundial de Energia por Hidrogênio, unidos pelo sonho de mudar o planeta, de uma economia movida a carvão sujo e petróleo para uma que seja limpa, a hidrogênio. Eles vieram trazendo desenhos de carros, utensílios, aeronaves, aquecedores, refrigeradores e indústrias inteiras – tudo não poluente.

Para eles, essa é uma peregrinação inspiradora. O tanque branco esférico no palanque, de onde a nave Columbia será lançada ao espaço, está cheio de puro hidrogênio. Desde antes mesmo dos lançamentos à Lua, a energia da Nasa para os astronautas no espaço vem de células de hidrogênio, de dispositivos que, assim como pilhas, fazem a conversão química do combustível diretamente para a eletricidade. Embora o hidrogênio que a Nasa usa seja derivado de gás natural, em um processo que também produz dióxido de carbono, os conferencistas torcem para que a eficiência da tecnologia solar logo progrida o suficiente para que as moléculas da água, não dos hidrocarbonos, sejam a fonte de matéria-prima.

Quase duas décadas depois, eles e uma nova geração de pesquisadores, como Tareq Abu Hamed, do Arava Institute, ainda estão esperando por um meio econômico de produzir energia limpa de hidrogênio. É frustrante, pois há mais hidrogênio no universo do que todos os outros elementos juntos. Seja queimado por uma combustão interna, seja injetado numa célula combustível, sua exaustão é simplesmente vapor de água. Teoricamente, essa exaustão poderia ser captada, condensada e escoada novamente para obter o hidrogênio, infinitamente. Um sistema perfeito e fechado – exceto por um pequeno detalhe irritante: neste universo, quantidades utilizáveis de gás hidrogênio puro só ocorrem naturalmente em locais como o Sol. Na Terra, todo hidrogênio é altamente aglutinado com outros elementos, tais como oxigênio, carbono, nitrogênio e enxofre. Romper essa aglutinação para liberá-lo – tirando o H do H_2O – exige mais energia do que o hidrogênio produz. O número de painéis solares necessários para extrair hidrogênio suficiente da água e abastecer nossa civilização não é remotamente prático. Depois de anos tentando, a forma mais eficaz de extrair hidrogênio ainda é usando um vapor superaquecido para isentá-lo de todo o gás natural, processo que também libera o incômodo poluente CO_2.

Isso é especialmente infeliz, pois durante um discurso, na conferência de hidrogênio de 1994, Daniel Goldin, diretor da Nasa, deu algumas notícias perturbadoras. Segundo ele, ao longo da década anterior, dados de satélites revelaram que os níveis do mar no mundo elevaram quase uma polegada. Goldin não precisou ligar os pontos para essa plateia em particular: eles conheciam a ligação entre a elevação do mar, as temperaturas globais e a emissão de dióxido de carbono pela energia gerada pelo ser humano. Mundo afora, quatro quintos da energia vêm de lixo orgânico antiquíssimo que a natureza não precisou para conduzir o planeta, portanto ele foi enterrado com segurança. Ao longo das eras, a matéria orgânica enterrada foi comprimida em carvão e petróleo altamente concentrados. Então, em menos de três séculos, os humanos desenterraram milhões de anos de matéria e queimaram-na. O gás inundou a atmosfera com mais dióxido de carbono do que a Terra viu em 15 milhões de anos – um tempo em que o mundo era um tanto perfumado, e seus oceanos eram trinta metros mais altos.

Essa foi uma das duas razões para que os pesquisadores de hidrogênio estivessem aplicados em uma alternativa ao combustível fóssil. A outra foi tratada naquela tarde, por um físico chamado Albert Bartlett. Professor emérito da Universidade do Colorado, Bartlett admitiu saber pouco de hidrogênio, mas alguma coisa sobre aritmética básica. Ele era especialmente fascinado pelo que acontece quando as coisas começam a se duplicar.

"Imaginem", disse ele, "uma espécie de bactéria que se reproduz ao se dividir em duas. Essas se tornam quatro, que se tornam oito, e daí por diante. Digamos que colocamos uma bactéria numa garrafa às 11h00 e, ao meio-dia, observamos que a garrafa está cheia. Em que ponto ela ficou meio cheia?"

A resposta acabou sendo às 11h59.

À medida que a plateia ia ficando atenta, Bartlett assentia, com sua careca cercada de poucos tufos grisalhos. "Agora", prosseguiu ele, "se você fosse uma bactéria na garrafa, em que ponto perceberia que está ficando sem espaço? Às 11h55, quando a garrafa só está 1/32 cheia e 97% de espaço aberto ansiando por desenvolvimento?"

Todos riram. "Agora, suponha que, com um minuto de sobra, a bactéria descubra três novas garrafas para habitar. Elas suspiram de alívio: elas possuem três vezes mais garrafas do que imaginavam, quadruplicando sua fonte de espaço. Isso certamente as torna autossuficientes em espaço. Certo?"

Só que, claro, não é. O ponto de vista de Bartlett era que, em exatamente mais dois minutos, as quatro garrafas estariam cheias.

Ele frisou que a duplicação expoente não apenas devora o espaço. Em 1977, o presidente americano Jimmy Carter frisou, em um discurso à nação, que "Durante os anos 1950, as pessoas utilizavam duas vezes mais petróleo do que durante os anos 1940. Durante os anos 1960, nós usamos duas vezes mais do que durante os 1950. E em cada uma dessas décadas, mais petróleo foi consumido do que em toda a história anterior da humanidade". Porém, à medida que o século foi terminando, esse ritmo inevitavelmente diminuiu.

"Nós pegamos as frutas que estão penduradas embaixo", disse Bartlett. "Encontrar mais vai ficando cada vez mais difícil."

À época, Albert Bartlett não sabia sobre a tecnologia do século XXI, para fraturar leitos rochosos e liberar gás natural encapsulado, ou sobre a extração de petróleo de areia – ou talvez ele soubesse, mas, à época, quando o preço do petróleo girava em torno de dezesseis dólares o barril, o custo disso tudo era proibitivamente alto, como os frutos que estão pendurados lá no topo. Porém, ainda assim, era apenas o equivalente a encontrar algumas novas garrafas: conforme a demanda segue aumentando exponencialmente, com países como a China e a Índia passando como balas pelos Estados Unidos, essas tecnologias nos dão, no máximo, mais algumas décadas – e muito mais CO_2.

Albert Bartlett, agora com oitenta e tantos anos, já contou sua história da bactéria a estudantes, cientistas, legisladores e qualquer grupo que ouvir mais de mil e quinhentas vezes. "Eles ainda parecem não entender", ele lamenta, lastimando o que parece ter recaído numa corrida para ver quanto prejuízo os combustíveis fósseis irão causar, antes que desapareçam, à medida que os humanos cavam ainda mais fundo, à procura dos combustíveis mais sujos.

Ele se espanta por que as pessoas acham o conceito de duplicação exponencial tão evasivo, mesmo quando ele apimenta com mais exemplos. Em um deles, um imperador chinês está encantado por um novo jogo que um de seus súditos inventou, chamado xadrez. Ele chama o inventor. "Escolha sua recompensa", ele ordena. "Qualquer coisa que desejar."

"Tudo o que quero é alimentar minha família", disse ele.

"Feito", respondeu o imperador. "De quanto você precisa?"

"Só um pouquinho. Na verdade, Sua Alteza pode medir no tabuleiro de xadrez. Coloque um grão no primeiro quadrado. Coloque dois no quadrado seguinte, e dobre a quantidade em cada quadrado posterior. Isso será suficiente."

O imperador negligenciou o fato de que alguém capaz de inventar o xadrez só poderia ser um exímio matemático. Ao fim da primeira fileira do tabuleiro de xadrez, no oitavo quadrado, o inventor tinha 128 grãos de arroz – não chegava a encher a boca. Até a 16ª, ele já tinha 32.768. Depois de três fileiras, o total era de 8.388.608 grãos de arroz, o suficiente para esvaziar os armazéns do palácio. Até a metade do tabuleiro de xadrez, ele seria dono de todo o arroz da China – e, no último quadrado, 18 quintilhões de grãos de arroz: mais do que o planeta inteiro jamais produziu.

Claro que as coisas não chegaram tão longe; muito antes, o imperador mandou decapitá-lo.

Há outros exemplos, todos como tabefes na testa: se você dobrasse uma folha de papel ao meio e continuasse dobrando (sete dobras é geralmente o limite físico), depois de 42 vezes sua espessura chegaria à Lua. Mas a graça da duplicação exponencial começa a esvaecer quando você passa a notar que foi um dos duplicadores. Albert Bartlett, que vive em Boulder, Colorado, começou a dar sua palestra nos anos 1960, quando ele viu um panfleto da Câmara de Comércio que dizia "Dobrando sua população em dez anos, Boulder será, de fato, uma comunidade estável e próspera".

A matemática rápida mostrou a Bartlett que, se a duplicação prosseguisse naquele ritmo, até 2000 Boulder seria maior que a cidade de Nova York. Que estabilidade. Felizmente, a duplicação diminuiu, conforme os residentes de Boulder resistiram a desenvolver todas as garrafas vazias de espaço aberto que cercavam a cidade, a fim de poupar motivo cênico para se viver ali – junto com o suprimento de água da cidade.

Nos últimos anos, Bartlett gerou controvérsia ao propor o fim da imigração, antes que os Estados Unidos fossem engolidos pela humanidade. Mas até mesmo críticos que desafiam a complexidade ética, prática, social e ambiental de tal medida não discordam de sua matemática – principalmente quando a escala aumenta tanto, a ponto de perdermos de vista o que está nos acontecendo. A escala planetária, por exemplo. Em 1900, havia 1,6 bilhão de pessoas na Terra. Então, durante o século XX, a população do mundo dobrou e depois dobrou novamente. Quanto espaço isso deixou em nossa garrafa? Como podemos saber, de fato, se já a enchemos?

Os lançamentos cessaram em Cabo Canaveral. Algo também parou na Flórida, pelo menos por hora: a maior explosão imobiliária da história. Em 1999, o *Tampa Tribune* relatou que o uso para o planejamento territorial das 470 cidades e municípios do estado permitiria 101 milhões de residentes, somando "as populações da Califórnia, do Texas, de Nova York e da Pensilvânia, dentro das fronteiras da Flórida". Esse número absurdo pode ter refletido com precisão a negligência crônica dos planejadores da Flórida em relação aos pomares, fazendas, florestas, vida selvagem, lagos, rios e aquíferos.

Dez anos depois, os subúrbios fantasmas infringindo um dos ecossistemas mais raros da Terra, os Everglades, atestaram que eles negligenciaram mais que isso. Uma terra devastada por condomínios vazios com azulejos espanhóis, *shoppings* fechados e hospitais inacabados estava sucumbindo ao mofo, sobre o que, uma década antes, eram áreas pantanosas repletas de cegonhas da floresta e pardais de Cape Sable ameaçados de extinção, cercadas por campos de tomates.

Esse é um dos vários marcos zero da bolha imobiliária na região conhecida como o Cinturão do Sol dos Estados Unidos, que explodiu em 2008. Depois de ficarem sem compradores imobiliários qualificados, à medida que os empregos de classe média nos Estados Unidos foram exauridos, os bancos inventaram hipotecas baseadas na fantasia de que alguém que não conseguisse pagar parcelas mensais de empréstimos a 6% seria magicamente capaz de pagar taxas inflacionadas sete ou dez anos depois. Concedendo milhares desses empréstimos, em pacotes duvidosos com nomes derivativos que impressionam, eles venderam para investidores ingênuos ao redor do mundo. (Para garantir, eles compraram posições de curto prazo nesses pacotes, o que lhes permitiu um lucro limpo, quando eles se provaram sem valor.)

Presumivelmente, o mundo agora sabe melhor – exceto pelo fato de, apesar do massacre econômico que deixou a Flórida com 300 mil habitações vazias, desde então seu governo já ter aprovado o zoneamento para mais 550 mil. Uma incoerência tão aparente com a realidade revela o que os psicólogos podem chamar de codependência disfuncional entre nossa população e nossa economia. Se medirmos a saúde econômica, como geralmente fazemos, pelo número mensal de habitações iniciadas, alguém terá de viver nessas casas que construímos, terá de mobiliar e decorá-las, e comprar o que for necessário para mantê-las. Isso equivale a um bocado de produtos, cada um deles representando empregos para quem os fez e vendeu. Quanto mais empregos, mais trabalhadores – independentemente de onde vivam – precisarão preencher essas vagas. Quanto mais produtos, mais clientes são necessários para comprá-los. Isso parece agradavelmente circular e talvez seja – exceto pela parte do *mais*.

Em determinada altura, algo finalmente termina. No colapso imobiliário, a escassez foi de gente com dinheiro suficiente para pagar suas hipotecas, levando milhões a perder os imóveis. Porém, apesar disso, nos Estados Unidos, assim como no mundo, o número de pessoas continua aumentando e, à medida que aumenta, também é preciso aumentar a economia global para alimentar, vestir e abrigar toda essa gente – além desses pontos básicos, servir e entretê-los, de tantas formas quantas precisarem ou desejarem, e de tantas formas quantas os publicitários conseguirem convencê-los de que há algo novo e empolgante de que eles também precisam. Portanto, em lugar de um círculo, há uma espiral. Os números crescem em espiral, as cidades aumentam em espiral, as casas se acumulam, então subitamente tudo se esparrama. Algo que, exceto para os construtores, é uma coisa boa demais.

Em 1950, dois terços dos humanos ainda viviam na área rural. Hoje, mais da metade vive nas cidades. Os habitantes urbanos, precisando de menos mão de obra para o cultivo, tendem a ter menos filhos. Na verdade, o ritmo de duplicação da humanidade finalmente desacelerou. Mas essa diminuição não significa não crescer. Dizer que a urbanização resolveu o excesso populacional negligencia o fato de que, em boa parte do mundo, a porta do celeiro foi fechada depois que os cavalos já tinham partido.

Mesmo que hoje a população reprodutora esteja tendo menos filhos por família, pelo fato de seus pais e avós terem tido tantos, a cada quatro dias e meio há mais um milhão de pessoas no planeta. Nem para uma criança de ensino primário isso soa muito sustentável.

Hoje existem cerca de quinhentas cidades com um milhão de habitantes ou mais. Vinte e sete cidades têm mais de 10 milhões, e doze delas têm 20 milhões. (A grande Tóquio, a maior área urbana do mundo, tem 35 milhões.) Em nosso ritmo desacelerado, até a metade deste século, ainda acrescentaremos cerca de metade das pessoas que já temos, aumentando entre 9 e 10 bilhões[3], talvez mais, todas produzindo lixo e emitindo dióxido de carbono, todas demandando alimento, combustível, espaço habitacional, serviços múltiplos – e, para os que recentemente se mudaram para a cidade vindos do interior: uma quantidade de energia consideravelmente maior, para carregar seus telefones celulares e ligar seus inevitáveis aparelhos de televisão.

3. Essa estimativa, amplamente aceita, vem da Divisão Populacional das Nações Unidas.

Todo esse CO_2 vai se acumulando, acumulando: um estudo de 2008, realizado pelos cientistas Paul Murtaugh e Michael Schlax, da Universidade Estadual do Oregon, estimou que, prevendo emissões eventuais pelos descendentes de uma mãe, sob as condições atuais nos Estados Unidos, "cada criança acrescenta cerca de 9.441 toneladas cúbicas de dióxido de carbono ao legado de carbono de uma mulher mediana, que é 5,7 vezes as emissões que ela faz ao longo de sua vida". Não são necessárias habilidades matemáticas de um físico para ver que algo está errado, quando inundações e tempestades que só ocorrem a cada quinhentos anos começam a acontecer duas vezes, ou mais, na mesma década. Nos últimos anos, em todos os continentes e arquipélagos habitados os alunos viram suas escolas serem inundadas.

Enquanto já enfrentamos dificuldades para sustentar 7 bilhões de pessoas, acordar com surpresas como tempestades de areia na China, grandes o suficiente para cobrir oceanos, ou as florestas do oeste da América do Norte, Sibéria e Austrália cobertas de fumaça, a possibilidade dos mais de 10 bilhões não somente desafia nossa imaginação, mas, como os empréstimos habitacionais *subprime*, também pode desafiar a realidade. Em toda a história da biologia, todas as espécies que aumentam mais que sua base de recursos sofrem um colapso populacional – um colapso que às vezes é fatal para toda a espécie. A questão pode não ser apenas precisarmos parar de crescer, mas, para nossa própria sobrevivência, temos de diminuir nossos números, baixando o que há agora, para uma quantidade com a qual possamos literalmente viver.

Independentemente de aceitarmos ou não, este provavelmente será o século que determinará qual é a população humana ideal para nosso planeta. Isso se dará de uma das duas formas seguintes: ou nós decidimos administrar nossos números, para evitar uma colisão de cada linha do gráfico da civilização, ou a natureza fará isso por nós, na forma de fome, sede, caos climático, ecossistemas arruinados, doenças oportunistas e guerras por recursos minguados que finalmente farão nossa população diminuir. Administrar a população, do modo como a China tentou fazer, evoca imagens assustadoras de governos coercitivos invadindo nossos quartos e até os quartos de nossos bebês. No entanto, uma variedade surpreendente de culturas descobriu formas não invasoras de incentivar as pessoas a crer que famílias menores podem ser de seu próprio interesse, assim como de sua sociedade.

E o melhor interesse de seu planeta?

"A ideia de que os números crescentes de humanos vão destruir o planeta é tolice. Mas o consumo excessivo, vai", dizia um artigo de 2010, publicado pela *Prospect Magazine*, intitulado "The Overpopulation Myth". Muitos concordariam: reduzir a quantidade de coisas em nossas vidas e encolher a área de alcance para não sair pisoteando em todo o restante. E aprender a compartilhar: se nós distribuíssemos igualmente todo o alimento que cultivamos, haveria de sobra para todos nós.

Essas são metas valorosas. Mas a ideia de que o ímpeto consumista de todos seria contido em breve é provavelmente uma ilusão. Se salvar o planeta depende de mudar a natureza humana aquisitiva – significando, entre outras coisas, apertar o cinto para os orçamentos comerciais de propaganda –, a Terra provavelmente estará inteiramente perdida, antes que isso seja alcançado.

Quanto à distribuição igualitária de alimento: isso significa dentre todas as espécies vivas, ou apenas entre a nossa? Desde que Deus informou a Noé que, para começar novamente a raça humana, ele tinha de salvar não apenas a sua família mas também todos os animais, está entendido que nós não podemos ter um mundo sem eles. Porém, com a produção de alimento para os seres humanos ocupando cerca de 40% da superfície terrestre não gelada, além de todas as estradas e cidades, nós já requeremos quase metade do planeta para apenas uma espécie – nós. Como os outros vão sobreviver?

Os herbívoros alegam que, se todos fossem vegetarianos, só precisaríamos de um quarto dessa terra, já que todo o restante atualmente vai para os animais pastarem, ou para criação de alimento para eles. (E a produção de 1 quilograma de carne emite tanto dióxido de carbono quanto um carro comum percorrendo 250 quilômetros, e usa dez vezes a água de 1 quilograma de trigo.) Tudo muito verdadeiro – mas, por outro lado, nada fácil, e também é verdade que a demanda mundial por carne ainda está aumentando, e não diminuindo. A maioria das pessoas, quando finalmente pode pagar, tende a ansiar por carne. Mais saudável ou não, os *vegans* podem não prevalecer.

Já que a população está crescendo principalmente nos países mais pobres e mulheres pobres têm bebês, esperar que os mais fracos salvem o mundo do prejuízo que os mais poderosos causaram parece terrivelmente injusto. "Colocar a culpa pela degradação ambiental no excesso de população livra a cara dos verdadeiros culpados", é o que diz em *10 Reasons to Rethink 'Overpopulation'*, uma edição de 2006, de PopDev, um *website* administrado pela ativista em saúde Betsy Hartmann, diretora do Programa de População e Desenvolvimento do Hampshire College. "Em termos apenas de consumo de recursos", prossegue o artigo, "a parcela mais rica de um quinto das pessoas do mundo consome 66 vezes mais que o quinto mais pobre. Os Estados Unidos são o maior emissor de gases de efeito estufa, responsáveis pelo aquecimento global – e os menos dispostos a fazer algo a respeito disso."

Com exceção da emissão de carbono da China, que superou os Estados Unidos, e as probabilidades, agora mais desiguais, favorecendo os abastados, esses argumentos ainda são persuasivos. No entanto, justo ou não, no ecossistema atual, a presença de todos importa. Nossos números chegaram a um ponto onde essencialmente redefinimos o conceito do pecado original. Desde o instante em que nascemos, até mesmo o mais humilde de nós tem peso no total de problemas do mundo, por necessitar de alimento, lenha e um teto, só para começar. Literalmente, assim como no sentido figurado, estamos todos exalando CO_2 e empurrando outras espécies para o precipício. E os Estados Unidos não são apenas um poluidor notório, lá o ritmo ainda está crescendo, e mais depressa do que em qualquer nação desenvolvida. Qualquer discussão sobre redução de população que não inclua os Estados Unidos seria sem sentido, sem mencionar racista.

E também há a opinião otimista de que a necessidade sempre deu origem às invenções, quando nós precisamos, e que nossa inclinação criativa para a tecnologia certamente irá resolver o futuro – o otimismo tecnológico de Israel. "Aprendemos a cavar mais fundo, bombear mais depressa. E inventamos novas formas de energia", escreveu o economista Julian Simon, da Universidade de Maryland, em seu livro *The Ultimate Resource II*. O último recurso a que ele se referiu era a ingenuidade humana, e ele defende o crescimento da população, portanto nós teríamos mais gente.

No entanto, os avanços tecnológicos ainda precisam resolver qualquer coisa sem causar outros problemas imprevistos. Além disso, como a comunidade do hidrogênio sabe, os problemas são difíceis. Isso inclui a outra forma de energia à base de hidrogênio, fusão fria – basicamente, uma bomba H controlada – cuja chegada projetada parece eternamente a quarenta anos de distância. Até agora, nossas melhores fontes de energia alternativa são a solar e a eólica. Embora haja inúmeras formas de aplicá-las, com muito mais abrangência do que o fazemos, nós mal começamos, e o maior negócio do mundo, ávido para espremer até a última gota de petróleo da crosta terrestre, não ajuda muito as coisas. Mesmo que melhorássemos muito a nossa eficiência em fontes energéticas, para gerar energia solar e eólica, e suprir a demanda de todo o nosso transporte e nossas indústrias, e nossas Chinas e Índias, ainda estaríamos bem longe de atender tudo.

E ainda que nós, de alguma forma, imaginássemos uma fonte de energia ilimitada e livre de emissões, isso não curaria o tráfego, nem a expansão, nem a poluição sonora. Inevitavelmente, só iria estimular a fome por mais recursos. No entanto, a única tecnologia que de fato poderia fazer diferença em nosso impacto coletivo, é aquela que nós já possuímos: a que restringe o número de consumidores.

O planejamento familiar – termo menos oneroso para controle de natalidade – não pode resolver tudo: devemos ainda tentar converter todos os que forem possíveis, principalmente a geração vindoura, de carnívoros viciados em energia em indivíduos que compartilham, ambientalistas astutos, preservadores dos baixos teores de carbono. Isso tampouco está livre de perigos: como qualquer outra coisa que os humanos fazem, isso pode ser, como já foi, utilizado para o mal, tal como a eugenia. E se a redução da população implica encolher a economia, dessa nós já temos medo de sobra. No entanto, quando os números caem, como ocorre com o Japão, cuja população envelhecida já está em processo de encolhimento, pode haver novas oportunidades de prosperidade que nos escaparam, em nossa corrida louca pelo crescimento cada vez maior, até colidirmos com a realidade.

Dentre elas, há uma chance muito melhor de igualar as coisas. Portanto, vamos definir a população ideal como o número de humanos que podem desfrutar um nível de vida que a maioria de nós considere aceitável. Um nível de vida, digamos, equivalente ao nível europeu, anterior à crise do euro[4]: bem menos intensivo em relação à energia do que os Estados Unidos ou a China, bem mais hospitaleiro do que boa parte da África ou do sudeste da Ásia, e com a maior porcentagem possível de mulheres educadas e habilitadas – o que pode ser o anticoncepcional mais eficaz de todos.

Então, que número é esse? E como chegamos lá?

Já que foram quase 200 mil anos, desde o surgimento do *Homo sapiens*, para que nossa população chegasse a um bilhão, por volta de 1815, e subitamente, temos sete vezes isso – como aconteceu? Como chegamos *aqui*?

4. Resultado do mesmo fiasco habitacional.

CAPÍTULO 3

Contagem de corpos e o paradoxo do alimento

1. Corpos

A evidência genética sugere que em algum momento, entre 50 mil e 100 mil anos atrás, nossos ancestrais *Homo sapiens* possivelmente eram menos de 10 mil. Então, eles começaram a vagar para fora da África, seguindo o corredor da espécie rumo ao norte, passando pelo que atualmente são Israel e Palestina, adentrando Europa, Ásia e além. Ao descobrirem mais formas de sustento à medida que se expandiam, eles começaram a aumentar, porém quase imperceptivelmente. Como frisa Robert Engelman, do Worldwatch Institute, em seu livro *More*, se eles tivessem se multiplicado nas proporções do crescimento moderno (atualmente 1,1% anualmente, em todo o mundo, duplicando a cada 63 anos), em alguns milênios, não apenas a Terra como também todo o Sistema Solar não poderia nos conter.

O simples motivo para que a população tenha se mantido baixa, até a recente história humana, é que as pessoas morriam tão rapidamente quanto as que nasciam. Por dezenas de milhares de anos, a maioria delas nem sequer chegava ao primeiro aniversário. Os índices de nascimento podiam ser altos, mas a mortalidade de recém-nascidos também o era. Uma mulher dava à luz sete, e dois talvez vivessem.

Duas pessoas, um homem e uma mulher, que produzem duas crianças, essencialmente substituem a si mesmos[5]. Qualquer coisa além de dois aumenta a população. O fato de que a população tenha aumentado tão lentamente, até cerca de dois séculos atrás, significa que o número médio de filhos que duraram o suficiente para também terem filhos era pouco mais de dois. Para cada família com mais de dois que sobreviveram até a idade adulta, outros tinham apenas um ou nenhum que chegava à fase adulta – qualquer número abaixo de dois faz a população encolher.

Ocasionalmente, ela encolhia drasticamente, como durante a Peste Negra, que matou a quantidade estimada de um quarto da humanidade, em meados do século XIV. Mas mesmo sem epidemias incomuns, a mortalidade geral que costumava recair sobre cada família só começou a se dissipar em 1796. Naquele ano, o cirurgião britânico Edward Jenner descobriu uma vacina para varíola, doença que costumava derrubar os números a cada ano, aos milhões. A cura de Jenner também foi a primeira vacina para algo. Isso inspirou Louis Pasteur, químico francês do século XIX, a desenvolver, dentre outras, as vacinas contra raiva e o antrax. Pasteur fez outras duas contribuições-chave para a sobrevivência humana. Uma foi o processo conhecido e ainda usado em nossos laticínios. A pasteurização prolongou a vida do leite na prateleira, o que melhorou a nutrição e reduziu infecções patogênicas como a salmonela e as causadoras da febre escarlate, difteria e tuberculose.

Pasteur também foi instrumental para convencer a humanidade de que uma doença não ocorria por meio de alguma geração espontânea misteriosa, mas era disseminada por germes. No século XIX, o sabão em barra tornou-se comum, pela primeira vez, tanto em lares quanto em hospitais. Antes disso, os pacientes morriam de infecções contraídas pelas mãos não esterilizadas do cirurgião, ou do bisturi, com a mesma frequência que morriam pela doença que ele estava tentando curar. Um dos primeiros usos do desinfetante cirúrgico foi numa maternidade em Viena, onde os médicos lavavam suas mãos com uma solução de cloro

---

5. Os demógrafos de hoje posicionam os índices de substituição ligeiramente acima de 2 (uma média de 2,1 filhos por mulher no mundo desenvolvido), porque alguma mortalidade infantil é inevitável. Para as nações em desenvolvimento, onde as crianças são mais vulneráveis, o número é mais alto. A taxa de substituição média mundial é de 2,33.

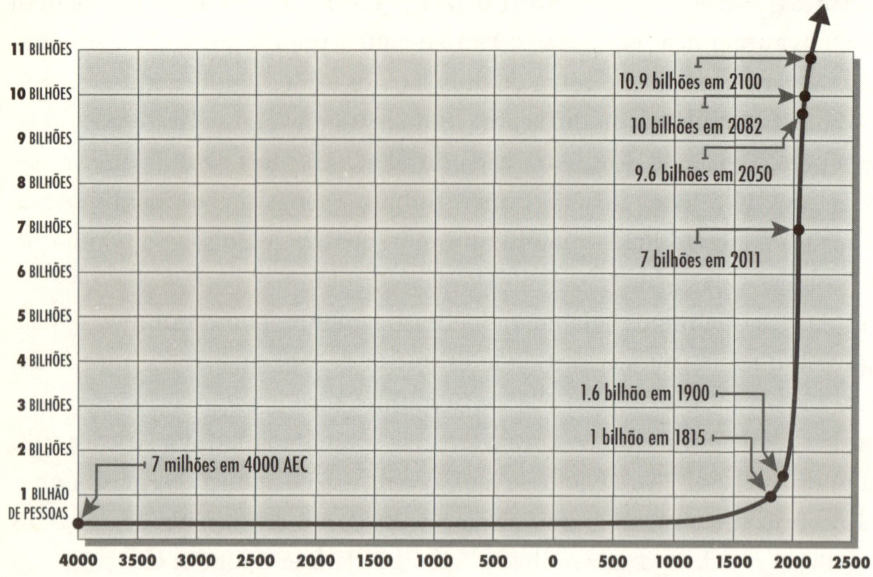

que diminuiu em dez vezes a mortalidade tanto do bebê quanto da mãe – uma inovação com impacto direto no número de humanos vivos.

No século XX, os avanços da medicina continuaram chegando, cada um salvando, e estendendo, mais vidas. Depois que o microbiólogo cubano Carlos Finlay identificou o vírus da febre amarela, os médicos norte-americanos William Gorgas e Walter Reed implantaram o primeiro programa mundial de controle maciço de mosquitos, sem o qual o Canal do Panamá jamais teria sido concluído. Mais vacinas para difteria, tétano e finalmente a pólio, e a invenção crucial dos antibióticos, baixaram a mortalidade e aumentaram a longevidade – o que significou mais gente viva, jovem e velha. Em 1800, a expectativa média de vida no nascimento era de 40 anos. Hoje, na maior parte do mundo, é quase o dobro.

Mais gente que não morria cedo e vivia mais tempo: quem poderia fazer uma objeção a isso? "Os objetivos humanos de baixar a taxa de mortalidade são muito importantes para mim", admite Albert Bartlett, alegremente, "se é a expectativa de minha morte que eles estão diminuindo."

Nenhuma discordância de ninguém acima de 40, que talvez não estivesse vivo se não fossem essas vitórias médicas. Provavelmente, ninguém mais vai contestar. Portanto, qualquer discussão sobre a população ideal para a raça humana precisa presumir um sistema de saúde ideal. A ideia de baixar os padrões médicos para limitar nosso número não é mais aceitável do que nos reduzirmos por meio de seleção natural.

Isso, no entanto, não descarta um argumento ético levantado pelas implicações de maiores avanços médicos. Se quaisquer dos maiores desafios atuais – digamos, encontrar a cura para a malária ou o HIV – obtivessem sucesso, isso incitaria um aumento significativo no censo da humanidade. Somente a malária mata uma criança a cada 30 segundos. Se as crianças parassem de morrer pela doença, elas sobreviveriam para reproduzir mais crianças que tampouco morreriam de malária. Como seria uma falta de consciência opor-se à erradicação da malária somente para controlar o número de humanos, a questão passa a ser se os patrocinadores das pesquisas da malária e do HIV têm uma obrigação moral para também custear o planejamento familiar – para que nosso impacto numérico não ameace as bases ecológicas da vida humana.

Até agora, não existe vacina contra a extinção.

2. A nova cornucópia

A outra razão para que a humanidade tenha inflado tão subitamente no último século é que houve um aumento sem precedentes de suprimento alimentar. Ser capaz de nutrir todos na Terra parece outra insensatez moral. Só que essa é mais capciosa. Isso levanta um paradoxo que, a princípio, parece tão contraintuitivo quanto os resultados inesperados da duplicação exponencial.

O número crescente de pessoas foi crucial para o sucesso da Revolução Industrial europeia, de trabalho intenso. Mas isso também significou que a Europa tinha de produzir mais comida do que jamais teve para alimentar a todos. Um químico alemão, Justus von Liebig, leva o crédito por duas contribuições a essa causa – uma imensa, a outra monumental. A imensa foi desenvolver o primeiro leite em pó para bebês. Se sua criação era, como ele alegava, tão nutritiva quanto o leite materno, isso ainda é algo fervorosamente contestado. Ainda assim, isso libertou muitas mães da atividade exaustiva de amamentar indefinidamente e permitiu que seus bebês sobrevivessem ao desmame precoce. E como a lactação libera hormônios que tendem a suprimir a ovulação, menos amamentação resultou em ainda mais gravidez.

A segunda descoberta de Justus von Liebig, a monumental, foi que o nitrogênio, em conjunto com o fósforo e o potássio, é um dos nutrientes essenciais para as plantas. Embora ele seja considerado o inventor do fertilizante, ele não foi o responsável pelo nitrogênio artificial usado hoje, uma inovação que provavelmente mudou o curso dos acontecimentos humanos, mais do que qualquer outro da história moderna, incluindo os carros e os computadores. Isso viria depois. No tempo de von Liebig, os fertilizantes comerciais de nitrogênio vinham, primordialmente, do excremento de aves marinhas e morcegos. Especialmente valioso era o guano das ilhas costeiras do Peru, onde cormorões, pelicanos e gansos-patola que se alimentavam de gigantescos cardumes de anchovas altamente nutritivas depositavam camadas de fezes brancas de 45 metros de espessura. No século XIX, galeões e navios a vapor transportaram mais de 20 milhões de toneladas dessa carga, contornando Cape Horn, rumo à Europa.

Tendo negligenciado patentear suas descobertas, von Liebig pouco lucrou com elas. Mais tarde, humilhado pelas riquezas adquiridas pela Nestlé e outros concorrentes, ele chegou a garantir os direitos de uma última invenção, cuja contribuição à nutrição humana é discutível: o cubinho de caldo de carne.

O nitrogênio, nutriente essencial, é um gás tão relativamente inerte que, ao contrário do hidrogênio, há em grande quantidade por aí, flutuando em seu estado livre. Na verdade, mais de três quartos do ar que respiramos é puro nitrogênio. Nada em nossos pulmões tem uma combinação química com ele, portanto nós o exalamos sem qualquer dano. Em toda a natureza, somente uma família de enzimas pode fixar o nitrogênio transportado pelo ar – ou seja, absorvê-lo e quimicamente convertê-lo em uma forma não gasosa, como o amônio, nutriente de plantas. Apenas algumas plantas abrigam as bactérias que apresentam essas enzimas, que, por sua vez, são nutridas pelos nódulos em suas raízes.

São principalmente leguminosas como lentilhas, feijão, trevos, soja, ervilha, alfafa, acácia e amendoim. Até chegarmos ao fertilizante sintético, esses pares simbióticos de planta e bactéria eram a principal fonte de nitrogênio no solo, limitando a quantidade de vida da planta que o planeta podia produzir. Literalmente qualquer coisa verde que crescia estava se beneficiando do nitrogênio que as plantas leguminosas tinham fixado. Por esse motivo, os agricultores tradicionalmente faziam rotação de legumes com grãos, ou os cultivavam juntos (como o milho e o feijão, na América Latina), ou aravam a plantação cobrindo com trevos ricos em nitrogênio, para reabastecê-la de nutrientes.

Justus von Liebig agora estava trazendo, do outro lado do mundo, o nitrogênio extra para a mistura, porém, como seus fertilizantes vinham de fontes naturais, eles também era limitados pela cadeia alimentar biológica. Até o começo do século XX, a coleta fácil nas ilhas peruanas já havia se esgotado e o novo guano não estava sendo produzido na mesma velocidade que os novos bebês humanos. A próxima fonte de nitrogênio a ser explorada era salitre: vinha do cristal de nitrato de sódio, em abundância somente em ambientes muito secos, como o Vale da Morte, na Califórnia, e o Deserto do Atacama, no Chile. Então, em 1913, a tecnologia agrícola furou o teto da natureza. Fritz Haber e Carl Bosch, que descobriram como tirar o nitrogênio do ar para alimentar as plantas com quantidades muito além do que von Liebig jamais imaginou, também eram alemães. Cada um deles viria a receber um Prêmio Nobel por suas contribuições separadas, ao que ficou conhecido como o processo Haber-Bosch, que transformou o mundo como nenhum outro. E cada um deles acabaria arruinado pela nacionalidade alemã.

Fritz Haber nasceu numa família judia prussiana hassídica, em 1868. Ele estudou química com Robert Bunsen, cujo bico de gás enfatizou consideravelmente as pesquisas laboratoriais. Em 1905, quando lecionava na Universidade de Karlsruhe e pesquisava termodinâmica, Haber descobriu que, ao passar o nitrogênio e o hidrogênio por um ferro catalisador a 1.000 °C, ele poderia produzir pequenas quantidades de amônia. Mais tarde, acrescentando alta pressão, ele realizou isso com metade da temperatura.

Após publicar suas descobertas, seu processo foi adquirido pelo fabricante de corantes Basf. Eles designaram um jovem engenheiro, chamado Carl Bosch, para realizar o experimento laboratorial de Haber, feito com a amônia, agora em níveis industriais. Bosch passou quatro anos desenhando câmaras de tubos duplos que não explodissem sob pressão, um catalisador de ferro purificado e fornalhas que suportassem altas pressões e temperaturas.

Em 1913, a Basf abriu sua primeira fábrica de amônia sintética. A amônia era a matéria-prima para o sulfato de amônia – fertilizante de nitrogênio. O fabricante de corantes agora estava em um negócio completamente novo: a agroindústria. Em alguns anos, esse novo nutriente artificial já estava fazendo história, enquanto um bloqueio dos Aliados impedia o acesso alemão ao salitre chileno durante a Primeira Guerra Mundial. Agora, a Alemanha não apenas poderia suprir a si mesma como também o sulfato de amônio podia ser convertido em nitrato sintético, por meio do qual não demoraria para que a Basf logo começasse a fabricar pólvora para armamentos e explosivos. Sem o processo Haber-Bosch, a Primeira Guerra Mundial teria sido bem mais curta.

A descoberta de Fritz Haber de como sintetizar o fertilizante foi tão grandiosa que um Nobel de Química não teria sido surpresa. Porém, no ano de 1918, exatamente quando a guerra terminou, era controverso. Durante a guerra, Haber alcançou a patente de capitão, primeiro por propor, depois por dirigir o uso alemão das armas químicas nas trincheiras do inimigo. Quando sua esposa, que também era química, descobriu que ele foi o responsável pelos ataques de gás de cloro e mostarda, ela se suicidou. (Mais tarde, o filho do casal, que também era químico, tirou a própria vida pelo mesmo motivo.)

A habilidade de Haber para desenvolver a química para a agricultura, que poderia ser revertida para fins sombrios, não parou aí. Um pesticida que ele criou para utilizar em armazenamento de grãos, à base de cianureto Zyklon A, foi posteriormente refinado pelos químicos nazistas e transformado em um gás Zyklon B, bem mais potente, e usado nos campos de extermínio. Embora tenha nascido judeu, Haber não foi uma vítima direta de sua própria invenção. Por se converter em estudante de luteranismo, e por sua substancial contribuição militar, ele foi protegido, em 1933, para que as ordens do governo nazista, que custaram os empregos de uma dúzia de judeus de seu laboratório, não se aplicassem a ele. Ao se demitir em protesto pela demissão deles, Haber ficou chocado quando descobriu que sua única escolha era o exílio. Um patriota que não tinha receio de aplicar sua genialidade às armas químicas, tornou-se, fora da Alemanha, um homem derrotado. Ele morreu em um ano – a caminho da Palestina, onde o sionista e futuro presidente israelense Chaim Weizmann o convidou para liderar o instituto de pesquisas que hoje ostenta o nome de Weizmann.

Carl Bosch, indicado a diretor da I.G. Farben, conglomerado que comprou a Basf, tornou-se um dos industriais mais poderosos da Alemanha. Seu Prêmio Nobel, em 1931, foi por conta de suas realizações com química de alta pressão, que também incluiu a invenção da reforma a vapor de gás natural para produzir hidrogênio. Alarmado com o Terceiro Reich, em determinado momento ele se encontrou com Hitler para tentar dissuadi-lo de conduzir o país a outra guerra. O Führer não se abalou, apenas providenciou a dispensa de Bosch da I.G. Farben, que mais tarde produziu Zyklon B. Desesperado e alcoólatra, Bosch morreu em 1940.

Entre as duas guerras que o trabalho dos dois ajudou a prolongar de forma tão horrenda, o processo de fertilizante sintético de Haber e Bosch espalhou-se pelo mundo e acabou revolucionando a agricultura. Criar fertilizantes artificiais requer alta temperatura e pressão, significando acréscimos intensos de energia (hoje, 1% do total mundial). Pelo fato de que os fertilizantes também precisam de gás natural para seu componente de hidrogênio, eles são duplamente dependentes de combustíveis fósseis. Dessa forma, o nosso suprimento de nitrogênio artificial só irá durar enquanto eles durarem. Porém, contanto que os tenhamos, o nitrogênio artificial praticamente duplica a quantidade de nutriente da planta que a natureza pode prover, e quase metade de nós não poderia estar aqui sem ele.

Antes que o fertilizante de nitrogênio artificial se tornasse amplamente disponível, a população do mundo era cerca de 2 bilhões. Quando não mais o tivermos, ou se algum dia resolvermos parar de usá-lo, esse pode ser um número ao qual voltaremos, naturalmente.

3. Fome

Em agosto de 1954, Bill Wasson, com 29 anos de idade, garantiu que Deus existia. Criado numa família católica devota e caridosa, em Phoenix, Arizona, ele nunca tivera motivo para duvidar – até que, enquanto se preparava para ser missionário, os beneditinos o expulsaram, durante seu último ano de seminário. Segundo eles, uma cirurgia de emergência para remover metade de sua tireoide o deixara fraco demais para o sacerdócio.

Arrasado, ele voltou para casa. A família convenceu o filho profundamente deprimido a se formar. Ele se formou em direito e sociologia, mas continuou abaixo do peso e tristonho. Umas férias na Cidade do México quase se tornaram desastrosas, quando ele teve uma recaída, até que o médico mexicano determinou que ele havia, sem querer, tomado uma dose excessiva de sua medicação diária para a tireoide. Subitamente, Wasson se sentiu bem, como não se sentia havia anos. Grato por ter encontrado um médico em quem ele confiava, ele ficou por lá e assumiu um cargo lecionando psicologia e criminologia na Universidade das Américas.

Mas ele ainda lamentava seu sonho perdido de não ter sido um padre para os necessitados. Ele finalmente foi a um psicanalista, que também era um padre católico. "Você não é maluco", ele disse a Wasson. Em vez de psicoterapia, ele prescreveu uma reunião com o novo bispo de Cuernavaca, a uma hora ao sul da Cidade do México. Em seu primeiro ano, 1953, o bispo Sergio Méndez Arceo já havia escandalizado párocos abastados e se afeiçoara aos pobres, acrescentando *mariachis* das ruas à missa dominical na catedral. Depois de duas horas interrogando o americano alto e magrelo, de cabelos claros, ele disse a Wasson para se preparar. "Em quatro meses eu vou ordená-lo."

Ele lhe concedeu Tepetates, uma igreja no mercado de Cuernavaca. Wasson adorou. Ele transformou metade das instalações em uma clínica gratuita e uma cozinha para servir sopa. Ao descobrirem que o ladrão que vinha roubando a caixa de donativos da igreja era um órfão de rua, ele se recusou a deixar a polícia prendê-lo. "Ele não é um criminoso", disse Wasson. "Ele só está com fome."

Ele acolheu o garoto. No dia seguinte, surgiu uma batida na porta. Era a polícia, com mais oito órfãos da cela. "Já que acha que eles são apenas inocentes desamparados, pode ficar com esses também."

Wasson rapidamente se mexeu. Até aquela noite, ele tinha encontrado um galpão vazio de cervejaria, onde todos podiam dormir. O assunto logo se espalhou: um padre gringo estava acolhendo meninos abandonados. Em um mês, ele tinha trinta. Depois de três meses, eram 83. Ele ficou impressionado por haver tantos lá fora. Ele queria encontrar todos eles.

Em 1954, a população do México já tinha passado dos 25 milhões. Aumentando duas vezes mais depressa que a população do planeta, ela se quadruplicaria em apenas meio século. Wasson logo descobriu que muitos de seus meninos tinham mais de dez irmãos. Alguns tinham mais de vinte, se contassem meios-irmãos, em *casas chicas* – famílias que os pais mantinham paralelamente. Quando as mulheres morriam – frequentemente pela exaustão de criar tantos filhos, geralmente sozinhas –, os homens em geral sumiam.

Uma noite, ele voltou e encontrou os garotos reunidos em volta de seu rádio, ouvindo os relatos de um furacão em Veracruz. Os garotos órfãos estavam perambulando pelas ruas alagadas. "Padre, o senhor precisa ir salvá-los", eles insistiram.

Eles estavam vivendo com alimentos doados, dormindo em cobertores no chão. "Mal temos feijão, *tortillas* e cobertores para nós...", ele começou a protestar.

Mas eles já haviam decidido. "Nós vamos dividir."

Ele voltou com mais trinta. Felizmente, as pessoas que haviam descoberto o que ele estava fazendo, e que sempre lhe diziam que ele não podia continuar a acolher todos, também continuavam a ajudá-lo a encontrar comida e dinheiro, quando ele as ignorava. Quando ele percebeu que vários novos meninos vindos da Costa do Golfo, que havia sido arrasada, estavam preocupados com os irmãos deixados para trás, ele voltou para encontrá-los. Sua família já somava quase duzentos, quando a secretária do bispo se demitiu para ajudá-lo, porque os meninos também tinham irmãs.

Até 1975, Nuestros Pequeños Hermanos, Nossos Irmãozinhos e Irmãzinhas, cuja população totalizava 1.200, representava o maior orfanato do mundo. A Cidade do México era a maior cidade do mundo e o México, em si, tinha uma população de 60 milhões, e aquele era o país de crescimento mais veloz – tão veloz que, naquele ano, o governo desafiou a Igreja Católica e começou um programa nacional de planejamento familiar. Em breve, representantes montados em mulas partiam montanha acima e vale abaixo, com seus alforjes cheios de preservativos e pílulas anticoncepcionais – e também vacinas contra difteria, coqueluche e tétano. No fim das contas, as mulheres estavam dispostas a uma escalada, até a clínica da vila, para pegar as pílulas e evitar a gravidez, contanto que seus filhos fossem vacinados contra as doenças que, do contrário, poderiam matá-los.

Em uma década, a taxa de duplicação no México desacelerou; em lugar de acontecer a cada quinze anos, passou a ser a cada 24. Se não continuasse a baixar, teoricamente, até o século XXII, talvez houvesse um bilhão de mexicanos – uma impossibilidade física que muito antes teria forçado tanto o seu meio ambiente quanto qualquer cerca que seu vizinho do norte tivesse construído para mantê-los fora. Hoje, a família média mexicana tem apenas 2,2 filhos: quase uma taxa de substituição. Mesmo assim, o momento de pouco crescimento da população significa que o México continuará crescendo nas próximas décadas, à medida que os já nascidos tiverem seus próprios filhos.

O Padre Bill Wasson já tinha mais do que podia alimentar. Mais da metade do tempo, ele estava levantando fundos para mantê-los vivos, vestidos e estudando. No fim dos anos 1970, ele se mudou com sua imensa família para o sul de Cuernavaca, para uma antiga *hacienda* de açúcar doada, que as tropas de Emiliano Zapata haviam saqueado durante a Revolução Mexicana de 1910. O plano era cultivar milho, feijão e legumes suficientes para alimentar todas as crianças. Para auxiliar, veio o dr. Edwin Wellhausen, recentemente aposentado do International Maize and Wheat Improvement Center, conhecido por seu acrônimo espanhol CIMMYT[6]. Fundado pela Rockefeller Foundation, perto das famosas pirâmides de Teotihuacán, a nordeste da Cidade do México, o CIMMYT hoje é considerado o berço da chamada Revolução Verde. Seu falecido diretor, o dr. Norman Borlaug, foi agraciado com o Prêmio Nobel da Paz,

6. Centro Internacional de Mejoramiento de Maíz y Trigo.

por desenvolver um tipo de trigo resistente a pestes, chamado de trigo anão (anão porque os pés comuns de trigo se dobravam com o peso dos grãos extras geneticamente selecionados e produzidos por Borlaug).

Edwin Wellhausen era especialista em cultivo de milho no CIMMYT. Ele desenvolveu uma variedade de milho com aminoácido que aumentava expressivamente os níveis de proteína das *tortillas* que as crianças do Nuestros Pequeños Hermanos comiam em todas as refeições. Um homem alto, magro, de óculos, e usando um *sombrero* de palha, Wellhausen chegou com um caminhão abarrotado de centenas de sacos brancos. Alguns continham sementes doadas. Outros eram nitrato de amônio e ureia: fertilizantes de nitrogênio. Os restantes eram pesticidas e fungicidas: híbridos feitos em laboratório da Revolução Verde, rapidamente forçados por meio das gerações para enfatizar determinados traços desejados, careciam de resistência a vários insetos, que grãos como milho, nativo do México, tinham adquirido ao longo de milhares de anos de evolução.

A essa altura, o Padre Wasson tinha uma equipe de porte, incluindo muitas de suas crianças, já crescidas, que ajudavam a criar e ensinar a próxima geração de Irmãozinhos e Irmãzinhas. O surgimento de todos esses químicos, vários venenosos, provocou uma discussão sobre potenciais ameaças às crianças e à terra da *hacienda* doada. Outra preocupação era o custo. O carregamento desse caminhão era um presente, porém, após um quarto de século, o orfanato já tinha aprendido que o ato de caridade raramente continua para sempre.

Foi uma discussão curta. Eles tinham bocas demais para alimentar. Mais tarde se preocupariam com isso.

Em certa altura, durante a jornada de 40 quilômetros, da Cidade do México até o CIMMYT, a estrada passa por algo espantoso: um território vazio. O charco branco de sal é o que restou do Lago Texcoco, o maior dos cinco lagos da alta bacia do México central, desde que as tropas de Hernán Cortez o viram pela primeira vez. A capital asteca, chamada Tenochtitlán, era numa ilha que tinha ligação com a terra por passadiços elevados. Após a conquista, os espanhóis secaram os lagos; a bacia acabou enchendo outra vez, e transbordando – de gente. Hoje, 24 milhões vivem em uma das maiores extensões contínuas de concreto e asfalto, cobrindo o Distrito Federal do México e partes de cinco estados vizinhos. O peso abrupto da cidade sobre seu subterrâneo freático com excesso de manilhas afundou tanto que as tubulações de esgoto já não fluem para fora. Principalmente quando chove, a Cidade do México corre perigo de se afogar em seu próprio esgoto, exigindo a construção da mais longa tubulação de esgoto do mundo: sete metros de largura por quase sessenta quilômetros de extensão, canalizando perto de 150 metros solo adentro, para escoar no vale abaixo.

Depois de passar pelo capim cinzento do leito seco do lago e por alguns montes compostos inteiramente de carcaças de automóveis, o urbanismo retorna, até que a estrada alcance os campos de trigo e milho que cercam o centro de pesquisas agrícolas. Um *outdoor* perto da entrada mostra Norman Borlaug, que morreu em 2009, aos 95 anos, de camisa e calça cáqui, com o trigo anão batendo na cintura, de caderno na mão. Seus inúmeros prêmios internacionais são listados acima do logotipo verde e branco do CIMMYT, incluindo o Prêmio Nobel da Paz, de 1970. Apenas cinco anos antes, Borlaug e sua equipe haviam colocado os híbridos que eles desenvolveram no México, em teste na Índia e no Paquistão. Ambos estavam perto da fome absoluta, apesar das importações maciças de grãos dos Estados Unidos. Até 1970, a colheitas em ambos os países tinham dobrado e o desastre iminente havia sido evitado. As colheitas da Revolução Verde e suas técnicas de cruzamento das plantas começaram a se espalhar pelo mundo. Em 2007, os Estados Unidos premiaram Borlaug com a Congressional Gold Medal (medalha de ouro do Congresso), por ter salvado mais vidas do que qualquer outra pessoa na história.

Ele também recebeu amplos créditos por ter enxotado as graves previsões de Thomas Robert Malthus. Economista britânico e sacerdote anglicano, o grande trabalho de Malthus, *An Essay on the Principle of Population*, de 1798, alertava que o crescimento da população sempre superaria a disponibilidade de alimento. Malthus concluiu que isso condenava as grandes massas à miséria, enquanto seus números crescentes dividiam ainda mais a pequena fatia da tortinha que lhes cabia. Muitos cientistas, mais notavelmente Charles Darwin, foram diretamente influenciados por seu trabalho. No entanto, a maioria dos economistas se refreava diante da menção de que o crescimento – principalmente à época de Malthus, o crescimento da mão de obra trabalhadora – fosse qualquer coisa exceto maravilhoso. Os pronunciamentos de Malthus pareciam tão inerentemente desanimadores, tão contrários ao impulso natural de acrescentar mais vida ao mundo que seu trabalho interpretativo se tornou universalmente notório. Mais de dois séculos depois, tanto a sua força inquietante quanto sua notoriedade permanecem, e seu nome entrou para a linguagem, geralmente usado de forma pejorativa: *malthusiano*.

Em 1968, a advertência agourenta de Malthus foi ressuscitada por Paul Ehrlich, um ecologista da Universidade de Stanford, em um livro intitulado *The Population Bomb*. Até então, já havíamos chegado a 3,5 bilhões – metade da contagem atual. Ehrlich, entomologista que estudava a população de borboletas, tinha começado a palestrar e escrever sobre a população humana depois de uma viagem à Índia, com a esposa e colaboradora, Anne. O livro deles[7] previa a disseminação da fome e de desastres paralelos, começando nos anos 1970.

O ano em que *The Population Bomb* surgiu foi o mesmo ano em que os humanos se distanciaram o suficiente da Terra para virar para trás e tirar sua foto. Uma fotografia feita pelo astronauta Bill Anders, da Apollo 8, da Terra acima do horizonte da Lua, tão vívida comparada com o derredor negro e vazio, ajudou a acender a centelha do movimento ambientalista que vinha queimando em fogo brando, desde *Silent Spring*, de Rachel Carson, livro seminal sobre pesticidas, lançado dezesseis anos antes. No ano seguinte, a ONU declarou o primeiro Dia da Terra. Em 1970, o Dia da Terra era um movimento mundial.

Com o livro de Ehrlich, a população juntou os pesticidas e a poluição como manchete de um programa ambientalista. *The Population Bomb* vendeu milhões de cópias. Nos Estados Unidos, Paul Ehrlich se tornou uma celebridade, aparecendo no *The Tonight Show with Johnny Carson* mais de vinte vezes. Assim como aconteceu com o nome de Malthus, o título de seu livro caiu e permanece no vernáculo popular em muitas línguas – mesmo depois de seu argumento mais urgente ter se provado errado. A fome que ele previu que deixaria centenas de milhões de asiáticos

7. Anne Ehrlich não recebeu o crédito de coautora de *The Population Bomb*, devido a uma decisão do editor. Muitos livros e artigos posteriores foram publicados com os nomes de ambos.

mortos dentro de uma década nunca aconteceu. Os Ehrlich não previram a impressionante explosão da Revolução Verde de Norman Borlaug para o suprimento alimentar mundial.

Nas décadas seguintes, os nomes de Ehrlich e Borlaug tornaram-se rotineiramente ligados, geralmente pelos detratores do primeiro. "Ehrlich tinha certeza de que 'a batalha para alimentar a humanidade acabou'. Ele insistia que a Índia seria incapaz de prover sustento para o crescimento de 200 milhões de pessoas de sua população, até 1980", escreveu Daniel Vallero, professor de engenharia da Universidade Duke, em 2007, em seu livro intitulado *Biomedical Ethics for Engineers*. "Ele estava errado – graças a biotecnólogos como Norman Borlaug." Essa era uma zombaria típica: enquanto Ehrlich sinistramente profetizava a fome na Índia e no Paquistão, Borlaug levava a autossuficiência na produção de trigo a ambos os países, em meados dos anos 1970.

Por meio do "otimismo técnico", Vallero acrescentou, "engenheiros 'bagunçam' a curva malthusiana, encontrando meios de realizar isso (por exemplo: Borlaug estragando as previsões de Ehrlich)." Essa era uma conclusão típica: ao possibilitar que milhões de pessoas comessem e vivessem, Norman Borlaug tinha refutado os boatos de pânico de Ehrlich e Malthus quanto ao excesso populacional.

Essa conclusão, no entanto, não foi compartilhada pelo próprio Borlaug. Seu discurso de aceitação do Prêmio Nobel da Paz não terminou em triunfo, mas com um alerta:

> [...] estamos lidando com duas forças opostas, o poder científico da produção alimentar e o poder biológico da reprodução humana. Recentemente, a humanidade conseguiu um progresso impressionante em seu domínio potencial dessas duas forças oponentes. Ciência, invenção e tecnologia deram-lhe materiais e métodos para aumentar substancialmente seu suprimento de comida, às vezes de forma espetacular... A humanidade também adquiriu meios de reduzir o índice de reprodução humana de forma eficaz e humanitária. Ela está usando seus poderes para aumentar a proporção da produção de alimento. Mas ela ainda não está usando adequadamente seu potencial para diminuir a taxa de reprodução humana...

Não pode haver progresso permanente na batalha contra a fome, até que as agências que lutam pelo aumento de produção de alimento e as que lutam pelo controle da população se unam em um esforço comum.

A Revolução Verde, Borlaug sempre dizia, essencialmente trouxe ao mundo outra geração para resolver o problema da população. Pelo resto de sua vida, ele atuou em conselhos das organizações populacionais, mesmo enquanto prosseguia em suas pesquisas de colheitas para alimentar os milhões multiplicados que seu trabalho havia acrescentado ao censo mundial.

4. Duas gerações depois

Numa das pontas do antigo e espaçoso escritório de dois andares, da sede do CIMMYT, Hans-Joachin Braun está sentado na cabeceira da mesa de madeira da sala de reunião, caçando um *slide* de PowerPoint, em um *laptop* Dell. Ele o coloca diante de Matthew Reynolds. "Nos próximos cinquenta anos", dizia a tela, "precisaremos produzir tanta comida quanto já foi consumida em toda a história da humanidade."

Reynolds assente. Não há argumento.

Junto com esse escritório, Braun herdou o título de Borlaug, diretor do Programa Mundial de Trigo do CIMMYT. Reynolds, seu colega do CIMMYT, conduz um consórcio internacional de geneticistas, bioquímicos, criadores de culturas e fisiologistas botânicos, assim como ele, correndo para melhorar os campos de trigo mais depressa do que as populações em expansão podem comê-los. O trigo semianão de Borlaug foi um salto de proporções quânticas, aumentando as colheitas em seis vezes, em determinados locais. No entanto, desde então, os ganhos desaceleraram drasticamente, abaixo de 1% anualmente. Enquanto isso, a população do mundo ainda está crescendo mais rápido que isso, e não chegará ao seu pico tão cedo: em sete dos dez primeiros anos do novo século, mais trigo foi consumido do que produzido. Para acompanhar o ritmo, eles calculam que, de alguma forma, precisam aumentar os campos em 1,6% anualmente, até 2020.

Como poderiam fazer isso? Devastar mais florestas não é uma opção, porque, se as árvores se forem, a água também desaparecerá. Braun ainda está fumegando, após uma reunião nas Nações Unidas. "Nós conversamos sobre o aquecimento global, falamos sobre todos os problemas, mas o problema maior e fundamental – *o crescimento da população* – não foi mencionado sequer uma vez." Com o queixo recoberto pela barba grisalha, ele gesticula para o *laptop*.

Não que os problemas não estejam relacionados. Como a maioria das plantações, o trigo é sensível à temperatura. Para cada grau de elevação na temperatura, os cientistas agrícolas calculam que o rendimento dos campos de trigo cai 10% nas regiões mais quentes do meridiano terrestre. Muitos agrônomos (e economistas) vêm especulando esperançosamente que o aquecimento global possa, na verdade, ajudar o rendimento nas regiões mais frescas, mas durante as ondas recentes de calor na Europa e na Rússia, as perdas passaram de 30%. A única coisa que cresceu com o aumento do calor foi a população de insetos que devoram plantações.

Braun e Reynolds concordam que a temperatura está subindo porque mais gente está queimando combustível e comendo alimentos feitos com ele. O número de pessoas está aumentando porque há mais comida disponível. As duas maiores histórias de sucesso da Revolução Verde correm perigo de engasgar com sua sorte: antes de 2025, a Índia irá superar a China como a nação mais populosa do mundo. O Paquistão é hoje um dos países de crescimento mais veloz da Terra, com seus números triplicando desde 1970, para 187 milhões. Sem conseguir gerar empregos para acompanhar, principalmente para os milhões de jovens frustrados, o país também está entre os locais mais instáveis do mundo – e, casualmente, é uma potência nuclear.

Porém, não apenas mais gente: paradoxalmente, enfatizar a produção de alimentos resultou em um planeta com mais gente faminta do que jamais houve – cerca de um bilhão. Graças à tecnologia agrícola, a porcentagem de humanos malnutridos caiu, porém, com ecos sombrios de Malthus, o número que sobrevive para reproduzir fica à frente do ritmo com que a comida chega às suas mesas.

"Embora eu não tenha dúvidas de que o rendimento continuará a subir, se subirá o suficiente para alimentar a população monstruosa é outra questão", disse Norman Borlaug, em 1997. "A menos que o progresso com o rendimento agrícola permaneça muito forte, o próximo século vivenciará a miséria humana, que, em escala numérica, irá exceder o pior de tudo que já houve antes."

A menos que seus sucessores possam fazer algo rápido, tanto os números quanto a porcentagem da fome mundial irá subir, junto com os temperamentos. Mas não restam muitos truques para tentar. "Chegar à Lua foi um problema de engenharia", conta Braun. "Produzir o alimento de que precisamos nos próximos quarenta anos é muito mais complicado. Isso vai exigir mais investimentos para resolver do que foi investido no programa Apollo. E nós não vemos o suficiente."

Eles receiam, principalmente, por não haver custeio suficiente para a pesquisa do trigo, o qual, conforme argumentam, possuindo mais proteína que o arroz ou o milho, é o alimento agrícola mais importante. O motivo é que, ao contrário do milho, o trigo tem polinização própria, portanto os agricultores podem usar seus próprios grãos para replantar. "Há cinco vezes mais investimento em milho", conta Reynolds, "porque os agricultores precisam comprar as sementes de milho todo ano. Com o trigo, eles mantêm a mesma semente. Portanto, isso não está relacionado com a segurança do alimento; está relacionado com fazer dinheiro." Ele bate o punho na mesa. "Se estivéssemos levando a segurança do alimento a sério, esses números poderiam ser mais próximos, não?"

Ele fica exasperado ao pensar que o incentivo condutor da agricultura não é alimentar, mas dar lucro. Reynolds se levanta e vai pisando forte até a janela. Esses dois homens fizeram suas carreiras aqui, trabalhando ao lado do dr. Borlaug, formulando estudos com ele. Mesmo coroado por um Prêmio Nobel da Paz, o dinheiro para continuar seu trabalho sobre o verdadeiro alimento para a vida que principiou a civilização humana, e do qual ela ainda depende, é terrivelmente escasso. Olhando para os campos marrons de dezembro, Reynolds puxa o colete de lã para fechá-lo. Além das fileiras de milho híbrido, cada um com uma placa explicativa de sua complexa linhagem cruzada, uma dúzia de estudantes mexicanos graduados, com bonés azuis do CIMMYT, estão analisando uma experiência de agricultura de conservação para produzir alimento com o menor dano possível.

O que está sendo conservado é a fertilidade e, possivelmente, a atmosfera: essa é a versão do CIMMYT sobre a tendência recente de agricultura sem arado. Geralmente, os agricultores queimam detritos orgânicos depois da colheita ou alimentam os animais com eles, depois aplainam e capinam para eliminar as ervas daninhas, misturar o fertilizante e afofar o solo para jogar as sementes. Seja na enxada, seja com um animal de charrua ou com um trator, isso leva tempo – geralmente uma semana ou mais – e energia. Também destrói a estrutura criada na terra pelas minhocas, insetos e bactérias.

No entanto, não arar mantém o solo e suas atividades biológicas intactos; deixando os resíduos da colheita no mesmo lugar, eles se tornam uma esponja de nutriente que retém água. Teoricamente, a agricultura sem arado também mantém o dióxido de carbono preso à terra.

Em 32 terrenos de testes da CIMMYT, os alunos medem a umidade, o crescimento da lavoura, as ervas daninhas, as minhocas, os benefícios agregados na rotação com legumes e a emissão de gás da estufa. Lamentavelmente, a retenção de carbono não tem se provado expressiva, embora haja uma economia clara com o combustível do trator. O controle das ervas daninhas é outro problema; sem o cultivo da terra, eles estão precisando de mais herbicida. Porém, como na natureza, o sistema é extremamente produtivo: as fileiras de trigo semeado com ferramentas que eles desenvolveram, para perfurar e inserir as sementes entre os restos da colheita anterior são muito mais viçosas e limpas do que as fileiras semeadas de forma convencional. No entanto, não é um cultivo orgânico; as ferramentas – algumas feitas para uso manual, outras mecanizadas – também injetam fertilizante de nitrogênio no solo. Não arar ajuda, mas não o suficiente, pelo cálculo deles: com tanta gente para alimentar e com a metade das calorias provenientes de grãos, o CIMMYT não consegue ver como evitar o caos global sem continuar a alimentar a lavoura com químicos.

A pequena mágica que talvez faça a diferença, para a qual o consórcio mundial de Matthew Reynolds precisa de dinheiro, seria dar uma sobrecarga na forma como as plantas transformam o ar e a luz solar em biomassa em primeiro lugar: fotossíntese. Alguns aumentos podem simplesmente emergir da física imaginativa: Reynolds dispõe de um matemático chinês estudando como a luz reflete ao redor de um campo de trigo. "Em um caramanchão na floresta", explica ele, "a luz que bate nas folhas de baixo é completamente diferente da que uma folha inteiramente exposta recebe. Elas também recebem quantidades diferentes de nitrogênio. Um campo é um microcosmo desse caramanchão – se nós o entendermos melhor, poderemos aprimorar a eficiência da fotossíntese, simplesmente com uma distribuição melhor de luz e nitrogênio."

Mas isso tem um limite de alcance. O trigo melhorado de Borlaug já converte 90% da energia solar que recebe. A única coisa que resta é aglutinar com RuBisCO – enzima que de fato converte o dióxido de carbono da atmosfera em celulose, lignina e açúcares. RuBisCO[8], em essência, é a base de todas as vidas vegetal e animal. Para alavancar sua capacidade de fixação do carbono seria necessária a modificação genética.

Na mecânica da fotossíntese, o trigo e o arroz são conhecidos como plantas C3 – o que significa que o bloco cumulativo inicial de moléculas de hidrocarbono que elas geram, a partir do CO_2 que inalam, possui três átomos de carbono. Milho e sorgo, que evoluíram depois, são plantas C4. No International Rice Research Institute (IRRI), instituição parceira do CIMMYT, localizada nas Filipinas, os geneticistas botânicos estão tentando reorganizar a estrutura celular das folhas de arroz para passá-la de C3 para C4, o que elevaria sua eficiência de fotossíntese em 50%. Se forem bem-sucedidos, o CIMMYT espera que a mesma manobra possa ser aplicada ao trigo. Mas os cientistas do IRRI acham que levará pelo menos vinte anos para produzir arroz C4 comercialmente viável. Eles também têm outro objetivo: assim como o aumento do rendimento, querem incrementar o arroz com energia suficiente para fixar o nitrogênio transportado pelo ar, a fim de baixar ou eliminar sua dependência por fertilizantes sintéticos, cuja matéria-prima são combustíveis fósseis. A adaptação ao trigo, de qualquer tecnologia que a IRRI produz, poderia levar ainda mais tempo, o que não ajuda no problema imediato de alimentar mais paquistaneses antes que explodam as guerras por comida.

Um pesquisador britânico que Reynolds conheceu recentemente aumentou o crescimento da biomassa em 40%, numa planta de tabaco, manipulando uma única enzima bacteriana. Descobrir se isso pode dar

8. Abreviação de Ribulose-1,5-biofosfato carboxilase/oxigenase.

certo com o trigo também vai exigir investimentos e tempo precioso. Tudo exige: até apresentar uma nova variedade, simplesmente cruzando as plantas, leva de 10 a 12 anos. Para obter êxito inserindo genes no trigo levaria o dobro do tempo e custaria de 25 a 100 milhões de dólares – tudo isso, antes de enfrentar o fogo cruzado da regulamentação internacional e os temores das plantas geneticamente modificadas.

As estantes brancas metálicas que vão do chão ao teto, no Centro de Pesquisas Genéticas Wellhausen-Anderson, banco genético de germoplasma de trigo e milho do CIMMYT, contêm a maior coleção de variedades de milho do mundo: cerca de 28 mil, a maioria da América Latina, de onde o milho é originário. Essas variedades são espécies que os próprios agricultores cultivaram e selecionaram, ao longo de milhares de anos. Todas retrocedem a um capim chamado teossinto, progenitor do milho selvagem mexicano, que também está presente ali. As variedades amarela, branca, azul e vermelha de milho estão armazenadas em jarros de plástico. A coleção de trigo, cerca de 140 mil espécies modernas e antigas de todas as partes do mundo, está hermeticamente lacrada em saquinhos de alumínio alojados em caixas de papelão. Tudo está codificado e é mantido a 0 °C, e duplicado em uma coleção de longo prazo, em um andar abaixo, a -18 °C.

Há um conjunto idêntico, armazenado no National Center of Genetic Resources Preservation, em Fort Collins, Colorado, e ainda outro, no Svalbard Global Seed Vault, no fundo de uma caverna com subsolo permanentemente congelado, na Noruega: o chamado repositório do dia do juízo final da diversidade botânica terrestre, caso os outros bancos sejam perdidos para algum desastre ou guerra ou as fontes variadas sucumbam à mudança climática. O objetivo desse banco é doar material genético, cinco gramas por vez, a cultivadores que estejam desenvolvendo novas linhagens. Mas também é uma garantia contra emergências, tal como a ferrugem de talo, um terrível fungo do trigo que irrompeu em Uganda em 1999; o CIMMYT levou fretamentos aéreos de centenas de quilogramas de sementes resistentes para o leste africano.

Ao longo dos próximos anos, o CIMMYT pretende classificar geneticamente sua coleção inteira de germoplasma. Junto com linhagens históricas, essa coleção guarda sementes que Norman Borlaug arquivou durante todos os passos que levaram às variedades da Revolução Verde, acreditando que eventualmente a biotecnologia lhes permitiria ver exatamente o que eles fizeram para melhorar o trigo, ao longo de algumas décadas. Eles irão começar com milhares de linhas cujos traços úteis – alto rendimento, resistência à pragas ou à seca – já tenham sido identificados. Pegando sementes de cada um, eles irão cultivar pelo menos uma planta de cada uma, em uma estufa, depois vão enviar folhas frescas para o serviço de catalogação genética, para extrair o DNA e produzir sequências genéticas para cada linha.

A esperança deles é que decodificar essa vasta herança genética irá revelar como, se por meio de transgênicos ou híbridos mais engenhosos, manter o rendimento global crescente, sem colocar mais terras do planeta em cultivo. Essa é uma urgência ecológica amplamente compartilhada, mas no CIMMYT também é uma questão de orgulho. A réplica sempre repetida ali, para a indignação ambiental pela glutonaria dos combustíveis fósseis da Revolução Verde, seus fertilizantes que emporcalham os rios, sua dependência de drogas em venenos e sua ameaça monocultural à biodiversidade, é que sem variedades melhoradas de lavouras, bilhões de acres das florestas e campinas do mundo teriam de ser arados para alimentar a todos.

É uma alegação que reconhece que um mundo que está perdendo suas árvores e flora nativa é um mundo em perigo, no entanto um mundo que negligencia a própria responsabilidade do CIMMYT pelos excessos de humanos famintos, cuja existência ameaça. Salvar mais vidas do que qualquer outra pessoa na história também significa que há mais vidas e ponto final – o que, por sua vez, origina ainda mais. O dilema do CIMMYT é um microcosmo do dilema do mundo: como continuar crescendo mais, em um espaço que não cresce.

Cada novo sucesso apenas espreme mais as coisas, e salienta a demanda para ainda mais. Nem a elegante matemática da sequência genética consegue enquadrar um círculo vicioso.

Mais de trinta anos se passaram desde que os Nuestros Pequeños Hermanos transformaram a *hacienda* doada, no estado mexicano de Morelos, em um lar e uma fazenda da Revolução Verde para alimentar crianças órfãs. O padre William Wasson também faleceu, em 2006, aos 82 anos – mas não antes de fundar outras filiais de sua família em Honduras, Haiti, República Dominicana, Guatemala, El Salvador, Nicarágua, Bolívia e Peru. Muitas das 15 mil crianças que ele criou agora ajudam a administrar esses novos lares.

O lar original, no México, ainda é o maior, mas sua população caiu do pico de 1.200 para cerca de 800. Essa mudança reflete a própria mudança demográfica mexicana, de um país que se duplicava, a cada vinte anos, quando Wasson acolheu seu primeiro menino sem teto, em 1954, para seu crescimento atual, de menos de 1%. Se o ritmo prosseguir, o México irá duplicar novamente, em 71 anos, mas o índice de aumento agora pouco acima da substituição, ainda está caindo. Conforme a *planificación familiar* foi estabelecida no México, as mulheres optaram por ter menos filhos, e suas filhas têm menos ainda. Agora, a maioria dos mexicanos vive nas cidades, onde não precisam de mãos extras para cuidar dos animais e cortar lenha. A maior parte das mulheres mexicanas quer ou precisa trabalhar, e não pode ficar presa a oito filhos em casa.

Embora elas geralmente parem com dois, suas avós não o fizeram e os vilarejos rurais que cercam a *hacienda* do orfanato agora são cidades circundantes. As antigas baias de cana-de-açúcar da *hacienda* agora são dormitórios e uma escola primária e secundária foi adicionada. Do lado oposto do gramado, onde as crianças jogam vôlei, há uma estátua feita pelo escultor Carlos Ayala, em bronze, do padre Bill sentado, em tamanho real, conversando com um menino e uma menina.

Atrás dos dormitórios ficam os campos. Ao lado do silo de aço, cinco meninas descascam milho em cima de um monte de milho branco. No silo há alguns sacos de fertilizante de nitrogênio, presentes de um doador alemão. As ovelhas pastam ao redor dos lagos de peixes e um viveiro de tilápias. Há chiqueiros de porcos e um galinheiro. Em uma estufa recém-doada, uma dúzia de crianças semeia duas variedades de tomates de inverno. Uma área com irrigação de gotejo produz beterrabas, melancias, repolhos, alface, pimenta, couve-flor e cenouras; outra criança fica encarregada de plantar e arrancar ervas daninhas de cada sulco.

Luis Moreno, veterinário encarregado pela fazenda, inspeciona uma espiga de milho. Ele está contente porque, nesse ano, o rendimento dos oito hectares que eles plantaram, dos quarenta originais, foi bem decente. Ainda assim, a colheita de 12 toneladas irá prover apenas 100 dias de *tortillas*. Ainda bem que a população está diminuindo, porque, quando ele chegou, três anos atrás, ficou chocado com as condições da terra. Décadas de exposição química intensiva deixaram o solo "parecendo ter sido atacado por napalm". Em alguns lugares, não crescia nem capim. Isso o fez lembrar de ter lido sobre a tempestade de areia de Oklahoma, nos anos 1930. Ele mal conseguia acreditar nos vizinhos e nas crianças mais velhas, que lhe diziam quanto milho costumava nascer ali.

Ele mudou para um cultivo sem arado e lavouras menores. O proprietário de uma fábrica de fertilizantes próxima, que passou por um tipo de conversão "agrorreligiosa", agora lhe vende nutrientes orgânicos com soluções de bactérias e fungos benéficos, os quais Luis está aplicando com uma mistura de meio a meio, com nitrogênio sintético. Na estufa e no pomar, eles estão tentando fazer tudo orgânico.

"Algum dia, espero que sejamos totalmente naturais. O adubo é mais lento, mas é para longo prazo. O fertilizante químico some em vinte dias e deixa tudo salino." Lentamente, ao espalhar os dejetos animais e restos do milho, eles estão deixando que o restante da terra se recupere. Os pássaros e as minhocas estão voltando.

Ele olha as meninas, enchendo os sacos com os grãos de milho-branco. "Não queremos mais crianças como as das tempestades de areia."

CAPÍTULO 4

A capacidade de sustentar e o berço

1. Deus, o país e a sra. Sanger

Em 1948, José Figueres Ferrer executou o que pode ter sido o golpe de Estado mais original da história mundial. Após uma eleição presidencial roubada, Figueres, um cafeicultor de 1,60 metro, juntou um exército de 700 soldados não oficiais, que derrubaram o governo da Costa Rica. Então, como líder da nova junta em exercício, seu primeiro ato no comando militar foi aboli-la.

Figueres ponderou que era mais fácil – e barato – manter os cidadãos pacificados com escolas, assistência médica e seguro social do que com um exército pronto para reprimir a inquietação interna. Em sua fazenda de café, no sul da Costa Rica, ele havia descoberto que, pagando um valor justo aos trabalhadores e provendo-lhes assistência médica e leite gratuito de sua produção para seus filhos, garantiria uma mão de obra leal. Um ano após seu golpe, ele tinha convertido os antigos acampamentos do exército em escolas, realizou eleições e deixou a presidência interina. Alguns anos depois, ele foi eleito democraticamente, e reeleito duas vezes depois.

O sucesso de sua revolução envolveu um pouco de sorte de momento. Com uma Guerra Fria entre o capitalismo e o mundo do comunismo na incubadora, os Estados Unidos estavam receosos demais com um afundamento na Coreia para se preocuparem com um lugar atrasado na América Central. Se a Costa Rica tivesse acontecido cinco anos depois, após a Guerra da Coreia, o destino de Figueres talvez tivesse sido o do presidente guatemalteco Jacobo Árbenz Guzmán, a quem a CIA removeu, em 1954, antes que suas reformas agrárias pudessem expatriar plantações de banana da United Fruit Company – ou o destino do primeiro-ministro iraniano, Mohammad Mosaddegh, expulso em 1953, também pela CIA, por estatizar a indústria petrolífera do Irã.

Àquela altura, Figueres já havia estatizado os bancos da Costa Rica, concedido o direito de voto às mulheres e aos negros, estendido os direitos de assistência à saúde e garantido uma educação mais ampla por todo o país. A estabilidade resultante foi tão aplaudida, tanto pelos trabalhadores quanto pelo setor de negócios, que os Estados Unidos fizeram vista grossa para seu populismo suspeito, principalmente depois da Revolução Cubana de 1959, feita por Fidel Castro. Com o capital soviético levantando Cuba como um *outdoor* do comunismo na América Latina, os Estados Unidos também precisavam de um para o capitalismo, e a democracia mais segura da região era a escolha óbvia. Em 1961, o presidente Kennedy criou a United States Agency for International Development (USAID), para esbanjar generosidade em países amistosos aos interesses norte-americanos. A missão da USAID na Costa Rica era uma das maiores, concedendo oito vezes mais auxílio estrangeiro *per capita* do que a qualquer outro local na América Latina.

Também foi um dos primeiros lugares para onde os Estados Unidos enviaram anticoncepcionais. Na época, a Costa Rica tinha uma das populações com crescimento mais veloz, com famílias que oscilavam entre sete e oito filhos. Graças ao programa de assistência médica pública que Figueres instituiu, agora a maioria tendia a sobreviver – uma bênção que resultou em uma explosão inesperada dos números. A incursão americana no planejamento familiar externo, assim como sua política de comprar amizade estrangeira, não chegou sem controvérsia. As pílulas que a USAID começou a distribuir na Costa Rica, em 1966, foram o resultado de experiências com drogas conduzidas numa ilha caribenha e, até hoje, ainda denigrem a causa da saúde reprodutiva.

Em 1934, os Estados Unidos deram início ao seu primeiro programa governamental de controle de natalidade, em Porto Rico, o qual Theodore Roosevelt tinha persuadido seu governo a manter, como espólio da guerra de 1898, entre Espanha e Estados Unidos. O plano de Roosevelt para Porto Rico era uma base naval americana e uma estação de carvão para os navios, usando o canal que ele sonhava construir através do istmo da América Central. Eventualmente, tudo acabou acontecendo. O Canal do Panamá tornou os Estados Unidos um centro econômico mundial, e a maior base naval americana, na costa leste de Porto Rico, ajudou os americanos a se transformarem em uma potência militar mundial.

Ao contrário do país transcontinental ao qual agora pertencia, Porto Rico era uma ilha de apenas 160 quilômetros de comprimento e 56 de largura, sem muito espaço para que sua população se expandisse. No entanto, ela o fazia assim mesmo. Começando o século XIX com 150 mil pessoas, Porto Rico terminou o século com um milhão. A aquisição de uma pequena ilha, lotada de gente de pele marrom que não falava inglês, alarmou mais que alguns americanos. Embora os porto-riquenhos viessem a ganhar a cidadania em 1917 – em parte, para abafar as acusações de que os Estados Unidos, nascidos de uma revolta contra o colonialismo, agora eram também um poder colonial –, até hoje eles não têm direito ao voto no Congresso ou em eleições nacionais.

Mas os porto-riquenhos podiam ser úteis. Desde a Primeira Guerra Mundial, eles foram recrutados, com muitos morrendo em guerras americanas. Durante a Segunda Guerra Mundial, os soldados porto-riquenhos foram experimentalmente borrifados com gás de mostarda para ver se eram mais resistentes do que os caucasianos. E nos anos 1950, as mulheres porto-riquenhas tornaram-se cobaias de laboratório para pílulas anticoncepcionais que foram posteriormente enviadas à Costa Rica – embora, àquela altura, com somente um terço de estrogênio e um centésimo de progesterona das que foram usadas nas experiências em Porto Rico.

Inúmeras mulheres porto-riquenhas que tomaram as pílulas originais de alta dosagem relataram náuseas, tontura, dor de cabeça, visão embaçada, inchaço ou vômito. Algumas sofreram aneurismas e derrames. As que morreram nunca tiveram uma autópsia. Nada havia sido informado, exceto que por um curto período experimental, em Boston, o novo medicamento da G.D. Searle and Company não passara por teste de campo – nem que *elas* eram o teste. Somente lhes foi dito que os tabletes eram para evitar a gravidez.

Quando a verdade veio à tona, ninguém ficou particularmente surpreso. As mulheres porto-riquenhas já tinham sido submetidas a algo que, até a emissão de Zyklon B nos chuveiros nazistas, foi a política mais radical de eugenia, uma distorção pseudocientífica da teoria de seleção natural de Charles Darwin. Durante as três primeiras décadas do século XX, a eugenia era lecionada em centenas de universidades europeias e americanas, incluindo Harvard e Yale. Dentre seus defensores estavam Theodore Roosevelt, Winston Churchill, Alexander Graham Bell, J.H. Kellogg, magnata do cereal matinal, vários governos escandinavos e Margaret Sanger, fundadora do Planned Parenthood. Embora o próprio Darwin não fosse um proponente, seu filho Leonard presidiu o Primeiro Congresso Internacional de Eugenia, realizado em Londres.

O termo *eugenia* é atribuído ao primo de Darwin, *Sir* Francis Galton, um cientista que reivindicava uma análise racional para as classes britânicas: a saber, genes superiores. Essa assertiva logo se ampliou, transformando-se numa teoria de sobrevivência social e econômica dos mais compatíveis, chamada *Darwinismo Social*. Sua lógica científica pretendia assegurar às elites que algumas raças, principalmente as cobaias coloniais de pele mais escura, eram inferiores às outras. Na América, a eugenia tornou-se um pretexto legitimado para o preconceito, incluindo leis antimiscigenação em vários estados. Ela deu origem a organizações como a Kellogg's Race Betterment Foundation, que promovia a melhora da humanidade pela procriação cautelosa por meio da segregação racial, para evitar que a piscina de genes não fosse manchada.

O fato de Margaret Sanger abraçar a eugenia não envolveu tanto as qualidades a serem cultivadas, porém aquelas a serem eliminadas. Sua crença de que os "mentalmente incompatíveis" deveriam ser esterilizados confundia-se com seu trabalho de levar o contraceptivo aos grupos de minorias e fez que o Planned Parenthood se tornasse suspeito de racismo e até de tramar genocídio contra essas minorias. Essas acusações ainda vêm à tona, apesar de iluminados como Martin Luther King Jr. estarem dentre os apoiadores de Sanger. Embora ela tenha ajudado a assegurar o custeio que levou ao desenvolvimento da pílula e seus experimentos porto-riquenhos, a alegação de genocídio envolvia algo com o qual ela tinha pouco envolvimento direto: um programa de esterilização em massa, em Porto Rico, que começou nos anos 1930 e nunca chegou a terminar.

Seu contexto confuso foi o relacionamento inapto dos Estados Unidos anticoloniais com seu domínio colonial. Até o fim dos anos 1940, cada governador de Porto Rico era um caucasiano do continente que podia vetar qualquer coisa que passasse por sua legislação. O inglês era obrigatório nas cortes federais da ilha (e ainda é) e nas escolas, resultando em professores que falavam espanhol obrigados a ensinar alunos que também falavam espanhol uma língua que nenhum deles entendia muito bem.

A aceitação predominante da eugenia contribuiu para a disseminação de uma noção prejudicial no continente de que os porto-riquenhos eram, de alguma forma, inferiores. Somente depois de Hitler, devoto mais ardente da eugenia, é que o critério dos cientistas que a propunham foi questionado. Durante anos, aos alunos geneticistas de Harvard foi ensinado que o alcoolismo, o comportamento criminoso e a "fraqueza de espírito" – termo utilizado também por Margaret Sanger – eram traços herdados que deveriam ser removidos por meio da procriação. Segundo Everett Mendelsohn, historiadora de ciência de Harvard, o livro deles afirma que "os elementos biologicamente mais pobres" se reproduziam mais depressa que "os elementos intelectuais e culturais".

Contra tudo isso, havia o fato de que Porto Rico estava se tornando seriamente populoso. Até os anos 1930, já havia quase um milhão a mais. (Assim como o planeta, os números de Porto Rico quadruplicariam no século XX; sua população não inclui 4 milhões a mais de porto-riquenhos vivendo no continente dos Estados Unidos, para onde, como cidadãos norte-americanos, eles podem emigrar livremente.) Em 1934, com a escalada do desemprego na mesma velocidade que o aumento da população, foram abertas 67 clínicas de controle de natalidade na ilha, custeadas pelo governo federal por meio de um Fundo Especial Emergencial de Porto Rico. Com a situação classificada como uma emergência, os médicos foram literalmente incentivados a cortar com rapidez cirúrgica.

Na época, não havia muitas opções de contraceptivos confiáveis. A própria Margaret Sanger importou aos Estados Unidos os primeiros diafragmas e supositórios vaginais franceses, em um desafio aberto ao Comstock Act, de 1873, que proibia material "obsceno, impudico ou lascivo" pelos correios. Os preservativos também eram ilegais, até que Sanger finalmente ganhou audiências na corte, que reconheceu o papel que tinham na prevenção de doenças (tristemente, tarde demais para beneficiar os soldados da Primeira Guerra Mundial, que tinham o maior índice de gonorreia e sífilis das Forças Armadas). Sanger, uma americana católica de origem irlandesa, cuja mãe morreu, aos 40 anos, depois de onze filhos e inúmeros abortos espontâneos, era enfermeira e atuante na reforma dos direitos das mulheres. A cada vez que ia para a cadeia, Sanger arrebanhava mais apoio para sua causa contraceptiva – mas esses apoiadores também incluíam eugenistas horrorizados com a forma como os "incompatíveis" estavam se multiplicando.

Em vários estados dos Estados Unidos, a laqueadura – o corte ou impedimento das tubas uterinas – foi permitida para esterilização forçada em supostos portadores de deficiência mental, criminosos e outros julgados geneticamente incompatíveis, incluindo as pessoas nascidas com defeitos físicos. Em Porto Rico, a esterilização era considerada mais simples e mais confiável do que a profilaxia ou os dispositivos impeditivos que Sanger acabou conseguindo legalizar. Geralmente era um procedimento pós-parto, para garantir que a gravidez mais recente da mulher fosse a última. No entanto, era comum que se omitisse à mulher o fato de ser algo permanente (segundo um grupo de mulheres contra a esterilização imposta, o eufemismo *ligar as trompas* dava a entender que o procedimento era reversível). Mesmo depois de o choque de Hitler reduzir o movimento eugênico americano[9], o programa cresceu em Porto Rico. Em meados dos anos 1960, segundo inúmeros estudos, mais de um terço das mulheres porto-riquenhas em idade para ter filhos já tinham sido esterilizadas – dez vezes o índice do continente. Para uma melhor perspectiva: em 1977, quando um programa coercivo de esterilização em massa na

9. Com raras exceções: a Califórnia, que liderava as esterilizações forçadas nos Estados Unidos, prosseguiu realizando-as até os anos 1960. O Comitê Eugênico da Carolina do Norte permaneceu ativo até 1977.

Índia derrubou o governo da primeira-ministra Indira Ghandi, o índice era de 5%.

Hoje, em Porto Rico, a frase *la operación* permanece sinônimo de esterilização. No entanto, até quando as feministas e porto-riquenhas *independentistas* citam isso como prova de racismo e de discriminação pelo sexo do poder colonial, a reação da maioria das porto-riquenhas é simplesmente dar de ombros. Há décadas elas residem mais em cidades, querem empregos e desejam parar de ter filhos, depois do segundo, ou até menos: o índice de fertilidade de Porto Rico caiu para 1,62 filho por mulher. Fazer uma laqueadura é mais fácil do que fazer os homens usarem preservativos, ou manter o controle com pílulas anticoncepcionais – ou ter de comprá-las. Apesar das investigações de abuso que acabaram levando às diretrizes de esterilização, tanto na ilha quanto no continente, até os anos 1980, a porcentagem de porto-riquenhas que já haviam feito *la operación* subira, passando de 45%, a maior no mundo. Segundo a antropóloga Iris López, entre as mulheres porto-riquenhas, onde quer que vivam, "Isso agora é uma tradição".

Como frisou Ronald Reagan, admirado, ao visitar a América Latina pela primeira vez como presidente, "Os países de lá são todos diferentes". O gosto dos latino-americanos em relação ao planejamento familiar varia, em cada local, e a Costa Rica, ao contrário de Porto Rico, não era uma colônia norte-americana, mas seu *outdoor*. Uma abordagem agressiva do controle populacional ao impingir a laqueadura na independente Costa Rica não teria sido um meio de tratar um país que é seu propagandista.

"Na verdade", diz Hilda Picado, tamborilando a escrivaninha com seus óculos marrons de armação retangular, "a esterilização é um esforço titânico por aqui. Um médico precisa concordar que a necessidade é urgente. A permissão do marido é exigida. E só é permitida se a mulher já tiver três filhos." Uma lei de 1988 finalmente deu às mulheres da Costa Rica o direito dessa opção por qualquer motivo. Porém, em um país onde o catolicismo ainda é a religião oficial do Estado, os direitos reprodutivos foram conquistados a passos lentos.

Hilda Picado é diretora-geral da Associação Demográfica da Costa Rica. Seu escritório fica em um condomínio em tons pastel em La Uruca, antiga fazenda de café nas colinas centrais da Costa Rica, a nordeste da capital, San José. Duas gerações atrás, San José era pequena o suficiente para que o aroma dos montes de grãos de café do mercado central permeasse grande parte da cidade. Então, os filhos das mulheres de Costa Rica, que vinham reproduzindo com mais velocidade do que qualquer outra na Terra, chegaram à idade adulta e criaram suas próprias famílias. San José rapidamente engoliu dez vilarejos vizinhos, incluindo La Uruca, e agora cheira mais a óleo diesel e cimento fresco.

O pai de Hilda Picado era um entre doze irmãos. Dois de seus tios também tiveram doze filhos. "Doze não era um número tão grande. Conheci famílias com dezesseis, dezoito, vinte." Picado, nascida em 1960, era uma entre seis. Sua mãe teria tido mais, porém, no fim da mesma década, duas coisas aconteceram.

A primeira, em 1966, foi a introdução das pílulas anticoncepcionais pela USAID, nas clínicas que o presidente Figueres construiu, junto com o dinheiro usado para desenvolver a organização que Hilda hoje dirige.

Não foi coincidência que isso tenha acontecido pouco após o término do Concílio Vaticano II. Convocado pelo Papa João XXIII, no começo de seu papado de cinco anos, o Vaticano II tinha a intenção de modernizar as práticas da Igreja Católica. Ele permitiu a língua vernácula em missas que antes eram inteiramente em latim, abraçou o ecumenismo, tirou o véu das mulheres e foi amplamente acolhido como uma renovação espiritual. Muitos intelectuais católicos, teólogos e até membros do clérigo acreditavam que, principalmente com o recente surgimento das pílulas anticoncepcionais, uma grande mudança na doutrina da Igreja, em relação à contracepção, agora era inevitável. O papa até indicou uma comissão para estudar a questão. Embora João XXIII tenha morrido de câncer no estômago antes que o estudo fosse concluído, o momento para a mudança parecia excelente; até seu sucessor mais conservador, o Papa João Paulo VI, prosseguiu com o Vaticano II, expandindo o estudo contraceptivo, supondo-se extensivamente que a proibição da Igreja quanto ao controle de natalidade seria derrubada.

Isso foi especialmente verdade na América Latina, onde os espíritos divergentes do Vaticano II e a revolução cubana se cruzavam em um movimento chamado Teologia da Libertação.

Por toda a região, freiras tiravam seus hábitos e vestiam-se como as pessoas a quem serviam, e os padres pregavam contra a injustiça social e econômica. A defesa aos oprimidos da Teologia da Libertação abraçava especialmente as mulheres. Em meio ao fervor, a introdução de pílulas orais na Costa Rica e em seus vizinhos latino-americanos só encontrou oposição simbólica do clérigo católico.

Em 1966, com uma maioria de 35 contra cinco, membros do clérigo da Comissão Papal sobre o Controle da Natalidade e da População votaram para anular a proibição da Igreja. Os cinco membros em minoria submeteram uma opinião divergente, baseada nos escritos de um arcebispo polonês chamado Karol Wojtyla, que mais tarde também se tornaria papa. Para reverter a proibição do controle da natalidade, os dissidentes se mantiveram e viriam a minar a infalibilidade papal. Depois que ambas as opiniões vazaram para a imprensa, antes que qualquer atitude papal fosse tomada, o zangado Papa Paulo VI respondeu com uma encíclica, *Humanae Vitae*, que ficou do lado da minoria.

A *Humanae Vitae* foi um choque, mas chegou tarde demais. Até 1968, as pílulas estavam por toda parte. Na oficialmente católica Costa Rica, até o Ministério da Saúde as distribuía, por intermédio de seu novo Departamento de População. A popularidade do programa de planejamento familiar foi auxiliada pela segunda coisa que dissuadiu a mãe de Hilda a ter mais filhos: uma mensagem pelo rádio, que entrou na cozinha dos Picado, e jamais havia sido ouvida pelas ondas de rádio da Costa Rica.

"Não fiquemos constrangidos em discutir o que Deus não ficou constrangido em criar", disse a mensagem.

Era um programa de educação sexual sancionado pela Igreja, incluindo informação sobre como adquirir e usar o controle de natalidade. Mas os clérigos por trás das transmissões não eram católicos: depois da *Humanae Vitae*, padres ou freiras que aconselhassem seus paroquianos a usar anticoncepcionais o fariam correndo perigo de serem excomungados.

"Eram *los evangélicos*!" relembra Hilda Picado, radiante. Eram pentecostais, batistas, wesleyanos, metodistas, moravianos, menonitas, presbiterianos e outros que se juntaram para formar a Aliança Evangélica da Costa Rica, depois do golpe pacífico de José Figueres. Com essa frente unida contra a pressão antiprotestante da Igreja Católica oficial, a esperança deles era ganhar espaço para alternativas na nova Costa Rica. Mesmo antes da pílula, eles haviam avistado a fraqueza do adversário e já tinham começado a explorá-la.

Até o começo dos anos 1960, as "Caravanas da Boa Vontade" evangélicas circulavam pelo país, espalhando conselhos contraceptivos e até mesmo oferecendo vasectomias junto com a pregação. Quando as pílulas anticoncepcionais se tornaram disponíveis, eles incluíam essa informação com as outras boas novas, em seus programas de rádio, e ajudavam o governo a distribuí-las. Deus, eles tranquilizavam os ouvintes, os amava por quererem ter o número de filhos que poderiam sustentar com conforto. Ninguém iria para o inferno, nem teria de pedir perdão por algo tão sensato. Ter menos filhos, segundo eles, significava uma oportunidade de fugir da pobreza. Enfatizando que evitar a gravidez, para começar, era a melhor forma de evitar um aborto, eles venceram os católicos em seu próprio jogo.

"A Bíblia lhe dá a liberdade de decidir o que você quer fazer com a sua própria vida", diz Hilda Picado, uma Testemunha de Jeová. Para explicar a incrível reversão nos índices de fertilidade da Costa Rica – de 7,3 filhos por família em 1960, para 3,7 em 1975 e para 1,93 em 2011 – e o motivo para que quase toda a América Latina esteja chegando à taxa de substituição, ela aponta o índice de deserção simultâneo dos católicos, que se juntaram às seitas evangélicas nos últimos cinquenta anos: segundo algumas estimativas, a América Latina terá maioria protestante até o fim deste século.

Picado atualmente está batalhando com grupos católicos conservadores como o Opus Dei, para legalizar a pílula do dia seguinte. "Você precisa de um reforço, caso o que você usar falhe. Preservativos arrebentam, ou o esperma vaza. As mulheres se esquecem de tomar a pílula. Mais importante, as mulheres que são estupradas precisam disso."

Sem isso, ela lembra os oponentes, a única garantia é o aborto, que é ilegal na Costa Rica, o qual nem Picado nem sua organização apoiam, embora eles façam parte da Federação Internacional de Paternidade / Maternidade Planejada. Ela cita um estudo de 2007 que estima que 27 mil abortos ilegais sejam realizados por ano, na Costa Rica. Como em qualquer lugar, eles são responsáveis por mais hospitalizações emergenciais do que tudo, exceto acidentes de trânsito.

"Quanto mais planejamento familiar, menos aborto. Essa verdade é simples como a existência da água." Ela se orgulha de que seu país tenha sido o primeiro da América Latina, depois de Cuba, a alcançar o índice de substituição. Orgulha-se de que sua igreja apoie seu trabalho. Segundo ela, algumas Testemunhas de Jeová não têm filho algum, encarando a destruição ambiental e a crescente tensão mundial como sinais do Fim dos Tempos. Os contraceptivos facilitam a espera para ter uma família, depois que a ressurreição eterna na Terra comece.

"É uma religião que faz sentido, não uma que o sacode emocionalmente, de um lado para o outro."

2. Os extratores de parafusos

Cinco horas ao sul de San José, Gretchen Daily está em um cafezal, pouco acima da fronteira panamenha, com medo de se mexer, porque o morcego frugívoro fêmea, grávido e pendurado em seu dedo indicador, obviamente adormeceu e Gretchen não quer acordá-lo. "Ei, pessoal, quanto tempo eu devo ficar aqui em pé?", ela pergunta às duas alunas de Stanford, sentadas próximas, junto de uma mesa plástica branca.

Chase Mendenhall e Danny Karp, com suas luzes de capacete miradas nas espécies que eles estão medindo com paquímetros, sorriem entre si, mas não respondem.

Faz uma hora que escureceu. Pesquisadores da Costa Rica e estudantes de biologia de Stanford estão trazendo o que foi capturado em vinte ninhos que eles posicionaram, duas vezes ao dia: às 4h30, para capturar pássaros, e depois de escurecer, para pegar morcegos. Redes de teias, com 12 metros de comprimento, trançadas com fios pretos de poliéster, da espessura de fios de cabelo humano, são invisíveis antes do nascer do sol e depois que ele se põe. Os alunos as amarram como uma rede de vôlei fantasma, presas a estacas de bambu, entre as fileiras do cafezal, atravessando as rotas das aves que ligam partes da floresta na periferia da plantação.

Essa foi uma boa puxada de rede, Gretchen vê, enquanto espera que seu morcego desperte. Por ele ter ficado tão estressado, emaranhado na rede, Chase colocou-o no "CTI de morcego" – uma caixa de papelão contendo uma garrafa de água quente – até que ele se acalmasse. Depois ele se pendurou no dedo de Gretchen, porém, em vez de sair voando, ele balançou serenamente e pegou no sono. Enquanto isso, os alunos estão com os sacos de algodão macio, de onde tiram os bichos e entregam a Chase: morcegos fazedores de tenda, morcegos de nariz largo, morcegos de néctar de laranja, um morcego de nariz pontudo e claro, um morcego Sowell, de rabo curto, um pequenino Myotis de pernas cabeludas, devorador de insetos, e um morcego castanho de rabo curto. Novamente, nada do morcego Spix de asas em disco – uma bela criatura de orelhas longas e pelos castanho-avermelhados e creme que se agarra no interior de folhas curvas de helicônia –, mas eles sabem que eles estão por perto: gravaram seus ruídos. Aqui há 61 espécies de morcegos – os que se alimentam de néctar, os comedores de sementes, os devoradores de insetos e de frutos –, porém, exceto pelas fitas isoladas, a floresta deles se transformou nas plantações de café.

Ali é Coto Brus, um cantão de 360 milhas quadradas, na bacia hidrográfica do Pacífico, no sul da Costa Rica. Até o começo dos anos 1950, suas florestas eram quase intocadas pelos humanos, com exceção dos caçadores indígenas Guaymí. Então, a várias famílias italianas que haviam perdido suas fazendas durante a Segunda Guerra Mundial foram ofertadas propriedades rurais para se instalarem nessas terras vazias, em troca de um juramento de lealdade à Costa Rica, que precisava de colonizadores para desencorajar os interesses de expansão do Panamá.

Em uma década, a explosão populacional também estava empurrando os nativos da Costa Rica a esse posto fronteiriço mais remoto. Desbravar a terra era o meio mais rápido de fazer uma reivindicação e eles usaram o jeito mais veloz. O valor em dólar e o custo ecológico das madeiras preciosas que desapareceram na fumaça durante o que é lembrado como *el fosforazo* – "o maçarico" – são incalculáveis. Até o fim dos anos 1970, três quartos da floresta tinham desaparecido. O que restou estava mais sobre colinas íngremes demais para serem cultivadas.

Os pesquisadores de Stanford estão tentando determinar quanto dessa biodiversidade essa zona rural fragmentada ainda mantém e se essa biodiversidade contribui, de alguma forma, para o sucesso da agricultura. Se os cafezais mais próximos da floresta se mostrarem os mais saudáveis

– significando que estão livres de pestes como *la broca*, um minúsculo perfurador africano de café que recentemente apareceu na Costa Rica –, isso daria a entender que algo da floresta está comendo os pés de café. Na África, de onde o café é originário, os predadores naturais de *la broca* são pequenas vespas; o Brasil tentou importá-las, como um controle natural de infestação, mas elas não tiveram sucesso. A equipe de Gretchen conclui que o fato de o café da Costa Rica ter sido poupado até recentemente, talvez tenha sido por conta dos pássaros comedores de insetos – pássaros canoros ruivos, uí-pi ou balança-rabo-de-chapéu-preto – que residem em pequenos bandos no que resta da floresta, nas partes mais rudes dessa paisagem verde. Ou podem ser esses morcegos: nas semanas seguintes, Danny Karp irá passar a maior parte de suas horas acordado coletando e preservando guano de morcego e passarinho, em plásticos posicionados embaixo dos ninhos, cuidadosamente anotando que espécies penduradas correspondem ao montinho de cocô, as quais ele e os técnicos do laboratório de Stanford irão analisar, em busca do DNA de *la broca*.

Isso é um trabalhão. Chase tem um estudo em andamento, para quantificar os benefícios de árvores isoladas que ainda se mantêm nos campos agrícolas. Segundo sua própria descrição, Gretchen quase ficou cega em um ano ali, trabalhando no microscópio, tentando distinguir mais de 600 espécies de abelhas locais por minuto, por meio de minúsculas diferenças na forma como os pelos nascem em suas cabeças. Ela estava em busca de polinizadores, já que ali ninguém mais pode manter abelhas de mel europeias, desde que elas se tornaram letais pelo cruzamento com as abelhas africanas assassinas.

Gretchen acabou encontrando vinte espécies de abelhas com vestígios da flor de café em seus corpos. Todas vivem na floresta e não gostam de voar para muito longe dali. Quando ela e sua equipe explicaram, no escritório agrícola, que eles estavam testando para ver se a lavoura comercial mais importante da Costa Rica, ou seja, o café, dependia do número disponível de abelhas para transferir pólen, disseram-lhes que é claro que não: os agricultores modernos são autopolinizadores e não precisam da ajuda de insetos. Daily, cujos cabelos louros e a barriga de corredora escondem o fato de que já tem mais de 40 anos, interpretou essa afirmação de que a polinização é irrelevante como a última bobagem do governo que ela ouviu ao longo de sua carreira em vários países, incluindo o seu. Pesquisas recentes que ela viu sugerem que o rendimento do café é menor em países tropicais com a menor quantidade de mata remanescente. Como qualquer lugar onde é plantado o café nas Américas já foi mata, ela teve uma intuição de que a diferença poderia ser a ausência dos polinizadores.

Portanto, eles contaram os grãos colhidos de dúzias de pés de café, em distâncias variadas da floresta. "Descobrimos que os pés de café perto da floresta rendem 20% mais que as plantas que estão a 1 quilômetro de distância", conta ela, enquanto o morcego da fruta, pendurado em seu dedo indicador, finalmente se remexe e voa noite adentro. "Para uma fazenda, a diferença causada pela mata representou um acréscimo de 60 mil dólares por ano."

Em seguida, foi a vez de ver se os pássaros auxiliam na agricultura, assim como as abelhas, e agora eles adicionaram os morcegos. Além do trabalho contínuo com as redes e a fixação dos anéis, a pesquisa com os pássaros incluiu anos de identificação do alcance das espécies locais usando cola falsa de cílios postiços, para fixar transmissores do tamanho de um M&M, em 250 deles – incluindo uns pequeninos, que parecem *manakins* de pelo branco e coroa azulada, que pesam cerca de 10 gramas.

O motivo de todo esse trabalho é que Gretchen Daily e seus colegas do Centro de Conservação Biológica de Stanford acreditam que o futuro da biodiversidade será determinado pelo que acontece na área rural agrícola dos trópicos terrestres. Em um mundo onde 40% do solo não congelado é cultivado ou serve de pasto, há uma lógica nessa ideia. No entanto, para muitos conservacionistas, sugerir que ecossistemas com alterações humanas podem sustentar a biodiversidade é um sacrilégio.

"Toda vez que publicamos um artigo", conta Daily, "algum crítico o classifica como perigoso ou 'altamente emocional'. Dizem-nos que, como conservacionistas, deveríamos nos concentrar em salvar o mais raro do raro."

Ela não faz nenhuma objeção ao empenho de alguém que faz isso. No entanto, infelizmente, "o mais raro do raro", na prática, geralmente significa extinto – espécies como os condores-da-califórnia, das quais restam tão poucos exemplares, já nem têm mais uma função no ecossistema. Enquanto isso, cada espécie que ainda tem uma função está se agarrando de forma cada vez mais precária ao planeta onde vive. Agora, garantir que elas ainda possam viver é o que tem a atenção de Gretchen, principalmente porque uma dessas espécies é a dela – a nossa.

Além disso, ela está acostumada com controvérsias. Ela é fruto de uma linhagem acadêmica verdadeiramente real nesse sentido.

Gretchen Daily chegou ao trabalho de sua vida devido a um caso de erro de identidade. Em meados dos anos 1980, ela era aluna do segundo ano em Stanford, ainda escolhendo matérias e precisando de um emprego para pagar os estudos. Um anúncio lhe chamou a atenção; um professor chamado Paul Ehrlich estava contratando pessoas para verificar dados de sua pesquisa. Gretchen reconheceu o nome – ou assim pensou. Filha de um médico do exército americano, ela tinha passado um tempo na Alemanha, onde a agência federal que regula vacinas e medicamentos é o Paul-Ehrlich-Institut. Ela não sabia que o xará do fundador, que ganhara um Prêmio Nobel pelo desenvolvimento da quimioterapia, estava morto desde 1915.

Ela aceitou o emprego e descobriu que era outro Paul Ehrlich. Esse era um biólogo esguio e brincalhão, que lhe entregou milhares de registros datados desde 1959, sobre capturas da borboleta *checkerspot* que ele fizera no Colorado, para que ela verificasse a precisão. Acabou sendo um trabalho fácil, já que o professor Ehrlich tinha registrado tudo corretamente. Mas ela ficou intrigada por sua investigação meticulosa, a forma como os dados se acumularam ao longo do tempo, revelando detalhes sobre esses lindos insetos e as montanhas que habitavam.

Ela mudou seu curso para biologia e aos poucos foi ficando mais próxima de seu chefe. Logo descobriu que as populações de borboletas brancas eram a paixão dele, que ele era mais conhecido – notoriamente, segundo alguns relatos – por suas incursões na ecologia da população humana. Depois de ler *Extinction*, livro mais recente que ele havia escrito com a esposa, Anne, essa ligação pareceu fazer perfeito sentido para Gretchen. O prefácio, escrito como uma parábola, tinha se tornado tão famoso nos círculos de ecologia quanto *The Population Bomb* tinha fama ao redor do mundo.

No prefácio, imagina-se um passageiro que percebe um mecânico tirar parafusos da asa do avião no qual ele está embarcando. O mecânico explica que a companhia aérea receberá um ótimo preço por eles. Mas não há problema, ele assegura ao passageiro aflito: com milhões de parafusos, alguns não farão falta ao avião. Na verdade, ele já vem fazendo isso há um tempo, e até agora a asa não caiu.

A questão é que não há meio de saber quando se chega ao parafuso fatal. Para o passageiro, é insanidade remover até mesmo um. No entanto, os Ehrlich frisaram que, na espaçonave chamada Terra, os humanos estão arrancando parafusos com mais frequência. "Um ecologista tem tanta possibilidade de prever as consequências da extinção de determinada espécie quanto um passageiro de avião pode avaliar a perda de um único parafuso."

Como Gretchen Daily passou a entender, um motivo para que Paul Ehrlich fosse obcecado por borboletas era que, assim como os pássaros, elas eram indicadores ambientais valiosos, porque são fáceis de identificar e sensíveis às mudanças – principalmente mudanças causadas por humanos. Cedo ou tarde, as mudanças que afetam as borboletas também afetariam os humanos.

Erlich convidou-a para a estação do laboratório biológico em Rocky Mountain (Rocky Mountain Biological Lab), perto de Crested Butte, Colorado, para onde ele e Anne iam todo verão. Eles moravam em cabanas em um vale a 9.500 pés de altitude, cercado de penhascos e livre da neve por pouco tempo, e levantavam ao amanhecer, para rastrear os pássaros e borboletas revoando por entre os bosques e os álamos, e nas campinas repletas de girassóis, tremoços azuis, lírios e esporas. À noite, Gretchen se juntava a eles e ao melhor amigo de Paul, um engenheiro e físico barbudo da UC-Berkeley, chamado John Holdren, que estava escrevendo um livro sobre energia, e sua esposa bióloga, Cheri, para jantares de truta que Holdren e Anne Ehrlich pescavam, enquanto Paul e Cheri estavam caçando borboletas.

Gretchen, deslumbrada pelas mentes discursando à mesa, contribuía com tortas que ela fazia, usando as maçãs e cerejas locais, e, arrebatada, timidamente prestava atenção. Ela se sentia desarmada por essa gente talentosa: Paul, alto e de cabelos negros, tão solícito e adorador da esposa; John Holdren, com seu olhar inteligente; Anne e Cheri, com suas peles radiantes que, para Gretchen, refletiam o brilhantismo interior.

Cheri estava escrevendo um livro sobre toxinas ambientais; Anne, que nunca concluíra sua graduação, por ter dado à luz a filha, tinha publicado tantos estudos e livros que havia ganhado dois doutorados honorários. Eram todos tão saudáveis, divertidos e tranquilos, e fazia total sentido que Gretchen quisesse ser como eles.

Em 1969, um ano após o surgimento de *The Population Bomb*, Paul Ehrlich e John Holdren tinham respondido, no jornal *BioScience*, a uma objeção frequente ao livro: a tecnologia moderna certamente resolveria a escassez de comida, água, energia e os produtos marinhos que Paul e Anne Ehrlich tinham previsto, se a população continuasse crescendo.

Holdren contribuía projetando matematicamente a tonelagem alarmante de fertilizantes sintéticos que seriam indefinidamente necessários para alimentar a civilização humana, em eterna expansão, e suas inevitáveis consequências químicas. Ele calculou que usinas nucleares, à época, vistas como a resposta do futuro, teriam suas reservas de urânio esgotadas, muito antes que o mundo pudesse ser provido de energia atômica.

Ele também mencionou um fato altamente ignorado nos anos 1960: os níveis de CO_2 atmosférico tinham aumentado em 10%, desde o início do século. Ponderando essa notícia, a elevada demanda de energia e o calor que as centrais elétricas geram, incluindo o dos veículos, Holdren e Ehrlich calcularam que em menos de um século a Terra estaria diante de mudanças climáticas drásticas, se não catastróficas.

Ao longo dos dois anos seguintes, eles escreveram dezoito artigos para a revista nacional *Saturday Review*, discutindo as consequências da população excessiva, em linguagem acessível. Dissecaram o impacto humano sobre o meio ambiente em uma única expressão: multiplicar o número de pessoas por seu nível de consumo e pela tecnologia necessária para produzir o que estivessem consumindo. A equação resultante, simples o suficiente para que qualquer um entendesse, agora é um padrão na ecologia:

$$I = PAT$$

$$(\text{impacto} = \text{população} \times \text{afluência} \times \text{tecnologia})$$

Em 1977, com Anne Ehrlich, eles publicaram um livro chamado *Ecoscience*. Com 1.051 páginas, trata-se de um compêndio de como a terra, o mar e a atmosfera do planeta interagem. À pesquisa biológica dos Ehrlich, John Holdren acrescentou números e *expertise* em energia, para estimar o que talvez seja necessário para que a humanidade elabore um relacionamento sustentável com o restante da natureza. *Ecoscience* mostrou com que velocidade os níveis dos recursos estavam mudando e projetou quanto tempo talvez leve para que a civilização mude esse curso. Especulou como a tecnologia precisaria ser veloz para evoluir e manter um nível decente de vida, caso os números humanos continuassem aumentando.

Foi um livro altamente compreensível, de imenso sucesso, mas também se tornou conhecido além dos anais acadêmicos, por conta de sua análise de como o crescimento populacional talvez pudesse ser desacelerado. Como cientistas, os autores tinham pesquisado todas as possibilidades teóricas já tratadas. Três décadas depois, algumas delas seriam seletivamente ressuscitadas, quando o presidente Barack Obama indicou Holdren como seu consultor científico.

Aqueles que atacam Holdren descartaram o fato de que na mesma frase que discutia o acréscimo de um esterilizante humano à água potável ou alimentos básicos, ele e os Ehrlich rejeitavam isso como algo horripilante para si mesmos, assim como para o público. Outra opção vislumbrada foi a de cápsulas anticoncepcionais de trinta anos, a serem implantadas nas mulheres durante a puberdade, removíveis "com permissão oficial, para um número limitado de nascimentos". Reconhecendo o quanto isso era assustador, os autores reiteraram os motivos para levantarem possibilidades tão terríveis: a menos que as tendências atuais dos níveis de natalidade fossem revertidas, alguns países poderiam, em breve, ter de recorrer ao controle de natalidade compulsório.

Um ano após a publicação de *Ecoscience*, a China anunciou sua política de apenas um filho.

Segundo os Ehrlich e Holdren, uma cápsula anticoncepcional inserida talvez fosse aceitável se pudesse ser removida quando a mulher assim o quisesse, e recolocada após o nascimento da criança. Isso resolveria o que muitos planejadores familiares consideram o maior problema de todos:

o fato, como até os estudos de hoje mostram, de cerca da metade das gestações ser não intencional.

"Nascimentos indesejados e o problema do aborto seriam inteiramente evitados", escreveu ele. Porém, eles acrescentaram, a logística de manter uma população feminina inteira em dosagens contínuas de esteroide também tornaria essa possibilidade contraceptiva proibitiva. Contudo, em 1983, surgiria o Norplant, uma cápsula emissora de hormônios utilizada por cinco anos, na região subcutânea do braço. Assim como muitas outras, ela ainda é amplamente utilizada.

Holdren e os Ehrlich consideraram bases legais para leis populacionais. Eles frisaram que, como a constituição dos Estados Unidos equilibra os direitos individuais com os interesses da sociedade, uma limitação obrigatória do tamanho da família talvez não fosse menos razoável do que exigir que os homens se alistassem no serviço militar. Porém, eles tiveram um palpite correto quanto à reação ser de indignação, principalmente nos meios conservadores, que defendem a intervenção governamental mínima nas vidas das pessoas e na robustez da defesa nacional.

Já esperando o protesto, eles concluíram que "O controle compulsório do tamanho da família é uma ideia impalpável, mas as alternativas podem ser muito mais aterrorizantes".

Tanto que, eles advertem, um dia as pessoas talvez exijam esse controle. Antes que a escassez e a ordem civil resultem em tumulto por alimentos e guerras por água, "Uma escolha bem melhor, em nossa opinião, é expandir os métodos mais brandos de influenciar a preferência do tamanho da família, enquanto se redobram os esforços para garantir que os meios de controle da natalidade sejam acessíveis a todo humano na Terra, dentro do menor tempo possível".

John Holdren passou a presidir a Kennedy School of Government, em Harvard, e tornou-se presidente da American Association for the Advancement of Science. Ele foi eleito para a Academia Nacional de Ciências, a Academia Nacional de Engenharia e a Academia Americana de Artes e Ciência. Em 1995, ele recebeu o Prêmio Nobel da Paz, pelo qual deu uma palestra de agradecimento. Sua indicação como consultor científico de Obama ocorreu cedo, quando Obama desfrutava da maioria no Senado e a oposição ainda precisava moldar sua estratégia paralisante, para garantir confirmação. Durante essa audiência, em resposta a um senador republicano, ele alegou que não acreditava em esterilização forçada, ou nenhum tipo de controle populacional forçado.

Também respondeu a uma questão levantada no fim da *Ecoscience*. Ele e seus coautores haviam imaginado uma superagência que passasse por um "Regime Planetário", que um dia talvez mesclasse os programas ambientais e populacionais da ONU e expandisse seu tratado intitulado Law of the Sea (Lei do Mar), para gerir todos os recursos naturais. Ele seria um comissário de seus recursos comuns mundiais, com poderes para controlar a poluição atmosférica, os oceanos e as águas transfronteiriças. Eles acrescentaram que esse órgão "também poderia receber a responsabilidade de determinar a população ideal do mundo".

Em sua confirmação, Holdren testemunhou que não acreditava que a determinação da população ideal fosse um papel apropriado para o governo.

O título que eles deram à superagência tornou-se combustível para os oponentes de Obama, que buscavam provas de que sua administração pertencia a uma conspiração socialista mundial. Depois que alguém veiculou citações da *Ecoscience* na internet, Paul e Anne Ehrlich responderam à seleção fora de contextos de seus pontos de vista e de seus ex-colegas:

"Nós nunca fomos, não temos sido, nem somos 'defensores' de medidas draconianas para as limitações populacionais descritas – mas não recomendadas – no livro de sessenta e poucas páginas de letras pequenas, catalogando o espectro completo das políticas populacionais que, na época, já haviam sido experimentadas em alguns países ou analisadas por algum comentarista."

Durante o segundo verão de Gretchen no laboratório biológico de Rocky Mountain, enquanto ela e Paul Ehrlich voltavam de uma caminhada, após um dia de identificação de borboletas, eles avistaram um *sapsucker* macho de nuca vermelha, um pequeno pica-pau do oeste norte-americano, entalhando um retângulo a bicadas, no tronco de um salgueiro, depois tomando a seiva açucarada que fluía da superfície exposta. Arbustos ao redor estavam repletos de outras fontes minando seiva, o que indicava que os *sapsuckers* habitualmente se banqueteavam por ali.

Quando Gretchen voltou, ela encontrou um canoro de coroa laranja e dois tipos de beija-flores também bebendo da seiva. Observações adicionais – mais de cinquenta horas, sob o incentivo de seu mentor – revelaram quarenta espécies de pássaros, insetos, esquilos e macaquinhos que se alimentavam do trabalho do pica-pau *sapsucker*.

Ao longo daquele verão, uma intrincada dinâmica de ecologia alpina se revelou para ela. Os *sapsuckers* precisavam dos salgueiros para se alimentar e aos seus filhotes, e de uma gruta no álamo como abrigo. Eles também dependiam de um fungo de cerne que apodrece os troncos dos álamos, possibilitando que bicassem abrindo as cavidades para os ninhos. Salgueiros, álamos e fungos tinham de coexistir para que os pica-paus *sapsuckers* estivessem presentes. Para confirmar, Daily e Ehrlich inspecionaram 13 mil álamos, em distâncias variadas dos salgueiros: os que ostentavam buracos de *sapsuckers* eram os mais próximos. Eles também examinaram todos os salgueiros: os distantes dos álamos estavam ilesos dos *sapsuckers*.

Por outro lado, os *sapsuckers* forneceram uma fonte expressiva de alimento para uma infinidade de outros animais. Como eles abriam um novo ninho a cada ano, seus ex-lares eram usados por sete outras espécies de aves que não podiam cavar suas pequenas tocas, incluindo dois tipos de andorinhas que apareciam apenas quando os *sapsuckers* estavam presentes. Uma comunidade inteira de plantas e animais dependia de um leque complexo de espécies: o *sapsucker*, o álamo, o salgueiro e o fungo. Tirando isso, todo o restante desapareceria.

Essa interdependência de plantas, pássaros, insetos e mamíferos resultou na primeira publicação profissional de Daily, com coautoria de Ehrlich, quando ela estava apenas começando seu mestrado. Era o início de sua compreensão de como a perda de uma única espécie poderia causar um efeito cascata. Após um ano de volta à Alemanha, para observar os efeitos da chuva ácida nas florestas bávaras, ela regressou a Stanford para começar o doutorado, juntando-se aos Ehrlich em seu outro local de pesquisa perene, a Estação Biológica de Las Cruces, em Coto Brus, Costa Rica.

Paul lhe disse que era o local perfeito para documentar o que ocorreria à vida selvagem, quando as florestas desaparecessem. O estudo maciço sobre abelhas, que manteve Gretchen presa ao microscópio durante muitos meses, foi liderado por Ehrlich e seu próprio mentor, Charles D. Michener, da Universidade do Kansas, a maior autoridade mundial viva sobre abelhas[10]. Além de confirmar que as abelhas de florestas polinizavam as plantações dos agricultores, outra coisa surpreendente surgiu: as populações de abelhas estavam, na verdade, vicejando em locais abertos. Assim como as borboletas e mariposas, conforme Ehrlich descobriu.

Eles ponderaram que, possivelmente, isso se dava porque os insetos voadores facilmente se deslocam entre paisagens alteradas e onde de fato vivem. Ao longo dos anos, eles observaram répteis com menor mobilidade, anfíbios e mamíferos não voadores. Eles rastrearam e capturaram sapos, cobras, lagartos, tamanduás, esquilos pigmeus, gambás, preguiças, pacas, fuinhas de rabo longo, pumas, gatos-do-mato, lontras e dois tipos de macacos. Com todos eles, também encontraram uma capacidade mais elevada que o esperado, da sustentação por parte da região agrícola, de espécies ameaçadas e até em extinção.

Eles finalmente perceberam que, em todos os casos, o fator-chave estava ligado às árvores. Em todos os lugares onde os agricultores deixavam algumas árvores, a biodiversidade se mantinha.

Não que uma paisagem construída pelo homem fosse um substituto para uma floresta nativa: sete espécies – jaguar, tapir, queixadas, bugios, macacos-aranha, tamanduás gigantes e gambás aquáticos – tinham desaparecido. Mas uma imensa porção de terra no mundo agora estava sendo utilizada por gente, e eles estavam vendo que a região rural que ainda continha parte da vegetação nativa podia sustentar uma porcentagem surpreendente de fauna local. Tal território ainda podia prover serviços de que os humanos necessitavam: podia manter e filtrar água, reabastecer o solo e abrigar criaturas que polinizam as plantações e controlam as pestes.

Eles sabiam que muitos cientistas contestariam, alegando que essa conclusão poderia prejudicar os esforços do movimento de conservação mundial pela preservação de matas virgens que servem de habitat para espécies preciosas. Porém, apenas a pequena porcentagem do planeta de reservas naturais poderia salvar uma fração da biodiversidade mundial. O conceito de conservação teria de ser ampliado para também incluir

10. Michener, autor da grande obra *The Bees of the World*, ainda estava trabalhando em 2013, aos 94 anos.

terras que não fossem reservas. O desafio era convencer as pessoas que moravam ali de que era de seu interesse coexistirem com o que também ainda vivesse no local.

Em 1992, Gretchen Daily fez um pós-doutorado no Grupo de Energia e Recursos da Berkeley, com John Holdren. Ela precisava aprender sobre energia: a agricultura moderna que estava transfigurando a terra era movida pelos mesmos combustíveis que alimentavam os motores urbanos do planeta. As monoculturas vastamente fertilizadas da Revolução Verde, onde não restava árvore em pé – nada além da colheita de dinheiro –, transformou óleo em comida, mas fracassou em adubar o carbono liberado dessa troca química.

Em Berkeley, Holdren a fez olhar para outra direção: será que a agricultura poderia cultivar combustível? Sob a nova palavra de ordem da década, *sustentabilidade*, se as plantas vivas, em lugar de seus ancestrais fósseis, pudessem ser a matéria-prima para os hidrocarbonos dos quais agora a civilização dependia, a geração de cada nova planta inalaria o CO_2 emitido pela última quando queimada. Teoricamente, suas contribuições em carbono à atmosfera seriam zeradas. Mas será? Quanto de energia era preciso para cultivar e refinar a vegetação em combustível biológico? Quanto iria competir com a produção alimentar? Fazia sentido cultivar lavouras para combustível, nos mesmos territórios de lavouras de alimento? Ou, se os biocombustíveis fossem restringidos às terras degradadas, será que algo poderia ser cultivado ali, para produzir energia suficiente que valesse a pena?

Naquele mesmo ano, mais de cem chefes de Estado e milhares de cientistas, ativistas, jornalistas, políticos e emissários da indústria reuniram-se no Rio de Janeiro para a United Nations Conference on Environment and Development (UNCED, ou Conferência das Nações Unidas para o Meio Ambiente e Desenvolvimento) de 1992. A Eco-92, como ficou conhecida, foi retratada como o momento decisivo que talvez determinasse tanto o destino do ecossistema global quanto a sobrevivência da raça humana.

Durante dois anos antes do encontro, apostas ferozes despontaram entre as nações participantes e milhares de entidades cujos interesses estavam voltados para o desfecho da conferência. Além dos grupos ambientais, também constavam redes de mulheres, defensores de direitos humanos e líderes religiosos, desde xamãs até oficiais da cúria do Vaticano. Cinquenta das maiores empresas transnacionais juntaram sua influência para formar o Conselho de Negócios para o Desenvolvimento Sustentável, baseado na esperança de que o crescimento econômico pudesse prosseguir incansável, se o impacto ecológico diminuísse.

Tudo na Terra estava sobre a mesa – menos uma coisa. Apesar da declaração feita por Maurice Strong, secretário-geral da conferência, dizendo que "Ou nós reduzimos a população mundial voluntariamente, ou a natureza fará isso por nós, porém de forma brutal", até o momento do início da UNCED, o assunto se tornara efetivamente um tabu. Embora grupos intitulados Population Action International, Population Institute e o Zero Population Growth, fundado por Paul Ehrlich, estivessem dentre a multidão no Rio, eles estavam em menor número de pessoas.

Detratores que os chamavam de "controladores populacionais" incluíam países em desenvolvimento que protestavam por serem acusados pelos inimigos ambientalistas do mundo, quando o verdadeiro culpado, segundo eles, era claramente o consumo ostensivo das nações ricas. Eles rejeitaram como neocolonialismo racial a ideia de que limitar a maior força de um país pobre – os números – pudesse ser apregoada como algum tipo de solução. As feministas acrescentaram que as mulheres de países pobres sofriam um abuso duplo: tradicionalmente exploradas, depois forçadas a se submeterem a uma esterilização involuntária ou às inserções de Norplant, que não poderiam remover por conta própria.

O dilema para os defensores populacionais era que eles essencialmente concordavam com as queixas e os objetivos de seus acusadores. Eliminar a pobreza, garantir os direitos de reprodução femininos, educar a todos e garantir a justiça social eram metas que eles viam como cruciais a serem alcançadas, como suas próprias. A diferença estava na estratégia. Embora os grupos populacionais acreditassem que deixar o controle do número de filhos às mulheres fosse a forma mais veloz de reverter sua condição, as feministas tinham perdido a paciência de esperar que outra coisa, como a implantação de programas de planejamento familiar, acontecesse antes que as mulheres tivessem direitos e oportunidades iguais.

Os grupos anticonsumo insistiam que a primeira ordem para os negócios era eliminar a ganância e não ter mais gente gananciosa. Os argumentos de que o caminho para o sucesso de qualquer uma dessas metas era buscá-las simultaneamente foram se perdendo em meio ao barulho.

As divisões se provaram úteis para o Vaticano. Invocando a santidade da vida humana, ele defendia o argumento de que os pobres do mundo eram vítimas, não a causa, da degradação ecológica. Como o Brasil, cenário da conferência, possui a maior população católica do mundo, a Igreja teve uma influência considerável nas negociações que antecederam as sessões e obteve êxito em deletar os termos *planejamento familiar* e *contracepção* dos esboços de acordos da UNCED.

Até a versão final, a única referência que permanecia à população era uma frase que pedia "[...] planejamento responsável do tamanho da família, em um espírito de liberdade e dignidade, e em acordo com os valores pessoais, levando em conta as considerações morais e culturais".

"A Santa Sé não tentou eliminar nenhum texto relativo à população, apenas melhorá-lo", anunciou o Vaticano, quando satisfeito.

Para as companhias que foram grandes patrocinadoras da conferência, mais gente significava mão de obra mais barata e expansão de bases de mercado, um ponto articulado oito anos antes, em 1984, na Conferência Populacional Mundial, na Cidade do México. Para choque do país anfitrião, o México, empenhado em não ser mais a nação de crescimento mais veloz do mundo, os Estados Unidos anunciaram que não mais apoiariam os programas de planejamento familiar da ONU. Eles não apenas incentivavam o aborto, que a administração do presidente Reagan não aprovava, conforme explicou o representante norte-americano, mas quanto mais gente no planeta, mais consumidores de produtos do capitalismo.

Como os Estados Unidos eram os maiores patrocinadores da ONU e figuravam entre os patrocinadores originais de seus programas de contracepção, essa mudança de política sacudiu o planejamento familiar internacional para os anos vindouros. Naquele momento, na Eco-92, outra reversão inesperada ocorreu, quando os Estados Unidos deixaram todos atônitos ao rejeitarem a Convenção sobre Biodiversidade da UNCED, segundo a qual todas as outras nações concordaram em identificar e destinar reservas para proteger recursos genéticos. Dessa vez, a queixa dos Estados Unidos era que uma provisão por "um compartilhamento justo e imparcial de benefícios" do desenvolvimento desses recursos restringia os direitos de propriedade intelectual das empresas de biotecnologia e indústrias farmacêuticas aos produtos que talvez derivassem de plantas tropicais.

Para ecologistas americanos como Paul Ehrlich, tal provocação não poderia ser mais perversa. Para especialistas em energia como John Holdren, as coisas pioraram ainda mais. Enquanto prosseguia o 11° dia de conferência, George H. W. Bush, presidente dos Estados Unidos, ficou em Washington, recusando-se a participar de outro importante documento da UNCED, a Convenção sobre Mudanças Climáticas, que estabelecia metas específicas para a redução de emissões poluentes. Mais uma vez, todos os outros signatários haviam concordado em limitar as emissões de CO_2 aos níveis de 1990, até o ano 2000. Isso resultou num debate prolongado e inflamado, liderado pelos países que argumentavam por uma convenção válida, mesmo que os Estados Unidos ficassem em evidente isolamento. No fim, a racionalidade prevaleceu, e qualquer acordo seria sem sentido com a ausência do país mais poderoso e poluente do mundo. O pacto foi diluído para acatar as exigências americanas e na véspera do fim da Eco-92, Bush chegou ao Rio.

"O modo de vida americano não é negociável", disse ele, ao se dirigir ao público.

A Eco-92 confirmou que somente uma espécie, o *Homo sapiens*, poderia votar pela decisão do destino da Terra, assim como foi a única espécie à mesa. A longo prazo, essa votação será insignificante: insetos e micróbios provavelmente rirão por último, se é que riem.

No entanto, a questão é quando, exatamente, em longo prazo? Até agora, ninguém que tentou prever isso acertou com precisão. Contudo, o fracasso de videntes, ou as interpretações de Nostradamus ou dos calendários maias não devem induzir ninguém à complacência. Embora superados por políticos e lobistas, os cientistas da Eco-92 tinham razões de sobra para estarem preocupados quanto à nossa trajetória, se as coisas prosseguissem como habitualmente.

Um ano depois, em Cambridge, Inglaterra, na First World Optimum Population Conference, Gretchen Daily e os Ehrlich ofereceram o que eles chamaram de cálculo experimental. Eles não estavam tentando indicar o fim da civilização humana, mas, em lugar disso, determinar o contrário: quantos humanos caberiam em segurança na Terra, antes de envergá-la?

A apresentação feita por eles, 25 anos após a publicação de *The Population Bomb*, foi extraída de uma discussão sobre a capacidade de sustentação na dissertação da tese de doutorado de Gretchen. Eles alegaram que a população ideal não significava o número máximo que poderia ser espremido no planeta, como galinhas industriais, mas quantos poderiam viver bem, sem comprometer a chance de futuras gerações fazerem o mesmo. Todos devem ter, no mínimo, a garantia de sustentabilidade, habitação, educação, assistência à saúde, ser livres de preconceito e ter oportunidades de ganhar a vida.

Isso não significava o fim da desigualdade. "Embora o interesse egoísta de estreitar o vácuo entre ricos e pobres seja de praticamente todos, somos céticos ao pensar se os incentivos que conduzem as desigualdades sociais e econômicas serão inteiramente superados. Dessa forma, achamos que o número ideal deve ser determinado tendo em mente as características humanas do egoísmo e da miopia."

Eles também não se referem a uma existência pastoral, pré-industrial. "[A população ideal] deve ser grande o suficiente para manter uma diversidade cultural humana" e em determinados lugares, densa o bastante para permitir "uma massa crítica intelectual, artística e de criatividade tecnológica", gente suficiente para ter "cidades grandes e empolgantes e ainda manter traços substanciais de regiões despovoadas".

No entanto, tem de ser pequena o suficiente para garantir que essa biodiversidade seja preservada. Suas razões eram práticas – humanos não podem viver sem alimento, ar, materiais e a água que a natureza produz – e morais: "Como espécies dominantes no planeta, sentimos que o *Homo sapiens* deve abrigar a existência contínua de seus únicos companheiros vivos conhecidos no universo."

Para estimar a população mundial, eles utilizaram um cenário desenvolvido por John Holdren. Naquele ano (1993), os 5,5 bilhões de pessoas do planeta consumiam 13 terawatts – 13 trilhões de watts – de energia gerada por humanos. Quase três quartos dessa energia eram utilizados por 1,5 bilhão de pessoas, em países industrializados, com uma média de 7,5 quilowatts por pessoa. Se todos utilizassem essa quantidade – no mundo em desenvolvimento, a média era 1 quilowatt por pessoa – e o mundo continuasse a crescer nesse ritmo, em algum momento do século XXI haveria 14 bilhões de humanos e a demanda de energia seria oito vezes maior.

Eles temiam que muito antes disso o sistema de combustível ou o ecossistema entrassem em colapso, ou ambos. Assim, Holdren analisou o que poderia ser prático, se todos tivessem acesso igual à energia. Se a demanda fosse 3 quilowatts *per capita* (o triplo do rateio de uma pessoa pobre; um quarto do que um típico americano utiliza, possivelmente alcançado se a eficiência de energia fosse maximizada) e se os índices de crescimento da população desacelerassem o suficiente para aumentar somente para 10 bilhões[11], o total necessário ainda seria 30 terawatts[12].

Considerando esses números, Daily e os Ehrlich calcularam em retrospectiva. Como os 13 terawatts utilizados em 1993 já estavam desnudando o planeta e embolando a química atmosférica, eles viram que o total precisava ser mais baixo. Levando em conta a adoção de tecnologias limpas – algumas conhecidas, outras ainda a serem desenvolvidas – no verso de um envelope eles anotaram um palpite desejoso de que talvez fosse possível que a raça humana usasse 9 terawatts a cada ano, sem prejudicar o meio ambiente.

Para permitir consequências imprevistas que invariavelmente acompanham tecnologias, eles propuseram uma margem de 50% de erro. Isso deixou 6 terawatts. A partir dali, era só uma questão de uma longa divisão.

Era de 2 bilhões o número total de pessoas que poderiam viver no mundo, cada uma delas utilizando 3 quilowatts de energia, sem ultrapassar o uso de 6 terawatts.

Dois bilhões representavam a população da Terra em 1930, quando o processo Haber-Bosch tinha apenas se tornado comercialmente disponível

11. Atualmente, a projeção da ONU para o ano 2082.

12. Quase o dobro disso em 2012.

ao redor do mundo. Quase todos na Terra ainda viviam de plantas cultivadas apenas sob a luz do sol, não com combustível fóssil. Com 2 bilhões, a população poderia ser alimentada com pouquíssimo ou nenhum fertilizante, aliviando as pressões do solo, das águas e afluentes, e da atmosfera: o nitrogênio agrícola é a maior fonte de protóxido de nitrogênio, que é tanto um poluente como o gás natural mais potente, depois do CO_2 e do metano.

Em 1930, os 2 bilhões utilizavam pouco mais de 2 terawatts de energia, anualmente: ligeiramente acima de 1 quilowatt por pessoa. Era um mundo sem televisão, computadores, menos automóveis por família, pouquíssimos eletrodomésticos e sem viagens aéreas. Segundo os padrões atuais de vida, o rateio de 1 quilowatt anual por pessoa significaria que todos seríamos considerados subdesenvolvidos, opção desejada por poucos da economia de sobrevivência e alguns caçadores-coletores remanescentes.

Os Ehrlich e Daily reconheceram que era improvável que mesmo o seu cálculo fosse muito atraente, dando a cada um de nós o triplo desse valor. Então, eles ofereceram uma alternativa: em um mundo com 1,5 bilhão de pessoas, todos poderiam utilizar 4,75 quilowatts. Esse número, quase dois terços da energia *per capita* utilizada nos países ricos, era factível sem grandes descobertas tecnológicas, simplesmente com melhores isolamentos térmicos, otimização da milhagem dos combustíveis e aumento do uso de aquecedores solares baratos.

Eles não discutiram a forma de trazer a população de volta a 1,5 bilhão – aproximadamente a população global no início do século XX. No entanto, um país já havia embarcado nesse plano, que, se o mundo inteiro adotasse, dentro de um século traria exatamente os números de volta para os de 1900. Foi a China, cuja política de apenas um filho foi considerada inaceitavelmente brutal.

Nem os Ehrlich, nem Gretchen Daily, ou quase ninguém mais sabia, em 1993, que em um país igualmente imenso e impenetrável, em outra parte do mundo – um país muçulmano – uma alternativa à coerção da China estava a caminho, na qual os cidadãos voluntariamente viriam a reduzir seus índices de natalidade até mais rápido que a China, embora os anos viessem a passar, antes que seu sucesso extraordinário se tornasse aparente.

Duas décadas após, aos 80 anos, Paul Ehrlich ainda estaria presidindo o Center for Conservation Biology, em Stanford. Quando indagado o motivo, ele respondia "Para liberar Gretchen Daily". Ela era agora uma diretora simbólica do Centro, ganhadora de vários dos maiores prêmios da ciência por seus esforços para encontrar um equilíbrio funcional entre o ser humano e a natureza.

Para fazer isso é necessário pesquisar que tipo de espécies e ecossistemas continuariam a existir no futuro. Isso levanta um corolário, uma pergunta angustiante, algo que a maioria dos cientistas odeia mencionar: sob as perspectivas tanto da ciência quanto da sociedade humana, que espécies são importantes para que mereçam mais proteção?

Julgar que um carismático urso polar ou um aconchegante panda seja mais importante que algum pássaro marrom despercebido no solo da floresta, portanto mais merecedor de salvação, é ecologicamente o equivalente à Escolha de Sofia. Ninguém, muito menos Gretchen Daily, quer tomar uma decisão dessas. No entanto, este é um mundo onde muita gente é cética quanto à importância das espécies, com exceção dos animais domésticos comestíveis. Afinal, os europeus estão entre os humanos mais saudáveis da Terra, apesar de terem expurgado grande parte da biodiversidade de seu continente. Qual é a justificativa para manter todas as variedades de flora, fauna e fungos intactos, ou qual será o perigo se não o fizermos?

Gretchen sabia que isso era a tirania das Falácias dos Países Baixos: todos os europeus eram tão dependentes de um planeta robusto quanto qualquer pescador das Filipinas ou caçador da Amazônia. Os recursos que proveram os altos níveis de vida na Europa vinham de locais bem mais distantes do que alcançava a vista dos europeus, cortesia de todos os importados que seus euros puderam comprar. Os países ricos voam alto nas asas de terras distantes que ainda têm muitos parafusos no lugar.

No entanto, agora os parafusos estão saltando. Toda decisão quanto à importância de um parafuso ser mais importante que outro era como brincar de roleta-russa com a biosfera global. A verdade com que Gretchen Daily convivia era saber que inevitavelmente haveria uma determinada quantidade de Escolhas de Sofia. "Ainda podemos levar muitas espécies conosco", ela dizia aos alunos. "Mas não podemos levar todas."

Ninguém sabe qual ou quanto é o mínimo essencial. Entretanto, a tarefa dos ecologistas é mostrar que há algumas espécies sem as quais nós decididamente não podemos viver, como os polinizadores e conservadores de água, e nos ajudar a perceber que, por outro lado, essas espécies não podem viver sem um habitat para sustentá-las.

Conforme os anos se passaram e veio a virada do século, permaneceu intacta a estimativa elaborada por Daily e os Ehrlich, com base na aritmética de John Holdren, sobre quantos humanos o habitat global poderia sustentar com segurança. Nenhum milagre tecnológico ampliou o campo de atuação planetário.

Tudo o que mudou foi o número de participantes. Havia 1,5 bilhão a mais de nós, todos competindo por espaço e sustentabilidade, com todos os outros seres vivos.

SEGUNDA PARTE

CAPÍTULO 5

Mundo ilha

1. O xenófobo

O Rio Severn é o mais longo da Grã-Bretanha, nascendo num pântano galês e fazendo um arco que atravessa as Midlands até virar ao sul, adentrando o Canal de Bristol e o Atlântico. Boa parte de seu curso se estende por Shropshire, onde um terço do caminho corta Shrewsbury, uma cidade mercante desde os tempos medievais.

Quando garoto, Charles Darwin aprendeu tanto nas margens do Severn quanto na Shrewsbury School. O caminho do jardim de sua família descia até o rio, onde ele caminhava antes do café da manhã, voltando para casa com besouros que colecionava. Ele avistava pássaros que já não se veem mais ali, tais como os cordonizões e rouxinóis, e outros que ainda existem, como as três espécies de cisnes britânicos: *mute*, Bewicks's e o *whooper*.

Quase todos os períodos geológicos da história da Terra surgem nos afloramentos ao longo do Severn, em Shropshire; alguns dos corais, calcário, fósseis marinhos e quartzitos datam de meio bilhão de anos atrás, quando as Midlands eram do lado oposto da atual Linha do Equador – inspiração apropriada para o jovem Darwin, que, aos 22 anos, seguiu para lá. Após seu regresso, em 1836, vindo de uma viagem épica de cinco anos, a bordo do H.M.S. Beagle, sua primeira noite foi passada em Shrewsbury, onde ele jantou no Lion, uma hospedaria do século XVI.

Cento e setenta e cinco anos depois, Simon Darby está sentado no Lion, franzindo o rosto diante de sua torta *shepherd*. Com seus quarenta e poucos anos, ele tem olhos azul-claros e sobrancelhas grossas, cabelos pretos cortados rentes que se afinam num bico de viúva. Darby também foi criado em Midlands, na periferia industrial de Birmingham. Em 1709, seu ancestral Abraham Darby inventou uma fornalha movida a carvão que possibilitou a Revolução Industrial. As fundições de ferro mudaram o futuro da Inglaterra e do planeta. A primeira ponte feita de ferro ainda atravessa o Severn. A primeira construção com estrutura de ferro, um moinho da periferia de Shrewsbury, é o ancestral dos arranhas-céus de hoje. A empresa Darby também construiu a primeira locomotiva a vapor do mundo.

Tanto a Revolução Industrial quanto a fortuna da família já tinham desaparecido na história quando Simon Darby nasceu. Assim como Darwin, ele estudou biologia e química, mas nunca usou seus diplomas. Ele se envolveu com computadores e depois com a política da Midlands pós-industrial, e acabou se tornando vice-presidente do British National Party (BNP), partido britânico de extrema direita. Darby frequentemente substituía Nick Griffin, presidente do BNP, formado em Cambridge, que já foi acusado, mais de uma vez, de incitar o ódio contra judeus e muçulmanos. Em 1998, Griffin foi condenado por uma série de artigos que debochavam do Holocausto. No entanto, até 2009, Darby e ele tinham refeito a imagem do partido, do antigo visual de *skinhead* e couro, com cortes de cabelo caprichados e belas gravatas, e Griffin foi eleito para o Parlamento Europeu, representando o Nordeste da Inglaterra. O British National Party recebeu quase um milhão de votos no país.

Como porta-voz do partido, Darby ganhou sua própria notoriedade, mais reconhecida por sua resposta ao Arcebispo de York, um nativo de Uganda que havia criticado uma exigência do BNP quanto a britânicos asiáticos e negros serem descritos como "estrangeiros raciais".

"Ele disse que qualquer um que quisesse ser inglês podia ser inglês", explica Darby, no restaurante da Lion. "Mas, e quanto aos ingleses verdadeiros e apropriados? Isso é *minha* herança. E desvaloriza minha própria identidade, entende?" Mesmo quando ele fica vermelho, a voz permanece suave como a de um tenor. "Então, eu disse que, se eu fosse a uma vila de Uganda e dissesse a eles que todos eram mestiços e qualquer um poderia ser ugandense, eu ainda estaria arrancando as lanças espetadas em mim."

Ele dá de ombros. "Foi algo perfeitamente racional de se dizer sobre uma nação cujo brasão ostenta lanças." Ele pousa o garfo. "Olhe, nós temos uma geração crescente de pessoas que realmente não pertencem à ilha. Eles não possuem uma história em comum com o lugar. Não sentem que isso é herdado e tampouco cuidam. Quer dizer, por que cuidariam?"

"Há um demógrafo de Oxford", ele prossegue, "que está desmistificando esse tipo de presunção britânica mestiça. Ele diz que noventa e tantos por cento de todas as pessoas que possuem uma avó materna nascida neste país pode rastrear seus ancestrais até 10 mil anos atrás. Até a Era do Gelo. Eu fiz o teste: usei o mapeamento genético de DNA materno e paterno. E, claro, eu fui referenciado, no banco de dados, como um filho nativo da Europa. O que já está bom o suficiente para mim."

Surge uma garçonete, de bochechas largas e cabelo louro puxado para trás das orelhas. "Com licença", diz ela. "Já terminou?"

Darby espeta a garfada final de sua torta *shepherd*.

"Sim." Ele a encara, enquanto mastiga, até que os olhos azuis dos dois se cruzam. Ela, que tem um sorriso meticuloso, fica intrigada.

"Estava tudo... bem?", pergunta ela.

"Sim." Ele se debruça à frente e estreita os olhos. "Você é da Polônia?"

"Sim, por quê?"

"Acabei de perceber o seu sotaque."

"Meu sotaque. Sim."

"Há um programa, na BBC, chamado Lead Balloon. Já ouviu falar dele? Há uma garota chamada Magda que interpreta uma garota polonesa."

No programa, a personagem Magda, uma empregada doméstica do Leste Europeu, está sempre perplexa com o jeito dos britânicos. "Ela tem o sotaque exatamente igual ao seu."

"Exatamente igual?"

"Exatamente."

"De que é esse programa? Red Balloon?", pergunta ela, recolhendo os pratos.

"*Lead* Balloon. L-e-a-d."

"Certo. Obrigada." Ela sai.

Ele recosta. "Boa garota. Faz o trabalho dela. Mas como será que nosso povo se sente quando precisa de um emprego e ela trabalha por tão menos que eles? Eu até que gosto bastante dos poloneses. Mas perguntei-lhes como se sentiriam se o governo polonês lhes dissesse 'Nós vamos importar milhões de vietnamitas que cortarão seus salários e irão trabalhar por quase nada'?"

Ele gira o copo vazio, tilintando as pedras de gelo. "Eles não suportariam, não é? Haveria rebeliões na Polônia."

Mas a União Europeia sancionou a mobilidade dos trabalhadores, que permite aos milhares de poloneses trabalhadores buscar emprego no Reino Unido, e isso é meramente irritante para o partido de Simon Darby, o British National Party, comparado com o que seus companheiros de outras nações do oeste europeu enxergam como uma ameaça muito mais profunda.

"Agora há uma guerra contra a civilização ocidental – uma guerra cultural contra a sociedade branca. Os muçulmanos neste país têm uma média de seis filhos, enquanto nós nem conseguimos manter nossa própria população. Os muçulmanos acreditam que, quanto mais filhos eles têm, mais poderosos serão. A população deste país caminha para os 70 milhões. Isso é simplesmente insustentável."

Atualmente, há cerca de 63 milhões de britânicos. "Certo", diz ele, levantando-se. "E temos todos os problemas do excesso populacional: transporte, níveis de estresse, a violência de quando as pessoas vivem umas em cima das outras. Isso já é bem ruim numa sociedade monocultural. Em uma sociedade multicultural é desestabilizador."

Do lado de fora do Lion Hotel, Shrewsbury parece um cartão-postal de estabilidade. Algumas ruas de paralelepípedos deram lugar ao asfalto, mas sua configuração não mudou desde que o inglês medieval era falado ali. A paleta de pedestres é mais rica do que na era monocromática de Darwin, mas não há a presença muçulmana opressora – embora a paróquia seguinte, ao leste, Telford, perto da famosa Iron Bridge (ponte de ferro), possua treze mesquitas e seja uma das cidades de crescimento mais veloz do Reino Unido.

"E Brandford, em Yorkshire, agora é uma cidade islâmica. Eles é que administram. Em boa parte de Birmingham, nosso povo nem aparece mais. Agora, em Londres, somente 17% dos garotos são como eu."

É junho, o sol já empurrou as nuvens matinais para o horizonte verde. Em manga de camisa, Simon Darby segue em direção à English Bridge, onde desce os degraus até o rio. Duas garotas com *hijabs* (os lenços mulçumanos) e *jeans* saem de uma loja de ervas e passam sem olhar, falando em seus celulares.

Darby sacode a cabeça. "Eles vão nos expulsar."

Esse é um temor que paira em boa parte do oeste europeu, originando movimentos políticos quase fascistas, em locais anteriormente acolhedores e liberais como a Dinamarca e os Países Baixos. Esse medo é frequentemente resumido com um neologismo: *Eurábia*. Uma epidemiologia de vídeos sensacionalistas tratando do tema da Europa tornando-se uma vasta nação islâmica até metade do século. Dentre suas alegações:

- Muçulmanos franceses têm, em média, 8,1 filhos por família. O sul da França já tem mais mesquitas do que igrejas. Das crianças francesas, 30% são muçulmanas. Em Paris, 45%. Até 2027, um entre cada cinco homens franceses se curvará na direção da Meca, cinco vezes por dia.
- Dos recém-nascidos holandeses, 50% são mulçumanos, assim como será metade dos Países Baixos, até 2013.
- Um quarto dos belgas e 50% de seus recém-nascidos são muçulmanos. Em Bruxelas, a União Europeia diz que um terço das crianças europeias será islâmico, até 2025.
- Com apenas 1,3 criança por mulher em idade reprodutiva, o colapso da população alemã é irreversível e, até 2050, a Alemanha será um Estado muçulmano.
- 40% do exército russo em breve será islâmico.

Nada disso é remotamente verdade. A alta abrangência das projeções sugere que os 20 milhões de muçulmanos da Europa – cerca de 5% da população, em 2011 – irá aumentar em 8% até 2025. No entanto, real é a islamofobia. No arco de pedra da English Bridge, Simon Darby gesticula para pessoas que passeiam e pescadores tentando fisgar um *pike* abaixo, todos de aparência caucasiana.

"Essa gente tem hipotecas. Eles têm filhos e bichos de estimação e pagam impostos. Mas um terço dos imigrantes do mundo consegue viver num apartamento de 25 libras semanais. Eles não têm custos indiretos, portanto podem receber pagamentos menores. Então, os nossos perdem a casa. Meu povo também tem direitos. Os japoneses fazem o que querem em seu próprio país. Sentimos que precisamos permanecer no domínio deste país. Porque ele é nosso."

Ele para nos degraus. "Se eu fosse para o Irã, não esperaria encontrar igrejas. Mas se eu fizer o mesmo neste país, serei um vilão racista."

Porém, abaixo, onde um imenso salgueiro se debruça sobre a água, Simon Darby não é um vilão, mas novamente um menino. A petulância ultranacionalista se dissipa e o naturalista ressurge. Ele se deleita com as andorinhas mergulhando acima da superfície do rio. "E esses andorinhões – lindos passarinhos. Vêm lá da África!" Ele espia uma ninhada de filhotes de cisnes seguindo um cisne-branco fêmea. "Este é o nosso maior pássaro britânico. Temos três espécies na Grã-Bretanha: estes cisnes-brancos residentes, o cisne-bravo do inverno e o cisne de Bewick, que vêm da região da Rússia. Alguns gostam tanto que eles se instalaram aqui", diz ele com orgulho.

"Mas não é a mesma coisa. Agora, as pessoas os capturam e comem. Os europeus do Leste. É uma lástima." Ele aponta para um imenso cisne *mute* bicando a margem com seu bico amarelo. "Eles olham para um bicho desses e veem neles um almoço grátis. Não são enraizados na ecologia, na natureza desta ilha."

O partido de Darby frequentemente assume um papel ambiental, evocando um freio ou banimento da exploração de gás de xisto, alegando o acordo com seu oponente político, o Green Party. Eles abraçam os princípios de uma organização de notáveis médicos, ativistas e cientistas britâncios, o Optimum Population Trust[1]. Embora o abraço não seja retribuído, algumas de suas preocupações coincidem: este é um ecossistema insular, e seus limites são severamente determinados por sua costa. Os 70

1. Em 2011, para evitar a controvérsia de sugerir um número ideal, o Optimum Population Trust mudou seu nome de trabalho para "Population Matters".

milhões que Darby cita são esperados até 2030. Isso será o equivalente a acrescentar outra Londres, a maior cidade da Europa, a essa ilha britânica cada vez mais populosa.

Mais de dois terços desse acréscimo virão de imigrantes estrangeiros e seus descendentes. Como membro da UE, a Grã-Bretanha precisa acolher os que buscam empregos de qualquer outro país da UE, além de seu costume de aceitar súditos de seu antigo império (por meio de um sistema segmentado ao longo dos anos, da entrada ilimitada a autorizações de trabalho, depois à imigração seletiva). Na época em que isso significava principalmente canadenses, australianos e neozelandeses, ninguém notava muito. Mais tarde, as chegadas inesperadas de cidadãos de países dos chamados "New Commonwealth" – nigerianos, paquistaneses, jamaicanos e bengaleses – deram origem a nacionalistas como Simon Darby.

Ele diz que há uma justificativa ambiental para o objetivo de seu partido em deter a imigração e "deportar todos os imigrantes ilegais". Como isso presumivelmente levará tempo, o BNP também defende penalidades financeiras para "comunidades que continuam a ter famílias excessivamente grandes".

O número ideal de cidadãos para o Reino Unido, proposto por eles, é 40 milhões. Descartando as implicações ambientais e econômicas de tal implosão, números do censo mostram que mais de 50 milhões de britânicos são brancos. Expulsando todas as pessoas de cor da Grã-Bretanha, ainda restariam mais de 10 milhões de caucasianos.

Estima-se que, dos não brancos do Reino Unido, apenas 2,7 milhões sejam muçulmanos. No entanto, o que Simon Darby vê é a Grã-Bretanha que ele achou ter herdado, desaparecendo sob um mar de sépia, onde um entre cada seis habitantes já não tem mais a imagem de um inglês, galês ou escocês.

"É triste. A ideia de agora parecermos um arco-íris de culturas é insensata. Vá até Birmingham, onde eu nasci. Veja os liberais islâmicos marxistas que escondem suas próprias inadequações destruindo o próprio sistema que os torna inadequados. Eles estão levando tudo para o buraco."

Ele caminha de volta, pelas velhas ruas de Shrewsbury. "Esta cidade produziu Charles Darwin. Meus ancestrais inventaram a indústria. Nós, britânicos, somos inteligentes e fortes. Somos abastados. Tínhamos orgulho. Nós construíamos o Concorde. Agora, nossa indústria aeronáutica não consegue fazer nada além das asas do Airbus. A Jaguar pertence a uma empresa indiana. A Landrover britânica se foi, a MG se foi. Nada de indústria de aço, de carvão, nada de indústria naval, nossa indústria pesqueira mal continua se mantendo."

Ele ergue as mãos, impotente. "Tudo isso, em minha geração."

2. O arco-íris

Birmingham, a segunda maior cidade da Inglaterra, foi onde os antepassados de Simon Darby produziram ferro, forjaram aço e montaram sua grande Revolução Industrial. O vilarejo anglo-saxão original dali ficava logo ao sul do centro da cidade, em uma área atualmente chamada Highgate. É caracterizada principalmente por sua ausência de personalidade: uma sucessão de edificações vazias, altas e baixas, construídas sobre os escombros do que sobrou de Birmingham, após a Segunda Guerra Mundial. A impressionante exceção arquitetônica em Highgate é a Mesquita Central de Birmingham, uma das maiores da Europa Ocidental.

A parte externa vermelha e retilínea de seus primeiros dois andares lembra as fábricas que existiam em Birmingham no passado. Ela se ergue então ao presente pós-industrial e multicultural, com uma cúpula branca dramática – e, com duas vezes seu tamanho, uma única torre com uma lua crescente, com as pontas viradas para o alto.

De 3 mil a 4 mil pessoas lotam seu salão de preces de carpete verde e as galerias femininas todas as sextas-feiras. Em dias festivos, podem aparecer até 20 mil pessoas. Birmingham também tem outras 290 mesquitas menores, atendendo a uma população muçulmana de cerca de 250 mil pessoas, cerca de um quarto do total da cidade. As mesquitas variadas refletem uma tendência imigrante a congregar seus colegas de nação: de Bangladesh, Paquistão e Índia. Embora a maioria seja sunita – assim como eram as terras islâmicas um dia regidas pelo Império Britânico –, a Mesquita Central não tem denominação – "para promover o pensamento, não as leis religiosas", diz seu fundador, o dr. Mohammad Naseem, nascido na Índia.

Franzino, com seus oitenta e poucos anos, de terno risca de giz, Naseem viu o número de muçulmanos dali quadruplicar, um crescimento que agora está desacelerando, à medida que a imigração é dificultada. Ele também percebe que, à medida que as gerações muçulmanas de língua inglesa se estendem além dos territórios nacionais de seus país, eles não têm oito filhos, como suas mães bengalesas ou paquistanesas. No Corão não há determinação que se oponha à contracepção – existe até uma discussão sobre a versão do século VII, *coitus interruptus*, nos comentários de Hadith. Hoje é comum ver mulheres de lenços na cabeça nas salas de espera das clínicas locais de planejamento familiar.

"Mas o estrago já foi feito", conta Naseem, que é médico. "Os pais delas chegaram com uma história de crianças que morriam, de sempre precisarem de mais mãos para o trabalho. Um novo passaporte não muda isso instantaneamente."

"Só o tempo o faz", diz ele. A geração atual pode ter muito menos filhos, e as meninas muçulmanas agora podem até estudar em Oxford e Cambridge em busca de carreira, mas é uma geração bem maior, portanto, por um bom tempo, sua faixa na malha social britânica continuará a se expandir. Enquanto isso, vemos um aumento crescente da comunidade muçulmana, não oriundo de procriação nem imigração.

"As conversões estão aumentando. Indianos do oeste e até britânicos brancos nativos", conta ele, ao surgir um ajudante britânico barbudo caucasiano, de robe branco, com uma bandeja de chá.

"A maioria", diz o ajudante, "é de mulheres."

Por que as mulheres inglesas estão se convertendo ao Islã?

"Por conta da proteção que o Islã lhes oferece. Dizem se sentir mais protegidas cobertas pelo *hijab* ou embrulhadas num chador. Mais seguras."

"Cinquenta países e um quinto do povo da Terra são muçulmanos", conta Haji Fazlun Khalid. "Alguns temem isso. Eu vejo como uma oportunidade. O Corão nos diz para nos lembrarmos das bênçãos de Alá e não aviltarmos a Terra. Se os muçulmanos prestarem atenção a isso, poderemos fazer uma grande diferença."

Khalid, fundador da Islamic Foundation for Ecology and Environmental Science, baseada em Birmingham, senta no terraço do café da biblioteca pública de Burton-Upon-Trent, meia hora ao norte, e toma sua limonada. O terraço tem vista para Trent Washlands, uma cadeia de rios de campinas pontilhada de velhos salgueiros e malmequeres-dos-brejos. Khalid, um homem alto e careca, portando óculos de armação metálica, com uma barba aparada, sempre vai até lá pensar.

Imigrante do Ceilão (hoje Sri Lanka), após servir à Royal Air Force e atuar durante anos como diretor da Britain's Commission for Racial Equality, em Midlands, ele pediu demissão do serviço civil para se formar em teologia islâmica. Após ver as matas de sua infância sendo derrubadas para plantações de chá e a região rural de Midlands, por onde ele caminhava, ser tomada de casas, ele ficou curioso para saber se o Islã oferecia alguma orientação sobre o meio ambiente ameaçado.

No começo do Corão, numa *surah* que descreve como Ibraim abraça o monoteísmo, ele descobriu que o profeta Maomé designava os muçulmanos como *khalifas*, guardiões da Terra, e alertou contra a exploração excessiva. Na *Sunnah* – coletânea de provérbios e atos do profeta que, com o Corão, forma a base da lei Sharia – Khalid leu que Alá é o único dono da Terra e de tudo o que nela existe. Ele empresta o mundo para que os humanos usem, mas não abusem.

Seu grupo sem fins lucrativos publicou guias verdes para lares muçulmanos, mobilizou muçulmanos urbanos ao ingresso de campanhas "Clean Medina" e realizou conferências sobre alimentos geneticamente modificados serem *halal* (permitidos), e dentro das bases do Corão para reciclagem. Eles ajudaram a estabelecer uma zona de conservação com base Sharia, no arquipélago de Zanzibar, na Tanzânia, para salvar os arrecifes de corais do Oceano Índico e realizaram *workshops* para dissuadir a pesca local com dinamite. Na Indonésia, lar da maior população muçulmana do mundo e um de seus mais ricos ecossistemas, eles convenceram os religiosos de Sumatra a emitir os primeiros *fatwas* ambientais do mundo, alertando contra o desmatamento ilegal, a mineração e a queima das florestas serem *haram*: proibidos sob a lei divina.

A iniciativa do Live Earth, de 2007, nomeou Fazlun Khalid um dos quinze líderes "verdes" mundiais, junto com o Dalai Lama, o Arcebispo de Canterbury e o Papa. "Muitos dos quase 1,5 bilhão de muçulmanos do mundo vêm de países pobres que utilizam muito menos combustível fóssil do que os ricos", conta ele. "Mas muitos também vivem numa abastança fabulosa, em nações produtoras de petróleo. Somos igualmente culpados. Os Estados ricos em petróleo, por sua riqueza volumosa, e o restante dos muçulmanos, por nossos números volumosos."

Khalid diz que, no Corão, o profeta aconselha as pessoas a não terem filhos além daqueles a quem podem prover. Ele fala que os países banhados de petróleo também possuem uma responsabilidade sagrada pelas consequências de sua indústria. "As Maldivas agora estão destinadas a desaparecer sob o mar. Isso significa que o primeiro país a desaparecer da face da Terra, em decorrência da mudança climática, será uma nação muçulmana."

Ele já deu consultoria ao secretário-geral das Nações Unidas e ao príncipe Charles. Mas não tem certeza se ouviram bem.

"Na raiz da crise ambiental está nosso sistema financeiro. Os bancos cobram juros e geram dinheiro do nada." Em quatro *surahs* distintos, o Corão proíbe a *riba*, ou avareza, como um dos mais abomináveis pecados do Islã. Mas ele considera contraditório o sistema bancário islâmico, que evita cobrar juros de mutuários por meio de esquemas que rendem lucro aos bancos.

"Se continuarmos a gerar capital infinitamente e depois aplicá-lo aos recursos que Alá criou como finitos, o único cenário a longo prazo é a destruição. O dinheiro é um vírus. Se nós o curarmos, curaremos nosso meio ambiente. A população e o consumismo irão cuidar de si mesmos."

Mas hoje o sistema financeiro global é tão intrínseco à civilização quanto a atmosfera. Isso pode ser mudado? Olhando o Rio Trent, dourado sob o sol vespertino, Khalid cita a Surah 30:41 do Corão: "'A corrupção se espalhou amplamente, pela terra e pelo mar, pelas ações da humanidade. Alá os fará experimentar o gosto de suas próprias ações, como meio de encontrarem o caminho de volta até Ele'. Isso significa que Deus nós fará sentir nossos erros, depois nos dará uma segunda chance. Precisamos agarrar a oportunidade que Deus nos dá", diz ele. "Em nossa corrida para crescermos indefinidamente, colocamos pressão excessiva no espaço terrestre. Se, em vez disso, a pressão for colocada em nossa população de forma justa e universal, isso pode ser um bom passo."

3. O número ideal

A World Optimum Population Conference, realizada em Cambridge em 1993, onde os Ehrlich e Gretchen Daily apresentaram seus cálculos para que a Terra lidasse, de forma segura, com uma população de 2 bilhões de humanos, foi organizada pelo Optimum Population Trust. Grupo de reflexão ambiental, o OPT havia sido fundado um ano antes, por David Willey, estudioso de Oxford que abriu escolas de idiomas pela Europa. Viajante do mundo, ele ultimamente vinha percebendo o quão populoso o planeta se tornara, e ficou imaginando o que poderia ser feito.

A missão do OPT era promover pesquisas que pudessem estipular uma população humana ideal e sustentável para determinadas regiões, assim como para o mundo inteiro. Embora seus objetivos fossem grandiosos e tivessem atraído patrocinadores ilustres – o estimado naturalista e jornalista da BBC, *Sir* David Attenborough; a bióloga Dame Jane Goodall; e o ex-representante do Reino Unido no Conselho de Segurança da ONU, *Sir* Crispin Tickell –, seus recursos para pesquisas eram limitados. Seu foco principal passou a ser sua campanha para diminuir a população do Reino Unido.

Era uma campanha que inevitavelmente corria o risco de ser acusada de incentivo às políticas raciais, semelhante à do British National Party. Os membros e patrocinadores do OPT responderam que em 1973, muito antes da onda atual de xenofobia na Europa, um painel do governo do Reino Unido sobre população havia concluído que a Grã-Bretanha precisava aceitar que "[...] sua população não pode prosseguir aumentando indefinidamente". Como desde então nada havia sido feito para promulgar as recomendações feitas pelo painel, o Optimum Population Trust foi formado para pressionar o governo a integrar a política populacional em sua tomada de decisão.

Contudo, ser chamado de companheiros de racistas remete desconfortavelmente às antigas associações entre controle de natalidade e eugenia. O motivo para que eles buscassem determinar a população ideal para sua nação insular estava baseado na capacidade de sustentação ambiental, não em políticas odiosas ou exclusivas. No entanto, com dois terços da população britânica aumentando devido à imigração, era uma tarefa delicada convencer os outros de que se opor a mais imigração não era se opor aos imigrantes em si[2].

O OPT tinha dois objetivos adicionais, nenhum dos dois aptos a se tornar mais popular. Um deles era "[...] opor-se à visão mantida por muitos políticos e economistas, e aqueles do mundo comercial, de que uma economia em perpétua expansão, paralelamente a um crescimento populacional eterno, é algo desejável e possível".

O outro, mais agourento: "Tornar amplamente conhecido que o fracasso na redução da população provavelmente levará a um colapso populacional, quando os combustíveis fósseis, a água potável e outros recursos se tornarem escassos".

Junho de 2010: Roger Martin, presidente do Optimum Population Trust, termina seu chá da tarde no Hotel Russell, em Bloomsbury, centro de Londres, e segue rua acima, até a igreja St. Pancras, onde haverá um debate. Alto, magro, com os cabelos já grisalhos, ele está de gravata vermelho-escura e um terno leve de risca de giz. Sua pasta de couro aparenta ter sido carregada durante anos. Ele é aposentado do setor de Relações Exteriores e, depois de anos na África, regressou com uma ideia do que havia de tão errado no mundo, e parece preocupado por saber.

O debate é em conjunto com uma exposição de arte sobre o excesso populacional, na Crypt Gallery, uma catacumba transformada embaixo de uma igreja. Como muitas criptas desse tipo em Londres, essa foi escavada durante o início do século XIX, para atender à necessidade de mais espaço para sepultamentos, enquanto a Revolução Industrial lotava os cemitérios de vilarejos. Após algumas décadas, as criptas de igrejas foram fechadas para enterros adicionais, por preocupações com a saúde, presumivelmente porque a varíola podia permanecer em cadáveres de pessoas havia muito falecidas, mas os túneis de tijolinhos dali ainda conduziam aos restos mortais de 557 pessoas.

A mostra apresenta cinquenta telas do pintor e arquiteto ambientalista britânico Gregor Harvie. Cada uma delas possui uma paleta distinta,

2. Nos Estados Unidos, tanto o Sierra Club quanto o Zero Population Growth (hoje, o Population Connection) mantiveram duras batalhas por se oporem à imigração. Os Ehrlich e Gretchen Daily debateram sobre a imigração na literatura científica com o físico Albert Bartlett, que evocou sua cessação.

mas todas lembram enxames de células se proliferando, como se estivessem sendo vistas por um microscópio. Pregadas sob o teto apertado, o efeito é de seus enxames mudando de uma tela para outra, fora de controle. As pinturas são acompanhadas por cinquenta "elegias" em placas presas à parede, feitas pela escritora Alex Harvie, esposa do pintor. Cada uma delas é em memória a uma sociedade passada, cujo rápido crescimento foi seguido por seu colapso. Elas começam no Plistoceno, quando os primeiros australianos e norte-americanos erradicaram a mega fauna de seus novos lares. Passam pela tragédia dos sumérios, que transformaram as terras do Jardim do Éden, entre o Tigre e o Eufrates, em planícies salgadas; os vales desnudos e sem árvores que foram a derrocada da Grécia clássica; o povo Nasca, desaparecido do Peru, e a civilização Olmeca, do México; a acidificação do outrora viçoso solo úmido britânico, na Idade do Bronze, pelos fundidores; os infelizes agricultores *vikings*, que pereceram na Groenlândia, quando o clima mudou.

E terminam na memória recente: o Grande Salto para a Frente da China, que excedeu sua capacidade produtora de alimento, fazendo 40 milhões de famintos; o massacre dos tutsis pelos hutus, na explosão de Ruanda; o definhamento do Sahel; o horror no Haiti; o solo vermelho de Madagascar sangrando rumo ao mar. É inquietante ler tudo numa cripta, ao lado de placas que celebram os que estão ali sepultados.

O debate se dá no andar de cima, no principal santuário da igreja. No entanto, novamente o assunto é o que fazer com a população crescente. Há seis pessoas no painel, três associadas ao OPT, incluindo Roger Martin. As outras incluem uma mulher que lidera uma agência de ajuda às crianças de rua africanas, um pastor da Universidade de Cambridge e um escritor ambientalista da revista *New Scientist*. O apresentador de um programa de ciência, da Rádio 4, da BBC, é o moderador. Os participantes sentam-se a uma mesa comprida, diante de seis pilares de mármore pintados na abside em semicírculo da igreja, na frente de uma plateia de cerca de 150 pessoas sentadas nos bancos escuros de carvalho.

O primeiro a falar, dr. John Guillebaud, é professor emérito de planejamento familiar e saúde reprodutiva da University College, de Londres. Guillebaud, em seu terno escuro e com uma margarida laranja na lapela, frisa que a cada ano acrescenta-se ao mundo o equivalente a mais uma Alemanha ou Egito. Ele convida as pessoas a tentarem imaginar onde encaixar um desses dois no planeta. Fala sobre a gulodice humana por trás da recente afronta da BP – British Petroleum –, no Golfo do México, em busca de mais um pouquinho do petróleo restante no mundo.

"A falta de recursos é principalmente causada pela 'longevidade' das pessoas", diz ele. "Se o mundo fosse administrado por biólogos, em lugar de economistas, todos saberiam que nenhuma espécie pode seguir por aí se multiplicando indefinidamente, incluindo a espécie humana, sem exaurir seus recursos vitais, como o alimento, e acabar definhando com as mortes e a explosão dos números. Crescimento sem remissão, pessoal, é a doutrina da célula cancerígena."

Ele especula o fato de que algo tão lógico tenha se tornado um tabu tão grande, concluindo que isso se tornou inextricavelmente entremeado ao nosso medo de sermos coagidos. A frase *controle populacional*, segundo ele, tornou-se repulsiva.

"A frase sugere a China; controle pelo Grande Irmão. Por favor, não diga *controle populacional*. Isso prejudica." Ele finaliza explicando que, mesmo com as taxas de natalidade diminuindo ao redor do mundo, "Devido ao excesso de nascimentos nos anos anteriores, nós ainda estamos encrencados. Isso é chamado de *momentum* populacional, e é a razão para que estejamos absolutamente convictos de que teremos, no mínimo, mais 2 bilhões de pessoas, porque os pais de amanhã estão vivos hoje."

Depois vem aquele, cuja presença qualifica esse acontecimento como um debate, pois ele é a única pessoa no painel de quem se espera uma visão contrária. Fred Pearce, escritor da *New Scientist*, recentemente publicou um livro, cujo título, no Reino Unido, *Peoplequake*, vai menos ao ponto do que seu título americano: *The Coming Population Crash*. "A verdade", diz ele, reiterando a premissa do livro, "é que o mundo agora está desativando bombas populacionais."

Ele explica que o índice total de fertilidade mundial caiu para 2,6 filhos por mulher, quando, pouco mais de uma geração atrás, era 5. Não apenas em países ricos, onde mulheres de carreira não querem ficar presas em casa por causa de muitos filhos. "Isso está ocorrendo nos países mais pobres, com mulheres menos educadas, a quem outras pessoas veem como vilãs na história da população."

"Até em Bangladesh, onde mulheres se casam adolescentes, a média baixou para 3", diz ele. No maior país católico do mundo, o Brasil, "Agora, a maioria das mulheres tem dois filhos. Nada do que os padres digam consegue impedir milhões delas de se esterilizarem. O que está havendo? Algo muito simples: as mulheres finalmente estão optando por famílias menores, pois, pela primeira vez, elas podem".

Pearce, com cabelos louros partidos no meio e uma barba grisalha ouriçada, diz que quer focar na boa notícia, de que o mundo está ganhando na batalha populacional.

A julgar pelo silêncio sepulcral, não fica claro se o público está convencido, muito menos os outros participantes do debate. Ele explica que, com os avanços médicos modernos, as mães já não precisam de seis filhos para que um número suficiente sobreviva e garanta a geração seguinte.

"Foi preciso um bom tempo para que se percebesse isso. Enquanto as pessoas ainda tinham cinco ou seis filhos e a maioria chegava à idade adulta, foi quando aconteceu a bomba populacional. Foi por isso que a população mundial quadruplicou no século XX. Mas nós estamos chegando ao fim dessa fase. Dois ou três são o suficiente, agora nós percebemos. Ricos ou pobres, socialistas ou capitalistas, muçulmanos ou católicos, profanos ou devotos, tendo ou não controle governamental, as famílias pequenas são a nova norma na maior parte do mundo."

Ele reconhece que o problema é que, mesmo com essa nova taxa de natalidade reduzida, o mundo provavelmente terá o acréscimo de 2 bilhões de pessoas até a metade do século, antes que os números comecem a declinar, por causa do *momentum* populacional que John Guillebaud descreveu.

"Porém, em meu ponto de vista, elevar o consumo hoje é uma ameaça muito maior ao planeta do que o aumento da contagem de pessoas. Os 7% mais ricos são responsáveis por 50% das emissões de dióxido de carbono. Os 50% mais pobres são responsáveis por 7% das emissões. De modo algum o freio no crescimento da população fará algo em relação à mudança climática. A bomba populacional está sendo desativada. Mas nem começamos a desativar o problema do consumo."

Seu livro faz as mesmas assertivas: a população já está ficando sob controle adequado, e ater-se a isso desvia do perigo real, o consumo. O livro vai ainda mais longe, dizendo que, graças à Revolução Verde, "num salto, o mundo estava livre de seus laços malthusianos [e] Ehrlichianos". E num capítulo intitulado "Inverno na Europa", ele advertiu que "a escassez de natalidade irá lançar o continente num redemoinho de números declinantes... Demograficamente, a Europa está vivendo com tempo emprestado".

São as imagens dos vilarejos vazios da Sardenha e as cidades do antigo leste alemão, agora tomadas de lobos, que o presidente do OPT, Roger Martin, tem em mente quando chega sua vez de falar. Sua voz é calma, mas o rubor surge em seu rosto claro. "Não é uma questão de ser isso ou aquilo, o consumo ou os números. Obviamente, são ambos. O impacto total é um multiplicado pelo outro."

Ele cita o patrono *Sir* David Attenborough: "Eu nunca vi um problema cuja resolução seria mais fácil se houvesse menos gente e absolutamente impossível se houvesse mais."

"Todos concordamos que a solução é dar poder às mulheres para controlarem sua própria fertilidade. Mas, francamente, não ajuda muito quando as pessoas dizem 'Isso já está acontecendo, de qualquer forma; não se preocupe'. Isso não é um processo automático que acontecerá se ninguém tentar fazer acontecer. Isso requer prioridade de orçamentos para custear programas que o façam acontecer."

Martin vira para Pearce. "Isso *não* somos, Fred, nós culpando os pobres" – acrescenta ele, ao virar de volta para o público, "uma frase que ele gosta de usar falando de nós. É ajudar os pobres a alcançarem o que desejam, que são populações estáveis."

Ele reconhece que os ricos precisam emitir quantidades muito menores de carbono. Mas também frisa que, para alcançarmos alguma semelhança à igualdade, os pobres terão de emitir *mais* carbono. "E esse número será bem mais alto, à medida que formos mais numerosos. Quanto mais rápido cortarmos nossos números, mais carbono poderemos emitir e melhor qualidade de vida poderemos sustentar."

Sua franqueza atiça a plateia. Discussões sobre emissões de carbono geralmente levam a evocações por energias renováveis limpas para substituir os combustíveis fósseis, imediatamente. Martin, no entanto, fez referência ao entendimento cada vez maior de que isso não é possível acontecer tão cedo, se é que acontecerá: tecnologias renováveis com potência suficiente para fazer funcionar todas as fábricas do mundo, seus veículos, aquecimento e refrigeração simplesmente ainda não existem, mesmo que existisse a vontade política para que isso mudasse amanhã. E a quantidade de combustível fóssil necessário para extrair componentes metálicos e construir instalações de energia solar e eólica incorreria em um débito de emissões que levaria décadas para amortizar, ambientalmente, antes que seu rendimento pudesse ser verdadeiramente isento de carbono. Ele concorda que, nesse ínterim, a melhor esperança para manter o planeta habitável é reduzir o número de indivíduos fazendo todas essas exigências.

"De outro modo", conclui Martin, "cada pessoa a mais simplesmente diminui a porção de carbono de todas as outras."

E, com isso, os fogos de artifício já quase terminaram. A diretora do The Street Children Africa, uma belga com formação britânica chamada Savina Geerinck, apresenta a pergunta pertinente: "As crianças de rua são uma manifestação visível do excesso populacional?", e responde frisando o óbvio: "A maioria não estaria nas ruas se seus pais tivessem tido acesso a um planejamento familiar".

"Se os jovens são alvo da educação sexual", ela alerta, "as crianças de rua deveriam ter prioridade absoluta. Delas, 63% têm uma relação sexual na primeira semana nas ruas. E 90% dessas relações é sem proteção." Ela acrescenta que sua instituição agora está lidando com a terceira geração de bebês de rua.

O zoólogo Aubrey Manning, OBE, a augusta presença de 80 anos à sua esquerda, rapidamente resume a biologia pertinente à questão populacional: "Os seres humanos estão rapidamente se tornando uma monocultura – uma monocultura voraz. Sugamos recursos à custa do restante da vida do planeta". Ele diz que todo plano para o futuro "é totalmente antropocêntrico: o que podemos fazer para *nos* tornarmos melhores? Vamos também reconhecer que, com a diminuição dos recursos planetários, estamos ameaçando nossa própria existência. Pois, assim como todas as outras espécies animais e vegetais, nós dependemos de um planeta que seja capaz de renovar o ar limpo, a água limpa, o solo fértil, para nos manter vivos".

Como outros biólogos de sua geração, ele está confuso quanto a sua própria espécie estar causando uma extinção do tipo que o planeta só viu cinco vezes ao longo dos últimos 4 bilhões de anos – e, anteriormente, sempre em decorrência de algum revés geológico monumental, ou um desastre cosmológico, quando um pedacinho errante de criação colide com a nossa. "Estou enojado pela destruição de tantas criaturas que convivem conosco. Nossos descendentes serão reduzidos enquanto seres humanos se não conseguirem partilhar o planeta com uma biodiversidade rica. Teremos de reduzir a extenuação da terra, reduzir nosso lastro de carbono e parar de ter o terceiro filho. Os números fazem diferença."

Existe um meio fácil para avaliar o debate sobre a população em bases morais, segundo sugere o reverendo Jeremy Caddick, cuja capela, em Cambridge, foi a primeira igreja anglicana britânica a abençoar uniões *gays*.

"Em um debate tradicional sobre, digamos, direito ao aborto, alguém geralmente diz 'bem, essa é sua opinião. Eu penso de outra forma'. Porém, se você disser 'Adolf Hitler acreditava que exterminar raças inteiras era aceitável; isso é apenas a opinião dele', isso é menos digno de crédito. Se as questões no debate sobre a população estão associadas à sobrevivência de nossa espécie e cultura, então a noção de que visões distintas são apenas opinião alheia é algo francamente ridículo."

Se o futuro da raça humana de fato depende do combate ao aumento da população, isso precisa ser questionado quanto a ser plausível – e, se o for, com que rapidez poderá ocorrer.

"Essa questão provavelmente cuidará de si mesma", diz Fred Pearce, na discussão posterior, mas esta noite ele está sozinho nessa opinião. Isso é Londres, que teve um acréscimo de mais de 500 mil pessoas desde a virada do milênio, e mais 1 milhão de pessoas são esperadas até 2020. Os bairros estão guerreando pela quantidade de unidades habitacionais que os empreiteiros podem construir e quantas a cidade pode suportar de forma sustentável. Com a Inglaterra parecendo mais apinhada a cada ano, seus reservatórios extenuados e mais 15 milhões de pessoas previstas até a metade do século, não parece que o problema está cuidando de si mesmo. O Departamento Nacional de Estatística prevê que, graças ao sistema de saúde, um terço dos bebês do Reino Unido irá comemorar seu centésimo aniversário e que até 2035 o número de centenários aumentará em oito vezes. Até 2050, o Reino Unido será o maior país no oeste europeu.

"Eu acho que evitamos nos comprometer quando estamos perto dessa palavra, *coerção*", diz Aubrey Manning. "Lembremos que durante séculos governos e igrejas vêm coagindo as pessoas a terem *mais* filhos. Precisamos dar aos governos a coragem de reconhecer que nós estamos excessivamente populosos e que a melhor coisa que poderia acontecer é o declínio da população." Ele é aplaudido.

Mesmo hoje, com os índices de crescimento diminuindo, a população mundial chegará a pelo menos 10,9 bilhões, até 2100, um número que apavora os ecologistas, que advertem que com 7 bilhões já estamos forçando o mundo além de seu ponto de colapso – e que 10,9 bilhões de pessoas é um número que provavelmente jamais acontecerá, porque 7 bilhões de nós já estão transformando a atmosfera em algo inabitável. No entanto, o Reino Unido está realmente crescendo mais depressa do que jamais ocorreu nos últimos 200 anos. Há uma projeção de que, até 2033, chegue a 72 milhões (e os Estados Unidos, a outra nação desenvolvida que continua crescendo, chegarão perto de 400 milhões). Com o Reino Unido aumentando o equivalente a dez Birminghams até 2033, a meta do Optimum Population Trust para uma Grã-Bretanha sustentável é ainda mais radical do que os 30 milhões do British National Party. Apesar de recentemente abandonar a frase *população ideal* para seu novo nome profissional, Population Matters, as publicações em seu *website* ainda defendem um número ideal para o Reino Unido: entre 17 e 27 milhões.

O mediador da BBC está aborrecido porque Manning invocou a palavra que começa com a letra "c". "Em que momento algum tipo de política merece o termo *coercivo?*", ele quer saber.

Aparentemente, em momento algum. Não obstante o aplauso, todos ali abominam a política de apenas um filho adotada pela China, e as esterilizações forçadas pelo regime da primeira-ministra Indira Gandhi. Porém, sem deixar claro como acelerar a meta de outro modo, essa questão levanta uma objeção: o direito da mulher, e não do governo, decidir por sua conta quantos filhos ela quer. Subitamente, o grupo aparentemente unido se divide quanto às mulheres serem vítimas ou beneficiárias de decisões difíceis que protegem a natureza de ser esmagada pelo excesso humano.

Um homem da plateia se levanta. "Quando se promove o planejamento familiar baseando-se no fato de que crianças demais irão condenar o meio ambiente, você está utilizando uma política de medo e chantagem moral. Não está dando uma escolha às pessoas; está dando um ultimato. Isso é uma coerção moral às mulheres para fazer as escolhas certas, segundo você definiu, ou elas destruirão o planeta por se atreverem a ter filhos demais. Duvido que a ideia de planejamento familiar no Terceiro Mundo seja sobre dar poderes às mulheres. Cada malthusiano da história estava errado. Assim como Paul Ehrlich."

Ele também é aplaudido, demonstrando o quanto é realmente confusa a ideia de restringir nosso ímpeto natural de procriar.

"Essa é a posição popular dos ricos do mundo", responde Aubrey Manning. "A Terra é ilimitada. Basta bulir com a tecnologia e aumentar a provisão de alimento. Mas agora nós estamos num elevador que desce. É inimaginável como alguém pode supor que o crescimento da população pode prosseguir indefinidamente. É a ideia de que temos algum tipo de direito de seguir do jeito que estamos indo. Nós estaremos vivendo na terra dos malucos, se acreditarmos que a Terra continuará provendo. Quanto às decisões, quem vai falar pelos orangotangos?"

Outra ovação.

Estranhamente, duas coisas não foram mencionadas. Uma é que a Europa está envelhecendo demograficamente. Um livro atualmente à venda na Inglaterra que expõe o mesmo tema do colapso populacional de Fred Pearce é *The Empty Cradle: How Falling Birthrates Threaten World Prosperity and What to Do about It*, de um americano chamado Phillip Longman. Ele urge os europeus do oeste a terem mais filhos, para que não percam suas pensões e evitem o colapso da economia.

A outra omissão está visível nos tons de pele dos participantes da noite: todos os presentes são brancos. Uma discussão de duas horas sobre excesso populacional em Londres transcorreu sem qualquer referência ao fato delicado de que o crescimento do Reino Unido se deve, principalmente, à imigração. O que ninguém parecia querer enxergar é o fato de nenhum entre os presentes parecer um imigrante.

Esse fato estranho relembra um comentário feito mais cedo, durante a noite, por Fred Pearce, que ficou sem resposta: um grande país muçulmano, disse ele, sem coerção à moda de Mao Tsé-Tung ou de Sanjay, filho fanático de Indira Gandhi, conseguiu diminuir os níveis antes altos de natalidade para abaixo do nível de substituição.

"Nos últimos anos, por trás do véu", disse Pearce, "o número de filhos das mulheres iranianas despencou de oito para menos de dois, uma média de 1,7. As mulheres de Teerã hoje têm menos filhos do que suas irmãs que moram em Nova York, acreditem ou não."

Ninguém pareceu ter ouvido.

CAPÍTULO 6

A Santa Sé

1. *Sancta Scientia*

Atrás da Basílica de São Pedro há uma rua estreita que leva ao norte, passando por um posto policial, e sobe por uma colina. Lá no alto, os pinheiros e cedros libaneses dão sombra aos gramados dos jardins do Vaticano e criam uma ilusão de mudança de clima, na forma de um punhado de palmeiras das Ilhas Canárias.

As palmeiras margeiam um pátio oval de mármore e uma vila suntuosa incrustada com ornamentos de estuque veneziano, numa edificação que começou a ser feita em 1558, como residência de veraneio para o Papa Paulo IV, que morreu antes de alguma vez ter dormido lá. Três anos depois, ela foi concluída por seu sucessor, o Papa Pio IV, que dirigiu seu arquiteto para esculpir um exterior extravagante, que, à primeira vista, parece ter pouco que ver com o cristianismo. Em vez disso, as imagens remetem à mitologia: Apolo, as Musas, Pã, Medusa e até mesmo Baco, com o céu representado pelo zodíaco. Porém, para a mente erudita renascentista, a fachada da Casina Pio IV simbolizava o triunfo da Igreja sobre as crenças pagãs que a precederam, reduzindo os ícones do clássico panteão grego a alegorias do vitorioso mundo cristão. Nas reluzentes paredes brancas, Hércules e Cibele evocavam Cristo e a Virgem – assim como o faziam Adônis e Vênus, Júpiter e Amalteia na fonte da *casina*.

Acima do tabernáculo, de frente para o pátio, estava o brasão de Pio IV, seguido das palavras *Pontifex Optimus Maximus*: pontífice supremo. O interior da *casina* mostrava o cânone, o teto deslumbrante com seus afrescos e cenas do Gênesis e do Êxodo, até a vida e o calvário de Cristo e seu encontro com diversos santos.

Desde 1936, a Casina Pio IV abriga a Pontifícia Academia de Ciências. Com a intenção de demonstrar que a fé e a ciência são compatíveis, ela data de 1817, quando, logo após sua eleição, o Papa Pio IX ressuscitou uma antiga academia científica romana, que um dia foi liderada por Galileu. Atualmente, cerca de oitenta cientistas do mundo todo são membros, um quarto deles ganhadores do Nobel. Sua lista inclui não católicos e até mesmo suspeitos ateístas, como o físico Stephen Hawking. Várias vezes por ano, seus cientistas se reúnem para discutir as questões contemporâneas relevantes e publicar as atas.

Casina Pio IV, Vaticano. *(Catarina Belova/Shutterstock.com)*

Nos primeiros anos de um reinado de cerca de 32 anos, o fundador da academia, Pio IX, foi um reformista liberal popular. Ele também foi o último chefe dos Estados papais – território que englobava boa parte do lado central da Itália atual, que a Igreja havia adquirido de devotos abastados, incluindo os imperadores Constantino e Carlos Magno. No entanto, os nacionalistas italianos acabaram por tirar os territórios da Igreja, com exceção de 110 acres que hoje compõem a Cidade do Vaticano, e transformaram o papa populista num reacionário. Pio IX não é mais lembrado por sua iluminada incorporação do braço científico à Igreja, mas por convocar o Concílio Vaticano I, em 1868, para apoiar o catolicismo contra as ondas seculares.

A realização mais memorável do Vaticano I foi a declaração do dogma da infalibilidade papal. Sem precedentes na história da Igreja, ela inequivocamente afirmava que, em questão de moral e fé, os ensinamentos do papa são divinamente inspirados pelo Espírito Santo e, portanto, irreversíveis. Essa declaração mais tarde viria a levar a Igreja e a Pontifícia Academia de Ciências do Papa Pio IX a um impasse constrangedor.

Monsenhor Marcelo Sánchez Sorondo, chanceler da Pontifícia Academia de Ciências, senta-se a uma mesa comprida e lustrosa de madeira, na Casina Pio IV, abaixo de um afresco de Zuccari, do místico casamento de Santa Catarina. Ele é argentino, tem setenta e poucos anos, é alto, com um nariz estreito, sobrancelhas grossas e cabelos grisalhos que já mostram a careca. Uma cruz de ouro numa corrente e os óculos sem moldura estão pendurados sobre seu paletó preto e camisa preta eclesiástica. Professor de filosofia, Monsenhor Sánchez Sorondo assumiu seu cargo cinco anos após os acontecimentos de 1994, que causaram o impasse e enfureceram o Papa João Paulo II, que o nomeou.

Em setembro de 1994, o aniversário de três décadas da Conferência das Nações Unidas sobre População e Desenvolvimento estava programado para ocorrer no Cairo. Dois anos antes, o Vaticano tinha se esquivado do empenho feito pelos ecologistas para que a questão populacional fosse abordada na Eco-92, no Rio de Janeiro. Agora, mais uma vez, teria de ser assegurado que, como descrito pelo Conselho Pontifical para a Família, aquele trecho do tratado, intitulado *Tendências de Dimensões Pastorais e*

Éticas da População, "visões alarmantes sobre as tendências populacionais mundiais", não prevaleceria em meio às nações participantes.

Estratégias para se opor aos programas de planejamento familiar não eram algo novo ali. Durante décadas, a Santa Sé infiltrou grupos como o Planned Parenthood com espiões. Depois de anos de pressão, os congressistas católicos norte-americanos, respaldados pela Conferência Nacional Americana de Bispos Católicos, tinham forçado a saída do diretor do Departamento de População da USAID, dr. Reimert Ravenholt, autor dos programas internacionais de planejamento familiar da agência desde seu início. Para a conferência da ONU sobre população que estava por vir, João Paulo II dirigiu a Pontifícia Academia de Ciências para preparar um relatório sobre o estado da população no planeta. Ele tinha motivos para se sentir confiante: o Conselho Pontifical para a Família, o qual ele havia criado em 1981, havia relatado que os índices de crescimento populacional mundial tiveram um pico entre 1965 e 1970, e agora estavam em declínio natural. Eles previam que no século seguinte não haveria mais quadruplicação; os índices de crescimento talvez fossem de apenas um terço do frenesi exponencial anterior.

O Conselho Pontifical para a Família era composto de cardeais, bispos e casais, mas nenhum cientista. Agora, três membros da Pontifícia Academia de Ciências, junto com demógrafos e um economista, haviam sido escolhidos para elaborar um relatório que viria a concordar com o Conselho e validar a posição do Vaticano na Conferência Mundial sobre População no Cairo.

Em junho de 1994, eles apresentaram o relatório. Com mais de 77 páginas, *Popolazione e Risorse* (*População e Recursos*) trilhava as tendências demográficas e econômicas mundiais e regionais. O documento analisava recursos naturais, desenvolvimento tecnológico, água e produção alimentícia, incluindo a Revolução Verde. Levava em conta educação, questões familiares, questões das mulheres, trabalho, cultura, religião, moral e ética. Considerando o período de tempo em que todas essas variáveis interagiam, ele concluiu:

> Em longo prazo, não parece possível que a população possa crescer indefinidamente. Com a capacidade que os humanos adquiriram para controlar

> as doenças e a morte, que aumentará de forma plausível, atualmente é impensável sustentar *indefinidamente* um índice de natalidade além de 2,3 crianças por casal, para garantir a substituição. As consequências demográficas contrárias seriam insustentáveis, chegando ao absurdo... [Devido às] consequências a longo prazo criadas pelo declínio da mortalidade, existe uma necessidade inescapável de uma *contenção de natalidade* global, que precisa ser encarada com progresso científico e econômico, e de todas as energias morais e intelectuais da humanidade, para assegurar respeito, igualdade e justiça social, em todas as partes do planeta, e entre as gerações presente e futura.

"Isso", exaspera-se o Monsenhor Sánchez Sorondo, "foi a opinião do comitê, não da Academia."

Nos dias que se seguiram ao lançamento do relatório, pela conferência dos bispos italianos, o porta-voz do Vaticano tentou analisar a política do Vaticano a partir da recomendação feita por seu próprio corpo científico augusto.

"Não foi", declarou o secretário do Conselho Pontifical para a Família, "uma síntese do trabalho feito, mas meramente uma ilustração dos dados e problemas que emergiram, acompanhados de algumas considerações editoriais."

"A tarefa da Academia", disse a Rádio do Vaticano, "é contribuir para o progresso científico [e não para ser] uma expressão dos ensinamentos da Igreja ou das estratégias pastorais da Santa Sé."

O papa, segundo disseram, ficou lívido, e talvez tenha se perguntado por que não havia designado a tarefa a uma nova equipe de cientistas que ele havia fundado recentemente, a Academia Pontifical para a Vida, para apoiar as campanhas antiaborto e anticontracepção do Vaticano. Mas com os laureados pelo Nobel e sua credibilidade internacional, ele não teve a opção de dispersar a estimada Pontifícia Academia de Ciências.

Cinco anos depois, quando Monsenhor Sánchez Sorondo se tornou chanceler da Academia, em seguida a um estudo semanal intitulado *Science for Survival and Sustainable Development* [*Ciência para Sobrevivência e Desenvolvimento Sustentável*], os membros da Academia emitiram outra declaração provocadora:

> Nosso planeta está ameaçado por uma infinidade de processos interativos – o esgotamento dos recursos naturais; as mudanças climáticas; o crescimento da população (de 2,5 bilhões para mais de 6 bilhões de pessoas, em apenas 50 anos); uma crescente disparidade na qualidade de vida; a desestabilização da economia ecológica; e a ruptura da ordem social.

Assim como os alertas dos coros gregos demonstrados na fachada da Casino de Pio IV, as vozes dos cientistas da Academia se elevam para aconselhar os cardeais e papas sobre os desenvolvimentos extraordinários, num ponto extraordinário da criação divina, garantindo medidas também extraordinárias. Hoje, com uma população de 7 bilhões e velozmente rumando para mais de 10 bilhões, qual é a reação da Igreja?

"Quando eu estava no seminário", conta Monsenhor Sánchez Sorondo, "as pessoas diziam que chegaria o momento em que não poderíamos comer, por causa do crescimento da população. Isso nunca aconteceu. Quando os sociólogos da minha geração recomendavam o controle de natalidade, o papa se opôs. Agora, parece que o papa estava certo. Não se ouve mais falar sobre excesso de população. Os sociólogos de hoje estão preocupados com o declínio da população. A população da Europa está diminuindo."

Ainda não, exatamente, embora o crescimento populacional do continente europeu tenha, de fato, desacelerado a tal ponto que o declínio possa vir a se instalar. Em poucos lugares, isso é mais verdadeiro que na Itália católica, onde o índice de natalidade está abaixo de 1,4 filho por mulher fértil.

"Isso é uma grande preocupação", conta Sánchez Sorondo, balançando em sua cadeira de couro. "É mais que apenas ser um país católico: a tradição italiana *era* a família." Ele toca as pontas dos dedos das duas mãos. "Nós, bispos, estamos muito alarmados."

No entanto, as escolas públicas italianas não estão cheias de cadeiras e mesas vazias, pois as crianças imigrantes das superlotadas África e Ásia, assim como do Leste Europeu, estão preenchendo o espaço. A Itália tem seu órgão semelhante ao British National Party, o Lega Nord, anti-imigrante e principalmente antimuçulmano. Ao contrário do BNP, que está à margem, o Lega Nord está dentre os partidos mais poderosos do norte da Itália, pelo qual tem defendido a autonomia – e, por vezes, a franca separação – do restante do país.

A política anti-imigração é problemática para a Igreja, que prega para refugiados na Itália. No entanto, a própria existência dos refugiados enfatiza uma realidade desconfortável: outros continentes têm mais gente do que pode alimentar. Essas hordas famintas produzem muito mais filhos que os europeus, cujo índice de mortalidade infantil chega a quase zero, o sustento familiar não depende do trabalho infantil e têm acesso a contraceptivos, mesmo sob a longa sombra da Basílica de São Pedro.

Em 2009, o Papa Benedito XVI tratou essa convergência entre pobreza e população em sua encíclica *Caritas in Veritate* [*Caridade na Verdade*]. Nela, ele denunciou a economia de mercado mundial por arrochar salários, seguro social e os direitos dos trabalhadores a fim de maximizar os lucros, além de bloquear os países pobres para competir em uma corrida pelas remunerações mais baixas e piores benefícios para os trabalhadores de fábricas, o que traz mais miséria em vez de desenvolvimento real. Ele condenou as tentações consumistas que minam os valores do povo e seu planeta.

Durante seu papado, o primeiro do novo milênio, Benedito XVI tornou-se conhecido como o "papa verde", por instalar milhares de células fotovoltaicas no topo do auditório do Vaticano e por seu franco desgosto pelo fracasso das conversações climáticas de 2009, em Copenhague. Em *Caritas in Veritate*, ele declarou:

"A Igreja tem responsabilidade em relação à criação e precisa tratar essa responsabilidade na esfera pública. Ao fazê-lo, precisa defender a terra, a água e o ar, dádivas da criação que pertencem a todos."

Mas ele rejeitou todo conflito entre o imperativo ambiental moral e a manutenção de uma população crescente:

> Os seres humanos legitimamente exercem *um comissariado responsável pela natureza*, para protegê-la, usufruir de seus frutos e cultivá-la de novas maneiras, com tecnologias avançadas, de modo que ela possa acomodar e alimentar a população do mundo. Nessa terra há lugar para todos: aqui, toda a família humana precisa encontrar os recursos para viver com dignidade, por meio da ajuda da própria natureza – presente de Deus aos seus filhos

– e por meio de trabalho duro e criatividade. Ao mesmo tempo, temos de reconhecer nosso sério dever de entregar a Terra às futuras gerações em condições sob as quais elas também possam habitá-la dignamente e continuar a cultivá-la.

A natureza irá ajudar os humanos se os humanos ajudarem a natureza: parece simples, só que o número de humanos continua crescendo, mesmo com a generosidade da natureza fazendo o oposto. "Como alimentar 'a todos', sem sacrificar nossas florestas restantes, que ainda absorvem o carbono?", diz Monsenhor Sánchez Sorondo, é o que a Pontifícia Academia de Ciências foi encarregada de resolver. E ele acredita que isso foi feito.

Ele se vira para as prateleiras atrás dele, perfiladas de volumes encapados em couro. Os títulos em letras douradas reluzem sob o cristal das arandelas de parede, acesas com lâmpadas fluorescentes. Sem encontrar o que quer, ele se vira para a porta, com um som barítono amplificado pelo teto abobadado. Um padre surge com a ata de uma semana recente de estudos da Academia, intitulada *Plantas transgênicas para a segurança da alimentação*.

"O alimento não está acabando", diz ele, abrindo na página do sumário do relatório. "Novas espécies agrícolas estão chegando. Os países em desenvolvimento estão vivendo delas – México, Brasil e Argentina, principalmente. Eles não estão produzindo mais nada além disso e estão vendendo para a Ásia. As pessoas que eram pobres estão enriquecendo – estão ganhando mais dinheiro cultivando soja transgênica do que criando gado."

Alguns artigos da ata descrevem o caso do arroz dourado, uma modificação que insere genes de borboletas, milho e bactéria do solo no arroz, para fazê-lo produzir betacaroteno, que, por sua vez, produz vitamina A. A ideia era combater milhões de casos de cegueira no mundo, até a morte devido à deficiência de vitamina A. O arroz dourado foi desenvolvido primeiro na Suíça, com avanços subsequentes por afiliadas do IRRI, o International Rice Research Institute, nas Filipinas, empresa tropical equivalente ao CIMMYT, centro de trigo e de milho do México. Seus grãos são dourado-alaranjados, como uma batata-doce, pelo mesmo motivo: betacaroteno.

Embora no sabor não haja diferença em relação ao arroz branco e ele tenha sido desenvolvido há mais de uma década, o arroz dourado ainda não é disponibilizado, devido a grande oposição às safras geneticamente modificadas. O temor é que as plantas transgênicas possam cruzar as espécies e causar alterações permanentes na natureza, significando uma perda na biodiversidade das colheitas[3]. O estudo do Vaticano foi dedicado a dissuadir essa ideia, com base no fato de que as safras atuais têm sido selecionadas pelos humanos há mais de um milênio para melhorá-las, portanto nenhuma delas nem de longe lembra as plantas ancestrais.

Monsenhor Sánchez Sorondo recorre a um registro feito pelo renomado ecologista e membro da Academia, Peter Raven, diretor de longa data do Jardim Botânico de Missouri.

"O dr. Raven diz que os transgênicos, na verdade, ajudam a conservar a biodiversidade." Durante o estudo, Raven apresentou um texto afirmando que pelo índice de mortalidade das espécies ao redor do mundo, até 2100 dois terços poderão ter sumido: uma extinção equivalente ao acontecimento que eliminou a mesma proporção de formas de vida, há 65 milhões de anos, incluindo os dinossauros. Naquele caso, um asteroide do tamanho de uma pequena cidade colidiu na Península de Yucatán; neste caso, o asteroide é a raça humana. Uma coisa que talvez ajude, segundo Raven, é o plantio de safras transgênicas, que podem ser cultivadas de forma intensiva e, portanto, ocupam menos território das outras espécies de plantas do que pela agricultura convencional. Ele descartou como mito a preocupação quanto a esse tipo de planta geneticamente modificada poder cruzar tão depressa com outras plantas selvagens, a ponto de fazê-las desaparecer.

Se Sánchez Sorondo tem consciência de que o prestígio de Peter Raven data de seu clássico artigo de 1964 sobre a coevolução das borboletas e plantas, feito em coautoria com um entomologista chamado Paul Ehrlich, esse é um detalhe que ele ignora.

"Se o alimento transgênico não fosse saudável", diz ele, "a natureza se rebelaria contra ele. Como quando se alimenta o gado com carne e o gado

3. Alguns críticos alegam que o arroz dourado modificado apresenta bem menos vitamina A que os alimentos naturalmente ricos em vitamina A, como folhas, legumes, leite e ovos.

contrai o vírus da vaca louca. A Igreja acredita que, se as coisas tivessem uma regulamentação econômica melhor, haveria comida de sobra para todos."

Em parte, esse argumento se refere à crítica do Papa Benedito XVI contra o alimento estar se tornando menos um sustento humano e mais uma mercadoria comercial. Mas isso também pode responder à persuasão diplomática norte-americana. Depois de buscar amizades em Roma, ao tirar o custeio de auxílio estrangeiro para qualquer programa de planejamento familiar que mencionasse aborto, a administração de George W. Bush fez *lobby* no Vaticano, em nome das indústrias agrícolas de biotecnologia, asseverando que a forma de alimentar a fome mundial é com safras GM (geneticamente modificadas). Esse esforço de *lobby* teve a intenção de se opor ao clérigo católico em países pobres que se opõem aos grãos geneticamente alterados. Pelo fato de que as novas espécies genéticas são os híbridos que geralmente não podem se reproduzir ou perdem seu vigor se o fizerem, os agricultores precisam comprar sementes novas a cada ano, assim como os fertilizantes e proteção química necessária para cultivá-las. Até o Sínodo Africano de Bispos Católicos já acusou a agrotecnologia de "arriscar a ruína dos pequenos agricultores, ao abolir os métodos tradicionais de plantio, tornando esses agricultores dependentes das empresas" que produzem os OGMs (organismos geneticamente modificados).

Aparentemente, eles foram desconsiderados. "Como disse o Pai Sagrado, no futuro haverá alimento suficiente para todos", repete Sánchez Sorondo. "A Igreja está mostrando que os novos métodos transgênicos podem ajudar a realizar isso."

No entanto, os cientistas, tanto do IRRI quanto do CIMMYT, advertem que os avanços de transgênicos para alimentar o mundo estão a décadas de serem viáveis – muito menos descobertos. E Norman Borlaug, fundador da Revolução Verde, insistiu que será impossível continuar alimentando o mundo inteiro, a menos que o crescimento populacional também seja colocado em xeque.

"Não é nisso que a Igreja acredita. A Igreja acredita na Providência. Aquele sujeito, aparentemente, não acreditava."

Mas até onde vai a Providência? Quando o Papa Benedito XVI escreveu sobre espaço e recursos suficientes para todos, ele estava se referindo a todas as espécies vivas, e não apenas a seres humanos?

"Tanto os humanos quanto os animais estão sujeitos às leis naturais que levaram os cientistas a decifrar e entender", Sánchez responde, após uma pausa. "Nós temos de respeitar as leis naturais."

Outra pausa. Ele admite que a Academia realmente nunca estudou como o crescimento populacional pode transgredir a biodiversidade. "Mas respeitar a natureza não significa apenas ficar admirando. O Papa Paulo VI disse, uma vez, que o objetivo de um cientista deve ser desenvolver o potencial da natureza para benefício do ser humano e da própria natureza. Precisamos entender como a natureza funciona, quais são suas leis. E, então, aperfeiçoá-las."

2. Céu e Terra

A lei natural é imutável? Ou será que é a lei que muda com o tempo, circunstância ou interpretação? Pode-se dizer que as leis biológicas evoluem, mas as leis da física, não: uma mutação ocasional talvez possa excluir uma nova linhagem, por algum novo ângulo maluco, mas parece improvável que a lei da gravidade jamais seja revogada. Porém, na Igreja Católica, a lei se tornou imutável, desde o momento em que, em 1870, o Papa Pio IX e seus consultores perceberam que, ao serem privados de seus Estados papais, seu território foi reduzido a menos de 900 m², com apenas mil e poucos cidadãos (hoje, quase todos homens), e seu poder essencialmente desapareceu... A menos que...

Assim, o Vaticano I sacramentou a ideia da infalibilidade papal. Era uma ideia que foi mencionada ao longo dos séculos, com argumentos prós e contras, mesmo entre os papas. Também havia a suspeita de ser um boato protestante, que significava envilecer o papa católico, por uma alegação tão presunçosa. Mas agora, pela primeira vez, desde os profetas bíblicos e apóstolos, a palavra falada por um homem – o bispo de Roma – sobre questões de fé e dogma não seria meramente uma opinião ou comando, mas uma revelação divina. A autoridade do próprio Deus estava infundida no papa.

Poder recobrado. Mas a infalibilidade papal era uma faca de dois gumes. Como frisou o último historiador do Vaticano, Padre Augusto Bernhard Hasler, se os ensinamentos do papa fossem infalíveis pela virtude de ser o papa, então os ensinamentos de todos os papas seriam infalíveis. Um novo papa agora estava bloqueado – e limitado– pela palavra inviolável de seus antecessores. Contrariar o precedente não era uma opção.

Dessa forma, em posições controversas que deixam perplexos os católicos progressistas modernos, sobre a postura aparentemente cristalizada de sua Igreja, oposta à contracepção, à ordenação de mulheres ou homens casados ou à aceitação de homossexuais, a realidade é que a Igreja tem pouquíssima escolha, pois ela se colocou num canto cada vez mais apertado. Como escreveria Karol Wojtyla, o futuro Papa João Paulo II, para a opinião dissidente da maioria esmagadora (65-7) da Comissão Papal sobre População e Controle da Natalidade, que aconselhou Paulo XI a suavizar a sanção contra o controle artificial da natalidade:

> Se for declarado que a contracepção não é algo mal em si mesmo, então teremos de admitir francamente que o Espírito Santo esteve do lado das igrejas protestantes... Terá de ser igualmente admitido que, por meio século, o Espírito Santo fracassou em proteger Pio XI, Pio XII e grande parte da hierarquia católica de um erro muito sério. *Isso significaria que os líderes da Igreja, agindo com extrema imprudência, condenaram milhares de atos humanos inocentes, proibindo, sob pena de danação eterna, uma prática que agora seria sancionada.*

Essas palavras proveram uma passagem-chave numa opinião minoritária que persuadiu o papa a escrever *Humanae Vitae*, rejeitando a maioria que favorecia a contracepção. Fazer o contrário seria subestimar o pilar robusto restante da fundação da Igreja: o poder absoluto do papa.

"A Igreja nunca foi contra o controle de natalidade", conta o cardeal Peter Kodwo Appiah Turkson. "É apenas um problema de método."

O cardeal Turkson encabeça o Conselho Pontifical para a Justiça e a Paz. Embora seu mandato oficial não mencione nem natureza, nem ecologia, em um dos mistérios da Cúria Católica Romana está o braço da burocracia do Vaticano que assume o comando das questões ambientais. Antes de se tornar presidente, em 2009, Turkson era arcebispo da província eclesiástica de Cape Coast, em sua nativa Gana. Com os mais altos índices de natalidade do mundo, a África também é onde o catolicismo desfruta o crescimento mais veloz; a antiga arquidiocese de Turkson é famosa por treinar e exportar padres a outros países, como os Estados Unidos[4], onde o clero católico se tornou uma raça em extinção.

O Conselho Pontifical para a Justiça e a Paz tem sede em Roma, no Palazzo San Callisto, do século XVII, um complexo de quatro andares que fica a quase 5 quilômetros do Vaticano, pertencente à Santa Sé, como propriedade extraterritorial sob tratado com a Itália. Seu escritório é simples, com paredes claras e janelas e portas com molduras de madeira escura. Há retratos de papas anteriores e do atual pendurados acima das prateleiras de panfletos e livros em vários idiomas, publicados pelo Conselho, sobre assuntos como o desenvolvimento ético, o desarmamento e a equidade no financiamento global. Comparado com a opulência da Pontifícia Academia de Ciências, sua modesta aparência lembra a de uma organização não governamental de direitos humanos.

O cardeal Turkson tem um rosto bondoso e sorridente, com uma nuvem de cabelos grisalhos e crespos, acima das sobrancelhas altas e proeminentes. Ele explica que a Igreja, na verdade, apoia vários tipos de contracepção – cada um deles baseado, segundo ele, no fato de que "uma mulher sempre pode saber se está ovulando".

Ele explica que fez um curso na Austrália, sobre uma técnica conhecida como o Método de Ovulação de Billings. "Eles me chamavam de seu primeiro aluno bispo." O Método Billings ensina a mulher a reconhecer seu período fértil do ciclo menstrual. "Sem sequer inserir nenhum dedo em lugar algum, apenas tocando, ela pode sentir o muco que começa a surgir e avisar o marido. Algo desse tipo, nós incentivamos."

Ele conta que há diversas maneiras de as mulheres avisarem seus maridos. "Algumas colocam uma folha verde na cama. Isso indica ao marido que ela está ovulando. Quando tiver acabado, ela põe uma folha vermelha."

É desconcertante, se não surreal, ouvir um cardeal católico – um que é frequentemente mencionado como candidato ao papado – discutindo

4. Desde a *Humanae Vitae*, o número de seminaristas católicos norte-americanos estudando para o sacerdócio caiu mais que pela metade. Nos Estados Unidos, somente 1% das freiras atuais tem menos de 40 anos. (Fonte: Center for Applied Statistics for the Apostolate, Georgetown University.)

muco vaginal, principalmente quando o assunto deveria ser o meio ambiente. Mas todas as questões ambientais rapidamente levam ao fato de que há mais humanos do que o sistema pode confortavelmente abrigar, incluindo as questões que o próprio cardeal Turkson lista: a necessidade de ar limpo, o corte de CO_2 e a melhora do satânico tráfego romano. Lamentando as horas que os italianos perdem caçando uma vaga para estacionar, ele evoca mais transporte coletivo e bicicletas para salvar o combustível. Ele considera um crime que um medidor crucial de sucesso econômico na Europa seja quantos carros as pessoas são convencidas a comprar.

"Quando o Volkswagen foi inventado, o *slogan* deles era *ein Auto für jedermann*: 'um carro para todos'. Então, quando todos têm um, quase não há lugar para estacioná-lo, e assim os carros ficam cada vez menores. E você sabe o que acontece depois: as famílias querem dois carros, e você duplica o problema."

O consumo excessivo é, sem dúvida, algo deplorável, porém, visto isoladamente, ele também advém do óbvio: que carros demais derivam de gente demais. Isso, por outro lado, resulta naquele estranho espetáculo de um homem gentil e inteligente que algum dia talvez seja o líder dos cristãos do mundo – pelo menos, segundo a Igreja Católica Romana –, fingindo não saber que um esperma pode viver dentro de uma mulher por até seis dias antes da ovulação, regularmente impedindo métodos contraceptivos que se baseiam em muco, temperatura ou calendários.

Por trás de contorções de homens cultos que verdadeiramente se preocupam com o derretimento dos polos e secas profundas, mas que ainda persistem que mais um milhão de nós a cada quatro dias ou mais é uma bênção, existe simplesmente uma cifra contábil. Até um papa infalível tem pouco poder, se seu rebanho encolher demais. Assim como a bomba uterina de Yasser Arafat e a *haredim* de Israel e sua procriação excessiva, a Igreja tem um interesse fundamental em corpos. Quanto mais católicos houver no mundo, mais importante será o julgamento dos mil homens cidadãos da Cidade do Vaticano.

O cardeal Turkson já viu sofrimento africano suficiente e a fome num mundo com 7 bilhões para saber como será com 10 bilhões. Ademais, ele lidera um conselho do Vaticano, encarregado pela orientação moral quanto às questões que agora sacodem os sete continentes e mares conturbados: como os dilemas éticos relativos a que espécies salvar e quais sacrificar, dilemas que talvez nem surjam, com menos gente lotando cada canto e tomando todos os recursos. No entanto, sua Igreja insiste que há espaço para todos e que é um pecado passível de punição utilizar meios efetivos para evitar crescer mais.

O cardeal Turkson sabe, embora ele não possa desobedecer o dogma. Ele cita a mensagem do Papa Benedito, do Dia Mundial da Paz, em 2009, quando o pontífice disse que precisamos viver em solidariedade com o futuro e com outros dependentes da Terra. "Você sabe, como os animais."

Entretanto, os ecologistas argumentam que não é somente uma questão de solidariedade, mas de sobrevivência mútua. Será que aqui pode haver um lar para os humanos, sem um elenco de personagens, cujo número talvez somente Deus pode saber?

Em sua cadeira de madeira, ele mergulha em contemplação diante dessa pergunta. "Quando Deus começou a criar o mundo", ele finalmente diz, "era o caos. Então, Deus disse d*eixe ser desse jeito,* ou *deixe ser daquele jeito*. O caos se transformou no cosmo, em um belo e ordenado sistema. Essa transformação se deu pela Palavra de Deus. Para mim, como cristão, isso significa que, sem a Palavra de Deus, nós provavelmente voltaremos ao caos novamente. Eu estaria preocupado se não fosse um homem de fé. Eu estaria preocupado se não acreditasse em um Deus que nossas Escrituras dizem não ter criado este mundo para o caos."

Mas se chegamos a uma época em que nosso planeta parece estar explodindo, será que pode haver justificativa nas Escrituras para pensar em limitação?

O cardeal respira fundo, pensativo.

"Faz muito sentido praticar a limitação. Há exemplos bíblicos de épocas de fazer isso e épocas de não fazê-lo. Infelizmente, nossa cultura passou por uma evolução que dificulta ouvirmos eclesiásticos dizendo que há um tempo de abraçar e há um tempo de restringir. Porém, sempre há tempo de fazer e nunca há tempo de evitar nada. Todos sabem como comemorar o *Mardi Gras*, ou terça-feira gorda, mas ninguém pensa na abstinência que a quarta-feira de cinzas pede. Será que o *Mardi Gras* faz sentido, se for somente o *Mardi Gras*?"

"Quanto a restringir o sexo: no mundo animal, um cão ou um gato não aceitarão um parceiro, a menos que estejam no período do cio. Somente os seres humanos fazem amor em qualquer época. Mas há uma alternativa viável, à qual poderíamos convidar as pessoas..."

Ele para e olha para o chão. Então, ele ergue os olhos.

"Eu ia dizer que, se nós vivêssemos nosso celibato com fé, poderíamos oferecê-lo como uma mensagem eloquente ao mundo, de que tal atitude é possível", diz ele, baixinho. "Mas a eloquência dessa mensagem foi terrivelmente comprometida."

3. *Belle donne e bambini*

Era de esperar que o espetáculo de uma Igreja exposta por favorecer o estupro infantil em série talvez finalmente se calasse quanto a sua máxima de que o sexo é apenas para "procriação responsável", e não para o prazer ou entretenimento. Mas o Vaticano é a mais antiga das câmaras políticas ecoantes, a cúpula ressonante da Basílica de São Pedro, ampliando suas proclamações aos ouvidos dos proclamadores – até mesmo fora dos muros do Vaticano, poucos ouvem ou ligam. Estudos mostram que 98% das mulheres católicas dos Estados Unidos usaram contraceptivos; na Itália católica, o número talvez seja mais baixo – mas somente por uma preferência cultural, particularmente no norte italiano, pelo *coitus interruptus*, também pecado para o Vaticano. O fato de que a Itália possui um dos mais baixos índices de natalidade é parcialmente explicado pelo sucesso da parlamentar Emma Bonino em legalizar o aborto, em 1978, uma campanha instigada após seu próprio aborto clandestino. As tentativas da Igreja de colocar-lhe uma focinheira foram ignoradas; sua longa carreira governamental inclui a eleição, em 2008, como vice-presidente do Senado italiano.

Nos anos 1990, as mulheres italianas tinham os mais baixos índices de natalidade do mundo, 1,12 filho cada uma, superadas somente pela Espanha católica, em 2001. Com uma das porcentagens mais altas de mulheres com doutorados – na Itália, mais mulheres possuem PhD do que os homens –, a Itália é a prova de que a educação diminui os índices de natalidade. Entretanto, os detalhes são complicados.

Sabrina Provenzani senta no chão com sua amiga de faculdade, Licia Capparella, cujos gêmeos de três anos, Michelangelo e Adrian, investigam seus cabelos fartos e exuberantes, comparando-os com os longos cachos marrons da mãe deles. É janeiro de 2011; Sabrina, produtora da emissora pública Radiotelevisione Italiana, está de folga porque o presidente da empresa mais uma vez suspendeu seu programa, sob pressão do primeiro-ministro Silvio Berlusconi. O primeiro-ministro – cujos dias finalmente parecem contados – ultimamente anda enlodado em um de seus recentes escândalos sensacionalistas, envolvendo uma dançarina marroquina imigrante de 17 anos. O programa de Sabrina cobriu o caso, por isso Berlusconi está novamente ameaçando-os.

O que mais enfureceu Sabrina foram os grampos telefônicos que vieram à tona: ouvir pais e irmãos de várias meninas dizendo sim, vá com ele, ele é um homem generoso, isso vai arrumar seu futuro. Ultimamente, na Itália, é fácil encontrar garotas que saltam para pegar 7 mil euros numa noite, em vez de ganhar setecentos euros[5] por mês. As mulheres podem compor o setor mais bem-educado da Itália, mas elas também são as mais mal pagas. Por mais anos do que ela pode se lembrar, Sabrina trabalha doze horas diárias produzindo um programa de televisão para 1,6 milhão de expectadores, mas recebe o mesmo salário de um operário da fábrica de automóveis da Fiat. A emissora habilmente se evade da lei que proíbe um número excessivo de contratos consecutivos, pagando-a *semanalmente*, como consultora, não como uma integrante da equipe com direito a benefícios.

Ela e o marido, Emilio, *designer* de *software*, chegaram agora a quase 40 anos, época que sempre esperaram para ter estabilidade econômica suficiente para começar uma família. Porém, como Licia lembra, mulheres que trabalham e se atrevem a ter filhos arriscam tudo.

Durante anos, Licia trabalhou para uma das mais antigas ONGs italianas de natureza. Ela escrevia sobre animais, cuidava do *website* e adorava seu emprego. Ela trabalhava das 9h00 às 19h00, frequentemente ia aos fins de semana e também era adorada por seus superiores – até engravidar.

"Que tola, eu fui. Cheguei correndo ao trabalho, toda animada para contar para o meu chefe."

5. Cerca de mil dólares.

Apesar da recepção gélida, ela continuou trabalhando. Mesmo quando desmaiou no metrô, ela continuou indo ao escritório, trabalhou o verão inteiro, quando ninguém mais queria trabalhar. "Depois de seis meses, quando fiquei gorda demais, por causa dos gêmeos, e saí de licença-maternidade, eu sempre ligava para ver se podia ajudar, trabalhando na cama, embora isso seja ilegal. Foi quando eles me disseram que não iam renovar meu contrato."

Na verdade, eles nunca haviam feito um contrato legal com ela. Durante os três anos que ela teve um vínculo com a empresa, era sempre por meio de contratos semestrais, mesmo quando a lei exigia um contrato com cobertura integral, com benefícios de plano de saúde e licença-maternidade de cinco meses, após a segunda renovação.

"Sei, até parece", diz Sabrina.

Licia assente. Na ONG, eles lhe deram uma escolha. Depois que tivesse seus filhos, ela poderia voltar, mas perderia seu tempo de casa e começaria tudo outra vez. Agora ela trabalha duas vezes por semana, como guia de um parque, sem contrato: "É ilegal, mas ninguém inspeciona, e eu preciso muito do trabalho, então aceito".

O que ela não pôde aceitar foi o tratamento que recebeu da ONG. Ela os processou pelos 65 mil euros adicionais aos quais teria direito, se tivesse o contrato correto. Surpreendentemente, eles ofereceram 35 mil euros como acordo. A juíza, uma mulher, disse sarcasticamente que, se eles estavam dispostos a pagar esse valor, de fato estavam admitindo a culpa e, por direito, deveriam pagar o valor integral. No fim, para evitar uma batalha mais longa, Licia concordou com a quantia, além de seus custos legais.

Com dois bebês, o dinheiro foi mandado por Deus, mas retomar sua antiga posição agora era algo fora de questão.

"Ainda assim, nós tivemos sorte. Temos dois quartos. Conhecemos gente com filhos dormindo no sofá. Ou que pararam de comer carne. Um monte de gente qualificada quase não conseguindo chegar ao fim do mês. Uma das minhas amigas tem doutorado em biologia, mas só consegue encontrar trabalho em *telemarketing*, ganhando mil euros por mês. Somos como servos medievais. Somos os novos pobres da Itália."

Ela conta que na França as coisas são mais fáceis para os pais, com o Estado custeando a creche e o jardim de infância. "Em toda Roma, há talvez três ou quatro creches diárias. Você realmente está pensando em ter filhos?", ela pergunta a Sabrina.

"Estamos conversando a respeito disso."

"Boa sorte. Ninguém ajuda." Existe o "Bônus Berlusconi", um incentivo do governo, de mil euros por bebês, para elevar o índice de natalidade. "Isso não dá nem para comprar fraldas. E agora eles estão reduzindo o turno do jardim de infância para metade do dia, porque o governo precisa cortar os custos com educação. Enquanto isso, os financiamentos do governo são desviados para as escolas católicas particulares, para que Berlusconi ganhe apoio da Igreja."

O pai de Licia é de uma família de catorze irmãos. Ela é de uma família de quatro irmãos. Se ela não tivesse sido abençoada por esses adoráveis gêmeos, teria tido apenas um filho. "Estou feliz de termos esses dois. Mas é duplamente difícil para nós."

Uma geração atrás, homens e mulheres se casavam com vinte e poucos anos. As mulheres tinham mais filhos e mais cedo. Ainda assim, o tamanho da família vem diminuindo desde que a Revolução Industrial transformou as vilas agrícolas em cidades com fábricas e as mulheres passaram a fazer parte da mão de obra trabalhadora. Hoje em dia, sendo tão bem-educadas, elas ainda são contratadas, contanto que sejam solteiras e sem filhos, mesmo com os homens italianos agora vivendo com os pais até trinta e tantos anos, tentando economizar o suficiente para se casarem. Até chegar a hora em que eles e suas namoradas mal pagas conseguem fazê-lo, geralmente só há tempo e dinheiro suficiente para um filho.

"Hoje", conta Licia, "uma mulher de trinta anos ainda é uma garota. Eu tenho quarenta e só estou me preparando para ser mãe."

Seus amigos estão todos partindo – para Alemanha, Austrália e até Espanha. Lá também não há empregos, mas eles supostamente ajudam mais as mulheres. Sabrina e Emilio também já brincaram com a ideia de ir para lá. Mas que século e tanto: italianos atualmente não têm bebês porque é caro demais, ou deixam a Itália para tê-los em outro lugar. Por outro lado, as escolas italianas estão superlotadas, pois as crianças imigrantes estão tomando o lugar dos nativos.

"Se tivermos filhos, que futuro daremos a eles?", pergunta Sabrina. Ela e Emilio estão jantando na casa dos amigos Claudia Giafaglione e Vincenzo Pipitone.

Claudia, que é siciliana, está servindo garoupa com cuscuz e um brioche salgado, recheado com salmão defumado, ricota e cebolinha. Ela tem cabelos escuros, olhos redondos e escuros, um rosto em formato de coração, fazendo Sabrina se lembrar de um belo gato de estimação. Ela também tem diploma em farmácia e biologia, e outro em nutrição. Vincenzo, seu belo marido alto e esguio, é cirurgião do exército. Eles estão mais seguros financeiramente do que a maioria dos italianos de sua idade – Claudia acaba de fazer 35 anos –; no entanto, assim como Sabrina e Emilio, eles estão apavorados pela ideia de terem filhos.

Emilio, cujo último *design* de aplicativo é um guia do azeite de oliva, traduz seus próprios temores em dinheiro vivo: "Eu ganho 3 mil euros mensais[6]. Nós usamos contraceptivos, pois receamos que não possamos custear filhos. Ainda assim, suponhamos que em dez anos possamos comprar uma casa maior e pagar uma escola melhor. Então, dez anos depois, minha pensão será cerca de quinhentos euros. Portanto, em vinte anos, eu serei pobre. Se esperamos dez anos para termos um filho, como vamos bancar?"

"Eu concordo com Emilio", diz Claudia.

"Isso é uma estupidez", conta Vincenzo. "Quando vou em missão ao Afeganistão, vejo gente pobre como animais. Sem luz, sem segurança. No entanto, eles têm famílias. A Itália pode ser maluca, mas, pelo menos, aqui temos paz. Temos de ser mais felizes do que eles. Contudo, pensamos muito mais no que não temos. O esporte nacional da Itália é a reclamação."

Por alguns minutos, eles se alternam nesse esporte, esfolando seu belo e frustrante país, que tem tantas maravilhas – e, para combinar, uma infraestrutura antiquíssima. Quando Vincenzo era estudante de medicina, ele foi designado a um hospital a 45 quilômetros do local onde morava: sem transporte público, seu deslocamento levava três horas.

"Meu irmão nunca vê as filhas", conta Emilio. "Elas estão dormindo quando ele sai para trabalhar e dormindo quando ele volta. Ele está tra-

6. Aproximadamente 4.200 dólares.

balhando demais para mandá-las estudarem fora da Itália, o que significa que as verá ainda menos. Mas é a única maneira que elas têm para fugir dessa economia, que ele tem certeza de que jamais oferecerá empregos decentes a elas."

"Isso é uma paranoia tão grande!", lamenta Sabrina. Mas é exatamente o que eles temem para si próprios, se algum dia tiverem o filho que tanto temem ter.

"Calculamos que até a criança completar catorze anos, ela já estará morando fora de casa, na Inglaterra ou na China. Ou na Índia", diz Emilio, melancólico.

"Seria uma dificuldade para ela morar aqui", diz Sabrina. "Nada anda. Estamos presos em um passado que não construímos. Acabei de assistir a um episódio do meu programa, de dez anos atrás. Tínhamos os mesmos convidados, falando dos mesmos problemas."

Mas Claudia nem está pensando na Itália. Ela tem preocupações bem maiores.

"Como podemos pensar em trazer filhos para este mundo?", pergunta ela.

Dois dias antes, ela foi ao Festival de Ciência de Roma, que é anual. O tema deste ano foi "O fim do mundo: manual do usuário". A sessão de abertura foi um filme do canal National Geographic, intitulado *Sovrappopolamento* – "Superpopulação". Sua premissa era de 14 bilhões de pessoas – projeção das Nações Unidas para 2084, caso os programas de planejamento familiar vão a pique – tentando caber na Terra. O filme mostrou a Cidade do México literalmente afundando sob seu peso, depois retrocedeu para descrever um planeta que, em 1930, tinha uma população confortável de 2 bilhões de pessoas. Desde então, tem sido acrescido o equivalente a mais dez cidades de Nova York, anualmente. Depois, apresentou a Ásia rapidamente dobrando, entremeada com animações de cidades inteiras subitamente desmoronando. Ergueram-se prédios de mais de duzentos andares, que depois caíram – assim como aconteceu com as florestas, derrubadas para abrir mais campos agrícolas. As pontes caíram sob o peso de toneladas de caminhões levando alimentos. Nuvens encardidas de quatro novas fábricas chinesas de carvão, surgindo a cada semana, emporcalhavam o ar, desde Londres até Los Angeles. Merda transbordava dos esgotos de Manhattan, seguida de ratos transmissores de meningite. Os países, desesperados para alimentar as pessoas, espalhavam os químicos pela terra.

Finalmente, após 35 anos sob um fardo de mais de 14 bilhões de pessoas, a fome varreu 80% da humanidade. A população se estabeleceu em 4 bilhões. No fim do filme, os ecossistemas começaram a ressuscitar. Os peixes voltaram a encher os oceanos. O verde vicejava. As pessoas cultivavam alimento suficiente, os pássaros voltavam a cantar.

Quando as luzes se acenderam, Claudia viu que diversas escolas haviam trazido suas turmas para o festival de ciência. Ela estremeceu ao imaginar o que esses estudantes de catorze anos estariam pensando, ao verem no documentário que o mundo em que mal começavam a viver estava fadado ao cataclismo, ainda em seu ciclo de vida.

"Aposto que vão encontrar uma solução, antes que fique tão ruim assim", disse uma menina vestida de suéter azul-marinho e *jeans*, quando sua turma saiu. "Alguém vai inventar alguma coisa."

"Eles nos alertariam, antes que algo assim acontecesse", disse a garota atrás dela, vestida de forma idêntica, exceto pelas botas de camurça até os joelhos.

"Eu não vou ter filhos", disse outra, de echarpe roxa.

"Se todos nós tivermos de trabalhar na lavoura, você vai precisar deles", disse um garoto de boné azul.

As meninas trocaram olhares alarmados diante da possibilidade de trabalhar na lavoura.

"Somos um número simplesmente grande demais!", diz Claudia, ao servir bolo morno de chocolate, com o miolo derretido. "Seremos como uma colônia de bactérias, vivendo de nossos próprios excrementos! Como podemos trazer uma criança para este mundo problemático, quando estamos destinados a morrer?"

Vincenzo estica o braço para pegar o vinho, muda de ideia e traz do armário com uma garrafa de *grappa*.

E surge o assunto de que Claudia, amedrontada pelo ecossistema da Terra em deterioração, está escrevendo um romance de espionagem ambientado no local mais poluído do mundo. Ela foi ao festival de ciência para obter ideias para seu cenário: ela está pensando nas terras salinas devastadas, deixadas pelo Mar de Aral, que desapareceu, a ilha de plástico flutuante, no Pacífico, ou as fontes quentes de metano do Ártico em derretimento.

"Talvez, após terminar de escrever algo tão sombrio, esteja disposta a pensar em um bebê", diz Vincenzo, mas para ao perceber sua expressão abalada.

Ele ergue seu copo de *grappa*. "Às nossas futuras crianças", diz ele, "que poderiam viver para ver o fim do mundo." Ele sacode a cabeça, depois abaixa. Sabrina e Emilio se entreolham, do outro lado da mesa.

Por um longo momento, fica tudo em silêncio. "Café?", Claudia finalmente diz. Aliviados, todos riem.

"Acho que Claudia e eu estamos pensando demais", diz Vincenzo, em pé, atrás dela, com os braços ao redor de sua cintura, enquanto seus convidados vão saindo. Ela olha acima, para ele, com seus olhos redondos de gata.

Sob a luz pública amarelada de Lungotevere della Vittoria, ao longo do Tibre, Emilio e Sabrina caminham até o carro, de mãos dadas. Mais tarde, naquele ano, a resposta de trazer ou não uma criança para um século tão assustador será instantaneamente clara para eles, ao saberem que Sabrina está grávida – e a resposta é "claro que sim". Uma criança não é apenas uma criança, mas a encarnação do futuro. O desânimo desaparece, quando se tem algo pelo que realmente esperar: um mundo para seu filho. Você fará qualquer coisa para garantir que haja um mundo para ele. O mundo pode ter problemas colossais, mas seu bebê é parte da solução, assim como você será: não há motivo mais convincente para salvar a Terra do que os pais querendo proteger seus descendentes, um dos quais pode inventar o milagre que mudará todas as probabilidades.

Dois meses antes de dar à luz, Sabrina deixa seu emprego, arruma tudo no apartamento deles e embarca em um voo da British Airlines para Londres. Emilio está lá há quase um ano; ela concebeu quando ele veio vê-la, no feriado. Ele está elaborando aplicativos móveis para uma empresa próspera do setor de vestuário e já foi promovido.

Sabrina é a mais nova imigrante do Reino Unido. Quando nascer Anita, filha deles, se eles ficarem por mais quatro anos, ela será uma cidadã britânica.

CAPÍTULO 7

Gorilas em nosso meio

1. DNA

A dra. Gladys Kalema, que acaba de sair da escola de veterinária, olhou para o dardo tranquilizante que acabou de preencher com anestésico, depois olhou novamente para os gorilas das montanhas. Ela contou três fêmeas, dois jovens, três filhotes, dois machos de costas pretas e, naturalmente, um *silverback*, de pelos cinzentos, o patriarca. Gladys viu que esse chegava a 250 quilos, perto do tamanho máximo que eles alcançam. Ele tinha uma testa cônica e um maxilar do tamanho de uma abóbora, braços que curvavam totalmente o topo das árvores, uma boca imensa, ostentando caninos gigantes, e um corpo comprido, de grossos pelos pretos, exceto pela capa de pelos cinzentos que cobria suas costas bem musculosas. Seus olhos juntos, redondos e negros ignoravam os guardas-florestais do parque, e estavam fixos em Gladys, como se ele soubesse o que ela estava planejando.

Duas horas antes, Gladys, os guardas e um veterinário visitante do Quênia haviam aberto caminho em meio à Floresta Impenetrável de Bwindi, no sudeste de Uganda, seguindo três guias de trilhas que estavam ali desde o amanhecer. Depois de seguirem colina acima, eles tinham finalmente encontrado esse bando, em um aglomerado de sobreiros. Os jovens estavam nas árvores, balançando entre as folhas mais tenras, e os adultos largados pelo chão, puxando galhos para suas bocas e ao alcance dos bebês.

Com menos da metade do tamanho de Chicago, a floresta Bwindi coroa uma fabulosa escarpa biológica contendo mais espécies endêmicas do que qualquer outro local da África. Os estimados 400 gorilas das montanhas Bwindi correspondem a quase metade dos que ainda existem no mundo – o restante está espalhado por Ruanda e pela República Democrática do Congo, a maioria perto dos vulcões de Virunga, quase 50 quilômetros ao sul, onde aqueles países fazem fronteira com Uganda.

Às vezes chamada de Suíça africana, por conta de suas elevações de 2.500 metros, Bwindi deve sua excelente biodiversidade tanto às mudanças de altitude quanto ao fato de ser uma das florestas mais antigas da Terra, com pelo menos 25 mil anos, anterior à última Era do Gelo. Foi somente na última parte do século XX que os biólogos souberam que os macacos que invadiam os campos dos colonos das redondezas eram, de fato, os gorilas das montanhas.

Os gorilas talvez alegassem o contrário: eles é que foram invadidos. Houve um dia em que essa floresta fresca e a periferia dos Virungas formavam uma floresta tropical intocada, com sua abóbada de plantas ao longo do Albertine Rift, parte ocidental do vale africano Rift Valey, que forma a fronteira entre Uganda, Ruanda e Congo. A única presença humana na floresta eram os pigmeus de Batwa, que ali habitavam, vivendo da caça de porcos-do-mato e colhendo mel selvagem, convivendo pacificamente com seus primos primatas.

Mas ao longo dos séculos passados, os agricultores bantos que cortavam e queimavam as florestas para ter campo, continuaram chegando. A mata que cobria o Rift foi desmembrada em três discretos fragmentos e as populações de gorilas ficaram isoladas entre si. Mais tarde, quando os colonos britânicos introduziram o chá como uma plantação rentável, os fragmentos prosseguiram encolhendo, à medida que as fileiras de chá verde-escuro avançavam. A primeira vez que Gladys Kalema viu a Floresta Impenetrável de Bwindi foi no começo dos anos 1990, quando a confirmação da presença do gorila da montanha levou o governo de Uganda a elevá-la a *status* de parque nacional. Àquela altura, Bwindi mais parecia um topete verde acima dos campos de chá, mandioca, banana, milhete, milho, sorgo e flores de batatas, espremida na periferia da floresta.

E Gladys achava que isso foi a fonte do problema que a tirou do outro lado do país, da sede da Autoridade Ugandense de Vida Selvagem, em Kampala, a capital, onde ela tinha acabado de iniciar suas atividades como veterinária, em tempo integral, da UWA. Um chamado aflito viera dos guardas-florestais de Bwindi: os gorilas estavam perdendo pelo, deixando buracos brancos de pele à mostra, grandes o suficiente para serem notados pelos turistas. O motivo para a existência do parque nacional foi o fato de europeus e norte-americanos pagarem 500 dólares por pessoa pela chance de ter um vislumbre dessas criaturas. Os limites do parque haviam sido anunciados, os pigmeus tinham sido expulsos e equipes de biólogos circulavam em meio aos densos cipós e carvalhos de Bwindi, contabilizando gorilas por meio da medição de tamanhos diferentes das fezes que eles deixavam em seus ninhos noturnos. Então, eles focaram em adaptar dois dos 38 bandos diferentes de gorilas à presença humana, aproximando-se mais a cada visita, sem recuar quando o *silverback* avançava, torcendo para que ele se lembrasse de que era vegetariano.

Depois de dois anos eles conseguiram chegar até sete metros, sem que o *silverback* ameaçasse ou que os outros gorilas fugissem, e começaram a trazer os turistas. Como gorilas e humanos compartilham cerca de 98% de seu DNA, eles mantinham uma distância de sete metros entre as pessoas e esses primatas lucrativos: um terrível surto de sarampo que irrompeu entre os gorilas das montanhas, em Ruanda, alguns anos antes, provavelmente veio dos humanos. Foram necessários mais de dez anos após a saída do macabro ditador Idi Amin, que exterminou centenas de milhares de pessoas, durante os anos 1970, para finalmente convencer os turistas a regressar a Uganda, e eles não podiam correr o risco de algo dar errado.

Antes da jornada de dez horas pelas estradas não asfaltadas de Bwindi, Gladys ligou para um médico em Kampala. "Qual é a doença de pele mais comum nas pessoas?"

"Sarna."

Gladys tinha feito seus estudos veterinários em Londres. Sua mãe era uma parlamentar ugandense que entrou para a política depois que o pai de Gladys, um ministro do governo, estivera entre as primeiras pessoas que Idi Amin matou, após o golpe, em 1971. Na Inglaterra, as pessoas raramente pegavam sarna. Mas a higiene era terrível na Uganda rural e pelo que os guardas-florestais haviam descrito, os gorilas podiam muito bem estar com sarna humana.

Agora ela iria ver. Os guardas-florestais estavam acostumados com os gorilas, mas não a pegar amostras de pele e sangue deles. Um gorila de cerca de seis anos, com um bom pedaço das costas careca, era o que estava em pior estado, mas se Gladys se aproximasse dele, era certo que o *silverback* avançaria. Ela viu que os guardas não seriam de ajuda alguma e o veterinário queniano parecia aterrorizado: o Quênia podia ter leões, mas não gorilas de um quarto de tonelada. Suspirando, Gladys levantou e, no alto de seus 1,62 metro, encarou o *silverback* e começou a bater palmas e gritar. Durante o surto de sarampo em Ruanda, ela tinha visto veterinários fazendo isso com gorilas habituados a humanos por bem mais tempo que esses. Torceu para que desse certo. A gigantesca criatura se afastou alguns metros, claramente aborrecida, mas manteve distância, enquanto ela se aproximou e disparou a pistola de ar comprimido, na coxa do jovem gorila.

Dez minutos depois, ela tinha as amostras da triste criatura, tão aflita que continuava se coçando, mesmo com anestesia. Para perplexidade dos guardas-florestais, quando ela começou a se mexer, a jovem veterinária pegou o macaquinho juvenil de 25 quilos no colo e o carregou de volta até o patriarca do bando. Alguns dias depois, estava confirmado o diagnóstico de sarna – um alívio, porque infecção cutânea teria sido muito mais difícil de tratar. Na manhã seguinte, Gladys voltou à floresta com dardos e ivermectina suficientes para curar o bando inteiro de gorilas, com uma única dose.

Ela tinha um palpite de como eles haviam sido infectados. Um dia, os campos e terras abaixo das cabanas e alojamentos de turistas fizeram parte do território deles. Os gorilas habituados aos humanos, tendo perdido o medo deles, ignoravam cada vez mais os limites do parque, principalmente desde que os agricultores passaram a cultivar bananas, de cujos talos e folhas eles gostavam. Gladys descobriu que um motivo para que o povo dali tivesse famílias numerosas era o fato de precisarem das crianças para enxotar os gorilas de suas plantações.

Mas as crianças não podiam jogar pedras e ficar batendo em panelas dia e noite, então eles faziam espantalhos vestindo roupas velhas. Todos que Gladys testou estavam cobertos do mesmo tipo de sarna. Mais curiosos que assustados, os gorilas estava examinando as roupas e sendo infestados.

Em seu relatório, Gladys escreveu que as pessoas precisavam aprender higiene básica, para seu próprio bem e pelo bem da vida selvagem, que trazia recursos às suas comunidades. Isso não seria fácil: ninguém tinha banheiros ou água encanada, e a maioria não podia comprar sabão. A Autoridade de Vida Selvagem Ugandense e o Programa Internacional de Conservação dos Gorilas pediram a ela que elaborasse um programa educacional para a região de Bwindi. Junto com um guarda-florestal, ela providenciou *workshops* em oito vilarejos, para mais de mil pessoas. Ela chegou munida de lousa demonstrativa, com folhas de papel. "Os gorilas podem pegar nossos parasitas, nosso sarampo, disenteria, pneumonia e tuberculose", explicou ela. Uganda tem uma das mais altas taxas de tuberculose do mundo. Um quarto das pessoas com tosse crônica das comunidades que cercam o parque teve resultados positivos para seus testes, assim como 5% dos funcionários do parque de Bwindi.

Ela estava prestes a passar para uma lista de soluções, como usar carvão para lavar, quando não houvesse sabão, quando o guarda-florestal tocou seu braço. "Deixe que eles deem sugestões", disse ele.

Como uma garota urbana que havia estudado no exterior, ela imaginou que pessoas sem escolaridade fossem ignorantes. Na verdade, eles conheciam melhor a própria situação, uma vez que entenderam o problema. Gladys ouviu. Eles queriam serviços de saúde mais próximos. Queriam água segura. Precisavam de mais e melhores latrinas de fosso e coberturas para o lixo empilhado.

Eles discutiram o que eles mesmos poderiam fazer e o que exigia assistência do governo. Precisavam de ajuda para afugentar os gorilas de seus campos, para não colocar as crianças em risco. Isso eventualmente resultou em equipes dos "HUGOs"[7] – grupos de patrulha para solucionar o conflito entre humanos e gorilas –, que eram pagos com botas de borracha e capas de chuva, doados por uma ONG de conservação dos

7. Do inglês, *human-gorilla conflict resolution patrol teams*. (N.T.)

gorilas, rações de milho da sede do parque e o respeito da comunidade: um aspecto que Gladys descobriu ser especialmente valorizado.

Depois de dois anos como veterinária do Serviço de Vida Selvagem de Uganda, mais dois anos obtendo um mestrado em saúde pública, nos Estados Unidos, e de se casar com um ugandense especialista em telecomunicações, Gladys tomou uma decisão. Para realmente proteger os gorilas das montanhas, ela precisava de sua própria ONG: havia outra questão de saúde humana a ser enfrentada para que a conservação da vida selvagem tivesse alguma chance, e ninguém no governo de Uganda estava fazendo isso.

2. Sopa de letrinhas

Julho de 2010: a dra. Amy Voedisch pousa seu fórceps e seu espéculo, tira suas luvas de exame, agradece às enfermeiras pelo bom dia de trabalho e deixa a ala da maternidade do Hospital Comunitário de Bwindi em direção do sol vespertino. No pátio, mulheres de vestidos de algodão floridos estão sentadas à sombra das paredes de gesso. A maioria caminhou durante horas para ficar no abrigo hospitalar de mães que vão dar à luz. Hoje, Amy viu quatro delas. Pelo equivalente a um xelim ugandense de 1,50 dólar, uma mulher pode comprar um *voucher* para cobrir seu atendimento pré-natal, sua estada no abrigo, o parto e os cuidados pós-parto. Os *vouchers* são subsidiados pela Marie Stopes International, o equivalente britânico da International Planned Parenthood Federation, da América[8], embora o programa esteja terminando e eles ainda tenham de encontrar um novo patrocinador.

O hospital de Bwindi começou literalmente embaixo de uma árvore. Quando o parque foi fundado, cerca de cem famílias de pigmeus de Batwa foram despejadas e largadas à própria sorte, à margem de um cenário já marginalizado. Sem terras, considerados subumanos pelos bantos, suas destrezas de caça e fantásticas habilidades olfativas para farejar mel agora

8. Marie Stope teve como mentora Margaret Sanger, quando esta última fugiu para a Inglaterra, em 1916, para evitar ser presa sob acusação de obscenidade. No entanto, nas décadas seguintes, as duas guerreiras pelos direitos reprodutivos femininos passaram a se desprezar mutuamente e a competir.

eram inúteis, pois eles já não podiam fazer incursões em seu lar florestal, relegados aos mais pobres dos pobres da África. A maior parte das crianças Batwa morreu, e sua expectativa de vida era 28 anos. Em 2003, um missionário americano, que era médico, chamado Scott Kellermann, criou uma clínica improvisada ao ar livre, para os Batwa. Porém, como ele descobriu, além de algumas farmácias, os 100 mil aldeões dos vilarejos bantos ao redor do parque nacional não tinham mais assistência médica que os pigmeus expropriados. Ele acabou dando início a uma fundação para levantar fundos para um hospital.

Até a chegada de Amy, uma ginecologista obstetra da Califórnia, com trinta e poucos anos, o Hospital Comunitário de Bwindi era composto de quatro edificações de concreto. Estas incluíam uma ala para a maternidade, recentemente ampliada para 40 leitos, por meio da doação da Embaixada do Japão. Porém, mesmo ao ser inaugurada, a Kellermann Foundation já estava em busca de beliches para dobrar esses números. Em um país com as mais altas taxas de fertilidade do mundo, onde muitos homens possuem várias esposas – os 33 milhões de ugandenses irão mais que triplicar, até 2050 –, Bwindi está no topo da média nacional, com famílias de oito filhos ou mais.

Uma brisa sopra as árvores, conforme Amy segue por um caminho que sai do hospital, passando por um *outdoor* que proclama que "Famílias menores são famílias mais ricas" e por uma mata onde os colibris disparam em direção aos hibiscos cor de pêssego. O caminho leva a uma estrada cheia de mulheres descalças carregando vasilhas plásticas de água e equilibrando cestos de frutos na cabeça. Elas seguem para casa, saindo do mercado empoeirado do centro de Buhoma, vilarejo que fica próximo da entrada do Parque Nacional da Floresta Impenetrável de Bwindi, a dois quilômetros da fronteira com o Congo. O destino de Amy, do outro lado da estrada, é pontuado por uma pequena placa branca que se destaca em meio à folhagem. Está escrito CTPH (Conservation Through Public Health: Field Clinic for Mountain Gorillas and Other Species – Conservação por meio da Saúde Pública: Clínica Campal para Gorilas das Montanhas e Outras Espécies), que é a ONG fundada pela dra. Gladys Kalema-Zikusoka e seu marido Lawrence.

Uma voz a chama. Amy não fala rukiga, dialeto banto local, mas ela se vira. Uma mulher muito magra que parece ter cerca de 60 anos, caminhando com uma bengala, no meio de dois companheiros carregando bananas, está vindo em sua direção, com seu sorriso banguela e braços estendidos para abraçá-la. No dia anterior, Amy fez o parto do décimo filho dessa mulher, uma menina. Depois, por uma enfermeira-intérprete, Amy perguntou se ela queria mais filhos.

A mulher, que na realidade tem 30 anos, caiu em prantos. "Deus, não!", ela sussurrou. Ela era HIV positivo e já tinha sofrido um derrame. "Estou fraca demais para passar novamente por isso." Seu marido, no entanto, não pensa o mesmo. Então, Amy explicou que poderia colocar algo em seu útero para evitar que ela concebesse, pelos próximos doze anos. "Agora mesmo, se você quiser."

Ela quis.

Com seus cabelos loiro-escuros amarrados num rabo de cavalo, Amy está diante de catorze mulheres e doze homens sentados nas cadeiras de palha sob uma cobertura de sapé, no pátio da CTPH. São consultores para o planejamento familiar recrutados nas vilas das cercanias, que são pagos com sabão e bodes. A função deles é educar seus vizinhos quanto à disponibilidade e vantagens comparadas dos preservativos, das pílulas anticoncepcionais diárias, de injeções de Depo-Provera com um trimestre de duração e dos implantes hormonais inseridos na parte superior do braço que duram cinco anos.

Gladys Kalema-Zikusoka e cinco outros membros da equipe estão presentes. Enquanto obtinha seu mestrado, Gladys havia concluído que não há meios de salvar gorila algum, se ela não lidar com a situação dupla no oeste de Uganda. Assim como em muitos dos locais biológicos cruciais do mundo, pelo mesmo motivo fértil que os animais abundam ali, também acontece com os humanos. Mesmo sem nenhuma cidade nos próximos 160 quilômetros, quase um terço dos ugandenses vive no quadrante sudoeste perto de Bwindi, uma das regiões rurais mais densamente populosas da África. Mais da metade tinha menos de 15 anos, e as terras haviam sido divididas tantas vezes que havia agora menos de um hectare[9]. Gladys acabou sabendo que, por meio de subornos ou ameaças, o povo faminto convencia os oficiais do parque a deixá-los burlar as fronteiras.

9. 2,47 acres.

Para manter os animais saudáveis, ela precisava manter as pessoas saudáveis. Porém, quanto mais saudáveis elas ficavam, mais elas sobreviviam, e viviam por mais tempo. Muitos já estavam fazendo tanta pressão contra a floresta Bwindi que o habitat dos gorilas estava em risco, e com uma assistência à saúde melhor, haveria ainda mais. O lógico a fazer era limitar a quantidade de pessoas saudáveis, provendo-lhes incentivos e meios para limitarem a si mesmos. Depois de ganhar a confiança do público por meio de campanhas contra a sarna e a tuberculose, a CTPH agora acrescentava o planejamento familiar. Administrar o número de humanos era a única chance dos gorilas.

Um fator que favorecia Gladys era a importância do turismo relacionado aos gorilas da área: 20% das taxas do parque eram partilhados com as comunidades vizinhas. Ninguém queria colocar isso em risco. Todos se lembravam do dia, em 1999, quando um esquadrão da morte hutu, que havia fugido e entrado no Congo, após a vitória dos Tutsi, em Ruanda, atravessou a fronteira rumo a Uganda, entrando no Parque Nacional da Floresta Impenetrável de Bwindi. Eles capturaram catorze turistas e um funcionário do parque. Seus alvos eram os britânicos e americanos, cujos governos haviam apoiado sua derrocada. Os hutus libertaram os turistas alemães e franceses, incluindo um embaixador francês. Dois americanos, quatro britânicos e dois neozelandeses que entraram no bolo, junto com os outros de língua inglesa, foram mortos com golpes de facões. Um funcionário do parque que tentou impedi-los foi amarrado e queimado vivo. Levou três anos para que o turismo se recuperasse, enquanto toda a região cambaleava.

"Se tivermos bebês demais e continuarmos a crescer", explicava Gladys, "as pessoas vão derrubar mais florestas para plantio e nós vamos perder os gorilas, e os turistas nunca mais vão voltar." As mulheres precisavam de pouca persuasão. A tradição local de obter respeito por ter muitos filhos era algo enraizado somente nos homens. As mulheres simplesmente contavam com a compaixão umas das outras, conforme suas proles aumentavam.

O conceito de planejamento familiar não existe no idioma rukiga, portanto as mulheres logo aprenderam o termo em inglês. O desejo de ter menos filhos, porém, era inútil sem acesso aos meios. Um obstáculo era o presidente da Uganda, Yoweri Museveni, um líder popular que havia restaurado a calma, após anos de caos sangrento sob o regime de Idi Amin. Em seu segundo mandato de um quarto de século, o presidente Museveni acreditava que as economias em ascensão, como as da China e da Índia, tinham proporção direta às suas vastas populações – portanto, quanto mais ugandenses, pensava ele, em melhor situação ficaria Uganda.

Ele via o fato de a população do país ter dobrado em apenas dezessete anos como uma oportunidade de crescimento: aumento populacional significava pessoas ganhando mais dinheiro para comprar mais utensílios domésticos e pagar mais impostos para custear mais educação e ensinar mais gente, e assim por diante. Seu governo não proibia a contracepção: o Ministério da Saúde até oferecia. Seu orçamento mirrado, porém, dependia de doações estrangeiras e não chegava à metade das mulheres férteis do país. Em 2008, somente 6,4% eram de fato gastos, grande parte na distribuição de tabelas para calcular os dias de ovulação, que contava com o apoio da esposa do presidente. Conhecidas como Miçangas da Lua, essa variação no ritmo do método lembrava as contas de um terço, e tinha quase a mesma eficácia para evitar a gravidez.

"*Yebare munonga*", diz Amy, esgotando grande parte de seu vocabulário rukiga, ao agradecer a plateia de trabalhadores da saúde e conservação comunitária, como eles se autodenominam. Em inglês, ela explica que é uma médica que veio para compartilhar uma importante ferramenta de planejamento familiar que dura muito mais do que a que elas já têm. Ela pausa para que um dos colegas de Gladys traduza. Assim como Amy, ele também está usando uma camiseta cinza, com o logotipo da CTPH: um gorila fêmea com seu filhote e um casal humano.

Amy mostra um ParaGard T-380A, dispositivo intrauterino americano que ela vem aplicando desde sua chegada, no começo da semana anterior. Ela passa o DIU para que seja visto. Ele tem 2,5 centímetros de comprimento e é feito de polietileno leitoso, com dois monofilamentos de náilon pendurados na ponta. Molas finas de cobre circulam a haste e os braços de um T, cuja largura é de aproximadamente 0,8 milímetros. Ali, o seu custo é abaixo de 1 dólar, cortesia da Population Services International, uma ONG norte-americana.

As mulheres o seguram: praticamente não tem peso.

"Como funciona isso?", pergunta uma delas.

"O cobre", explica Amy, "libera íons que impedem o esperma de chegar ao ovo." Começa uma tradução extensa.

"Por quanto tempo continua funcionando?"

"Doze anos. Você poderá colocar um novo quando o antigo for removido."

"Quais são os efeitos colaterais?" Essa sempre foi a maior preocupação. Muitos mitos de controle de natalidade, geralmente partindo dos homens, circulam em Uganda, tais como um que diz que as usuárias de Depo-Provera retêm tanto sangue menstrual que seus úteros apodrecem.

"Um DIU não tem nenhum dos efeitos colaterais dos métodos hormonais, como dores de cabeça ou ganho de peso, ou mudança de humor", responde Amy. "Em algumas mulheres deixa, sim, a menstruação mais intensa."

Surgem alguns gemidos, após a tradução. "Mas isso geralmente normaliza depois de alguns meses. Em minha experiência, muito poucas mulheres ficam descontentes com ele. Se o sangramento intenso persistir, ele será facilmente removido por essas cordas que pendem dentro da vagina."

"O homem pode senti-lo?"

"As cordinhas são presas e ficam retraídas num lugar onde ele não consegue alcançar. São invisíveis."

De um saquinho, ela tira um modelo de útero de couro, com uma pele rosada caucasiana. Todas riem. Usando um instrumento que lembra um pequeno fórceps, com um laço numa das pontas, Amy demonstra como o DIU é facilmente inserido e removido.

"Não se desloca dentro de você?"

Amy sacode a cabeça. Ela explica que a vantagem é ser um método de longo prazo que é completamente reversível. Não há necessidade de outra injeção de Depo, a cada trimestre, nem de ir até a clínica para um novo implante. Uma jovem pode ter um DIU inserido até que esteja pronta para ter um bebê. Depois de dar à luz, ela pode substituí-lo, depois removê-lo se quiser ter outro filho. Uma mulher mais velha, com filhos suficientes, pode colocá-lo e deixar, pelos 12 anos seguintes, até quando não necessitar mais de contraceptivo.

"E", Amy acrescenta, "um dos momentos mais fáceis para inserir um DIU é durante as 48 horas após o parto, quando você já está no hospital."

Ela para e deixa que elas assimilem isso. "E o marido não saberia?", pergunta uma mulher vestida de laranja.

"Não", responde Amy, "a menos que a esposa conte a ele."

Todas sorriem.

Vários consultores foram treinados para aplicar injeções de Depo em suas vilas. Nenhum deles está qualificado para inserir o DIU, mas eles podem indicar as mulheres ao hospital, onde lhes será oferecido o DIU pós-parto, gratuitamente. Eles aproximam as cadeiras, formando grupos de três, para treinar as indicações. Amy dá um cenário para cada grupo. Num deles, uma mulher de 27 anos, com tuberculose, quer um método contraceptivo de longo prazo. A resposta apropriada é aconselhá-la a obter o DIU, pois não há efeitos colaterais complicadores de sua doença, ou conflito com outros medicamentos. Uma mulher de 20 anos, grávida de oito meses, quer um espaço entre seu primeiro filho e partos subsequentes – que tipo de planejamento familiar ela deve utilizar? Nesse caso, todos os métodos, desde preservativos até químicos e dispositivos intrauterinos devem ser esclarecidos, para que ela possa decidir o que for adequado às suas circunstâncias. Mas é uma boa ideia mencionar que, exceto a necessidade de uma visita ao hospital para removê-lo, um DIU pós-parto é o menos preocupante. Depois de retirá-lo, ela pode engravidar na próxima vez que ovular.

Eles repassam outras situações: uma mulher de 32 anos, cansada de injeções a cada três meses; uma cautelosa moça de 20 anos, que gostaria da tranquilidade do DIU, mas que ouviu falar que o dispositivo pode se deslocar no corpo da mulher, chegando até o coração – ou pode falhar e acabar indo parar dentro da cabeça do bebê. Todos se revezam interpretando a cliente e o consultor; depois, eles avaliam uns aos outros. Lembrou de dizer que um DIU é reversível? Perguntou com tato, para uma mãe de oito filhos, se cada nova criança trouxe mais felicidade ou mais problemas? Eles mencionaram que, além de ser eficaz, uma forma não química de contracepção que não é percebida por um marido libidinoso, a opção de receber um DIU pós-parto é outro bom motivo para ter o parto no hospital?

Isso é importante, eles são lembrados por uma enfermeira que trabalhou com Amy a semana inteira, porque a mortalidade de mulheres que têm bebês em hospitais é 80% abaixo da média nacional. "O mesmo vale para a mortalidade de recém-nascidos", ela acrescenta. "Se você morrer no parto, a probabilidade de seu bebê sobreviver sem você não é boa."

Com um braço em volta de cada um de seus dois filhos pequenos, Gladys observa lá do fundo, com seus longos cachos emoldurando seu sorriso aberto. Quatro anos se passaram desde que a CTPH acrescentou o planejamento familiar à sua missão, após ganhar confiança, aumentando a conscientização sobre parasitas e desastres como a tuberculose, o ebola, ou a pólio, que podem surgir entre os humanos e seus parentes peludos. Até agora, os programas de planejamento familiar raramente chegavam ao oeste de Uganda. Agora eles tinham consultores campais e um hospital abraçando o programa.

Isso exigiu muito trabalho, muito do qual sem estar relacionado com mulheres ou gorilas. Como toda instituição beneficente, ela precisa constantemente encontrar novos financiadores, quando os antigos recursos se extinguem. Durante seu mestrado, no estado da Carolina do Norte, Gladys aprendeu a escrever concessões e a registrar a CTPH como uma organização sem fins lucrativos nos Estados Unidos. Seu primeiro financiador foi a African Wildlife Foundation, situada em Whashington. Dali, ela contatou a John D. e Catherine T. MacArthur Foundation, o governo irlandês, o Serviço de Pesca e de Vida Selvagem dos Estados Unidos, e a Bayer, fabricante da aspirina. Sua expansão e ingresso na saúde reprodutiva foram favorecidas por uma reunião fortuita com uma americana exuberante, de cabelos ruivos, agora sentada à sua esquerda, fazendo anotações e assentindo, enquanto o *workshop* de Amy prossegue. Ela é a dra. Lynne Gaffkin, epidemiologista da saúde pública que trouxe Amy Voedisch até Buhoma e que ligou Gladys ao patrocinador de tantos esforços mundiais de planejamento familiar: a USAID.

Lynne Gaffkin acaba de passar seu segundo ano de faculdade no exterior, classificando fósseis para o paleoantropólogo Richard Leakey, na Universidade de Nairóbi. Com dois alunos de intercâmbio, ela atravessou, de carona, o Quênia e a Uganda controlada por Idi Amin, para ver chimpanzés e gorilas das montanhas na natureza. Quatro anos depois, em 1978, ela voltou com uma bolsa Fullbright para estudar cultura africana. No entanto, sua carreira de antropóloga desandou nos vilarejos do Quênia que ela visitara anos antes, agora engolida por crianças com moscas nos olhos. Na época de Ensino Médio, ela havia lido *The Population Bomb*, e até pertenceu a um capítulo de Crescimento Populacional Zero. Agora ela via o que Ehrlich queria dizer. No ano seguinte, ela voltou à UCLA para começar seu mestrado em saúde pública.

Lá, ela conheceu o dr. Paul Blumenthal, um ginecologista e obstetra de Chicago, que estava de licença do Michael Reese Hospital e do Planned Parenthood. Lynne contou a ele sobre a África, como havia visto gorilas das montanhas, tranquilos como monges budistas e como os turistas ficavam silenciosos e reverentes na suave presença deles. Restavam tão poucos, e a terra que os abrigava estava sendo suprimida pelos parentes humanos dos primatas. A menos que algo fosse feito, tanto as pessoas quanto os gorilas sairiam perdendo.

Depois que eles se casaram, Lynne Gaffkin fez seu doutorado em saúde comunitária e epidemiologia, e Paul Blumenthal acabou se tornando diretor de saúde reprodutiva no John Hopkins. Ao longo dos anos 1980 e 1990, ambos estavam sempre presentes na África e além dela. Lynne se tornou consultora do Ministério da Saúde do Quênia e do Projeto Veterinário dos Gorilas das Montanhas, um legado de Dian Fossey (outro protegido de Leakey – nesse caso Louis, pai arqueólogo de Richard que também mandou Jane Goodall estudar chimpanzés).

Eles passaram dois anos em Madagascar, um núcleo global de biodiversidade, onde uma bênção nupcial tradicional que diz "Que vocês tenham sete filhos e sete filhas" refletia a duplicação da população a cada duas décadas. No entanto, um novo presidente, declarando que a saúde da economia e a ilha em si dependiam de números humanos sustentáveis, rebatizou o Ministério da Saúde de Madagascar como Ministério da Saúde e do Planejamento Familiar. Paul era consultor lá, enquanto Lynne, membro de um novo programa da USAID intitulado População, Saúde e Meio Ambiente (PHE), coordenava as iniciativas africanas de sustentabilidade.

Em 2007, Paul foi convidado a dirigir o planejamento familiar em Stanford, onde iniciou um programa que em seu primeiro ano viabilizou DIUs para 280 mil mulheres de catorze países. Na Califórnia, Lynne voltou a se reunir com seus antigos companheiros de carona de Nairóbi, agora casados um com o outro. A esposa, Pamela Turner, autora de livros infantis, voltou à África com Lynne, para escrever sobre os veterinários dos gorilas das montanhas. Lá, elas ficaram sabendo sobre uma jovem veterinária que tinha parado uma epidemia de sarna nos gorilas, na Floresta Impenetrável de Bwindi.

Alguns anos depois, a dra. Amy Voedisch, que tinha passado a lua de mel em Ruanda observando gorilas das montanhas, viu uma edição de *Gorilla Doctors*, de Turner. Pouco tempo depois, ela partia com a epidemiologista do livro, para ensinar sobre DIUs pós-parto, na ONG-maternidade de Gladys Kalema-Zikusoka.

Depois do *workshop*, os trabalhadores de conservação da saúde comunitária posam com Amy para uma foto em grupo. O patrocínio da USAID que Lynne Gaffkin conseguiu como apoio, para possibilitar o programa de planejamento familiar da CTPH, tinha se esgotado, apesar de mais alguns incentivos por meio de um programa administrado pela Wildlife Conservation Society, baseada no Zoológico do Bronx, com escritório em Uganda. Conectando o meio ambiente, a saúde pública e o planejamento familiar, Gladys pode buscar doações para as três frentes. Ainda assim, cada ano é um teste de sobrevivência pelas florestas impenetráveis da filantropia. Cada ONG, em cada país em desenvolvimento, disputa o mesmo grupo beneficente – que encolhe como o gelo do Ártico, à medida que as economias se contraem e as populações crescem.

A semana inteira, Gladys e Lynne trabalharam na avaliação da CTPH, para apresentar às agências financiadoras, com Lynne traduzindo a burocracia pontilhada de acrônimos que ela passou a dominar, para manter o fluxo dos fundos de planejamento familiar. Gladys, agradecida, se sente como se estivesse nadando em sopa de letrinhas, quando Lynne, sem esforço, produz frases de deslumbrar os doadores, tais como:

> "A USAID logo reconheceu a falta de acesso aos serviços de RH/FP, no BMCA, e por quase uma década custeou o CARE para a implantação do CREHP na região."

Cada uma delas dá um abraço de despedida em Amy. Lynne está seguindo para Kampala, a capital, para dar consultoria às ONGs urbanas que estão na batalha com linhas frágeis de suprimentos: desde patrocinadores volúveis até burocratas corruptos, passando por administradores ineptos que deixam suprimentos médicos em locais superaquecidos; de sombrios homens de meia-idade e preguiçosos motoristas de caminhão a estradas intransponíveis, cargas com etiquetas equivocadas, clínicas lotadas e enfermeiras com trabalho excessivo, a corrente pode arrebentar em qualquer lugar, como geralmente acontece. Não faz muito tempo que o país inteiro ficou sem preservativos. Depois de todo o empenho para elevar a conscientização e educar as mulheres quanto às suas opções, o atraso de uma semana no reabastecimento de pílulas anticoncepcionais e injetáveis pode significar centenas de gestações não pretendidas.

Gladys sai para atender a uma emergência no Parque Nacional Rainha Elizabeth, a 50 quilômetros ao norte. Uma savana aberta com dois lagos ligados por um canal natural é onde convergem milhares de famílias pescando, cabras, gado, elefantes, búfalos, inhacosos, crocodilos, leopardos e hipopótamos. Agora, um surto de carbúnculo tirou a vida de 67 hipopótamos. Em meio à crescente escassez e aos números elevados, as pessoas têm caçado furtivamente a carne do bicho, e Gladys reza para que elas não tenham sido infectadas. De alguma forma, ela precisa queimar ou enterrar uma porção de carcaças de hipopótamos, de mais de 3 toneladas cada um, antes que as hienas e os abutres comecem a espalhar o antrax.

Diante da palavra *antrax*, Amy estremece: ao se formar, ela trabalhou em St. Paul, Minnesota, na clínica de Paternidade Planejada, onde um dia chegou um envelope com um pó branco. Aquele medo ensinou-lhe o que estava em risco ao ajudar mulheres a tomarem suas próprias decisões reprodutivas, mas também confirmou sua escolha quanto ao que fazer de sua vida.

"Aproveite seu tempo aqui", Lynne lhe diz. Ela se vira para Gladys. "Eu a verei em Kampala." Elas têm planos de se encontrar em um evento de angariação de fundos que Jane Goodall, heroína das duas, está realizando em prol dos chimpanzés de Uganda.

"Reze pelos hipopótamos", diz Gladys.

A dra. Joy Naiga, encarregada sênior do programa nacional da Secretaria de População de Uganda, parece taciturna. Ela está no restaurante do Sheraton Kampala, com seu terninho preto, parando para tomar um café, após duas reuniões. Sob a mesa, seus pés descalços descansam em cima dos saltos altos.

"É o quinquagésimo aniversário da pílula anticoncepcional. Eu tomo a mesma que a minha mãe tomava. As mulheres usam os mesmos DIUs. Isso não é tecnologia nova. E nós ainda não conseguimos custear contraceptivos suficientes neste país. Quem dera pudéssemos colocá-los no mercado como acontece com os telefones celulares."

Ela gosta do presidente. Já conheceu ele e a primeira-dama. Ela tentou explicar a matemática: mesmo que Uganda subitamente ache petróleo e seu PIB anual suba 10%, ainda não conseguirá se tornar um país de classe média com um índice de fertilidade de sete filhos por mulher. "Só quando reduzirmos para 2,1 é que alcançaremos isso."

Mas o presidente ainda quer que seu país seja a versão africana de um Tigre Asiático, ainda insiste que o incipiente *status* de superpotência da China e da Índia é resultante de sua gigantesca mão de obra. Para Naiga, é particularmente frustrante, pois o presidente Museveni reagiu de forma brilhante à epidemia da Aids, com uma campanha publicitária nacional liderada pelo *slogan* "nada de comer a grama do vizinho" – assim como os bodes que podem encontrar comida perto de casa, os homens não devem se desgarrar. Foi uma estratégia inteligente. Sem moralizar, simplesmente dizia aos homens que mantivessem sua vida sexual em casa, independentemente de quantas esposas isso significasse, e funcionou: em menos de uma década, a infecção por HIV em Uganda caiu de 15% para 5%.

"Se nós conseguimos fazer aquilo, podemos fazer qualquer coisa", diz Naiga. No entanto, uma amostragem nacional de saúde demonstrou que 41% das mulheres não têm acesso ao controle de natalidade. "E só fizeram a contagem com mulheres casadas."

Ela admite que seu governo simplesmente não consegue contraceptivos suficientes. A maior parte é doada pelo UNFPA, o United Nations Population Fund (Fundo Populacional das Nações Unidas), que tem seus próprios problemas tentando suprir suas necessidades. A escassez de contraceptivos em Uganda se traduz em pelo menos um milhão de gestações anuais não pretendidas. Um estudo concluiu que 300 mil delas terminam em abortos inseguros e ilegais. São aquelas que não produzem um excedente de crianças indesejadas.

"O planejamento familiar é a forma de melhor custo-benefício para nos tirar da pobreza. Isso nos daria tempo para lidarmos com nossos problemas ambientais. Salvaria a vida de mulheres. Deus nos ajude se não desacelerarmos."

Do lado de fora, Kampala se transformou em outra cidade impossível do mundo, com um tráfego incompreensível, ar entremeado de produtos químicos circulando ao redor das flores que murcham nos jacarandás. A humanidade intocada se estende das colinas de Kampala, por 30 quilômetros, até Entebbe, às margens do Lago Victoria. As estradas fervilham de homens curvados sob fardos de bananas verdes, mães com os braços cheios de bebês, e multidões de crianças, numa paleta em caleidoscópio de uniformes escolares. No Lago Victoria, pirogas longas e estreitas, com suas amuradas quase na superfície, transportam teca e outras madeiras, derrubadas em ilhas a algumas horas de distância, usadas para fazer carvão e defumar a pesca, cada vez menor, de tilápia e perca do Nilo. O segundo maior lago de água doce do mundo, o Victoria, "a torre de água da África", é a fonte de água de Kampala e o ponto mais baixo da cadeia de tratamento de esgoto. A julgar pelo líquido opaco e gorduroso, fica visível qual deles está ganhando.

A mais antiga ONG de planejamento familiar de Uganda é a Pathfinder International, ali baseada desde os anos 1950, incluindo a passagem pelo pesadelo de Idi Amin[10]. Sua atual diretora, Anne Fiedler, é de uma família de 27 irmãos. Seu pai polígamo, um diretor de escola, teve cinco esposas. Ao ingressar na universidade, ela foi até a enfermaria pedir uma laqueadura, dizendo que não queria filhos: seus pais já tinham tido filhos suficientes por ela. E lhe foi dito que ela precisava de uma autorização assinada pelo marido ou namorado, ou pelo pai. Até para contraceptivos.

No auge da epidemia de Aids, Anne Fiedler iniciou o Straight Talk, um programa de rádio para adolescentes. Agora ela tenta dizer às ou-

10. Idi Amin foi um ditador militar e terceiro presidente de Uganda (1971-1979). (N.T.)

vintes de 16 anos, que estão prestes a ser mães, a diferença entre amar, alimentar e educar duas crianças – e tentar fazer isso com sete.

"Depois de sobreviver a Amin e ao HIV, todos se sentiram dizimados e queriam reabastecer nossos números", conta ela, apontando com seus óculos de armação vermelha. Até mesmo ela perdeu uma irmã para a Aids, contraída de um colega universitário que, depois se descobriu, tinha outras três namoradas, duas delas já mortas. "Ela tomava pílula. Não sabia que também deveria usar preservativo." Anne agora está casada e tem um filho. Algumas de suas irmãs que não foram à faculdade têm seis filhos cada uma.

"O crescimento populacional está desnudando nosso futuro. Não estou mais esperando pelos nossos líderes, mas nós temos de dar às famílias um motivo para mudarem de comportamento. De outro modo", diz ela, apontando um caderno aberto em sua mesa, "somos apenas mercadoria sem valor: pílulas, preservativos, injetáveis. Mas é difícil dizer a alguém numa vila para ter menos filhos porque o país inteiro está em risco."

Na última sexta-feira de julho de 2010, Lynne Gaffkin termina seu trabalho e se apressa para ir ao Serena Hotel, o mais elegante de Kampala. Está anoitecendo; os atiradores do exército, que durante a última semana ficaram 24 horas posicionados no topo de prédios do governo, das embaixadas e de hotéis cinco estrelas, incluindo o Serena, finalmente pegaram suas AK-47 e partiram. O corredor triplo de revista que os hóspedes do hotel tinham de atravessar voltara ao normal: um detector de metais, em vez de três, apenas uma máquina de raios-X e uma revista da bagagem e das bolsas.

A segurança paranoica era para a 15ª Conferência de Líderes da União Africana. Uma semana antes de seu início, duas bombas explodiram simultaneamente; uma num clube de *rugby*, a outra em um restaurante. Ambos os locais estavam abarrotados de clientes assistindo à final da Copa do Mundo, entre Espanha e Holanda. Setenta e seis pessoas morreram, incluindo vários turistas estrangeiros. As coisas pioraram com a chegada do ditador líbio, Muammar Gaddafi, principal suspeito por trás das explosões. Gaddafi, no poder havia 40 anos, detestava o presidente Museveni – mais novo que ele no poder, liderando Uganda há apenas 25 anos – por se opor aos pedidos de Gaddafi para formar os Estados Unidos da África. Segundo esse plano, a África se tornaria uma nação única; embora Gaddafi alegasse que isso criaria uma frente econômica forte, as nações africanas cristãs, como Uganda, farejavam um esquema para entrincheirar o Islã. As desconfianças não foram em nada aliviadas quando os trezentos guarda-costas de Gaddafi se envolveram numa briga com os guardas presidenciais de Museveni, durante a cerimônia de abertura da conferência.

Mas o restante da semana passou sem incidentes – como sempre, a conferência não rendeu nada importante –, e agora a entrada do Serena, pela piscina, perfilada de palmeiras e cascatas artificiais, é o cenário da dra. Jane Goodall, fundadora do instituto que leva seu nome, dedicado à sobrevivência dos chimpanzés da África.

Garçonetes com bandejas de taças de vinho e canapés circulam entre mulheres profissionais, de blusas de seda e calças de alfaiate, e homens do corpo diplomático, de terno e gravata. O embaixador americano e vários membros de sua equipe estão presentes, assim como o World Wildlife Fund, a Wildlife Conservation Society e a Uganda Wildlife Association.

Lynne, de suéter preta e calças verdes, encontra Gladys, que está de sandálias e uma camisa polo da CTPH. Lawrence, seu marido, o especialista em telecomunicações, está de *blazer*. Lawrence teve um tio-avô polígamo que teve cem filhos, cujas idades atravessaram gerações, vários mais jovens que alguns de seus netos. O avô de Lawrence, um dos primeiros engenheiros de Uganda, só teve seis, o que espantava seu fecundo irmão. "Será que realmente precisamos de mais?", ele respondia. A família inteira tinha de ajudar a sustentar a prole de seu irmão.

"Nós precisávamos de uma ONG particular só para cuidar dos nossos parentes", diz Lawrence. Lawrence é uma raridade em Uganda – filho único, foi tudo o que sua mãe quis, até que ela se casou com seu padrasto e herdou seis. Quando os parentes perguntavam se ela e seu novo marido teriam filhos juntos, ela perguntava se eles estavam se oferecendo para pagar o colégio.

Um murmúrio surge quando Jane Goodall chega à reunião: uma mulher elegante e ereta, de longos cabelos grisalhos, com uma echarpe laranja, sobre uma blusa preta de gola alta. Ela é imediatamente cercada.

"Com a publicidade certa", Lawrence sussurra, "eu acho que Gladys pode ser para os gorilas o que Jane é para os chimpanzés." A cadeira da representante dos gorilas está tristemente vazia, pois a outra famosa protegida de Louis Leakey, Dian Fossey, foi assassinada, provavelmente com seu próprio facão, ou pelos saqueadores contra os quais ela lutava, ou pelos inimigos da indústria do turismo, que ela odiava, pois sentia que isso expunha desnecessariamente os gorilas às doenças humanas.

Cinquenta anos se passaram, desde que Leakey mandou Jane Goodall estudar chimpanzés onde agora é a Tanzânia. Ela veio a Uganda contar à União Africana que, quando ela iniciou seu trabalho de vida, havia 1,5 milhão de chimpanzés espalhados pelos 21 países da África. Hoje há menos de 300 mil. A pequena população de chimpanzés está em Albertine Rift; há alguns na Floresta Impenetrável de Bwindi, porém a maioria está ao norte do Parque Nacional Rainha Elizabeth.

E é bem ali que a sorte de Uganda acaba de mudar. O país, de fato, encontrou petróleo.

As visões do presidente Museveni para Uganda subitamente parecem mais que sonhos. Contratos foram assinados. Na verdade, o evento desta noite está sendo patrocinado por uma empresa de exploração de petróleo do Reino Unido, com contrato para as áreas de Albertine Rift, com a maior concentração de chimpanzés. Um executivo da empresa está presente, de camisa azul com colarinho aberto.

"Temos orgulho de nossa ligação com os chimpanzés", ele diz à plateia. Ele descreveu a campanha de plantio de árvores no local onde eles começaram a escavar. "Temos afeição pelo meio ambiente. Temos uma responsabilidade de deixá-lo melhor do que encontramos."

Ele não menciona a refinaria que eles também estão construindo ali, nem diz que ficarão no máximo vinte anos, expectativa de vida do campo de petróleo. Os depósitos ugandenses são estimados em 300 milhões de barris, o que os Estados Unidos consomem em cerca de dezesseis dias.

Depois de falar, ele apresenta e abraça Jane Goodall. Ela sorri. Então, ela descreve sua primeira viagem ao Rift, quando era um habitat intocado dos chimpanzés, ao norte da fronteira do Burundi, lá no sul de Zâmbia.

"Você podia escalar a escarpa e olhar o leste: era um habitat de chimpanzés, até onde a vista alcançava, uma floresta verde e extensa. Aos poucos, a floresta foi desaparecendo." O Parque Nacional de Gombe, na Tanzânia, onde o instituto tem sua base, está reduzido a 32 km² e menos de cem chimpanzés. Ainda há árvores somente nas colinas mais íngremes, onde os agricultores não conseguem arar e as mulheres desesperadas por lenha não conseguem chegar.

Ela vira e dá uma olhada para o executivo do petróleo. "E agora", diz ela, "nós estamos nos matando para tentar salvar o Albertine Rift das companhias de petróleo." Novamente, ela sorri, exatamente como antes, e todos riem. Ela não menciona que, com exceção do aquecimento global, os dois maiores desastres ambientais da história são os causados pelas empresas de petróleo, deixados nas matas da Nigéria e do Equador.

Ela conclui fazendo um apelo por doações para a Roots & Shoots, uma ONG internacional de educação ambiental que ela fundou para jovens de 120 países, para que eles não percam a esperança no futuro.

"Vamos ajudar o máximo de jovens que pudermos a crescer com os valores corretos. E", acrescenta ela, "vamos ver se conseguimos equilibrar o crescimento populacional para ter uma otimização: o número certo de pessoas vivendo nos lugares certos."

Em seguida, é feito um leilão de um retrato de Jane Goodall com um chimpanzé e edições assinadas de suas memórias. O executivo do petróleo e sua deslumbrante esposa loura superam todos nos lances pela foto, e Jane ressuscita o sorriso mais uma vez, ao pousar para uma foto com eles.

Lynne Gaffkin ganha um dos livros. "É para você", ela diz a Gladys, que vai até o pódio, onde Goodall assina. A idosa elegante que dedicou cinquenta anos para salvar os chimpanzés do mundo, para depois ver quatro quintos deles desaparecerem, entrega a história de sua vida a essa jovem veterinária que está fazendo o melhor pelas últimas centenas de gorilas do mundo.

O sorriso que as duas trocam é genuíno.

CAPÍTULO 8

A grande muralha de gente

1. Segundo os números

Lin Xia[11] não fazia ideia, até que sua mãe casualmente mencionou durante o jantar.

"Eu ainda estava amamentando você", disse sua mãe. "Ainda não tinha recolocado meu DIU, porque havia pouca probabilidade de engravidar."

Ela já tinha regressado ao trabalho de contabilista para uma empresa que prestava serviços de manutenção para caminhões. "Entre o meu emprego e minha filhinha", disse ela, sorrindo para Xia, "eu estava ocupada demais para ter outro filho." Estendendo a mão para pegar um pedaço de maçã, o pai de Xia, professor aposentado, assentiu concordando.

Não apenas ocupada demais. Isso foi somente três anos após o início da política chinesa de apenas um filho. Embora eles vivessem na província de Anhui, a 965 quilômetros ao sul de Beijing, não havia exceção para as famílias rurais e eles sabiam das regras. Depois de ter um bebê, se a mulher tentasse ter outro, ela poderia ser esterilizada. Assim, a mãe de Xia obedientemente informou sua fábrica. Em vez de uma licença-maternidade, foi-lhe dada uma licença para aborto, incluindo os subsídios para

11. Seu nome foi mudado a pedido dela.

custear o procedimento, sua convalescença e a substituição de seu DIU de aço inoxidável. "Ainda hoje, eles provêm isso."

Foi a primeira vez que Lin Xia ouviu falar do irmão que nunca teve. "Você ficou com medo? Ou triste?", perguntou ela, com um olhar bondoso para a jovem mãe, de rosto redondo, que poderia passar por sua irmã mais velha. Se eles tivessem irmãs.

Eles estavam no apartamento de Xia, em Beijing, no 11º andar de uma das dez torres idênticas de apartamentos de 28 andares. Sua mãe pegou o gato alaranjado de Xia no colo. "Era como ter um tumor", disse ela. "Você precisa se livrar daquilo. Eu não estava com medo, só um pouquinho nervosa. Depois que você foi para a escola, eu senti falta de não ter outro filho. Mas não o bastante para infringir a lei."

Infringir a lei poderia significar uma multa equivalente a um ano de salário. Ainda é assim, com o valor variando de acordo com a província e com a distância percorrida por oficiais de planejamento familiar para fazerem a visita mensal à população: assim como as multas de trânsito, as penalidades por filhos extras têm representado uma receita expressiva. Em Xangai ou na abastada província de Jiangsu, essa "taxa de encargo social" pode chegar a 30 mil dólares por um segundo filho, e ainda mais pelo terceiro. Mas um camponês pode pagar em yuan apenas o equivalente a algumas centenas de dólares.

"Naquela época", disse a mãe de Xia, "eles basicamente forçavam você a abrir mão da gravidez. Se uma mulher fugisse para evitar o aborto, eles prendiam sua família até que ela voltasse."

"'Nós lhe daremos uma corda ou um vidro de veneno'", citou o pai dela. "Esse era o *slogan* que eles usavam para as mulheres que diziam que preferiam se matar a abortar. Hoje os camponeses ignoram as autoridades e têm três ou quatro filhos, até obterem um menino. Em 1980, eles teriam derrubado a casa deles." Ele se serve de chá. "Aquelas coisas ruins eram feitas por funcionários locais. As intenções do governo central eram boas. A China precisava ter controle de natalidade."

Seus próprios pais haviam sofrido a pior fome da história, de 1958 a 1962. Foi durante o Grande Salto para a Frente, de Mao, quando as fazendas particulares foram coletivizadas e milhões de camponeses recrutados como trabalhadores industriais. O grão era requisitado para as cidades em crescimento, mesmo com rendimentos em declínio sob as diretrizes da distante Beijing. Ninguém se atrevia a desobedecer. Ninguém ousava relatar os verdadeiros números das desastrosas colheitas, aterrorizados de serem expurgados, o que frequentemente significava execução. A deficiência foi tão grave que até 40 milhões de chineses pereceram – ninguém sabe o número exato. Milhões estavam mal nutridos.

A lembrança de não ter comida suficiente para sustentar a população ficou entranhada na consciência coletiva da China. "Era brutal quando derrubavam as casas das pessoas, confiscavam os eletrodomésticos ou encarceravam os pais de uma mulher até que ela fizesse um aborto", disse o pai dela. "Mas nós precisávamos de uma política governamental. Simplesmente havia gente demais."

A política restritiva chinesa de apenas um filho, que em 2013 o recém-nomeado presidente Xi Jinping sinalizou gradualmente poder ser atenuada durante seu mandato, já é parcialmente um contrassenso. Cerca de 22 exceções legais já foram permitidas, com 35% das famílias tendo pelo menos dois filhos; muitos chineses se referem como "a política de um filho e meio". Pelo fato de que os pais de Lin Xia moram numa região rural, eles poderiam ter tentado novamente um filho, depois de seis anos – intervalo exigido que também varia de uma província para outra. Além da permissão rural, desde 2002, as 56 minorias étnicas da China – qualquer um, com exceção dos 92% da maioria Han – já tiveram permissão para três, para não encolherem, no sentido de extinção cultural. Também foram feitas exceções aos mineiros (por conta do alto índice de mortalidade), aos deficientes físicos e às crianças nascidas no exterior.

Nos últimos anos, alguém que é filho único que se casa com outra pessoa igualmente sem irmãos também pode ter dois filhos, embora a maioria dos casais esteja disposta a parar em somente um: o custo dos filhos fica assustador, se dois filhos únicos também têm a responsabilidade de ajudar a sustentar dois casais de pais aposentados e até oito avós. Com a China construindo mais cidades, e cidades maiores que as que já se viram na Terra, e enchendo essas construções assim que o concreto seca, os novos ocupantes urbanos já não precisam de filhos para a lavoura. Em vez disso, eles precisam de salários de fábricas para criar os que lhes são destinados. Somente os mais afortunados que conseguem um golpe de sorte empresarial é que pensam em ter mais filhos.

Apesar da privação de irmãos, Lin Xia se beneficiou da política de um filho só. Antes, quando filhos tinham preferência, somente um quarto dos alunos universitários eram mulheres. Hoje elas são quase metade. Depois de estudar engenharia mecânica e comunicação, ela trabalha como escritora científica. O escritório de sua revista é um dos doze arranha-céus construídos durante o frenesi que antecedeu as Olimpíadas de 2008, em Chaoyang, um local atordoante e desolador que sofreu uma metamorfose e passou a ser o reluzente bairro central de negócios de Beijing. É empolgante viver nessa cidade incrível, maior que tudo no país.

Mas de que tamanho a China realmente pode ficar?

Atualmente, ela é o maior consumidor de grãos, carne, carvão e aço, e o maior mercado – e fabricante – de automóveis. Também é o maior emissor mundial de carbono, com a fuligem e o CO_2 para combinar. Embora a China argumente que 40% de suas emissões de fumaça sejam oriundas de bens manufaturados para os Estados Unidos, ninguém se opõe ao dinheiro, e eles continuam emitindo mais.

Hoje há pelo menos 150 cidades chinesas com mais de um milhão de pessoas; até 2025 haverá 220. Durante os primeiros 25 anos deste século, metade das novas construções do mundo será construída na China. Com metade dos chineses agora morando em cidades – comparado com um quinto em 1980 – e a expectativa de três quartos de habitantes urbanos até 2030, a construção só irá aumentar. Embora o índice de fertilidade da China tenha caído ao nível de substituição, nos sete anos da política de um filho só, o momento de guinada significa que sua população continuará a crescer por mais uma geração. Em 2012, a China estava acrescentando um milhão de pessoas a cada sete semanas.

"Não consigo imaginar mais 400 milhões de chineses", diz Xia a respeito da diferença estimada resultante da política de um filho só. Ela conta aos pais sobre seu trabalho, sobre ter visto lagos secos ao redor de Beijing, a província desmatada de Gansu, o fedorento Rio Amarelo. E as hidrelétricas: metade das 45 mil maiores hidrelétricas do mundo estão na China. A Hidrelétrica de Três Gargantas, no Yang-Tsé, que desalojou 1,3 milhão de pessoas, é a maior e mais cara construção da história da humanidade. Ela logo será superada pelo maior e mais caro Projeto de Transferência de Água Sul-Norte, que levará meio século para ser concluído e vai canalizar o equivalente a outro Rio Amarelo, a 1.200 quilômetros ao norte do Delta Yang-Tsé, até as regiões sedentas ao redor de Beijing.

Para a Transferência de Água Sul-Norte, que passará embaixo do próprio Rio Amarelo, a água tem de ser bombeada para cima, por mais de metade de sua distância. Isso é semelhante a emborcar a Ásia para fazer a água fluir ao contrário, assustador para Xangai, cuja água do Delta Yang-Tsé será desviada para o norte. Xangai já bombeou tanta água que afundou 1,80 metro. O Projeto Sul-Norte presume que haverá mais chuvas nas bacias superiores do Yang-Tsé, à medida que se elevem as temperaturas globais. Porém, até agora, em vez disso, a mudança climática trouxe fendas tão fundas que as barcas de carvão não conseguem navegar em baixos níveis de rios, causando falta de energia e levando a China à beira da necessidade de importar arroz e trigo.

Lin Xia se lembra de outro *slogan*, da Comissão Nacional de População e Planejamento Familiar da China: "A Mãe Terra está cansada demais para sustentar mais filhos". Uma vez, ela ouviu um proeminente demógrafo chinês dizer que 700 milhões seria a população ideal para a China – pouco acima da metade do atual 1,3 bilhão. Pelas tempestades de areia do tamanho da Mongólia que ela já viu e a fumaça cobrindo quatro províncias vizinhas, ela concorda.

"Imagine", diz ela. "Nós não teríamos de queimar todo aquele carvão ou construir mais hidrelétricas."

Setecentos milhões era a população da China em 1964. Há apenas meio século.

2. Ciência de foguetes

Por volta de 2030, os números da China irão chegar ao ápice ligeiramente abaixo de 1,5 bilhão – nem mesmo com o relaxamento das regras de natalidade da China se espera mudar a preferência moderna por famílias menores. A população então cairá drasticamente, à medida que falecerem os membros de uma geração de transição, entre a alta e a baixa fertilidade da China. Após anos de fertilidade abaixo da substituição, simplesmente não haverá nascimentos suficientes para substituí-los. Até 2100, novamente haverá menos de um bilhão de chineses. No entanto, o problema é o que acontecerá entre o agora e essa época.

A geração de transição envelhecendo está na mente de Jiang Zhenghua, enquanto ele senta no jardim do Red Wall Restaurant, num beco tranquilo de um dos velhos *hutongs* remanescentes em Beijing, a alguns quarteirões da Cidade Proibida. Ele está esperando para jantar com uma cientista americana interessada em seu papel no desenvolvimento da política chinesa de um filho, cujo 13º aniversário, em 25 de setembro de 2010, será em três dias. Ele está ansioso para conhecê-la. Ela já foi homenageada com prêmios na Europa, Ásia e América, por seu trabalho visionário, que calcula o custo-benefício para os humanos, derivado da preservação do ambiente, mostrando que é de interesse da própria população não desmantelar a infraestrutura natural, origem da humanidade. Ele também sabe que ela é protegida do biólogo populacional americano Paul Ehrlich, cujo trabalho foi observado com interesse, quando a China decidiu restringir sua população.

Na China, ela está colaborando com uma de suas próprias protegidas, a demógrafa Li Shuzhou, especialista em uma consequência imprevisível da política de um filho só: milhões de meninas ausentes no censo. Em 2000, Li Shuzhou foi cofundadora do Care for Girls, um programa de aconselhamento e provisão de empréstimos às famílias que queriam filhos, mas tiveram filhas, e o monitoramento da criação das meninas. Quanto ao próprio Jiang Zhenghua, agora vice-presidente do Comitê Central dos Camponeses Chineses e Trabalhadores do Partido Democrata, o governo recorreu a ele para ajudar a resolver um desafio relacionado: como cuidar dos idosos, agora que há muito menos jovens. Será interessante ouvir o que a cientista americana acha disso.

"Professor Jiang, é um prazer", diz Gretchen Daily. Ele olha radiante para a mulher esguia e atlética, de cabelos louros curtos e olhos claros amistosos. Ela retribui o sorriso do profissional de terno risca de giz e gravata estampada. Com cabelos ainda escuros e postura ereta, seus óculos de armação imensa são a única coisa em Jiang que sugere que ele tenha setenta e poucos anos. Ele a apresenta à gerente do restaurante, que o mima. Ele faz o pedido para os dois: pato, arroz orgânico com pepino-do-mar na brasa, um *shiraz* australiano. Ele recosta com as mãos enlaçadas.

Jiang Zhenghua nasceu em Hangzhou, uma das cidades mais adoráveis da China – mas foi por pouco. Foi durante a guerra com o Japão, e Hangzhou tinha acabado de ser invadida. Seus pais estavam fugindo, quando a mãe entrou em trabalho de parto, no portão da cidade, onde ele nasceu, e então eles ficaram. Seu pai lecionava no Ensino Fundamental, dando aulas de história e geografia; a mãe ensinava matemática. Quando a guerra terminou e o país adotou o comunismo sob o regime de Mao Tsé-Tung, seu pai historiador lhe deu livros explicando como, há mais de cem gerações, os chineses passaram a acreditar no governo como autoridade destinada a unificar as pessoas por uma vida melhor.

Até o fim dos anos 1950, após se formar em engenharia elétrica pela Universidade Jiaotong, Jiang já ouvia discussões sobre planos para estabilizar a população da China, em algo em torno de 700 a 800 milhões, para que seu país pudesse se desenvolver num meio ambiente mais saudável.

"Quais eram as preocupações?", pergunta Gretchen. "Alimentação e assistência à saúde? Florestas? Degradação das terras? Em que as pessoas estavam pensando então?"

"Desenvolvimento econômico", ele responde. "Nos anos 1950, os chineses não sabiam nada sobre meio ambiente. Para o modo de pensar dos chineses, somos um imenso país rico em recursos, portanto não precisamos nos preocupar com isso. Até, claro, 1958. O Grande Salto para a Frente, você sabe. Nós fizemos muitas tolices. Cortamos árvores nas montanhas, até que elas ficaram sem folhas. Tentamos derreter ferro em fornos pobres."

Durante o Grande Salto para a Frente, de Mao, que impulsionou a China dos 6 mil anos de vida agrária para a era industrial, o ar era repleto de fumaça oleosa das centenas de milhares de fornalhas de tijolos feitas nos quintais pelos camponeses, que tinham ordem de construí-las para derreter ferro. Para alcançar as cotas, as famílias derretiam até bicicletas e suas próprias panelas. Pelo fato de as fornalhas terem sido acesas principalmente com a madeira verde de milhões de árvores recém-derrubadas, o ferro resultante era praticamente inútil.

"Tolice", repete Jiang. "Porém, na época, ninguém achou que fosse insensato. Nos anos 1950, o governo era altamente respeitado. Isso foi logo após a guerra com o Japão. As pessoas acreditavam que o Partido Comunista podia fazer qualquer coisa."

Mas a ideia de restringir o crescimento da população era uma decolagem radical do comunismo. Marx e Engels condenaram Thomas Robert Malthus por sugerirem que a pressão do excesso de população sobre os recursos limitaria a produção, quando certamente era o contrário: a população provê recursos de mão de obra que enfatizam a produção. Malthus era considerado um apologista burguês para a classe capitalista em exercício, que punha a culpa dos problemas do mundo nos inferiores e explorados. A princípio, essa também era a crença do presidente do partido, Mao Tsé-Tung: população era força, não estorvo. Porém, após o desastre do Grande Salto para a Frente, Mao e o Premiê Chu En-Lai recrutaram cientistas para estabilizar a nação oscilante.

A ideia de controle populacional surgiu anos antes. Um censo realizado em 1953 tinha produzido a surpreendente notícia de que já havia perto de 600 milhões de chineses. A distribuição de preservativos e capuz cervical foi lançada, junto com uma política de incentivo às mulheres de adiar filhos e esperar alguns anos até terem o segundo. O presidente Mao, dividido entre o marxismo antimalthusiano e a percepção de que os números estavam fugindo ao controle, frequentemente alternava entre as duas posições. Durante o Grande Salto para a Frente, ele primeiro propôs o planejamento estatal de natalidade, depois abandonou a ideia e perseguiu seus demógrafos.

A Revolução Cultural de Mao, em 1966, acabou preparando o terreno para a política de um filho só, porém de maneira improvável. "Na verdade, eu estava trabalhando com controle de mísseis", conta Jiang Zhenghua, sorrindo. "E controle de reação atômica."

"Incrível", diz Gretchen.

Pouco antes de Jiang se formar, em 1958, boa parte da Universidade Jiaotong, incluindo o curso de engenharia, tinha sido transferida da cidade costeira de Xangai, 1.300 quilômetros para o interior, à antiga capital chinesa de Xi'an, na província de Sichuan. Oficialmente, isso seria para disseminar um aprendizado superior pelo país, mas Jiang se lembra de vários voos acima de Xangai, feitos pelos aviões inimigos vindos de Taiwan. Havia motivos estratégicos para proteger seu departamento, onde Jian foi solicitado a trabalhar em um novo campo de ciência da computação. Sua missão era elaborar controles automáticos para mísseis guiados e reatores nucleares.

Segundo ele conta a Gretchen, durante o Grande Salto para a Frente, os poderes chineses computacionais, ainda nascentes, foram dissipados nas tentativas de aperfeiçoar a produção de aço das fornalhas de fundo de quintal. Porém, após esse fiasco, durante cinco anos o trabalho passou a ser bem atraente.

"Nós construímos foguetes. Fizemos até nossos próprios *chips* semicondutores".

"Meu marido trabalha com física de *laser*", diz Gretchen. "Ele recebe todos os *chips* da China."

Jiang novamente sorri radiante. Mas seu orgulho se dissolve num suspiro, ao se lembrar do que veio a seguir. "A Revolução Cultural: se não fosse isso, a China poderia ter se desenvolvido bem antes."

Em vez disso, em 1966, Mao começou a perseguir elementos suspeitos de burgueses. Isso durou até meados dos anos 1970, pouco antes de sua morte. Nenhuma porção da sociedade, desde coletivos agrícolas até o mais alto escalão do próprio Partido Comunista, foi poupada, e nenhum setor foi mais punido que as universidades chinesas. As brigadas estudantis, intituladas Guardas Vermelhos, surrados até virar espuma por Mao, denunciavam administradores e docentes das faculdades, como "capitalistas burgueses", intelectuais contrarrevolucionários e traidores. Os professores eram obrigados a marchar pelas ruas e eram surrados. As publicações jornalísticas e os contatos com colegas estrangeiros cessaram, e as bibliotecas foram destruídas. Até 1967, a maioria das universidades havia sido fechada, seus docentes banidos para regiões remotas, para reeducação socialista pela classe agrária proletária que lhes entregava as enxadas. Muitos não voltaram por mais de uma década.

No entanto, havia exceções estratégicas, e Jiang Zhenghua, que trabalhava com sistemas de mísseis, era uma delas. Somente a tecnologia computacional, considerada vital para a defesa da nação, ainda estava intacta – que era como a estranha circunstância da política de controle de natalidade mais famosa do mundo, que habitualmente seria da competência de cientistas sociais e demógrafos, acabou sendo elaborada por um par de engenheiros de mísseis.

Hoje, os não chineses têm dificuldade de compreender como a economia que cresce mais rapidamente no mundo, cujo crescimento de tirar o fôlego inspira admiração e inveja nos capitalistas, persiste em se autodenominar *comunista*. Isso remete à Revolução Cultural, uma época em que a China estava simultaneamente expurgando da influência externa e voltando a se engajar com o mundo. Em 1971, as Nações Unidas admitiram a República Popular da China como o legítimo governo chinês. Antes, essa designação e a cadeira no Conselho de Segurança da ONU eram mantidas pela República da China – Taiwan, cuja população era um sexto da China Vermelha.

A China começou a se inserir discretamente no dialeto planetário, que então consistia no assim chamado Primeiro Mundo – a América do Norte capitalista, o oeste europeu, o Japão, a Austrália e a Nova Zelândia – e o bloco de países comunistas do Segundo Mundo. Ambos estavam tentando ganhar – ou forçar – a submissão dos países menos desenvolvidos do Terceiro Mundo. A participação da China se tornou especialmente penetrante durante a primeira Conferência Mundial sobre População da ONU, em Bucareste, em 1974. Durante o evento, seu representante, Huang Shu-Tse, ridicularizou os temores ocidentais de que a explosão populacional arruinaria em breve o mundo agrícola e seus recursos:

> A alegação de que a superpopulação é o motivo para que os países que não a têm estejam pobres é uma ladainha batida das superpotências. Que quantidade imensa de números eles calcularam, para provar que a população é grande demais, o suprimento de comida pequeno demais e os recursos insuficientes! Mas eles nunca calcularam a quantidade de recursos naturais que eles saquearam, a riqueza social que eles têm tomado de assalto e os superlucros que eles extorquiram da Ásia, África e América Latina. Se fosse feita uma contabilidade dessa exploração por parte deles, a verdade relativa ao problema populacional viria à tona de uma vez por todas.

Como escreveu a antropóloga Susan Greenhalgh em *Just One Child*, sua investigação minuciosa de vinte anos sobre a política reprodutiva da

China, aquelas denúncias ásperas eram especialmente relativas a um estudo de 1972, preparado por três elaboradores de sistemas do MIT, Donella Meadows, Dennis Meadows e Jørgen Randers. O relato que eles fizeram, da espessura de um livro, havia sido encomendado por um grupo de reflexão internacional, o Club of Rome. Intitulado *The Limits to Growth*, o relato ao Club of Rome ecoava os alertas feitos quatro anos antes, por Paul Ehrlich e o "notório Malthus", como os chineses o chamavam. Ele previa que as populações globais em crescimento e a colheita maciça de recursos estavam em curso catastrófico de colisão. Assim como *The Population Bomb*, de Ehrlich, *The Limits of Growth* tinha vendido milhões de cópias ao redor do mundo.

Em 1974, a China não engolia nada disso, conforme Huang Shu-Tse disse na conferência de Bucareste:

> Hoje, a população do mundo mais que quadruplicou, desde a época de Malthus, mas houve um aumento muito maior na riqueza material da sociedade, graças aos esforços de grandes massas em superar numerosos obstáculos. Em vinte e poucos anos desde sua fundação, a República Popular da China aumentou sua produção em muitas vezes. O poder criativo do povo é infinito, assim como a habilidade humana de explorar e utilizar os recursos naturais. As visões pessimistas espalhadas pelas superpotências são profundamente infundadas e estão sendo propagadas por motivos inconfessos.

O que Huang não sabia era que, lá na China, seus poucos compatriotas com acesso a computadores, especialistas em mísseis e defesa estavam formulando sistemas. Por ser uma prioridade nacional para os cientistas acompanhar seus colegas americanos, europeus e soviéticos, eles desfrutavam privilégios ímpares, tais como viajar ao Ocidente. Em jornais técnicos ocidentais, eles liam sobre como a engenharia de sistemas podia ser aplicada a qualquer coisa, desde um circuito elétrico até o controle de tráfego e organização social. Eles leram *The Limits to Growth* e chegaram a conclusões um tanto diferentes de seu colega Huang Shu-Tse.

"Aquelas eram ideias muito interessantes", Jiang Zhenghua explica a Gretchen Daily. Os líderes da China haviam pedido a ele que elaborasse cenários econômicos. "Os economistas da China eram bons em teoria, mas não em matemática. Se quisermos um desenvolvimento econômico mais veloz, de que tipo de contribuição nós precisamos? Se temos recursos limitados, qual é a contribuição máxima que podemos dar? Eles queriam saber sobre as limitações do desenvolvimento e como alocar nossos recursos. Para o modelo de entrada e saída de dados, nós consideramos o equilíbrio entre fatores econômicos distintos, mas também – eu sabia, porque tinha lido no material do Club of Rome – fatores do sistema ambiental."

"Fascinante", diz Gretchen.

Além do departamento de sistemas de Jiang Zhenghua, na Universidade de Jiaotong, em Xi'an, o outro complexo computacional da China ficava escondido no Sétimo Ministério de Construção Maquinária, em Beijing, dedicado à indústria espacial. O cientista-chefe dos mísseis era um homem tranquilo chamado Qian Xuesen. Qian formou-se em engenharia mecânica na Universidade de Jiaotong, em 1934, depois fez mestrado no MIT e doutorado na Caltech, em cujo corpo docente ele foi convidado a ingressar. Ele foi o fundador do Laboratório de Propulsão a Jato da Caltech, em Pasadena e, durante a Segunda Guerra Mundial, desenhou mísseis para os Estados Unidos e foi comissionado como coronel da Força Aérea. Contudo, durante a era McCarthy, ele foi expulso, suspeito de ser comunista, sob protestos de cientistas e oficiais militares americanos, permanecendo em prisão domiciliar até meados dos anos 1950, quando regressou à China.

Levado pelos americanos anticomunistas fanáticos diretamente aos braços dos mesmos comunistas que eles temiam, com o conhecimento detalhado da tecnologia dos mísseis que ele ajudara a desenvolver, Qian se tornou consultor científico e pai do programa chinês de mísseis, servindo a Mao Tsé-Tung e Chu En-Lai. Seu protegido mais brilhante no Sétimo Ministério foi um engenheiro cibernético chamado Song Jian. Song havia elaborado uma elegante teoria de cálculo para otimizar a eficiência nas aplicações mecânicas às estratégias militares e estruturas sociais. No Sétimo Ministério, ele trabalhou em sistemas de mísseis guiados.

Durante a Revolução Cultural, ele teve proteção de seu mentor, Qian Xuesen, e incentivou a aplicar sua teoria na divisão computacional de mísseis para desenvolver modelos para as crescentes necessidades de planejamento social da China. Assim como Jiang Zhenghua, Song podia viajar e teve acesso à literatura científica do Ocidente. Ele reconhecia que quantificar água fresca, solos e poluição, assim como a demografia humana, e entender como tudo isso interagia era essencial para conduzir o desenvolvimento econômico e social. Ele e Jiang sabiam que os ecologistas americanos e europeus estavam alarmados quanto ao fato de que suas populações estavam excedendo a capacidade tolerável. Se era assim, o que isso prognosticava para os países subdesenvolvidos do mundo, de alta fertilidade, como a China?

Apesar do ruído da China nas conferências da ONU, sobre solidariedade com a opressão à Terra, a mensagem que esses cientistas ouviam da liderança não era sobre orgulho de pertencer ao Terceiro Mundo. O objetivo era a paridade, tanto científica quanto econômica, com as potências do Primeiro Mundo. Eles eram encarregados da aplicação das ferramentas cibernéticas para determinar como alcançar isso.

Trabalhando de forma independente em Xi'an e Beijing, Jiang Zhenghua e Song Jian focaram no parâmetro mais facilmente quantificável do ecossistema: a população humana. Como frisa Susan Greenhalgh em *Just One Child*, a ciência da população é uma intersecção entre as ciências naturais e sociais. À medida que Jiang e Song aplicavam suas habilidades, modelos, máquinas e composições interdisciplinares para determinar quantos humanos representariam o número correto para seu país, eles eram a guarda avançada no mais recente, talvez mais decisivo, capítulo de uma saga que engajou – e enfureceu – autoridades religiosas, filósofos e cientistas ao longo da história. É uma saga que se resume a uma única pergunta: o que somos?

O *Homo sapiens* é tão altamente evoluído, ou divinamente imbuído, que nós transcendemos as regras que governam o restante da natureza? Ou simplesmente fazemos parte – uma parte inegavelmente atraente – do grande fausto vivente da Terra, cuja existência está sujeita aos mesmos limites de todos os outros seres vivos daqui?

Embora o mandado de seus líderes fosse econômico – que quantidade de gente pode maximizar nossa produção, sem exigir mais insumos do que podemos prover? –, as variáveis que eles precisavam levar em conta eram as mesmas que preocuparam os autores de *The Limits to Growth*.

"Nós não tínhamos uma ideia muito clara quanto à relação entre população, crescimento econômico e meio ambiente", diz Jiang, servindo mais vinho.

"Parece que ainda não temos", diz Gretchen, dando um gole.

Mas eles seguiram em frente mesmo assim, reunindo dados dos ministérios e inserindo em seus computadores, estudando os trabalhos de demógrafos e economistas até a época de Malthus, conversando com biólogos e agrônomos. Dependendo de quem está julgando, a humanidade estava reduzida a apenas outra variável biológica decomposta em seus modelos, ou estava precisamente situada em seu contexto natural.

Em dezembro de 1979, Song e Jiang apresentaram sua pesquisa no Simpósio Nacional sobre Teoria Populacional, realizado em Chengdu, capital da província de Sichuan. Os patrocinadores eram do Conselho Estadual do Departamento de Planejamento de Natalidade da Academia Chinesa de Ciências. Ambos os órgãos haviam sido devastados durante a Revolução Cultural, com os principais cientistas exilados em fazendas e fábricas. Mas agora a China estava prestes a dar um dos mais impressionantes saltos à frente. O "Grande Timoneiro", Mao Tsé-Tung, estava morto. Em seus anos finais, surgiu uma luta de poder entre a quarta esposa de Mao, uma ex-atriz de cinema chamada Jiang Qing, e um protegido de Chu En-Lai, chamado Deng Xiaoping, que havia sido expulso durante a Revolução Cultural, mas que, no entanto, conseguiu se restabelecer. Defensor das reformas econômicas baseadas no mercado, ele foi novamente expulso pela Madame Mao; porém, em 1979, a "Gangue dos Quatro" da Madame havia caído em desgraça e sido deposta, e Deng estava de volta, assumindo o comando.

O simpósio populacional foi uma convocação de cientistas sociais: demógrafos, sociólogos, humanistas e etnógrafos, todos finalmente restabelecidos nas universidades e institutos reabertos. Quase 150 apresentaram artigos, porém, por quase uma década eles haviam estado sob severas restrições de pesquisa. Um informante disse a Susan Greenhalgh que o Conselho Estadual de Planejamento de Natalidade estava fazendo projeções com cálculos paralelos.

Nessa reunião, chegaram Song e Jiang, os cientistas dos mísseis, que haviam desfrutado a computação cibernética e tido acesso ao conhecimento mundial. "Nós apresentamos dois artigos. Entre nós, não sabíamos o que um ou outro vinha fazendo. Ele usou uma matemática diferente da minha. Mas não havia muita diferença no processo ou nos resultados."

Isso era muito mais matemática do que qualquer outra pessoa já tivera. As tabelas, números e simulações gráficas de cenários distintos eletrizaram, além dos limites, o interesse da plateia especializada. Calcular a capacidade de sustentação da China envolvia inúmeras variáveis, mas eles tinham focado na terra cultivável, nos recursos disponíveis localmente, no custo da importação dos adicionais e no potencial (e custo) econômico de cada pessoa a mais. Com referência ao relatório do Club of Rome, Jiang havia buscado paralelos e descobriu que, *per capita*, a China tinha uma quantidade significativamente menor de água, florestas e recursos em metais que o restante do mundo. O grupo de Song, concentrando-se em capacidade de alimento e equilíbrio ecológico, havia calculado, assim como Jiang, que a população ideal para a China estaria em algum ponto entre 650 milhões e 700 milhões de pessoas.

No entanto, a China já tinha passado de 900 milhões e crescia rapidamente. A apresentação de Song incluiu um gráfico mostrando que, se o índice de fertilidade atual, de três filhos por mulher, continuasse até 2075, a China teria mais de 4 bilhões de pessoas.

"Nossa conclusão", conta Jiang, abrindo os braços, "era que não tínhamos chance de manter a população abaixo de um bilhão até o ano 2000 – mesmo que todas as famílias imediatamente passassem a ter apenas um filho".

Os demógrafos e cientistas sociais sabiam que Deng Xiaoping acreditava que a população tinha de ser controlada antes que se tornasse um impedimento econômico em vez de um recurso – ele já havia sido banido, em episódio conhecido, por expressar tal blasfêmia antimarxista. Nesse sentido, eles haviam preparado planos graduais envolvendo incentivos para limites voluntários, espaçamento entre os nascimentos e adiamento da maternidade. Não esperavam as recomendações matemáticas de Song Jiang, de um filho por casal pelas próximas décadas, até que uma geração inteira morresse e o gráfico chegasse ao ápice de pouco acima de um bilhão de chineses – então, com a reversão populacional, o número encolheria, chegando a um valor ideal, e as pessoas poderiam gradualmente voltar à reprodução no nível de substituição.

Eles tampouco estavam preparados para essa estratégia altamente irregular, mas eficaz, após o simpósio, e nem Jiang estava. "Song conseguiu ter suas descobertas publicadas no *People's Daily*", ele relembra, sacudindo a cabeça com admiração e uma ponta de inveja.

Song havia usado seus altos contatos para chegar à mídia de notícias mais influente do país, o jornal oficial do comitê central do Partido Comunista. Subitamente, o tópico de controle populacional explodiu, saindo da obscuridade de uma conferência acadêmica e passando para o noticiário nacional. A publicação no *People's Daily* foi equivalente à sanção governamental. Da mesma forma, o artigo de Song figurou numa matéria de capa defendendo a política de um filho só para conter o crescimento populacional.

O trabalho de Jiang Zhenghua, utilizando dados matemáticos diferentes para chegar às mesmas conclusões, tornou-se uma colaboração importante à hipótese de Song. Refutações de cientistas sociais que tinham suas visões obstruídas pela barragem estatística desses cientistas de defesa foram afogadas no clamor do governo de Deng Xiaoping, e sua política de um filho só, em 1980 se tornou oficial.

Vários desses rechaços se provaram prescientes, já que nos anos vindouros os problemas sociais materializaram o que os modelos matemáticos não contemplaram, tais como: qual era o valor de uma criança em uma fazenda se comparado com o de uma criança na cidade? Qual era o valor tradicional de um filho, comparado com o de uma filha, e como esses valores mudavam, dependendo da classe e do cenário? E embora a taxa de fertilidade atual de 3,0 estivesse acima do nível de substituição, ela tinha caído de 5,0 em apenas uma geração. Será que as metas populacionais da China não poderiam ser alcançadas sem medidas tão drásticas?

Por trás dessas perguntas havia outra, à espreita, algo capcioso de se articular, em um país onde a palavra errada poderia significar a expulsão: será que recorrer a ferramentas matemáticas para a engenharia do comportamento humano não era desumano? Uma política que proibisse humanos de terem os filhos que desejavam não era violar a natureza humana?

"Eu não queria aplicar regras duras às pessoas", diz Jiang Zhenghua. "Mas ficamos chocados pelos números que vimos. Números de recursos, números de pessoas. Sabíamos do sofrimento que estava por vir." Tirando os óculos, ele esfrega os olhos – um homem que se lembra dos anos de fome, quando tinha vinte e poucos anos. "Minha esperança é por uma China na qual todos possam ser prósperos. Baixar a fertilidade parecia o melhor caminho para se conseguir isso. Agora, estamos melhor, por sermos em número menor. Mas temos um longo caminho a percorrer até alcançarmos um nível ideal, portanto, por enquanto, esse método compulsório tem sido necessário."

A ideia de ter mais meio bilhão de chineses precisando de empregos, água, peixe, grãos, utensílios, carros e habitação lhe causa arrepios. Embora a fertilidade provavelmente viesse a diminuir, de qualquer jeito, com a modernização impressionante da China, assim como no oeste europeu, é inegável que isso tenha acontecido muito mais depressa pela transição forçada. Porém, Gretchen se pergunta, será que o governo levou em conta o sofrimento que essa política pode ter causado? Os abortos já em fase avançada, forçados por oficiais obcecados em cumprir cotas? As casas derrubadas e as multas, as crianças em pânico escondendo-se em inspeções-surpresa, feitas pelo pessoal do planejamento familiar, os subornos institucionalizados para comprá-los? E, pior de tudo, a matança das meninas recém-nascidas, afogadas ou deixadas na floresta para morrer, para que os pais camponeses pudessem tentar ter um menino para ajudá-los na lavoura?

"Algum dos modelos previu isso?"

Jiang não responde a essa pergunta. "Na verdade", diz ele, "a discriminação pelo sexo já existia na China antes da política de um filho só." Embora o costume de amarrar os pés das mulheres tenha sido amplamente abandonado após o nascimento da República Popular da China, que o baniu, o propósito de deixar as mulheres mancas era tornar impossível que elas fizessem o trabalho dos homens, literalmente mantendo-as em seus lugares. No moderno mercado de trabalho chinês, a sorte das mulheres melhorou muito. "O número de mulheres empregadas e a proporção no Congresso e de mulheres funcionárias públicas aqui são melhores do que em muitos países desenvolvidos. Mas o desequilíbrio em relação ao sexo que vemos hoje ainda é relativo à preferência por um em detrimento de outro."

O desequilíbrio ao qual ele se refere é uma média anual de 118 bebês meninos para cada 100 meninas. A proporção de nascimento natural do *Homo sapiens* é de cerca de 105 homens para 100 mulheres. Os motivos para esse desequilíbrio na China são bem conhecidos; o que vem sendo discutido, e possivelmente distorcido, é a importância relativa de cada um deles.

Apesar do ultraje mundial diante do infanticídio feminino na China, a prática é, agora, considerada rara, e pode ter sido incomum durante o maior período da política de um filho só, principalmente depois que a política foi atenuada e permitiu aos casais rurais, cujo primeiro filho fosse menina, tentar um menino (e depois foi ainda mais amenizada, simplesmente permitindo dois filhos, independentemente do sexo). Muito antes do controle de natalidade obrigatório na China, em grande parte do mundo o infanticídio era um meio de manter as famílias em um tamanho administrável, o que data de nossos ancestrais pré-históricos. Relatos de assassinatos difundidos de recém-nascidas na China, sob a política de um filho só, têm sido baseados em suposições apressadas derivadas de proporções sexuais distorcidas, em parte devido a preconceitos arcaicos contra o que os ocidentais um dia chamaram de "os chineses pagãos".

Segundo alguns antropólogos, duas outras causas podem responder por muitas, se não pela maioria, das meninas que desaparecem. A primeira – *ainda repugnante* – é o exame pré-natal seguido de aborto seletivo. Por coincidência, um ano antes de sua controversa política de natalidade, a China começou a fabricar aparelhos de ultrassonografia. Logo, em parte do país não era difícil que uma mulher soubesse o sexo de seu feto. Por causa da permissão aos pais, no campo, de ter dois filhos desde 1984, eles geralmente não abortavam a primeira filha. Mas a proporção relatada de *segundo filho* em regiões rurais chega a 160 meninos para 100 meninas.

Claro que muitos consideram o aborto como um assassinato igual a lançar um bebê no Rio Yang-Tsé. A segunda razão, menos violenta, para que os pesquisadores acreditem que seja contabilizado um excedente aparente de meninos chineses é o fato de que os nascimentos das meninas não estejam sendo relatados. Tanto os demógrafos da ONU quanto os entrevistadores chineses do censo notaram que essa distorção das proporções sexuais na China parece diminuir nas matrículas do Ensino Fundamental. Além de subornar os funcionários locais de planejamento familiar para uma contagem abaixo do número, a arrancada industrial chinesa facilitou a ocultação de filhas a mais. Com milhões de pais na área oeste rural seguindo para o leste, em direção das fábricas chinesas pela maior parte do ano, alguém precisa cuidar dos filhos que eles deixam para trás. No novo mecanismo de fluxo social da urbanização da China, as famílias que viveram juntas durante milhares de anos agora estão espalhadas pelo mapa, e suas proles geralmente são mandadas para outras províncias para morar com tias e tios. Quando esses jovens migrantes internos começam a estudar, os funcionários locais têm poucos meios de saber se a tia acrescentou uma ou duas meninas dela mesma.

Outros pesquisadores argumentam que algo totalmente legal responde por um número significante de meninas desaparecidas: adoção. A adoção nacional, tanto por pais inférteis quanto por aqueles que desejam ter legalmente mais de um filho, está aumentando em meio aos chineses ricos. E o fenômeno da adoção internacional é impossível de não perceber nas belas meninas chinesas que surgem nas gerações recentes de norte-americanos, europeus e australianos – meninas adotadas e adoradas por casais que não podem ter filhos ou que querem que seus filhos naturais tenham irmãos, sem o risco de outra gravidez ou o aumento da população.

Surgem relatos de funcionários do governo que confiscam meninas para vendê-las a orfanatos que, na verdade, são fazendas de bebês para o mercado de adoção. Mas o fato de que a discriminação contra meninas na China também trouxe felicidade a milhares de famílias sem filhos pode se provar útil, em um mundo que um dia conclui que as populações humanas podem ser administradas. Seja qual for a política de planejamento familiar, ou ausência dela, crianças órfãs ou abandonadas nunca foram escassas. Se a humanidade concordasse que, em um planeta excessivamente populoso, nós entramos numa época que evoca a contenção reprodutiva, a adoção seria uma alternativa para famílias que optam por abraçar tantas crianças quanto seus lares podem manter.

Os demógrafos às vezes são chamados de contadores sem senso de humor, já que as cifras que estão totalizando não são meras moedas, e sim nós. Na China, as evasões criativas da política de fertilidade tornaram seu trabalho ainda mais difícil. Pelo que se diz atualmente, a China tem entre 24 e 50 milhões de homens a mais que mulheres, sendo mais da metade deles "galhos nus" – homens na idade de se casarem que não conseguem encontrar uma parceira. Ninguém realmente sabe ao certo quantos são. Poucos confiam nos números inequivocamente, independentemente do heroísmo dos funcionários do censo. (No censo mais recente feito na China, em 2011, a população foi contabilizada em 1,34 bilhão. As Nações Unidas esperavam pelo menos 1,4 bilhão – uma diferença de 60 milhões de pessoas, que parece difícil esconder, exceto pelo fato de que a maioria dos chineses não consegue dizer o nome das maiores cidades de seu país, tão vertiginosa é a rapidez com que elas se materializam.)

Seja qual for o verdadeiro excedente de homens chineses, isso cria uma tensão que a natureza vai acabar não tolerando. Até agora, os crimes de paixão entre homens ciumentos brigando pelo escasso suprimento de mulheres ainda não são uma epidemia. Mas agora os homens chineses fazem excursões matrimoniais ao Vietnã, onde, por até 5 mil dólares, podem escolher uma esposa de uma fileira de garotas pobres vendidas pelos pais a um corretor nupcial. Assim como os trabalhadores da Europa, a versão das noivas por encomenda, na idade cibernética do jato, também é outra forma como a riqueza se distribui em um mundo desigual.

O aborto seletivo de acordo com o sexo após o ultrassom, tornou-se ilegal em 1995, e muitos pais aposentados descobriram que o filho único mais fidedigno para cuidar deles – e até quatro avós vivos – é uma filha. O infanticídio pode ser raro, porém ainda surgem relatos na imprensa sensacionalista. Dentre os mais horrendos, está uma história de 2012, da Coreia do Sul, sobre milhares de cápsulas contrabandeadas de um suposto tônico para a saúde. Citando o serviço alfandegário coreano, a Associated Press relatou que "as cápsulas tinham sido feitas no nordeste da China, com bebês, cujos corpos haviam sido picotados em pedacinhos e secos no forno, antes de virarem pó". Não foi dada nenhuma explicação quanto à maneira como eles ficaram sabendo que as cápsulas vinham da China, e muito menos que o conteúdo era de recém-nascidos ou de fetos. Mas tampouco negaram, e o governo chinês ordenou uma investigação.

Se o valor de uma experiência é medido não somente por seu êxito mas também pelo que é revelado, a experiência chinesa de um filho só, rotineiramente denunciada fora da China como algo horrendo, certamente teve um grande valor. Sem ela, hoje haveria centenas de milhões de chineses a mais, em um país onde a água, o pescado e as terras agrícolas já estão ficando escassos. Mas isso também revelou verdadeiras ciladas no controle populacional, tais como o cruel e inesperado desequilíbrio entre meninos e meninas, algo que levará uma geração inteira para ser recuperado.

Durante a próxima década, o número de chineses com idade de vinte e poucos anos irá cair quase pela metade, enquanto o número acima da idade de aposentadoria irá se elevar ainda mais depressa. "A expectativa de vida está insistentemente subindo", diz Jiang Zhenghua. "Até o fim deste século, em áreas desenvolvidas, ela pode chegar a 90 anos." Essa possibilidade adiou a aposentadoria de Jiang, quando ele foi pressionado a ajudar seu governo a elaborar planos para uma nação de idosos. Assim como a Europa, a China se preocupa quanto a haver poucos trabalhadores jovens pagando fundos de pensão para garantir a aposentadoria de tantos idosos.

"Nós estamos considerando a existência de comunidades de aposentados, com pessoas mais jovens cuidando daqueles que já não podem cuidar de si mesmos." Com menos jovens, algumas escolas e *campi* talvez possam abrigar idosos. Um projeto-piloto já está a caminho em algumas áreas rurais e é conhecido como "o banco do idoso" – um banco de trabalho, no qual os idosos mais novos doam horas ou dinheiro para auxiliar os idosos mais velhos, compreendendo que, quando *eles* envelhecerem mais, também serão ajudados.

Jiang sabe que mais desafios imprevisíveis irão surgir, à medida que isso se tornar a vasta realidade da China. No entanto, ele não tem receios das decisões que eles tomaram.

"Nossa conclusão foi que 1,6 bilhão de pessoas era o máximo que a China podia suportar. Mas isso não é o número ideal. O número ideal seria 700 milhões de pessoas, não ultrapassando 1 bilhão, considerando a pressão sobre os recursos, os limites da tecnologia e a carga que nós podemos suportar de forma razoável."

"O que você julga ser o tamanho ideal agora, com nosso novo entendimento sobre o clima?", pergunta Gretchen, enquanto eles já estão se preparando para sair.

Ele recosta na cadeira, pensando. "Não devemos correr riscos que ameacem a humanidade inteira." Ele estuda seu copo de vinho vazio, contra a luz de velas. "Na antiga China, havia um argumento filosófico quanto à natureza da pessoa, no nascimento. Uma escola dizia que as pessoas nascem más – essa é nossa natureza. A outra dizia que nascemos bons. Minha visão é que ambas estão erradas. Acho que a natureza das pessoas é sempre querer uma vida melhor. Portanto, com base nisso, não devemos esperar que os seres humanos se comportem com o intuito de beneficiar o restante da natureza – do meio ambiente. Você só pode esperar que as pessoas ajudem o meio ambiente por seu interesse próprio."

"Entendo que..."

Ele ergue a mão, indicando que tem mais.

"É por isso que os legisladores precisam decidir. Porque as pessoas não conseguem ver o perigo, até que já esteja diante delas. Em 1958, o mais alto escalão do governo central da China já discutia a necessidade de controle da população. Mas a discussão foi inútil. Mao Tsé-Tung disse que não temos os meios e que outros líderes políticos queriam mais gente, não menos. Portanto, nada aconteceu. Somente quando a população chegou a 800 milhões é que eles finalmente enxergaram o problema. E ficaram chocados pelo tamanho."

3. Terra em declive

Depois de uma jornada dirigindo por estradas sinuosas, Gretchen Daily desce aliviada da minivan Buick cinza, para se deleitar alguns minutos com a vista de Sichuan, antes dos últimos 30 quilômetros até o Condado de Baoxing. Diante dela estende-se um mosaico de campos espalhando-se para cima e para baixo das encostas, cobertas com fileiras de feijões verde e amarelo, batata-doce, repolho e bambu. Espalhadas nessa colcha de retalhos, há espigas secas em cone, para manter a umidade necessária.

"Esta é uma das primeiras vezes que piso em verdadeiro solo chinês", ela diz a Ouyang Zhiyun, que dirige o Centro de Pesquisas para Ciências Ambientais da Academia Chinesa de Ciências, e Wang Yukuan, do Instituto de Riscos e Ambiente de Montanhas, da Academia. Por toda sua volta,

Condado de Baoxing, Sichuan, China.

borboletas brancas, azuis, pretas e laranja rodopiam na brisa morna. Gretchen nota que quatro das cinco maiores famílias estão presentes: *Pieridae*, *Lycaenid*, *Nymphalid* e um bando de *Papilionidae* de rabinhos. Abelhas imensas circulam por entre as flores de batata-doce.

Durante boa parte da última semana, ela, Ouyang, Wang e vários colegas têm estado em prédios de Beijing e Xi'an, trocando suas últimas pesquisas. O mais perto que Gretchen chegou da natureza foi no terreno do Fragrant Hill Hotel, de Beijing, onde ela ficou contente em encontrar um bando saudável de pardais. Durante o Grande Salto para a Frente, o presidente Mao declarou guerra ao pardal eurasiano onipresente, porque ele comia grãos. Por quatro anos, as pessoas caçavam os pardais com estilingues, destruíam seus ninhos e batiam em panelas para afugentá-los de volta ao céu, até que eles finalmente caíam mortos de exaustão. Somente depois que milhões foram exterminados e a espécie chegou à beira da extinção, alguém associou os enxames de gafanhotos devoradores do arroz do país aos pardais desaparecidos. Concluiu-se que os pardais eurasianos eram os principais predadores naturais do gafanhoto.

Não foi de surpreender que os anos em que os pardais estiveram ausentes do ecossistema chinês também fossem os anos da Grande Fome que matou entre 30 milhões e 40 milhões de pessoas. Gretchen torce para que os pardais que ela viu – descendentes de sobreviventes do genocídio praticado por seres humanos contra uma espécie amiga – tenham sido um bom presságio para o motivo por ela estar na China.

Ela e seus anfitriões chineses são colegas no Natural Capital Project, uma parceria internacional para manter os ecossistemas e as pessoas cujas vidas dependem deles – o que significa todos – em equilíbrio saudável uns com os outros. Isso significa focar em três áreas que literalmente cobrem tudo sob o sol – o uso do solo e do mar, a estabilidade climática, e a demografia e economia humanas – para determinar como podemos garantir que não percamos nada essencial, como aqueles pardais, para manter o planeta sustentando a vida humana. (Ou, por outro lado, indagar quanta atividade humana um território ou paisagem marinha podem sustentar, antes que eles também estejam exaustos demais para sustentar qualquer coisa.)

Desde o início de 2006, a equipe do Natural Capital atua em quatro continentes e vários arquipélagos espalhados pelos oceanos do mundo. Eles desenvolveram um programa poderoso, disponível gratuitamente para qualquer pessoa[12], para ajudar a decidir o que preservar ou restaurar, calculando o potencial de retorno dos serviços que a natureza provê, como a retenção de água, a polinização e a conservação do solo. Mas a solidez do programa depende da profundidade de dados disponíveis para inserir nos cenários de utilização do território. Nessa viagem, Gretchen está impressionada com o vasto conhecimento que seus colegas chineses possuem. A apresentação de Ouyang Zhiyun foi um espantoso compêndio de florestas, pântanos, terras, ciclos nutrientes, índices de erosão, armazenamento de carbono e, acima de tudo, recursos hídricos: ninguém, em nenhum outro lugar, tem um banco de dados tão completo sobre a água.

A China é o cenário da maior interação entre as pessoas e o restante da natureza da história humana, com mão de obra disponível para acumular um milhão de dados e descobrir o que detonou uma enchente mil milhas correnteza abaixo ou por que há uma escassez de grãos em algum lugar, onde alguém precisou escalar um dia inteiro para ver. Gretchen foi treinada por Paul Ehrlich e John Holdren para analisar o que cada pequena coisa faz, por isso ela faz seus alunos de pós-graduação remexerem em cocô de morcego, em cafezais, e documentarem o papel individual das árvores. Mas o ecossistema é imenso e suas análises são incompletas, por isso frequentemente é obscura a interpretação da oscilação nos ponteiros medidores. No entanto, ali está Ouyang, com quantidades incríveis de

12. Em <www.naturalcapitalproject.org/InVEST.html>. O The Natural Capital Project é uma parceria entre a Universidade de Stanford, o The Nature Conservancy, o World Wildlife Fund e a Universidade de Minnesota.

informação – para Gretchen é como estar diante de um painel completo de instrumentação, onde você pode inserir valores, obter respostas e ver onde vai dar. Pode haver apenas algumas alavancas a puxar, mas os chineses estão dispostos a puxá-las, se isso parecer bom – por exemplo, pedir a uma geração inteira que faça um sacrifício, se isso parecer necessário.

Se algum tipo de equilíbrio funcional pudesse ser forjado ali, poderia ser concebido em qualquer lugar. O cenário onde eles estavam era um exemplo. Afastando os cabelos despenteados para trás, Ouyang aponta o topo encoberto da montanha, além das colinas delicadamente cultivadas. "Toda aquela floresta lá atrás foi terra agrícola dez anos atrás. Você está olhando para o Grain to Green (do grão ao verde). Algumas árvores foram plantadas. Outras voltaram naturalmente."

O Grain to Green faz parte do mais ambicioso – e caro – projeto ambiental que qualquer governo já tentou: o Programa de Conversão de Terras em Declive da China. Trinta milhões de pessoas eram pagas anualmente, com subsídios variando em 8 mil (yuans)[13] em dinheiro ou arroz, durante dez anos, para deixar suas fazendas nas regiões mais montanhosas do país – onde quer que a terra estivesse em declive de mais de 25 graus – e se restabelecer em novas vilas. Toda essa terra seria replantada com árvores nativas e gramado, na esperança de retroagir o calendário para 1950, quando a China ainda era coberta de florestas virgens.

As perdas combinadas de gêneros alimentícios e lenha chegam a bilhões de dólares, e o programa em si custará até 40 bilhões de dólares. Mas o Programa de Conversão de Terras em Declive da China deve salvar a China de perdas muito maiores. A China aprendeu do jeito mais difícil que essas são terras que os humanos jamais deveriam ter colonizado. A lição começou em 1997, com secas que talvez nunca tivessem sido tão desastrosas se as árvores tivessem sido mantidas, para que suas raízes retivessem a água no solo. Em vez disso, a parte baixa do Rio Amarelo secou por 267 dias, colocando em perigo o abastecimento de água em todo o norte da China. O ano seguinte trouxe o problema oposto, quando o Yang-Tsé, na China central, transbordou em sua bacia, onde um entre cada dez humanos da Terra vive, e inundou 64.370 km^2, devastando 2 bilhões de toneladas de terra arável. Milhares de pessoas morreram e milhões de casas e

13. Cerca de 1.260 dólares.

o equivalente a bilhões de dólares foram perdidos. O desmatamento das colinas foi o principal culpado tanto da seca quanto das enchentes.

O Rio Qingyi, afluente do Yang-Tsé que os cientistas do Natural Capital vêm acompanhando pelo sul, desde Chengdu, capital de Sichuan, tem algumas das inclinações mais íngremes – e, portanto, mais intactas – e extensões remanescentes de bacias hidrográficas. As florestas que se erguem acima do vale do rio são o motivo para que as montanhas do sudeste da China formem um dos 25 maiores pontos de biodiversidade do mundo, com mais flora regional temperada do que qualquer outro lugar, segundo a Conservation International. Sichuan tem pinheiros, abetos vermelhos, ciprestes, pinhos, lariços, bambu e sassafrás de folhas largas, e bordos que deixam as colinas douradas e carmim, durante o outono: muitas espécies regionais somente presentes no oeste da China. Porquanto essas altitudes estão entre as massas territoriais mais longínquas na história geológica, sem serem inundadas pelos mares internos, elas são algumas das florestas mais antigas de nosso planeta. Ali crescem as espécies mais antigas de pinheiros, do gênero *Cathaya*, cujos fósseis representam boa parte do carvão marrom da Europa; a metassequoia que não sofreu alteração há 65 milhões de anos; e o *ginkgo biloba* selvagem, um fóssil vivo que data da época jurássica, quando cobria boa parte do mundo, mas agora está restrito apenas a essa pequena parte da China.

À medida que a população da China aumentou e ultrapassou 1 bilhão, as pessoas passaram a invadir e desmatar até os terrenos mais inacessíveis. Desde a fundação da República Popular, em 1949, Sichuan já perdeu uma área estimada em dois terços de suas florestas originais, habitat de leopardo-das-neves e leopardo-nebuloso, porém é mais conhecido pela maior população de pandas gigantes vivos.

Dos cerca de 1.800 pandas ainda existentes na natureza, mil estão ali. Os únicos que Gretchen verá nessa viagem estão no centro de criação de Chengdu, onde biólogos da vida selvagem estão tentando convencer 97 pandas cativos a se reproduzirem. Reintroduzir pandas nascidos em cativeiro na natureza provou ser desafiador; depois que os primeiros foram mortos por seus primos selvagens, os pesquisadores começaram a usar macacões de panda e borrifar essência animal para desabituar os pandas criados por humanos.

Junto com espertezas da selva, os pandas precisam de um habitat para sobreviver. O Programa de Conversão de Terras em Declive da China torce para prover isso, plantando esponjas gigantes chamadas florestas. Porém transferir 30 milhões de pessoas de suas fazendas para ocupações urbanas significa ter de, de alguma forma, cultivar – ou comprar – alimento em outro lugar para alimentá-las. "Essas terras onde os declives não são tão acentuados agora estão intensamente cultivadas", conta Ouyang, apontando ao redor. "A população é muito densa."

"Não podemos sustentar toda essa gente", diz Wang Yukuan, desviando de uma borboleta *nymphalid* preto e branca, do tamanho de um morceguinho. "Temos de importar para alimentar nosso país."

A estratégia da China foi seguir os industrializados Japão e Coreia do Sul, favorecendo as fábricas em vez dos campos e comprando mais comida do restante do mundo. No entanto, os números a serem supridos são tão grandiosos que não é meramente comprar produtos no mercado mundial, mas comprar pedaços do mundo em si – investir em terras agrícolas satélites na África, no Brasil e nas Filipinas –, enquanto todos também têm de alimentar seus próprios povos.

O segundo objetivo do Programa de Conversão de Terras em Declive da China era tirar os camponeses da pobreza. Alguns desses agricultores, cujas fazendas foram reintegradas à floresta, tiveram permissão para cultivar pomares ou temperos onde houvesse terra plana disponível. Mas a China torcia para que a maioria fosse para as cidades, conseguisse emprego na construção civil e mandasse dinheiro para suas famílias realocadas a novos vilarejos. Eles ingressariam num imenso contingente: 99% dos trabalhadores da construção civil chinesa são migrantes internos. Somado aos trabalhadores das fábricas, os domésticos e os trabalhadores de custódia, os números quase equivalem à população dos Estados Unidos. É como pegar uma nação agrária do tamanho do terceiro maior país do mundo, sem produção alimentícia, e transplantá-la para cidades onde a população terá de trabalhar na construção. Não é de admirar que a China queira todo o material bruto de construção que o mundo possa prover.

Em meio a mudanças demográficas tão tectônicas, a Academia Chinesa de Ciências e o Ministério de Proteção Ambiental da China vêm tentando elevar o definhado ecossistema da nação, criando as EFCAs:

Ecosystem Function Conservation Areas (Áreas de Conservação do Ecossistema). Estendendo-se a quase um quarto do território da China, "as EFCAs", explica Ouyang, de volta à *minivan*, "são elaboradas para assegurar a biodiversidade, os terrenos e a água, para armazenar carbono e prevenir as tempestades de areia". Toda a paisagem nesse trajeto cada vez mais sinuoso, rumo a um vale cada vez mais apertado, é uma EFCA. Ouyang diz que eles esperam preservar 60% da China e ajudar a aliviar a pobreza dos outros 40%.

Essa combinação – conservação da natureza e da humanidade – é o motivo para que Gretchen Daily tenha se entrosado com esses cientistas chineses. A conexão foi Li Shuzhou, protegido do engenheiro de mísseis que virou demógrafo, Jiang Zhenghua, e diretor de estudos da população na Universidade de Jiaotong, em Xi'an, a quem ela conheceu por intermédio de um colega de Stanford.

Na primeira viagem de Gretchen à China, Li a levou para uma massagem de quatro horas, realizada por três trabalhadores migrantes treinados como massoterapeutas: um em seus pés, outro nas costas e ombros, e o terceiro delicadamente limpando suas orelhas com cotonetes de bambu. Para Gretchen, esse foi um irresistível início de um relacionamento profissional.

Embora seu mentor fosse um coarquiteto da política de um filho só, Li Shuzhou estava entre os cientistas sociais que defendiam que a lei fosse relaxada ou até abolida. Houve uma época em que isso pareceu sensato para um país pobre, crescendo mais que sua economia, como ele explica: se você diminui os números, aumenta a riqueza *per capita*. Mas o desequilíbrio alarmante entre os sexos significava problemas estruturais para a sociedade chinesa: "Isso e o fato de que nossa população está envelhecendo. Até 2040, a China terá mais de 100 milhões de cidadãos com oitenta anos".

"Além disso", disse ele, "a população teria diminuído, de qualquer jeito."

"Nós temos quatro áreas, onde a política de um filho só não foi implantada, totalizando cerca de 8 milhões de pessoas em quatro províncias. Desde meados dos anos 1980, eles tiveram permissão para dois filhos. Em cada uma delas, o crescimento da população está sob controle, a proporção de envelhecimento está controlada e há equilíbrio entre homens e mulheres."

Gretchen ficou impressionada que um país tão grande estivesse disposto a fazer uma experiência com 8 milhões de pessoas. "Simplesmente dizer, 'certo, vamos pegar quatro províncias e experimentar isso': os Estados Unidos jamais fariam isso."

Nas pesquisas de Li, a maioria dos casais chineses quer apenas um filho, mesmo com permissão para ter outro. "Portanto, eu acho que uma política universal de dois filhos seria melhor."

Itália, Espanha, Hong Kong, Macau, Singapura, Japão e Taiwan, todos têm taxas de fertilidade mais baixas que a da China, e nenhum deles tem a política de um filho só. Contudo, embora a intenção fosse que a lei durasse apenas 30 anos, para tirar a China de um bolo demográfico e fazer a economia se recuperar, os líderes anunciaram que ela continuará. Ao contrário desses outros países, a China ainda tem muitas áreas rurais pobres e teme uma explosão de nascimentos espontâneos, caso a lei de um filho seja rescindida. Outro motivo é que, com meio milhão de empregados, a National Population and Family Planning Commission é uma instituição burocrática poderosa demais para ser desfeita. No entanto, quando o governo recentemente fundiu a Comissão como o Ministério da Saúde, isso foi interpretado, por muitos, não como uma medida de modernização, mas como uma dica de que a política poderia finalmente mudar. Se isso acontecer, dependerá de quem for mais ruidoso: os economistas do governo, que preveem escassez de mão de obra, caso não aconteça, ou os cientistas do governo, que alertam quanto à escassez de alimento e água, e mais mortes decorrentes da poluição do ar, caso aconteça.

Para o Natural Capital Project, Li Shuzhou vem analisando como as pessoas estão passando, à medida que seu ecossistema está sendo recuperado. Nessa viagem, há duas economistas em sua equipe. Até agora, as descobertas feitas pelas pesquisas internas têm sido mistas. Devido à política de um filho só, o país está envelhecendo e a mão de obra está ficando escassa. Porém, ter quatro avós disponíveis para cuidar de uma criança libera os pais para migrar para as vilas de assentamentos das cidades e trabalhar, aliviando a falta de mão de obra.

Uma coisa é certa: a necessidade de migrar para ganhar a vida está fazendo as pessoas pensarem bem quanto a ter filhos.

A paisagem fica esquizofrênica à medida que as fazendas subitamente dão lugar a fileiras de arranha-céus residenciais perfilando o caminho sinuoso – que subitamente desce a uma fenda rochosa de tirar o fôlego, adentrando uma floresta de bambu. Embora os pandas gigantes sejam onívoros, o bambu é sua comida predileta; Wang diz que essa floresta contém quarenta espécies diferentes de grama gigante, e os pandas comem todas. O Condado de Baoxing também abriga o raramente visto panda-vermelho – que, na verdade, não é um urso, mas parente dos guaxinins –, assim como javalis, ursos negros, o iaque selvagem, o macaquinho-dourado-de-nariz-arrebitado, que está em extinção, e o monal chinês, um faisão iridescente espetacular cujo número está caindo.

A grota vai se estreitando, os prédios voltam a aparecer e eles chegam à cidade de Ling'guan. Exceto pelo pó branco que cobre janelas, carros e as folhas das árvores que margeiam o rio, aqui poderia ser a Suíça, com as Montanhas Jiajin altivas em ambos os lados. Esse pó não é neve, mas poeira que emana das mais de cem marmorarias: diretamente atrás de Ling'guan fica uma das reservas naturais mais ímpares do mundo: uma montanha inteira de mármore branco.

Os cientistas passam uma hora numa fábrica com tecnologia de ponta, onde uma máquina fatia blocos de mármore de dez toneladas, como se fossem fatias de pão. Essa fábrica capta seu pó com água, secando a pasta resultante, que pode ser utilizada para gesso de parede, bandagens ou em cosméticos. Eles esperam convencer todas as fábricas menores que estão emitindo nuvens de pó de mármore a se consolidarem para que possam pagar um equipamento semelhante, conforme conta Wang Yukuan. "Essa é uma região ecologicamente importante, uma linda área. Pode ser perfeita para o turismo, se nós conseguirmos mantê-la limpa."

Um pequeno parque florestal na periferia da cidade, acessado por um arco de madeira entalhado com os dizeres "Local Aonde Deus Vem Brincar", é uma tentativa inicial para isso. Os cientistas seguem por um caminho que passa acima da camada de poeira e adentra um trecho aromático de imensos pinheiros Sikang da região. Não há nenhum outro visitante em volta: o panda gigante, atração natural mais famosa de Baoxing, é uma criatura furtiva e envergonhada das câmeras que não se empresta ao turismo. Eles regressam à *minivan* e começam a subir. O motorista buzina em cada curva, já que no sentido oposto descem caminhões de carga, abastecidos com blocos de dez toneladas de mármore, que continuam descendo na direção deles. Depois de meia hora, a estrada nivela, conforme eles chegam a um platô, e Gretchen relaxa a mão na alça de segurança.

Surge um aglomerado de telhados vermelhos sobre um promontório: um mosteiro tibetano. Um pouquinho adiante, passando por pomares de pêssegos, peras e maçãs, eles chegam a Qiaqi, um vilarejo abaixo de uma sublevação coberta de neve chamada Montanha Jiajinshan. Sichuan é onde a maioria han da China começa a dar lugar aos tibetanos étnicos. Ali vivem 5 mil deles, em casas brancas com molduras de janelas ornamentadas e varandas de madeira ligadas por fios de bandeirinhas coloridas de prece. Vestindo tecidos vibrantes com bordados elaborados e ornamentos de cabeça, trazendo bandejas de leite de iaque e xícaras de vinho de mel, os tibetanos cumprimentam os visitantes.

Um idoso da vila, de robe azul, chamado An Lixing, explica que desde 2008 eles não têm permissão para cortar lenha ou buscar pastoreio para o gado. Em vez disso, o governo os enviou para aprender sobre ecoturismo. Eles treinaram homens como guias, para explicar o cenário e a herança da área – a cultura tibetana; a Longa Marcha do Exército Vermelho do presidente Mao, que passou por ali em 1935 – e para levar as pessoas a ver os macaquinhos dourados, os alces e os touros selvagens. Dependendo da estação, eles talvez avistem um panda gigante, embora isso seja mais provável ali na vila, onde os pandas roubam linguiças e milho que está secando.

Ele se antecipa à pergunta de Gretchen. "Nós não acreditamos no Dalai Lama. Ele não nos apoia; quem o faz é o governo chinês. Nós acreditamos no Partido Comunista." An diz que eles estão contentes por serem chineses e falarem o mandarim sichuanês, não o dialeto tibetano. "Como minoria étnica, nós, tibetanos, temos permissão para praticar o budismo e ter três filhos." Como resultado, o Tibete tem a população de crescimento mais rápido da China.

Dois dias antes, os cientistas visitaram Feng Qian, um vilarejo de assentamento em um território em declive, na periferia de Xi'an, província de Shaanxi, perto do gigantesco Projeto de Transferência de Água Sul-Norte, que estava sendo construído. Para chegar ali, eles tinham dirigido numa nova rodovia de múltiplas faixas, passando pelo túnel mais longo da Ásia. Os engenheiros haviam levado apenas dois anos para perfurar dezoito quilômetros através das Montanhas Qinling, prova da habilidade da China em abrir túneis embaixo do Rio Amarelo e levar a água do Yang-Tsé às novas cidades que circundam Beijing.

Feng Qian era mais característico de onde os 30 milhões de camponeses desalojados haviam aterrissado: cerca de 300 residências estavam ocultas em habitações feitas para múltiplas famílias, bem à beira da estrada. No entanto, ninguém reclamou ao trocar choupanas de pau a pique na floresta por habitações de tijolos, com eletricidade, televisão e banheiros, e ainda receber subsídio. Mais de 200 homens e mulheres saíam para trabalhar nas fábricas de leste da China, ou na construção, ganhando 10 mil yuans[14] anualmente, voltando para casa uma vez por ano. No entanto, muitos resistiram em abrir mão da lavoura. A maioria deles, homens solteiros, agora cultivava amoreiras para alimentar o bicho-da-seda.

Por toda a China há confusões inquietantes originadas pela política de um filho só: homens solteiros em cidades fabris desperdiçando com prostitutas seu dinheiro ganho arduamente. Mulheres vietnamitas fugindo quando percebem que se casaram com um cara que economizou dez anos para comprar uma noiva, mas não pode comprar uma casa – hoje, algo praticamente obrigatório para que um homem chinês atraia uma esposa. Mulheres solteiras abandonando a vida rural pelas cidades, onde os homens com dinheiro competem por uma esposa. Grupos de sequestro roubando esposas de uma província – ou da Coreia do Norte ou Mianmar – e vendendo-as aos homens famintos por mulheres, na cidade vizinha. Taxas de divórcio se elevando, com casamentos que só duram algumas semanas, por causa dos filhos mimados que desistem do compromisso.

Mesmo nessa cidade, uma das economistas casualmente menciona que vai fazer seu doutorado no Japão, para que possa ter mais filhos sem penalidades. Será que as pessoas inevitavelmente violam uma lei draconiana e não natural? Será que a China de fato estaria melhor sem essa obrigação de um filho apenas?

14. 1.575 dólares.

"Sem isso, estaríamos rumando a 2 bilhões", conta Ouyang, enquanto eles seguem de carro de volta a Chengdu. "Tchau, comida e água; tchau, ecossistema." Ele tem cinco irmãos e irmãs. "A família da minha esposa é ainda maior. O pai dela é de uma família de dez irmãos. Ela tem 53 primos. Meu filho é um dos 57 netos."

Se seu filho tivesse nascido na mesma expansão aritmética, e não depois da política de um filho só, ele teria sido um de pelo menos 270 de sua geração. Ouyang conta que a maioria dos chineses enxerga a necessidade dessa política. Seria difícil encontrar um ecologista chinês que discordasse. "Em 1979", conta Ouyang, "em minha cidade natal, na província de Hunan, havia um tigre. Um fazendeiro o matou. Eu comi um pedaço da carne, minha primeira e última vez. Desde então, os tigres desapareceram."

Wang se retrai. "Sabe como as pessoas sempre nos perguntam que diferença fará em nossas vidas se algum dia não houver pandas? Ou tigres?"

Ouyang e Gretchen assentem, simultaneamente.

"Eu lhes digo que sem pandas, depois sem tigres, serão os peixes os próximos a desaparecer. Depois, a lavoura. Depois, tudo. Depois, as pessoas."

No último dia, os cientistas levaram Gretchen à menor província da China, situada no extremo sul. Aproximadamente do tamanho de Taiwan, a Ilha de Hainan fica a 30 quilômetros do continente, no Mar do Sul da China. Sendo a única parte da China que mergulha nos trópicos, ao longo das duas últimas décadas, Hainan tem sido descoberta por cadeias hoteleiras luxuosas e empreiteiros que estão convertendo a costa sul na Oahu da China, com preços de Manhattan.

O destino são as montanhas centrais, onde o número de plantações de seringueiras dobrou, devido ao crescimento explosivo de chineses proprietários de automóveis e à demanda por pneus ameaçando as florestas tropicais de uma das ilhas biologicamente mais ricas da Ásia. Com grande parte do território plano cultivando arroz, mandioca, cana-de-açúcar e pimenta, as florestas não são apenas o último traço de biodiversidade, mas também um bastião contra a inundação e a perda do solo.

O trajeto de carro até a Montanha Five Finger, no centro da ilha, passa por milhares de vinhas de pimenta cultivadas pelo homem, em estruturas de palha, cada uma delas amparada por mastros de granito feitos à mão, que não apodrecem com a chuva, mas que custam um número inimaginável de horas de trabalho para serem feitos. Várias vezes, a chuva os obriga a ir mais devagar e eles param num restaurante, ao lado de um laguinho cheio de patos Muscovy, que são apresentados no cardápio. Como sempre, eles contam o número de espécies servidas e procuram temperos e legumes locais. Além de arroz e soja, que podem ser de qualquer lugar, eles contam dezenove, incluindo samambaia *sauté*. Nada nessa viagem superou o banquete vegetariano no templo budista de Chengdu, duas noites antes, com pelo menos trinta variedades.

Eles chegam ao declive do terceiro dos cinco picos da montanha. Sob uma garoa que se acentua, eles andam pela plantação de seringueiras com Shen Haizhong, um agricultor de rosto quadrado, vestindo chinelos de plástico e pula-brejo cáqui. Como a maioria dos agricultores locais, ele utilizou seus subsídios da conversão de terras em declive para plantar seringueiras, o que era permitido porque essas lavouras produtoras de látex, nativas da Amazônia, são boas para reter a água e o solo. Chen também plantou uma erva medicinal usada em medicamentos de estômago e castanhas de betel. O cultivo variado é mutuamente benéfico, mas a borracha depende de fertilizante sintético e proteção com pesticidas. A equipe de Ouyang residente na Ilha de Hainan espera incentivar uma mudança mais sustentável para árvores nativas, propondo a eles que sejam eliminados os subsídios para seringueiras em terras em declive.

"É uma oportunidade perfeita", ele conta a Gretchen, "usar o programa InVEST para avaliar se o Programa de Conversão de Terras em Declive da China causou mais danos que benefícios aqui, tratando a borracha como se fosse uma floresta natural. Nós podemos usar o cenário econômico alternativo para mudar o comportamento das pessoas." "Com uma interface gráfica simples", diz ele, "eles podem mostrar aos legisladores o que acontecerá se eles fizerem A ou B em vez de C, deixando que eles tomem a decisão obviamente sensata."

Presumindo que os legisladores algum dia já tenham feito as coisas assim. "Você realmente consegue fazer que seu governo o ouça?", ela pergunta a Ouyang.

"Nós tentamos. Dizemos a eles que as florestas e plantas nativas são estratégicas para o futuro. Quando o arroz de produção elevada foi desenvolvido na China, ele usou material genético do arroz nativo de Hainan. Isso chamou a atenção do governo. Ajudou a fazê-los acreditar."

A garoa passou a rajadas de vento, e a buzina berra em cada curva, enquanto eles prosseguem em uma nova rodovia de concreto, entupida de riquixás, carros e táxis. Eles param numa reserva florestal na face norte do primeiro pico da Montanha Five Finger. Cinquenta anos antes, as árvores *shorea* dali, com 70 metros, eram repletas de primatas regionais, o gibão-cristado-de-Hainan. Agora, ele é o macaco mais raro do mundo. Restam apenas vinte.

"As pessoas os mataram para fins medicinais", conta Ouyang. "O pó de seus ossos supostamente fortalece as pessoas." Ele inclina a cabeça para olhar pela janela do carro. "Os gibões normalmente nunca desciam da cobertura das árvores. Mas os caçadores sabiam que, se um morresse, os outros se reuniam à sua volta para chorar. Então, eles atiravam em um e ficavam esperando que o restante descesse."

"Há algum cenário econômico que possamos utilizar para mudar o desejo pelos ossos de uma espécie em extinção?", pergunta Gretchen.

"Para algumas coisas. As pessoas agora sabem que podem ser saudáveis sem ossos de tigres. Com os afrodisíacos é mais difícil. Homens e mulheres fazem qualquer coisa se acharem que aquilo os tornará mais viris e belos."

Surge uma cachoeira e um rio caindo numa série de piscinas fundas e transparentes. Chove forte, mas nada irá impedir Gretchen de ver essa velha floresta, portanto o restante segue atrás dela, subindo a trilha da montanha. Uma hora depois, eles estão de volta, encharcados, mas alegres. Nem os pequenos sanguessugas que eles precisam catar dos cabelos uns dos outros diminuem a empolgação de terem visto tanta água cristalina e sentir o cheiro do mundo, como se ele tivesse sido criado ontem.

Mas, ao saírem da reserva e iniciarem a descida, a claridade límpida desaparece. Todos os rios estão fluindo em vermelho-sangue, por conta da erosão do solo. Há uma nata lamacenta correndo por entre as plantações de borracha e pimenta, lavando a rodovia. Quando eles finalmente chegam ao aeroporto, na costa norte da ilha, os rios de Hainan tiveram suas margens estouradas e o Mar do Sul da China está ficando cheio de lodo vermelho. Eles conseguem decolar, porém, no dia seguinte, um tufão, que já custou ao devastado Vietnã milhões de toneladas de solo arável, atinge Hainan com força total. Antes que ele passasse, 135 mil pessoas precisaram ser evacuadas.

Na Ilha de Hainan, ou em qualquer outro lugar, os três eixos que movem o programa InVEST – o uso da terra e do mar, o clima e a demografia – podem desmoronar no terceiro. Decisões podem ser tomadas quanto à administração do solo. A mudança climática já está a caminho e terá de ser acomodada. Mas deslocar pessoas de qualquer lugar onde sua presença esmagadora ameaça a existência significa que elas terão de ir para algum lugar. Na China, esse algum lugar são as cidades, mais e mais cidades.

Porém, em determinada altura, não haverá mais espaço – nem concreto, nem canos ou asfalto – para mais cidades. Já quase em guerra para dominar outras terras, a opção restante talvez seja alguma versão humana do que a China tentou, pelos últimos trinta anos.

TERCEIRA PARTE

CAPÍTULO 9

O mar

1. *Pamparegla*

Vivendo em Malabon, a cidade mais abarrotada de pessoas das dezesseis que compõem uma das áreas urbanas mais densamente populosas do mundo, a metropolitana Manila, Roland[1] não pensa muito na natureza, nem sequer a vê – exceto pela chuva. O apelido de Malabon é "Veneza" porque agora a inundação habitualmente transforma as ruas em canais, e Roland já passou a se resignar a ter de abrir caminho pela água para chegar ao trabalho. A chuva está aumentando, as tempestades ficam cada vez mais fortes e supostamente a cidade que afunda vai acabar ficando submersa, embaixo da baía de Manila, precedida pela própria Manila. O embaixador holandês já aconselhou as Filipinas a represar a baía, a melhor enseada do sudeste da Ásia. Mas de onde virá o dinheiro para isso?

O tufão que afogou a Ilha de Hainan, na China, deslocou-se para leste, atravessando o Mar do Sul da China: mais fraco, mas ainda úmido, no ar, encharcando Luzon, a maior ilha das Filipinas. Abaixo da janela de Roland, no segundo andar, a água revolve na rua. Mais além, o trânsito da

1. Seu nome foi mudado.

megalópole de 25,5 milhões[2] de habitantes flui imperceptível, como uma espécie de geleira tropical. Ocasionalmente, nacos se soltam e se impulsionam à frente, depois colidem com outros nacos e param na água.

Roland, um homem delgado e reservado, de 39 anos, não fica matutando no caos climático que irrompe lá fora, já que está preocupado com uma questão mais imediata:

Qual é a capacidade de procriação de uma mulher?

Todos os dias, Roland conhece mulheres que responderam a essa pergunta por elas mesmas, uma resposta que não agradaria a muita gente que manda nesse país. Elas querem dois filhos ou menos. Ou não querem mais do que aqueles que já possuem. Então, elas vêm vê-lo. O que elas procuram pode ser facilmente arranjado em outro lugar, sem a intervenção de alguém como Roland. Nas Filipinas, não.

A história das Filipinas às vezes é descrita como trezentos anos em um convento espanhol, seguidos por cinquenta anos em Hollywood. Hoje, poucos espanhóis ligam para o fato de que as Filipinas fizeram parte de seu império, há muito derrotado. Poucos americanos nem sequer sabem que, após se posicionarem como libertadores, durante a guerra Hispano-Americana de 1898, os Estados Unidos decidiram ficar com as Filipinas para si, assim como fez com Porto Rico. Isso significava administrar os assuntos do arquipélago, cunhar seu dinheiro, impor o inglês às outras 165 línguas e matar pelo menos um quarto de milhão de filipinos que faziam objeção de se tornarem colonos americanos. Só depois da Segunda Guerra Mundial os Estados Unidos finalmente desistiram disso.

Quando aqueles anos em Hollywood começaram, as Filipinas tinham apenas 7 milhões de habitantes, portanto um quarto de mortes de filipinos durante os três anos da guerra entre Filipinas e América não foi tão expressivo – exceto, talvez, para os Estados Unidos, onde os únicos americanos que já ouviram falar do conflito de guerrilha são geralmente descendentes de filipinos . (Uma pena, pois lembrou muito a Guerra dos Estados Unidos com o Vietnã, e se sua história fosse mais conhecida, um desastre poderia ter sido evitado.)

2. Esse número do censo de 2007 é para a "Grande Manila", que inclui áreas urbanas vizinhas às dezesseis cidades, oficialmente chamadas "Metro Manila".

Quando a República das Filipinas se tornou independente, em 1946, havia 18 milhões de filipinos. Hoje, há quase 100 milhões: enquanto a população do resto do planeta quadruplicou em um século, aqui a contagem quintuplicou na metade desse tempo.

Um grande motivo para isso é que as Filipinas de hoje – um arquipélago de 7.100 ilhas, diante da China comunista, da Indonésia muçulmana e do Sudeste Asiático budista – são o país mais católico da Ásia e, alguns dizem, serão o último bastião do império teocrático do Vaticano.

O governo da Espanha pode distribuir preservativos gratuitos e o aborto pode ser legal na Itália católica, mas nas Filipinas a Igreja nunca se rendeu. Em 2010, o recém-eleito presidente Benigno ("PNoy") Aquino III, filho da ex-presidente Corazón Aquino, que morreu em exercício, no ano anterior, inadvertidamente atraiu a ira de Roma, mesmo antes de assumir o mandato. Durante uma visita aos Estados Unidos, depois de eleito, alguns filipinos de São Francisco lhe perguntaram se ele era a favor do orçamento para saúde reprodutiva. Esses orçamentos, que colocariam o planejamento familiar na pauta do governo nacional, incluindo a distribuição gratuita de contraceptivos e auxílio-maternidade para os pobres, haviam sido introduzidos regularmente no congresso das Filipinas fazia quarenta anos, e eram regularmente desativados.

Sob a profundamente religiosa mãe de Aquino, cuja eleição sobre o ditador Ferdinando Marcos havia sido aclamada como milagre divino, não havia chance para que tamanho sacrilégio se tornasse lei. Adorada por sua coragem, depois que o marido senador foi assassinado, Cory Aquino era louvada, acima de tudo, pela Igreja, cujos interesses ela literalmente considerava sagrados. Após seu funeral, na Catedral de Manila, foi iniciada uma campanha por sua beatificação.

Mas quaisquer suposições de que seu filho igualmente popular compartilhasse a religiosidade da mãe foram estilhaçadas por sua resposta em São Francisco. Ele era presidente de todos os filipinos, respondeu PNoy, não apenas dos 80% católicos. Ele acreditava que os casais sabiam melhor quantos filhos queriam e que o governo deveria disponibilizar serviços apropriados.

Suas observações ganharam as manchetes em seu país. A Conferência dos Bispos Católicos acusou os Estados Unidos de se intrometerem nos assuntos filipinos e deu a entender que Aquino havia sofrido uma lavagem cerebral enquanto esteve em território americano. O arcebispo de Manila prometeu desobediência civil e demonstrações em massa, que não se materializaram, e ameaçou o presidente de ser excomungado. Aquino, por sua vez, convidou os bispos a almoçar no Palácio Malacañang para conversarem, fazendo parecer uma tolice a agressividade por parte deles. Ele não iria recuar do apoio a nenhum dos seis orçamentos de saúde que haviam sido apresentados por um lado e evitados por outro. Provavelmente, o único acordo entre os dois era que o aborto legalizado não estava em discussão. Uma coisa de cada vez.

Por isso Roland continuará em seu emprego atual, pelo futuro previsto. Não era o que ele havia planejado. Ele havia ido à faculdade para se tornar um enfermeiro pleno. Nas Filipinas, a função de enfermeiro não é apenas um emprego ou chamado: é uma passagem. Em um país agora excessivamente populoso, com um povo para empregar e alimentar, as próprias pessoas se tornaram o diretor de exportação das Filipinas – reconhecidas pela existência de uma agência governamental, a Filippine Overseas Employment Administration, para auxílio aos OFWs: Overseas Filipino Workers (trabalhadores filipinos no exterior).

Mais de 10% dos filipinos estão sempre trabalhando em algum outro lugar. Os homens geralmente obtêm empregos "3D" (*dirty*, *difficult*, *dangerous*, ou sujo, difícil e perigoso) – na construção, em trabalhos braçais nas fazendas ou como marujos. As mulheres são geralmente empregadas domésticas, mais de 2 milhões delas só no Oriente Médio. Na Arábia Saudita, as filipinas são praticamente utensílios domésticos essenciais no lar. Roland estava seguindo para Jeddah, onde um enfermeiro ganha mais num dia do que se ganha um mês inteiro em sua cidade. Há uma séria escassez de médicos nas Filipinas, porque eles podem ganhar muito mais trabalhando em outros continentes, como enfermeiros.

Mas a mãe enferma de Roland precisava de cuidados, e seu pai já passava a maior parte do ano trabalhando em Riyad. Assim, ele respondeu a um anúncio para enfermeiro comunitário, numa clínica beneficente, que provia assistência ginecológica e obstétrica para mulheres carentes. Ele gostava do trabalho. Muitas pacientes vinham de algum cortiço, pelos quais ele passava diariamente, perto da enseada de Manila. Havia um an-

Manila, Filipinas.

tigo ferro velho, onde milhares de trabalhadores da fábrica de conservas andavam cautelosos sobre os pedaços enferrujados de ferro, jogados por cima de fossos entupidos de sacos, esperando não pegar uma infecção de leptospirose, meningite causada por bactéria disseminada pela urina do rato. Não havia como evitar dengue.

Roland acreditava que Jesus queria que ele ajudasse os pobres. Ele pertencia à Legião de Maria, uma organização devota, e frequentava a missa diariamente, com seus colegas legionários. Toda semana, ele carregava a estátua de Maria para uma casa diferente e ensinava uma família a rezar o terço. Mas ele se viu num dilema, quando seu emprego começou a entrar em conflito com o serviço na Legião.

Ninguém havia tentado esconder nada dele. Em sua entrevista de contratação, perguntaram a ele como se sentia quanto à contracepção. Assim como quase todos os que ele conhecia que não fossem padres, ele sentia que isso era uma decisão do casal[3]. Como enfermeiro, ele sabia que o espaçamento entre filhos era sábio.

3. As pesquisas mostram que cerca de nove em cada dez filipinos são a favor dos contraceptivos custeados pelo governo.

Ele havia aprendido sobre as letras "RM" na ficha de uma paciente, sabendo que significavam "regulação menstrual", um eufemismo para o ajuste do ciclo feminino com as pílulas anticoncepcionais.

Embora as Filipinas não tivessem nenhum programa de planejamento familiar nacional, as regiões e municípios podiam aprovar suas próprias leis. Em Malabon, os contraceptivos eram legais, embora geralmente escassos; em Manila, com seu assento apropriado na arquidiocese, eles eram banidos, portanto era melhor não propagar quando se estivesse tomando.

Mas o que significava a sigla "AV", no prontuário de uma mulher? Depois do término de seu período experimental, ele descobriu, numa noite, enquanto estava em serviço na clínica de microcirurgias. Mesmo quando foi solicitado a auxiliar, a princípio ele não tinha certeza do que estava vendo.

"Não é nada do que os grupos pró-vida ou a igreja alegam. Eles dizem que você vê um pequeno feto. Não tem nada de assustador, é apenas sangue e um pouco de tecido. É um procedimento médico. E isso regula, sim, a menstruação feminina."

"MR", agora ele percebia, também se referia ao procedimento de duas partes que usa mifepristone, ou RU-486, para soltar a placenta do endométrio, suavizar o colo do útero e iniciar as contrações, seguidas por misoprostol, para as contrações finais, e tirar o material do útero. O procedimento que Roland viu naquela noite foi uma "AV" (aspiração a vácuo, manual): um método de aborto que não exige inserções agudas, apenas o espéculo, uma pinça, um tubo plástico fino e uma seringa de tubo largo. Conforme ele passou a entender, muitos preferem a solução química de dois estágios, por não ser cirúrgico. Mas o mifepristone e o misoprostol precisavam ser contrabandeados para dentro do país. A aspiração a vácuo era certeira.

"AV" também podia passar por *acidente de veículo*, caso as autoridades subitamente surgissem, exigindo inspecionar os prontuários. Clínicas como essas sempre lidaram com invasões policiais e investidas feitas por pacientes falsos, com notas marcadas e câmeras escondidas. Agora eles só atendem a pessoas indicadas por amigos ou ex-clientes e operam por trás de portas duplamente trancadas.

Medo da lei não é nada, comparado com o medo por sua alma mortal, que Roland tinha nos primeiros dias. Ele ajoelhava e pedia perdão, porém, por motivos que não consegue explicar, ele nunca foi se confessar. Em vez disso, ele entrava "em reflexão sobre meu relacionamento pessoal com meu Criador, minha profissão de enfermeiro e meu trabalho de compaixão com as mulheres, principalmente as mais pobres das pobres".

Ele havia visto mães de cinco filhos divididas entre a compra da pílula ou de comida para seus filhos. Havia mulheres, cujos maridos OFW – voltando para casa para sua visita anual, de navios petroleiros russos, de restaurantes em Singapura ou de equipes de manutenção de uma empresa aérea no Texas – ficavam tempo suficiente para engravidá-las pela sétima vez. Ou mulheres acidentalmente grávidas, bem na hora em que conseguiam um emprego OFW, como uma amiga instrutora de enfermagem aflita, que estava seguindo para Chicago.

E as grávidas vítimas de estupro. Essas mulheres iam para o mercado de rua, do lado de fora da Basílica do Nazareno Negro, em Manila, onde, em meio a terços e DVDs piratas, os vendedores de ervas vendiam frascos de *pamparegla* de 200 pesos e tabletes para úlcera vindos da China. Roland às vezes precisava limpar os resultados assustadores.

Com quinze anos de experiência em abortos, ele agora faz de cinco a dez por mês, em hospitais com condições sanitárias, ao contrário da maioria dos 750 mil ilegais estimados anualmente nas Filipinas. A maioria envolve cateteres inseridos no útero, ou, para induzir às contrações, poções de ervas como a *pamparegla* ou extrato de vinha *makabuhay* (também utilizado como pesticida), ou overdoses de remédio de úlcera. Ou as mulheres encontram um *hilot*, uma combinação filipina de massagista e quiroprático – que procura uma massa abdominal e esmaga com as mãos. O procedimento, repetido até começar o sangramento, exige que a mulher morda um cobertor para evitar os gritos.

Para evitar um conflito consciencial, Roland desistiu da Legião de Maria. Ele ainda vai à missa às vezes, mas nunca mais voltou a se confessar, e duvida que o fará.

"Confessar o quê? Que estou ajudando mulheres necessitadas? Agora, isso é entre mim e Deus. Isso não passa por padres."

2. Estreito e arrecife

Luzon é a maior e mais comprida ilha da extremidade norte das Filipinas. Em sua costa sul, 104 quilômetros abaixo de Manila, homens com remos amarrados aos pés passam pelo lodo com metais pesados nas marés baixas do Rio Calumpang para pegar mariscos. Ao leste, a linha da costa se eleva em arenitos cobertos de estacas e tanques cilíndricos das refinarias de óleo. Um píer de concreto, grande o bastante para receber cargueiros de petróleo, estende-se água adentro, apontando para o Estreito da Ilha Verde, que separa Luzon de milhares de ilhas filipinas abaixo.

Apenas 14 quilômetros do outro lado, o Estreito da Ilha Verde é estreito o suficiente, permitindo que várias dessas ilhas sejam visíveis no horizonte. Também é um gargalo pelo qual espécies marinhas tropicais precisam passar, entre o Mar do Sul da China e o Pacífico – um gargalo com uma rede de corais para pegá-las. Realizado pela Organização das Nações Unidas para Alimentação e Agricultura (FAO), um estudo do Triângulo dos Corais, conhecido como o centro da biodiversidade marinha da Terra – área margeada por Filipinas, Malásia, Indonésia, Papua-Nova Guiné, Timor Leste e Ilhas Solomon –, determinou que "o centro do centro" é representado pelas Filipinas, com 5 mil espécies de moluscos, 488 corais, cinco das sete espécies mundiais de tartarugas marinhas, 2.824 espécies de peixes e milhares de outros organismos aquáticos. A concentração mais rica de todas – mais de metade das espécies encontradas em todo o estudo – está no Estreito da Ilha Verde, o que o torna o corpo aquático com a maior diversidade biológica do planeta.

A Ilha Verde em si é um ponto verde, com 4,8 por 6,4 quilômetros, seu perfil é como um brontosauro deitando na água, com uma corcova de 300 metros na ponta leste e um pescoço comprido que se estende a oeste, terminando numa pequena corcova. Acessível por balsa, ela fica no meio do caminho, entre Luzon e Mindoro, uma ilha dominada por montanhas de mais de 300 metros de altura. Outros pequenos barquinhos percorrem o estreito pilotados por pescadores solitários. Exceto por uma corda de nylon usada para amarrar seus suportes de bambu, a tecnologia avançou muito pouco desde aquela usada por humanos que deixaram essas ilhas para descobrirem a Polinésia e o Havaí.

San Agapito, uma das seis vilas pesqueiras localizadas na Ilha Verde, abraça uma enseada turquesa em sua costa sudeste. Atrás de uma praia de areia marrom-clara, coqueiros se erguem acima da fileira de caprichadas casas de bambu e palha entrelaçada. Uma estradinha perfilada de pedras multicoloridas pintadas, que mal tem espaço para uma bicicleta de carga de três rodas, é a única via. Nos quintais há orquídeas amarelas, hibiscos, antúrios e jasmins. A vila é imaculada – a rua é varrida diariamente – e tranquila: a única eletricidade vem de um gerador a diesel que funciona após o pôr do sol, por quatro horas. Tem uma igrejinha branca com telhado azul de zinco e uma maternidade com apenas um leito e uma clínica de imunização.

Romeo Gonzalez, de chapéu de palha e calção de banho vermelho remendado, senta no banco de uma cabana aberta, remexendo os nós de uma rede de arrasto de náilon. Ele conta que sua família vive na Ilha Verde desde que as pessoas chegaram às Filipinas. Viúvo de quarenta e poucos anos – a esposa morreu jovem, de ataque do coração –, ele sempre pescou: garoupas, polvo, cação, peixe-lua, peixe-napoleão, arenque, halibute indiano e o atum *skipjack*. Na maré baixa, ele vai atrás das ostras, lagostas e filhotes de tubarão-branco. Ele geralmente pesca mais com rede; lulas e chocos, que podem chegar a quatro quilogramas, e sai à noite, com um lampião e um gancho.

O problema é que ao longo da última década o número de peixes diminuiu consideravelmente.

"Gente demais usando cianeto", conta ele, uma técnica para assustar os peixes do arrecife de corais, que é geralmente letal para o coral. "Gente demais e ponto final."

Pelo menos, ninguém aqui usa dinamite, que é outro modo de pegar bastante peixe, de maneira rápida. "Você precisa de um compressor", conta ele, "para mergulhar fundo e borrifar cianeto", e ele não tem um desses. Ele também não tem muitos filhos. "Só três. Nós fomos um dos primeiros casais a usar o planejamento familiar." Mas deveriam ser só dois. O método que eles utilizaram os surpreendeu com o terceiro.

"Hoje há pílulas, preservativos, injeções que duram três meses. Isso é bom. De outro modo, as famílias teriam oito. Onze, até. Há 1.300 pessoas nesta vila, e quatrocentas delas são pescadores." Acenando seu cigarro para o restante da ilha, ele acrescenta que, com as outras vilas, há pelo 1.500 barcos de pesca. "Além dos que invadem, de Mindoro."

"Oi, Romeo."

Protegendo os olhos, ele vê que é Jemalyn Rayos, com seu *cooler* rosa pendurado por uma alça de ombro. Dali de dentro, ele escolhe um sorvete de melão; ela, seus sete filhos e oito irmãos os fazem e vendem pela ilha. Jemalyn, com trinta e tantos anos, também é parteira em San Agapito, e recentemente se tornou educadora do planejamento familiar, o que lhe rendeu muita brincadeira. "Eu sei, eu sei", diz ela. "Só que antes eu não sabia." Ela aconselha seus próprios sete filhos e todas as outras pessoas a parar com dois.

Seu empregador é o Poverty-Population-Environment, continuação de um programa de patrocínio internacional que terminou em 2008, chamado IPOPCORM[4], um acrônimo digestível de encher a boca: Integrated Population and Coastal Resource Management (Administração de Recurso Costeiro e População Integrada), uma ideia que faz sentido, em um país com um dos litorais mais longos. Os fundadores da IPOPCORM perceberam que onde ocorrem os maiores índices de fertilidade humana são também as áreas de maior biodiversidade – um desfecho lógico da fecundidade abundante, mas que se aproxima de um ponto crítico. Os filipinos obtêm 80% de sua proteína dos frutos do mar, e seus números cresceram além da capacidade de alimentar todos eles. O mar mais rico do país estava sendo devorado, e dentre as espécies em perigo estava a devoradora. No epicentro do Triângulo de Corais, as Filipinas têm a equivalência marinha de Uganda com seus gorilas – só que as pessoas não estavam devorando o habitat: estavam comendo a vida selvagem em si.

A organização que associou o aumento da população à diminuição da pesca foi a ONG filipina nascida da crise da Aids. Sua diretora, a dra. Joan Castro, cresceu em uma família de Igorot, no norte indígena de Luzon, tão entranhado nas montanhas que ela nunca tinha experimentado

4. Trata-se de um trocadilho com a palavra *popcorn*, que, em inglês, quer dizer "pipoca". (N.T.)

camarão ou siri, até viajar por sete horas a Manila para estudar medicina. Sua mãe tinha seis irmãos, e seu pai tinha onze. Quando eles se casaram, o javali, o alce e a enguia de rio já estavam ficando escassos, então eles pararam em quatro filhos e explicaram o motivo.

Castro planejava estudar obstetrícia, porém, nos anos 1990, os OFWs, em número cada vez maior, estavam regressando infectados pelo HIV – principalmente os marinheiros filipinos, trabalhando sob as bandeiras de praticamente todas as nações marítimas. Depois de se formar, ela montou uma linha de aconselhamento sobre Aids, sendo o telefone o meio mais seguro, em um país católico e homofóbico, para uma pessoa assustada abordar um médico a respeito de uma doença sexualmente transmissível. O programa foi elaborado pela USAID, e a jovem Joan Castro despertou a atenção de Leona D'Agnes, uma especialista americana em saúde pública. Depois de anos na Tailândia e Indonésia, D'Agnes tinha ido às Filipinas para abrir uma filial da PATH[5], fundação internacional de planejamento familiar. Viajar por esse país pobre com uma fauna marinha tão espetacular lhe dera uma ideia, e Joan Castro parecia exatamente a médica para implantá-la.

Para financiar o programa que eles batizaram de IPOPCORM, elas abordaram agências ambientais, argumentando que a melhor forma de preservar o inigualável ambiente aquático filipino era por meio de gerenciamento reprodutivo nas comunidades que dependiam dele. Para patrocinadores de planejamento familiar, tais como a USAID e a David and Lucile Packard Foundation, eles argumentavam o contrário: que ajudando os pescadores a criar reservas marinhas para salvar seu sustento, eles poderiam convencê-los a ter menos filhos. Munidas de um mapa com as espécies da Conservation International, e com dados obtidos do censo nacional e milhares de registros municipais, elas identificaram 35 áreas com a maior biodiversidade marinha e cruzaram as referências com a densidade populacional, depois focaram nas doze espécies mais ameaçadas desses locais cruciais.

Ao longo de oito anos, o IPOPCORM se estendeu a 1.091 comunidades costeiras, em oito províncias das Filipinas, e seu programa su-

5. Program for Appropriate Technology in Health (Programa para Tecnologia Apropriada na Saúde).

cessor agora foca nos mais pobres, como é o caso desse. Romeo aponta, com o sorvete, para o santuário pesqueiro, onde ninguém mais tem permissão para mergulhar. Dezesseis santuários iguais circundam a ilha. Cada vila tem gerentes costeiros de recursos, que patrulham e vão de porta em porta conversar sobre a conservação. O cumprimento da lei é um empenho comum. Ele funciona bem, segundo Romeo, embora ele admita haver muito mergulho em volta dos santuários. Jemalyn é uma das quatro funcionárias voluntárias da saúde, que vão de porta em porta, ensinando às mulheres e estudantes sobre planejamento familiar, recebendo o equivalente a 28 dólares em pesos, como valor simbólico mensal.

Desde a chegada da PATH Foundation, em 2009, ela recebe pílulas para distribuir. "A maior parte das mulheres quer: se elas engravidam, não podem migrar para conseguir um emprego. Algumas têm medo dos efeitos colaterais. Nós lhes dizemos que é muito mais seguro do que tomar vinha *makabuhay* fervida para se livrar de uma gravidez indesejada. A população aqui ainda está crescendo. Porém mais devagar."

"Torcemos para que a população de peixes esteja crescendo, porém mais depressa", diz Romeo.

O segundo menor primata[6] da Terra, o *tarsier*, tem olhos enormes, que, com exceção de suas orelhas de morcego, o fazem lembrar o E.T., o extraterrestre, isto é, se o E.T. coubesse na palma de uma mão humana. Os pequenos *tarsiers* também são o primata mais antigo; a família *Tarsiidae* data de antes da nossa, *Hominidae*, por pelo menos 40 milhões de anos.

Depois de escurecer, numa touceira remanescente de teca e mogno, na ilha de Bohol, no arquipélago das Filipinas, quinhentos quilômetros a sudeste de Manila, os *tarsiers* trepam nos troncos das árvores, com seus dedos semelhantes aos do camaleão, e caçam grilos. Insetívoros noturnos, suas orelhas e olhos imensos – além do pescoço que gira 180 graus – lhes permitem atacar os insetos que compõem suas dietas, nas poucas ilhas restantes no Sudeste Asiático, onde ainda há madeira em pé para abrigá-los.

---

6. Nosso menor primata é o lêmure-rato-pigmeu, de Berthe, Madagascar, pesando pouco menos de 30 gramas.

Com a biodiversidade intensa e a humanidade igualmente intensa, Bohol tornou-se a região-piloto para o projeto IPOPCORM. De geografia oval e inclinada, Bohol tem aproximadamente o tamanho de Rhode Island, nos Estados Unidos, e 1,3 milhão de pessoas, quase a mesma população. Mas poucos cidadãos de Rhode Island pescam ou cultivam seu alimento, enquanto praticamente todos em Bohol se alimentam diretamente da terra e dos mares que a cercam.

Sob um céu de estanho, Geri Miasco, uma mulher vigorosa de 35 anos, segue dirigindo pela estrada costeira do norte de Bohol, no fim de outubro de 2010, de olho no clima. Ex-professora de jardim de infância, ela foi recrutada pela PATH Foundation, em 2004. Ela tem oito irmãos, e vários de seus tios e primos pescadores perderam barcos, membros, olhos ou suas vidas, quando a dinamite que eles estavam usando explodiu rápido demais.

Católica praticante, ela descarta a ideia de qualquer conflito entre sua fé e o planejamento familiar. "A população aumenta, os recursos diminuem. Se a população aumentar demais, os recursos desaparecerão. Então, nós desapareceremos também. Deus não quer que a gente se mate." Então, enquanto seu marido vai para o mar pescar, ela trabalha na terra, para garantir que haja algo a ser pescado.

Em seu trajeto para o almoço com o prefeito da cidade costeira de Ubay, Geri para numa "Pop Shop" – uma das várias lojas de conveniência de planejamento familiar que a PATH abriu ao redor da ilha. Perto da entrada há um quadro branco listando as mulheres locais que estão esperando bebê, o número de gestações de cada uma, as crianças que sobreviveram e a data em que terão o parto. Uma delas está na quarta gravidez, mas as outras variam de zero a duas.

Lá dentro, há vitrines de pílulas, injetáveis e preservativos (simples, sabor banana ou morango), com uma escultura, em madeira, de um pênis ereto e circuncidado, para mostrar a aplicação apropriada. Uma caixa com três camisinhas custa em peso o equivalente a 45 centavos de dólar; o suprimento mensal de pílulas varia entre as Yellow Ladies, de 50 centavos, a Altheas, de 83 centavos, e a Trusts, de 90 centavos, sendo que as mais caras, que combatiam a acne, supostamente causam menos efeitos colaterais. Depois que a IPOPCORM acabou, a comunidade assumiu

Tarsier – Ilha de Bahal, Filipinas.
(*Jasper Greek Lao Golangco*)

o projeto que a PATH Foundation continua a monitorar e as lojas Pop Shop ajudam a custear. Nenhuma necessidade passa sem atendimento: subsídios para quem não puder pagar pelo controle de natalidade estão no orçamento municipal. A princípio, era dito às mulheres na igreja que as pílulas e o Depo-Provera provocavam aborto no instante da inseminação. Depois que Geri explicou algumas vezes como a química simplesmente evita a inseminação, isso se espalhou e inúmeras mulheres começaram a usar.

Uma jovem magra entra. Ela é de Mindanao, ilha mais sulina das Filipinas, lar de uma ampla minoria muçulmanam, já presente quando os espanhóis chegaram, e desde então em constante rebelião contra a maioria católica. Seu marido, soldado, agora está a serviço em Bohol, conta ela, parecendo aliviada. Ela explica que eles tiveram o primeiro filho, um menino, e dois meses depois ela recebeu elogios da parteira que cuida da loja, por sua recuperação impressionante. Ela sorri, dizendo que eles querem planejar agora, até ficarem prontos para outro, se é que haverá. A parteira a pesa, verifica sua pressão arterial e entrega um questionário que elas preenchem juntas. A nova mãe trabalha para uma agência comunitária de empréstimos e pode pagar pelas pílulas Trust que decide comprar.

Chegam mais clientes, então Geri vai até Ubay, uma das primeiras cidades a assinar para ingressar no IPOPCORM depois do desaparecimento do agulhão-bandeira e do marlim negro, o que chamou a atenção de todos. Ela tem um almoço de trabalho com o prefeito Eutiquio Bernales e o gerente de recursos costeiros de Ubay, Alpios Delima, e o cardápio é pargo assado, lula cozida na própria tinta e uma porção de caranguejo-azul. Delima diz que o truque é equilibrar a quantidade de peixe, lulas e caranguejos que eles vendem para Hong Kong e Japão, a quantidade que eles guardam para consumo próprio e a quantidade que fica na água para manter o estoque.

"A única forma de fazermos isso é controlando o número de pessoas que estão vendendo e comendo", diz Bernales. "Isso faz sentido. Se você gosta de mangas, não vai cortar a mangueira: junte os frutos."

Ele tem até um padre de Ubay no projeto. "Ele percebeu que não era do seu interesse ver sua congregação morrer de fome. Eu disse a ele que faríamos um acordo. Você cuida do espírito e eu cuido dos corpos."

Bernales, agora com 75 anos, cresceu pescando com dinamite. Eles jogavam um amarrado de duas ou três bananas de explosivos; o choque das ondas surpreendia grandes garoupas e pargos, e matava os menores, ao explodir seus órgãos internos. Ele precisava mergulhar a mais de vinte metros para pegar os que ficavam sem nadadeiras, antes que eles afundassem. "Era rápido, barato e perigoso." Uma carga bem posicionada de explosivos podia render dez toneladas de peixes que, na época, eram tão abundantes que as pessoas podiam pagar para os filhos irem à faculdade. "Incluindo eu, à escola de medicina."

"Hoje é tudo *high-tech*", resmunga Delima. "Eles têm compressores de ar e descem a sessenta metros. Usam descargas com detonadores remotos, então nem ouvimos as explosões ou vemos o gêiser. Eles usam chumbadas com fusíveis plásticos à prova d'água, que são contrabandeados. Para a inspeção, nós temos de fazer perícia nos peixes: abrimos para ver se seus intestinos estão estourados."

Mas a maior parte da dinamite agora vem de outro lugar: junto como o planejamento familiar, o IPOPCORM cobriu a ilha de propaganda, informando o que a dinamite causa ao arrecife que os sustenta. Os homens de Delima patrulham 24 horas, mas é difícil quando os pescadores ilegais utilizam cianeto – o qual, sendo volátil, é geralmente impossível de detectar até que o peixe esteja no laboratório. Ultimamente, as pessoas estão lançando iscas com Zonrox, um produto de limpeza de banheiro à base de cloro, que é muito mais barato e igualmente tóxico. Eles borrifam no arrecife com garrafinhas pequenas, depois pegam os peixes que aparecem boiando.

"Ou armam redes que pegam tudo, incluindo os filhotes, antes de terem tido a chance de se reproduzirem. Ou misturam fertilizante de nitrato de amônio com gasolina em garrafas cheias de areia suficiente para afundar, cobertas com tampas explosivas."

"Ingenuidade filipina", Bernales ri. "Mas nós estamos nos antecipando a eles. Os pescadores jovens e suas esposas agora entendem."

Eles estão vendo os números de crianças diminuindo. Veem as pessoas em busca de alternativas à pesca: cultivo de batata-doce, de algas, criação de bagres e tilápias, cultura de ostras – eles estão até tentando criar sua própria espécie, o *milkfish*, em gaiolas. A ingenuidade filipina os favorece, mas o fio de ligação socioeconômico-ecológica aqui é o planejamento familiar. Sem programa nacional, isso sempre dependeu do dinheiro da fundação e dos preservativos e contraceptivos da USAID. Eles viram o que aconteceu quando as coisas começaram a secar, durante a presidência de George W. Bush, como o PATH precisou se esforçar por concessões, e é assustador pensar no que eles farão se isso voltar a acontecer e em quanto de seu destino depende da política do outro lado do globo.

Bernales e Delima levam Geri para dar uma volta em seu barco de patrulha, para ver duas reservas de peixes de Ubay, que são proibidas. É um barco de regata pintado naquele tom cinza dos cargueiros de guerra, movido a diesel, retirado de um caminhão, e seu sistema refrigerador foi convertido para o uso com água salgada. Com um manto de quatro tipos de algas, a baía transparente tem um tom reluzente de verde. À noite, ela cintila de luminescência. Um dia, esse foi o habitat de um delicioso molusco, uma concha parecida com o abalone, que eles esperam que volte. Eles esperam que o arrecife aguente firme: o terrível descoramento decorrente do clima reduziu partes de muitos arrecifes a esqueletos de corais nas Filipinas, mas poucos de fato demonstram sinais de crescimento. Eles também torcem para que renasça a estreita linha da costa, pontilhada de manguezais remanescentes de uma floresta arrancada décadas antes, para dar lugar a uma fazenda de camarões que não deu certo. Mas os manguezais produzem boa lenha, que queima continuamente, como o carvão, por isso é difícil ficar à frente dos saqueadores.

Em Talibon, cidade mais ao norte de Bohol, Geri encontra-se com o dr. Frank Lobo, funcionário municipal de saúde. Ele acaba de estar com um funcionário da ONU, que estava se atualizando sobre o programa da UNFPA, que construiu centros para a saúde da mulher e maternidades nas cidades mais pobres das Filipinas, alavancados com fundos da USAID. "Em um país onde onze mulheres morrem diariamente no parto, uma das coisas mais arriscadas que uma mulher pode fazer é engravidar. Nosso objetivo", conta Lobo, "é diminuir as mortes de mães e recém-nascidos, por meio de clínicas de partos, e reduzir a população em 35%. Está dando certo: mães estão sobrevivendo, assim como seus bebês. Agora temos trezentos partos por ano, quando eram 1.800. Passamos de zero a duzentas vasectomias."

A pressão pela redução da população é urgente ali, diz ele, pois um dos apenas seis arrecifes duplos da Terra está bem junto da costa, incrustado de uma variedade gigantesca de esponjas, corais-moles, corais-cérebro, entre outros.

"Isso é inestimável", diz Lobo, "e é nossa vida. Temos um estoque de peixes e 10 mil pescadores que querem pegá-los. O número de peixes depende diretamente do número de humanos. Aqui, nós não falamos sobre a explosão da população. Falamos sobre empregos – um emprego, 10 mil candidatos. Essa é a forma como fazemos as pessoas apreciarem o meio ambiente."

Com o término do projeto da UNFPA, e com o financiamento da USAID sempre dependendo das variações da política americana, as Filipinas finalmente precisam aprovar um projeto de lei de saúde reprodutiva, ele acrescenta. Pelo menos, eles desarmaram a igreja local. "Todos nós do planejamento familiar somos seus mais fiéis doadores. Eles não querem nos alienar."

São apenas dez minutos de barco para chegar ao arrecife duplo e a uma pequena ilha triangular, a Ilha Guindapcan, cujas laterais têm apenas 400 metros de comprimento. Um dia, coberta por manguezais que há muito desapareceram. Um pequeno punhado de palmeiras ainda permanece, em meio às 432 casas de pescadores de Guindapcan.

Ventos vindos de outro tufão do norte estão dobrando as palmeiras. Chegando com a chuva de vento, Geri é recebida por Estrella Paredes, enfermeira pública aqui há 25 anos. Sua calça verde cáqui está dobrada acima das panturrilhas, e fica imediatamente claro por quê. Exceto por poucos pontos altos, perto das palmeiras, boa parte da ilha está embaixo d'água. Eles vão pisando no charco, descendo por vias estreitas e arenosas, acompanhados pela nutricionista da ilha, Perla Pañares, cujos *jeans* estão encharcados até os joelhos. Gente com vassouras está puxando a água para fora das portas das casas de bambu. Estrella conta que seus sanitários de água salgada não estão mais funcionando bem. "Então, as pessoas estão usando a costa."

Eles passam pela única fonte da ilha, agora com água salinizada demais para beber. Perla conta que as casas têm coletores de chuva. "Mas nunca é suficiente, com tanta gente. Os que podem pagar estão comprando água engarrafada."

"Que ruim", diz Geri. "E quanto à comida?"

"Temos sorte de gostar de peixe", diz Perla. O arrecife e as algas marinhas sempre nos forneceram caranguejo, camarão, ostras, lulas, anchovas e pepinos-do-mar. As pessoas saem das docas com redes para pegar *rabbitfish*, robalo ou peixe-cardeal. Eles pegam todo tipo de molusco, mexilhões. "Mas por quanto tempo?", ela se pergunta. Os peixes estão ficando menores e em menor quantidade. "O grande problema são os legumes. Temos de comprá-los em Bohol. Agora que a água salgada está cobrindo tudo, não nasce nada nas hortas. Exceto alga marinha."

Vasos plásticos com terra trazida de Bohol dão cebolas, tomates, pimentões e temperos. Eles chegam a uma quadra de cimento, onde crianças sem camisa pulam descalças, tentando deslocar uma bola azul de basquete sobre um lençol de água. Perla franze o cenho, ouvindo três delas tossindo. As frutas são as mais escassas. Muitas crianças só ganham no Natal.

"Nenhuma dessas crianças ingere vitamina C suficiente." Ela mesma tem quatro; Estrella tem três. "Isso é pouco. A maioria das famílias varia de cinco a nove." Perla recentemente pesou todas as crianças de cinco anos ou menos – um quarto da população de Guindapcan – e notou que as dez mais malnutridas eram crianças com seis ou sete irmãos.

"A contracepção costumava ser gratuita aqui. Então, a UNFPA instalou clínicas de maternidade que cobram."

Exceto pelo fato de que, Estrella lembra, não era realmente gratuito – uma doação era sempre solicitada, por menor que fosse. O verdadeiro problema é que os suprimentos do planejamento familiar são poucos em locais remotos como esse. Até a PATH só consegue alcançar metade das pessoas nos locais marinhos extremamente ameaçados do país. Estrella distribui o que tiver. "Mas não é o bastante."

3. Interior

Se o mar continuar a subir e encobrir as terras mais baixas, o planejamento familiar em Guidapcan pode se tornar uma questão de disputa.

Mas os locais de maior altitude não estão isentos de mudanças que irão afetar sua capacidade para suportar seres humanos.

Um dia depois, de volta a Luzon, o tufão tinha passado, deixando um céu profundamente azul com pequenas nuvens brancas rendadas. O brilho do sol é bem-vindo ao International Rice Research Institute, no meio do caminho entre o Estreito da Ilha Verde e Manila, onde a preocupação vai aumentando quanto a uma variável específica, na mais longa experiência com arroz já feita no mundo. Em 1963, quando o IRRI foi fundado pelas fundações Rockefeller e Ford, cientistas separaram um hectare de testagem, para verificar como o arroz longo poderia crescer continuamente, no mesmo pedaço de terra. Cento e quarenta colheitas depois – suas plantações híbridas têm três colheitas por ano –, os resultados são encorajadores. Mesmo em áreas sem qualquer aplicação de nitrogênio, eles conseguiram produção. Agora, o objetivo é elevar a produção e diminuir o nitrogênio artificial, para chegar a um nível ideal.

Eles podem manipular as inserções de fertilizantes e o cruzamento de espécies de lavouras. Já reduziram para apenas 2% dos inseticidas que utilizavam quinze anos atrás: garças e gaivotinhas agora buscam caramujos e sapos em seus arrozais de teste; papa-moscas caçam acima deles, em busca de insetos ausentes dos campos silenciosos e encharcados de pesticidas de outros lugares. Mas o que eles não podem controlar é o calor. Durante anos, eles vêm fazendo gráficos de dados climáticos. Desde 2000, há mais nuvens, menos radiação solar e temperaturas noturnas se elevando. Quanto mais alta a temperatura à noite, mais energia uma planta queima para converter açúcares – não fosse assim, a energia seria aplicada no crescimento. Isso coincidiu com uma queda média de 15% no "arroz milagroso" IR8, do IRRI, que ajudou a evitar a fome na Ásia durante os anos 1960.

Se a tendência ao aquecimento continuar, a essa altura não há muito mais o que os agricultores de arroz possam fazer. Híbridos atuais foram desenvolvidos para maximizar a utilização do fertilizante, resistir às infestações e pragas, crescer mais depressa (e, como acontece com o arroz dourado, manipulado com genes de borboleta, apresentar mais vitaminas). Mas a tolerância à temperatura nunca foi problema – isto é, até agora.

O IRRI é a analogia tropical do CIMMYT, centro de melhoramento do trigo e do milho, no México, porém trabalhar com arroz híbrido provou ser algo mais capcioso. O arroz, cujos ramos são hermafroditas, poliniza a si mesmo. Era impossível criar arroz de alta produção até que, em 1970, um agrônomo de Hunan, chamado Yuan Longping, descobriu uma mutação no arroz selvagem da Ilha de Hainan, cuja metade macho era estéril. Isso significava que sua parte fêmea fértil poderia cruzar com o pólen macho de outra variedade, produzindo um híbrido com as melhores qualidades de ambos. Sua descoberta mudou o mundo na hora: produções de avanços anteriores – semianão, híbridos de alta produção da Revolução Verde – tinham se estabilizado, assim como a população da Ásia, onde metade das pessoas do planeta cultivava 90% do arroz do mundo, e estava dando um salto para o alto. Hoje, toda a indústria de arroz híbrido da China é baseada naqueles genes de arroz selvagem.

Mas quanto maior o êxito de uma qualidade de arroz, mais vulnerável ele é. Depois de chegar a um híbrido desejado, as colheitas de autopolinização subsequentes, assim como clones, podem pegar todas o mesmo resfriado. Uma doença que afeta uma planta irá rugir como um incêndio selvagem tomando o território inteiro. É uma base precária, sobre a qual equilibrar o alimento mais consumido pela humanidade. Os cientistas do IRRI aprenderam a forçar quimicamente a esterilidade do macho, permitindo que eles sejam cruzados com novos tipos para acompanhar o ritmo de novas doenças. Porém os melhores híbridos para o clima atual, as doenças e pragas de hoje não são os de amanhã, porque tudo muda constantemente.

Em um mundo onde as monoculturas maciças das espécies mais lucrativas substituem a diversidade natural da colheita, os tipos antigos precisam ser preservados, de modo que os agrônomos sempre tenham algo com que cruzar. Fora do cofre refrigerado do banco de genes do IRRI, as mulheres sentam numa longa mesa, numa sala com ar-condicionado repleta de centenas de gavetas de arquivos verdes, buscando em meio às pilhas de sementes de híbridos e seus parentes selvagens, selecionando os grãos mais saudáveis para preservar. Depois de parar e examinar um novo punhado de arroz de Bangladesh que as mulheres acabaram de receber,

Ruaraidh Sackville Hamilton, de cabelos claros, ecologista evolucionário formado em Cambridge, e que chefia o Centro de Recursos Genéticos do IRRI, entra no banco de genes.

É um refrigerador de dois andares e 1.112 metros quadrados, mobiliado com estantes de aço inox e prateleiras móveis. A coleção ativa está armazenada em envelopes de alumínio lacrados a 2 °C (35,6 °F). Ela contém sementes de 117 mil tipos, que são dadas a qualquer agricultor que pedir, dez gramas de cada vez. Nos *decks* inferiores, uma coleção-"base" idêntica está armazenada a -20 °C – temperatura baixa o bastante para preservar as sementes guardadas em latas de alumínio lacradas a vácuo por pelo menos um século, supondo que a eletricidade se mantenha ou os geradores de *backup* não fiquem sem diesel.

"Essas são para os nossos bisnetos", diz Sackville Hamilton. Assim como ocorre com o trigo e o milho do CIMMYT, há uma coleção adicional do conjunto do IRRI guardado no National Center of Genetic Resources Preservation, do Departamento de Agricultura dos Estados Unidos, em Fort Collins, Colorado. E outra também está enterrada no cofre do "Dia do Juízo Final", do Svalbard Global Seed Vault, na Noruega.

Essas instalações são à prova de inundação, de tufão, de terremotos de até 4,7 na escala Richter. No entanto, se um dos vulcões nas redondezas de Luzon despertassem e os cobrissem com lava, "Nós não sobreviveríamos", reconhece Hamilton.

Como comissário dessa coleção botânica antropocêntrica, Sackville Hamilton não vê as espécies cultivadas pelos humanos como não naturais, mas como parte da evolução da qual o *Homo sapiens* é participante, reorganizando a natureza para melhorar nossas chances de sobrevivência, da mesma forma que os castores fazem com as margens dos rios. Ele concorda que apostarmos todas as nossas fichas numa vasta monocultura é algo que a natureza repetidamente nos mostra para não fazer: carecemos de toda robusteza dos diversos ecossistemas. Então, por que fazemos?

"Por conta do custo. É mais lucrativo para as empresas de sementes comercializarem uma variedade em uma grande área. Quanto mais hectares são semeados em sua variedade, mais bem-sucedido você é, como criador, que é o oposto da promoção da diversidade. Também, nós simplesmente não sabemos como construir sistemas produtivos diversificados. Como você pode fazer uma safra de mistura e combinação? Nós sabemos que precisamos de diversidade, mas desenvolver uma lavoura de diversidade em grande escala... não chegamos lá. Por isso é que nós precisamos deste banco de genes, porque a diversidade não está nos campos, embora seja lá que precise estar."

Então, eles seguem em frente, tentando novos truques para melhorar a ordem natural das coisas. Agora, a maior busca do IRRI é aumentar a eficiência fotossintética do arroz em 50%, para dar a ele energia solar suficiente para produzir mais grãos e conservar seu próprio nitrogênio. O arroz "C4" resultante aumentaria imensamente a produção e até criaria seu próprio fertilizante – o potencial citado pelo Vaticano sobre como alimentar o mundo que continua acrescentando gente.

Mas isso vai exigir a reconfiguração da própria estrutura celular das folhas do arroz. Encontrar uma combinação vencedora de genes e cruzamentos, em meio a essas variedades, é no mínimo um projeto de 20 a 25 anos. Nem mesmo o patrocínio da Bill and Melinda Gates Foundation pode forçar essa programação. Até lá, a população do mundo poderá anular os ganhos, mesmo com um clima traidor encolhendo a terra arável, a água potável ficando mais escassa e o solo se degradando ainda mais.

O arroz C4 seria uma das maiores transformações agrícolas da história. Mas esse avanço, como qualquer outro, só pode alcançar determinado limite, diz Sackville Hamilton.

"Neste banco de genes, podemos lidar com praticamente todos os desafios futuros que o mundo lança em nossa direção, exceto um: o aumento da população. Por não podermos aumentar indefinidamente a quantidade de alimento que cultivamos."

Ele tira de uma prateleira um pacote laminado de sementes de dez gramas, olha a etiqueta e recoloca no lugar. "Podemos reagir a novas doenças", diz ele. "Até às mudanças do clima, eu acho. Podemos melhorar a tecnologia: no ano passado, vi uma fazenda japonesa tentando cultivar arroz comercial de forma hidropônica. Uma variedade ideal para os hidropônicos teria uma estrutura de raiz diferente da que cresce no campo. Isso apresenta um novo desafio de cruzamento, mas nós podemos abordar aquele desafio, a partir desta coleção."

Ele cruza os braços, diante do frio. "Podemos lidar com qualquer coisa. Exceto o crescimento indefinido da população."

Lá em Manila, as chances de reverter a fecundidade das filipinas que cercam o IRRI não pareciam promissoras. Apesar de o recém-eleito presidente Aquino ter professado interesse em um plano nacional de saúde reprodutiva, conforme 2010 se arrastou a 2011 e depois a 2012, a Igreja Católica manteve um ataque frontal contínuo sobre os congressistas que se atreviam a tocar em um assunto tão abominável. Durante décadas, a Igreja esmagou cada proposta apresentada por acesso universal à informação sobre planejamento familiar, contraceptivos gratuitos para os pobres e educação sexual obrigatória para as crianças de Ensino Médio. A Conferência de Bispos Católicos das Filipinas não ia deixar que nenhum presidente derrubasse esses registros.

"Contracepção é corrupção", declarou um arcebispo.

"O sexo não deve ser ensinado de forma separada de Deus e isolada do casamento", decretou outro.

"Não brinque com a Igreja. Porque ela irá enterrá-lo", alertou um terceiro. Quando o debate sobre o projeto de lei mais recente surgiu no Congresso, os bispos filipinos mandaram milhares de alunos para Manila, para comícios religiosos de parar o trânsito, e forraram os veículos com adesivos de caretinhas risonhas nos quais estava escrito "Gospel of Life". Em cada sermão, eles repreendiam o rebanho quanto à contracepção ser mais uma forma de aborto, que é proibido pela constituição filipina.

No subúrbio de Alabang, em Manila, eles se uniram por um decreto que tornava a compra de preservativos sem a prescrição médica um ato passível de punição de seis meses de prisão – uma medida "mais católica que o próprio Papa", frisavam os puritanos, enquanto Benedito XVI reconhecia que os preservativos ajudam a evitar a Aids. No Congresso, as forças pró-Igreja empilhavam emendas no projeto de lei sobre a saúde reprodutiva – 35 propostas por um congressista, em apenas um dia – ou exploravam o procedimento parlamentar para manter os trâmites a salvo de uma conclusão. Numa noite, em novembro de 2012, quando parecia que o projeto de lei – favorecido por 70% dos filipinos – talvez pudesse entrar em votação, tantos legisladores acovardados se mantiveram à distância que a Câmara dos Deputados não conseguiu quórum. Ganhando a posição obstinada da

Igreja, estava o mais famoso filipino de todos, congressista e boxeador lendário, Manny Pacquiao. Quarto filho de seis irmãos, Pacquiao lembrou a todos que ele jamais teria ganhado nenhum de seus títulos mundiais, em oito categorias, se seus pais tivessem usado controle de natalidade.

Mais uma vez, o projeto de lei de saúde reprodutiva parecia fadado ao fracasso. Então, em 8 de dezembro de 2012, no sexto *round* de uma luta de peso meio-médio, em Las Vegas, o aparentemente invencível Pacquiao trombou com uma direita inesperada na cabeça, dada por seu arquirrival, o mexicano Juan Manuel Márquez, nocauteando-o de tal forma que, por alguns minutos, seus fãs acharam que ele estivesse morto. Embora após apenas três dias Pacquiao estivesse de volta ao Congresso, lutando contra o projeto de lei de saúde reprodutiva, alegando que sua sobrevivência só aprofundou sua crença na santidade da vida, sua derrota ignóbil provou ser um presságio de desfechos surpreendentes.

Dez dias depois, o presidente Aquino orquestrou sua própria trama criativa com as Regras de Ordem, de Robert, forçando uma votação do projeto de lei, antes que qualquer um pudesse se opor, declarando uma prioridade presidencial. Seu país, apesar de sediar o International Rice Research Institute, tinha crescido tanto além de sua capacidade de sustentação que agora era o maior importador mundial desse grão. Ainda pior, o mundo agora estava a caminho de se aquecer mais de 2 °C – ponto em que os arrecifes de coral, lar da principal fonte de proteína das Filipinas, não sobreviveriam. Até mais popular que sua mãe santificada, Cory, a recusa do presidente Aquino de deixar que a população novamente dobrasse e corresse o risco da fome conduziu o dia na Câmara e Senado filipinos.

Num gesto conciliador, ele esperou até o Natal, para discretamente assinar o projeto de saúde reprodutiva, tornando-o lei, sem fanfarra. Contudo, os bispos filipinos juraram derrotar cada infiel, na eleição seguinte, despedir todos os docentes das universidades católicas que eles acreditassem ter favorecido o projeto e apelar na Suprema Corte para declará-lo inconstitucional.

Se eles fracassarem, só restará um país na Terra, onde as decisões políticas sobre saúde reprodutiva ainda são controladas pela Igreja Católica Romana. Ao contrário das Filipinas, que acrescenta 2 milhões de pessoas a cada ano, aquele minúsculo país não sofre crise populacional, pois seus cidadãos literalmente não incluem mulheres e são, essencialmente – pelo menos, teoricamente – homens celibatários.

O que eles fazem dentro das paredes do Vaticano é da conta deles; o fato de já não poderem sacudir qualquer outro país pode se provar oportuno em uma Terra que, em todos os sentidos, incluindo o bíblico, agora está preenchida de humanos.

CAPÍTULO 10

O fundo

1. Sahel

A Líbia é uma raridade, um país de população esparsa. O motivo é simples: embora tenha recursos naturais valiosos, eles não são comestíveis. Décima sétima maior nação do mundo em área, mas em 103º lugar em população, ela só tem 6 milhões de pessoas, 90% dos quais vivendo em uma faixa apertada, na costa norte, onde os portos mediterrâneos já foram seus maiores bens. Hoje o petróleo é o número um; outro recurso, no entanto, pode limitar de forma irrevogável o atual tamanho da população da Líbia, talvez até diminuí-la. Esse recurso é a água.

As nascentes do norte da Líbia são contaminadas pela água do mar, a água potável desses 90% chega pela obra-prima de Muammar Gaddafi, o "Grande Rio Feito pelo Homem" – a maior rede de encanamentos ligados a mais de mil fontes perfuradas adentrando meio quilômetro num aquífero de areia, no sul. A água que eles extraem é a que se acumulou quando o Saara estava repleto de plantas e animais, um período molhado que terminou cerca de 6 mil anos atrás, quando o eixo terrestre desviou ligeiramente – exatamente quando as populações crescentes, seus rebanhos e lavouras demandavam mais água do que nunca. A colisão infeliz desses acontecimentos alterou profundamente o norte da África. As estimativas de esgotamento do aquífero da Líbia variam de sessenta a mil anos, sendo a estimativa maior provavelmente mais atribuída a Gaddafi do que à hidrologia. Seja quando for, uma coisa é certa: nada irá reabastecê-lo tão cedo – nem no tempo humano, nem no tempo geológico.

O Saara é tão monocromático e vasto quanto o Ártico – só que o Ártico está encolhendo e o Saara está crescendo rumo ao cinturão semiárido em direção ao sul, conhecido como Sahel, que separa o deserto das savanas tropicais da África Central. Contornando a parte superior do continente africano, o Sahel tem 965 quilômetros de largura em seu ponto mais largo – pelo menos por enquanto.

No Níger, nação do oeste africano, ao sul da Líbia, Al-Haji Rabo Mamane sabe muito sobre o Sahel, mas ele não tem certeza de quantos filhos possui, então pega suas contas sagradas e começa a contar.

"Dezessete", ele diz. Mamane é chefe de Bargaja, uma vila do Sahel, com 2 mil habitantes, a 20 quilômetros ao norte da fronteira com a Nigéria. Ele está sentado num belo tapete azul e verde, embaixo de um toldo de palha, diante de sua casa de pau-a-pique, cercado de homens de sua vila. Um homem de 70 anos e cavanhaque branco, ele ajusta sua *djalabiya* azul-celeste ao redor dos calcanhares descalços, endireita seu gorro azul e bordado, sagrado, e acrescenta: "Dezessete que ainda estão vivos. Perdi a mesma quantidade".

Os últimos anos têm sido difíceis. Em 2010, poucas lavouras no Níger chegaram à colheita. O milhete, cereal básico, secou todo e morreu nas espigas, com a antecipação da grande seca. O mesmo aconteceu com o amendoim. O sorgo, geralmente tolerante ao calor, cresceu, mas não produziu sementes. O gado ficou sem pasto.

"Então, nossas crianças começaram a morrer." O World Food Programme tentou levar alimento emergencial via aérea para 5 milhões de pessoas desesperadas, mas Mamane ainda perdeu três – apesar de que, como chefe, ele pôde mandar uma esposa ao centro de saúde administrado por médicos franceses, em Maradi, capital da região. Lá, ela os viu morrer de malnutrição, um após o outro.

Ela é a esposa mais jovem. "Eu me casei com ela quando ela tinha 12 anos, quando estava fresca. Todos os seus bebês morreram; um tinha três anos, outro tinha dois. Um morreu depois de apenas uma semana."

Em 2011, ele perdeu mais dois. Duas de suas outras esposas estavam amamentando; malnutridas, elas ficaram anêmicas e seus seios secaram. Os bebês morreram de anemia e do oportunismo da malária. "Minha esposa mais jovem ainda estava tão aborrecida que eu pensei em me divorciar dela, para lhe dar outra chance com outro homem. Mas, felizmente, ela está grávida novamente."

Um murmúrio de aprovação surge entre os homens que estão à sua volta.

Ele tampouco tem certeza do número de esposas. Embora o Corão lhe permita até quatro esposas, contanto que possa cuidar delas com responsabilidade; ao longo dos anos, algumas esposas ficaram, algumas partiram. "Algumas delas também morreram." Uma, ele sabe, tem três filhos ainda vivos. Três de nove partos.

Seu filho mais velho, Inoussa, agachado na beirada do tapete do pai, veste uma *djalabiya* azul-marinho, com gorro de prece roxo, e faz uma soma na terra, com o dedo. "Ano passado, esta vila perdeu 180 crianças. Inoussa, de 42 anos, tem três esposas que lhe deram onze filhos, seis ainda vivos. Ele é considerado rico, pois tem um hectare inteiro só para ele, para fazer seu arado. Há cinquenta anos, todos tinham dois hectares, mas a terra foi tão fracionada entre os tantos filhos que os dois hectares que um dia alimentaram uma família de vinte agora precisam sustentar sessenta ou setenta.

"Temos esses problemas, que não sabemos como resolver", diz seu pai.

"Temos gente demais", responde Inoussa. Olhos franzidos se voltam para ele. "Sim", diz ele. "Estamos chorando porque estamos sendo esmagados pelas nossas próprias crianças."

Por toda a sua vida, ele ouviu que todo nascimento é uma bênção. Deus dá, contudo Deus também tira. Dois anos antes, depois que ele e suas esposas pararam de trabalhar por três dias para rezar pela alma do último filho morto, eles tomaram uma decisão. Foram até a clínica em Maradi. Com seu consentimento, todas as três esposas começaram a tomar as pílulas do programa de planejamento familiar. Inoussa não tentou esconder isso na vila, e os outros homens não esconderam seu desconforto quanto ao que ele havia feito. Ele não tentou convencê-los: "Eles puderam ver os resultados com seus próprios olhos. Minhas esposas eram muito magras, mas agora ganharam peso. Ninguém engravida há dois anos. Isso é bom, porque ter onze filhos é um grande teste para a resistência delas".

À medida que ele explica isso, os outros homens parecem perplexos. No Níger, cada mulher tem, em média, de sete a oito filhos – taxa de fertilidade mais alta da Terra. Suas esposas deveriam ter lhe dado 21 filhos, entre elas, mas pararam sem chegar nem à metade disso.

Em um cômodo a poucos metros de onde os homens estão conversando, duas das esposas do chefe estão sentadas no chão de terra, perto da porta, ouvindo. Nenhuma delas pesa mais de 40 quilos. Na região rural do Níger, os melhores alimentos, como ovos, vão para os homens. Em seguida, as crianças são alimentadas. Em épocas difíceis, as mulheres mal comem. Hassana, a esposa mais alta e mais velha, está amamentando um filho chamado Chefiou, de quatro meses. Ela tem dois outros, um casal. Mas uma mãe também mantém a contagem de suas perdas e ela está atrás, quatro a três.

"O primeiro, um menino, morreu com quatro anos. A segunda, uma menina, com um ano e sete meses." O terceiro e o quarto viveram. "O quinto morreu aos três anos. O sexto, com um ano. Eram meninas." Ela pousa Chefiou em seu colo e limpa os olhos, com a bainha de seu *hijab* florido. O bebê arregala os olhos e olha para ela, acima.

Ela o puxa de volta ao seio. "É muita tristeza ter e perder um filho. Deus dá vida, depois tira. Mas eu não posso ir contra a vontade de Deus. Porque sei que Deus também poderá tirar a minha vida quando Ele quiser." Ela já ouviu falar sobre planejamento familiar. Isso não lhe interessa. "Quando chega uma crise de alimento e uma doce criança morre, você tem de continuar tendo outras, enquanto puder. Se eu parasse, e se as que eu tenho não sobreviverem? Não teria nada."

Mas será que apenas três não têm uma chance melhor porque haveria mais alimento para eles?

"Se nós pudéssemos garantir comida suficiente, eu não teria de ter sempre um em meu útero e outro nas minhas costas, então, sim. Mas essa garantia não existe." Ela dá uma olhada para sua colega esposa, Jaimila, encolhida num outro canto, com um *khimar* azul sobre uma saia de *batik* escondendo sua gravidez. "Além disso, se houvesse menos crianças e mais comida, os maridos simplesmente correriam para ter mais esposas, e as esposas irão competir umas com as outras, para terem mais filhos. Então, novamente, não haverá comida suficiente."

Ela se casou tarde, aos 16 anos. Jaimila, nem tanto, pois tinha 12 anos quando casou com o chefe, e seus três bebês morreram. Ela não se lamenta por não ter a oportunidade de encontrar um marido mais jovem, em vez de ter filhos de um homem de setenta anos?

"Mas ele é o chefe", ela responde, intrigada pela pergunta.

Há um dizer no Níger: *um velho com dinheiro é um jovem*. As esposas de outros homens perdem até mais bebês, e mais depressa, pois o chefe tem mais terras e animais. Embora, ultimamente, ninguém tenha muito. "Se eu ainda tivesse meus três, ou se Deus me der mais três, depois deste, talvez eu possa parar, algum dia. Mas eu teria de ir até Maradi, para ter as pílulas. E ele logo estará velho e não vai querer. Então, eu deixo a ideia de lado."

Esposas de Mamane – Bargaja, Níger.

O Níger é um país em território central, sem região costeira, e é ligeiramente maior que a França, a Alemanha e a Polônia juntas. Diretamente abaixo da Líbia e da Argélia, quatro quintos do norte do país são praticamente um deserto inabitável. A maior parte dos nigerinos vive mais abaixo, no Sahel, do qual muitos ainda se recordam coberto de florestas de acácias, gramados e baobás. Hoje, com a míngua da vegetação e uma média de 1,5 °C a 2 °C de temperatura mais alta que nos anos 1990, eles temem que o país fique cada vez mais parecido com o Saara.

Na outra ponta sudeste do Níger, fica o Rio Níger, terceiro mais longo da África, depois do Nilo e do Congo, adentrando o país pelo meio de seus 4.184 quilômetros de extensão. Duzentos e cinquenta e sete quilômetros após passar pela capital, Niamey, chega-se à Nigéria, cuja fertilidade está ligeiramente abaixo de cinco filhos por mulher, não tão alarmante quanto a de seu vizinho. Porém, com um número de pessoas dez vezes maior – 166 milhões, em contraste com os 16,6 milhões do Níger –, a Nigéria tem a maior população da África, mais que duas vezes o segundo lugar, a Etiópia. Até 2040, espera-se que a Nigéria dobre para 333 milhões, número que irá transcender, em muito, sua capacidade agrícola – e a do continente –, e ninguém tem ideia do que vai acontecer.

Em seu palácio, em Maradi, o Sultão Al-Haji Ali Zaki não está preocupado com a Nigéria, nem com 2040, porque ele já tem problemas suficientes aqui e agora. Apesar do trágico índice de mortalidade infantil, sua região também tem a maior taxa de crescimento populacional do Níger, que é a maior do mundo.

O motivo é um afluente do Rio Níger, o Goulbi de Maradi, um dos mais importantes afluentes sazonais do Níger – "mãos do rio", no idioma hausa. Parte mais verde do país, o Maradi é considerado a região de maior produção de cereais, mas suas vilas, como Bargaja, estão repletas de crianças moribundas. É sexta-feira; os líderes religiosos se encontraram ali mais cedo, para discutir a crise, e agora os líderes da vila estão reunidos.

Ignorando seu trono entalhado, o sultão senta numa poltrona confortável, com seu robe branco bordado de dourado, turbante branco de seda e um lenço branco de renda em volta do pescoço. Ele é idoso, porém corpulento, e usa óculos grandes de armação vermelha, pousados em seu nariz largo e triangular. Ele é o único homem do recinto que está calçado: sapatos brancos de couro, com fivelas douradas. Todos os outros estão sentados no tapete vermelho fino, exceto os quatro guardas de turbantes alaranjados que estão ali perto, com seus robes em branco, verde e ocre, com punhais e porretes a postos. O punho direito do sultão está envolto em miçangas sagradas. O punho esquerdo mostra um Rolex de inox.

"Ano passado foi de muita dificuldade", diz ele. "A seca matou nosso gado. Milhares simplesmente caíram. As pessoas passaram fome. Por sorte, fomos ajudados pelo governo e por doadores e ONGs internacionais. Eles fizeram o melhor que puderam, mas seus matemáticos não conseguem prever nossas necessidades, porque eles não conseguem acompanhar nossos números. Ninguém mais consegue. Mas nós lhes agradecemos por tentarem."

Um dos guardas grita em louvor ao governo.

"E agora, estamos novamente enfrentando pouca chuva", prossegue o sultão. "O governo e as ONGs irão novamente calcular equivocadamente as provisões de que precisamos."

Ele viajou recentemente para o norte de Maradi, onde o Sahel está desaparecendo rapidamente no deserto. Algumas áreas receberam um pouquinho mais de chuva este ano, porém a maioria das vilas estava como a que ele visitou, Mailafia, uma cidade silenciosa, com uma terra cozida, em tom amarelo-esbranquiçado, mulheres esqueléticas, crianças caladas e cabras esqueléticas. As árvores grandes se foram, assim como o gado. A única fonte, perfilada de concreto, escavada por uma ONG francesa, após a escassez total de 2005, não foi suficiente para prover água para os animais e as pessoas.

"Em minha juventude", disse um homem de 45 anos, chamado Issa Ousmane, depois que eles tinham se ajoelhado na areia, para as preces, "você não conseguiria enxergar aquelas casas e os celeiros, porque as árvores eram muito densas. Você precisaria de alguém para levá-lo pela mão. Havia mato alto, da altura de um homem. Coelhos, alces, galinhas-d'angola, antílopes. Agora, tudo o que se vê são nossas pobres edificações. A areia desnuda."

As palmeiras, os tamarindos e os baobás estavam ali, até que as pessoas precisaram de lenha mais do que a floresta podia prover. As poucas acácias que restam estão mirradas, pela ausência de chuvas e o sol mais quente. Estavam acostumados à seca a cada década. Mas, depois, ela passou a vir a cada cinco anos.

"Depois, a cada três. Agora, a seca do ano passado não cessou. Ainda estamos sem produção. Estamos sobrevivendo da venda de nosso gado."

Quatro de seus nove filhos levaram animais para vendê-los no sul, incluindo os procriadores. "Em breve, a criação de gado vai desaparecer. Isso é como uma doença sem remédio. E vai acabar com nossas vidas."

"Não há mais leite para fazer mingau", acrescentou uma mãe de oito filhos, sovando milhete num pilão de madeira. "Tudo o que queremos é comida, para podermos produzir filhos."

O sultão conta aos homens reunidos à sua frente que hoje, mais cedo, ele perguntou aos imãs sobre o planejamento familiar.

"Nós nos casamos para ter filhos", foi a objeção de um homem vestindo uma *djalabiya* branca. "Qual é o propósito da vida, a não ser deixar herdeiros?"

"Meu pai e meu avô tiveram muitas esposas e muitos filhos", responde o sultão. "Eu só tenho sete. Meus filhos têm dois, três e quatro anos. Nós somos de gerações diferentes e, conforme temos uma educação melhor, aprendemos que alimentar as crianças é um grande fardo. Esperamos colaboração das mesquitas, para ensinar às pessoas que não é saudável repetir gestações com tanta rapidez. Deixar espaço entre os partos, pela segurança da mãe e do filho."

Os homens olham para o chão. Ninguém grita em louvor.

O sultão se inclina à frente, com os antebraços apoiados nos joelhos. "Alá não quer que tenhamos filhos que não possamos alimentar, ou cuidar."

"O que Alá quer", diz o Imã Raidoune Issaka, em seu escritório, "é que nós tenhamos famílias mais numerosas, não que nos dobremos a qualquer pressão para reduzir seus tamanhos."

O Imã Issaka tem 35 anos, rosto liso, com uma barbicha emaranhada no queixo. Sua *djalabiya* é cinza com listras prateadas, seu gorro de preces é branco com bordado preto. Ele tem doze irmãos. O jovem alto de gorro vermelho e caftã costurado em ouro, a quem ele se dirige, é um auxiliar do sultão.

O imã está sentado numa poltrona de estofamento verde, ao lado de uma estante já envergando, com livros encapados em couro, contendo comentários do Corão e páginas soltas com anotações, para seus sermões. Ele ergue a palma da mão na direção deles. "Os ensinamentos do Islã nos permitem espaçar os nascimentos das crianças, somente se houver um risco conhecido para a saúde da mãe. Reduzir ou parar a produção de crianças, a pretexto de dificuldades de alimentá-las, vai contra um pacto entre os muçulmanos e Deus. Alá prometeu alimentar todas as crianças."

Ele dá um gole no chá de uma xícara pousada sobre um pufe de couro junto aos seus pés. "Ele irá sustentar todas as suas necessidades, *contanto que eles respeitem todas as Suas regras*. Porém, se desviarem do caminho que Deus lhes traçou, enfrentarão sua punição. Não será um resultado feliz."

Mas como foi que as criancinhas pecaram? Por que devem sofrer e morrer?

"Os ensinamentos de Deus se referem aos pais que cometeram atos lascivos e pecaram. É um chamado para que eles regressem ao caminho, se desejam um futuro radiante."

O homem do sultão, sentado perto de uma mesinha preta com um rádio portátil, não responde. "Claro que isso é doloroso para todos nós", prossegue o imã. "Por isso é que, na mesquita, invocamos a comunidade a ajudar os necessitados."

Ele reconhece que a população é cinco vezes maior que na época em que seu pai se tornou imã de Maradi, antes dele. Essa sala onde eles estão já foi um estábulo fora da cidade que agora a cerca. "Por um lado, isso é um sinal de desenvolvimento e avanço. Mas, por outro, não é algo com que se alegrar. As pessoas não estão agindo para proteger a natureza. Nossas lavouras e pastos estão sendo destruídos."

Não há ligação entre isso e a explosão populacional? No que isso irá resultar, caso continue assim?

"Será nossa maldição", diz ele, casualmente. O homem do sultão se endireita em sua cadeira, enquanto o imã se recosta, assentindo.

"Sabemos que o futuro é alarmante. Mas o homem não pode evitar o Dia do Juízo Final. O Profeta diz que Deus já determinou seu tempo."

A algumas quadras de distância, outro imã, Chafiou Issaka, está sentado numa cadeira metálica de encosto reto, no meio de um pequeno cômodo ao ar livre, anexo à sua casa. Com exceção de um banco baixo de madeira, onde o assistente do sultão aguarda, a sala é completamente vazia, com suas paredes de pau a pique. O imã usa óculos de sol que refletem sua *djalabiya* branca impecável.

"O Corão Sagrado", diz ele, "afirma que as necessidades de sua família estão no controle de Deus. Mas também diz que o Islã acredita que deve haver um espaçamento de dois anos ou mais entre os filhos, por conta da saúde da mãe *e* das crianças. Olhe os problemas para a família, quando uma criança chega à Terra e a última criança nem desmamou. Não há discussão quanto a isso."

Então, por que tantas famílias têm uma mãe exausta e crianças famintas moribundas?

"Porque as pessoas não respeitam o que o Corão diz. Alá não nos impõe nada além de nossa capacidade. Mas os homens só escutam a parte sobre serem permitidas quatro esposas. Então, eles não podem custear isso e arranjam problemas."

Para terem filhos com o espaçamento apropriado, as mulheres têm permissão aos contraceptivos?

"Temos feito campanhas em sermões e no rádio sobre a necessidade desses métodos."

Agora, Maradi tem muitas mesquitas; a dele, com duas pequenas torres, fica do outro lado da rua sem asfalto, onde ele e o Imã Raidoune Issaka, seu irmão caçula, foram criados. No Islã, não há uma autoridade central para ditar dogmas, como acontece na Igreja Católica. No entanto, como podem dois irmãos imãs discordar em algo tão fundamental?

"Há muitas divisões na religião", diz o Imã Issaka, que é o mais velho. "Agora há muita gente com muitos valores e conhecimento científico que está constantemente se expandindo. Isso traz visões conflitantes."

Apenas um quarto da população do Níger sabe ler, e somente 15% são mulheres. Ele já viu os estudos nas ONGs: menos de 1% das meninas conclui o Ensino Fundamental, mas as poucas que chegam ao Ensino Médio geralmente terão só dois ou três filhos. Filhos saudáveis.

"Com educação, o Níger só precisa depender da lavoura e do gado. O país tem urânio e petróleo. Tem ferro. Em Maradi, há até ouro".

Sim, mas o assistente do sultão sabe o que está acontecendo com os recursos neste país analfabeto. Os franceses levam todo o urânio. Os chineses estão vindo em busca do petróleo. Ninguém ainda se candidatou a explorar o ferro. O ouro é extraído por alguns canadenses, com a colaboração de alguns chefes ricos. Ele é abastecido em helicópteros que seguem diretamente para o aeroporto, na capital. Ninguém sabe qual é a parte do Níger.

O imã se reúne com o irmão e outros imãs para discutir coisas do gênero, e acerca do que seu povo sofredor precisa. "E todos nós parecemos nos entender. No entanto, depois das reuniões, alguns decidem não concordar com o que todos nós dissemos."

O assistente do sultão parece perplexo.

O imã ergue a mão. "Maomé, paz à Sua alma, previu muitas ramificações do Islã, mas disse que somente a certa seguirá o caminho ao paraíso. É claro", ele acrescenta, "que todas as ramificações acham que são o caminho certo."

A estrada leste-oeste que atravessa Maradi é a principal do Níger – e praticamente a única pavimentada. Ela atravessa a parte mais verde do país, lar de 85% da população do Níger, mas boa parte é de território desolado com estacas e sacos plásticos pretos presos, trazidos pelo vento. Caminhões abarrotados com o dobro de sua altura, com milho e arroz, passam por filas de camelos e carrinhos puxados por jumentos, porém a maior parte desse alimento não está destinada a ficar ali. No populoso sul da Nigéria, a segurança ficou tão precária que, para evitar bandidos e sequestradores, os transportadores de grãos do Vietnã agora usam o porto vizinho de Cotonou, Benin, em vez de Lagos, a megalópole costeira nigeriana. Eles levam sua carga de caminhão até o Níger, passando por Benin, e deixam que os compradores nigerianos[7] os encontrem lá.

Com tanta proximidade da fronteira sul do Níger, muitos carros possuem placas da Nigéria. O motivo é que o Níger, embora quase que inteiramente muçulmano, não é uma teocracia. Sua constituição secular é copiada da França, poder colonizador ali até 1960. Desse modo, a lei Sharia não é cumprida ali, como no norte muçulmano da Nigéria, por-

7. Nigeriano: pessoa da Nigéria. Nigerino ou nigerense: pessoa do Níger.

tanto os homens nigerianos rumam para o norte, em busca de bebida e prostitutas. Isso reverte uma tendência dos anos 1990, quando as ONGs internacionais distribuíam preservativos no Níger, para conter o HIV. Mulheres nigerinas os davam aos maridos caminhoneiros que seguiam rumo à Nigéria, para que eles não fossem infectados.

Ao longo da rodovia, muitos dos homens maltrapilhos conduzindo bandos de dromedários são escravos. A escravidão é até mais comum no norte do Níger, onde os chefes de tribos vivem em tendas luxuosas e equipadas com telefones via satélite, mas ela existe por todo o país. Segundo um dos estudiosos mais proeminentes do Níger, o dr. Galy Kadir Abdelkader, até 10% do país está escravizado, embora a escravidão tenha sido banida desde 2003.

"O Islã diz que homem algum deve ser escravo de outro, e o Profeta incentivava as pessoas a libertarem os escravos. Nossa religião é protegida pela própria ignorância", diz o dr. Abdelkader. "É dito aos escravos que eles precisam aceitar o destino, que Deus é o dono supremo do Paraíso, e o amo é o dono do escravo. Quem quiser viver no paraíso, algum dia, precisa respeitar a vontade de Deus, que se reflete no amo, cujos propósitos eles servem."

Dentre esses propósitos está a produção de mais escravos, uma engrenagem econômica que ajuda a manter os índices implacáveis de fertilidade do Níger. Filhos de escravos também são escravos, por isso os amos os fazem procriar frequentemente com seus próprios irmãos e até filhas. Embora os mercados de escravos tenham desaparecido desde a proibição de 2003, escravas particularmente belas são cotadas como esposas de alto preço, caso algum homem abastado queira desposá-las. Ou, se um homem não tiver condições de pagar pela libertação da mulher, ele ainda poderá desfrutar de seu corpo casando-se com ela por um preço inferior ao preço cheio, porém sem livrá-la da escravidão. Sob esse acordo, um número pré-combinado de filhos é devolvido ao amo original como escravos.

Em cada vila, as mulheres têm filhos sem parar, tentando se manter à frente da morte. A única coisa que coloca em xeque o primeiro lugar do índice mundial de natalidade do Níger é a expectativa de vida de cinquenta anos. Na cidade de Madaoua, na região de Tahoua, entre Maradi e Niamey, capital do Níger, idosos de barbas brancas, turbantes largos e gorros de prece manchados de suor se reúnem sob um pórtico de palhoça. É a primeira reunião com o novo prefeito, que usa um gorro alto e branco de prece, bordado com diamantes. O sultão de Tahoua, resplandecente de branco e dourado, também está presente. A uma distância respeitosa, atrás dos homens, estão as mulheres, num arco-íris de lenços de cabeça.

Eles estão discutindo a seca que agora parece não terminar nunca.

"Há quarenta anos", diz o sultão, "aqui chovia cinco meses por ano. Mas desde 2000 a mudança no clima, causada pelos países ocidentais, secou nossa chuva. Crianças e gado, até cabras, morreram. As pessoas estão fugindo para a Nigéria, como refugiados de uma guerra contra o Sahel, sem um inimigo contra quem possam revidar. O que pode ser feito?"

Nem mesmo no Ocidente há tecnologia para domar o clima descontrolado. Será que eles consideraram o planejamento familiar para reduzir os números que a Terra precisa sustentar?

Os homens explodem em gargalhadas. "Todos aqui têm mais de uma esposa", diz o sultão, que tem quatro.

"Você não pode pedir a um pai que pare de ter filhos, sem uma solução para quem irá trabalhar em sua lavoura", protesta um idoso de turbante branco.

"Se você tem filhos, Deus atende às necessidades deles", diz o novo prefeito. "Eu mesmo tenho 33."

Sua potência é bem conhecida e admirada. Mas a reunião cai em silêncio, como se fosse assimilado que a Terra já não é mais a mesma onde esses homens cresceram. No passado, havia espaço e mata de sobra para todas as crianças que o homem pudesse ter. Então, em apenas vinte anos, as árvores sumiram e só restaram as pessoas.

"Nós chegamos a uma época diferente", diz o sultão. "Talvez precisemos pensar de forma diferente."

2. Ressaca pós-colonial

O tráfego em Niamey é esparso: alguns caminhões de transporte, táxis, charretes carregando latões amarelos de plástico e ocasionais veículos utilitários com logotipo do Unicef, da Cruz Vermelha, da UE e FAO passam rapidamente, com suas antenas parabólicas. A poeira que paira sobre a capital se mistura à névoa que sobe do Rio Níger e é tão densa que o sol ali lembra o disco pálido acima das cidades fabris da China. Só que ali não há fábricas.

Nas paredes de seu consultório térreo, em Niamey, numa edificação que a ONU divide com companhias mineradoras de extração de ouro e urânio, Madame Martine Camacho pendurou pôsteres dos projetos em todos os países africanos onde ela trabalhou para a UNFPA, o United Nations Population Fund. *"Equilibre Familial"*, diz um deles. "Se eu soubesse, teria esperado até terminar minha formação", diz um outro. Madame Martine é francesa; sua missão atual começou em 2007, quando o Níger era pressionado pela ONU para estabelecer uma política populacional verdadeira, após ser citado pelas maiores taxas de crescimento populacional do mundo. O governo apelou ao Banco Mundial, que contratou a UNFPA para fazer algo. Programas anteriores haviam sido conduzidos por burocratas com pranchetas e vídeos de pessoas fazendo sexo, os quais eles mostraram aos nigerinos rurais, que nunca tinham visto tal coisa exposta publicamente. Quando as enfermeiras começaram a demonstrar como colocar o preservativo em um pênis de madeira, os expectadores saíram correndo.

Até 2007, apenas 5% das mulheres nigerinas usavam contraceptivos, conta ela. Ainda há uma tremenda resistência; as mulheres – ou seus maridos – geralmente acreditam que controle de natalidade e imunizações de crianças são uma trama secreta estrangeira para esterilizá-los e tomar suas terras, quando eles forem poucos que não possam se defender. Algumas mulheres interessadas em espaçar os partos só utilizam talismãs de couro com ervas, pendurados em volta da cintura, ou tomam poções com raízes amassadas, bebidas em cumbucas com inscrições dos versos do Corão.

Ali da capital, Madame Martine já ouviu homens estudados perguntando por que o alto índice de crescimento da população é um problema. Há apenas 15 milhões de pessoas em 1,267 milhão de quilômetros quadrados – o Níger é o 22º maior país do mundo –, deixando muita terra para receber mais nigerinos. Um estudo revelou que a maioria das pessoas, na verdade, queria *mais* crianças, não menos: de oito a nove, para as mulheres, de doze a treze, para seus maridos.

A aceitação dos contraceptivos agora já chega a 16%, sendo a pílula a mais comum, seguida de injeções de Depo. "Então, ganhamos 10%. Os 10% mais fáceis. Imagino que em mais 400 anos todos irão querer o controle da natalidade."

Infelizmente, o dinheiro para esse programa, chamado PRODEM, termina em 2013. Enquanto isso, ela se preocupa, pois o extremismo muçulmano está crescendo por aqui, e parece estar bem custeado. No entanto, dois dos melhores programas de planejamento familiar do mundo, segundo ela conta, estão nos países muçulmanos, Tunísia e Irã, que estão abaixo da taxa de substituição.

"A Tunísia e o Irã não forçam meninas de doze anos a se casarem." Com receio de que uma menina seja estuprada ou tenha seu desejo sexual despertado, os pais nigerinos frequentemente dão as filhas em casamento, antes que elas comecem a menstruar. "Na Tunísia e no Irã, eles as mandam para a escola. Lá, todas sabem ler. Aqui, a maioria não sabe."

Embora o HIV tenha diminuído, e num país onde a circuncisão feminina ainda é praticada, há um projeto para incentivar a abolição da mutilação genital, pagando aos mutiladores, para que baixem suas facas. Em vez de ganhar o equivalente a dez dólares em francos africanos – ou uma cabra, ou algumas galinhas – para remover o clitóris de uma menina e, dependendo da habilidade do mutilador, decepar um lábio vaginal, são oferecidos cem dólares para eles montarem um negócio de venda de amendoim ou animais domésticos. Outros são treinados como parteiros. Porém, quanto ao planejamento familiar, Madame Camacho não é muito otimista.

"Em todos os lugares onde eu trabalhei – aqui, na Costa do Marfim, em Ruanda, Burundi, Comores –, nunca vi um país pedir por isso. É sempre uma iniciativa da ONU ou de alguma instituição de Bretton Woods. Eles não têm consciência da ameaça – somente o Ocidente tem. No Níger, eles elaboraram um programa de planejamento familiar, mas no fundo de seus corações sentem que isso não é problema deles. Eles adotaram, mas não assumiram."

Quando ela chegou, o diretor de população no Níger era um homem com três esposas e vinte filhos. "Eu conversava com ele a respeito disso. Que tipo de mensagem ele estava transmitindo às pessoas? *'Faites ce que je dis, mais ne faites pas ce que je fais'*[8], ele respondia. Aquilo me deixava furiosa, mas então eu pensava no que os ocidentais haviam feito na África: poluíram, saquearam e os ensinaram a consumir. Nós estamos longe de ser um exemplo inspirador."

A cinquenta quilômetros ao sudeste de Niamey, no deserto amarelo, um bando de uma pequena e única subespécie, as girafas-peraltas, se agarra à vida. Enquanto os guardas que as protegem continuarem plantando as sementes de acácia que as girafas comem, trazidas das margens do Rio Níger, elas talvez sobrevivam, pois já não possuem mais predadores naturais, exceto os humanos. Em meados do século XIX, o Níger ainda era abundante em leões, búfalos, macacos, rinocerontes e antílopes, e todo o oeste da África era habitat da girafa. Quando chegou o período de colonização francesa, vieram também as armas de fogo e as caçadas começaram. As girafas eram mortas pela carne e pelo couro, e suas línguas e genitálias eram levadas como talismãs. Os ossos fervidos das girafas rendiam uma pasta para combater a fadiga. Meninas que chegavam aos 25 anos sem casar colocavam os rabos das girafas na água de seus banhos, para atrair amantes.

Restavam somente 120 girafas no Níger em 1933, quando um programa sustentável de uma ONG para comercializar madeira morta das proximidades da savana foi um tiro que saiu pela culatra. As pessoas cortavam milhares de árvores e as deixavam secar, antes de vendê-las. Com essa perda de alimento, a população de girafas do Níger minguou para cinquenta. Um etólogo francês que estudava o bando deu início a uma campanha para salvá-las; o corte de madeira foi proibido e a manada do Níger também foi reabastecida com girafas fugindo do Mali ou da Nigéria. Hoje, com o *tiger bush* e as acácias lentamente se recuperando, há cerca de 250 girafas-peraltas no Níger. No entanto, elas precisam coexistir com rebanhos de cabras que se amontoam ao seu redor. Quando as girafas voltaram para cá, a savana era inabitada; hoje, não há lugar algum para onde elas olhem, a seis metros do chão, sem choupanas de palha.

Trinta quilômetros ao sul do refúgio das girafas fica uma fazenda experimental de 500 hectares, iniciada em 1989 pelo ICRISAT – Interna-

8. Faça o que eu digo, mas não faça o que eu faço.

tional Crops Research Institute for the Semi-Arid Tropics (Instituto Internacional de Pesquisa de Colheita para os Trópicos Semiáridos). Depois de milhões de quilômetros quadrados de devastação, entrar nos pomares e campos folhosos do ICRISAT é um choque fotossintético.

Junto com programas para melhorar a produção de milhete e amendoim, o ICRISAT-Níger está cultivando jujubeiras resistentes à seca, vindas da Índia, que dão um frutinho chamado "maçã do Sahel", assim como tamarindos sudaneses e moringas etíopes – cujas folhas, fervidas com amendoim, fornecem dez vezes o cálcio do leite e mais vitamina A do que a maioria dos vegetais. Sob a sombra de tendas de tecido florescem quiabo, hibiscos, gergelim e tomates resistentes ao calor, vindos das areias marrons do Sahel, junto com a alface tolerante às altas temperaturas, proveniente de Israel. Ali perto crescem papaias e mangas israelenses (o diretor israelense da ICRISAT-Níger acredita que, se o alimento pode ser cultivado no Neguev israelense, ele também pode crescer no Níger). Como prova, eles ressuscitaram a deliciosa cebola nativa desenvolvida pelos franceses, que havia sido perdida após o fim da colonização. Também há vagem orelha-de-padre, laranjas, pomelos, tangerinas e bancas da *Jatropha curcas*, um arbusto da América Central, cujas sementes oleosas podem ser moídas para a produção de biodiesel. Margeando os caminhos estão os pés de nim indianos – fonte natural de antissépticos e repelentes de insetos.

Em desenvolvimento, há uvas e figos adaptados ao deserto. O ICRISAT criou esse oásis nutritivo com o mínimo de inseticida e apenas fertilizantes em microdoses, injetados diretamente nas raízes de cada planta, apenas um quinto da aplicação típica de nitrogênio, fósforo e potássio para o campo. Lá também estão quinze cientistas, cem técnicos especialistas do campo e equipe de apoio, e trezentos trabalhadores. E mais uma coisa, algo raro nas pobres lavouras do Níger: poços profundos.

Assim como no Neguev, tudo o que você precisa fazer para cultivar o alimento no deserto é acrescentar *know-how* técnico, trabalho duro e água. Só que a chuva parou, ou cai em horas erradas. Depois de três anos, a seca de 2010 está sendo chamada de seca sem fim.

"Verdade", diz Navid Dejwakh, hidrólogo do ICRISAT. "Mas o Sahel ocidental está em cima de um oceano de água."

Existe um imenso potencial hidrológico logo abaixo da superfície, conta ele – em alguns lugares, a pouco mais de três metros abaixo. Boa parte é tão rasa que somente requer a energia de um painel solar para ser extraída. "Ou uma pá comum. É tão contraintuitivo – você não consegue ver aquilo baseado na vegetação, pois muitas árvores foram derrubadas."

Quase dois terços do país seriam propícios para a produção de alimento, segundo creem seus colegas. Na verdade, ONGs em partes do sul do Níger já encanaram essa água, desde o início dos anos 1990, para plantar mais de 200 milhões de árvores. Embora uma em cada cinco morra pela escalada do calor e esse reflorestamento só cubra uma pequena porcentagem da terra, há provas de que a água está ali.

O oceano subterrâneo, diz Dejwakh, é proveniente de chuvas e do fluxo aluvial do Rio Níger. "Ele é contido por uma camada de areia, com bem pouca inclinação. É perfeito para a filtragem de água da chuva. É incrível pensar que existe toda essa água esperando por essa gente. Eles não precisam morrer de fome."

Dejwakh e todos no ICRISAT, que faz parte do consórcio de pesquisa agrícola internacional que inclui tanto o CIMMYT quanto o IRRI, estão certos de que, sendo custeado, há água suficiente embaixo da superfície do Níger para cultivar alimento para todos no país. "Com certeza absoluta."

Todos – significando todos os 16,6 milhões dos atuais nigerinos?

"Isso mesmo."

E em 30 anos, quando, diante da taxa atual de crescimento, houver 50 milhões deles?

O sorriso de Dejwakh desaparece. "Cinquenta milhões?"

Isso mesmo.

"Cinquenta milhões", ele responde lentamente. "E menos chuva também." Ele fecha os lábios apertados. "Mesmo com esse oceano de água, 50 milhões de pessoas terão sérios problemas."

CAPÍTULO 11

O mundo se desenredando

1. Pecado

A estrada que segue para a colônia naval de Karachi, Paquistão, passa por um campo de 50 acres tão sem vida que a terra está esbranquiçada. Ali é Moach Goth, um cemitério para os desconhecidos. As dezenas de milhares de pessoas que estão enterradas ali são encontradas nas ruas, nos lixões ou nos manguezais ao longo da enseada: viciados, fatalidades de bombardeios que não são procuradas, vítimas do terror, sem-teto. Seus túmulos são marcados com triângulos de madeira mostrando números desbotados e, às vezes, uma data. Do outro lado da rua, há dois campos igualmente enormes, já lotados, que estão sumindo sob o mato.

Na fileira mais distante, um homem de turbante branco solto e nariz marcado por lesões finca uma pá na poeira branca. Seu nome é Khair Mohammad; durante toda a manhã, ele esteve cavando pequenos retângulos, de três palmos de comprimento. Cada um deles terá uma pequena lápide de pedra, pois são para crianças que não viveram o suficiente para terem nome, ou nem chegaram a nascer. Ninguém irá visitá-las. Mohammad já enterrou milhares.

Coveiro, cemitério Moach Goth – Karachi, Paquistão.

Uma vez por semana, elas são trazidas em ambulâncias, pela Edhi Foundation, do Paquistão, uma das maiores ONGs mundiais de serviço social; cada uma delas vem embrulhada em um pano branco. Mohammad as recebe há 23 anos; o cuidador anterior a ele, seu pai, relembrou quando elas chegavam em carrinhos de madeira puxados por homens. Algumas são encontradas no lixo, algumas são deixadas diante das mesquitas. Se um bebê ainda está vivo, a Edhi Foundation lhe provê um lar. Se não, elas vêm para cá.

"Só Deus sabe quem são. Deus sabe quem é o pai. As mães são pecadoras: elas pecam, depois jogam o bebê fora."

A maioria é de meninas. Algumas estão totalmente formadas, algumas cabem na palma da mão dele. Às vezes, ele e o filho Nadeem, que o auxilia, não conseguem distinguir se é menino ou menina. Só Deus sabe quantas bolotas irreconhecíveis de tecido nem chegaram até aqui ou nunca foram vistas no lixo. Estima-se que 890 mil abortos sejam realizados no Paquistão a cada ano, embora ninguém realmente saiba. Mulheres com recursos usam o aborto para evitar o nascimento. Mães que não podem sustentar mais filhos geralmente se livram dos novos bebês.

"Grávidas que não são casadas", explica a ginecologista de Karachi, Nikhat Saeed Khan, "não têm para onde ir, pois o sexo pré-matrimonial não existe em nossa cultura, é claro. Então, elas expõem a vida ao perigo com parteiras inexperientes, ou praticantes de aborto, ou encontram algum Misoprostol para tomar." Ela conta que o mesmo acontece com adúlteras e mulheres que alegam estupro sem conseguirem testemunhas: seus "crimes" incorrem o risco de punição de morte.

Nadeem chega carregando uma lata de água. Ele é o quinto filho mais novo de Mohammad, que tem quatro filhos e seis filhas. Ele está de túnica branca, com a cabeça descoberta, apesar do sol. O trabalho de Nadeem é lavar cada bebê, depois fazer a prece diante deles, enquanto o pai os enterra.

"Eles são inocentes de pecado, portanto irão para Deus", diz ele. E Deus irá perguntar aos pais por que os abortaram ou abandonaram."

"Esse é nosso triste trabalho", diz seu pai. "Acredito que Deus vai nos recompensar."

No céu branco acima há um redemoinho de centenas de pipas pretas – pássaro que circula pelos montes de lixo em Karachi e pousa quando os barcos de pesca descartam sobras. Suas sombras compridas passam velozes acima dos pequenos túmulos sem nome.

Será que tudo isso pode ser evitado? E se as mães pudessem escolher quando conceber uma criança?

"Pergunte a Deus", diz Nadeem.

2. Tremor

"Aconteceu tão depressa", conta Tanveer Arif.

Embora ele esteja falando de 1995, ele ainda parece perplexo. Isso foi quando as fontes secaram em Gadap Town. Apenas duas décadas atrás, aquele solo estava dentre os mais produtivos de trigo e milho da Terra. Havia lavouras de goiaba e coco, e 5 mil fazendas que forneciam todos os legumes para Karachi, que está próxima.

A maioria dessas fazendas agora está coberta de arbustos e é utilizada apenas como locais de piquenique ou reuniões de fim de semana. Algumas alugam cavalos ou têm zoológicos privativos cheios de antílopes negros, asnos monteses, touros azulados, que estavam aqui quando o Paquistão foi separado da Índia, em 1947, e ainda tinha um terço de floresta. Hoje, a floresta paquistanesa mal chega a 4%, número que inclui terras designadas como florestas, mas que não possuem quase nada ou nada de mata.

Arif está sentado na varanda decrépita de uma fazenda de tijolinhos, pertencente a um amigo que não vem mais aqui. Só restou um empregado, um caseiro de barba enrolada chamado Soomar, que já trabalhava aqui quarenta anos atrás, desde que tinha cinco. "Naquela época, a fonte só tinha sete metros de profundidade", conta Soomar. "Há quinze anos, nós tínhamos de cavar até 60 metros. Depois, 75. Então, secou completamente. "Eles cavaram outra, um buraco da largura de um pé que ele mantém coberto com dois tijolos de barro. Depois de cem metros, nada ainda."

"Então, nós desistimos", conta ele, cuspindo um pedaço de folha de betel.

Um terceiro buraco, da mesma profundidade, mas a 600 metros de distância, ainda mina água, mas a pressão está caindo. Soomar canaliza a vazão de fossos rasos para campos cujo solo reduziu-se a pó e fazendas pequenas – apenas para que ele se mantenha empregado, Arif desconfia. Ele colheu 40 quilos de trigo esse ano. Eles costumavam colher 150 quilos.

"Esse é um desastre ambiental provocado pelo ser humano", conta Arif, passando a manga da camisa na cabeça. Gadap Town era uma região da Revolução Verde, com plantas híbridas que rendiam colheitas incríveis, era só adicionar água. Então, todos espetaram canudos no solo, e quando o fluxo diminuiu, eles enfiavam mais, e mais fundo. Agora isso não funciona, e não há alternativas para substituir, como coletores em leitos secos de rios para capturar o escoamento das monções.

"Em vez disso", diz Arif, "eles minam até o leito rochoso em busca de areia para construir mais Karachi, então o solo não consegue se recompor." Nos locais em que havia árvores perfiladas nos rios de Karachi agora há montes de areia e pedras que prosseguem ao longo de milhas. Assim como Karachi.

Arif é biólogo e dirige a Sociedade de Conservação e Proteção Ambiental, baseada em Karachi. Administrar uma ONG ambiental no Paquistão praticamente define a palavra *derrota*, mas Arif segue na batalha.

Seu empenho para salvar a abetarda-moura, predileta dos xeiques do petróleo de Dubai, que passam de jatos nos fins de semana com autorização para abater cem aves cada um, originou ameaças telefônicas avisando que ele teria as pernas quebradas. Todas as boas árvores ao redor – principalmente o *guggal*, uma espécie de mirra local – foram cortadas por homens com ligações políticas e armas, ou pelos próprios políticos que depois trouxeram o arbusto do Texas para conter a erosão, mas que, em vez disso, se espalhou violentamente pelos campos. As pessoas tentam queimá-lo, mas ele volta a crescer com mais rapidez. Depois eles trouxeram o eucalipto australiano, cujas raízes sedentas quebraram canos por toda a cidade. Arif liderou a campanha para declarar o *guggal* espécie ameaçada, mas assassinos intimidaram as brigadas jovens da Guarda Verde que ele organizou para proteger o que ainda restava. A leste de Karachi, nas florestas que margeiam o Rio Indo, os madeireiros geralmente são membros do parlamento que podem rapidamente demitir um guarda-florestal que protesta. Acima, ao norte, o Talibã faz o mesmo.

Até bem pouco tempo, o Paquistão fervilhava de abundância. Um grande berço da civilização humana se erguia ao longo do Rio Indo, que levava nutrientes descendo do Topo do Mundo, o platô tibetano, e depositava parte de seu solo mais rico na Ásia, acima de sua imensa planície alagada. A atual crise de água no Paquistão e o fim da abundância são o resultado de um desastre ocasionado pelo ser humano, como afirma Tanveer Arif. Há múltiplas causas para isso: todas derivam dos 185 milhões de pessoas em um país pouco maior que o Texas, que tem 26 milhões.

Dentro das próximas duas décadas, o Paquistão, um dos países de crescimento mais veloz da Terra, irá superar a Indonésia como nação muçulmana mais populosa. A Indonésia tem 248 milhões, mas também tem um dos melhores programas de planejamento familiar do mundo; ainda assim, irá acrescentar 40 milhões até 2030. No entanto, o Paquistão, atualmente com três quartos da população da Indonésia, irá acrescentar o dobro dessa quantidade. Até meados do século, se o crescimento continuar assim, o Paquistão terá muito mais gente que os Estados Unidos, com uma projeção de 395 milhões de pessoas – tudo numa terra do tamanho do Texas.

Junto com a Índia, o Paquistão foi o primeiro lugar onde a Revolução Verde foi implantada. A fome foi evitada e milhões de pessoas sobreviveram para procriar milhões mais. Hoje, 60% desses paquistaneses têm menos de 30 anos. As nascentes e os rios que molharam a Revolução Verde e lhes deu vida agora estão desaparecendo, deixando um terço de crianças paquistanesas cronicamente malnutridas. O desemprego, em dígitos duplos, cresce com a população, e a porcentagem de subempregados é ainda maior.

Homens jovens desempregados vão ficando frustrados e enfurecidos. Uma nação cheia de homens jovens zangados não é um local estável, principalmente quando eles são tentados com oportunidades remuneradas para provocar desordem, incluindo desordem internacional.

Uma nação trêmula com gente demais ficando sem água e conduzida ao tumulto se torna uma preocupação do planeta inteiro. Principalmente quando essa nação casualmente é uma potência nuclear.

Ainda assim, as explosões diminuíram em Lyari Town. Ali, na parte mais antiga de Karachi, as ruas estão novamente repletas de carros, motonetas, charretes com cavalos e riquixás motorizados, carrinhos de melancia e vendedores de betel, e os caminhões com pinturas fabulosas que se tornaram a maior expressão artística paquistanesa, cujos adornos extravagantes custam ao caminhoneiro mais que uma casa. Todos estão de volta: homens de *kurtis* brancos e boinas de prece, mulheres com *hijabs* coloridos como a vida tropical dos pássaros, embrulhadas em calças e túnicas de múltiplas cores, conjuntos chamados *salwar kameez*, outras mulheres de xador preto, até travestis de xador, todos seguindo seus caminhos em meio ao trânsito parado, comprando provisões e chá.

Desde as 10 horas, aquele trânsito passou de mera paralisia ao pandemônio, com os sinais de rua de Lyari apagados, pelas próximas três horas. Todas as partes de Karachi, exceto as mais privilegiadas, estão sujeitas ao racionamento – *blackouts* diários – porque a cidade possivelmente não consegue acompanhar a demanda. Havia menos de meio milhão de pessoas ali, em 1947. Hoje, os 21 milhões significam um aumento de 42 vezes.

Ninguém poderia estar preparado para isso.

Três dias antes, quando começaram os ataques com granada, todos ficaram escondidos, até bem depois que as explosões cessaram. Ainda bem que dessa vez só duas pessoas morreram. No Hospital Civil, o maior do Paquistão, que tem uma delegacia policial na entrada da frente, onze feridos são trazidos à emergência. Agora foi bem melhor que os ataques de duas semanas antes, quando as granadas foram ejetadas com propulsores, deixando quarenta feridos e dezoito mortos – uma sobrecarga para as catorze mesas do centro cirúrgico, onde guardas armados estão posicionados, caso irrompa uma guerra nas unidades de triagem. Para lidar com a população literalmente explosiva de Karachi, um centro de traumatologia de catorze andares está em construção.

Essa última explosão foi por conta de um empréstimo que não foi pago. Todos sabem quem deve a quem, mas, como sempre, não houve presos. Os jornais relataram como mais um episódio das "contínuas guerras de gangues", e a vida prossegue. Nas varandas de Lyari as roupas penduradas já estão sujas, antes que tivessem tido a chance de secar. Os pôsteres com gângsteres sorridentes – Robin Hoods urbanos que provêm a maior parte dos empregos de Lyari – continuam a enfeitar as paredes externas, por todo lado, exceto as mesquitas.

Muitos desses chefes de guerra urbana descendem de famílias originalmente agrícolas, de quando Lyari era um vilarejo, muito antes de a Grã-Bretanha decidir construir um imenso porto de água aquecida, no Mar da Arábia, perto de um pequeno núcleo pesqueiro chamado Kolachi, que na época fazia parte da Índia. À medida que as duas vilas cresceram e se fundiram, os agricultores abriram lojas, consolidaram-se, passaram a consertar a comunidade, fazer acordos sobre as terras e tornaram-se poderosos, numa cidade onde as leis eram zombadas, sob o regime colonial, e agora existem mais no papel.

A administração britânica na Índia terminou em 1947, um triunfo da delicada desobediência civil de Mahatma Gandhi. Mas os muçulmanos que temiam viver sob a maioria hindu exigiram independência, e o Paquistão nasceu em duas regiões de maioria muçulmana situadas no leste e no oeste da Índia. Com suas duas metades separadas por 1.610 quilômetros, o governo do Paquistão foi enfraquecido desde o início, e a divisão não conseguiu durar. Em 1971, o Paquistão do leste finalmente avançou.

Após uma guerra civil onde se estima que três milhões morreram, ele se tornou Bangladesh.

Embora acossado por seus próprios problemas – junto com pequenas nações do atol do Pacífico, ele é o país que corre mais perigo, por conta da elevação do nível do mar, estando quase inteiro no Delta do Ganges –, Bangladesh é comparativamente estável, em parte porque desde os anos 1980 tornou o planejamento familiar uma prioridade nacional. No entanto, no Paquistão, o precedente do governo enfraquecido nunca foi de fato revertido, mesmo em períodos sob ditadura militar. Até mesmo nas cidades, as alianças tribais derrubam todas as outras.

Num cômodo cujas portas abrem diretamente para uma rua em escombros de Lyari, onde uma dúzia de cabras se encolhe numa faixa estreita de sombra, perto de um muro, dez mulheres estão sentadas no chão de concreto, onde ficaram esperando o término do bombardeio, bordando *salwar kameez* para um dote. A noiva, uma mulher esguia, vestida de rosa, chama-se Rashida[9] e é uma das oito pessoas que atualmente moram nesse cômodo. As cabras são dela; ela as leva diariamente para pastar ao longo do Rio Lyari seco, que fica a uma hora de caminhada. Ela tem três irmãs e cinco irmãos, todos desempregados. Seu pai grampeia papel e serve chá em um banco. Rashida tem sorte: seu noivo é caminhoneiro. "A maior parte dos homens só perambula por aí", conta ela. "Eles estão zangados, pois não há nada a fazer."

"E descontam na gente", diz uma Shehzadi, que trabalha como empregada doméstica para um político.

O cômodo de pau a pique está abafado e meio escuro, já que a luz ainda está desligada. Rashida pega a *kameez* turquesa que ela está bordando com linha cor de vinho e segura, diante dos murmúrios de aprovação. Cada mulher está bordando um conjunto de *salwar kameez* de cor diferente para ela; o futuro marido caminhoneiro de Rashida está ajudando a pagar. Até o casamento, ela terá 25 ou 30 conjuntos. Os trajes irão custar cerca de 4 mil rúpias[10] cada um. Pelo fato de serem soltos e tão bem-feitos, ela espera usá-los por toda a vida. "Antes, as mulheres tinham oitenta ou noventa conjuntos. Mas agora tudo é tão caro!"

9. Os nomes dessa família foram modificados.

10. Cerca de 43 dólares.

Principalmente filhos: "Hoje em dia, quem pode querer uma porção? Eu só quero duas meninas e dois meninos". As outras mulheres sorriem e continuam costurando, sabendo que não é bem assim. Todas elas disseram isso um dia. E olhe o que aconteceu.

Todas essas mulheres embrulhadas em belos tecidos de algodão, com seus inúmeros brincos, são balúchis. Seus pais as trouxeram para Karachi, na província de Sindh, vindos da província de Baluchistão, no deserto oeste, onde há ainda menos trabalho do que aqui. Rashida, que é local, sonhava em ser médica quando foi para a escola, mas a escola terminou antes da oitava série. As escolas estão frequentemente fechadas, pois não há água ou eletricidade. Para proteger todas as crianças que ficam perambulando pelas ruas, o governo constrói quebra-molas superaltos para diminuir a velocidade do trânsito. A irmã de Rashida, Nasreen, de 16 anos, ainda está aborrecida porque a luz acabou durante a novela que ela estava assistindo enquanto bordava. Ela nem chegou a ir para a escola.

"Eu espero que os meus filhos tenham mais o que fazer do que trabalho doméstico e bordado", diz Nasreen, sem muita convicção. Ela está trabalhando numa túnica amarela, com costura tripla no bolso reforçado que as mulheres usam para evitar os punguistas. "Nem sempre ajuda, pois eles cortam o fundo." Elas sabem, pois têm irmãos que são punguistas.

Zeynep, uma mulher de verde e sobrancelhas franzidas, termina sua *kameez* azulada com pedrinhas vermelhas e se esforça para ficar de pé, parando para recolher dois baldes que ela deixou junto à porta. "Eu envelheci antes do tempo", ela declara, "ficando acordada a noite inteira, esperando que a água aparecesse na torneira." Ela já desistiu de tê-la em sua casa e agora caminha cinco quadras para encher os baldes para seis crianças, em uma bica pública. Depois que suas três últimas gestações terminaram em abortos espontâneos, ela deu um passo ousado e foi esterilizada. Para seu alívio e surpresa, seu marido não fez objeções. Parentes balúchis do Irã a ajudaram com o dinheiro da pensão que recebem do governo. "Era um bom hospital", diz ela, melancólica.

Ao sair, entram dois jovens: Nawab, irmão de Rashida, e seu primo Shahid. Ambos estão vestidos de branco, com cabelos cortados curtos e barbas. "*Assalam-o-alaikum*, tia", eles cumprimentam Zeynep, quando ela passa. Todos da rua são parentes.

Os homens sentam no chão e, com retalhos de tecido, Shahid começa a polir uma pistola. "Não somos criminosos", diz ele. Ele procurou emprego na semana passada, mas não teve sorte. "Eles não contratam balúchis. Os empregos são mais fáceis para outras seitas." Enquanto isso, um dos homens fortes locais paga a eles mil rúpias por dia para proteger a comunidade. "As armas são para proteger nosso bairro de forasteiros – não se pode depender da polícia."

Um partido político recentemente prometeu duzentos empregos na construção civil, em troca de votos, conta seu primo, mas os empregos não se concretizaram. "Tudo o que eles nos dão de graça são sacos para cadáveres."

Esses homens são desempregados sem formação, trabalhando como capangas armados para a própria rua. A cidade deles caiu em caos total, no entanto esse cômodo continua calmo. As mulheres fazem estardalhaço sobre as roupas da menina, os homens estão polindo as armas e a vida segue em frente.

"Nós não pensamos no futuro", diz Nawab. "Isso cabe a Deus."

Mas onde está Deus, em meio a toda essa matança e ódio?

"Nós não atiramos uns nos outros, na rua", ele diz. "Descontamos nossa raiva em casa."

As mulheres mantêm o olhar esquivo.

Numa clínica de planejamento familiar a uma 1,6 km, os bancos estão lotados.

"Sempre", diz Asma Tabassum, uma das 90 mil LHWs – Lady Health Worker (Trabalhadoras da Saúde) do Paquistão. "O único período que fica mais calmo é quando explode uma bomba."

Agora, a tensão da última granada já diminuiu e um arco-íris de mulheres embrulhadas em tecidos coloridos aterrissou em seu escritório, todas de uma só vez. Ela geralmente atende de quinze a vinte por dia, mas são 10h30 e ela já viu essa quantidade de pacientes. Com um estetoscópio pendurado embaixo de seu *hijab* cor-de-rosa, ela verifica a pressão sanguínea e dá receitas de contraceptivos de progestina: injeções mensais de Norgestrel ou pacotinhos de tabletes Lo-femenal e de ferro. As mulheres também podem solicitar DIUs, injeções de efeito de longo prazo de Depo-Provera, preservativos para os maridos ou laqueaduras, mas o métodos de curto prazo são os preferidos ali. O objetivo da maioria das mulheres paquistanesas é espaçar os nascimentos, algo que os maridos estão mais dispostos a aceitar. Qualquer coisa que vá além da medicação mensal incita o medo de que elas sofrerão esterilização não pretendida.

As mulheres em seu consultório sem janelas, abanando-se com panfletos descrevendo a progesterona da Bayer, representam várias etnias paquistanesas. Algumas chegaram a Karachi em busca de trabalho; outras vieram como refugiadas, de áreas tribais administradas pelo governo federal, no norte paquistanês, ao longo da fronteira com o Afeganistão, incluindo uma mulher cujo xador lembra um tecido de camuflagem. Conforme Asma mede sua pressão, ela confessa que vem se automedicando pelos três últimos dias, porque tem ciclos menstruais irregulares. Agora sua cabeça está doendo; ela acha que cometeu um erro ao experimentar duas pílulas por dia. Asma lhe diz que não se preocupe, já que isso só ocorreu durante três dias, e recomenda injeções regulares, para que ela não volte a tomar medicação excessiva acidentalmente. Mas a mulher declina e vai embora.

O próximo xador é preto, bordado de dourado. Asma verifica o pulso da mulher; ela tem trinta e poucos anos e é diabética, portanto deve evitar qualquer coisa hormonal. Elas discutem sobre o DIU, mas a chance de infecção é potencializada por conta de seu estado. "Seu marido deveria usar preservativos", Asma diz a ela. Ali, dois preservativos custam uma rúpia, cerca de um centavo americano. Qualquer outra coisa, incluindo o DIU, custa três rúpias. Os logotipos num pôster na parede, acima da cabeça de Asma, indicam que o custeio dos contraceptivos vem da USAID e do Population Council, uma ONG fundada por John D. Rockefeller III.

A mulher diz que irá tentar falar com o marido, mas ela não o vê com frequência. Ela é a segunda esposa de um homem que era seu cunhado, até que seu marido morreu em uma explosão. No norte do Paquistão é comum que um homem sustente a viúva do irmão, casando-se com ela. Ele tem seis filhos com a primeira esposa e três com ela. Ela quer continuar a agradá-lo, para que ele seja atencioso. Asma pega a mão dela. "Mas, em seu estado, mais gestações são um risco."

O ventilador de teto para e o ar imediatamente fica abafado. As mulheres trocam olhares preocupados, porque o racionamento do dia já havia terminado e os *blackouts* inesperados são sinal de novos distúrbios. Asma pega uma lanterna na gaveta de sua escrivaninha e gesticula para a próxima paciente. Um banco inteiro se levanta e se aproxima: cinco mulheres de burcas brancas bordadas com renda, olhos escuros espiando pela tela do capuz que lhes cobre o rosto. Elas são falantes Pashto de uma versão paquistanesa da Suíça, o Vale Swat, em Khyber Pakhtunkhwa: uma região magnificamente bela entre o Afeganistão e a Caxemira, no extremo norte do Paquistão. Conforme uma delas se senta e cautelosamente ergue o véu, revelando um rosto redondo e ansioso, com um brinco triangular no nariz, suas companheiras levantam e ficam em pé ao seu redor, de forma protetora. As outras pacientes dão risinhos dessas pacientes monocromáticas, chamando-as de repolhos e petecas – o termo que os britânicos colonizadores cunharam para descrever a burca completa.

Essas mulheres raramente são vistas aí, e o controle de natalidade não está na programação dessa paciente: em quinze anos, ela não consegue conceber. Ela suportou diversos tratamentos nas vilas e está cansada de tentar, mas realmente quer um filho. Essa é sua terceira visita e Asma tem o resultado de seu teste. "Está tudo bem com você", diz ela, com seu próprio diamante reluzindo no nariz, conforme ela ilumina a página. Chegou a resposta do teste de sêmen. "O problema não é seu. É de seu marido."

A reação da mulher é uma confusão de alívio e preocupação. Ela se retrai por trás do véu. "Se um homem não pode conceber, ele segue em frente", diz Asma, conforme o contingente Pashtun vai saindo. "Se uma mulher não pode conceber, ela é abandonada. Ou ele arranja outra esposa."

A tarde quente se arrasta e a fila anda, com as mulheres coloridas. Sem perguntar, Asma sabe quais são donas de casa, pois elas querem ajuda com espaçamento entre os partos. Quase todas que trabalham, seja uma professora, seja uma funcionária da LHW como ela própria, querem parar depois de dois. Quando uma esposa diz que quer esperar até depois que seu segundo filho seja desmamado para seguir para o próximo, Asma pergunta quantos mais ela quer ter.

"Meu marido quer pelo menos seis."

"E você?"

Timidamente, ela ergue dois dedos. As outras mulheres da sala estão olhando. Elas assentem.

"Você é sabida", Asma a tranquiliza. "Jamais seremos saudáveis e teremos mais escolas se nossa população continuar crescendo." Mais delas concordam.

Surge uma mulher de meia-idade chamada Nazaqat, com o xador preto completo e óculos de aro metálico retangular. Ela é a técnica de vacinação que está em serviço hoje, responsável pela supervisão das vacinas antitetânicas e antipólio que as grávidas precisam tomar, mas ela não quer dar a injeção contraceptiva que Asma acabou de prescrever.

"Não acredito que precisamos praticar planejamento familiar. Nossa comunidade deve aumentar em número." Asma olha para o teto. "Não cabe a mim questionar o motivo", Nazaqat continua. "É a vontade de Deus. Ele determina o destino."

Ela conta que teria tido tantos quantos fossem possíveis, caso tivesse se casado. Sim, ela sabe que é um problema as crianças vagando pelas ruas, pois não há escolas suficientes. E, sim, é de cortar o coração ver mulheres tentando alimentar oito filhos. E, sim, seu próprio trabalho é mais dificultado por homens que proíbem as mulheres de tomar a vacina contra pólio, porque eles desconfiam que seja, na verdade, contraceptivo.

"Mas todos os países têm problemas", diz ela. "O nosso é a população excessiva."

3. Coeducar

Pelo fato de as escolas geralmente serem tão escassas, apesar de garantidas pela constituição, e a população crescer tão depressa, uma criança paquistanesa tem menos probabilidade de educação do que uma criança do Sub-Saara africano. Numa noite de verão, em 1995, seis homens de negócios se encontravam num jantar, novamente reclamando do declínio desanimador do país. Eles concordavam que especialmente enfurecedor eram os professores que coletavam os salários do governo, mas só apareciam para trabalhar uma ou duas vezes por mês. Naquela noite, eles decidiram assumir a questão. Quando anunciaram os planos para dar início a mil escolas particulares, nas regiões mais pobres do Paquistão, os amigos perguntaram se eles estavam malucos.

"Um país maluco precisa de decisões malucas", eles responderam.

Dezoito anos depois, a TCF (The Citizens Foundation) já chegou a 830 escolas. Uma das primeiras foi em uma colônia em ruínas perto do porto de Karachi, cujo nome, Machar, significa "mosquito", sendo Karachi o epicentro da malária e da dengue, assim como da lepra. Ao contrário dos arredores, a Escola Vohra, da TCF, tem paredes sólidas pintadas de branco e um agradável pátio de tijolos com plantas ornamentais. Há salas de aula para turmas desde o jardim de infância até a quinta série e, algo raro em Machar, eletricidade e água encanada. Uma escola de Ensino Médio da TCF que fica perto dali também tem laboratórios de ciências com microscópios e mesas de dissecação equipadas com pias e uma sala de computação.

As janelas do piso superior da Escola Vohra têm vista para um emaranhado de paredes sem reboco e telhados de papelão grosso, mantidos no lugar com pedras, e colunas de fumaça subindo do cozimento feito em braseiros adaptados de latões de óleo cortados, de 200 litros. Com 800 mil residentes, Machar é considerada a maior comunidade de habitações desocupadas invadidas da Ásia, embora haja muitos competidores. Poucas ruas são largas o suficiente para veículos que trafegam buzinando, em meio às vacas e cabras. A maioria é perfilada de valas com restos plásticos e cascas de camarão. Mulheres e crianças nas portas descascam o camarão que chega ao porto, cerca de três da madrugada, um acontecimento tão importante que é anunciado pelas mesquitas, como o chamado do muezim. É a única fonte de emprego local, mas somente para mulheres e crianças, cujos pequenos dedos são mais velozes.

As crianças descascam de 5h00 às 8h00, depois trocam de roupa. Os meninos vestem camisas bege e as meninas vão de *salwar kameez* bege e *hijabs* brancos rumo à escola. A primeira parada é no lavatório, onde ensaboam as mãos com água filtrada e recebem vaselina para tratar os cortes nos dedos. A maioria tem problemas de estômago e nos olhos, por conta da água que tem em casa. Quando seus pais chegaram à escola pela primeira vez, conta uma aluna da quarta série, "Eu os trouxe aqui porque o banheiro tem um cheiro maravilhoso". Sua mãe perguntou o motivo e ganhou um vidro de desinfetante para levar para casa.

Os negociantes fundadores decidiram transferir a responsabilidade, fazendo todos pagarem alguma coisa. Os valores mensais variam de 10 a 200 rúpias (10 centavos a 2 dólares americanos); a escola subsidia metade do custo dos uniformes de 300 rúpias, comprados a prestações. Metade dos alunos são meninas, e as aulas são mistas, para que os meninos aprendam a ter respeito pelo sexo oposto. Todas as 5.400 professoras da TCF são mulheres, pois a maioria dos pais não deixa as meninas estudarem com professores, nem permite que as filhas lecionem onde há homens na equipe de professores. Embora o salário mensal seja abaixo do índice do governo – em rúpias, o equivalente a 200 dólares americanos –, eles têm muitas candidatas às vagas, pois é um trabalho considerado seguro: uma frota de *minivans*, pequenas o suficiente para disputarem espaço no emaranhado das ruas de Machar, transporta diariamente as professoras da casa para a escola e vice-versa. Elas recebem apoio integral das mesquitas, conta Afshan Tabassum, diretora da escola. "Algumas escolas TCF são dentro de madraças. Eles querem as crianças em aulas religiosas pela manhã e em nossa escola, na outra metade do dia."

Embora o orçamento individual de cada escola seja metade do dedicado às escolas do governo, 95% dos alunos da The Citizen Foundation passam nos exames nacionais *versus* 55% da média nacional. A minúscula taxa de desistência – menos de 1% – é, em parte, porque Tabassum e outros diretores constantemente visitam as casas dos alunos, persuadindo os pais a não tirarem as filhas da escola para fazê-las casarem.

"Essa é a chave. Quando uma menina recebe educação, ela educa a família inteira." Eles começaram com 60 alunos e agora têm 410 (o total de alunos matriculados nacionalmente na TCF é de 115 mil), em aulas de turno duplo ministradas em Urdu, com 30 alunos por sala. Há uma lista de espera de 250. Pelo fato de aceitarem irmãos, o tamanho das famílias é um grande fardo. Machar quase dobrou, desde que Tabassum chegou, nove anos atrás.

"Cada família tem seis ou sete, e está esperando outro." Há tantas crianças que as pessoas dormem nos telhados. Ela teve acesso às aulas de higiene e alfabetização para as mães, mas conversar com os pais sobre planejamento familiar não funciona. "Quanto mais filhos numa família, mais baldes de camarão o porto de Karachi lhes dará para descascar."

Mas as meninas que estudam ali calculam, sozinhas, o planejamento familiar. Até a oitava série, junto com matemática, ciências, estudos sociais, geografia e inglês, elas ingressam em um programa com mentores, no qual formam pares com profissionais dos campos que gostariam de seguir. Se elas concluírem os estudos e encontrarem trabalho, a maioria, assim como as que serviram de exemplo, não terão mais de dois filhos.

"Eu quero ser médica e ajudar a curar e alimentar as pessoas", diz Rubina, balançando as tranças debaixo do seu *hijab*.

"Eu quero ser aeromoça e viajar de avião", diz Nimbra.

"Quero ser professora, como você", Nimraji diz à diretora Tabassum. "Você está sempre em meu coração."

Os meninos querem ciências e engenharia, ou querem ser pilotos da Força Aérea Paquistanesa. Mas na Escola Vohra fica claro que no futuro o Paquistão será abençoado com muitas médicas e educadoras.

"É como nós mudaremos o Paquistão", diz Ahson Rabbini, vice-presidente da The Citizens Foundation. Ele se orgulha por isso ter sido um sucesso, que eles tenham levantado mais de 100 milhões para construírem essas escolas iluminadas, bem equipadas e 95% desse dinheiro vêm do Paquistão. Mas ele concorda que a medida mais importante é o número de meninas que eles atingiram.

"No norte do Paquistão, eles explodiram 250 escolas porque meninas estavam estudando. No Swat Valley inteiro, as meninas pararam de ir à escola. Quando recebemos ameaças do Talibã, dizemos a eles: se explodirem uma escola, construiremos mais cinco."

O emaranhado de terra de Machar termina num pântano de manguezais verdes, que o separa da enseada de Karachi, ao sul. À medida que a população da comunidade se expande, mais fundações de entulho avançam adentrando essa área natural, embora cortar o manguezal seja proibido. Uma máfia madeireira paga os invasores para derrubar mais árvores e paga à polícia para fazer vista grossa para o saque claramente visível do telhado da escola.

Passando a baía, os manguezais regressam, em uma área arenosa de 400 hectares de floresta densa que protege a cidade dos tufões. Tartarugas-verdes ameaçadas fazem ninhos na praia do Mar da Arábia, onde a colônia de pesca, como é conhecida, lança a rede para pegar cavalinhas, chernes e garoupas. Quando eles perceberam que os efluentes da cidade estavam envenenando a lagoa do manguezal, onde catam caranguejos, camarões e chocos, eles entraram em contato com o Programa de Desenvolvimento da ONU e o World Wildlife Fund. Um centro para a preservação das áreas pantanosas acabou sendo construído, e as duas organizações têm concessões para duas comunidades pesqueiras adjacentes, para ajudar a proteger os manguezais e plantar mais.

Uma comunidade usou o dinheiro para dar início a um projeto de ecoturismo, com passeios de barco na lagoa. Não tardou e estava atraindo 250 pessoas nos fins de semana. Os visitantes ficavam maravilhados com esse oásis plácido, repleto de flamingos e sapos, que a maioria nem sabia haver, na periferia da cidade movimentada.

Mas o outro grupo começou a cortar os manguezais e vender a madeira. Eles dividiram a terra em lotes, para vender aos xeiques sauditas e de Dubai, para construir residências de veraneio com vista para a enseada. O primeiro grupo registrou queixa. Uma noite, em janeiro de 2011, eles tiveram seus computadores destruídos, os coletes salva-vidas ficaram destroçados e o escritório foi varado de balas. Eles deram queixa à polícia, que nem atendeu. Um advogado os aconselhou a esquecer.

Eles se mudaram para outro escritório. Em 5 de maio, uma granada explodiu o telhado, deixando as vigas de ferro retorcidas como papel. Dois barcos e o quebra-mar que a UNDP construiu foram queimados. Homens estacionaram do lado de fora da casa de Abdul Ghani, fundador do projeto de ecoturismo, e dispararam as armas ao ar. Os pescadores fugiram para dentro do manguezal. Às 3 da madrugada, eles regressaram, exceto por Ghani e um colega, Haji Abu Bakar. No dia seguinte, eles os encontraram boiando na lagoa. As mãos de Bakar estavam amarradas em suas costas, e seu pescoço estava quebrado. Ghani havia sido espancado e estrangulado.

Dois dias depois, os três irmãos de Ghani, seus sobrinhos e seus filhos gêmeos, de doze anos, estavam sentados, descalços, no carpete verde, olhando as fotografias do líder morto e da menção em seu diário, assinada em tinta azul, escrita após o ataque de janeiro. "Eu me manifestei contra a destruição da floresta e [X] se tornou meu inimigo. Ele e seus homens ameaçaram minha vida. Se algo me acontecer, eles são os responsáveis."

Os colchões atrás dos quais eles se esconderam, naquela noite, ainda estão bloqueando as janelas. A esposa de Ghani, suas filhas e irmãs choram no quarto ao lado. Os homens assistem, repetidamente, num celular Nokia, ao vídeo de seu corpo sendo içado da lagoa. Dizem que o homem que ele indicou, um homem local forte e bem conhecido, está se escondendo em Karachi. As equipes da ONU e do WWF vieram, pegaram os nomes dos gêmeos, das quatro irmãs e do irmão de oito meses, prometendo prover-lhes. Ninguém do governo apareceu. A van da polícia e um sedã civil, com uma luz azul em cima do teto do carro, estão lá fora, supostamente para protegê-los, mas todos sabem quem paga quem. Vinte e cinco testemunhas, nenhuma prisão.

"A única coisa que tentamos fazer foi salvar as árvores e a lagoa", diz o irmão de Ghani, Mohammad Harun, um pescador magro e profundamente bronzeado, com um gorro de tricô amassado. "Tudo isso é uma loucura."

4. O Rio Indo

A leste de Karachi, a estrada que leva ao Delta do Rio Indo é perfilada de tendas de refugiados das inundações que durante três verões seguidos varreram vilas inteiras da terra. Lagos estagnados agora preenchem os locais onde antes eram campos.

Nos vilarejos de Haji Qasim, a 50 quilômetros ao norte da costa, as pessoas estão partindo pelo motivo oposto: porque a água as deixou. Desde o começo da civilização humana, o grande Indo sinuoso, um dos maiores rios do mundo, trazia a neve derretida do platô tibetano, passando pelo fértil Punjab da Índia e do Paquistão, terminando sua jornada ali na província de Sindh, onde escoava água fresca e sedimentos por 160 quilômetros, adentrando o Mar da Arábia. O limo deu à província de

Sindh algumas das terras agrícolas mais ricas do Paquistão, famoso pelo arroz e chá que fornecia para a Ásia inteira. Agora, o fluxo da água está revertendo: primeiro, a Índia; depois, o Paquistão construiu represas e barragens atravessando o Indo, represando a água no Punjab, prendendo os golfinhos cegos do Rio Indo que tinham perdido a visão no sedimento rico em nutrientes do lodo do rio. Como os agricultores do poderoso Punjab já não mandam mais água suficiente para permitir que o Indo alcance o mar, o mar está lentamente avançando em seu delta.

Em Haji Qasim, um vilarejo de casas de pau a pique agora carente de vegetação, os homens ainda ganham a vida no canal de irrigação, porém pela pesca, não pela agricultura. Ao meio-dia, eles saem do sol para beber chá com leite de búfala, numa sala comunitária ao longo do largo canal. Uma parede é perfilada de latões amarelos cheios de água potável que eles trazem em carroças arrastadas por burricos. A única água fresca que chega aqui é durante as enchentes que, estranhamente, são causadas, em parte, pela seca: à medida que os leitos secos do rio são preenchidos pela areia trazida pelo vento, eles ficam planos e não conseguem controlar o fluxo durante as monções. Quando a cheia começa a ceder, a água do mar invade e, no local onde o rio desemboca, os manguezais morrem.

"Sem os manguezais, o vento mudou", conta Shafit Mohammad, um agricultor de algodão que agora pesca pescadinha. "Muito antes que isso acontecesse, nossos idosos tiveram uma premonição de que o mar estava vindo com o vento. As pessoas lá embaixo precisaram cortar as árvores, porque a água salgada as matou."

Ele limpa o leite de búfala do bigode. "Aqui era bonito. Havia tantas árvores que as crianças não podiam ir sozinhas, por causa dos javalis e lobos. Conforme o mar avançou, primeiro as nossas lavouras foram arruinadas. Depois, nossas palmeiras e a floresta."

Agora o mar está elevando o nível do canal. "A cada quinze dias, ele sobe à noite. Já levou barcos e inundou nossas casas." O piso dessa sala é elevado, numa plataforma de madeira. Shafit aponta pela porta, para o solo amarelado, onde nascia arroz e trigo. Só restam capoeira e tocos mortos de palmeiras. "Agora, a água é como um câncer para a terra."

Eles construíram aparas de barro no canal, para conter a água, mas a maior parte das mil pessoas que moravam ali partiu. "Quando um homem morre, nós precisamos ir até Thatta para pegar água doce e limpar seu corpo, de tão escassa que é. Daqui a três anos, não haverá mais vila." Eles terão de se mudar para onde houver água fresca. Novamente.

Os idosos que interpretam o vento previam que o Mar da Arábia um dia chegaria a Thatta, cidade a 50 quilômetros ao norte. Ninguém acreditava neles. Porém, em Ahmed Jat, 10 quilômetros acima, seguindo o fluxo do rio, eles começam a acreditar. Para as famílias deixadas em Haji Qasim, visitar Ahmed Jat é como viajar no tempo estando no próprio vilarejo, apenas uma década atrás. Pomares de tamareiras repletos de pássaros. Pés de nim, figos, mangas e amêndoas. Uma rede de canais de irrigação trazendo água transparente para molhar o algodão, a cana-de-açúcar, o arroz, o trigo, os tomates, as abóboras e os quiabo. Bombas de mão e painéis solares. Cabras e búfalos.

"Todos aqui têm algum parentesco de sangue com o casal que fundou essa vila há sessenta anos"[11], diz Shafi Mohammad Jat, um homem magricela de cabelos negros cheios, vestindo uma longa *kameez* alaranjada, com a bochecha cheia de folhas de betel. Hoje Ahmed Jat tem 270 famílias, a maioria com sete ou oito crianças. Jat conta que Deus os abençoou com uma boa vida, embora a última seca tenha matado sessenta cabras e eles estejam num lugar tão remoto que a Revolução Verde nunca chegou ali.

"Nós nunca recebemos aqueles fertilizantes bacanas." Além disso, a clínica mais próxima fica a 30 quilômetros de distância. Oito mulheres morreram no parto, tentando chegar lá durante as chuvas.

"Mas nós estamos indo bem", diz ele, exibindo a plantação cultivada com adubo de esterco de búfalo e uma casa comprida sob as sombras dos bambus, com estacas de vinhas saudáveis de betel. "Exceto..."

Exceto por outra das fontes ter ficado salobra demais para beber. "Ainda podemos usar para a maior parte da plantação", diz ele. Então, eles estão cavando mais poços, dessa vez a 300 metros de distância da vila. "Mas sabemos o que vai acontecer." A água do mar está se deslocando para o norte, um quilômetro por ano. "Talvez tenhamos mais dez anos. Ou menos."

E aí?

Ele aponta para o norte. "Mudaremos para Thatta."

11. Na província de Sindh é comum o casamento entre primos.

Em um cômodo na periferia de Thatta, um homem com um bigode em formato de leque, chamado Shaikh Tanveer Ahmed, cita o Corão, verso 2:233, com a Surah Al-Baqara:

"As mães hão de amamentar seus filhos por dois anos inteiros."

Sua plateia, quatro jovens imãs barbudos, citam com ele, todos juntos. A surah se tornou o mantra de Ahmed. É a chave que abre uma porta bem fechada. Ele já debateu com muitos líderes religiosos que se opõem ao planejamento familiar, mas ele sempre ganha, porque é incontestavelmente claro que o Profeta tinha a intenção de que as mulheres amamentassem seus bebês integralmente, espaçando, assim, os nascimentos.

Ahmed dirige o HANDS, a Health and Nutrition Development Society, ONG paquistanesa que delicadamente pressiona o governo a prestar os serviços que promete. Ele não tem a menor ilusão quanto ao que seu país enfrenta. Durante as enchentes de 2010, causadas por monções ferozes, 175 mil pessoas – 70% da população do município de Thatta – fugiram, uma noite, quando um dique se rompeu. Durante as enchentes de 2011, um quinto do país ficou submerso e, novamente, em 2012. Agora o mar está avançando, empurrando milhões de pessoas para espaços cada vez menores.

A pressão pela redução da população é crítica, diz ele. "Mas você não pode mencionar 'planejamento familiar'. Você tem de dizer 'espaçamento entre partos'. Se for algo relacionado com saúde, eles aceitam. Eles resistem aos números."

Em cada município, eles identificam os quatro líderes mais importantes, como esses mulás vestidos de branco. "Nós os enviamos para Islamabad, para conhecerem altos líderes religiosos que já vêm sendo treinados pelo Population Council. Eles aprendem que ter mães saudáveis amamentando significa lidar com o fato de que metade das meninas paquistanesas é malnutrida. Isso significa mudar os costumes de deixar as sobras dos homens para as mulheres comerem. Eles aprendem que essa submissão não pode ser superada se houver um número dez vezes maior de escolas para meninos do que para meninas".

"Nos anos 1960", conta Qari Abdul Basid, imã da Mesquita Shah Gehan, de Thatta, "o governo não consultava os imãs. O modo apropriado era ignorado. Então, as pessoas se recusavam a fazer o planejamento familiar." Agora, nas preces de sexta-feira, eles ensinam que o Islã professa saúde e nutrição, e repetem a diretiva em Surah Al-Baqara, de que uma criança tem direito a dois anos do leite materno.

Elas preferem a amamentação para evitar a concepção, mas aceitam pílulas e preservativos. Boa parte dos anticoncepcionais vem da USAID, um ponto delicado com os mulás paquistaneses; os panfletos que eles compartilham em reuniões com líderes religiosos extremistas omitem o logotipo da USAID e seu mote, que diz "Do povo americano".

"A aceitação está aumentando", diz o Imã Basid. "As pessoas estão espaçando os nascimentos e, em vez de sete ou oito, têm quatro ou cinco. Isso é importante: sem o espaçamento, nossos recursos desaparecerão."

Soa o sino da prece: é o toque de seu celular. Ele pede licença. Os quatro imãs saem, deixando Ahmed junto de uma mesa, cercado por um novo carregamento de instrumentos de parteira da USAID.

Na vila de Ahmed Khan Zour, a 50 quilômetros ao norte, uma trupe teatral da HANDS está realizando sua apresentação de número 640. Mais de cem mulheres em brilhantes *salwar kameez* e coloridos brincos no nariz, cercadas de filhas com braços pintados com *henna* e até alguns pais, aglomeram-se embaixo de um pórtico para assistir. Os artistas começam com uma canção que representa felicidade com saúde, e saúde com um espaço de dois anos. Um ator explica que a representação irá revelar o que isso significa e convida a todos a descobrirem o que há de errado com o que eles estão prestes a ver.

Começa com uma cerimônia de casamento; a noiva é muito jovem. A cena muda para um quarto. A esposa recosta num travesseiro, tentando confortar um bebê infeliz.

"O que há de errado?", pergunta o marido.

"Ele está doente", diz ela.

"Arrume-o!"

"O que posso fazer? Eu também estou doente. Estou grávida outra vez", ela cai em prantos.

No dia seguinte, uma vizinha aparece e a encontra mais doente e fraca. "Por que você não espaça seus partos?", ela pergunta. "Meu marido e eu o fazemos."

A família inteira se reúne. "Você não está doente, sua preguiçosa mentirosa", afirma a sogra. "Você simplesmente não quer dar filhos ao meu filho. Só se preocupa consigo mesma!"

A essa altura, o público está murmurando e a ação para. "O que há de errado aqui? E por que aconteceu isso?", pergunta o ator no papel de marido.

Mãos são erguidas; as opiniões são manifestadas. A esposa não tem nem 16 anos; ela não estava pronta para ter filhos. Seus pais deveriam tê-la ensinado a esperar entre um filho e outro. A maioria dos comentários, contudo, culpa a sogra: "Elas querem que nós tenhamos tantos filhos quantos elas tiveram de ter", diz uma mulher de *hijab* preto, sob aplausos.

A mulher que interpreta a sogra acaba sendo uma médica. E surgem as pílulas, os injetáveis, os DIUs, os preservativos. Ela explica cada um deles e explica qual exige uma visita à clínica.

"Nós temos de ir até Thatta", diz uma mulher.

"Hoje, não", diz a médica. Caminhando à esquerda do palco, ela puxa um lençol, revelando um ambulatório clínico que eles trouxeram. Ela entra. "Eu estou aqui o dia todo", diz ela. E uma fila se forma.

Quando o Paquistão desenvolveu uma bomba nuclear, a USAID cortou os financiamentos para planejamento familiar ali durante seis anos. Os recursos para o teatro itinerante acabaram em 2013. "Nós dizemos à USAID", conta Shaikh Tanveer Ahmed, diretor da HANDS, "que, sem o apoio contínuo, o Paquistão provavelmente produzirá mais gente do tipo que os Estados Unidos temem."

Somente cerca de 13 milhões dos 90 milhões de mulheres do Paquistão têm acesso a contraceptivos, ele lembra. "Eles entendem. Mas, às vezes, a política em Washington os deixa relutantes."

Mesmo que eles continuem custeando, ele sabe que um espaço de dois anos resultando em quatro ou cinco filhos por família não será substancial na estabilidade da população.

"Não. Nós realmente tememos não conseguir lidar com a população crescente. Somos uma nação lotada, subdesenvolvida – mais uma multidão do que uma nação. Portanto, teremos mais analfabetos, mais jovens sem empregos produtivos e mais caos."

Ele faz algumas anotações num bloco. "Se não pudermos continuar fornecendo contraceptivos ou incentivando seu uso, até 2050 estaremos perto de três vezes o número que somos hoje."

Ele solta o bloco. "Estamos rezando para que o Paquistão apenas dobre de tamanho."

CAPÍTULO 12

O aiatolá toma lá dá cá

1. Cavalos

Quando Hourieh Shamshiri Milani entrou para a escola de medicina, em 1974, apenas 13 dos 70 alunos de sua classe, na Universidade Nacional do Irã, eram mulheres. "E das 13, apenas duas usavam o lenço."

Durante o reinado de Mohammad Reza Pahlevi, o último Xá do Irã, cobrir a cabeça era raro entre as mulheres com formação. Em 1936, buscando modernizar o país, seu pai, Reza Shah Pahlevi, decretou que todas as mulheres iranianas tirassem o véu. Quando Reza Shah foi forçado a renunciar, em 1941, pela invasão britânica, por conta de seus laços cordiais com a Alemanha[12], a regra foi relaxada, e o *hijab* passou a ser uma opção pessoal. Na família de Shamshiri, eles optaram vesti-lo. Ela iria escolher usar o *hijab* de qualquer jeito, mas agora não havia mais opção.

No piano-bar sem álcool do Espinas Hotel, no centro de Teerã, com os cabelos escondidos sob a seda florida, a dra. Shamshiri é uma bela mulher, com sobrancelhas arrebatadoras. Ela nasceu em Tabriz, no noroeste

12. Uma afirmação se popularizou, durante a época de Reza Shah, afirmando que *Irã* e *ariano* eram essencialmente a mesma palavra. Seu galanteio com a Alemanha era em parte estratégico, por conta do desejo dos britânicos e soviéticos pelo petróleo iraniano, que ambos queriam controlar. Embora fosse amistoso com Hitler, ele pessoalmente garantiu os direitos dos judeus iranianos, cujas sinagogas ele visitava.

do Irã, perto da fronteira com o que, na época, era a União Soviética. Naquela região, conhecida como Azerbaijão Iraniano, uma mulher se sentia nua em público sem a cabeça coberta. Sua família era devota, mas seu pai também era professor do Ensino Médio e deu sua bênção para que ela estudasse. "Embora", ela relembra, "ele não quisesse que as pessoas soubessem que sua filha estava frequentando a universidade."

Durante seu quarto ano de estudos em Teerã, algo profundamente inesperado aconteceu. Assim como ocorrera com o pai, que o precedeu, o Xá do Irã foi sendo cada vez mais desprezado. A perda da confiança do público começou em 1953, com um golpe que depôs um primeiro-ministro popular que havia ousado nacionalizar a indústria petrolífera do Irã, porque 80% de seus lucros iam para uma companhia de extração, hoje conhecida como BP, ou British Petroleum. Com a cooperação do Xá Pahlev, o golpe foi arquitetado pelo M16 britânico e a CIA (com os Estados Unidos tendo suposto, erroneamente, que o primeiro-ministro era comunista).

Em meados dos anos 1970, o Xá, um monarca ostensivamente constitucional, aboliu todos os partidos políticos, exceto o seu, o que incitou greves espontâneas. Um alto clérigo Shia chamado Ruhollah Khomeini, exilado por denunciar o regime esbanjador do Xá, exercido de seu trono de pavão e seu aconchego com o Ocidente, tornou-se símbolo do desafio. As greves se intensificaram e se organizaram, até que milhões foram às ruas. Subitamente, para o choque de todos, em janeiro de 1979, o Xá fugiu para o Egito. Um ano depois, ele morreu de linfoma.

A revolução sem sangue que o derrubara unificou o espectro político ao redor do país, desde os mulás ortodoxos até os intelectuais. Quando o triunfante Aiatolá Khomeini regressou de seu exílio da França, até os soldados do exército do Xá comemoraram. Foi realizado um referendo quanto à extinção da monarquia, em favor do governo islâmico, resultando numa vitória com 98% de aprovação.

Os cidadãos vitoriosos acreditavam amplamente que no novo e libertado Irã tanto o secular quanto o religioso viveriam como quisessem, com o Aiatolá Khomeini no papel de líder espiritual do país. No entanto, os iranianos logo descobriram que a ideia de Khomeini sobre uma liderança espiritual não era meramente uma orientação, mas uma teocracia. Embora a constituição revolucionária tivesse estabelecido uma democracia, Khomeini se autonomeou Líder Supremo, com um Conselho Guardião de clérigos religiosos mantendo o poder de veto sobre o Parlamento, o presidente e o primeiro-ministro. Dentre seus primeiros decretos, foi reinstituído o uso obrigatório do *hijab*. As cabeças das mulheres precisaram ser cobertas e seus corpos ocultos por xadores, ou trajes longos e soltos.

Os iranianos seculares se sentiram traídos. Porém, enquanto Hourieh Shamshiri ingressava em seus estudos de especialização em ginecologia, seu dividido país subitamente se uniu atrás do aiatolá, pois o Irã foi atacado. Pouco depois da ascensão do Aiatolá Khomeini, do outro lado da fronteira oeste do Irã, Saddam Hussein havia assumido a presidência do Iraque. Por treze anos, Khomeini havia vivido lá, em exílio, instigando o fervor revolucionário em meio aos muçulmanos iraquianos xiitas, até que Hussein, assumidamente sunita e militar, homem forte do Iraque, finalmente o pôs para fora do país. Um ano depois, quando o Irã ainda estava se reorganizando após séculos de regime de dinastia, Hussein aproveitou a chance para invadir seu vizinho enfraquecido e distraído, cuja província do Khuzestão ele cobiçava.

Uma década depois, Saddam tentaria a mesma coisa no Kwait, e os Estados Unidos reagiram invadindo para proteger os interesses petrolíferos internacionais. Mas tal ajuda não se apresentou no Irã. Durante o início caótico da República Islâmica do Irã, um grupo de alunos, furiosos com o tratamento de saúde que o Xá estava recebendo no Texas, invadiu a embaixada americana. Durante 444 dias, eles mantiveram 52 funcionários da embaixada como reféns. Dentre os pontos altos dessa crise, destaca-se o recuo americano ao Iraque de Saddam, no que se tornou a mais longa guerra do século XX, entre exércitos convencionais.

O Iraque atacava com forças terrestres, mísseis e gás de mostarda. Ele tinha apoio tanto da União Soviética quanto da OTAN, que o supriam de armamentos, incluindo carga para o gás dos nervos. O Irã, com uma população três vezes maior, reagia com ondas repetidas de soldados. Em dois anos, o país sofreu um número tremendo de mortes, mas recuperou o território perdido para Saddam nas incursões iniciais. Os dois países ainda se mantiveram mais seis anos em combate, período em que centenas de milhares de iranianos morreram.

Antes da Revolução Islâmica, o Irã tinha iniciado um programa de planejamento familiar, após um censo realizado em 1966, que mostrou um aumento assustador ao longo da última década. Em 1956, o Irã tinha 18,9 milhões de pessoas, mas as mulheres iranianas tinham, em média, 7,7 filhos cada uma. Em apenas dez anos, elas acrescentaram 6 milhões. O Ministério da Saúde começou a distribuir anticoncepcionais, mas com um sucesso modesto: o censo de 1976 ainda mostrava que os índices de fertilidade eram de 6,3 filhos por mulher. O programa estava treinando profissionais da medicina, mas fracassava ao explicar aos pais o motivo pelo qual eles deveriam limitar o tamanho de suas famílias.

Até a época da revolução de 1979, havia 37 milhões de iranianos. Embora muitos mulás exaltassem as tradicionais virtudes de casar cedo e das famílias grandes, o Ministério da Saúde conseguiu manter seu programa de planejamento familiar. O próprio Líder Supremo esclareceu questões religiosas sobre o controle de natalidade artificial com uma *fatwa*, alegando que era permitido. Mas a guerra com o Iraque mudou tudo. O escritório de Planejamento Familiar e Populacional fechou. Em seu lugar, surgiu uma campanha para que todas as mulheres iranianas ajudassem o Irã a construir o "Exército de Vinte Milhões de Homens".

A idade legal para o casamento das meninas caiu de 18 para 13 anos. Para incentivar as mulheres a terem muitos filhos, cartões de distribuição de ração foram expedidos, com base *per capita*, incluindo recém-nascidos. Segundo o demógrafo e historiador iraniano Mohammad Jalal Abbasi-Shavazi, as rações não cobriam apenas alimentos mas também "bens de consumo como aparelhos de televisão, geladeiras, tapetes e até carros". Pelo fato de a amamentação utilizar pouco dessa porção, um mercado negro de comida extra e eletrodomésticos tornou-se uma fonte-chave da renda familiar.

Conforme a guerra com o Iraque se arrastava, a taxa de nascimentos superou os sonhos de Khomeini. Embora um milhão de combatentes iranianos, incluindo simples meninos, tivessem sido mártires ao inalarem gás venenoso desativando minas ou atacando em correntes humanas contra as barragens de artilharia, o censo de 1986 contou quase 50 milhões de iranianos: eles haviam dobrado em apenas duas décadas. Segundo algumas estimativas, a taxa de crescimento chegou ao ápice de 4,2%, perto dos limites biológicos para mulheres férteis, e a maior taxa de aumento populacional que o mundo já vira.

Teerã, uma cidade central, tornou-se próspera e populosa por causa de fartas torrentes nas Montanhas Alborz, que formam seus cenários nevados de fundo ao norte – uma vista que, se a névoa permite, inclui o Monte Damavand, de 5.480 metros de altura, o maior vulcão da Ásia. Dos elegantes vales do norte de Teerã, a cidade descende 600 metros, numa larga faixa de classe média, chegando a uma planície árida repleta de bairros populares que terminam nas choupanas da periferia do sul de Teerã. Ali embaixo, as mulheres são invariavelmente envoltas em pano preto, mas por boa parte de Teerã elas realizam verdadeiros milagres da moda, desafiando a intenção de leis modestas tornando o que está oculto ainda mais atraente. Os longos mantos são ajustados nos quadris das que estão fazendo compras de *jeans* e saltos finos. Cada vez mais, as mulheres estão tramando para esconder cada vez menos cabelos sob os *hijabs* transparentes, subjugando a polícia de moralidade que tenta fazer cumprir o código Sharia de indumentária. Esse código é ainda mais enfraquecido pelas centenas de lojas que vendem apliques de cabelo, maquiagem, perucas, fivelas e *lingerie* – este último produto é vendido até na loja de presentes da tumba do Aiatolá Khomeini. Redes de contrabando assumidamente administradas pelos Guardas Revolucionários do aiatolá ajudam a manter os estoques das lojas com a alta costura europeia e nova-iorquina, que jorram, como as BMWs e Lamborghinis do norte de Teerã, passando por portais como Dubai.

Mesmo durante sanções, Teerã, assim como Havana, fervilha de energia. Mas sobrevive em virtude das fontes da montanha que são reabastecidas pela chuva. Em 1900, elas facilmente abasteciam 150 mil cidadãos de Teerã. Contando com os 3 milhões de trabalhadores que hoje circulam diariamente, 15 milhões drenam essa água, um aumento múltiplo de cem em apenas um século. O divino mandato de Khomeini para construir não apenas um exército mas uma geração islâmica sem lembrança do Xá espalhou-se com o impressionante salto demográfico como o mundo jamais vira – o que tornou ainda mais estarrecedor o que veio a seguir.

Em 1987, a dra. Hourieh Shamshiri Milani concluiu sua residência em ginecologia e obstetrícia, em Teerã. Durante a guerra, sua especialidade se tornara politizada, já que a demografia se transformou na arma mais potente do arsenal do Irã. Com os incríveis números do censo de 1986, o primeiro-ministro do Irã declarou que a nova e imensa população era "Enviada de Deus". Mas outras pessoas – principalmente o diretor de planejamento e finanças do Irã – ficaram simplesmente amedrontadas. Enquanto o beco sem saída da guerra seguia a um cessar-fogo intermediado pela ONU, seu departamento calculava os números que sua economia destruída talvez pudesse suportar. Todos esses homens nascidos para formar o Exército de Vinte Milhões de Homens precisariam de empregos, e a probabilidade de sustentá-los diminuía a cada novo nascimento.

Reuniões secretas tiveram início com o Líder Supremo para discutir a bênção da população, que agora se tornara crise. Anos depois, o demógrafo e historiador populacional Abbasi-Shavazi viria a entrevistar o diretor de planejamento e finanças, em 1987, e descobriria que ele tivera uma reunião com o gabinete presidencial, explicando o que o número excessivo de humanos prognosticava para o futuro da nação. Alimentar, educar, dar habitação e emprego a todos estava muito além da capacidade deles, já que o Irã estava exaurido e quase falido. Havia tantas crianças que as escolas de Ensino Fundamental tiveram de mudar de turnos duplos para triplos. O diretor de planejamento e finanças e o ministro da Saúde apresentaram uma iniciativa para reverter o curso demográfico e instituir uma campanha nacional de planejamento familiar. Ela foi aprovada com um único voto.

Um mês após o cessar-fogo de agosto de 1988, a guerra finalmente acabou e os líderes religiosos do Irã, seus demógrafos, especialistas orçamentários e o ministro da Saúde se reuniram para uma conferência sobre população, na cidade leste de Mashhad, uma das cidades mais sagradas para os muçulmanos xiitas, cujo nome significa "local de martírio". O peso do simbolismo era claro.

"O relatório dos demógrafos e especialistas em orçamentos foi entregue a Khomeini", relembra a dra. Shamshiri. O prognóstico econômico para a nação superpopulosa deve ter sido muito duro, dado o desprezo que o aiatolá tinha por economistas, a quem ele frequentemente se referia como burros.

"Depois de tê-los ouvido, ele disse 'Faça o que for necessário'."

Isso significava convencer 50 milhões de iranianos do oposto do que eles haviam escutado durante os últimos oito anos: que seu dever patriótico era ser fecundos. Agora havia um novo *slogan* para os *banners*, repetido em *outdoors*, colado em paredes, veiculado na televisão e mencionado nas preces de sexta-feira, pelos mesmos mulás que um dia os incitaram à produção de uma grande geração islâmica, fazendo mais bebês:

Um é bom. Dois é o bastante.

No ano seguinte, em 1989, o Imã Khomeini morreu. O mesmo primeiro-ministro que havia exaltado as taxas de fertilidade que beiravam nove filhos por mulher, como enviados de Deus, agora lançava um novo programa nacional de planejamento familiar. Ao contrário da China, a decisão do número de filhos ficava por conta dos pais. Nenhuma lei proibia qualquer um de ter dez filhos, se assim quisesse. Mas ninguém o fazia. Em vez disso, o que aconteceu foi a reversão de crescimento populacional mais incrível na história da humanidade. Doze anos depois, o ministro da Saúde iraniano recebia o *United Nations Population Award*, pela campanha mais bem-sucedida de planejamento familiar que mundo já vira.

Se tudo foi voluntário, como foi que o Irã fez isso?

Assentindo para a música persa emanada do piano, a dra. Shamshiri sorri, lembrando. "Nós usamos cavalos. Médicos e cirurgiões, equipes universitárias, carregando nosso equipamento em montaria até cada pequeno vilarejo."

As brigadas montadas que a dra. Hourieh Shamshiri e seus colegas ginecologistas e obstetras acompanharam aos locais mais longínquos do país viabilizavam qualquer tipo de contraceptivo – desde preservativos até pílulas e cirurgia – a todos os iranianos, gratuitamente. Porque a *fatwa* contraceptiva original do Aiatolá Khomeini enfatizava que nem a mãe, nem o filho deveriam ser prejudicados, ficou entendido que excluía tanto o aborto quanto as operações. Mas seu sucessor, o Aiatolá Ali Khamenei, expediu sua própria *fatwa* – "Quando a sabedoria dita que você não precisa de mais filhos, uma vasectomia é permitida" – e isso foi interpretado como incluindo laqueaduras para as mulheres.

Os objetivos iniciais do programa eram modestos. Segundo Mohammad Abbasi-Shavazi, eles esperavam reduzir a taxa de fertilidade das mulheres iranianas para quatro filhos até 2011 e eventualmente diminuir a taxa de crescimento da população, de seus níveis astronômicos durante a guerra, para algo ligeiramente acima da taxa de reposição. Mas as famílias iranianas estavam tão falidas e fadigadas, assim como a nação, que abraçaram a chance de ter menos filhos. Em dois anos, os demógrafos do Irã estavam incrédulos de seus próprios números.

Os médicos a cavalo haviam planejado incentivar as mulheres – que não precisavam pedir a aprovação dos maridos para usar contraceptivos – a espaçarem as gestações de três a quatro anos. Eles deveriam aconselhá-las a ter filhos somente entre as idades de 18 a 35 anos, e sugerir que parassem com três filhos. "Mas todas as mulheres que já tinham filhos queriam a operação", conta a dra. Shamshiri. "Mais de 100 mil mulheres daquela geração foram esterilizadas. Todas as jovens me diziam que queriam somente dois, um de cada sexo, se pudessem. Eu perguntava o motivo. 'Pelo custo de criar filhos', era a primeira coisa que elas diziam. Então, eu pedia a elas que imaginassem que amanhã seus problemas financeiros estivessem resolvidos, quantos filhos elas iam querer. Novamente, elas respondiam, 'Dois, por causa da educação. Nós queremos mandar nossas filhas para a universidade'."

Elas estavam vendo mulheres modernas na televisão – incluindo ela própria, já que ela e outras ginecologistas agora apareciam com frequência em programas de televisão iranianos. "As famílias encontravam o número do meu telefone. Eles perguntavam 'Como conseguiu seu diploma? Como podemos dar às nossas filhas uma formação como a sua?'."

A resposta era cada vez mais fácil. Nos anos seguintes, todos os prêmios recebidos pelo programa de planejamento familiar do Irã citavam um fator indispensável: a educação da mulher. Não apenas o Ensino Fundamental ou Médio, mas a universidade. Em 1975, as mulheres iranianas que sabiam ler não chegavam a um terço. Em 2012, mais de 60% de alunos universitários são mulheres. A taxa de alfabetização para mulheres até 26 anos era de 96%. O fato de dar às mulheres o controle de seus próprios úteros e de sua formação tornou cada vez mais difícil negar a elas um lugar no mercado de trabalho. Até 2012, um terço dos empregos públicos no Irã era de mulheres. Enquanto a dra. Shamshiri relembra suas missões a cavalo, chegam dois táxis no Espinas Hotel, ambos dirigidos por mulheres, enquanto logo mais adiante policiais femininas passam pela Keshavarz Avenue.

Em determinada altura, na pressão para o Exército de Vinte Milhões de Homens, a idade para o casamento das mulheres caiu novamente para 9 anos – "idade oficial da puberdade". Com o programa de planejamento familiar, isso foi repelido, e a idade média de uma noiva logo subiu para 22 anos, quando as mulheres adiavam o casamento e os filhos até a conclusão dos estudos. Até 1994, na Conferência Mundial sobre População, no Cairo, os números do Irã eram tão surpreendentes que a UNFPA mandou seus demógrafos verificarem o que Abbasi-Shavazi e seus colegas haviam coletado – e obteve os mesmos resultados. A dra. Hourieh Shamshiri, a essa altura membro do Ministério da Saúde do Irã, fazia parte da delegação e foi inundada de perguntas. Todos queriam saber como algo assim havia acontecido numa nação muçulmana – e com nada menos que um programa voluntário?

Não houve coação alguma, ela explicava. A única exigência era que todos os casais frequentassem aulas pré-matrimoniais, realizadas em mesquitas ou em centros de saúde onde os casais faziam seus exames de sangue pré-nupciais. As aulas ensinavam contracepção e educação sexual, e enfatizavam as vantagens de ter menos filhos para alimentar, vestir e educar. O único desincentivo governamental foi a eliminação do subsídio individual para alimento, eletricidade, telefone e eletrodomésticos para qualquer filho, após o terceiro.

Até 2000, a taxa de fertilidade do Irã havia chegado ao nível de reposição, com 2,1 filhos por mulher, um ano antes de a política compulsória de apenas um filho ser implantada na China. Em 2012, era 1,7.

"O programa de planejamento familiar do Irã deu certo", conta Mohammad Jalal Abbasi-Shavazi, "graças à Revolução Islâmica. Havia um compromisso nacional para reduzir as lacunas da época do Xá entre ricos e pobres, urbanos e rurais."

Sob o regime do Xá, os ministros da Agricultura raramente deixavam Teerã. Agora, os ministros de Água, Saneamento, Agricultura, Energia e Finanças chegaram aos vilarejos mais remotos, estendendo o auxílio técnico durante o plantio, a instalação de sanitários e lançando programas de alfabetização. "O mais importante era montar uma rede de saúde que chegasse aos locais mais remotos do país."

Hoje, cada aldeia do Irã tem um "posto de saúde", com funcionários de dois *behvarz* selecionados por vila. Geralmente, um homem e uma mulher recebem dois anos de treinamento de medicina familiar, incluindo cuidados pré e pós-natal, contracepção e imunização. Para enfermidades, há uma clínica rural para cada cinco postos de saúde, com médicos que também visitam cada posto, duas vezes por semana.

O *behvarz* mantém os registros de nascimentos, mortes e vacinações de cada pessoa. Nas cidades iranianas, equipes de mulheres voluntárias vão de porta em porta, fazendo a mesma coisa. Com uma supervisão desse tipo, a disseminação de doenças como a tuberculose ficou sob controle e a taxa de mortalidade infantil no Irã caiu aos níveis europeus, convencendo ainda mais os pais de limitar o tamanho da família.

Era a esses postos de saúde que Hourieh Shamshiri e seus colegas ginecologistas e obstetras chegavam a cavalo, com equipes de cirurgiões. À medida que a economia iraniana pós-guerra foi melhorando, os cavalos deram lugar a veículos de tração nas quatro rodas e até helicópteros. O Irã foi pioneiro em vasectomias "sem bisturi", procedimentos de dez minutos, com apenas uma pequena perfuração no abdome. Durante os primeiros anos da revolução, os contraceptivos eram difíceis de encontrar. Agora, o Irã tornou-se um dos maiores produtores de preservativos do mundo. Suprimentos para muitos meses eram estocados para garantir que não faltassem. E tudo – preservativos, pílulas, DIUs, injeções, vasectomias e laqueaduras – continuava gratuito.

Contudo, os demógrafos relatam que o método preferido de contracepção nas cidades iranianas continuava sendo o *coitus interruptus*. Um motivo pode ser a fábula na Gênese de Onã, a quem Deus mata por desobedecer seu pai, ao despejar sua semente no chão, algo que não tem equivalência no Irã: segundo os comentários de Hadith sobre o Corão, o Profeta Maomé não proibia a retirada, também conhecida como *al-azl*.

Segundo a dra. Shamshiri, a verdade é mais comum. "É o medo comum dos efeitos colaterais e o desagrado pelo uso dos preservativos. Motivo pelo qual a esterilização e as vasectomias são tão populares, uma vez que as pessoas já têm os filhos que desejam."

Outro país que recorre à retirada para a ejaculação é a Itália, que também possui baixas taxas de fertilidade e, coincidentemente, também abriga uma teocracia – apesar de ser uma teocracia reduzida a 110 acres, onde não residem mulheres. Fora dos muros do Vaticano, o aborto é legal durante o primeiro trimestre de gestação. No entanto, no Irã, o aborto é proibido, apesar das sugestões no Corão de que a alma só entra no feto depois do quarto mês de gravidez.

"O aborto ainda é ilegal", diz a dra. Shamshiri, agora professora da Universidade de Ciências Médicas Shahid Beheshti, de Teerã. "Alguns anos atrás, o parlamento expandiu uma regra sobre salvar a vida da mãe, para incluir o aborto terapêutico. Foi muito trabalho para aprovar isso."

No parlamento, as autoridades religiosas a confrontaram. "O aborto é assassinato. Por que você escreve artigos apoiando isso?", perguntaram os mulás.

"Hoje vocês perguntaram se um feto é ou não uma pessoa", ela respondeu. "Porque disseram que, se um feto é uma pessoa, não se pode matá-lo."

Eles assentiram.

"Vale a pena discutir isso. Porém, primeiro, eu espero que vocês concordem que uma mulher é uma pessoa."

Com base religiosa, isso é difícil para ela. "Em relação aos direitos da mulher, eu apoio o aborto. Mas, pessoalmente, não concordo. Eu mesma não faço abortos. Se tenho uma paciente com câncer de mama que precisa de um aborto terapêutico, eu lhe dou uma indicação. Mas as mulheres devem usar o planejamento familiar, se não querem engravidar. Se o fizerem, a necessidade de aborto se torna muito rara."

Rara, mas nunca zero. Preservativos podem arrebentar. Antibióticos baixam a eficácia da pílula. E o *al-azl* tem uma taxa notável de falha. No Irã, como em qualquer lugar, as mulheres encontram meios de fazer um aborto. No norte abastado de Teerã, onde as mulheres têm médicos particulares, não é difícil encontrar um que faça abortos com segurança.

A preocupação da dra. Shamshiri é com as mulheres pobres, cujos contraceptivos falham. "Nós temos uma rua em Teerã, onde são vendidas drogas ilegais, incluindo drogas abortivas. As pessoas vão até lá e compram supositórios. Isso não é seguro. Por isso que é importante prover esse serviço às mulheres."

Em 2005, Mahmoud Ahmadinejad, um conservador e ex-prefeito de Teerã, popular em meio à classe trabalhadora, foi eleito presidente do Irã. Em 2006, ele proclamou que o programa de planejamento familiar do Irã era anti-islâmico. Ele convocou as mulheres com 16 anos ou mais a deixarem as universidades, se casarem e engravidarem. Disse que a população do Irã, com 70 milhões de pessoas, precisava de mais 50 milhões. Seu pronunciamento ajudou a incitar as mulheres iranianas a colher um milhão de assinaturas exigindo o rechaço de todas as leis que lhes negassem igualdade, uma campanha que ganhou muitos prêmios internacionais pelos direitos das mulheres.

Em junho de 2009, no que se acreditou ser um resultado forjado, Ahmadinejad foi reeleito, derrotando um candidato moderado. As ruas das cidades iranianas foram tomadas por centenas de milhares de manifestantes, a maioria mulheres. Quando uma estudante de filosofia chamada Neda Agha-Soltan foi alvejada por um membro da milícia paramilitar voluntária do aiatolá, sua morte, captada em vídeo, foi vista por milhões de pessoas ao redor do mundo.

A então chamada Revolução Verde do Irã, batizada segundo a cor da campanha do candidato moderado de oposição, tornou-se uma inspiração para o surgimento da Primavera Árabe. Mas a reação brutal do regime – pelo menos setenta assassinatos e centenas de detenções – minou sua energia. As gigantescas aglomerações públicas desapareceram, mas, como diz um participante anônimo, "Isso revelou o quanto a Revolução se tornou corrupta. O amor que sentimos pelo Islã foi minado por nosso desprezo pelos mulás, que misturam a mesquita e o Estado, e estão destruindo ambos ao fazê-lo".

O recém-reeleito presidente Ahmadinejad reiterou seu chamado para praticamente dobrar a população, o que foi denunciado no parlamento, no Ministério da Saúde e até por alguns clérigos. Sua oferta de 10 milhões de rials – cerca de mil dólares americanos – por cada novo bebê foi um tiro que saiu pela culatra, quando a matemática do aumento populacional foi explicada a ele, que percebeu que seu objetivo – 1,35 milhão de crianças a mais por ano – custaria mais de um bilhão de dólares anuais. A alteração – o dinheiro ficaria num fundo e seria dado à criança aos 18 anos – recebeu ainda mais menosprezo, e as mulheres ignoraram isso.

"A preferência por um ou dois filhos, ou até nenhum, agora está entranhada no tecido cultural da nação", disse o demógrafo Abbasi-Shavazi, em 2011. "Acontecerá o que as mulheres quiserem. E elas não querem três."

"Uma vez eu li", diz Hourieh Shamshiri, "que você salva as mulheres para que elas salvem o mundo. Minha religião muçulmana é pura, na qual a mulher é tão humana quanto o homem, e seus direitos são iguais. Nós temos uma frase no Corão Sagrado que diz: 'Nós os criamos da mesma alma'. Formas distintas, mas a mesma alma."

2. Tapetes

Durante séculos, o tecido cultural do Irã foi feito pelos tapeceiros persas. Nos tapetes turcos, cada fio de lã é amarrado em duas mechas, mas os tapetes persas, com uma trama para cada urdidura, são duas vezes mais apertados. As tramas mais complexas, feitas até hoje em cidades iranianas como Esfahan, têm 144 nós por centímetro quadrado. Um tapete desses, de lã da barriga dos cordeiros da primavera, pode levar duas pessoas a tecer durante oito anos para terminá-lo. No Museu do Tapete, em Teerã, há obras de arte penduradas, feitas para as famílias reais, com 160 nós por centímetro, tecidos por meninas de olhos aguçados e dedos miúdos. Uma estampa floral magnificamente complexa que mede 30 m^2 precisou de três pessoas trabalhando dez horas diárias, que levaram dezoito anos para concluir – a tecelã principal tinha 17 anos quando iniciou e 35 ao terminar.

Quando era aluno de biologia, nos anos 1960, Esmail Kahrom ficava olhando os tapetes do museu, como um que foi concluído em 1416, que mostra a Árvore da Vida, símbolo de Zoroastro, anterior ao Islã. Em meio aos galhos, ele reconhecia perus, abetardas, abutres, mainás, corujas, pombos, tordos, poupas, flamingos, andorinhas, codornas, papagaios, avestruzes e perdizes. Em volta do tronco, havia ursos, tartarugas, jacarés, besouros, centopeias, leões e leopardos.

As representações eram tão detalhadas que os zoólogos conseguiam distinguir cada espécie. Kahrom compreendeu que estava olhando para espécies já extintas de sua terra. Os olhos dos tecelões antigos são a forma como os biólogos de hoje sabem o que um dia viveu ali.

Esmail Kahrom era filho de um piloto da força aérea que, assim como sua mãe, era um entre onze irmãos. Quando ele era garoto, seu pai o levava para cavalgar pelo Khosh Yelagh, um refúgio da vida selvagem cujo nome significa "boa pastagem de verão", localizado no leste das Montanhas Alborz, ligeiramente ao sul do Mar Cáspio. A mata ali era tão alta que ele perdia o guarda-florestal de vista e tinha de ficar em cima do cavalo para ver para onde os talos se moviam e saber para que direção seguir. Khosh Yelagh, na época, era lar da maior população de guepardos do Irã. A visão daquelas criaturas velozes o empolgava, e ele resolveu se tornar naturalista.

Depois de se formar pela Universidade de Shiraz, ele se tornou ornitólogo, trabalhando com o Departamento de Meio Ambiente, e viajou por todos os ecossistemas do Irã. Acabou sendo indicado como diretor do Bureau of Wildlife e começou um programa semanal de televisão que apresentava os espectadores às maravilhas naturais de seu país. O governo o enviou à Inglaterra para seus estudos de graduação. Depois de receber o doutorado pela Universidade de Gales, ele voltou ao Irã para ensinar ecologia, tanto na faculdade quanto pela mídia.

Seus documentários televisivos tornaram Esmail Kahrom o naturalista mais conhecido do Irã. Ele levava os telespectadores a locais como Miankaleh, uma península arenosa de 48 km², que é a última faixa de terra natural costeira nos 800 quilômetros de litoral do Irã, no Mar Cáspio, onde metade das 504 espécies de pássaros iranianos são encontradas. No início do século XVII, o Xá Abbas, da Dinastia Safavid, da Pérsia, uma vez matou 90 leopardos e 30 tigres ali. Em 1830, Naser al-Din, Xá da Dinastia Qajar, que tinha 85 esposas, escreveu que no começo de uma manhã de primavera viu milhões de pássaros migratórios escurecerem o céu por quatro horas. Cinquenta anos depois, um de seus muitos filhos levaria um grupo de amigos até Miankaleh. Com os recém-inventados rifles de alto poder de fogo, eles mataram 6 mil faisões, 150 veados, 63 búfalos, 18 leopardos e 35 tigres.

O mesmo príncipe mais tarde descreveu uma área fora da cidade sulina de Shiraz, onde centenas de homens caçavam dia e noite. "A montanha é tão rica em vida selvagem", ele escreveu, em suas memórias, "que, se o número de caçadores fosse dez vezes maior, ainda haveria animais suficientes para todos. Nós ficamos ali por dois meses e, ao partirmos, o número de animais ainda era o mesmo."

"Afirmações como essa", Kahrom diz ao seu público, "provam que os caçadores do Qajar nunca procuraram erradicar espécies inteiras de animais selvagens. Na verdade, eles esperavam caçar para sempre. Consideravam os recursos naturais, como a vida selvagem e a floresta, recursos renováveis que simplesmente não poderiam ser extintos pelo homem. Mas todas as espécies que eles louvavam agora são raras, ou ameaçadas, ou extintas: o poderoso leão, o tigre do Cáspio, o asno selvagem iraniano, as gazelas, as ovelhas da montanha, de grandes chifres, o leopardo e o guepardo."

"Sim, o guepardo", diz ele, passando um prato de figos. Sua casa, perto da Universidade Islâmica de Azad, em Teerã, onde ele leciona, têm molduras ornadas e lustres e luminárias de bronze, nas paredes e no teto. Pequenos tapetes persas cobrem os pisos de madeira. A lareira de tijolinhos é ladeada por pinturas de garças e do ganso-de-peito-vermelho, ameaçado, que passa o inverno em Miankaleh. Acima da lareira, uma tapeçaria Tabriz do século XIX declara, em graciosa caligrafia *farsi*, que Deus é o maior protetor de todos.

Sempre que Kahrom, um homem esmerado, com bigode claro, é confrontado por alguém querendo saber se é realmente importante se o guepardo desaparecer da face da Terra, ou se os tigres forem extintos, ele fala sobre um guepardo em especial.

Foi quando ele menos esperava encontrar com um. Era janeiro de 2003 e ele estava visitando a América pela primeira vez. Um primo de San Diego casou-se com uma professora, que o convidou para observar uma turma de sexta série. Ele ficou encantado quando a professora trouxe uma bandeira iraniana e moedas de seu país para mostrar aos alunos. Em seguida, quando ela desenrolou um extraordinário tapete vermelho, seus olhos se arregalaram. Ele imediatamente soube que era uma estampa em seda pura, da cidade sagrada de Qom, estimada em milhares de dólares.

"Nosso convidado é um ecologista", ela disse aos alunos. Ela explicou que a ecologia é a ciência sobre como tudo na Terra está ligado: pessoas, plantas, animais, fungos, micróbios, rochas, terra, água e ar. "No mundo inteiro, há pessoas que protegem os animais e as plantas, para que essas ligações não se rompam. O dr. Kahrom é uma delas."

Surgiu uma batida na porta da sala de aula e Kahrom resfolegou, junto com os alunos da sexta série, quando outro professor entrou acompanhado por um curador do zoológico de San Diego. A coleira que ele segurava trazia um guepardo com focinheira.

"Há duas populações de guepardos", disse a professora, "uma na África, outra na Ásia. Hoje, o guepardo asiático vive apenas no Irã." Kahrom ficou impressionado por essa mulher americana saber algo que ele desejava que seu próprio povo compreendesse.

"O que vocês acham que irá acontecer", perguntou ela, "se os guepardos asiáticos desaparecerem da Terra? Seria um desastre? Nós teríamos problemas? Vocês ainda viriam à escola? Haverá gasolina para o carro dos seus pais? Haverá eletricidade e água? Nós deveríamos nos preocupar?"

Os alunos concordaram que essa criatura elegante e silenciosa diante deles merecia viver. Mas nenhum deles achou que o mundo desabaria junto com o guepardo.

A professora se virou para o belíssimo tapete de seda Qom, pendurado num cavalete. "Este lindo tapete persa pertence a um iraniano que vive em San Diego. Ele é feito com mais de meio milhão de nós. Várias mulheres levaram anos para concluí-lo. Agora, imaginem se um menino com uma tesoura cortasse alguns nós da beirada. O que acontecerá? Nada. Vocês nem vão notar.

"Agora, imaginem se ele voltar e fizer com que mais duzentos nós desapareçam. Talvez vocês ainda não notem no meio de um milhão e meio. Mas e se ele continuar fazendo isso? Logo haverá um buraquinho. Então, o buraco ficará cada vez maior. E um dia não restará mais nada desse tapete."

Estendendo os braços, ela apontou para a mata de La Jolla, do lado de fora, e para o guepardo, que a observava tão atento quanto seus alunos e Kahrom. "Tudo isso é o tapete da vida. Vocês estão sentados nele. Cada um desses nós representa uma planta ou animal. Eles e o ar que respiramos, a água que bebemos e nossos legumes não são fabricados. São produzidos pelo que chamamos de natureza. Esse tapete representa essa natureza. Se algo acontece na Ásia ou na África, e o guepardo desaparece, isso é um nó do tapete. Se vocês entenderem isso, irão perceber que nós estamos vivendo com um número muito limitado de espécies e recursos, dos quais nossa vida depende."

Na Reserva de Vida Selvagem de Miankaleh, o diretor do parque, Ali Abutalibi, viu os nós se desfazendo a vida inteira. Seu pai, um pastor das colinas próximas, tinha de proteger seu rebanho dos leopardos e lobos. Agora, talvez restem dez lobos. O último leopardo dali foi morto por um caçador em 2001; quatro anos depois, o último tigre. Um ano depois, o último alce. Sem os maiores predadores, a população dos chacais e javalis selvagens explodiu. Cavalos selvagens e vacas percorrem a reserva, dizimando a mata e os frutinhos.

Durante a infância de Abutalibi, os pássaros migratórios pantaneiros vinham aos milhares. "Cisnes, gansos, pelicanos, flamingos, colhereiras, patos. E também faisões, abetardas, francolins. Nós caçávamos a cavalo. Você matava duzentos pássaros em dez minutos." Constrangido, ele remexe as contas brancas de prece. "Isso foi antes que eu me tornasse um ambientalista."

O parque, cujos salgueiros, amieiros e romãzeiras silvestres faziam parte da floresta que se estendia por toda a costa, agora deu lugar aos campos de soja, algodão, arroz e melancia, fortemente encharcados de agroquímicos. Um pântano adjacente, a oeste, desapareceu com a instalação de um porto, onde as luzes ficam acesas a noite toda, espantando 30 mil pássaros que ali faziam seus ninhos. Uma invasão de águas-vivas pelo canal que liga o Mar Negro ao Rio Volga, que depois deságua no Cáspio, devorou 75% dos plânctons. Preso entre as algas, as perfuradoras emporcalhadas e a pesca predatória, o esturjão do Mar Cáspio de 200 milhões de anos, fonte do caviar negro conhecido no mundo, está à beira da extinção.

"Muitos peixes se foram", conta Abutalibi, olhando o mar verde-claro. E as criaturas que os comem: ele agora vê a foca-do-mar-cáspio no espaço de meses. Ele deixa que os pastores locais pesquem o arenque e a truta branca, limitando dois para cada um, mas os saqueadores que entram escondidos não têm limite.

"Havia quarenta caçadores aqui – agora há trezentos", conta ele, passando os dedos nos cachos que estão ficando ralos. "Deus disse ao Profeta Nuh[13] para salvar todos os animais, pois a vida do homem depende deles. Sem eles, o que faremos? Se matarmos tudo, exceto vacas e galinhas, será que poderemos viver num mundo sem pássaros que cantam?"

A oeste do santuário de Miankaleh fica a cidade de Ramsar, onde em 1971 dezoito nações assinaram um dos mais importantes tratados mundiais sobre o meio ambiente: o Ramsar Convention on Wetlands of International Importance. Hoje, há 164 signatários. No entanto, as regiões pantanosas de Ramsar já sumiram, dando lugar a estradas, plantações de chá, hotéis e casas de abastados de Teerã.

A leste de Miankaleh fica o Parque Nacional de Golestan, o maior e mais antigo do Irã. Seu nome significa *jardim de rosas*, por sua flor nativa perfumada. Em Golestan, as montanhas ainda são repletas de ciprestes, cedros e o junípero persa. Essa é a maior parte restante da grande Floresta Hirkani do Irã, uma relíquia que escapou de congelar, na Era do Gelo. Abaixo das coníferas estão carvalhos, bordos, cereja selvagem, uva-espim, e os vales são cheios de açafrão selvagem. Além deles ficam as estepes onde, em tempos mais chuvosos, Esmail Kahrom cavalgava pelas matas mais altas que seu cavalo de montaria. Agora, a maior parte dos passeios ali é feita de carro. Apesar dos pedidos de cada ecologista do Irã, agora o parque é cortado por uma estrada que vai do leste ao oeste, concluída na última década.

"Essa estrada é nossa maior tristeza", diz Jabad Selvari, chefe ambientalista do Golestan. Seu rosto barbeado fica corado, quando ele pensa como teria sido fácil se a rodovia tivesse sido desviada algumas milhas ao sul. Eles nem sequer construíram passagens subterrâneas para os animais. Agora, os caminhões-tanque do Iraque e ônibus da Turquia passam por ali, poluindo as grotas e cachoeiras do Golestan com suas nuvens de diesel. A estrada divide as populações de animais que cruzam, como as

13. Noé.

gazelas, os ameaçados íbex, o alce, os veados, carneiros de chifres torcidos, três espécies de pumas e leopardos. E isso torna praticamente impossível impedir a caça ilegal, especialmente as armadilhas para os falcões e gaviões vermelhos, para o mercado negro.

"Árabes e turcos ricos pagam até 60 mil dólares por um pássaro desses", diz Mohammad Rezah Mullah Abbasi, superintendente do parque. Ele conta que os contrabandistas conseguem esconder três falcões, com garras e asas amarradas, dentro das portas ocas dos caminhões. "Nós somos fanáticos como o Talibã, para preservar a natureza", ele brinca, "se inspecionarmos e encontrarmos sangue ou penas."

Mas, para eles, isso não é brincadeira. Os emblemas nas mangas dos uniformes cáqui mostram um leopardo e as palavras *Guarda Ambiental*, em *farsi* e em inglês. O leopardo é o símbolo do parque deles; todo ano, eles encontram carcaças sem pele.

"Nos anos 1970, quando o Irã tinha metade da atual população", diz Selvari, observando uma águia dourada dando um rasante sobre as flores de açafrão, "ainda havia tigres e leões aqui."

3. O rio desaparecido

No Irã, hoje, as estradas são construídas, principalmente, por empresas pertencentes a Guarda Revolucionária do aiatolá. Após o término da Guerra do Iraque, esse braço da elite militar iraniana começou a formar corporações para criar empregos para si mesmos. Ao longo de três décadas, eles se tornaram o maior conglomerado do Irã, com interesses tanto em negócios legítimos quanto em contrabando do mercado negro, incluindo álcool, drogas e até prostitutas, direcionando meninas iranianas para Dubai. Como protetores dos aiatolás em exercício, eles têm a primeira escolha nos contratos públicos de trabalho.

Os mais lucrativos são os açudes: o Irã é o terceiro maior construtor de açudes do mundo, com 600 concluídos e centenas a caminho. "Pense nos Guardas Revolucionários", diz um cientista iraniano que estudou nos Estados Unidos, "como uma combinação de Engenheiros do Exército Americano com a Máfia." Muitos açudes iranianos são construídos principalmente pelos contratos volumosos, conta ele, com pouca consideração pela quantidade de água que eles de fato irão represar ou o estrago que vão causar. O Lago Urmia, no nordeste do Irã, o terceiro maior lago de água salgada do mundo, Reserva da Biosfera da Unesco e um local pantanoso de Ramsar, agora está com metade de seu tamanho original e pode desaparecer completamente, pois 35 açudes foram construídos nos rios que o alimentam. Quando o Ministério de Energia se consultou com Esmail Kahrom sobre a situação do Urmia, ele os alertou dizendo que os lares de 14 milhões de pessoas corriam perigo de ser engolidos pelo vento salino, sem mencionar o habitat de 210 espécies de aves aquáticas.

Kahrom lhes avisou que parassem de construir os dez açudes que já estavam a caminho e liberassem 20% da água represada por trás dos outros, para ressuscitar o Lago Urmia, até que a chuva reabastecesse os reservatórios.

"Não temos água alguma por trás dos diques", lhe foi dito.

"Se vocês não têm água, então por que construíram 35 açudes? E por que pretendem um total de 77?"

Contudo, em 2011, o parlamento iraniano rejeitou uma proposta para aumentar o fluxo do Lago Urmia, o maior lago do Oriente Médio, e salvá-lo da extinção. Os cientistas temem que, se ele secar totalmente, poderá liberar 8 bilhões de toneladas de sal em tempestade de vento sobre as cidades do Irã, Iraque, Turquia e Azerbaijão.

Em Esfahan, cidade central iraniana, três cientistas ambientalistas se reúnem numa casa, na Rua Abbas Abad, para discutir uma tragédia ainda mais iminente, e possivelmente maior que o Urmia. Abbas Abad, perfilada com árvores que formam um arco magnífico, é frequentemente chamada de rua mais bela, de uma das cidades mais belas do mundo. Local do governo persa durante o século XVI, da dinastia Safavid, Esfahan é uma maravilha da arquitetura islâmica. A poderosa mesquita do Xá, na Praça Naghsh-e Jahan, a segunda maior do mundo, após a Tiananmen, de Beijing, é um deslumbramento em mosaico azul. Porém, até mais que suas cúpulas e minaretes, a graça de Esfahan deriva de cinco pontes cobertas de pedra sobre o Zayanderud, um rio que flui atravessando a cidade.

Ao longo das margens do Zayanderud, meninas de lenços pretos deslizam, com seus patins, por caminhos que serpenteiam por uma faixa verde de sicômoros, salgueiros e arbustos topiários. Os caminhos levam às pontes, como a Khaju, com sua arcada fresca, onde pessoas fazem piqueniques, tomam chá em largos bancos de pedra e assistem ao pôr do sol emoldurado pelos arcos da ponte. Construídos em 1560, os arcos foram acusticamente projetados para que o poema sufi, quando recitado, ou a música tocada em noites de verão pudessem ser ouvidos ao longo de toda a extensão da ponte.

Uma milha abaixo, acredita-se ser impossível que um casal passeando à noite pela Ponte Si-o-se Po, com seus 33 arcos refletidos na água do Zayanderud, não se apaixone. Só que desde 2008 não há mais água. O leito do rio agora é areia seca, onde os homens atravessam de bicicleta e os meninos jogam futebol.

Ponte Khaju – Esfahan, Irã.

"Durante algumas semanas, no inverno, eles abrem as comportas dos diques para manter molhadas as fundações da ponte, senão ela desmoronaria."

Mehdi Basiri, um professor de ciência ambiental aposentado, da Universidade de Tecnologia de Esfahan, está se reunindo com Ahmad Khatoonabadi, que leciona desenvolvimento sustentável, e o geneticista botânico Aghafakhr Mirlohi. Os três formaram o Green Message, uma ONG ambiental cuja missão é chegar aos tomadores de decisão. Eles não têm tido muita sorte.

"Em qualquer ecossistema", diz Basiri, "o fator limitador é a água. Mas o governo nunca pensa nisso. Em 1966, Esfahan tinha 200 mil pessoas. Hoje tem 3,5 milhões. Há uma imensa pressão sobre os aquíferos e o rio. Mas o que eles fazem? Constroem usinas de aço, fábricas de aeronaves, fábricas de tijolos e de corte de pedras, e tudo isso exige água."

"Eles plantam arroz, uma lavoura que não faz parte daqui, a qual faz evaporar muito mais água", diz Khatoonabadi.

O pior de tudo é que eles constroem tubulações que vão do norte ao leste, para levar a água do Zayanderud até as cidades desérticas de Qom e Yazd. "É a mesma coisa que o Lago Urmia", diz Basiri. "Eles constroem quarenta diques, secam tudo, depois pedem dinheiro ao governo para construir uma tubulação de 200 quilômetros vinda de outro lugar, para trazer água e reabastecer." Na periferia de Qom e de Yazd, proprietários bem relacionados estão irrigando novas plantações de pistache. "E agora eles estão construindo fábricas de aço e de ladrilhos, lá também. Eles convertem terras de pasto em pomares, sem deixar água para as plantas nativas", diz Mirlohi. "O nível de água cai, a terra se acomoda. A Ponte Si-o-se Po está danificada. As edificações históricas correm perigo."

Mas não tem que ver só com as construções e as pontes, diz ele. "Acho que nos restam apenas alguns anos para sobrevivermos."

A sala de Basiri cai em silêncio, enquanto os homens bebericam chá. Eles têm uma petição com assinaturas de milhares de pessoas corajosas o suficiente para exigir que a água volte ao rio que define a cidade deles. "Porém, agora, um terço do orçamento nacional vai para a construção de diques. Com tanto dinheiro envolvido, não dá para impedir."

Mesmo assim, a 1,6 quilômetro de distância, no porão ecoante e com luz fluorescente, quatro mulheres estão tentando. A líder do grupo é de meia-idade e se define como amante da natureza; uma é dentista, a outra é hidróloga, a outra é recém-formada em ecologia. Elas fazem parte da divisão mais voraz das ONGs iranianas, a Women's Society Against Environmental Pollution (Sociedade Feminina Contra a Poluição Ambiental). Ela foi fundada por Mahlagha Mallah, uma bibliotecária da Universidade de Teerã que, em 1973, ficou intrigada por um livro sobre um assunto desconhecido: poluição ambiental. Sem saber onde catalogá-lo, ela acabou lendo, de uma capa a outra. Neta de Bibi Khanoom Astarabadi, a primeira escritora feminista, Mallah se tornou pioneira no movimento iraniano ambiental. A Revolução e a Guerra do Iraque interromperam seus esforços, porém, durante os anos 1990, aos 74 anos, ela começou a viajar pelo Irã para organizar divisões de sua nova ONG.

"Mulheres", diz ela às suas recrutas, "são professoras instintivas. Também somos as maiores consumidoras do mundo: a maior parte dos anúncios tenta nos atrair. Nós produzimos a maior quantidade de lixo doméstico. Porém, da mesma forma que o controle da população cabe a nós, podemos curar nossa doença de comprar e nossa poluição, além de educar nossos filhos para cuidarem do meio ambiente."

Ainda vigorosa, aos 94 anos, ela é uma inspiração heroica para essas mulheres que se encontram mensalmente, para planejar uma forma de salvar o país de si mesmo. Sentam-se em círculo, em cadeiras brancas plásticas, calçando chinelos, roupas leves e *hijabs* coloridos, acompanhadas por dois homens de camisas polo: um arquiteto e o filho da dentista. Geralmente, cerca de quarenta aparecem para as reuniões; essa noite é uma sessão especial, porque, além de outros trabalhos árduos, há algo novo a ser discutido.

Antes da gestão de Ahmadinejad, o Irã finalmente parecia abrandar o controle sobre seu próprio povo. Mohammad Khatami, um presidente reformista, estava até buscando uma reaproximação com o Ocidente. Novas vozes floresceram e dúzias de grupos ambientalistas se formaram. Em 2001, uma convenção ecológica teve a participação de centenas de pessoas, e as mulheres de Esfahan ouviram os geólogos explicando que o rio rumava para o desastre. Elas começaram a fazer demonstrações e eventos do Dia da Terra, em escolas, para alertar as pessoas sobre a ameaça do Zayanderud.

Então, em 2008, o rio realmente secou. Confusas, elas ficavam em pontes adoráveis, à noite, sem ver reflexo algum, só escuridão. E imaginaram que isso finalmente fosse mobilizar as pessoas. Só que, como aconteceu com o Green Message, elas viram sua ONG sendo acusada de espionagem ocidental. Novos colunistas as chamaram de criminosas querendo roubar água de gente sedenta em Qom e Yazd.

"Nós temos um endereço onde as pessoas podem assinar eletronicamente a petição para salvar o Zayanderud, mas agora eles bloqueiam qualquer e-mail que tenha a palavra *petição*", conta a amante da natureza.

"Agora, os diretores de escolas dizem que precisamos de autorização do Ministério da Educação, em Teerã, para falar com as crianças sobre meio ambiente", diz a dentista.

"Quando distribuímos nossa revista, *Cry of the Earth (Grito da Terra)*, somos perturbadas por homens que querem saber quem somos", diz a hidróloga. Ela levanta e anda de um lado para o outro. "Somos arrastadas para delegacias e interrogadas sobre nossos panfletos ecológicos. Dizemos: 'Que bom que perguntou. São sobre reciclagem, plantio de árvores, conservação da água e energia solar. Muito perigoso'. Nós lhes dizemos que sua cidade, a mais bonita do Irã e uma das mais belas do mundo, agora é uma das mais poluídas. E que o rio está morrendo e o clima está mudando e O QUE ELES PRETENDEM FAZER A RESPEITO DISSO?" Ela se senta, corando.

"Até no Paquistão as ONGs podem contatar as pessoas livremente", diz a dentista.

Eles temem que o país saia dos trilhos. "Há um novo metrô sendo perfurado embaixo das mais deslumbrantes construções de Esfahan. Estamos sempre dizendo a eles que as reverberações irão rachar, ou até fazer desmoronar os monumentos", diz o arquiteto. "Mas suas orelhas não ouvem."

Todos concordam que uma coisa que as autoridades do Irã fizeram corretamente foi criar o sistema de saúde e de planejamento familiar. Claro que a população tem de ser controlada – a terra está explodindo. Exceto pela líder do grupo, que é a mais velha aí presente e mãe de três, as outras têm dois ou menos filhos. "Mas nós não temos permissão de fazer mais nada útil sem a permissão deles."

E agora, até permissão para controlar seus corpos e decidir questões por si mesmas subitamente é algo duvidoso.

Dizem os boatos que recentemente o Aiatolá Khamenei disse que as pessoas não devem se preocupar com a crise populacional, até que o Irã tenha 120 milhões de pessoas, ou 150 milhões. Então, talvez, acrescentou ele, seja hora de pensarmos nas consequências.

"O quê?", exclama a dentista. "Foi ele quem expediu uma *fatwa* sobre laqueaduras e vasectomias! Durante meu serviço rural, um dia eu vi quinze mulheres fazendo laqueaduras. Essa é a mentalidade que Ahmadinejad colocou na cabeça dele. Será que ninguém consegue ver a pressão que todas essas pessoas estão fazendo?"

"Isso é a contagem regressiva para o meio ambiente iraniano", diz a líder do grupo, retorcendo os dedos na bainha de seu *hijab* verde-claro. "Mais uma vez, as mulheres é que irão pagar."

Quando as mulheres de Esfahan se reuniram, naquela noite, em 2011, o Ramadã tinha acabado de terminar. A vida no Irã foi retomada, só que com mais dificuldade: o Ocidente, pressionado pelos políticos israelenses e os americanos, à beira das eleições, aplicou sanções econômicas ainda mais duras para tentar dissuadir a República Islâmica do desenvolvimento de um programa nuclear. Fora do país, acreditava-se que o Irã estava construindo bombas atômicas; embora a Agência Internacional de Energia Atômica não tivesse encontrado provas de tentativas para desenvolver armamento nuclear desde 2003, o Irã resistia em dar acesso irrestrito aos inspetores para que entrassem e verificassem as instalações militares. Dentro do país, no entanto, onde os rios, à beira da morte, estavam condenados a espremer cada quilowatt da chuva minguada, o programa nuclear acabou parecendo o que o Irã insistiu que era: geração de energia.

Embora o Irã tenha projetado o programa de planejamento familiar mais iluminado e efetivo do mundo, ainda é preciso esperar décadas até que a imensa geração *baby boom* dos anos da Guerra do Iraque comece a morrer e os números voltem a níveis sustentáveis. Enquanto isso, os 75 milhões de pessoas e suas indústrias exigiam eletricidade, e a retórica israelense estava cutucando os falcões iranianos a evocar armas nucleares e também usinas elétricas. Um mundo com o coração na mão se perguntava se esses dois inimigos acenderiam a centelha de uma tempestade de fogo pior que o calor desenfreado do clima.

Veio outro Ramadã, e o Líder Supremo oficializou o boato. O Aiatolá Khamenei declarou que a política de planejamento familiar "fazia sentido vinte anos antes. Mas sua continuação em anos posteriores foi equivocada".

O ministro da Saúde, então, disse à imprensa que "Programas de controle populacional pertenciam ao passado". E a partir daquele momento o financiamento para o planejamento familiar foi retirado do orçamento nacional e destinado ao incentivo de famílias maiores. O novo objetivo do aiatolá para o Irã era atingir de 150 milhões a 200 milhões de pessoas. Um projeto de lei foi apresentado no parlamento para legalizar a idade de casamento das meninas em 9 anos.

A especulação sobre o que o fizera mudar de ideia incluía o medo de outra guerra que exigisse um exército poderoso, dessa vez com Israel ou até a América. Alguns supunham que fosse um sinal ao Ocidente de que o Irã não estivesse incomodado por suas sanções, e sim amplamente preparado – para a abundância. Mas o próprio aiatolá deu uma explicação mais prosaica e parcimoniosa: ele disse que os demógrafos calcularam que, se a taxa de nascimentos permanecesse igual, até 2032 o Irã enfrentaria um declínio, com a população envelhecendo. Isso significaria mais custos com seguros médicos e previdenciários para os idosos e menos gente jovem e produtiva para pagar por eles. Depois de vinte e poucos anos de controle de natalidade, era hora para uma nova política para os próximos vinte.

Os pedidos anteriores do presidente Ahmadinejad, para que as mulheres fossem mais fecundas, haviam sido infrutíferos e muitos duvidavam de que a nova política tivesse algum efeito brusco. Com o desemprego e a inflação disparados, sob as sanções do Ocidente, a renda era baixa e os casais estavam adiando até o casamento e, ainda mais, os filhos. Além disso, mesmo que o controle da natalidade fosse banido, o aparato dos Guardas Revolucionários, sem dúvida, aproveitaria essa brecha para dar um salto. Os Guardas e os aiatolás estavam em total simbiose, de um jeito que nenhum dos lados conseguia romper: o regime cada vez menos popular dos clérigos dependia da proteção dos Guardas e comprava sua lealdade fazendo vista grossa ao seu enriquecimento sem limites.

No entanto, o que não prosseguiria seriam as aulas pré-matrimoniais ou as equipes de cirurgiões voando até o interior para realizar cirurgias contraceptivas gratuitas para milhões de iranianos que, de outro modo, não poderiam pagar. Nada mais de DIUs, pílulas ou injeções.

Depois de anos podendo decidir quantos filhos teriam, a vasta maioria dos casais iranianos tinha decidido não ter mais de dois. Mas isso não era mais conveniente para a teocracia militar e industrial do Irã.

E se as mulheres iranianas não optassem por ter mais filhos, o regime, retendo os meios, tomaria essa decisão por elas.

Nota do autor: "Use nossos nomes!", insistiram os membros da Women's Society Against Environmental Pollution, quando eu as encontrei, em Esfahan. No entanto, mais tarde, as circunstâncias do Irã haviam piorado, principalmente em relação ao programa nacional de planejamento familiar que elas estimavam, portanto resguardei suas identidades. Isso foi uma decisão inteiramente minha, que não reflete a atitude delas nem a sua coragem.

- A.W.

QUARTA
PARTE

CAPÍTULO 13

Encolhendo e prosperando

1. Contração

"Farei o possível", promete o ursinho branco. "Eu vou carregá-lo", ele continua, no mais amável japonês, "como se você fosse uma princesa."

O sexo do urso não está claro, sua voz recai entre o tenor e o contralto. De sua cintura graciosa, que dá a entender que é uma enfermeira, ele se curva para a frente, sobre um homem – bem distante de uma princesa – que está deitado numa cama hospitalar em um grande cômodo sem janelas. O piso verde é tão polido e reluzente que reflete as orelhas redondas do urso, seus olhos negros, o sorriso enrugado e a pele branca lisa.

Ele estende duas patas finas. Um antebraço desliza sob os joelhos do paciente, enquanto o outro ampara as costas. Por trás dele, Susumu Sato, um jovem engenheiro com cabelos rebeldes e óculos de aros pretos, toca um lugar no tríceps esquerdo do urso, e ele se aproxima. Três homens que estão observando inspiram ruidosamente. Delicadamente, o urso se ergue e endireita o paciente, até que ele esteja suspenso acima do chão, aninhado em seus braços.

"Está bem assim?", pergunta Sato. Uma caneta prateada surge de um porta-canetas, em sua manga esquerda.

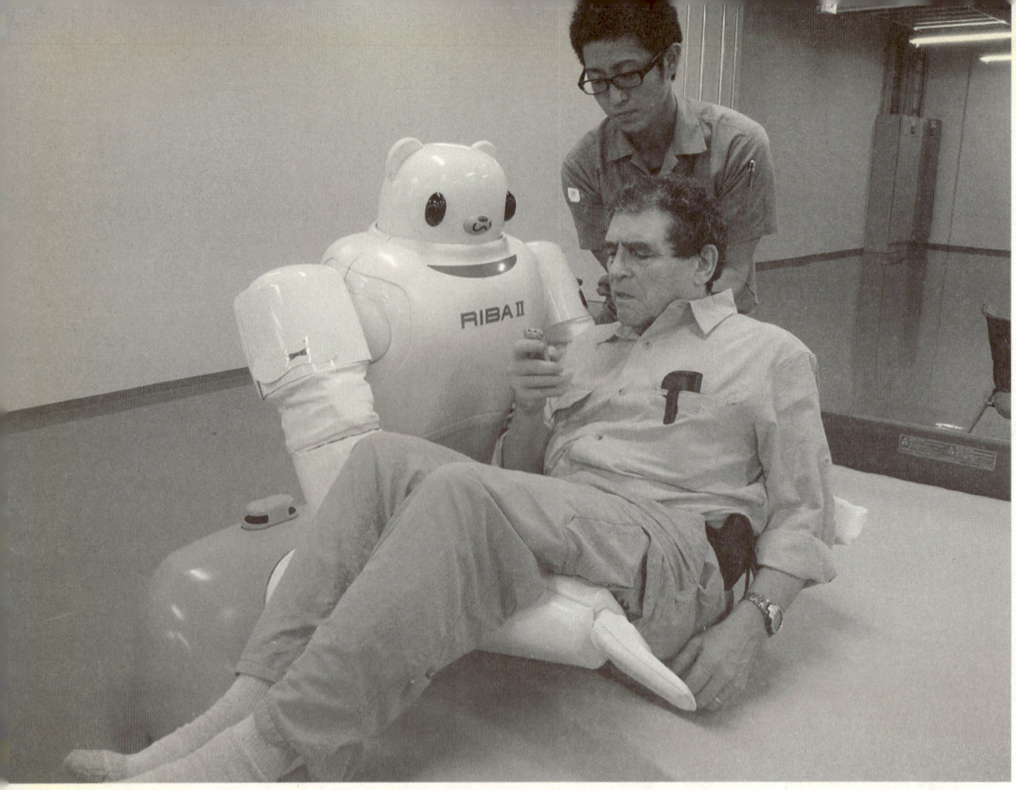

Riba II e Alan Weisman – Parque de Ciências de Nagoya, Aichi, Japão. *(Junko Takahashi)*

"Bem confortável", responde o homem. Estar acolhido junto do peito bem estofado do urso é, de fato, estranhamente confortante.

O nome do urso é Riba II, que significa Robot for Interactive Body Assistance (Robô para Assistência Física Interativa), segunda edição. Segundo seus inventores, ele é o primeiro robô do mundo capaz de erguer um humano nos braços. Agora, ele gira sobre rodinhas escondidas em sua base – sem patas traseiras – e desliza silenciosamente pelo piso verde e brilhante até uma cadeira de rodas que o está aguardando. Em seus ombros, há pequenas luzes verdes piscantes. "Elas são apenas decorativas", diz Shijie Guo, engenheiro-chefe, que segue ansiosamente atrás, com os cabelos caindo na testa. Agora vem a parte difícil, mas Riba II é a criatura menos nervosa da sala – e ele realmente parece uma criatura, e não no sentido xintó, de que tudo contém um espírito. Quase que carinhosamente, o urso pousa a carga humana na cadeira. Seu braço direito cuidadosamente abaixa suas pernas, depois desliza se afastando. Sato aperta um sensor de borracha em seu antebraço esquerdo. O urso se endireita.

"Terminei", ele anuncia.

Todos na sala expiram e aplaudem. Eles estão no Parque de Ciências de Nagoya, onde Riba II foi construído em conjunto com a Riken, a mais antiga empresa japonesa de pesquisa de desenvolvimento científico, e a Tokai Rubber Industries. Desde 1929, a Tokai Rubber fez principalmente peças automotivas, como mangueiras e limpadores de para-brisa. Mas o Japão é o primeiro país a enfrentar o destino inevitável de outras nações desenvolvidas, e suas indústrias estão se modificando de acordo com isso. Atualmente, 60% dos robôs industriais de montagem são do Japão, e o motivo não é acidental.

O que o Aiatolá Khamenei teme para o Irã já está acontecendo no Japão: um país com crescimento abaixo do índice de reposição, que agora está chegando ao fim do momento que manteve seus números em escalada, por duas gerações, depois que a fertilidade despencou. No caso do Japão, no entanto, não havia programa intencional para conter o crescimento populacional. Assim como o Irã, o Japão passara por uma guerra terrível, embora fosse uma guerra começada por iniciativa própria.

Em 1931, o Japão, país montanhoso com apenas 15% de terras agricultáveis, viu-se numa situação sem precedentes: sua população havia crescido, chegando a 65 milhões, muito mais gente do que podia ser alimentada. Ele já importava soja da Manchúria, região chinesa fronteiriça à Coreia, país que também tinha ferro e carvão, recursos de que o desprovido Japão precisava. Com a China enfraquecida por discórdias internas durante os primeiros anos de Mao, a tentação de invadir era irresistível.

Igualmente como a Alemanha logo viria a concluir em relação à sua vizinha Polônia, o Japão viu a Manchúria, com sua pouca população, como um lugar para transferir sua população excedente. Mas uma invasão levou a outra e, até 1937, a expansão do Japão tinha adentrado a China. Em 1941, inclinado a controlar toda a Ásia do Pacífico, ele atacou os Estados Unidos em Pearl Harbor.

Quatro anos depois, os sonhos imperiais do Japão tinham morrido. Seus soldados derrotados regressaram às esposas e, como esperado, uma explosão de bebês veio a seguir. Ao contrário dos vitoriosos Estados Unidos, cuja indústria de armamentos os tirou da Depressão, a economia do Japão estava arrasada. No entanto, ao longo dos cinco anos seguintes, sua população da época da guerra, de 72 milhões, saltou para 83 milhões.

O país, que duas décadas antes já não conseguia se alimentar, agora tinha milhões de pessoas à beira da inanição. Até o fim dos anos 1940, centenas de milhares de mães japonesas, desesperadas para alimentar seus filhos, buscavam abortos ilegais, com a porcentagem habitual de desfechos infelizes. Até então, abortos legais envolviam processos complicados para verificar uma emergência. Agora, diante de uma emergência nacional, em 1948 o Japão aprovou a Lei de Proteção Eugênica, legalizando a contracepção e a esterilização por motivos de saúde.

Um ano depois, com a crise não debelada, a lei foi estendida para permitir abortos e planejamento familiar por motivos econômicos. Dessa forma, o Japão cortou sua explosão de bebês do pós-guerra. Os índices de natalidade logo beiravam os de reposição. A economia do país lutou e se recuperou. Nos anos 1950, a frase "Made in Japan" era motivo de deboche pelos vitoriosos do outro lado do Pacífico, como sinônimo de *barato*, mas os vitoriosos continuavam comprando. Aos poucos, as humildes indústrias japonesas evoluíram na produção de eletrônicos e automóveis que renderam bilhões e recuperaram seu respeito. A riqueza custeava a educação, inclusive para as mulheres, e os índices de fertilidade caíram ainda mais, para menos de 1,4 filho por mulher.

Motivo pelo qual a Riken e a Tokai Rubber estão produzindo robôs – especialmente um belo ursinho branco que pode cuidadosamente aconchegar as pessoas em seus braços estofados, acalmá-las com cortesia e um abraço seguro, e levá-las da cama para a cadeira, e o desafio máximo: ao banheiro.

"Temos de fazer isso", diz Guo, o engenheiro-chefe, "porque há um problema em dobro a ser solucionado: logo o Japão terá mais idosos com dificuldade de se locomover sozinhos e muito menos jovens para ajudá-los. Já há uma escassez de enfermeiras geriatras. É difícil erguer pessoas quarenta vezes por dia, trabalhando em dois turnos, por 24 horas. Metade dos cuidadores de idosos reclama de dores lombares. Nós precisaremos de robôs para todas as tarefas que as pessoas não querem fazer, pois não haverá trabalhadores suficientes."

Até agora, o Riba II leva um minuto e meio para pegar uma pessoa na cama e levá-la até a cadeira de rodas. "Um humano geralmente leva dez segundos. Temos de chegar a menos de um minuto para ser aceitável." Depois de erguer um paciente, as enfermeiras dizem que a tarefa mais difícil é lidar com fraldas de adultos. Guo fez um curso sobre como limpar pacientes geriátricos. "Essa é difícil", ele admite. Depois, tem a comunicação: muita pesquisa e desenvolvimento foram direcionados ao que o robô deve dizer às pessoas. "Ele tem de falar, fazer que o paciente se sinta seguro. Esse consegue identificar vozes, porém só reconhece algumas palavras simples. Mas nós planejamos que ele cumprimente as pessoas, faça massagem terapêutica e até cante para idosos solitários."

Se a tecnologia pode atender a tais carências psicológicas humanas, ainda veremos, mas há alguma coisa com o grande dilema demográfico para o qual Riba II foi inventado para ajudar a resolver. O oeste europeu está observando atentamente para ver o que irá acontecer ali, pois o Japão é o primeiro a chegar ao fim de sua transição demográfica – quando as altas taxas de mortalidade e de nascimento caíram. A primeira geração encolhida do Japão – nascida no fim dos anos 1940 e começo dos 1950, quando os japoneses reduziram sua reprodução – agora está chegando à aposentadoria, e a geração antes deles está chegando a seus últimos anos.

Com a expectativa de vida quase mais alta do mundo – até o terremoto e o *tsunami* de março de 2011 que atingiram Fukushima e as cercanias matando 20 mil pessoas num só dia, era *a* maior –, sua população idosa continuará aumentando. (Os índices do Japão, de 79,4 anos para os homens e de 85,9 anos para as mulheres, ficam apenas ligeiramente atrás de Hong Kong.) O departamento de censo americano faz uma projeção de que até 2040 haverá um japonês centenário para cada novo bebê japonês. Porém, muito antes disso, à medida que a grande geração que precedeu a diminuição demográfica falecer, os números do Japão irão subitamente cair.

Esse destino demográfico não pode ser revertido, e já começou. Em 2006, pela primeira vez desde a Segunda Guerra Mundial, o Japão registrou mais mortes que nascimentos. Sua população teve seu pico pouco acima dos 128 milhões. Desde então, cai a cada ano; até 2012, eram 126,5 milhões e estava caindo. Antes de 2060, mesmo que a expectativa de vida continue a subir, o Japão regressará a algo em torno de 86 milhões, que era sua população em 1950.

Há uma solução de resposta rápida para os problemas trabalhistas que pairam, como os do Japão, algo que outro país, cuja população já está em declínio – Cuba –, está considerando. Os 11 milhões de Cuba estão diminuindo tanto em consequência da emigração e das baixas taxas de fertilidade, resultantes de uma alta porcentagem de mulheres universitárias, além de décadas de dificuldade econômica, quanto da cobertura universal de saúde e do aborto legal para respaldar o planejamento familiar. Para fortalecer sua força de trabalho, Cuba está considerando atrair imigrantes de nações com uma economia ainda menos favorável, como o Haiti.

Da mesma forma, os imigrantes devem preencher as brechas do trabalho europeu nas próximas décadas. Apesar das taxas de natalidade abaixo do nível de substituição, em 2012 a população da Alemanha na verdade cresceu em 900 mil pessoas, principalmente por causa da imigração do Leste Europeu, possibilitada pela participação como membro da União Europeia. Mas a primeira onda de mão de obra imigrante da Alemanha – milhares de turcos, importados depois que o Muro de Berlim cortou o suprimento dos migrantes do Leste Europeu – não foi tão fácil de absorver. Hoje, há 4 milhões de turcos na Alemanha, fonte de uma tensão cultural não resolvida e de políticas de imigração acirradas. Em 2010, a chanceler alemã Angela Merkel disse, em uma reunião com a juventude do Partido União Democrata-Cristã, "No começo dos anos 1960, convidamos trabalhadores a virem para a Alemanha. Por um tempo, nós nos iludimos, achando que eles não ficariam, que um dia voltariam para casa. Não foi isso que aconteceu. E, claro, a tendência foi ficar: vamos ser *multikulti* e viver uns ao lado dos outros, e desfrutar de estarmos juntos, [porém] esse conceito fracassou, fracassou profundamente"[1].

A Guerra Fria que dividiu a Alemanha encurtou sua explosão de bebês no pós-guerra, e o advento das pílulas anticoncepcionais quase diminuiu pela metade os nascimentos, em ambos os lados da Cortina de

1. Fonte de tradução: Conolly, Kate. "Angela Merkel declara morte ao multiculturalismo alemão". *The Guardian* (Reino Unido), 17 de outubro de 2010.

Ferro. A reunificação do leste e oeste alemães, em 1990, só pareceu oprimir ainda mais a fertilidade. Mesmo instigando os casais com 2 mil euros por ano, para ter um segundo filho, não fez diferença. As mães alemãs que trabalham reclamam que, com creches diurnas inadequadas e turnos escolares terminando cedo (como à uma da tarde), fica ainda mais complicado ter filhos. O resultado é a baixíssima taxa de natalidade e a população envelhecendo tão depressa quanto a do Japão.

Se o aumento dos partidos políticos xenofóbicos continuar, as taxas de imigração europeia podem cair. Porém, até agora, a imigração nunca foi uma opção para o Japão, que valoriza profundamente sua população vastamente homogênea: menos de 2% dos residentes japoneses são nascidos no exterior. Uma análise que defende as enfermeiras robôs é que elas não carregam o fardo das diferenças culturais e histórias desagradáveis da época de guerra, fatos que os japoneses idosos talvez associem com os cuidadores do leste asiático. Embora alguns japoneses acusem seu país de racismo, a maioria concorda que valores culturais compartilhados são o motivo para que a sociedade japonesa funcione de forma tão suave, por que suas cidades são tão organizadas e a criminalidade é tão baixa no Japão.

E agora terá um baixo número populacional para combinar, transformando isso em laboratório para a questão que todos nós enfrentaremos, se concluirmos – ou se a natureza decidir por nós – que, com o intuito de reduzir o impacto humano para nossa segurança e sobrevivência, precisaremos reduzir o número de pessoas no planeta. Se fôssemos qualquer outra espécie, já seria suficiente que nossos números não caíssem demais e ameaçassem nosso grupo genético, trazendo nossa população a um equilíbrio mais compatível com o restante da natureza. Mas somos mais complicados que isso. Nós nos reunimos em sociedades, algumas tão pequenas quanto nossas famílias, algumas tão grandes quanto nações ou corporações multinacionais que prosperam na troca uns com outros. No entanto, ao contrário de pássaros que fazem ninhos ou bandos de golfinhos, não nos contentamos em meramente prosperar. Sempre queremos mais.

A medida de praticamente todas as economias que os humanos elaboraram tem sido definida pelo fato de que elas cresçam ou não. As exceções –

sociedades *potlatch* do noroeste do Pacífico; comunidades de cooperação – podem ter muito a nos ensinar, mas também são tão raras que não se provam regras. Os noticiários de negócios julgam quão saudável é a economia analisando se a habitação subiu ou caiu durante o mês: ninguém liga para o fato de que cada nova casa força ainda mais, devora a paisagem e exige mais recursos para fornecer encanamento, esgoto, eletricidade e estradas. Essa casa representa lucro para os construtores e os corretores imobiliários, e empregos para marceneiros, pedreiros, encanadores, eletricistas, pintores, instaladores de carpetes, paisagistas, equipes de calçamento e indústria moveleira. A manutenção ao longo de sua vida útil irá criar ainda mais empregos. E a economia vai crescer.

Então, o que acontecerá se houver menos de nós, precisando de menos casas e de menos coisas? O que acontece durante a transição para uma sociedade menor, com menos consumidores a cada ano e menos trabalhadores pagando à previdência, para amparar um excedente improdutivo de idosos necessitados?

E o que acontecerá se realmente chegarmos a um número ideal de humanos que possam colher e reciclar recursos em um ritmo que possibilite serem reabastecidos, de modo que conseguíssemos um equilíbrio com o planeta que nos sustenta? Manter esse nível ideal significaria nunca crescer além dele.

Será que podemos fazer isso? Podemos ter prosperidade sem crescimento?

O Japão não tem escolha, exceto se tornar a primeira sociedade moderna a tentar.

"Paradoxalmente", diz Akihiko Matsutani, "nossa situação de encolhimento pode acabar sendo algo benéfico. Precisamos mudar nosso modelo de negócios. Isso geralmente leva muito tempo, mas não podemos esperar. Este é o momento para mudarmos."

Matsutani, professor emérito de uma das principais escolas de economia do Japão, o National Graduate Institute for Policy Studies, vem dizendo isso há anos. Até recentemente, ele conseguiu pouca atenção: ninguém tem se mostrado disposto a ouvir que a economia do Japão estava demograficamente condenada a diminuir. Porém, agora acontecimentos que ocorreram a 290 quilômetros ao norte de seu instituto em Tóquio bruscamente forçaram a nação inteira a reconsiderar viver além de seus meios.

O momento a que Matsutani se refere é o resultado de um terremoto de magnitude 9,0, em 11 de março de 2012, na Península Tohoku, no nordeste do Japão, que empurrou a onda por cima das barreiras marítimas, na Usina Nuclear de Fukushima Daiichi. Três reatores explodiram e derreteram, e todos os que moravam num raio de 80 quilômetros das instalações danificadas tiveram de ser evacuados.

Esse raio de 80 quilômetros incluía alguns dos campos agrícolas mais ricos do Japão: até o desastre, Fukushima era conhecida como "O Reino das Frutas". Um cacho de uvas de Fukushima era vendido a 2.500 ienes – mais de 30 dólares –, isto é, até que elas sumiram do mercado porque ninguém as comprava. O mesmo se deu com os doces pêssegos *akatsuki* e maçãs, pepinos e nabos.

A tragédia também levou os japoneses a se perguntarem se era sábio construir usinas nucleares perto de falhas sísmicas e regiões costeiras – uma descrição que se aplica à maioria dos 54 reatores atômicos que forneciam quase um terço da eletricidade do Japão. No prédio onde Matsutani tem seu escritório, meses depois os elevadores ainda estão desligados, em decorrência das restrições de energia pós-Fukushima, assim como estão fora de funcionamento o ar-condicionado e os assentos sanitários elétricos, com os bidês aquecidos, tão adorados no Japão.

Akihiko Matsutani está chocado com as terríveis perdas que seu país suportou, mas não está surpreso. "As pessoas que ficam dizendo que o Japão deveria ser como a França, a qual obtém a maior parte de sua eletricidade da energia nuclear, se esquecem de que a França não está em uma zona de terremotos. Mas agora que esse acidente aconteceu, nós temos a oportunidade de fazer algo positivo." Ou seja, aprender a viver dentro de seus limites, algo que Fukushima e a população japonesa em encolhimento estão forçando-os a fazer. "Na verdade, isso será bom para o Japão", ele insiste.

Matsutani é autor de um livro, cujo título faz estremecerem os economistas pró-crescimento: *Shriking-Population Economics: Lessons from Japan* (Economia das Populações em Encolhimento: Lições do Japão), com um exemplar em cima de sua mesa organizada. Num pedaço de papel em branco, ele rabisca o símbolo icônico da demografia: uma pirâmide, a qual ele divide em três partes. "Na maioria dos países, a ponta da pirâmide representa os idosos. O meio" – ele faz um sombreado nessa parte, com a caneta – "é a porção ativa da população, a classe trabalhadora. A base é a maior porção, os jovens, incluindo bebês, crianças, estudantes."

Então, ele vira o desenho de cabeça para baixo. "Este é o Japão. Menos crianças. Muitos idosos." Ele aponta para o meio sombreado. "Quanto mais dessas pessoas sobem, menos trabalhadores teremos para substituí-las."

Recentemente, um grupo de pesquisas da Universidade de Tohoku advertiu que em mil anos a criação de crianças no Japão cessará – pelo menos estatisticamente. Eles postaram um "Relógio de População Infantil", mostrando que a cada cem segundos uma criança deixa de nascer, diminuindo o número de crianças japonesas – elas não estão morrendo, mas crescendo, e menos bebês os substituem. Eles concluem que, nesse ritmo, "o Japão teria somente uma criança em maio de 3011. Dessa forma, no ano seguinte, não haveria crianças no Japão".

Essas histórias de terror sobre a fertilidade abaixo da taxa de reposição no Japão não fazem sentido, diz Matsutani. O Japão está certamente abarrotado de idosos, e terá mais. Mas quando estourar a bolha dos idosos, e as gerações de alta fertilidade forem morrendo, as gerações subsequentes irão se equiparar e a pirâmide se tornará um cubo, com o número de crianças perto do número de pessoas falecendo. As pessoas não vão parar de ter filhos e, se a fertilidade se reajustar com dois filhos por casal – um desfecho razoável em um mundo menos populoso –, a população se estabilizaria.

No entanto, ele alerta, remodelar a geometria demográfica de triangular para retangular, em um país de vida tão longa, leva pelo menos um século. De qualquer forma, estabilizada ou encolhendo, a população não estaria crescendo, o que levanta uma questão maior:

O que acontece com a economia?

A economia tradicional alega crescimento perpétuo como uma verdade evidente, muito embora nada, exceto Deus ou o universo, pode ser eterno – e há alguma dúvida quanto ao universo. Mas supondo que uma economia eternamente em expansão fosse possível, há somente duas formas de conseguir isso: continuar inventando novos produtos (ou novas versões dos antigos) e continuar encontrando novos consumidores.

Ser eternamente criativo é difícil. Ser infinitamente competitivo para ganhar todos os clientes só funciona contanto que ainda haja clientes – a menos, é claro, que uma população crescente continue a parir novos consumidores. Essa é uma das duas razões para que a maioria dos economistas tradicionalmente favoreça o crescimento populacional. A outra são maiores grupos de trabalho: quanto mais trabalhadores competirem por empregos, menos as empresas terão de pagar a eles.

Infelizmente para esses economistas – e para nós, enquanto os sistemas funcionarem do jeito deles –, em um planeta finito, uma economia dependente de crescimento constante não é mais perpétua que uma corrente de correspondências ou um esquema de pirâmide, que sempre precisa de mais participantes. No fim, não há mais participantes, e tudo desmorona. Ou a matéria-prima para produzir qualquer coisa que está sendo vendida não cresce suficientemente, e os substitutos não são tão bons ou também acabaram.

Akihiko Matsutani está convencido de que seu país em encolhimento pode e terá uma economia viável, pois o Japão não tem outra escolha. Mas não é tão simples quanto menos gente precisar de menos coisas. Embora Matsutani concorde que uma população menor significa menos pressão sobre os recursos e a terra, ele adverte que a transição para menos gente causará extenuações diferentes no meio ambiente.

"Imagine que você tenha um sistema de saneamento para um milhão de pessoas", diz ele. É um exemplo que ele conhece bem; junto com seu diploma em economia, ele tem um doutorado em engenharia civil. "Então, imagine que a população caia para 900 mil. Você não pode simplesmente remover 10% das tubulações. Mesmo que a população caia pela metade, você ainda terá de manter 100% da infraestrutura. Isso não será fácil quando tivermos menos trabalhadores."

Uma alternativa econômica pode ser abandonar grandes instalações de tratamento de água, preferindo tanques de purificação individual para cada casa. "O tratamento de esgoto centralizado é provavelmente melhor para o meio ambiente, mas será impossível de manter. Portanto, talvez tenhamos de rever nossos padrões e aceitar um ambiente mais sujo."

Mas ele está convicto de que os estilos de vida pessoais não precisam ser ameaçados em um Japão com menos gente. Uma economia mais enxuta, segundo ele, irá trazer suas próprias vantagens.

"No começo, as empresas tentarão economizar ao cortar salários ou trabalhadores, mas logo vão perceber que os trabalhadores se tornarão mais valiosos e vão querer manter os que possuem. Portanto, baixar os salários não vai funcionar. O que vai dar certo é pagar mais por menos horas. Neste momento, trabalhamos longas horas por pouco dinheiro. Os trabalhadores ficarão satisfeitos em ter mais tempo de lazer. Desde o fim da Segunda Guerra Mundial, estamos obcecados com o Produto Interno Bruto. Mas o PIB não tem efeito direto nos padrões de vida em uma economia de população em declínio."

A esperança que ele vê é a chance de definir prosperidade pela qualidade de vida das pessoas, em lugar do que elas podem comprar. Nessa nação paradoxal, onde a metrópole mais populosa do mundo – a Grande Tóquio, com 35 milhões de pessoas – coexiste com a população que encolhe mais rapidamente, ele vê uma oportunidade perfeita para que o país se descentralize.

"Teremos de pensar em sistemas menores, não um grande governo tomando conta de tudo, com uma imensa infraestrutura. Cidades menores farão mais sentido. Quando a população cresce, prosperidade significa ir à Disneylândia uma vez por mês, e comprar muito, e jogar muita coisa fora. Quando a população encolhe, a prosperidade será ir a piqueniques, ou levar seus filhos para acampar. Você não joga coisas fora – seus valores mudam de constantemente obter coisas novas para coisas que duram."

O que inspiraria investidores em um mundo com a população em encolhimento? Antes de começar a lecionar, Matsutani passou 27 anos no Ministério das Finanças do Japão. "Assim como acontece com o sistema de saneamento, as finanças vão piorar, até que possamos nos ajustar a uma escala menor. Teremos apólices eternas – em um sentido, já estamos fazendo isso. O débito do Japão é de trilhões de ienes. É impossível pagar, então pagamos apenas os juros. Apólices eternas funcionariam assim. Não seremos tão ricos como quando a população estava crescendo, mas isso não significa que não podemos ter lucro. A produtividade total será menor, com menos trabalhadores, porém a produtividade *per capita* não vai mudar. O número de trabalhadores cai 10% e as vendas também, assim como os lucros. Porém, por pessoa, tudo continua igual."

Na verdade, algo que os economistas tradicionais ignoraram – principalmente os que se afligem na Europa, com o declínio das populações – é que tanto a economia do Japão quanto a da Alemanha começaram a se recuperar de uma década de estagnação e recessão nos primeiros anos do novo milênio, ao mesmo tempo que suas populações começaram a encolher. Até 2010, a Alemanha tinha registrado um crescimento econômico recorde, mais que o dobro do restante da União Europeia.

Na Rússia, os números em queda antecedendo aos do Japão causaram pânico nos consultores econômicos do Kremlin. A taxa de natalidade na Rússia começou sua queda em 1991, com o colapso do comunismo e a perda da garantia dada pela União Soviética, de trabalho, educação e habitação, do berço ao túmulo. Acrescente-se isso à alta taxa de divórcios na Rússia; desde a dissolução da União Soviética, a população da Rússia caiu em quase 5 milhões. Mas até mais significante do que a baixa fertilidade é o sério estado de saúde da Rússia. A incidência de sífilis é centenas de vezes maior que no restante do oeste europeu. Os índices de HIV são os de crescimento mais veloz do mundo. Em 2020, até 10% da população pode estar infectada. As mortes causadas por problemas cardiovasculares são em níveis epidêmicos e a incidência de mortes violentas e por acidentes é doze vezes maior que na Grã-Bretanha. Tanto as doenças de coração quanto as lesões fatais estão associadas ao vício russo da vodca, um nível de alcoolismo nacional sem precedentes em lugar algum, que só piorou desde o fim do comunismo. A expectativa de vida na Rússia é aproximadamente a mesma do Paquistão, que é mais baixa do que na maioria dos países da África.

Ao mesmo tempo, a economia da Rússia, alimentada por suas vastas reservas de petróleo e gás, tem crescido vigorosamente no novo milênio, resultando numa anomalia curiosa em Moscou, capital do país, que até recentemente[2] tinha a queda de população mais veloz no mundo com a maior população mundial de bilionários.

Tais números confundem a sabedoria convencional de que ter menos pessoas significa economias mais robustas. No entanto, o livro de Akihiko Matsutani sobre a forma como o Japão, mesmo encolhendo, pode continuar próspero chamou pouca atenção dos círculos financeiros e outros economistas de seu país.

"Eles preferem traduzir livros americanos e europeus sobre como gerar crescimento. Falam em reconstruir os portos de pesca destruídos pelo tufão – só que serão necessários vinte anos para fazer isso, e em vinte anos somente um quarto dos pescadores ainda estará vivo, portanto três quartos das instalações portuárias serão desnecessários. Discussões simples como essa não estão acontecendo. As pessoas não querem aceitar que as coisas que elas conhecem mudaram. Alguns dizem, tudo bem, podemos deixar mais trabalhadores imigrantes entrarem. Mas a essa altura precisaríamos de 24 milhões de imigrantes até 2030, para manter nossa força de trabalho do tamanho de hoje. Isso não vai acontecer."

O que *vai* acontecer, diz ele, é o que já está acontecendo. Não apenas no Japão, mas no mundo. "A população mundial ainda está crescendo, mas a produção agrícola não. A produção marítima está diminuindo. E as duas coisas juntas resultam em fome."

Ele olha para as estantes com portas de vidro, repletas de cópias de seus livros. "No mundo animal, quando a população passa do limite, as espécies começam a reduzir. Isso provavelmente é o que vai acontecer conosco, humanos. Talvez tenhamos sorte, aqui no Japão, porque não estamos esperando até que o desastre reduza nossa população."

Na ilha cidade-estado de Singapura, uma das nações mais desenvolvidas, com uma das mais baixas taxas de natalidade – 1,1 filho por mulher fértil –, em 9 de agosto é comemorado o Dia Nacional, marcando a independência. Em 2012, a Mentos Singapura, divisão da multinacional fabricante de menta, lançou uma promoção declarando a noite de 9 de agosto como a "Noite Nacional", durante a qual os comerciais de televisão urgiam os homens a

2. Em 2009, a população da Rússia aumentou, pela primeira vez, em quinze anos, e tem aumentado em alguns milhares por ano, desde então. O crescimento não se deve ao aumento das taxas de natalidade, mas aos imigrantes de outras ex-repúblicas soviéticas.

"erguerem o mastro" e os casais casados a "irem fundo, por Singapura". Singapura já tinha adocicado esse chamado ao dever patriótico do travesseiro com os mais generosos bônus para bebês: 4 mil cada um, para os dois primeiros filhos de um casal, e 6 mil para o terceiro e o quarto. O governo também cobre, dólar a dólar[3], as contribuições dos pais para uma conta poupança da criança, chegando a 6 mil para cada um, primeiro e segundo filhos, 12 mil para o terceiro e o quarto, e 18 mil para cada filho depois disso.

Durante os anos 1970, o governo de Singapura, temendo que a cidade-estado ficasse excessivamente populosa, tentou convencer a todos a "pararem em dois". Isso foi tão bem-sucedido que até meados dos anos 1980 eles estavam tentando reverter isso, e é o que continuam fazendo desde então. Mas sem êxito: nem mesmo os subornos extravagantes pelos bebês seduziram os cidadãos de Singapura a terem mais filhos.

A campanha da Mentos, feita com uma música de *rap* – "é Noite Nacional, vamos pegar geral, para o aumento populacional de Singapura" –, teria tido menos chance no Japão. A cada ano, não somente o número de bebês mas também o número de casamentos caem, inibindo ainda mais os nascimentos, numa cultura na qual ter um filho fora do casamento é algo quase desconhecido. A queda nas taxas de casamento é frequentemente atribuída ao desaparecimento do emprego garantido para toda a vida, que foi fundamental nas corporações japonesas. Sem essa segurança, menos gente está disposta a correr o risco de começar uma família. As projeções do governo agora presumem que 36% da atual geração de jovens mulheres japonesas jamais terão filhos.

No oitavo andar de um prédio em Takanawa, um elegante bairro central de Tóquio, uma mulher de 35 anos, mãe de uma filha de dois anos, cumprimenta seus visitantes. Duas são amigas que trouxeram as filhas para brincar; a terceira, que não é casada, é uma intérprete da corte que fala espanhol (geralmente as acusações são de mulas de drogas da América Latina). A mulher, de rosto redondo e cabelos curtos escuros, está vestindo uma camiseta cinza, calça cápri e uma aliança de platina; sua filha é uma miniatura da mãe.

É segunda-feira à tarde; o marido é consultor de investimentos numa empresa financeira, saiu às 7h00 e só voltará às 22h00. A mulher

3. O dólar de Singapura corresponde a aproximadamente 0,80 dólar americano.

também trabalhava lá. Eles estavam casados havia dez anos, quando a filha nasceu. "Não achávamos que precisávamos de um filho. Estávamos nos divertindo. Criar um filho é tanto trabalho, e nenhuma das minhas amigas queria a responsabilidade. Mas decidimos dar um neto aos nossos pais, que já estão idosos."

Eles não se arrependem – nem têm intenções de ter mais filhos, conforme ela diz, abraçando a filha, que veio sentar ao seu lado, no sofá cinza-escuro. O apartamento deles tem piso de bordo com belos tapetes brancos, mas apenas dois cômodos, além de uma cozinha compacta. "Já é bem difícil para nós três. O tamanho da casa limita bastante o número de filhos." A maioria de suas amigas só tem um. "Algumas têm dois. Mas há mais gente que não tem nenhum."

Ela entrega um bolinho de arroz à filha, colocando-o na mesinha de centro de granito, a envia de volta às colegas de brincadeira e confessa a forma extrema de controle de natalidade que ela e o marido usam, para garantir que não terão outro filho:

"Não fazemos sexo."

Ela diz que não é tão radical como parece. "Francamente, os japoneses não fazem mais sexo."

Isso decididamente garantiria o declínio da população. Mas certamente há outros meios de contracepção no Japão, não? "É claro", diz a intérprete da corte. "Mas não fazer sexo é o mais comum. As mulheres aqui não gostam de remédios ocidentais – eu jamais tomaria pílulas, por causa dos efeitos colaterais, e muitas mulheres acreditam que a operação modifica seus hormônios. Alguns usam preservativos, mas os jovens não gostam. Então, ou fazem abortos, ou passam sem sexo."

"É mais que isso", diz a mãe. "Sexo não é como se prova afeição no casamento. Quando meu marido e eu estávamos namorando, precisávamos fazer sexo para confirmar nosso amor. Mas quando as pessoas se casam e passam a ser uma família, elas afirmam seu amor morando na mesma casa, comendo a mesma comida."

Todas essas mulheres – jovens, saudáveis e bem bonitas – assentem concordando. "Os ocidentais não acreditam", diz a mãe. "Minha amiga alemã está sempre perguntando como é possível nós não fazermos sexo. Mas eu não sinto falta. Não me sinto frígida, mas também não sinto desejo quando vejo meu marido ou qualquer outro homem atraente. Estou muito satisfeita com a minha vida. Já é bom o suficiente apenas dormirmos juntos."

Novamente, ninguém discute. "Meus amigos homens dizem que sexo é só uma forma de recreação", conta a intérprete. "Como ir a um jogo de beisebol ou assistir a um filme – nesse caso, a um bordel. Uma vez que o cara tem uma família, ele não vê mais a esposa como mulher. Ela é da família, como sua mãe ou sua irmã. Os caras também não fazem sexo com elas."

Uma pesquisa realizada em 2011 pelo governo japonês mostrou que 36% dos homens japoneses com idades entre 16 e 19 anos ou não estão interessados nisso, ou na verdade "desprezam" o sexo. Um termo para jovens rapazes mais encantados com *video games* do que garotas é "herbívoro" – a implicação de que, por comparação, as mulheres japonesas de carreira são "carnívoras".

"Homens japoneses estão ficando fracos", diz a intérprete. Ela dá uma olhada pela janela panorâmica, onde o símbolo mais espalhafatoso e fálico do Japão, a Torre de Tóquio, no formato da Torre Eiffel, está emitindo potentes sinais de rádio e televisão. "E as mulheres não têm tantas necessidades quanto os homens." Mais gente concordando.

Ela ri. "Nossa amiga alemã não concordaria."

2. Prosperidade de crescimento livre

Os economistas sintonizados com o meio ambiente têm meditado sobre uma economia de prosperidade sem crescimento há décadas, principalmente desde a publicação de *The Limits of Growth* e do trabalho de Paul e Anne Ehrlich. Para Herman Daly, da Universidade de Maryland e mestre dos economistas da estabilidade, é simplesmente a lei da diminuição do retorno: quando se produz um número excessivo de bens de consumo, eles já não são tão bons.

"Então, nós temos um crescimento não econômico, produzindo 'coisas ruins' em lugar de bens – deixando-nos mais pobres, não mais ricos", escreveu Daly, ex-economista sênior do Banco Mundial. "Uma vez que ultrapassamos a escala ideal, o crescimento se torna uma estupidez, em curto prazo, e impossível de se manter, em longo prazo."

Muito tempo antes dele, Thomas Robert Malthus, John Stuart Mill e Adam Smith avisaram que o crescimento econômico, assim como tudo na Terra, estava sujeito aos limites dos recursos. Mas identificar o que não funciona é uma coisa: calcular o que irá funcionar e como fazer a transição é outra.

Já existe um excelente modelo de economia estável que Daly e seus colegas economistas ecologistas há muito desposaram: a Terra em si. "Nem a superfície, nem a massa da Terra estão crescendo", Daly sempre lembra as pessoas. Na Terra, produção e consumo sempre tiveram ciclos *ad infinitum*, transformando um no outro. As coisas só fugiram ao controle quando uma espécie – a nossa – começou a demandar mais coisas do que antes, exigindo mais energia concentrada para a produção dessas coisas, mais do que a natureza consegue acomodar de uma só vez.

Não somos o primeiro exemplo do que está acontecendo na história do planeta. De tempos em tempos, houve outros contributos exagerados – como o asteroide que varreu os dinossauros e quase dois terços de tudo o que estava vivo. A Terra levou vários milhões de anos para absorver essa poeira e reproduzir novas personagens que fossem frutíferas e se multiplicassem. Para evitar trazer algo comparativamente drástico a nós mesmos, os economistas ecológicos propõem que repensemos a forma como sustentamos a civilização – começando agora.

É uma tarefa e tanto. A economia globalizada de hoje literalmente significa uma economia do tamanho de nosso planeta – mas, como Daly frisa, isso também significa que não há mais espaço para expandir. O acréscimo de reservas de combustível que um dia achamos ter na forma de gás que liberamos da rocha, petróleo que tiramos da areia e dos novos depósitos sem gelo do Ártico – parece impressionar, numa perspectiva de curto prazo, tal qual um ciclo eleitoral. Mas a matemática revela que essas reservas nos darão um tempo extra relativamente pequeno, e podem custar mais do que oferecem. As técnicas para extraí-las fazem um tumulto alarmante, e queimá-las deixa o céu cada vez mais incontrolável e os oceanos cada vez mais corrosivos.

"Quanto mais a economia se aproxima da escala da Terra", Daly disse à Comissão de Desenvolvimento Sustentável do Reino Unido, em 2008, "mais ela terá de ser em conformidade com o comportamento físico da Terra." Numa economia de estado estável, não estaríamos buscando um número maior e mais sujo para alimentar a engrenagem do crescimento, pois viveríamos dentro das possibilidades de nosso planeta. Mas se uma economia parar de se expandir, isso não significaria que ela fracassou?

Não mais do que se dizer que a Terra é estática, diz Daly – "uma grande quantidade de mudança qualitativa pode acontecer dentro de um estado estável, e certamente aconteceu na Terra. No estado de economia estável, a população ficaria mais ou menos constante, em nível ideal de existência, assim como a base de consumo. O mesmo ocorreria com o contingente trabalhador, que faria a quantidade suficiente de produtos para todos os consumidores. Fabricando resíduos e produtos que passariam de sua vida útil e continuariam sendo reciclados. Assim como um terrário, tudo estaria em equilíbrio...

... mais fácil dizer do que fazer. A transição em si será atemorizante, pois ao longo da história da humanidade temos feito exatamente o contrário, e praticamente todos os vivos não sabem fazer de outro modo. O que funcionou bem para nossos ancestrais – ficar sem opção, pegar suas coisas e se mudar para novos locais de caça – não dá certo quando não existe mais nenhum lugar para onde ir, que já não tenha sido escolhido por alguém antes de nós. Mas, para nós, é difícil enxergar isso, pois, assim como as areias de piche de Alberta, continuamos espremendo mais da terra e da água. O fato de que eles nos dão cada vez menos é principalmente aparente para a parcela mais frágil e crescente, na parte inferior da tapeçaria humana: mais gente faminta do que a civilização humana inteira antes que a industrialização começasse a disparar os nossos números.

Então, como fazer aqueles de nós, no topo da cadeia alimentar, compreender, a menos que entremos para o grupo?

A crise financeira mundial de 2008 criou um novo tipo de recrutas para os desprovidos crônicos do mundo: números crescentes de desempregados e de subempregados, à medida que a economia tradicional falhava com eles. Joshua Farley, economista da Universidade de Vermont e coautor de *Ecological Economics*, de 2003, com Herman Daly, passou muito tempo pensando, desde que essa avalanche começou, sobre algo que poucos de nós entendemos: política monetária.

"Este é o problema: a maioria das pessoas não sabe de onde vem o dinheiro, nem como ele é criado."

Algo que ele acredita ser o motivo para que nossa economia atual lembre uma corrente de correspondências baseada na ficção de um número infinito de recipientes, em vez de um terrário – tal como a *Terra*, a Terra mesmo. Farley, cuja aparência de garoto só é desmentida pelo impacto de seus cabelos grisalhos, tornou-se adepto de explicar isso aos legisladores que já deveriam saber, mas não sabem, e aos alunos de faculdade.

"Veja os Estados Unidos. Há cerca de 800 bilhões de dólares em notas impressas, mas isso é só uma minúscula fração do dinheiro que realmente utilizamos." O restante é dinheiro que os bancos magicamente criam, sempre que os cheques são escritos, porque um banco só pode guardar uma fração – geralmente um quinto – do valor real dos depósitos que são feitos, em qualquer época, baseado na assunção confiável de que seus clientes não vão sacar as economias simultaneamente.

Essa é a parte fácil: se um banco só precisa guardar 20% de seus depósitos, ele pode emprestar cinco vezes a quantia que de fato possui. E é isso que ele faz. Cada vez que isso acontece, explica Farley, a economia cresceu novamente. "Os bancos literalmente emprestam dinheiro que fazem se materializar – a juros." Dos juros que ele ganha, quatro quintos são emprestados novamente.

Agora vem a parte difícil: "Então, quando eu fui até o banco e peguei um financiamento habitacional de 100 mil", diz Farley, "o banco literalmente me deu um cheque que essencialmente criou essa quantia. Como eu ainda não paguei de volta, esse dinheiro circula pela nossa economia e incrementa todo o processo econômico. Exceto por não ser realmente dinheiro baseado em algo de valor, fora minha promessa de pagar de volta. É um débito que eles criaram. Todo o dinheiro em nosso país, nesse exato momento, é débito: cerca de 50 trilhões em débito de juros, somente dos Estados Unidos."

Na época em que o dinheiro era respaldado pelo valor real, em prata ou ouro, havia limites de quanta riqueza podia circular pelo mundo. Hoje, é dinheiro virtual que o banco empresta, fazendo-o passar a existir numa tela de computador. "E a menos que a economia continue a se expandir, não há novo fluxo de dinheiro para pagar esse capital de volta, mais juros." Ressalte-se a corrente por carta.

"Hoje, do jeito que está, se os bancos começarem a emprestar dinheiro mais lentamente do que recolhem os débitos, a quantidade de dinheiro na economia cairá, e será impossível pagar os débitos. Então, teremos inadimplência em casas, hipotecas, empréstimos. Teremos negócios quebrando. Nossa economia despencará no nível da miséria e do desemprego. Sob nosso atual sistema monetário, a única alternativa será o crescimento sem fim. Portanto, uma coisa que decididamente precisamos mudar é a natureza inteira do sistema monetário."

Então, como podemos fazer isso?

"É relativamente simples. É uma mudança que foi proposta por economistas há séculos. Nós negamos aos bancos o direito de criar dinheiro."

Em vez disso, diz Farley, a criação de dinheiro voltaria para onde costumava estar. "Devolvemos esse direito ao governo. Ele pode gastar o dinheiro em bens públicos, como a reconstrução de nossa infraestrutura, nosso sistema de educação, nosso sistema de saneamento e restaurar nossas nascentes e florestas. Ou ele pode fazer o dinheiro existir, emprestando-o a governos estaduais e governos locais, ou a indústrias centrais, como a de energia renovável, mas com juro zero. Com juro zero, quando o dinheiro for pago, ele será destruído. Então, não há um aumento contínuo no suprimento de dinheiro."

Há um desafio para essa solução, ele admite. "Você está tentando tirar o direito de criar fortuna de algumas das pessoas mais ricas do planeta."

Isso representa um obstáculo. Não é simplesmente confiscar as varinhas de condão da Goldman Sachs ou do HSBC, que lhes permite materializar substâncias em pleno ar, mantendo apenas os depósitos fracionados: isso também os priva de um vasto lucro nos juros. O governo não teria mais de pegar dinheiro emprestado, porque literalmente o criaria, gastando em bens públicos e trabalho. Isso significa que não haveria mais necessidade de subir as taxas para pagar o dinheiro emprestado, além dos juros.

Os 10% mais abastados iriam gostar da parte da redução das taxas, mas não iam gostar muito da parte da perda de juros. "Como são os 10% do topo da economia que recebem os pagamentos de juros e os 90% inferiores que pagam, os pagamentos atuais de juros seriam essencialmente fortuna redistribuída dos 90% inferiores aos 10% do topo."

Numa economia de estado estável, segundo Farley, o oposto aconteceria: o governo gastaria em coisas que beneficiariam 100% das pessoas, criando e mantendo empregos, e redistribuindo o dinheiro pela sociedade, com mais igualdade. Globalmente, uma distribuição mais justa da riqueza mais a redução da população – ou porque delicadamente empurramos nossos números em direção de algum equilíbrio ecológico, ou porque algum ato desagradável da natureza subitamente nos impulsiona naquela direção – são os lados inseparáveis de uma nova moeda que a raça humana precisa gastar para pagar o futuro.

Tudo isso faz sentido e parece altamente improvável. Imagine um mundo onde as decisões econômicas sejam feitas não para beneficiar os mais inteligentes magos financeiros, nem companhias, nem as nações mais poderosas, mas visando ao que é melhor para a maioria das pessoas e para o planeta que sustenta a nós todos. Adorável, certo?

Agora, imagine todos os interessados deixando que isso aconteça. Não é tão bonito.

A mudança para uma economia sustentável, segundo escreveu Herman Daly, em *Scientific American*, em 2005, "traria uma imensa mudança na forma de pensar e no coração dos economistas, políticos e eleitores. Talvez até dissessem que tal projeto seria impossível. Mas a alternativa para uma economia sustentável – uma economia de crescimento eterno – é biofisicamente impossível. Escolher entre encarar uma impossibilidade política e uma impossibilidade biofísica, eu acharia a última mais impossível e arriscaria com a primeira".

Ter um mundo onde a maioria desfrutasse da vida que a maior parte de nós aceitaria – algo como o estilo de vida europeu: menos consumista e energeticamente intenso do que os Estados Unidos e a China, e mais seguro que a África – exigiria menos gente dividindo os bens do mundo e deixando o suficiente para que a natureza prosperasse. "Geralmente", diz Jon Erickson, colega de Farley na Universidade de Vermont, e economista ecológico, "as pessoas imaginam que, quando os economistas falam sobre elevar o padrão de vida de todos – seja o padrão europeu, seja o japonês ou o americano –, estão se referindo a 7 bilhões ou 9 bilhões de pessoas. Porém, matematicamente, isso claramente não vai funcionar. Se queremos um mundo mais afluente, temos de diminuir o tamanho da população. Essas coisas andam juntas."

A atual e crônica crise econômica do mundo é decorrente de todos aqueles que – desde proprietários de casas até nações inteiras – entram em mais débitos do que podem pagar. A ideia de um mundo inteiro incorrendo em mais dívidas, somente para pagar os débitos que não podem ser pagos, é esquema Ponzi, em seu extremo. É quando as economias nacionais – e até internacionais, como a da União Europeia – chegam à beira do colapso. No entanto, conta Erickson, é o único tipo de financiamento que tentamos.

"Assumimos mais débitos, repetidamente, simplesmente imaginando que cresceremos mais no futuro e pagaremos depois. A única forma de podermos pagar esses débitos sem crescer é consumindo menos."

Há somente duas formas de fazer isso. "Ou todos consomem menos, ou temos menos gente consumindo."

Ou ambos. Fazer as pessoas quererem menos parece difícil, embora, sob a perspectiva de Farley e Erickson, talvez não seja impossível. O Gund Institute for Ecological Economics, onde eles lecionam, e que começou na escola de Herman Daly, Universidade de Maryland, se mudou para Vermont porque, segundo Erickson, "em Maryland era como um instituto renegado. Aqui, é mais relevante ao que essa universidade, Burlington e Vermont, se propõem: uma transição a uma economia sensata".

Burlington, Vermont: cujos três últimos prefeitos se descrevem como socialistas ou progressistas, em vez de Democratas ou Republicanos. Uma cidade com um fundo comunitário para a terra, apresentando uma "escada de disponibilidade financeira" para habitação, oferecendo tudo, desde quartos individuais até locações compartilhadas, a compra da casa própria e co-habitação. Uma casa em Lake Champlain, de frente para a água, convertida em espaço público. Um mercado de hortaliças do tamanho de um supermercado. Compostagem de resíduos na cidade inteira. Um serviço de eletricidade que produz 50 megawatts usando refugos de madeira.

É difícil encontrar um local com residentes mais alegres e patriotas. E, no entanto, diz Erickson, nem Burlington, nem a economia do estado estável são radicais. "É o bom e velho conservadorismo de Vermont" – e, bem semelhante, ele acrescenta, à prescrição de Akihiko Matsutani para o Japão, que acaba sendo bastante atraente para os conservadores fiscais: se o gasto com déficit é necessário para uma sociedade em crescimento, uma sociedade em encolhimento precisa exatamente do contrário. À medida que as populações começarem a encolher – "como precisam fazer", Jon Erickson diz aos seus alunos, "ou de forma elaborada, ou à revelia" –, teremos de aprender a viver com orçamentos equilibrados.

Direção que o Japão, gostando ou não, está seguindo.

Yoshimi Kashitani, com suas calças de lona cáqui enfiadas em galochas pretas, anda pela cascata de água fria que escorre em seu terraço com canteiros de *wasabi*. Curvando-se, ele inspeciona as plantas de um ano. "Elas estão indo muito bem", ele diz a Yoshio Takeya, seu novo ajudante, que observa atentamente.

Kashitani é um homem saudável e esguio, com seus 83 anos. Ele vem fazendo isso, nesse mesmo lugar, por toda a sua vida, como fez seu pai. Seu *wasabi* cresce numa valeta rochosa e íngreme, acima da vila de Nosegawa, na região montanhosa de Nara, no sul da ilha de Honshu. Takeya, cinquenta anos mais jovem, é de Osaka, parte da região metropolitana de Keihanshin, que inclui Kyoto e Kobe, juntas abrigando 18 milhões de pessoas.

Nosegawa tem quinhentas pessoas e prossegue a contagem – regressiva. Em 1975, ali residiam 2.300 pessoas, trabalhando na floresta, cultivando *wasabi* e cogumelos *shiitake*, fazendo pauzinhos para comer, os *chopsticks*, e criando a truta *amago*. Mas a mecanização e o plástico reutilizável mataram a indústria dos pauzinhos esculpidos à mão, que empregava dúzias de pessoas que faziam os *chopsticks* com cedro e outros, mais elegantes, com o cipreste *hinoki*. Porém, os números encolheram à medida que as gerações mais velhas foram morrendo e poucos jovens assumiram seus lugares. Quase metade dos residentes de Nosegawa agora tem mais de 65 anos.

O mesmo acontece por toda a região rural japonesa: campos e fazendas vazias, escolas de ensinos fundamental e médio com apenas um punhado de alunos, e agricultores idosos ainda trabalhando a terra porque ninguém mais o faz. "Houve uma época em que éramos catorze agricultores de *wasabi*, aqui", conta Yoshimi Kashitani, com a chuva pingando da ponta do seu boné. "Agora só sobraram cinco." Ele tem três filhas nascidas após a Segunda Guerra Mundial, antes que o breve *baby boom* subitamente terminasse. Agora elas vivem em Yokohama e Osaka, e não vão voltar para cultivar *wasabi*. Somente um dos cinco agricultores tinha um filho, e ele também partiu para a cidade. "Portanto, este jovem é nossa única esperança."

Em uma cidade onde jovem significa ter 50 anos, Takeya, que está vestido como seu mentor, exceto pelas galochas, que são brancas, é realmente jovial aos 33 anos. Depois de se formar em agricultura pela Universidade de Osaka, encontrou poucos empregos esperando por ele no interior quase morto. Mas o *wasabi* o interessou. Apesar de todos os comedores de *soba* e *sushi*, agora o Japão importa da China, onde, segundo ele, o *wasabi* é produzido em massa, em campos tratados com pesticida, que em nada lembra o *wasabi* nativo, cultivado nos rios, sem agrotóxicos, como o do sr. Kashitani. Takeya encontrou esse lugar na internet: o *website* descrevia como os cidadãos de Nosegawa estavam usando sua herança indígena para manejar e tratar de suas próprias sementes. Ninguém mais fazia isso.

Criadores de *wasabi* – Nara, Japão.

Ao redor deles, os brotos e cascatas nascem das paredes da fenda rochosa. O córrego montanhoso onde Kashitani construiu dezesseis terraços rochosos está perfilado por bordos, faias e carvalho japonês, os quais retêm a água muito melhor que o cipreste ou o cedro, que têm substituído as madeiras nativas das montanhas que cercam Nosegawa. O cipreste *hinoki* e o cedro *sugi* também são nativos, mas nos anos pós-guerra o equilíbrio das florestas japonesas de coníferas começou a oscilar, à medida que sua madeira maciça foi sendo cortada pelo governo, para dar lugar ao cipreste e ao cedro, de crescimento veloz, que seriam utilizados nas indústrias de construção e moveleira.

O resultado foi um tumulto ecológico nacional. À medida que cada uma dessas espécies amadurece, elas emitem quantidades cada vez maiores de pólen. Até 2000, mais de um quarto do povo japonês estava se coçando e espirrando, pela pandemia de febre do feno, por causa de todos os ciprestes e cedros que o governo havia plantado. A cada ano, com o avanço da idade das árvores, mais gente ficava com os olhos vermelhos e desenvolvia sinusite. Durante o pico, no mês de abril, metade do país estava usando máscaras e reclamando.

Mas no frescor dessa fenda rochosa, íngreme demais para extrair madeira, o ar é estimulante e perfumado. Folhas caídas e dejetos de ursos, javalis, alces, raposas e macacos que bebem água aqui servem de nutrientes para as reluzentes folhas de *wasabi*, que têm forma de coração e brotam nos canteiros, em terraços no leito do córrego. À medida que a chuva vai parando, o céu abre e a manhã dissipa a neblina do topo da montanha. O gorjeio dos pássaros canoros japoneses ecoa por entre as rochas, enquanto acima circula com asas listradas a águia japonesa da montanha, cuja população caiu junto com a madeira maciça que abrigava seus ninhos.

Contudo, enquanto o número de pessoas dali diminui, o número de animais vem crescendo. Os aldeões precisam cercar as hortas de batatas e pepinos, por causa dos ursos, e colocar redes em cima das toras de carvalho injetadas com os brotos de cogumelos *shiitake*, para protegê-los das garças e dos macaquinhos. Para o jovem Yoshio Takeya, com seus cabelos cortados em forma de cuia colados à testa, isso apenas embeleza seu futuro. Ele e a namorada da faculdade de agricultura logo irão assumir as plantações de *wasabi* abandonadas de Nosegawa.

Enquanto ele caminha até a fileira seguinte, uma nuvem de borboletas brancas circunda sua cabeça. Suas larvas comem as folhas do *wasabi*, mas ele não se importa: a presença de insetos prova que a tonelada de *wasabi* que essa montanha produz anualmente é orgânica e sem adulterações. Sua namorada está ligeiramente preocupada pelo isolamento da vila, que não tem supermercado, mas ali eles podem ter algo próprio, e poderão casar e ter um filho.

Kashitani aprova os planos de seu protegido: ele e seus colegas, agora na faixa dos 80 anos, ainda estão fortes para continuarem trabalhando por um tempo. "O ar e a água são tão puros e bons que vivemos mais tempo aqui." No entanto, a morte recente de sua esposa representou a primeira da geração deles a partir, e a conversa na vila agora é quem irá manter os túmulos dos ancestrais quando todos eles tiverem partido. Por um tempo, os filhos irão regressar, durante o festival de verão de Obon, para homenageá-los, mas – "a menos que chegue mais gente jovem, essa vila irá desaparecer". Ele assente para o jovem Takeya. "Agora eles talvez venham."

"Eles devem voltar", diz Takeya. "A maior parte de nossos colegas de classe não conseguiu arranjar emprego, pois eles queriam ficar perto das cidades, em negócios agrícolas. Eles devem se espalhar. Isso", ele diz, indicando o rio que passa pelos terraços verdes, "é real."

Exatamente o que o economista Akihiko Matsutani, que vê prosperidade na redução populacional, espera que mais gente jovem perceba. Neste momento, as áreas metropolitanas como a Grande Tóquio e Osaka-Kyoto-Kobe são ímãs para os jovens. Mas como a força de trabalho atual está envelhecendo e tornando-se menos produtiva, as próprias megalópoles vão envelhecer. Uma força de trabalho menor será empregada em menos indústrias pesadas japonesas, exigindo enseadas costeiras para matéria-prima importada. Matsutani calcula que, até 2030, Tóquio, em seu processo de encolhimento, precisaria de mais de 6 milhões de imigrantes de outros lugares do Japão para manter os níveis atuais de trabalho – uma impossibilidade porque, se não por outros motivos, eles não poderiam custear o setor imobiliário.

Em vez de trabalhadores buscando indústrias pesadas, indústrias ágeis fazendo bens de consumo mais leves irão aonde estão os trabalhadores, espalhando oportunidade pela terra, com maior igualdade. Mercados menores e mais localizados terão mais atrativo e, à medida que a prosperidade é redefinida em torno de semanas com jornadas mais curtas de trabalho e qualidade de vida, em lugar de acúmulo implacável, as regiões distantes e o interior serão lugares ainda mais atraentes para morar.

A transição para uma população menor, com uma proporção maior de idosos, ao menos por um tempo, é uma experiência completamente nova na história da humanidade – não deixará de ser dolorosa.

"Eu gostaria que fôssemos sábios o bastante para diminuirmos com graça e inteligência", diz Matsutani. "Quanto mais tempo as pessoas demorarem a encarar o que está acontecendo, mais difícil será a adaptação." A parte que faz a maioria dos economistas tremerem são as pensões, que sempre foram um meio de compartilhar os frutos do crescimento econômico, através das gerações – "apenas justo", escreve Matsutani, "já que a geração anterior preparou a fundação econômica para a afluência da geração seguinte". Mas numa economia em processo de encolhimento e envelhecimento, quando a afluência não está mais crescendo e com menos trabalhadores pagando planos de pensão para todos os idosos de vida longa, as pessoas terão de economizar mais para suas próprias aposentadorias e administrar uma renda reduzida.

Assim como Jiang Zhenghua, da China, agora encarregado de planejar como seu país irá lidar com sua população em processo de envelhecimento, Akihiko Matsutani vê essas economias ajudando a financiar habitações públicas comunitárias, parques e serviços culturais de que os idosos irão precisar. Ele ouviu a retórica assustadora na Europa, sobre a necessidade de altos impostos sobre salários, para cobrir o complemento de pensões, caso as populações caiam, e sobre como todos precisam fazer mais bebês, caso suas economias desabem sob uma massa improdutiva de aposentados grisalhos. Em resposta, Matsutani lembra às pessoas que crianças também podem ser consideradas um fardo para a sociedade, já que elas não trabalham e exigem uma infraestrutura própria. Populações menores não precisam de tantas escolas, ou subsídios para universidades públicas ou privadas. O tamanho do governo também irá encolher, junto com o corpo político: tudo isso representando economias que podem ser realocadas para onde forem necessárias.

"É uma sociedade mais tranquila, quando grande parte da população está mais velha", observa a senadora japonesa Kuniko Inoguchi, que também é demógrafa. "Os idosos não vão sacrificar seus planos de saúde por armas. Por causa das populações grisalhas, na maior parte das democracias", diz ela, "no século XXI há esperança de que encontremos a paz geriátrica."

E com menos dependência na importação de produtos para sustentar os níveis frenéticos de produção, um país pode estar menos inclinado a gastar bilhões defendendo acesso a recursos no exterior, como os Estados Unidos têm feito, com imenso custo financeiro e humano. Sem custear as guerras, haveria muito mais disponibilidade para cuidar dos idosos, até que a idade volte ao equilíbrio, equiparando cada geração que passar a uma população menor e mais enxuta, com mais espaço para respirar e saborear a vida.

3. Satoyama

Quando garoto, na cidade de Matsumoto, no centro do Japão, Keibo Oiwa acompanhava sua mãe ao Genchi no Ido, um poço artesiano no meio da cidade, que era usado havia milhares de anos. Hoje leciona antropologia na Universidade Meiji Gakuin, em Yokohama, mas, após uma purificação zen em Matsumoto, ele regressou ao antigo pórtico de madeira que abriga o poço. Com a sede saciada e a purificação concluída, ele se curva diante de uma estátua de Buda que segurava um bebê, com outros dois puxando seu robe. "Buda como uma mãe compassiva", frisa Oiwa.

Poucas mães japonesas ainda têm três filhos, mas, na verdade, Oiwa estava a caminho de visitar uma: sua ex-aluna, Mari Tokuhisa. Oiwa, esguio e de *jeans*, é o fundador do The Sloth Club, um grupo que promove a vida sustentável que ele imaginou em seu famoso livro *Slow Is Beautiful*. Seus amigos Mari e o marido, Kin, recentemente encontraram uma casa antiga em Shiga, vilarejo agrícola próximo, onde, como a maioria dos locais rurais japoneses, a faixa etária média gira em torno de 70 anos e casas vazias têm aluguéis baratos – nesse caso, 10 mil ienes mensais, ou cerca de 130 dólares.

A jornada de carro leva meia hora colina acima, passando por uma floresta de ciprestes, rodeada de carvalhos, faias e camélias. Descendo, a estrada atravessa um vale estreito de canteiros de arroz cortados por um pequeno riacho. No lado oposto, as casas de madeira de Shiga preenchem a passagem montanhosa, perfilada de pinheiros vermelhos.

É muito tranquilo, pois pouca gente mora ali agora. Mari, com uma blusa de camponesa e saia longa, e seus três meninos, Kyusen, Gennosuke e Yosei, esperam diante da nova casa, ex-residência do chefe do vilarejo. A cidade é tão pequena que não existe legalmente.

"É lindo aqui", diz Oiwa, cumprimentando Mari com um abraço.

"*Hai.*" Com o mesmo corte de cabelo que os filhos, eles parecem uma família de duendes. A casa, com cerca de cem anos, tem os beirais curvos japoneses. Seu interior tem tapetes trançados de palha, teto de junco e persianas. Telas de *shoji* que dividem o vasto ambiente em cômodos abertos, deixando entrar a luz da tarde. Uma chaminé de tijolinhos tem um fogão a lenha de ferro retrô, feito pelo marido de Mari, que está fora, construindo palcos para uma companhia de teatro. Eles se conheceram quando eram estudantes; desiludidos com o abalado mercado de trabalho japonês, depois do nascimento do primeiro filho, eles escaparam para praticar permacultura, em Amami Oshima, uma pequenina ilha perto de Okinawa, na extremidade sul do arquipélago japonês. Bem distante das grandes ilhas populosas, a vida ali gira em torno das famílias, que tendem a ser maiores do que no restante do Japão, e logo eles tiveram mais dois filhos. "Eu ainda quero ter mais. Minha amiga acabou de ter seu quinto."

Antes de se tornar mãe, ela trabalhava em um dos cafés que Keibo Oiwa patrocinava ao redor do Japão, com ingredientes locais preparados do zero. Quando eles decidiram voltar a Honshu, estavam comprometidos a se tornar autossuficientes, o máximo que pudessem, uma decisão que foi enfatizada pelo terremoto e *tsunami* de Fukushima e o desastre de 11 de março de 2012 – conhecido no Japão como o 11 de março.

"Nossa vida aqui é simples. Cultivamos nossa própria comida e fazemos nossos móveis. O jardim de infância de nossos filhos se reúne ao ar livre. Mas se não estamos livres da energia nuclear, não é o bastante. Portanto, desde 11 de março, estamos aquecendo a água do nosso banho com lenha."

Sim, isso leva mais tempo. "Mas é muito mais divertido. Quando tínhamos uma vida moderna, em Yokohama, desperdiçávamos o tempo. Agora, ao dedicarmos esforço para fazer as coisas, é como se estivéssemos recuperando o tempo."

"*Hai*", diz Oiwa. "Exatamente. Essa é a vida lenta. As pessoas acham que ter uma vida ambiental significa ser contemplativo. Mas toda cultura tem grandes possibilidades de diversão. Claro, existe diversão tecnológica. Mas hoje nós vemos muita gente doente, infeliz e vazia. Antes de 11 de março as pessoas davam graças pela energia nuclear, por deixar que tivéssemos nossas vidas. Porém, agora, depois do 11 de março, percebemos que todos morremos. Nós, que sobrevivemos, não somos imortais; estamos na mão de Buda. Saber que morremos é a primeira sabedoria dos seres humanos, o começo da filosofia. Todos os dias, eu acordo, ainda viva, e isso é felicidade."

Eles vão tomar chá numa mesa redonda que o marido de Mary fez usando lascas de cipreste. "Nós, humanos, temos nossa velocidade própria, e quando a sociedade vai além desse limite de velocidade, temos problemas sociais", Oiwa diz. "Problemas psicológicos. As coisas quebram. Agora, nós contaminamos boa parte dessa ilha, mas eles ainda dizem que precisamos de crescimento econômico. Agem como se fôssemos viver para sempre. Mas se pudermos enfrentar a sabedoria de que todos morrem, veremos que não vivemos por causa da energia nuclear, mas por causa do sol e do ar. Uma vez que percebamos isso, talvez possamos reverter."

Eles vão até a casa ao lado, da vizinha de Mari, Michiko Takizawa, de 70 anos. Viúva ainda jovem, ela criou os dois filhos cultivando legumes e arroz, e criando vacas, coelhos angorá e bichos-da-seda. Com prazer, Oiwa inspeciona sua casa de duzentos anos: de estrutura tradicional, com vigas, ela é forte o suficiente para sustentar um segundo piso de paredes sólidas. A viga principal tem meio metro de largura, sem emenda, feita de um pinheiro vermelho japonês.

Eles ajoelham junto de uma mesinha redonda, onde Michiko-san arruma as tigelas de legumes fatiados: berinjela, abobrinha, vagem e ameixas que ela colocou em conservas de vinagre e açúcar. "Pegue", diz ela, entregando uma ameixa ao menino mais velho de Mari, cuja turma de segunda série só tem outros quatro alunos. "E isso é depois que eles juntaram as duas escolas. Depois que nós morrermos – exceto a família de Mari, o vizinho mais novo de Michiko tem 55 anos –, "todas as casas vão ficar vazias". Seu filho, que não é casado, trabalha na construção civil e ainda mora ali perto. "Mas as mulheres não querem se casar com homens daqui. As mulheres de hoje preferem ter um emprego a se casarem." Um homem trouxe uma noiva filipina, conta ela. "Mas ela foi embora. A cultura era diferente demais. Ela disse que não gostava de *wasabi*."

"Não há mais gente da cidade se mudando pra cá?", pergunta Keibo.

"Há mais gente indo embora do que vindo." Ela olha triste para Mari, que só fica sorrindo para ela, até que ela sorria também.

"Você verá", Mari diz a ela. Ela e o marido alugaram um dos terrenos de arroz de Michiko-san, onde farão um cultivo orgânico. Começa uma discussão sobre como reter a água para o inverno inteiro, apesar da neve, para controlar as ervas daninhas.

Depois, elas terminam no canteiro abundante de legumes de Michiko. De joelhos, ela colhe pimentões, berinjelas, quiabo e soja para seus convidados. Oiwa olha arrebatado para a bela horta, margeada por lírios e repleta de borboletas azuladas. Mais além, ficam os canteiros de arroz, com canais irrigados emprestados do rio, exibindo belos talos verdes abarrotados de grãos prestes a ficar dourados. Depois desses, há um beiral triangular perfeito de montanha, coberto por uma floresta mista – e, mais adiante, mais montanhas frescas adentrando a neblina.

Oiwa sabe que isso é um vestígio do *satoyama*, harmonioso casamento entre paisagens humanas e naturais que por milhares de anos definiram a área rural japonesa. Nesse mosaico tranquilo de terras cultivadas, campos de flores, lagos, riachos, pomares e florestas, foi onde nasceu a cultura japonesa. Nas ilhas onde, desde os tempos antigos, os humanos moldaram e cuidaram dos terrenos mais escarpados, o *satoyama* tem sido a salvação da biodiversidade japonesa. Por milênios, as pessoas habitando as paisagens do *satoyama* colheram lenha e carvão, criaram pastagens e animais, e cultivaram as lavouras com uma estética que convidava e nutria peixes, sapos, libélulas, borboletas, vaga-lumes, gafanhotos, pássaros, patos, cegonhas e falcões.

Porém, nos anos 1960, as chaminés das casas de campo deram lugar aos queimadores a óleo. Quando um fertilizante sintético dominou os campos, os matagais que um dia forneciam calor, forragem e raízes folhosas para os arrozais já não eram visitados diariamente. Os pesticidas baniram os gafanhotos e as lagartas, e as garças e garçotas e as majestosas cegonhas brancas orientais que se alimentavam deles não voltaram mais. As valetas de concreto para os fossos que drenam os campos varreram os girinos, caramujos e minhocas. Conforme as vacas e gado de corte trocaram o pasto pelo milho e a soja, os gramados e campinas que um dia cercaram as cidades japonesas desapareceram sob projetos habitacionais e campos de golfe.

Em meio século, o Japão já não lembrava mais uma pintura a tinteiro, feita em papel de seda. Porém, à medida que os números decrescem, e uma geração menor e mais jovem busca alternativas para a vida corporativa que passou a definir o trabalho japonês, há uma chance de regresso a uma vida mais lenta, junto com as paisagens que a sustentavam.

A última cegonha branca oriental foi vista em 1971, no Japão. Em 1989, numa incubadora de cegonhas em Toyooka, a uma hora de Kyoto, no município de Hyogo, em decorrência do êxito do cruzamento de dois pares vindos da Rússia. Mas os arrozais locais, anualmente encharcados pelos pesticidas de mercúrio, provaram-se tóxicos demais para que os pássaros fossem soltos. Em 2004, uma aluna de 10 anos, chamada Yuka Okada, descobriu que cegonhas como as que estavam presas na gaiola de pássaros de Toyooka costumavam preencher o céu e fazer ninhos em todas as chaminés. Depois de descobrir o motivo por não o fazerem mais, ela foi até o prefeito e exigiu que Toyooka servisse arroz orgânico no almoço escolar.

Fazer isso significava eliminar o mercúrio e convidar de volta os gafanhotos, mas também deixava os arrozais seguros para as cegonhas. O prefeito, ouvindo a simples verdade de uma menina de 10 anos, só pôde concordar. O *slogan* de sua cidade passou a ser: "Um ambiente bom para as cegonhas também tem de ser bom para os humanos". Os plantios seguintes foram isentos de pesticidas. Um ano depois, a primeira cegonha foi solta e, hoje, onde quer que elas façam seus ninhos, o arroz tem o dobro do valor, pois a presença das cegonhas garante sua pureza. Uma economia que estava no fundo do poço foi revitalizada e hoje os turistas vão, em bandos, até Toyooka para observarem as centenas de cegonhas fazer o mesmo.

O valor a ser coletado dos turistas pelo caprichado arroz orgânico é fácil de ser quantificado. Mais difícil, porém essencial, é calcular o valor da natureza – o que os ecologistas conservacionistas chamam de *capital natural*. Quanto vale um gafanhoto, considerando que a natureza sempre forneceu de graça? As árvores, nas florestas, eram gratuitas. Os rios e a atmosfera eram locais gratuitos, onde se jogavam restos. Gratuitos, porém acabam custando caro quando desaparecem ou não aguentam mais.

A contabilidade do capital da natureza nunca foi incluída nos extratos corporativos, mas cada agricultor anterior à química conhece bem isso. Em um Japão com menos japoneses, como o Japão inevitavelmente será neste século, há uma chance para que o capital natural seja reabastecido e para que as pessoas desfrutem de vidas mais saudáveis e até felizes.

Os campos de arroz podem render menos se os humanos compartilharem os grãos com os gafanhotos; porém, com menos humanos, isso não será problema.

CAPÍTULO 14

Amanhã

1. Panteão

Cuidar dos idosos durante a transição, enquanto a população do mundo volta ao seu tamanho, será algo capcioso, concorda Shubash Lohani. E ele nem está se referindo às pessoas.

Lohani, diretor do World Wildlife Fund do Programa para a Região Ecológica do Leste do Himalaia, está em Lalmatiya, cidade ao sudoeste do Nepal, pouco acima da fronteira com a Índia, visitando um asilo – para vacas.

Lalmatiya está em Terai, no Nepal, uma estreita faixa de terra, na base das montanhas mais altas do mundo, e local de nascimento de Lohani. Até os anos 1950, Terai era completamente florestado. Também era infestado de malária. Os únicos habitantes, a tribo étnica Tharu, possuíam uma tolerância inexplicável à malária – pois, alguns acreditavam, os Tharu eram descendentes diretos de Gautama Buda, que também nasceu em Terai. Nos anos 1950, com a ajuda dos Estados Unidos, o Terai inteiro foi pulverizado com DDT. Conforme a malária foi erradicada das áreas sucessivas, elas foram abertas para colonização. Qualquer um que quisesse podia reivindicar um pedaço de terra. Milhões o fizeram, derrubando a maior parte das árvores de Terai, que acabaram indo parar nas ferrovias da Índia.

Além das crianças – até recentemente as famílias nepalesas tinham, em média, sete filhos –, os colonizadores de Terai trouxeram quase uma vaca por humano. Isso foi um problema, e não apenas local. A digestão de ruminantes como vacas e ovelhas envolve muitos arrotos e flatulência. Conforme o número de animais domésticos ao redor do mundo, assim como o da nossa espécie, chegou aos bilhões, seus arrotos e gases chegaram a mais de um quarto das emissões humanas de metano, um gás que retém 21 vezes mais calor do que o CO_2.

No Nepal, e em sua vizinha Índia é até pior, pois a vaca é considerada sagrada, e matá-la é um tabu. (Assim como na Índia, o Nepal é predominantemente hindu. Depois que o nascimento de Gautama Buda originou essa religião epônima, os nepaleses seguem ambos.) Em Terai, quando as vacas envelhecem demais para dar leite – dádiva generosa pela qual são reverenciadas –, seus donos as soltam na floresta. Elas circulam em meio às mudas, sovando tudo com seus cascos, e onde pisam não nasce mais nada. Para o World Wildlife Fund isso é sério: tigres, rinocerontes e elefantes são nativos de Terai, assim como leopardos, pavões, macacos e *langurs*, e o que resta da floresta é onde eles vivem.

Também há sete espécies de abutres ameaçadas – o abutre-de--cabeça-vermelha, o abutre-indiano-de-dorso-branco, o abutre-preto, o abutre-barbudo e o abutre-do-egito, assim como o abutre-fouveiro e o abutre-do-himalaia –, o que levou o WWF a uma solução criativa para a crise do gado. "Nós percebemos", explica Lohani, "que todos eles estavam sendo envenenados ao se alimentarem das carcaças de bovinos velhos." Descobriu-se que os agricultores mantinham o gado velho vivo aplicando diclofenaco, um unguento analgésico que provou ser fatalmente tóxico para o fígado dos comedores de carcaças. "Então, doamos 10 mil para montar isso."

A placa tem escrito "Centro de Conservação de Abutres e Lar para Animais Idosos". Atrás dela, o gado senescente e esquelético perambula tranquilamente por uma ex-plantação de eucaliptos com vista para um leito seco de rio. Ali, antes de ficarem tão artríticos a ponto de seus donos terem de encharcá-los com diclofenaco, as vacas são aposentadas, alimentadas e finalmente recebem um funeral respeitoso, com canto, flores e incenso, numa cerimônia que também serve de banquete para os abutres.

Porquanto os abutres também são venerados no panteão hindu como lixeiros da natureza, as pessoas dali se sentiram duplamente abençoadas quando seis das sete espécies de abutres e grifos começaram a aparecer para as refeições.

Lohani, um homem parrudo com trinta e poucos anos, com um boné verde e uma camisa ostentando o logotipo do WWF, segue Moti Adhikiri, o idoso diretor do Centro, até as árvores bômbax que brotam ao longo do leito do rio. Três anos antes, só havia dois ninhos de abutres. Agora há 61. Além dos grifos empoleirados, Lohani também vê calaus, drongos, faisões e os abutres-de-cabeça-vermelha. Adhikiri já avistou alces, javalis, touros selvagens e o urso-negro-do-himalaia e – "pela primeira vez em quarenta anos, os elefantes e leopardos estão aqui!"

Lohani o cumprimenta e segue para oeste, dirigindo por quilômetros de cabanas de pau a pique ao longo da Highway 1, de duas faixas, via expressa do Nepal, desviando de bandos de gente, cabras, búfalos, homens em lambretas com suas esposas de sáris na sela lateral, filas de bicicletas e milhares de vacas. Ele está percorrendo os estreitos corredores paisagísticos que ligam as áreas protegidas do Nepal e da Índia, que são lar dos rinocerontes-indianos, dos elefantes-asiáticos e da maior concentração mundial dos tigres-de-Bengala. Duas horas depois, ele está em uma mata de pau-rosa, aquilo que ele chama de uma das onze linhas de vida quem mantém esses animais. Esse é o corredor Khata, que liga o Parque Nacional de Bardia, no Nepal, ao Santuário de Vida Selvagem Katarniaghat, na Índia. Linha de vida não é uma metáfora casual: há lugares onde o corredor Khata só tem 500 metros de largura, e nunca além de 2 quilômetros. No entanto, as câmeras mostram elefantes, tigres e rinocerontes passando entre os dois países.

Manter esses corredores intactos não é fácil. "Alguns anos atrás havia 2.300 casas ilegais de posseiros por aqui", diz Lohani, recostado num marcador de fronteira de concreto, com um pé no Nepal e outro em Uttar Pradesh. Salvar a natureza em Terai exige uma disputa de 5 milhões de cabeças de gado, um número incerto de cabras e búfalos e 7 milhões de colonizadores.

Eles vêm alimentando as florestas da comunidade ao redor de todos os assentamentos para repor as árvores que acabaram como carvão, toras para as ferrovias ou vigas de telhados. Para abrandar a demanda de madeira combustível, o WWF trouxe painéis solares, iluminação a LED, fogões elétricos e biogeradores que fornecem gás de cozinha gerados do esterco do gado e de latrinas. Numa tacada inspiradora, eles perceberam que isso estava qualificado para a compensação de carbono e que poderiam vender nos mercados internacionais de investimentos para financiar mais conservação. Eles ensinaram as pessoas a cultivar e prensar camomila, citronela, menta e capim-limão para fazer óleos comerciáveis. Negociaram rendas de turismo para partilhar com as pessoas que vivem ao longo das reservas selvagens, tais como as cem mil que estão ao redor dos limites do Parque Nacional de Bardia.

E trouxeram o planejamento familiar, tarefa que não foi fácil, num país onde os votos comuns no casamento são "Que seus filhos e os deles cubram as montanhas". A World Wildlife Foundation não é uma organização de planejamento familiar, mas salvar a vida selvagem não faz sentido, se os humanos os tirarem da terra. Então, eles se juntaram com o governo e parceiros de ONGs de saúde para obter financiamento da USAID e corporações como a Johnson & Johnson, para programas que ajudam todas as criaturas, humanas ou não. A USAID, que já havia banhado o Terai com DDT, foi persuadida. Em menos de uma década, o tamanho médio de uma família da área baixou de 8,5 filhos para 2,5.

No entanto, a cada semana chegam mais, principalmente refugiados de comunidades montanhosas inundadas pelo derretimento das geleiras. "Não podemos eliminar o excesso populacional tão cedo, assim como não podemos nos livrar dos gases do efeito estufa amanhã", diz Lohani. "Ambos vêm crescendo há muito tempo e ainda temos de crescer mais, antes de finalmente pararmos."

Principalmente pelo fato de que, por tudo o que eles devem realizar no Nepal, eles realmente não têm nenhum controle sobre o destino dessa terra. Isso fica na outra ponta desses corredores: no país que na próxima década irá superar a China como o mais populoso do mundo. Lohani dá uma olhada para a Índia. Ultimamente, sua extensão norte está se enchendo de cidadãos bengaleses, cuja terra vem desaparecendo sob a elevação das águas. Os refugiados dizem a ele que vieram para essa periferia para desmatar um pedaço de terra e começar uma vida.

"Meu sonho", diz ele, "é ter uma paisagem como na época de Buda, quando as pessoas e a vida selvagem viviam em harmonia."

Só no Nepal, isso seria um desafio. Mas os ecossistemas não conhecem fronteiras, e Lohani sabe que o que acontece ao sul dessa fronteira irá determinar o futuro do Nepal – e, muito provavelmente, o do mundo.

2. Celphos

O dr. G. S. Kalkat estava palestrando na Universidade Guru Nanak Dev, no estado indiano do Punjab, quando um aluno perguntou: "O que você considera como os três maiores problemas enfrentados pela Índia?"

"População, população e população", respondeu ele.

No entanto, essa não teria sido a resposta dada pelas pessoas preocupadas que, cinco anos antes, o haviam trazido de volta da aposentadoria, depois de uma ilustre carreira no Banco Mundial e como administrador universitário, para presidir a Punjab State Farm Commission – exatamente onde ele havia começado, em 1949. Para elas, o problema número 1 era o que os hidrólogos estavam dizendo: que a água abaixo das lavouras de trigo e arroz *basmati* da área central do Punjab estava, em alguns lugares, caindo três metros por ano. As fontes que tinham 30 metros de profundidade, em 1970, haviam sido refeitas com 100 metros, depois com 150. As novas estavam sendo escavadas com 300 metros de profundidade.

As monções que antes duravam trinta dias ou mais haviam sido reduzidas a dez ou quinze. A terra estava ficando salina. Embora o Punjab, do tamanho de Vermont e New Hampshire juntos, só represente 1,5% de toda a extensão territorial da Índia, ali é a despensa da nação, onde são cultivados 60% de seu trigo e 50% de seu arroz. "Estamos desesperados", dizem os três agricultores no escritório do dr. Kalkat, dois de turbantes roxos e um de turbante amarelo. O que eles vão fazer?

Eles vão fazer o que seus pais faziam, ele lhes diz: diversificar a lavoura. Antes de 1970, durante o verão, os agricultores plantavam milho, amendoim, um pouquinho de algodão, um pouco de arroz. No inverno, plantavam trigo, legumes e ervilha. No entanto, naquela época, a população da Índia era menos da metade do que é agora: 500 milhões *versus* 1,1 bilhão que há hoje. Mesmo naquela época, muitos indianos morriam de fome, pois tinham exaurido a capacidade de sustento da terra. Kalkat era diretor de agricultura no Punjab, tendo regressado em 1964, após seu doutorado, no estado de Ohio, cortesia de uma bolsa concedida pela Rockefeller Foundation. Isso foi pouco antes de os cientistas da Rockefeller chegarem ali, vindos do centro de melhoramento do trigo, no México, com sementes de alta produtividade.

Eles estavam chamando o projeto, do qual Kalkat se tornou diretor adjunto, de "Revolução Verde".

"Nossa primeira temporada de colheita com o novo trigo foi em 1968. Plantamos 1,6 milhão de hectares. Em 1969, chegou o que o IRRI chamava de "arroz milagroso". Antes, colhíamos uma tonelada de arroz e 1,2 tonelada de trigo por hectare. Subitamente, nossas colheitas passaram a 4 toneladas de arroz e 4,5 toneladas de trigo. A única coisa necessária era irrigação. Fizemos poços, pois era muito mais veloz do que fazer represas ou abrir canais, que leva de dez a quinze anos. Podíamos cavar os poços em uma semana. E foi o que fizemos, de 1968 a 1970. Ainda fazemos."

A voz dele amansa quando ele reflete no que resultou perfurar o Punjab com 1,2 milhão de poços. "Temos 2,6 milhões de hectares de arroz. Com o nível da água caindo tão depressa, calculamos que precisamos deslocar um milhão de hectares de arroz para as lavouras de pouca água: milho, leguminosas e sementes oleaginosas como a soja. A soja não tem um alto rendimento, mas tem um preço maior. Com sorte, os agricultores serão recompensados. A Índia tem escassez de óleos comestíveis para a culinária."

Seu olhar se ergue para o seu turbante azul-claro, como se para tirar um pensamento.

"Estabilizar o equilíbrio da água para que utilizemos o equivalente ao reabastecimento anual da chuva levará de dez a quinze anos. Mas se não controlarmos a população e chegarmos a um equilíbrio com os recursos naturais, teremos sérios problemas. Os agricultores irão sofrer. Teremos uma revolta social. Nossa preocupação imediata é a água. Porém, a menos que façamos algo quanto à população na próxima década, teremos decidido, em massa, a cometermos um suicídio hidrológico."

Sheela Kaur, com seu *chunni* de *batik* azul-claro emoldurando seu rosto como uma máscara, conhece o suicídio hidrológico. Seu marido, Prakash Singh, tinha apenas 27 anos quando foi até o campo de trigo que eles possuíam e abriu uma lata de Celphos. Quando ele não apareceu para o almoço, seu irmão foi procurá-lo e encontrou seu corpo.

Celphos é o nome comercial para o fosfato de alumínio, um inseticida para grãos que é letal para insetos e roedores. Ele vem em pó ou tabletes; quando exposto à umidade, libera um gás incolor com cheiro de alho. Se essa liberação ocorrer dentro do estômago de alguém, em minutos há uma falência múltipla de órgãos. Ninguém viu quantos tabletes o marido de Sheela tomou, mas quatro representam a dose habitual no Punjab, onde, segundo a Bharatiya Kisan Sangh, a união dos agricultores indianos, de 40 mil a 50 mil já tiraram as próprias vidas nas duas últimas décadas (o Departamento Nacional de Registros Criminais relata que, em toda a nação, 270 mil agricultores indianos cometeram suicídio desde 1995).

"É comum", diz Sheela, em tom inexpressivo, amuada em sua caminha, ao lado da tinta azul-turquesa descascando da parede. Em sua vila, Kurail, alguns dos maridos de suas vizinhas se jogaram na frente de trens ou pularam de telhados, mas a ingestão de pesticida é a morte simbólica ali.

Ela está com o relógio dele no punho esquerdo. A fotografia que está segurando mostra um rapaz magro e sorridente, em pé, ao lado do rio, de calças *jeans* e uma camiseta vermelha, com uma jaqueta por cima. Como muitos agricultores do Punjab, Prakash Singh tinha se endividado. Sheela o vira ficar cada vez mais preocupado, conforme os empréstimos que ele pegou aumentavam, junto com o poço que ele estava cavando. Ele havia calculado os custos para um poço de 100 metros, jamais sonhando que teria de ir até 150 metros. Na época de seu pai, 15 metros davam de sobra.

Não tardou para que o agiota, que cobrava 24%, passasse a vir todos os dias, de manhã cedo, para humilhá-lo diante de sua família. Ele interceptava seus três filhos, a caminho da escola, e lhes pedia dinheiro. Outro empréstimo, com o banco, estava assegurado pela propriedade que Prakash tinha, junto com o irmão, mas os homens ainda vinham exigir o pagamento, ocasionalmente três vezes por dia. Prakash prometeu pagar a todos quando viesse a colheita do trigo. Mas a colheita foi decepcionante.

Viúva cujo marido se suicidou com pesticida – Punjab, Índia.

"Eu nunca soube quanto custou o poço – os homens geralmente não dizem às mulheres", conta Sheela. "Ou dizem que é menos do que realmente foi. Quando ele disse que a única saída era tomar algo e morrer, eu disse a ele que sua mãe e irmãos o apoiariam. Mas ele sabia que eles também tinham suas dívidas. Quando ele fez aquilo, eu já esperava. Quando a pessoa chega a esse ponto, não há nada que possa fazer."

Ela disse aos filhos que o pai deles sofrera um acidente. Agora, o filho mais velho diz que quer trabalhar na lavoura. Mas, como Prakash se foi, primeiro ele terá de casar as irmãs, e então a dívida prosseguirá. Embora os dotes tenham sido proibidos por lei, a família de todo noivo ainda espera por um. No mínimo, um pouco de ouro e um veículo. E há as roupas e joias para a noiva, e um banquete para cem vizinhos. O fato de as filhas serem tão caras no norte da Índia é o motivo pelo qual, assim como aumenta a população da Índia, as ultrassonografias ilegais e abortos de meninas estarem superando os índices da China. No estado vizinho de Haryana, a proporção numa cidade é de 590 meninas para mil meninos.

De certa forma, diz Biku Singh, era fácil ver agricultores como ele se endividarem na Revolução Verde, porque os cidadãos do Punjab já tinham uma tradição de débito social. Mas entrar em débito por alguns anos, para casar uma filha, não era nada parecido.

"Agora, o preço de tudo é dez vezes maior do que era, enquanto a quantidade de água é dez vezes menor." Ao se referir a tudo, ele quer dizer mão de obra, sementes, pesticida e fertilizante. Os fertilizantes continuam subindo porque a terra precisa de cada vez mais, o tempo todo; pesticidas porque os insetos desenvolvem resistência, então os agricultores precisam comprar novos tipos.

"E a eletricidade: quanto mais funda está a água, mais você precisa bombeá-la. Custava 200 rúpias por acre. Hoje custa 2 mil[4]. Então, você precisa de uma bomba de vinte cavalos, em vez de dez. Metade do nosso povo está doente por causa dos pesticidas: ataques do coração, pressão alta, câncer. Nossas crianças têm problemas de pele e de visão. Não importa o quanto comam, são anêmicas. Os professores dizem que elas são aprendizes lentos. E os pais, todos eles com dívidas de 200 mil rúpias por acre, estão na fila do suicídio. Estamos todos tomando conta uns dos outros para não nos matarmos."

É fim de maio, a uma semana das monções que até agora não deram nem sinal. Biku, que tem uma barba felpuda e escura, está dirigindo por uma estrada de terra, ao longo de um canal de irrigação, repleto de espuma marrom de fosfato. Ao seu lado está Labh Singh, uma geração mais velha. Ambos estão vestindo *kurtas* e calças brancas largas. O turbante de Biku é laranja; o de Labh é azul esfumado. Eles param para inspecionar as forragens de sorgo. Os outros campos estão vazios, pois a colheita do trigo de inverno foi feita um mês antes. O fluxo de 2011 foi decente, mas não o suficiente para compensar o terrível ano de 2010, que foi quente demais. Agora eles aguardam a chuva para o plantio da terra plana e poeirenta com arroz.

Não há pássaros nem insetos. Nos cantos dos campos há silos em formato de cones, feitos de barro, para armazenar dejetos de gado, que serão usados como combustível: não há adubo suficiente para fertilizar todas as lavouras que eles precisam cultivar para serem agricultores da Revolução Verde.

4. Cerca de 40 dólares.

"Antes da Revolução Verde", diz Labh, "quando dependíamos da natureza para tudo, éramos mais prósperos. Desde a introdução do petróleo e dos pesticidas, nossa sorte piorou. Em nossa subdivisão, temos oitenta vilas e já tivemos setecentos suicídios."

Conforme mais agricultores abandonam suas fazendas, ao abandonarem suas vidas, a terra vai sendo convertida em habitação, com vilas cada vez mais populosas espalhando-se e fundindo-se umas às outras. O consumo de álcool *per capita* está entre os mais altos no mundo. Segundo relatos, o negócio mais lucrativo ali já não é mais a agricultura, mas a heroína cultivada no Afeganistão e contrabandeada para a divisa com o Punjab do Paquistão. Quando os estudos recentes realizados pelo governo concluíram que cerca de 75% da juventude do Punjab estava viciada, ninguém tirou satisfação.

A Revolução Verde tornou o Punjab um dos locais mais abastados, onde se prevê que será um dos países mais ricos do mundo. Mas a lendária abundância de grãos, exaltada em Bollywood da forma como a pecuária foi mitificada em Hollywood, agora está caindo por terra. Em um ano qualquer, as colheitas podem até quebrar recordes. Mas a cada ano a água fica mais distante e poucos estão mudando para lavouras resistentes ao calor e à seca. "Não há mais nada que pague o suficiente", diz Biku.

"Estamos empacados", conta Labh. "Quanto mais produzimos, mais nossos débitos aumentam. Nossos gastos são maiores que nosso retorno. E todos nós estamos envenenados."

Eles acreditam que a Revolução Verde nunca foi para os agricultores: foi para o restante do país. Até que a água começou a sumir e as substâncias químicas acumuladas e as dívidas os sufocaram, eles tinham orgulho em alimentar sua nação.

"Não apenas a Índia: nós alimentamos o mundo", diz Labh. "Quarenta trens diários deixavam o Punjab, carregando milhares de toneladas de grãos. Cultivamos o suficiente para alimentar todo o mundo. Mas agora há muita gente. E a cada ano conseguiremos alimentar menos gente." O estado vizinho de Haryana um dia fez parte do Punjab. Da mesma forma que o Punjab foi dividido em 1947, quando o Paquistão muçulmano se separou do flanco oeste da Índia, em 1966 ele foi novamente dividido entre linhas sectárias, deixando o Punjab mais habitado pelos *Sikhs* de idioma punjabi, e Haryana mais habitado pelos hindus, que falam híndi. No entanto, outro motivo para o desequilíbrio nas proporções entre os sexos em Haryana é a vasta crença, entre os hindus, de que a passagem para o céu depende de se ter um filho para acender as piras do funeral de seus pais. Desde a invenção da ultrassonografia, isso se traduziu em *vans* equipadas com máquinas portáteis que são dirigidas de vila em vila, em Haryana, e o forte comércio ilícito de abortos.

Embora o aborto seja legal desde 1971, o aborto de sexo seletivo é punível com cadeia e multa. No entanto, o cumprimento da lei é tão relaxado que até 2030 a Índia pode ter 20% a mais de homens que de mulheres – uma receita mortal, pois entre outros problemas está a violência gerada pelo ciúme e o aumento dos estupros. Embora o aborto antecipe a morte ou o abandono de filhas indesejadas, as estatísticas de mortalidade revelam infanticídio direto por negligência: segundo a ONU, as meninas indianas têm probabilidade de morrer antes de seu aniversário 75% maior do que os meninos, mencionando que são alimentadas com o que sobra, depois que seus irmãos já comeram.

A fertilidade caiu na Índia no novo milênio, mas Haryana está entre os dez dos 28 estados que ainda permanecem acima do nível de substituição. Infelizmente, esses dez estados contêm metade da população da Índia. Um bebê nasce a cada dois segundos na Índia, mais de 43 mil por dia, e mais de 15 milhões por ano: quase duas cidades de Nova York a mais. Recentemente, os demógrafos do governo revisaram suas previsões de que a Índia chegaria a uma população estável em 2045, com 1,45 bilhão de pessoas. Agora, eles dizem que a população continuará crescendo até 2060, chegando a um pico de 1,65 bilhão. Visto que os índices de crescimento falharam em frear, mesmo com incentivos monetários governamentais para protelar a natalidade, poucos estão convencidos de que essa previsão se manterá por mais tempo que a última.

No entanto, uma coisa simples pode fazer a diferença. As mulheres indianas que chegam ao Ensino Médio têm uma média de 1,9 filho cada uma. Para as que se formam, a média é de 1,6. A taxa de fertilidade entre as mulheres sem acesso à educação é de 6,0.

Durante décadas, a Índia não precisou olhar muito além do seu extremo sul para ter um exemplo notável de como a educação e a igualdade para as mulheres podem mudar tudo.

3. Utopia sedutora

O estado indiano de Kerala foi enaltecido internacionalmente por mostrar como uma sociedade pobre pode desfrutar de um alto padrão de vida, se esse padrão não for riqueza, mas qualidade de vida. Ali não há casamentos com crianças, nem morte de fetos ou desequilíbrio entre os sexos: Kerala, na verdade, tem um número ligeiramente maior de mulheres, o que é natural para nossa espécie. Desde os anos 1970, a cidade também possui a menor taxa de fertilidade da Índia – uma reversão surpreendente desde 1947, quando seu crescimento populacional chegou ao mais alto na nova Índia independente.

No entanto, Kerala é também um exemplo que serve como advertência de como a ecologia humana está emaranhada no século XXI, e o que precisamos evitar para alcançarmos uma paz duradoura – ou, pelo menos, chegarmos a uma trégua – com nosso próprio planeta.

"Se você olhar para amanhã, vai ficar de coração partido", diz Sugathakumari.

Uma reverenciada poetisa indiana que escreve em malaiala, língua nativa de sua Kerala, e com idade próxima aos 80 anos, Sugathakumari não está feliz com nossa espécie.

"Animais, pássaros, abelhas e flores obedecem às leis da natureza. Somente uma criatura as tem infringido. Eu quase sinto que o mundo seria um lugar melhor sem nós."

Até em Kerala? Onde, apesar da renda média de uns poucos dólares por ano, eles terem chegado a 100% de alfabetização nos anos 1990? Kerala, que tem a expectativa de vida mais alta da Índia, quase a mesma dos Estados Unidos? E assistência médica universal, tratamento igual para os sexos e escolas para todos? E vastidões tropicais, onde tigres e elefantes perambulam nas florestas dos Ghats Ocidentais, incluindo o fabuloso Silent Valley, um parque nacional que a própria Sugathakumari salvou dos construtores de diques do governo? Kerala, onde um homem que se casa vai morar com a família da noiva, e não o contrário?

"Eu não sei o que aconteceu com Kerala", ela lamenta, enquanto seu ventilador de teto remexe seus longos cabelos grisalhos. "Não sei o que aconteceu às mulheres de Kerala. Estou aborrecida."

A Kerala onde ela nasceu, em 1934, continha o que podia ser chamado de confusão em qualquer outro lugar da Índia: uma maioria de 60% de hindus, divididos igualmente entre muçulmanos e cristãos – a maioria católica ou de sírios ortodoxos (esses últimos alegam ser descendentes de brâmanes evangelizados no cristianismo dos primeiros tempos, quando Tomé veio a Kerala e fundou as sete igrejas). Porém, em lugar de brigas étnicas, as múltiplas religiões de Kerala conviveram em harmonia. Durante o século XIX, uma rara aliança entre os iluminados missionários britânicos, uma jovem rainha benevolente, um carismático renegado hindu reformista e vários líderes muçulmanos respeitados resultou em educação escolar para todos, com mandado do Estado, independentemente do sexo, credo ou casta – incluindo escravos e intocáveis.

Em 1956, as ex-supremacias da Índia, os marajás hindus e *nawaabs* muçulmanos, foram reorganizadas em estados linguistas, incluindo Kerala, com seu idioma malaiala. Em 1957, os reformistas pró-educação das castas formaram o primeiro governo comunista eleito democraticamente. Desde então, frequentemente os comunistas têm mantido o poder em Kerala, ganhando louvor e votos por seu compromisso público com a saúde e a educação.

Seu sucesso se deve, em parte, à percepção de que, nos anos 1960, Kerala tinha o crescimento populacional mais veloz do país, uma consequência não intencional da melhora da assistência médica, que baniu a mortalidade de recém-nascidos e explodiu a longevidade. Um programa de planejamento familiar começou distribuindo as novas pílulas disponíveis gratuitamente, enfatizando que era mais fácil de educar menos filhos. Pagamentos modestos eram ofertados a quem fosse voluntário às vasectomias ou laqueaduras. A complacência com o planejamento familiar estava diretamente associada à alfabetização feminina, permitindo que Kerala escapasse das esterilizações forçadas "emergenciais" de Sanjay Gandhi, em meados de 1970, ocorridas a mais de 8 milhões de homens e mulheres indianos – uma barbaridade que superou a presidência de sua mãe, Indira Gandhi.

Até o fim dos anos 1990, Kerala tornou-se o primeiro lugar da Índia – e de todo o sul da Ásia – a alcançar a taxa de fertilidade de substituição. Foi outro sucesso social pelo qual o comunismo democrático levou crédito, embora recebesse a culpa pelas finanças do Estado em frangalhos.

"Castanhas, borracha, *coir* – fibra de coco – e agricultura: nós tínhamos tudo", relembra Sugathakumari, que não tem filiação política, mas cujas campanhas pelos direitos das mulheres e ambientais vicejaram sob governos de esquerda. Ultimamente, no entanto, a eficácia dos comunistas em defender os trabalhadores não produziu os resultados pretendidos. "Eles não ensinavam aos nossos trabalhadores o prestígio de cumprir seu dever. Ensinavam-lhes a exigir mais e mais salários, e a limitar a jornada de trabalho. Os trabalhadores ficaram muito orgulhosos, muito fortes, muito poderosos. Seus sindicatos ditavam as condições para as pessoas que os contratavam. E as fábricas foram fechando, uma a uma."

Em 1957, o primeiro governo comunista de Kerala conferiu a quantidade de terras que os cidadãos podiam ter, redistribuindo posses de famílias importantes entre os lavradores pobres. "Por um lado", conta Sugathakumari, "isso foi bom para os agricultores pobres. Mas a nossa agricultura sofreu. Se você cultiva arroz, precisa de campos grandes. Quando eles dividiram em frações menores, os lavradores perderam o interesse. Então, venderam a terra, e a agricultura oscilou enfraquecendo. É algo triste a dizer."

Do lado de fora da instituição mental para mulheres que ela fundou em 1985, o céu carregado anuncia a chegada das monções. No entanto, a tempestade que Sugathakumari teme é uma que chegou do Golfo Pérsico, inundando as ruas de Thiruvananthapuram, capital de Kerala – com capital. Essa cidade que um dia teve sua serenidade prezada por Mahatma Gandhi, por sua selva viçosa, agora é uma cacofonia de comércio implacável, envolvendo joias e um número surpreendente de carros caros.

Tudo começou com os muçulmanos de Kerala, que um dia foram os mais pobres da comunidade. A decadência da economia de Kerala coincidiu com a arrancada de Dubai, Abu Dhabi, Doha e outras capitais árabes do petróleo. À medida que aquelas cidades cresceram – e foram ficando mais esbanjadoras –, o trabalho de construção abundante estava a um passo, do outro lado do Mar da Arábia, e logo os muçulmanos de Kerala estavam voltando e não eram mais pobres: eles estavam dirigindo carros tão caros e usando tanto ouro que os hindus cultos de Kerala não puderam deixar de notar.

Migrar em busca de trabalho não é nada novo: a maior parte dos astros de Kerala – a primeira juíza da suprema corte da Índia, a primeira cirurgiã-geral, a primeira chefe da bolsa de valores e figuras literárias internacionais como a romancista Arundhati Roy – fez suas carreiras fora do país. Em decorrência de suas excelentes formações, os empregados de Kerala são valorizados; em Mumbai e em Nova Délhi, as empresas rotineiramente anunciam a busca de candidatos de Kerala, principalmente de mulheres independentes sem problemas para trabalhar em cidades distantes.

Mas agora os cidadãos de Kerala estão dispensando oportunidades de carreiras profissionais na Índia, pois até os empregos mais triviais pagam melhor no opulento Golfo Árabe. Diz-se que Kerala finalmente construiu sua economia – mas no Golfo. No entanto, o dinheiro que os imigrantes trouxeram de volta mudou a cara de Kerala.

"Tudo gasto em ouro, barcos elegantes e carros de luxo", lamenta Sugathakumari, já que Kerala se tornou o maior mercado indiano do Audi, Mercedes e BMW. "Há tantas lojas, estações de veraneio, teatros e hotéis. Centenas de novas mesquitas construídas pela riqueza, parecendo o Taj Mahal. Mais estradas, eletricidade, mais areia para o cimento, mais terra até para mais construções. Mais, mais, mais. Esse é o *slogan* de hoje. 'Nós queremos mais'."

Ela nunca tinha visto tantas joias de ouro. Isso era algo que ela esperaria no norte da Índia, onde as pessoas competem para ter os maiores casamentos, os maiores colares e anéis, os maiores dotes. E mais uma coisa: "Nós sempre tivemos pais, mães, tios, irmãs e avós morando juntos, todos compartilhando a riqueza da família. Agora, todos querem casas separadas e liberdade das responsabilidades da família".

O dilúvio do materialismo confundiu a imagem dos cidadãos de Kerala, que desfrutavam de vidas dignas com baixa renda. O desenvolvimento social progressivo de Kerala e a milagrosa baixa fertilidade têm sido frequentemente exaltados pelo economista e ganhador do Nobel,

Amartya Sen. Nos anos 1990, o "Modelo Kerala" tornou-se inspiração para o Índice de Desenvolvimento Humano da ONU, que Sen desenvolveu, com o economista paquistanês Mahbub ul Haq – uma alternativa ao PIB, como medida de desenvolvimento saudável. Kerala foi repetidamente citada, durante a formulação do atual conjunto de Metas de Desenvolvimento do Milênio da ONU, como exemplo mundial de igualdade entre os sexos, concessão de poder à mulher, redução da mortalidade materna e infantil, e saúde universal e educação.

Agora, até o admirador Amartya Sen preocupa-se quanto ao fracasso de Kerala em desenvolver uma economia doméstica para estancar a drenagem de seus cidadãos mais inteligentes para outras partes da Índia ou do sul da Ásia. "E quando o petróleo do Golfo acabar", imagina Sugathakumari, "o que será dessa gente? Se eles voltarem, como Kerala poderia manter todos eles?"

Eles tinham feito tantas coisas tão bem, diz ela. Não apenas sabiam ler, mas Kerala tem o maior índice mundial de leitores de jornais *per capita*. Eles possuíam o maior número de leitos de hospitais *per capita* na Índia. Tinham se mobilizado eficazmente contra a exploração de sua água subterrânea pela Coca-Cola e lideraram – e ganharam! – a maior batalha do mundo para banir o pesticida Endosulfan, que provoca perturbações do sistema endócrino. Preservaram florestas suficientes para manter os tigres, elefantes, leopardos, veados, cabras indianas, quatro espécies de civeta, o javali selvagem, o porco-espinho, serpentes, e os gerbos peludos da Mongólia ainda compartilhavam Kerala com o *Homo sapiens*.

Na mesa de Sugathakumari, há uma fotografia dela cercada de samambaias, no Silent Valley que eles salvaram, cantando um de seus poemas que inspiraram milhares de pessoas a defender sua herança natural.

Nós nos curvamos às árvores com seus cachos sagrados;
A floresta nos dá o ar da vida
Como o Rei Shiva, que engoliu o veneno,
Que, de outro modo, teria destruído a Terra...

"Mas, então, o dinheiro começou a jorrar como veneno." Ela sacode a cabeça: todas as realizações minadas pela tentação.

"Agora não sabemos o que irá acontecer com Kerala. Como Gandhi disse, há o suficiente para a necessidade de todos, mas não para a ganância de todos."

4. O mundo por vir

Se Kerala – ou Kerala antes de ser seduzida pelo lucro – não pode ser o futuro, então será que é Mumbai? Será que a mais densa massa humana, onde em breve será o país mais populoso do mundo, é um vislumbre do que vem a seguir, se não guiarmos nosso destino demográfico?

Rukmini[5] está acostumada com a polícia. "*Namaste* – eu saúdo o Deus que há em você", ela cumprimenta o inspetor Sudhakar, com as palmas juntas, dedos apontados para o céu.

Em seu sári vermelho com debrum dourado, Rukmini parece um equilíbrio artístico entre o acanhado e o deslumbrante. Seus longos cabelos escuros estão amarrados com um laço vermelho profundo que também é a cor da parte de seus cabelos pintada com pó. Na testa, o chacra do terceiro olho é um *bindi* preto. Isso é uma mensagem críptica: uma listra vermelha na cabeça é um símbolo de noiva, enquanto o *bindi* preto é usado pelas viúvas ou moças que não casaram. Rukmini não sabe se ela é viúva, porque seu marido está em Calcutá e a deixou depois que ela teve o segundo filho, na verdade mais uma filha. Lá ela gerenciava uma loja de roupas, para alimentar as duas meninas, mas, quando elas entraram no Ensino Médio, ela precisou de mais dinheiro. Uma amiga lhe deu o nome de alguém em Mumbai que precisava de uma gerente.

Não era o que esperava, mas deu certo. Ela refez o interior desse prédio azulejado da era britânica – também era um bordel na época colonial – e o transformou numa casa apropriada, não como os locais de cubículos minúsculos que há nas ruas adjacentes. Colocou piso de mármore falso e forração nas paredes do salão, e instalou grandes camas de madeira compensada. Na porta do nível da rua, onde ela espera todas as noites, convidando e aprovando os clientes, há um altar com as divin-

5. Seu nome foi mudado a pedido dela.

dades Lakshmi, Ganesha e – porque ela é de Kolkata – Kali. No alto da escada há um outro.

Cinco de suas treze garotas desfilam para o inspetor e seus dois policiais. O comércio de primeira que ela provê exige garotas jovens, e elas estão vestidas apropriadamente. Somente uma veste um sári; o restante está de minissaia ou blusas transparentes, com calças apertadas. Uma delas está com uma camiseta que diz "Ser Humano", em letras brancas, esticadas sobre os seios provocantes. Elas estão sentadas em cadeiras plásticas de frente para o sofá e sorriem para os oficiais, com seus lábios cor de carmim. Os oficiais afagam seus bigodes, inspecionando as mercadorias sob as luminárias e um aquário aceso cheio de peixes dourados.

"O negócio está devagar esta noite?", pergunta o inspetor Sudhakar.

Rukmini aponta o corredor. "Somente um. A chuva os afugenta." Lá fora, pela segunda noite, as monções estão castigando. Numa noite normal, elas teriam tido vinte clientes. Mas a vida está ficando difícil ali, no bairro da luz vermelha de Siddharthnagar, um cortiço central de Mumbai. Temores de HIV invadiram esse ofício histórico, mas não faltam garotas trabalhando: há um excedente permanente de filhas indesejadas de hindus que continuam tendo filhos até conseguirem um menino para acender suas piras fúnebres. Elas vêm dos estados mais populosos, onde os cafetões rondam as vilas lotadas, prometendo a meninas analfabetas a chance de ganhar dinheiro em Mumbai, possivelmente até mesmo pequenas participações nos filmes de Bollywood. Ou maridos.

Quando Rukmini as conhece, elas já sabem que não é bem assim. "Quando chegam chorando", conta ela, "eu lhes digo para não entrarem nessa vida. Digo que, se o fizerem, que ganhem rapidamente seu dinheiro e voltem à sua vila para morar com os pais, pensar nos filhos."

As meninas, todas adolescentes, se entreolham e cochicham. As coisas poderiam ser bem piores para elas. Aqui, ninguém bate nelas, como nas gaiolas baratas de Siddharthnagar. Rukmini obriga os clientes a usarem preservativos. Ela leva as meninas para exames médicos. Pelo fato de cobrar mais que qualquer outro lugar da rua – 350 rúpias, cerca de 6,35 dólares –, elas não precisam ir com homens sem banho que moram em cortiços. Elas são alimentadas. Podem sair para fazer compras sozinhas, ou rezar no templo, na igreja ou na mesquita. E são livres para partir quando quiserem. Até agora, elas não vão a lugar algum. De qualquer forma, a maioria não seria bem-vinda em suas casas, embora o dinheiro que mandam o seja. E as do Nepal e de Bangladesh – em grande demanda por causa de sua beleza – jamais querem deixar Mumbai, onde há dinheiro para ganhar.

A prostituição é ilegal, mas Rukmini e a polícia têm um acordo. "Se essas garotas não pudessem trabalhar, haveria um terrível aumento de estupros na cidade. A maioria dos homens que elas recebem deixou suas famílias para trabalhar em Mumbai. Estão longe das esposas há tanto tempo e, como qualquer um, precisam de sexo. Se essas mulheres não estivessem ali, a cidade enlouqueceria."

Uma hora depois, quando a polícia está pronta para partir, um jovem rapaz surge de um quarto dos fundos, com uma garota nepalesa, de sári preto, atrás dele, carregando os lençóis. Ele para quando vê os oficiais de quepes pretos e seus cacetetes, mas eles piscam e acenam para que ele vá. Rukmini geralmente tranca a porta, quando a lei visita, mas esse já estava ali. Ela acompanha o inspetor Sudhakar e seus oficiais até lá embaixo. Quando eles saem, vários homens encharcados, que esperavam lá fora, entram apressados.

Rukmini os cumprimenta e acompanha até lá em cima, parando para tirar um lírio murcho do monte de flores dos pés de Lakshmi. Pela manhã, tarde e noite, ela faz a *puja*, cobrindo essas divindades com flores frescas e ajoelhando-se diante delas.

"Minhas meninas e eu sabemos que somos culpadas de um erro", diz ela. "Eu admito isso e rezo pela bênção do perdão."

De volta à sua unidade móvel, um jipe Mahindra, os três policiais seguem pelas ruas de Siddharthnagar. As coisas têm sido improvisadas, desde que Mumbai trouxe a pavimentação; antes, as ruas estreitas viravam sopa durante as monções. Mas a pavimentação não acelerou o tráfego, porque as ruas ainda são usadas por pedestres, enquanto as calçadas foram invadidas por barracas azuis, amarelas e vermelhas, sob as quais todos estão cozinhando, consertando algo ou apenas vivendo, frequentemente, com cabras.

Com a tempestade agora apenas um chuvisco, multidões de homens arregaçaram as calças, e as mulheres estão erguendo os sáris com uma das mãos, enquanto seguram bebês com a outra, desviando das poças. O para-brisa da polícia tem uma tela bem trançada para evitar pedradas, mas o que eles realmente precisam é de um limpa-trilhos para desviar os humanos. Mais cedo, ao meio-dia, vários blocos estavam repletos de fileiras de homens muçulmanos ajoelhados, com seus gorros de prece, superlotando as 48 mesquitas do bairro da luz vermelha. A maioria ainda está aqui, em meio à hordas de residentes CP/TP – "castas programadas, tribos programadas", burocracia dos *intocáveis* –, cujos templos hindus são igualmente numerosos. Milhares se aglomeram ao redor das barracas, onde pessoas fazem *chapatis*, misturam *dhal*, consertam computadores e sapatos, remendam roupas, vendem eletrônicos e tiram leite de cabras. No entanto, para um lugar assustadoramente cheio, Siddharthnagar é surpreendentemente congenial.

"É o presente de Deus para Mumbai", diz o inspetor Sudhakar, "que as pessoas sejam respeitosas. Isso vem dos *dharmas*, que nos dizem para sermos compassivos e compreensivos." Em todos esses anos, ele só usou seu 38 uma vez, durante os distúrbios sectários de 1993, que mataram quase mil pessoas, a maioria de muçulmanos. Aquilo terminou com treze bombardeios pela cidade, em um único dia de março, amplamente atribuído ao chefe do crime organizado indiano, Dawood Ibrahim, que operou de uma alfaiataria de Siddharthnagar, codificando mensagens secretas presas às roupas. Hoje, os piores problemas não envolvem violência, mas os estresses da infraestrutura, cujos limites já foram extraordinariamente excedidos.

"Não há lugar para estacionar, por isso as pessoas largam seus carros na rua. A cidade inteira parece um estacionamento de carros usados. Temos sorte de haver somente cinquenta roubados por dia."

Mas excetuando um ataque terrorista ocasional do vizinho Paquistão, as coisas são incrivelmente calmas. "Isso é uma sorte, porque nossa mão de obra está reduzida e esses mafiosos estão crescendo. Pelo menos não somos Karachi. A diferença é que aqui", diz o inspetor Sudhakar, "todos trabalham. Quando todos têm emprego, ninguém tem tempo, nem necessidade de infringir a lei. Mumbai é muito mais seguro que Nova York."

Será que Mumbai, ou Bombaim, de alguma forma suspendeu a lei da física? Está inflada além da compreensão. O tráfego é pra lá de frenético. As faixas são ignoradas ou inexistentes, as buzinas não param, os guindastes de construção são onipresentes. Por todos os lados, há legiões de pessoas caminhando pelos entulhos das construções que se acumulam cada vez mais, desviando em meio aos carros parados, ou saltando calçadas e divisores de ruas com riquixás motorizados. A Grande Mumbai, com uma população de 21 milhões, embora ninguém realmente saiba ao certo, é o arquétipo da megalópole. Quando a Índia se tornar o país mais populoso, a Mumbai metropolitana estará rapidamente se aproximando de Tóquio, que se contrai, pela dúbia distinção de ser a maior cidade do mundo.

No entanto, a diferença é que Tóquio localiza-se no hiperdesenvolvido Japão, enquanto metade da Índia ainda tem choupanas na lama e barracas pelas ruas. Ainda assim, essa cidade, com seu maior calvário humano, de alguma forma funciona – porque todos ali estão trabalhando. Qualquer pessoa na Índia que quer um trabalho vem para Mumbai e encontra ou cria um. E eles o fazem, cerca de mil a mais por dia. Com sua enseada de água profunda, Mumbai é o principal porto da Índia, maior centro financeiro e capital do entretenimento. Quarenta por cento da receita em impostos do país vêm dessa imensa cidade. Com sua Bollywood e seu setor imobiliário costeiro, ela seria a Los Angeles da Ásia – se Los Angeles fosse tão solvente.

Aqui há tanto trabalho por causa da construção perpétua, apesar dos dilúvios das monções e de temperaturas que, mesmo no inverno, rotineiramente chegam a 37 °C. Pouco antes das chuvas de junho, 45 °C a 48 °C não são temperaturas incomuns. Ver Mumbai ingressar nas monções é como assistir um ensopado ganhar fervura total. A atmosfera fica gelatinosa, o calor emana em ondas do asfalto que transpira gotas do piche. Mas nada para. Se é que muda, Mumbai acelera, com a construção febril para ganhar tempo antes que despenque a tempestade, e as coloridas lonas impermeabilizadas são pregadas em todas as frestas entre novas propriedades já começadas.

É uma cidade carente de terrenos vagos. Entre cada par de novos arranha-céus, há mais barracas, com gente que chegou ontem vivendo ali debaixo delas. Sob as marés altas, de frente para a costa, as pessoas moram em manilhas. Onde quer que haja um muro, uma ponte ou pilar, as tendas são amarradas pelos migrantes. Eles chegam em busca de qualquer trabalho, no alto de uma ponte ou no fundo de um buraco. Primeiro chega o trabalhador, depois seus irmãos, depois uma geração inteira de parentes acompanhados por esposas, depois eles têm filhos. Após terem trabalhado o suficiente para juntar refugos de metal ou pedaços soltos de concreto, as paredes lentamente sobem para se unir ao telhado encerado, e lá está outro barraco.

Ninguém os enxota, porque eles são produtivos. Ao longo das últimas décadas, a China é que teve uma imensa força de trabalho jovem. Mas com a China envelhecendo, é a vez da Índia para o que os demógrafos chamam de dividendo populacional, uma cornucópia transbordante de mão de obra espalhada por Mumbai. Nem mesmo o homem mais rico da cidade, Mukesh Ambani, presidente da Reliance Industries, conglomerado de energia e materiais, que construiu um prédio de 27 andares e 37 mil metros quadrados para a família, enxota os vizinhos que moram nas frestas dos prédios próximos, pois sua mansão precisa de uma equipe de 600 pessoas.

Mumbai é um dos poucos lugares na Terra onde há 100% de emprego, onde literalmente todo o mundo consegue arranjar trabalho – ao contrário de Karachi, a megacidade sombria, seu *alter ego* a 800 quilômetros acima, pela costa do Mar Arábico. Mumbai pode não ter o perigo de Karachi, mas o que acontecerá quando estiver toda construída?

A construção é o que preocupa Krishna Pujari – não que eles vão parar, mas que Dharavi, onde ele mora e ganha a vida, é onde os construtores fixaram como próximo ponto e vão expulsá-lo de seu local de trabalho. Até recentemente, Dharavi alegava ser a maior e mais densamente populosa favela da Ásia. No entanto, até 2011, o *Times of India* relatou que Dharavi já tinha sido ultrapassado por outras quatro – todas também em Mumbai.

Ainda assim, Krishna declara, nenhum deles tem a presença alegre de Dharavi, uma expansão de tendas e telhados de zinco que cobrem o horizonte, tão apertados que, quando se vê da linha ferroviária acima – Dharavi fica no meio de duas estradas férreas –, parece possível passar sem tocar no chão. E as tendas são vistas diariamente por milhões de pessoas, porque Dharavi está praticamente no meio do setor financeiro de Mumbai, em um território imensamente valioso que deixa os construtores babando e armando esquemas.

No século XVII, antes do surgimento da British East India Company, Mumbai era um núcleo de vilarejos pesqueiros em sete ilhas. Os britânicos construíram elevados para ligá-las, cercando o que se tornou a enseada de Bombaim. Até o século XIX, os vácuos entre as ilhas já tinham sido preenchidos. Onde Dharavi se encontra hoje um dia esteve submerso – seu nome significa "ondas" – e frequentemente volta a submergir, quando as monções engolem os esgotos abertos.

Nos becos escuros de Dharavi, mal há espaço para dois adultos passarem, um milhão de pessoas trabalham em 10 mil pequenas indústrias, sob condições que explodiriam os medidores de saúde ocupacional e segurança, se essas coisas existissem. Em galpões com paredes chamuscadas de amianto, homens enegrecidos derretem refugo de alumínio e latas fazendo lingotes. Ali perto, outros homens salvam latões vazios de óleo vegetal e os mergulham em caldeirões de água aquecida em fogareiros caseiros para derreter os resíduos. Ao lado deles, as mulheres arrancam etiquetas e secam seus rostos com seus sáris de algodão. Acima, a fumaça se acumula como uma nuvem de trovão e lentamente passa por um buraco no teto. O ambiente tilinta como um sino gigante, enquanto os homens amassam mais latas danificadas demais para serem reutilizadas.

Duas ruas depois, numa extensão de várias quadras, Krishna Pujari cumprimenta, pelo nome, cada homem que recicla papelão – guardando o que pode ser estampado com um novo logotipo, rasgando o restante para cobrir com papelão novo. Ele enfia a cabeça nos cômodos onde bandos de crianças salgam couro cru, que seguirá para a China, para tingimento, um negócio que emprega 40 mil cidadãos de Dharavi. Ele prossegue até Kumbharwada, um setor de dez acres onde 2.200 famílias – mães, pais, multidão de crianças – transformam cargas inteiras de caminhões de argila em potes para arroz, a serem vendidos no norte de Mumbai, como cerâmica ornamental. Esses são alguns dos inquilinos originais de Dharavi; seus trabalhos de cerâmica são produtos artesanais certificados, os quais Gandhi promovia. Em sua fabricação caseira, eles produzem milhares de vasos de plantas, embrulhando cada um deles em farrapos de tecido que queimam quando eles são levados às centenas de fornos de barro.

Essa era uma das indústrias mais benignas de Dharavi, até que as roupas de algodão deram lugar ao poliéster.

"Eu os aviso", diz Krishna, "de que a fumaça do náilon derretido é tóxica. 'Precisamos trabalhar', eles dizem. 'Mostre-nos algo melhor e nós usaremos'."

O próprio jeito de Krishna Pujari é empreendedor. Um homem magricela e sorridente, de *jeans*, camisa polo e corrente de ouro, ele tinha treze anos quando chegou, em 1993, do vilarejo agrícola Mangalore, segundo filho mais velho de nove crianças. Ele estudou até o Ensino Médio, servindo chá para funcionários de escritórios, e quando mais de seus irmãos chegaram, eles passaram a servir em cafeterias. Um dia, quando servia mesas, ele soube, de um expatriado britânico, que os turistas no Brasil contratavam guias para lhes mostrar as favelas pobres do Rio de Janeiro. Desde 2006, ele administra a Reality Tours & Travel, oferecendo passeios guiados pelos barracos de Mumbai, para cerca de vinte turistas por dia, que pagam para conhecer a mais profunda miséria.

Recentemente, ele iniciou passeios ciclísticos que começam de madrugada em Dhobi Ghat, a vasta lavanderia ao ar livre, onde lençóis dos hospitais e hotéis de Mumbai são esfregados e pendurados para secar. Ele foi próspero o bastante para trazer uma esposa de sua vila, um casamento que seus pais arranjaram. Seu empreendimento mais recente é uma turma de computação que ele começou em uma sala comprida e escura, com uma dúzia de computadores antigos. Diante de cada um deles, senta-se uma criança atenta e descalça. Metade delas são meninas, incluindo três de lenços na cabeça. "Estamos ensinando a eles as habilidades do futuro", diz Krishna, orgulhosamente.

Ele prossegue, desviando das crianças descalças, tirando bolas dos ralos abertos que espumam com bolhas cinzentas, passa por portas que emanam um cheiro forte de detergente, onde homens e mulheres esculpem blocos de sabão, de três palmos de altura, para fazer barras. Sobre suas cabeças, há garrafas plásticas com líquidos coloridos, cada um com cheiro diferente para os detergentes de lavar louça que eles também fazem. Mais acima, além do teto, é onde eles moram. Praticamente todas as pessoas em Dharavi moram sobre seus locais de trabalho, mas aqui é apertado demais para escadas, então os quartos de dormir são acessados por escadas presas às paredes externas.

Krishna sobe uma que leva a um telhado – que, como todos os outros telhados à vista, está abarrotado de um caleidoscópio de pilhas de plástico amassado, que foi lavado e espalhado em lonas para secar. O plástico é a maior indústria de Dharavi. Ele chega em caminhões, em sacos imensos, de todo lado do mundo: garrafas de água, talheres de plástico, lixo hospitalar, restos de material usado em navios, sacos plásticos e montanhas de roupas de fibra sintética. Os catadores de plástico de Dharavi possuem contratos com redes hoteleiras e companhias aéreas para dispor de seus copos plásticos descartáveis, facas, garfos, colheres e mexedores de café. "O que parece lixo para os outros, para nós é ouro", diz Krishna.

Em um beco abaixo, as mulheres separam todo esse resto plástico segundo as cores, em dúzias de engradados de leite, enquanto uma menina de *hijab* estampado lhes serve chá. Dali, tudo é ensacado e levado mais acima, no beco, até as máquinas moedoras construídas de engrenagens de caminhão, que cospem centelhas e poeira plástica. Os resultados pulverizados são mergulhados em uma sucessão de latões de 200 litros, depois levados para secar. Finalmente, são colocados em vastos tonéis numa sopa derretida de polímero, cujo fedor de acrílico se espalha pelos becos, onde as mulheres estão separando mexedores de drinques e pilhas de copos plásticos manchados de batom, descartados pelas companhias aéreas, e os homens arrancam as forrações de gigantescos emaranhados de fios de cobre.

O plástico é despejado em moldes, produzindo bolinhas plásticas que serão despachadas e novamente derretidas para criar bens de consumo: o assim chamado "valor agregado", cujas margens de lucro Dharavi nunca vê, exceto pelo que é moldado ali, criando miniaturas de templos, pequenas deusas, cruciformes e outras bugigangas. As curiosidades do mundo já não são mais confeccionadas pelos artesãos do mundo, mas feitas em massa, pelos moradores de suas favelas.

Alguns blocos depois, os aromas pungentes de Dharavi se dissolvem em algo até convidativo. Krishna entra numa padaria subterrânea, uma das centenas dali, que fazem bolos, biscoitos, pães e saborosos pastéis de *curry*. Ele aceita um pedaço de *pappadam*, que está secando em cima de um cesto de palha.

"Poucas pessoas se dão conta de que toneladas da comida que Mumbai come diariamente são feitas aqui – os rótulos não dizem onde." Muitos também não sabem que o lucro anual de Dharavi é estimado em 665 milhões. Os rajás financeiros de Mumbai têm outros planos para essa localização privilegiada: um Projeto de Remodelagem de Dharavi envolvendo quadras de arranha-céus com apartamentos, escritórios, hospitais, *shopping centers* e multiplex está programado para iniciar em breve. Todo o restante será demolido.

"Todos estão lutando contra isso. Mas o governo diz que, independentemente de vocês concordarem ou não, nós o faremos, pois somos os donos da terra." E se todos eles forem despejados?

"Iremos mais para o norte. E construiremos muitas Dharavis."

Defensores dos direitos humanos frequentemente argumentam que os pobres do mundo são injustamente alvo do controle populacional, porque coletivamente eles deixam uma pegada bem menor no planeta do que os poucos superprivilegiados. Certamente isso era verdade meio século atrás, quando dois terços dos humanos do mundo eram camponeses. Hoje a maioria é urbana, e grande parte são urbanos pobres. No entanto, por mais maltrapilhos que sejam, os pobres de Dharavi têm telefones celulares; a eletricidade que eles usam pode ser pirateada, mas, mesmo assim, produz carbono. O extraordinário tráfego de Mumbai ficou ainda mais insano com a introdução do Nano, da Tata Motors, uma motoneta com cabine traseira, desenhada para ser vendida por 2 mil dólares, de modo que todos possam comprar uma. A maioria dos habitantes de Dharavi provavelmente não pode, mas seus filhos, já aprendendo a colonizar o espaço cibernético do século XXI, provavelmente poderão. Com as estradas e ferrovias de Mumbai perfiladas de habitações que prosseguem em todas as direções, exceto rumo ao mar, a demanda cumulativa deles irá aumentar essa pegada, espalhando-se pelo que já foi terra agrícola e lar de uma variada fauna tropical.

Os hindus antigos não viam essa fauna como criaturas que estavam abaixo de nós, mas como manifestações das muitas faces de Deus. Os quatro primeiros avatares, ou encarnações, da deusa da vida, Vishnu, não foram humanos, mas animais: um peixe, uma tartaruga, um javali e um leão. Hanuman, o grande deus guerreiro de Ramayana, é descrito como um macaco. E um dos mais venerados aspectos de Deus em todo o panteão hindu é Ganesha, o deus com cabeça de elefante, que supera os obstáculos.

No Templo Siddhivinayak, em Mumbai, que é dedicado ao deus Ganesha, a multidão habitual está reunida, apesar da chuvarada vespertina. É terça-feira, o dia mais venturoso para louvar Ganesha, segundo a astrologia hindu. Ostentando buquês de malmequeres e hibiscos, 500 mil pessoas descalças passam por vários detectores de metal, nas filas que serpenteiam rumo à estátua com cabeça de elefante, sentada em um trono de lótus, envolvida em guirlandas de flores. Reza a lenda que o ícone de 80 centímetros entalhado numa única lasca de madeira preta foi descoberto enterrado num campo. Hoje ele está coberto de laca vermelha e incrustado com diamantes. Ganesha usa uma coroa dourada e anéis em suas quatro mãos. Sua tromba está virada para a direita, significando que ele satisfaz todos os desejos. Os peregrinos que deixam flores, doces e frutos frescos ao lado da imagem de madeira de Kroncha, o rato de estimação de Ganesha, vêm pedir a proteção do deus para seus casamentos, filhos recém-nascidos, novos lares. Para os que estão lá atrás, um monitor Sony, acima, mostra todo o ritual de devoção *puja*, onde, ao eco de tambores, os mais bem selecionados presentes são colocados aos pés sagrados de Ganesha.

"O elefante é grande, forte e inteligente", diz o *pandit* Gajanam Modak, sacerdote-chefe do Templo Siddhivinayak, um homem forte, vestido com um *dhoti* branco bordado de dourado. "Como os humanos, os elefantes têm rituais religiosos. Eles ficam pesarosos por seus mortos e os enterram embaixo de galhos e folhas. Possuem olhos aguçados e emoções profundas."

Porém, ao contrário dos humanos, os elefantes da Índia agora estão ameaçados e os humanos estão superando em número e colocando em perigo todos os aspectos animais de Deus no panteão. Em Mumbai, os zoroastrianos pársis, que acreditam que o sepultamento e a cremação contaminam a Terra com impurezas, sempre deixaram seus mortos em altares sagrados para que os abutres se alimentem deles. Mas agora os pássaros desapareceram, mortos pelo mesmo unguento de gado que devastou os pássaros comedores de cadáveres do Nepal. Aos pársis, só resta experimentar deixar que os corpos se decomponham com concentradores solares.

Quando os abutres de Mumbai desapareceram, cães e gatos ferozes se proliferaram, causando uma epidemia de raiva: "Nós, humanos, somos um problema", diz Modak. "Quando fazemos o *puja*, depois despejamos o arroz e as flores no rio, como oferendas para os peixes. Mas hoje em dia as pessoas os enfiam em sacos plásticos que acabam indo parar no mar." Ele diz que há uma necessidade de medir o número de pessoas que este mundo pode conter. No hinduísmo, não há proscrição do uso de qualquer meio disponível para fazer isso. "Os hindus sempre planejaram suas vidas. A vida moderna exige planejamento moderno."

Mas não existe a necessidade de ter filhos, até que nasça um menino, para iluminar o caminho dos pais ao céu?

"Isso é mito. Eu tenho duas filhas. Elas são tão capazes quanto qualquer homem de iluminar nossas piras funerárias."

Ele serve *prasad* – iogurte e mel abençoado durante o *puja* – aos seus convidados. "Estamos trazendo a Kali Yuga para nós", ele diz. "Isso é quando destruímos nosso meio ambiente e matamos a nós mesmos. Até o menor dos insetos tem um motivo para estar neste mundo. Todos nós somos criaturas ligadas umas às outras. O deus Ganesha tem seu rato, a quem nos curvamos e pedimos permissão para venerar nosso deus. O rei Krishna tem sua vaca divina; Saraswati tem seu cisne; Lakshmi, a sua coruja. Os hindus aceitam que não podemos viver sem animais. Se eles sobrevivem, nós sobrevivemos."

Junto com sua vaca sagrada, o avatar azul, deus Krishna, é sempre mostrado com sua amante, a deusa suprema Radha.

"Ela é a natureza, mãe de todos nós. Krishna, assim como Jesus e Buda, é a encarnação de Deus em forma humana. Ele representa a população humana. Eles formam o casal ideal que devemos nos esforçar para ser: humanidade e natureza em perfeito equilíbrio. Em perfeita harmonia. Em perfeito amor."

CAPÍTULO 15

Sexo seguro

1. Borracha

Trinta quilômetros abaixo de Bangkok, onde o Rio Chao Phraya encontra o Golfo da Tailândia, há uma floresta de mangue remanescente. No começo do século XX, vários monges vinham da cidade para se recolherem ali e praticarem a mais antiga forma conhecida de budismo, o Theravada ou Tradição da Floresta. Eles batizaram o templo que fundaram de Wat Asokaram, o Monastério sem Tristeza.

No século XXI, o estuário que havia ao redor de Wat Asokaram já não é mais uma mata virgem. De um lado há fazendas de criação de camarão; do outro, um *resort* de praia. O templo em si agora é uma atração turística budista: três blocos, como um bolo de casamento, com treze pináculos. Numa das pontas do amplo estacionamento, um caminho conduz ao que sobrou dos manguezais. Ao longo das passarelas elevadas, em meio às árvores, estão os *kutis* dos monges: casinhas em estacas acima do pântano, sombreadas pelas cortinas de raízes aéreas penduradas.

O pulsar da Tailândia urbana desaparece ali, sob o gorjear dos pássaros e caranguejos do lodo. "Em uma cidade", diz Ajann Boonku, monge ali há mais de meio século, "você pode estudar o controle da mente. Mas é difícil conseguir tranquilidade. Em uma floresta, é muito mais fácil não pensar."

Aos 83 anos, Ajaan Boonku é praticamente músculos e ossos. Embrulhado em um *sanghati* marrom, ele se senta com as pernas cruzadas sobre o tapete de preces, em sua varanda coberta. Um banco de madeira junto da mureta abriga as oferendas dos peregrinos, que vêm em busca de paz e orientação: xampu, sabonetes, líquidos bucais, escovas de dentes, pasta de dentes Sensodyne e caixas de lenços de papel.

Para os budistas, o apego às coisas materiais, até ao mundo em si, é uma armadilha, pois nada é permanente. Então, não há obrigação para que um budista tente conservar o mundo, tal como esse manguezal e sua frágil fauna?

"Um budista humilde não pode lutar para controlar o mundo", ele sussurra, numa voz que parece um farfalhar de folhas. "Mas o equilíbrio não pode ser obtido sem a natureza. Nós, monges da floresta, tentamos preservar a natureza, como exemplo a ser seguidos por outros."

E se toda a raça humana perder o equilíbrio, porque há mais de nós do que a natureza pode acomodar, o budismo permite que controlemos nossa reprodução?

"Se mais gente significa mais problemas, elas podem se ajustar por quaisquer meios. No budismo, não evitamos o controle de natalidade. Pessoas de boa moral sabem ter a família do tamanho ideal."

Mas, para aqueles que carecem de uma disciplina de monge, os meios de agir segundo essa moral há muito estão indisponíveis, e os números humanos cresceram de forma esmagadora, destruindo muito da natureza. Uma avalanche da humanidade pode apressar nossa própria morte? Ajaan Boonku fecha os olhos e recosta um dos antebraços finos sobre a coxa. Passam alguns minutos. Então, ele endireita a postura.

"Não sabemos se o fim dos humanos se aproxima. Sabemos que pode acontecer, portanto a mente tem de estar pronta. O uso excessivo deste mundo, pelas pessoas, traz o desastre – as inundações, o aquecimento global. Mas não é o fim da Terra, mesmo que seja o nosso. A natureza seguirá em frente, depois de nós. Mas por hora", diz ele, "é uma boa ideia que salvemos as árvores. Isso ajuda."

Do outro lado de Chao Phraya, há outro templo budista, o Wat Khun Samut Trawat, que foi separado do continente pela elevação do Golfo da

Ajaan Boonku, monge do Theravada –
Monastério Wat Asokaram, Tailândia.

Tailândia. Agora pousado sobre uma ilhota rochosa, cercado por polos de utilidades onde um dia houve uma vila, o piso do templo foi elevado em vários palmos, mas a água continua chegando.

Em 2011, as monções, com 345% mais chuva do que o normal, submergiram boa parte da Tailândia, incluindo metade de Bangkok, uma região metropolitana de 14 milhões de pessoas.

Para o Ocidente, teria sido apenas mais uma enchente em um país do sul da Ásia, só que essa inundou as fábricas de Bangkok, que montam grande parte dos discos rígidos e *chips* semicondutores dos computadores do mundo, assim como automóveis japoneses e americanos. O prejuízo na Tailândia chegou perto de 50 bilhões e os atrasos em suprimentos ampliaram essas perdas ao redor do mundo. Os danos teriam sido ainda maiores, mas foi tomada uma decisão de abrir os portões contra enchentes e desviar a água em direção a milhões de hectares de lavouras de arroz, cidade acima, para poupar o centro de Bangkok.

Isso incluiu Sukhumvit Soi 12 – uma estreita faixa junto da Sukhumvit Road, rua de Bangkok perfilada de Sheratons, Westins e um *shopping center* de luxo. Ao longo da Soi 12, barraquinhas de comida vendem espetinhos de peixe frito, *pad Thai*, omeletes de ostras e frango na brasa. Há muitos salões que oferecem variedades de massagem: com óleo de ervas, com aroma ou com espuma; facial, para os pés, para a cabeça ou para o corpo inteiro – a última apresentando o eufemismo tailandês de "final feliz".

Na metade da descida da Sukhumvit Soi 12, passando por um altar em miniatura de Buda sobre um pedestal de mármore, um caminho de tijolinhos aceso por luminárias de bambu leva a um jardim de *banyans* e palmeiras que dá num restaurante. Segundo os guias, é um dos melhores de Bangkok. Lá dentro, as luminárias dão lugar a outras, em amarelo, laranja, verde e vermelho, em formatos de globos, buquês e morangos gigantes. Olhando mais de perto, o *design* é, na realidade, feito de uma colagem de preservativos multicoloridos. Um passo adiante e os preservativos estão cobrindo tudo, incluindo vários manequins de tamanho natural. Lá está o Papai Noel de preservativo, com sua roupa, barba e cabelos cacheados inteiramente confeccionados de camisinhas vermelhas e brancas. O mesmo com o vestido da princesa tailandesa ao seu lado.

Um tradicional vestido branco de noiva e sua tiara: tudo de camisinhas. O mesmo para os biquínis das banhistas, um casal chinês, diversos super-heróis (incluindo um chamado Capitão Camisinha) e até Tiger Woods, com seu taco de golfe todo enrolado em camisinhas, ao lado de uma placa que pergunta se ele se lembrou de usá-las.

Além dos preservativos, há uma loja de presentes com porta-copos que dizem "Se não usar, não vai rolar"; flores de cabos longos feitos de camisinhas; broches feitos de camisinhas; camisinhas em formato de dispositivo USB; gravatas 100% seda tailandesa carregando camisinhas com uma carinha feliz; chaveiros de camisinhas onde se lê "Na camisinha nós acreditamos"; e camisetas com dizeres como "Armas de Proteção em Massa" – e:

"Tiramos a roupa, eu subi em você. Quanto tempo levou até ficar bom?"

"Não sei, mas já estou com dor de cabeça."

Sobre o bar, perto de um retrato de uma acanhada Mona Lisa, pendurada por um par de camisinhas, há um modelo do *Mayflower*, com seu casco, velas e mastros, tudo feito de camisinhas. No pátio do restaurante, onde a decoração profilática prossegue, os cardápios reasseguram que "Nossa comida não causa gravidez". Em lugar das balas de menta, a conta chega acompanhada de camisinhas com sabores.

O nome desse perturbador local é Cabbages & Condoms (Repolhos & Camisinhas). Embora sua história seja mesclada à da lendária indústria tailandesa do sexo, que chegou ao ápice quando 50 mil soldados americanos foram alocados ali, durante a Guerra do Vietnã, o ímpeto por trás do Cabbages & Condoms vai muito mais fundo. Por mais esquisito que pareça, ele faz parte do que muitos chamam de milagre que mudou a Tailândia – e continua a mudar.

"Assistência estrangeira", Mechai Viravaidya uma vez disse à delegação de congressistas americanos em visita, "é como uma ereção. É agradável enquanto dura, mas não dura para sempre."

O diálogo aconteceu em 1976. Na época, Mechai era encarregado de algo que seu diploma de economia pela Universidade de Melbourne jamais o havia preparado para enfrentar. Ao se formar, ele havia assumi-

Cabbages & Condoms – Bangkok, Tailândia.

do um posto na agência de desenvolvimento econômico da Tailândia, viajando para avaliar projetos de infraestrutura. Até então, ele conhecia pouco de seu país, fora Bangkok, onde seus pais eram médicos.

O emprego era uma chance de aprender sobre transporte, energia, irrigação, escolas e telecomunicações. Porém, conforme relata Thomas D'Agnes, biógrafo de Mechai, em seu livro *From Condoms to Cabbages*, todo lugar aonde ele ia, a mesma coisa repetidamente prendia sua atenção: um número estarrecedor de crianças.

"Toda vez que eu perguntava às mulheres quantos", ele relembra, tomando um café na mesa de reunião para a qual ele se mudou, dentro do bar Cabbages & Condoms, que é muito mais divertida que seu escritório lá em cima. "De sete a dez era o típico." Ele observava hordas de garotos, depois, para as mães, amamentando um e grávida de outro, depois o projeto que ele estava analisando. Nada batia.

"Quando eu estudei economia, eles nos ensinavam a não nos preocuparmos com o número de pessoas, porque sempre podemos expandir a produção de alimentos. Sem problemas." Só que havia problemas de sobra. Mechai não tinha estudado demografia, mas ele havia aprendido contabilidade. Os números que ele via lhe diziam que, em determinado momento, não haveria mais lugar para colocar mais lavouras de arroz. E não apenas alimento. Cada criança exigia habitação, vestimenta, educação e empregos. Adicione coisas como saneamento, filtragem da água e serviços de saúde, então multiplique-as pelos corpinhos que cercavam seu jipe, em cada vila que ele visitava, e ele concluiu que os objetivos de sua agência eram fúteis.

De forma alguma, a Tailândia poderia seguir em frente com tanta gente. Ao contrário, eles estavam fadados a ficar mais para trás a cada nova e imensa geração. O que os economistas de desenvolvimento estavam pensando?

Com seus relatórios desaparecendo no bolo da burocracia, Mechai Viravaidya começou a escrever para jornais simples, em colunas de economia, sob o pseudônimo "GNP". Deram-lhe outro emprego extracurricular como comentarista de rádio sob mais um pseudônimo, já que ele ainda estava trabalhando para o governo. Então, o rádio o levou à televisão: um belo e alto ex-campeão nacional de tênis, Mechai logo se tornou altamente reconhecido como astro de novelas e ator de teatro.

Mas ele ainda era economista e estava se esforçando para saber como alavancar suas habilidades de mídia para esse fim. Uma coluna que ele escrevia, em 1968, exaltando os trabalhadores do planejamento familiar como heróis invisíveis do desenvolvimento, chamou a atenção de um consultor do governo tailandês baseado numa ONG americana, The Population Council. A amizade que surgiu entre os dois o levou a uma posição no recém-criado Planned Parenthood Association of Thailand.

Ele não ficou muito tempo. Sua diretora provou ser melindrosa ao falar de sexo: uma ligeira dificuldade, diante das circunstâncias. Ela ficava especialmente mortificada pelas apresentações públicas realizadas por Mechai.

"Eu começava com uma caixa de pílulas, e as pessoas ficavam só olhando. Então, eu mostrava um DIU e recebia olhares inexpressivos." Um dia, quando mostrava um preservativo, numa sessão de treinamento para professores escolares, sem pensar ele abriu o invólucro laminado.

Imediatamente, as pessoas começaram a dar risadinhas. "*Arrá!,* pensei."

Então, ele a desenrolou. As mulheres davam gritinhos. Agora ele decididamente tinha a atenção delas. Improvisando, explicou que as camisinhas eram ferramentas de muitas utilidades, podiam ser usadas como torniquetes, presilhas de cabelo, capas de vinho ("ou", hoje ele acrescenta, "como protetores à prova d'água para celulares"). Então, ele fez o que os meninos de toda parte já fizeram, mas não diante de um auditório com 2 mil professores: ele a soprou. Agora, até as que tinham dado gritinhos estavam caindo na gargalhada. Camisinhas foram distribuídas, e Mechai convocou o salão inteiro a um concurso de sopro, com um ano de suprimento gratuito, para o maior balão.

Logo depois, ele convenceu algumas pessoas-chave na International Planned Parenthood Foundation, a custearem uma experiência de planejamento familiar, separada da afiliada tailandesa da Planned Parenthood. Foi uma ideia que ele havia obtido das mulheres com grandes famílias, em pequenas aldeias.

"Você tem sete?", ele perguntava. "Você deve ser muito inteligente. Minha mãe é inteligente, mas ela nunca teria conseguido lidar com tantos."

Quase que invariavelmente, isso provocava uma admissão suspirante de que elas nunca quiseram todos aqueles filhos. Havia um meio de controlar essas coisas, ele explicava, entregando uma caixa de pílulas.

"Isso é vitamina para o bem-estar familiar. Você toma para o bem-estar da sua família. Vão deixá-la mais forte, dando um descanso ao seu corpo. Se você resolver ficar grávida de novo, é só parar."

Deixar que as mulheres escolham provou ser bem mais eficaz do que fazê-las se sentirem imbecis, ou culpadas, por terem tantos filhos. Todas queriam as pílulas, o que levou ao problema seguinte: até então, apenas as clínicas as entregavam, mas somente 20% da população tinha fácil acesso a uma. Mesmo que tivessem, muitas se sentiam intimidadas pelos centros médicos.

"Na escola de negócios, eles nos ensinaram a conhecer nossos clientes. Então, perguntávamos às mulheres locais em quem elas mais confiavam. Geralmente, era o dono do armazém local." Isso foi perfeito. Ele colocaria uma placa dizendo "Contraceptivos Disponíveis Aqui", bem ao lado da placa da Coca-Cola.

"Nós tínhamos a mesma base de clientes que a Coca, então usávamos o mesmo vendedor. E nosso produto era bem menos volumoso."

Deixar que as comunidades distribuíssem seus próprios contraceptivos foi a ideia que ele propôs à International Planned Parenthood, e ele usou sua desenvoltura para conseguir uma concessão de 250 mil dólares, bem além das expectativas. Logo parecia que Mechai Viravaidya estava em toda parte, na Tailândia, distribuindo camisetas que diziam "Uma camisinha por dia deixa o médico longe", fazendo que taxistas e guardas de trânsito – sua brigada "Guardas e Camisinhas" – distribuíssem os preservativos, e ele próprio distribuindo também, em jantares de Estado, a convidados estrangeiros. Ao longo dos rios e litorais da Tailândia, onde os donos de comércio tentam fisgar seus clientes, as lojas flutuantes vendiam peixes e contraceptivos. Ao redor de todo o país, os preservativos ficaram conhecidos como "Mechais".

Quando a pergunta inevitável surgiu, quanto ao controle de natalidade talvez ser pecado, ele consultou os estudiosos budistas para orientação das escrituras. O mais aproximado que alguém conseguiu encontrar foi uma referência no Budismo Theravada, Pali Canon, alegando que o nascimento causa sofrimento.

"Dos seus próprios ensinamentos", Mechai escreveu para cada templo da Tailândia, "podemos concluir que evitar o nascimento evita o sofrimento." Ele anexava uma fotografia de um abade de um templo de Bangkok lançando água benta nas pílulas e preservativos. Isso logo foi publicado por jornais de todo o país.

"Não é de admirar que não haja efeitos colaterais nas pílulas", as mulheres lhe diziam. "Elas foram abençoadas."

Em cinco anos, a organização de Mechai Viravaidya – conhecida hoje como PDA, Population and Community Development Association – treinou 320 mil professores para educar os alunos quanto ao planejamento familiar. "Precisamos ganhar os garotos", Mechai dizia a sua equipe, "pois a coisa mais importante para os clientes são seus filhos." Além dos eternamente famosos concursos de balões de camisinhas, ele fazia os garotos tailandeses jogarem sua própria versão de tabuleiro: a mãe toma pílula, ou um tio compra uma camisinha: avance um quadrado. O tio fica bêbado e não usa camisinha: recue cinco quadrados, entre outras coisas.

Um dia, uma mulher da vila lhe disse: "É verdade que muitos filhos o deixam pobre. Mas menos filhos também não o deixam rico."

"Você está certa", ele concordou. Então, ele levantou mais dinheiro para custear uma ideia que começou a compensar quase que imediatamente: créditos agrícolas antigravidez. Os aldeões elegiam um grupo de mulheres de confiança para abordar outras mulheres com empréstimos iniciais. "Se você não engravidar por um ano", elas explicavam, "poderá pegar dinheiro emprestado para criar dois porcos. Se não engravidar por dois anos, vai poder pegar dinheiro para quatro porcos. Sem engravidar por três anos, você ganha seis porcos."

As mulheres logo perceberam que, quando não estavam grávidas, estavam ganhando dinheiro. Os créditos sem gravidez logo passaram de porcos a cogumelos, caranguejos, legumes, grilos comestíveis e mudas de árvores frutíferas. Finalmente, Mechai estava atingindo seu objetivo: tornar seu país viável. Sua experiência era em economia, não em planejamento familiar. Ele argumentava que contracepção era um meio para que o povo tivesse uma chance de prosperidade e para que a Tailândia tivesse um futuro.

"A única forma de sair da pobreza é por intermédio dos negócios e do empreendedorismo. Acesso ao crédito tem de ser um direito humano." Anos mais tarde, quando sua PDA (Population and Community Development Association) ganhou o Prêmio da Bill and Melinda Gates Foundation, na categoria de Saúde Global, ele usou parte do prêmio de um milhão de dólares para levar seu modelo de negócios de "empreendedores descalços" ainda mais longe, estabelecendo a Global Warming Foundation da Tailândia. A ideia era dar aos pobres um meio de se ajudarem e ajudar uma emergência mundial. Ao longo dos anos, os empréstimos tinham expandido a pequenos negócios que giravam de sedas bordadas a sorvete, até o cultivo orgânico de limas e melões fora da estação, que rendiam várias vezes o valor normal. Agora, em parceria com empresas tailandesas patrocinadoras, eles podiam financiar esses microempréstimos plantando árvores. Segundo o plano, as empresas pagam aos aldeões idosos para espalhar sementes que os jovens plantam. Cada uma tem o valor de 1,25 dólar, portanto uma vila que plantar 25 mil árvores ganhará 30 mil dólares para seu fundo de desenvolvimento.

"Dessa forma", diz Mechai, "eles sentem sua propriedade dos bancos de empréstimo e do futuro de seu planeta."

Em 1970, os Estados Unidos invadiram o Camboja, país que já estavam bombardeando, na busca infeliz de forças do norte vietnamita. A invasão teve a consequência não intencional de liberar o Khmer Vermelho do Camboja, uma força comunista previamente sob o disciplinado regime do Vietnã do Norte. Seu líder genocida, Pol Pot, logo lançou sua igualmente desastrosa versão da Revolução Cultural da China. Depois que as tropas americanas partiram, os vietnamitas finalmente derrotaram o Khmer Vermelho em 1979. Sob seu regime, lavouras inteiras foram destruídas, um quinto dos cambojanos havia perecido e a fome chegou. Quase um milhão de refugiados do Camboja, muitos famintos, estava na Tailândia, ou apinhado em campos de refugiados, ao longo de sua fronteira.

Eles precisavam comer, mesmo com a Tailândia tentando alimentar seus próprios números estratosféricos. A essa altura, a PDA de Mechai Viravaidya, trabalhando com o Ministério da Saúde, ajudou a cortar a taxa de fertilidade absurda da Tailândia em quase metade, em apenas seis anos. A quantidade de mulheres morrendo por abortos ilegais, que habitualmente envolviam filetes de bambu, tinha diminuído, depois que a PDA estabeleceu uma clínica para abortos legais e proteção da saúde materna, que se tornou modelo de clínicas por todo o país. Para Mechai, não foi surpresa quando eles foram solicitados prestar ajuda à crise do Camboja.

Sua prescrição para os campos de refugiados foi o que a PDA já estava fazendo nas vilas tailandesas: primeiro, habilitar as famílias que mal podiam sustentar mais crianças famintas, com meios de controlar as gestações, se assim escolhessem. Segundo, dar a eles uma chance de prover seu próprio sustento, em lugar de depender indefinidamente de doações. Eles organizaram clínicas de planejamento familiar em campos administrados pelos próprios refugiados. Outros refugiados logo estavam encarregados da limpeza e remoção de lixo. Para conter a animosidade por parte dos locais, direcionaram fundos para a compra de alimentos diretamente de uma rede de pequenos agricultores que eles haviam ajudado a iniciar, evitando intermediários.

Esse programa deu tão certo que o excedente de repolhos, alho, abóbora e outros legumes começou a se acumular na sede da PDA, em Bangkok, então Mechai abriu uma banca de legumes destinando a renda ao fundo dos refugiados. Como ele ainda distribuía preservativos – atualmente, a Tailândia é o maior produtor mundial –, sua placa dizia "Repolhos e Preservativos". A banca de legumes prosperou e tornou-se um restaurante. Depois, seis restaurantes.

Nos anos 1980, Mechai foi novamente chamado ao serviço público, como chefe do setor de água e ministro da Indústria. Então, veio outra crise nacional. Quando a Aids apareceu, ele tentou convencer o primeiro-ministro da seriedade do assunto. O primeiro-ministro temia que declarar uma emergência nacional por uma doença sexualmente transmissível fosse desastroso para o turismo da Tailândia, do qual a indústria do sexo havia se tornado um pilar. Sem esperar que as coisas piorassem o suficiente para fazê-lo mudar de ideia, Mechai abordou os militares, que eram donos de 326 estações de rádio tailandesas. Os generais, entendendo a ameaça da contaminação das tropas, deram-lhe carta branca ao acesso das ondas de rádio.

Ter o maior especialista em preservativos do mundo fazendo uma campanha nacional contra a Aids, como acabou acontecendo, provou ser uma sorte. O Capitão Camisinha estava presentemente distribuindo amostras nas escolas da nação e lembrando aos líderes de negócios que "clientes mortos não compram". Depois que Mechai foi indicado para ministro do Turismo, os *resorts* passaram a ter concursos de *Miss* Camisinha e frigobares abastecidos com os profiláticos. Passou a ser obrigatório o uso de preservativos em bordéis tailandeses. Pelo fato de a prostituição não ser apenas uma atração turística, mas considerada uma recreação rotineira pelos homens tailandeses, a ONU calculou que 7,7 milhões de tailandeses foram poupados de ser infectados com o HIV.

Até o novo milênio, os índices de contaminação pelo HIV tinham caído em 90% no país. E a taxa de fertilidade da Tailândia, de 7,5 filhos por mulher, em 1975, havia caído para 1,5, como permanece hoje.

2. Bambu

Na província rural de Buriram, a cinco horas a nordeste de Bangkok, a 10 quilômetros de um dos dois *resorts* de férias Cabbages & Condoms, que a PDA administra para financiar seus projetos, há uma imensa abóbada feita de bambu. É o auditório do *campus* da Escola Mechai Pattana, onde o bambu renovável absorvente de carbono, de rápido crescimento, é o principal material utilizado na construção. Desde 2009, a escola é frequentada por noventa crianças locais, do sétimo ao nono ano; uma escola de Ensino Médio foi aberta em 2012. Cada sala de aula tem dois professores, uma proporção de 1 : 5 professor-aluno. Os alunos têm aulas de matemática, tailandês, inglês, ciências, história, arte, estudos sociais e estudos ambientais. Eles também ajudam a selecionar candidatos para as futuras classes. (Para evitar o nepotismo, irmãos são automaticamente aceitos; como até as mulheres do campo agora têm no máximo dois filhos, há muitos lugares sobrando.) Os alunos também participam das entrevistas e da contratação dos possíveis professores, e atuam com os pais e professores no quadro diretor da escola.

Em vez de aulas baseadas em livros, o currículo gira em torno de projetos de estudo que os alunos propõem, baseados em qualquer coisa que aguce sua curiosidade. A ênfase é no pensamento original, não no aprendizado por repetição. "Os dois objetivos da escola", disse seu fundador, "são transformar os alunos em empreendedores sociais e filantropos."

Isso significa: ajudar a transformar seus vilarejos em lugares de onde eles não precisam partir para ganhar a vida, em vez de seguir para as fábricas de Bangkok, ou plantações israelenses de tâmaras, ou de partirem para a prostituição. Ao frequentarem "a escola de bambu", eles ensinam crianças mais jovens a usar computadores, os idosos da vila a ler e os próprios pais a elaborar orçamentos domésticos. Alunos iniciam e administram seus próprios negócios, cultivando frutos especiais, reciclando plástico, vendendo ovos de gansa, fazendo joias, plantando brotos de feijão e preparando doces e confeitos, tudo financiado por um banco administrado pelos próprios alunos. Metade dos lucros fornece bolsas de estudos para alunos carentes no Ensino Fundamental que eles identificam em suas vilas; o restante é reinvestido em seus novos empreendimentos. Durante o décimo ano, os alunos passam um ano ajudando a administrar o Birds & Bees, um *resort* da PDA numa famosa praia tailandesa, Pattaya, onde aprendem o ofício da hotelaria.

Em lugar de ajuda de custo para os estudos, alunos e pais plantam quatrocentas árvores e contribuem com quatrocentas horas de serviço comunitário, ensinando e mantendo limpos seus templos e vilas. "Nossa escola não é somente para os alunos", Mechai diz aos pais. "Nós garantimos que toda família vivendo perto da linha de pobreza estará fora dela em nove meses. Os pais são automaticamente elegíveis a microempréstimos para treinamento ocupacional. Em dezesseis vilas das redondezas, as famílias dos alunos administram sítios de gafanhotos, a filtragem e venda de água, o cultivo de cogumelos, a elaboração de guirlandas de flores de papel para casamentos e funerais e a criação de porcos.

Mechai Viravaidya está numa ponte coberta de bambu e palha, construída com toras coloridas, que atravessa uma lagoa cheia de lótus, rumo à sua escola. Da superfície da água, sobem uma névoa e o canto dos sapos, junto com a temperatura, dessa manhã radiante. Com seu jeito tranquilo, sua habitual gravata-borboleta, aos setenta anos, Mechai desacelerou um pouquinho, por conta do diabetes, mas ainda tem um condicionamento físico e um engajamento infatigável. Ele prossegue pela lateral do *campus*, onde o arco-íris da ponte continua em dúzias de floreiras pintadas, feitas com canos descartados cortados. Ali, os alunos cultivam aspargos, pimentas, manjericão, berinjela, diversas verduras e limeiras, e, com podas inteligentes e esquemas para a irrigação, transformam em frutos, exatamente quando a lima está fora de estação e escassa. Mechai observa meninos e meninas com os uniformes que eles mesmos desenharam – saia e calças escuras, camisas e blusas brancas com colarinho xadrez – regando uma escultura viva de latas de refrigerante cheias de terra e pregadas a pilares coloridos, das quais brotam ervas e cebolinhas. A alface nasce em vigas suspensas feitas com tubulações descartadas de PVC, cortadas no sentido do comprimento, irrigadas por tubos intravenosos descartados, presos a sacos plásticos que um dia armazenaram soro. Até tênis e galochas descartadas foram convertidos em canteiros.

Mangueiras, coqueiros, bananeiras, pés de fruta-do-conde e de maçãs rosa estão espalhados em meio às salas de aula feitas de bambu, onde os alunos, junto das telas de computadores, aprendem a fazer gráficos com os ciclos do cultivo. Há uma biblioteca com móveis de bambu que os próprios alunos construíram e uma brinquedoteca que empresta brinquedos que os alunos coletaram às crianças da vila. Circundando o *campus*, há canteiros de arroz que rendem um capital orgânico que paga os salários dos professores e o orçamento para o funcionamento da escola.

Um mote bordado na manga dos alunos diz: "Quanto mais você dá, mais você ganha". Mechai está sentado entre eles, no refeitório espaçoso – com lateral aberta, impecavelmente mantido com produtos de limpeza isentos de química, feitos de óleos de nim e capim-limão –, onde os alunos recebem suas refeições ao plantarem mais árvores. "Nada de almoço grátis", ele lembra.

Contanto que não desperdicem comida, os alunos podem comer quanto quiserem. Vai levar metade de uma geração para ver se essas crianças rurais – que, não fosse por essa escola, talvez crescessem analfabetas, malnutridas e pobres – se transformarão nos empreendedores e filantropos que Mechai espera. Mais da metade são meninas, e uma coisa da qual ele está confiante: elas estão destinadas, se não a carreiras próprias, pelo menos a não ser trabalhadoras do sexo – e não mães de mais filhos do que elas, suas vilas e seu país possam sustentar.

"Na Tailândia", diz o homem que fez seu país cair na gargalhada ao soprar camisinhas e depois o fez utilizá-las, "devemos treinar os líderes de amanhã, não os seguidores de ontem. Ontem tínhamos muitos nascimentos. Hoje temos um número mais controlável para alimentar e educar. Com isso, e com as pessoas ajudando umas às outras, pode haver o bastante para todos."

QUINTA PARTE

CAPÍTULO 16

Parque Terra

1. O oxímoro

Na adolescência, Theodore Roosevelt leu *A origem das espécies*, de Charles Darwin, e decidiu se tornar um biólogo da vida selvagem. Em Harvard, sua carreira em ciências naturais deu lugar à ciência política, mas Roosevelt viria a ter um grande impacto na biologia que, pelo menos quantitativamente, se aproximou da épica contribuição qualitativa de Darwin. Entre 1903 e 1909, o presidente Theodore Roosevelt criou 150 florestas nacionais nos Estados Unidos, incluindo 93 num único dia, preservando uma área aproximada igual à de França, Bélgica, Holanda e Luxemburgo juntos. Ele também dobrou o número de parques nacionais americanos (para dez; hoje são 59).

Ao fazê-lo, ele ajudou a ampliar o conceito de biologia da vida selvagem e incluir um campo aplicado, ao qual Darwin poderia ter batizado com o oxímoro: gerenciamento da vida selvagem. A ideia de que algo pode ser selvagem e também administrado sintetiza nossa complexa identidade humana – suspensos, como o filósofo francês Blaise Pascal nos descreveu, entre anjos e animais. Contudo, o destino de muitas espécies além da nossa depende da habilidade dos administradores humanos em conseguir um equilíbrio delicado entre presas, predadores, plantas e nós mesmos.

Isso não é fácil. Pense em um dos mais famosos episódios dos anais da administração da vida selvagem, a do veado-mula do Kaibab Plateau, no Arizona, norte do Grand Canyon. Em 1906, o presidente Roosevelt criou a Reserva do Grand Canyon National Game, para proteger os veados-mulas que perambulavam no Kaibab Plateau, por entre abetos, álamos, carvalhos, pinheiros, pinhões e juníperos. Na época, havia um número estimado de 4 mil veados-mulas ali. A nova reserva de caça preservava a sobrevivência dos veados-mulas, banindo ovelhas e gado, que competiam por seu pasto, e oferecendo recompensas pelos leões da montanha, lobos, pumas e coiotes, que eram seus predadores. Ao longo das décadas que se seguiram, milhares de predadores foram mortos – tantos que os lobos foram exterminados.

Em 1913, quando Roosevelt chegou lá para caçar leões, havia tantos veados-mulas que ele ficou imaginando se a caça não deveria ser permitida para controlar sua quantidade. Mas ele já não era mais presidente e as leis que havia criado proibiam a caça das espécies que eram destinadas a proteger. Até 1922, entre 50 mil e 100 mil veados-mulas devoravam todos os frutos, bolotas, mudas e pastagens, e o pessoal do Serviço Florestal temia que a população de veados rumasse para um desastre. Biólogos e gestores naturais se reuniram para discutir a providência a ser tomada. Dentre as opções estavam realocar alguns veados-mulas para outros lugares, contendo a horda pela legalização da caça, ou não fazer nada.

Mas a ciência foi complicada pela política. O Kaibab Plateau foi dividido em duas jurisdições federais: a reserva nacional de caça e o recém-criado Parque Nacional do Grand Canyon. Cada um deles possuía objetivos gerenciais distintos – assim como o jovem estado do Arizona, que declarou que impedir os turistas de entrar pela borda norte do Grand Canyon, apenas para que homens com armas ruidosas pudessem matar as atrações turísticas com chifres, era algo que não ia acontecer.

A explosão da população de veados-mulas foi auxiliada por uma dúzia de invernos bastante chuvosos, antes de 1918, que resultou em pastagens suculentas e nutritivas, como a ervilhaca e a *cliffrose*, que permitiu que as fêmeas produzissem leite de sobra para seus filhotes. Alguns anos de chuvas normais se seguiram – até 1924, que foi particularmente seco. As pastagens de primavera eram bem poucas, e os galhos baixos, que podiam ser alcançados, foram rapidamente consumidos.

Naquele outono, desafiando tanto o Serviço do Parque Nacional quanto o estado do Arizona, os administradores do Serviço Florestal recrutaram caubóis montados, com o intuito de arrebanhar milhares de veados-mulas para fora da borda norte, descendo e adentrando o Grand Canyon, e subindo pelo outro lado. Exceto por fornecer material para o *bestseller* do escritor Zane Grey, que participou, a ação dos veados-mulas do Grand Canyon foi um grande fiasco. Tudo o que ela conseguiu foi confirmar que criaturas selvagens não se comportam como um gado dócil e domesticado. Em seguida, o Serviço Florestal abriu a reserva para os caçadores, vários dos quais o Arizona prendeu. Isso foi seguido por um inverno rigoroso, e começou o desastre que todos temiam. Cerca de 70% dos veados-mulas do Kaibab Plateau morreram de fome, na neve da borda norte.

Dois dos mais importantes ecólogos do século XX, Aldo Leopold e Rachel Carson, mais tarde mencionariam a tragédia dos veados-mulas do Kaibab Plateau numa lição objetiva sobre como os predadores são necessários ao plano da natureza. Sem esse controle natural, uma espécie está fadada a superpopular seu território até que coma a si mesma, eliminando-se de seu lar natural.

O biólogo David Brown, professor de gestão da vida selvagem, na Universidade do Estado do Arizona, não discorda – exceto, ele acrescenta "Dizer que são apenas predadores é simplificar demais. As restrições que mantinham os leões sob controle não chegaram a reduzi-los, mas evitaram sua expansão com os veados, durante os anos de chuva intensa. Quando os veados diminuíram, após 1924, foi quando passamos a nos aproximar da estabilidade populacional. Havia alimento suficiente para manter uma população, mas não uma pastagem suficientemente nutritiva para aumentá-la".

Em 1940, a população de veados-mulas do Kaibab Plateau estava finalmente estabilizada em cerca de 10 mil, com a manutenção, desde então, por seus predadores e sua caça controlada. "A lição", diz Brown, "foi armazenar o suficiente para que a população não voltasse a ter um declínio tão grande."

Mas para manter a estabilidade por vezes os gestores da vida selvagem também incrementam as populações, semeando territórios com os tipos prediletos de vegetação de determinada espécie ou com misturas de plantas nutritivas em gordura, carboidratos e proteína. Às vezes, eles fertilizam artificialmente uma pastagem existente, ou removem plantas competitivas com herbicidas ou queimadas controladas. Se estiverem lidando com uma espécie de caça, na primavera eles contam os galhos mordiscados nas plantas de pastagens de inverno, para determinar quantas licenças de caça serão expedidas no outono. Quando há pouca chuva, fornecem acesso à água por meio de tanques ou córregos represados, ou até fazem bombeamentos para gerar lagos.

David Brown, cuja pele rosada revela um homem que passou mais de quatro décadas ajudando o U.S. Fish and Wildlife a cuidar do carneiro-selvagem, alces e antilocapras, não aprova esse manejo da água, pois, segundo ele, os ungulados adaptados ao deserto lidam com a seca muito melhor do que seus predadores. Ele se preocupa mais com as doenças contra as quais os animais selvagens nunca desenvolveram defesas. "É como os índios, que não tinham imunidade contra a varíola europeia. Os caçadores não extinguem o muflão, mas as doenças dos carneiros domésticos sim." A solução é manter os animais domésticos longe da vida selvagem, o que nunca foi simples. "Nem conhecemos todos os vetores: o cão-da-pradaria morre de uma praga que provavelmente não surgiu neste país até os anos 1930. Os furões morrem de cinomose. Isso provavelmente é decorrente de um fator além do que imaginamos."

Com o comércio e os transportes agora apagando as barreiras marítimas que um dia separaram as populações humanas, podemos estar até mais suscetíveis do que a vida selvagem. Nervosos, os epidemiologistas tentam se manter um passo à frente de vírus como o ebola, o SARS e as mutações da gripe aviária, para que não avancem nos continentes com a mesma facilidade com que passam de espécies animais para a nossa. Será que há lições na gestão da vida selvagem que podem ajudar os humanos a planejar nosso próprio futuro?

"Absolutamente nenhuma", diz Brown. "O motivo para que possamos fazer isso com animais é o fato de termos a superioridade de uma espécie gerindo a outra. Isso não se aplica ao gerenciamento de nós mesmos. Já provamos ser inteiramente incapazes da fazer isso."

Ele se lembra de estar no oitavo ano e ver os números do censo de 1940 num livro da escola. "Naquela época, havia 120 milhões de americanos. Era um bom número. Os economistas não estavam felizes – ainda estávamos no rastro da Depressão –, mas tínhamos zero de crescimento populacional, sem qualquer batalha com a religião. Os economistas conseguiram. Era basicamente uma situação confortável: poucos imigrantes, pois não havia empregos para eles, e um tamanho limitado para a família."

Então, veio a Segunda Guerra Mundial. "Assim como ocorreu com o gerenciamento dos veados, sempre há alguma coisa para atrapalhar. A guerra acabou e a primeira coisa que fizemos foi tentar aumentar a população. E não queríamos apenas uma economia sustentável: queríamos crescimento. Querer crescer está em nosso DNA. Isso é verdadeiro com as hordas de veados-mulas de Kaibab, ou com os lobos de Yellowstone. Faz parte do processo biológico. Seria bom simplesmente ter a capacidade sustentável certa de humanos e manter esse número. Mas quem vai fazer isso?"

Em 1924, conta ele, o veado de Kaibab estava só pele e ossos. Seus filhotes morriam ou nasciam mortos, ou eles não concebiam. Foi trágico, mas eles tiveram de morrer para recuperar um equilíbrio de vida. Imagine se tentássemos isso com os humanos.

"É totalmente contraintuitivo, se você quer gerir pessoas. Se você for a Darfur e vir pessoas morrendo de fome, você lhes dará alimento e a taxa de reprodução voltará a subir. O Haiti teve um terremoto, você leva comida e alívio, e a reprodução é retomada." Ele sacode a cabeça diante da ironia: ao reabastecer a população, o sofrimento inevitavelmente volta.

"Isso é compreendido há cem anos, mas mudamos nosso comportamento? Não. Porque você não pode dizer que se dane o Haiti, aquilo é um caso perdido, então vamos deixar de levar alimento, pois isso não é para o bem deles. Nossa tendência, numa situação crítica, é fornecer alimento. Isso é o que fazemos."

A ideia de economizar a raça humana como se fôssemos caça ou animais domésticos é horripilante em diversos níveis – moral, religioso e filosófico, sem mencionar legal. Sugerir a aplicação dos princípios da gestão da vida selvagem em nossa própria espécie evoca abominações, como se fossem humanos contidos como veados. Embora tenhamos fama de não nos lembrarmos da história, as tentativas de diminuir nosso número

– também conhecidas como genocídio – estão entre as lembranças históricas mais indeléveis.

Embora nos esforcemos por obter o céu, como frisou Pascal, ainda somos mamíferos que, assim como todas as outras criaturas da Terra, exigem comida e água – recursos que agora estamos esgotando. Nosso alimento marinho se resume a frangalhos arrancados do solo do mar; nossas terras sobrevivem com o auxílio de químicos; nossos rios estão fedorentos e vazios. Espremememos e estilhaçamos as rochas, minamos os mares gélidos e partimos átomos em locais arriscados, pois os combustíveis de fácil acesso estão quase acabando. Assim como o veado de Kaibab, cada espécie na história da biologia que cresce além de sua base de recursos sofre um colapso de sua população – um colapso que às vezes pode ser fatal para a espécie inteira. Em um mundo agora exaurido até os limites, todos vivemos em um parque, não em uma natureza selvagem sem limites. Para sobreviver e continuar o legado de nossa espécie, precisamos nos adaptar de forma compatível.

Inevitavelmente – e temos de torcer para que seja de forma humana e não violenta –, isso significa diminuir gradualmente nossos números. A alternativa é deixar que a natureza – a nova natureza que inadvertidamente criamos à nossa própria imagem – faça isso por nós.

Como a natureza pode fazê-lo? Provavelmente, de uma série de formas em efeito cascata, com uma perda levando à outra. Os peixes que comemos não estão mais ameaçados simplesmente porque nós os desejamos a ponto de fazê-los desaparecer. Mas porque em menos de três séculos cavamos e queimamos milhões de anos em excesso de carbono enterrado pela natureza, e a água em que habitam agora está ficando mais quente do que alguns deles conseguem suportar. Os níveis decrescentes de oxigênio e o aumento dos índices metabólicos no aquecimento da água já diminuíram o tamanho do bacalhau do norte do Atlântico e do hadoque mais depressa do que havia sido previsto.

Conforme o mar absorve nosso excesso de dióxido de carbono, ele se torna menos alcalino. E, embora nossa água do mar ainda não seja tão acidificada que tenha se transformado numa Perrier salgada, os altos índices de CO_2 dissolvido corroem conchas e pequenos moluscos e crustáceos em desenvolvimento. A água morna vai se espalhando, derretendo o gelo e aumentando em volume, e o fantasma da elevação dos oceanos se torna uma certeza, à medida que vai ficando mais provável que a temperatura média da Terra ruma para um aumento além de 2 °C, acima dos níveis pré-industriais propostos, como fronteira que não deveríamos nos atrever a ultrapassar[1].

No entanto, em nossa atual escalada de emissões de gás de efeito estufa, chegaremos ao ápice do aumento de 2 °C nas próximas duas ou três décadas. Com dois terços da população do mundo vivendo dentro de um espaço de 320 quilômetro do litoral, e com a maior parte da economia mundial concentrada nas cidades costeiras, o potencial de submersão da civilização como a conhecemos, caso esses lugares sejam alagados, é muito além do que podemos imaginar. Traumas orçamentários atuais irão parecer triviais diante da possibilidade de erguer diques de proteção para populações como as de Tóquio, Xangai, Guangzhou, Karachi, Mumbai, Manila, Istambul, Buenos Aires, Kolkata, Rio de Janeiro, Tunísia, Jacarta, Nova York, Los Angeles-Long Beach, Londres, Lagos, Hong Kong, Ho Chi Minh, Miami, Singapura, Barcelona, Sydney, Melbourne, Alexandria (e todo o Delta do Rio Nilo), Atenas, Tel-Aviv, Lisboa, Nápoles, Trípoli, Casablanca, Durban, San Juan, Dubai, Havana, Houston, Beirute, Perth, Marselha, Estocolmo, Odessa, Doha, Boston, Vancouver, Oslo, Macau, Copenhague, Abu Dhabi e Honolulu, assim como centenas de cidades do tamanho de Nova Orleans e menores, mas não menos preciosas àqueles que nelas vivem e trabalham.

Éramos em número muito menor e vivendo de forma bem menos densa e intensa quando a peste negra matou aproximadamente um quarto dos humanos em meados do século XIV, e também quando a gripe espanhola derrubou nossa espécie, de 1918 a 1920, quando somávamos menos de 2 bilhões, diminuídos em cerca de 50 milhões. Nos 7 bilhões de hoje, vivendo apertados, nossa armadura antibiótica está sendo penetra-

---

1. O objetivo de não exceder a um aumento de 2 °C, usado na Conferência de Mudanças Climáticas de Copenhague, em 2009, tem se tornado um número frequentemente repetido. No entanto, os maiores cientistas climáticos, tais como James Hansen, da Nasa, Ken Caldeira, de Stanford, e Eelco Rohling, da Universidade de Southampton, apontam para pré-históricos altos níveis do mar, em tempos de CO_2 aumentado, e concluem que, em decorrência dos turbilhões climáticos, as inundações e o derretimento do Ártico, que já estão ocorrendo com 0,8 °C, um aumento para 2 °C será desastroso. No entanto, com as emissões de carbono aumentando implacavelmente, há um consenso crescente entre os cientistas, sugerindo que um aumento de 2,4 °C será inevitável. O Programa Ambiental das Nações Unidas atualmente projeta um aumento de 3 °C até 2050. E o Banco Mundial agora adverte que, a menos que mudemos nosso comportamento em relação ao carbono, rapidamente chegaremos a 4 °C, antes do fim do século.

da por infecções mutantes e resistentes, desde a gonorreia até os estreptococos. Como qualquer outra monocultura que substitui uma mistura ecológica diversa, a que é conhecida como *Homo sapiens* é mais do que nunca vulnerável às pandemias oportunistas.

Não intencionalmente, também espalhamos nossas microameaças, para as quais nem nós nem nada vivo possui defesa. A crise do maior banco de esperma de Tel-Aviv – agora, apenas um em cada cem homens está qualificado para ser doador – adverte que a transformação dos desertos israelenses em jardins pode ter dependido excessivamente dos pesticidas. O sêmen danificado pode ser devido às disfunções endócrinas encontradas não somente em agroquímicos mas também em farmacêuticos, produtos de limpeza doméstica, detergentes, plásticos e até mesmo em cosméticos e filtros solares. Um número cada vez maior de provas faz a ligação deles com o aumento das taxas de câncer de mama e próstata, autismo, cistos de ovário, déficit de atenção, doenças do coração, deficiência no sistema imunológico, obesidade, diabetes, disfunções no aprendizado e – se não fosse assustador o suficiente – sexualidade misturada na fauna, desde peixes até sapos e jacarés, ursos polares e humanos. Em alguns casos, isso significa proporções sexuais muito mais oscilantes do que aquelas mostradas pelo ultrassom na Índia ou China: na bacia do Rio Saskatchewan, até 90% dos vairões agora são fêmeas. Muito mais peixes, anfíbios, répteis e mamíferos estão nascendo hermafroditas, com misturas sexuais e genitálias masculina e feminina, trazendo um mau presságio para a reprodução.

Desde os animais até nós, a fertilidade está caindo, não por escolha, mas pela exposição de moléculas que nunca existiram. O termo que inventamos para descrevê-las, *curvadores sexuais*, tem grande precisão, mas infelizmente é animado demais para ser levado a sério, como realmente é. Isso é uma tragédia – e também é a natureza rejeitando um ato não natural, tornando a vida inóspita para seus atores.

2. O conjunto químico

É cedo demais para saber o quão seriamente tóxico está nosso ambiente, pois todos fazemos parte da experiência, para descobrirmos. Embora todos os embriões da Terra – todas as espécies, não apenas a nossa – agora estejam expostos às moléculas penetrantes de curvatura sexual, até agora não são todas as crianças que nascem autistas ou com problemas nas gônadas. Se deixarmos de depender de organoclorados, organofosforados e afins, com sorte talvez consigamos expeli-los de nossos organismos – embora esse talvez seja o caso definitivo do gênio do mal que foge da lâmpada, já que muitos parecem indestrutíveis. Mas há outros meios mais simples, para que a natureza freie nosso crescimento desenfreado, se nós mesmos não assumirmos as rédeas. O modo mais básico é o mais antigo do mundo: cortando nosso sustento. O resumo do século XXI é que teremos menos alimento — não menos como tivemos, apenas brevemente, durante a Revolução Verde.

Aquilo seria uma aposta na zebra: não conseguiremos cultivar, colher, caçar o suficiente para os 7 bilhões que já somos, muito menos para os 10,9 bilhões para os quais rumamos. Com o clima atual quase impossível de se prever, os desastres agrícolas são acontecimentos anuais em pelo menos um continente por ano. A esperança de que um mundo mais aquecido pudesse até enfatizar as colheitas é estilhaçada pela realidade do limiar – temperaturas de 28,8 °C para o milho; 30 °C para a soja –, além do qual o fluxo cai, como os agricultores dos Estados Unidos e da Índia têm descoberto.

Da mesma forma, garantias animadoras de que a agricultura seria expandida em direção aos polos, transformando o norte canadense e a Sibéria em grandes celeiros, deixaram de considerar que a terra ácida da taiga coberta de coníferas levaria muitos milênios para se adaptar às exigências argilosas dos grãos. Nossos solos aráveis remanescentes – os que não foram varridos pelos ventos e tempestades, ou transformados em pó pela seca – estão excessivamente trabalhados, fertilizados, fumigados, e não têm mais o fluxo produtivo que tinham cinquenta anos atrás.

Previsões adicionais que dão conta de que, em lugar do solo exausto, colheremos intermináveis toneladas de algas marinhas, que poderão ser consumidas nos moldes das comidas de que gostamos, parecem fantasias com soluções tecnológicas extremas. Como qualquer um que adora *sushi* sabe, as algas têm muitas utilizações saborosas e nutritivas, e sem dúvida há mais a serem descobertas. No entanto, a logística de cultivo, processamento e distribuição suficiente para fornecer alimento para bilhões de pessoas desafia a realidade, começando pelos custos da energia – que dirá reeducar 10,9 bilhões de paladares para aceitar alimentos substitutos à base de algas. E a mesma acidificação que dissolve as conchas de larvas de ostras irá desfazer a química que até agora permitiu ao *wakame*, *nori*, *kelp*, ágar-ágar etc. vicejarem em nossos mares.

Um grupo de direitos dos animais, People for the Ethical Treatment of Animals, uma vez ofereceu um milhão de dólares a quem conseguisse inventar carne artificial e colocá-la no mercado. Embora o prêmio fosse uma sátira pública, cientistas de Oxford e também da Universidade de Amsterdã, dentre outros, estão tentando. A ideia de filé *in vitro* pode parecer assustadora para uns e arrebatadora para outros, se nenhum animal for prejudicado e florestas não forem derrubadas. Porém, antes de acendermos nossas churrasqueiras, é bom lembrarmos que nutrientes de cultivo laboratorial não surgem do ar: até alimentos sintéticos exigem matéria-prima. O grupo de Oxford espera cultivar tecido muscular por meio da *Cyanobacteria hydrolysate*, uma alga primitiva. Seus colegas holandeses, com um apoio substancial do governo, estão tentando com as células-tronco dos suínos, e os pesquisadores japoneses alegam ter alquimizado carne da proteína de dejetos humanos. Fatores repulsivos à parte, a produção de carne moída artificial tão cedo custaria milhares de dólares o quilograma, e os cientistas alimentares desconfiam que a produção comercial esteja a pelo menos três décadas de distância.

Até lá, presumindo-se que não haja catástrofes, já teremos passado dos 9 bilhões, seguindo aos 10 bilhões e mais. Apesar da garantia da Monsanto, gigante da agrobiotecnologia – cujas modificações genéticas já superaram os talentos evolutivos de micróbios e insetos –, de ser capaz de alimentar essa quantidade de *Homo sapiens*, isso é altamente improvável. Não podemos alimentar os 7 bilhões que já somos: um bilhão de nós se encontra malnutrido e 16 mil de nossas crianças morrem de fome diariamente. Se pudéssemos alimentar a todos, se ao menos a distribuição de comida fosse igual, como o Papa Emérito Benedito XVI e outros insistem, é algo discutível, em um mundo onde a comida é principalmente produzida para gerar lucro às pessoas, não para alimentá-las.

Os vegetarianos contestam que, mesmo concedendo aos mercados os seus produtos, todo ser humano teria alimento de sobra, se a fotossíntese responsável por tudo o que comemos (exceto sal) não fosse desviada para a produção desperdiçadora da carne. Eles alegam que 70% dos grãos cultivados nos Estados Unidos e 98% da soja são destinados à alimentação de animais domésticos[2], não às pessoas (como acontece com 80% dos antibióticos vendidos). Quase um terço da terra isenta de gelo do planeta é usada para pasto ou cultivo de alimento animal. São necessárias cerca de seis libras de grãos (e aproximadamente 2.400 galões de água) para produzir uma libra de carne[3]. Com o porco é ligeiramente melhor, pois porcos só têm uma bolsa estomacal, em contraste com as quatro bolsas bovinas, que são ineficientes. A conversão deles, da proporção de grãos para carne comestível, é de 4:1; a conversão de aves é metade disso.

Calculando os custos de energia e fertilizante, produzir proteína animal queima aproximadamente oito vezes a quantidade de combustível, comparada com a proteína das plantas. Mas a contribuição climática da carne não para por aí, nem com os bovinos arrotando e liberando gases. Um estudo detalhado de 2009, feito pelos especialistas ambientais do Banco Mundial, Robert Goodland e Jeff Anhang, mediu alimento, flatulência, perda de floresta e campo, embalagem, temperatura de cozimento, produção de lixo, fluorocarbonos utilizados na refrigeração da carne, tratamento médico intensivo dos animais à base de carbono e comedores de carne que sofrem de doenças do coração, câncer, diabetes, hipertensão e derrames, e até o acúmulo de CO_2 produzido por 19 bilhões de frangos no mundo, 1,6 bilhão de cabeças de gado e búfalos, um bilhão de porcos e 2 bilhões de carneiros e cabras.

A conclusão deles é que os animais domésticos e seus derivados respondem por pelo menos 51% das emissões anuais de gases de efeito estufa no mundo.

No entanto, para aborrecimento dos defensores veganos é que, mesmo que num golpe só o aquecimento global fosse cortado pela metade e a fome do mundo eliminada, alimentando diretamente as pessoas com

2. No mundo inteiro, cerca de metade da produção de grãos é utilizada para alimentar animais.

3. Fonte: Universidade de Massachusetts, Centro de Extensão Agrícola. A indústria da carne estima que apenas 4,6:1 da conversão alegada leve em conta o peso do animal, antes de ingressar no confinamento de engorda; estimativas feitas por grupos vegetarianos de até 20:1 alegam calcular quanto de uma carcaça abatida é, de fato, carne comestível.

grãos, elas não estão interessadas. A demanda de carne segue aumentando ainda mais depressa que a população, pois, à medida que mais pessoas se mudam para as cidades, elas buscam satisfações na vida moderna, incluindo as dietas ocidentais à base de carne. Por um paradoxo enlouquecedor, se as nações ricas optassem por comer menos carne, seu preço cairia e as nações pobres comeriam ainda mais.

Um estudo de 2011, publicado na *Environmental Research Letters*, concluiu que a Amazônia brasileira tinha 79 milhões de cabeças de gado. "Quinze anos atrás", frisou o geógrafo e coautor Marcellus Caldas, da Universidade do Kansas, "eles tinham menos de 10 milhões." Somente nos primeiros cinco anos, a porção do Brasil convertida em área de produção de soja para alimentá-los era quase equivalente ao tamanho da Suíça. O aquecimento do clima provocado por todo esse hambúrguer está causando um encolhimento drástico nas geleiras andinas e africanas que irrigam lavouras em algumas das regiões mais populosas do mundo. As geleiras do Himalaia, tão solidamente congeladas quanto as rochas que elas cobrem, vão demorar mais tempo para derreter, porém, com as temperaturas mundiais elevando 2 °C além da média e rumando para 5 °C e 6 °C, a água derretida que flui para o Ganges e o Indo irá aumentar ao longo das duas próximas décadas – e depois chegar ao pico. Antes do fim do século, numa época em que a população do Paquistão está projetada para passar de meio bilhão, o Indo pode começar a secar – dois fatos em absoluta contradição entre si. Ou milhões de paquistaneses morrerão, ou eles entrarão em guerra com seus vizinhos da Índia, Afeganistão e Irã, que estarão passando por desastres semelhantes.

A Austrália não possui geleiras e tem menos de 23 milhões de pessoas em uma área grosseiramente do tamanho dos 48 estados inferiores dos Estados Unidos, que abriga 315 milhões. No entanto, ela está tão dissecada que está presa a um debate nacional quanto a conter ou não sua população, suspendendo a imigração. Até a ideia de banir a carne, praticamente um sacrilégio nacional, foi abordada. Enquanto isso, as cidades costeiras australianas estão investindo 13 bilhões de dólares em usinas de dessalinização que vão exigir quantidades enormes de combustível para trabalhar ininterruptamente. Para economizar, a Austrália quase que certamente irá usar seus próprios recursos, carvão negro, exacerbando ainda mais as temperaturas em escalada e o clima alterado dos quais os australianos já não duvidam.

Durante o ressecado verão do Texas, a terceira maior cidade dos Estados Unidos, Houston, já está bebendo, em grande parte, o efluente de Dallas e Fort Worth, cujo descarte de águas residuais constitui praticamente todo o fluxo do Rio Trinity, principal fonte de Houston. A principal artéria do Oeste americano, o Rio Colorado, não chega ao seu delta desde 1984. Depois de duas décadas de neve nas Montanhas Rochosas, pesquisadores do Scripps Institution of Oceanography relatam que há uma chance de que até 2017 os níveis do Lago Mead, principal reservatório do Colorado, já não cobrirão as turbinas da Barragem Hoover. Até 2021, o lago poderá ter desaparecido, com o escoamento excedendo o fluxo de entrada que o reabastece. Em 2010, o Lago Mead já estava 30 mil metros mais baixo que em 2000, quase no local onde duas entradas abastecem água para Las Vegas. Com a segunda entrada não muito abaixo, Las Vegas começou a correr para cavar um túnel de 6 mil metros de altura, a 4,8 quilômetros abaixo do lago, com o intuito de instalar uma terceira entrada, 42 mil metros abaixo, caso secasse.

Mas isso talvez só dê à cidade – de crescimento mais veloz da América, até o colapso imobiliário de 2008 – outra década, ou menos, principalmente porque Las Vegas é a única, de oito cidades, com mais de um milhão de pessoas que dependem da água do Rio Colorado[4]. Se os níveis caírem a ponto de 25 milhões de eleitores rio abaixo, na Califórnia, passarem a demandar o pouco do que resta da água do Rio Colorado, "A nação teria de discutir seriamente uma troca", disse Pat Mulroy, gerente-geral da Southern Nevada Water Authority (Companhia de Águas do Sul de Nevada), em 2009. Nesse cenário, Nevada assumiria a porção de Denver, do Rio Colorado, pois Denver, por sua vez, receberia a parte que Nebraska e o Kansas possuem do Rio Platte, pois esses estados poderiam reabastecer o prejudicado aquífero Ogallala, extraindo água do Mississippi, e por aí adiante, na direção do leste.

Não seria nenhuma surpresa que esse grande esquema esteja provavelmente malfadado, por despesas de engenharia, astronomicamente proibiti-

4. As outras são Denver, Salt Lake City, Los Angeles, San Diego, Phoenix, Tijuana e Mexicali, assim como dúzias de outras cidades menores, tais como Albuquerque e Tucson.

vas, ou pelo fato de estados à margem dos Grandes Lagos, agora também em históricos baixos níveis, já terem aprovado leis proibindo quaisquer outras drenagens da bacia de tentarem extrair água do Lago Superior ou do Lago Michigan. Em 2008, o estado da Geórgia estava tão desesperado por água que considerou ressuscitar uma disputa de 150 anos, que teria empurrado seu canto noroeste uma milha para o norte, às margens do Rio Tennessee. O estado do Tennessee não gostou e não estava inclinado à caridade.

O resultado é que, no século XXI, nossa espécie estará sujeita à tortura global da água: alternativamente erguendo diques custosos para retê-la, depois desesperadamente tentando tirá-la de qualquer fonte possível. Porém, assim como o solo arável, não há meios práticos de criar mais água fresca. A remoção do sal da água marinha – resultante de milhões de anos de chuva e escoamento dissolvendo rochas a caminho do mar – é minada pelo custo da energia necessária e derrotada pela distância que separa as terras mais aráveis dos oceanos. A dessalinização pode ser o exemplo mais literal de como a espécie tecnológica que nos tornamos desafia a natureza: como Brent Haddad, diretor de pesquisa integrada de água da Universidade da Califórnia-Santa Cruz, disse ao *Santa Cruz Sentinel*, depois de um estudo de sete anos dos efeitos econômicos e ecológicos da dessalinização: "Estamos revertendo o ciclo da água, que tem fluído em uma direção, desde o início da Terra".

Dentre os muitos truques que tentaremos para continuar a caber neste planeta, há um que já conhecemos. A tecnologia é mais barata que todos os outros, em muitas ordens de magnitude. É a redução do números de corpos a alimentar com a gestão de nossa reprodução, antes que a natureza interfira e faça isso por nós.

Não é a tecnologia perfeita: para uma pequena porcentagem de mulheres, a química da contracepção causa enxaquecas e depressão, embora o DIU de cobre seja uma alternativa benigna, facilmente reversível, contanto que haja um médico hábil por perto. Esses efeitos químicos não estão restritos exclusivamente aos corpos das mulheres, porque embora quase metade do estrogênio seja metabolizada, o restante é excretado. Ao descer pela descarga, uma porção é removida no tratamento do esgoto, mas o restante encontra seu caminho no ecossistema.

Alguns dos estrogênios modificadores sexuais de feminização não estão afetando apenas os vairões, mas as trutas, o labro e a perca, em lagos e rios ao redor do mundo, de forma idêntica à encontrada em contraceptivos orais. Em todo grande rio da América do Norte, com exceção do Yukon, células de ovas agora são comuns em dois terços ou mais do labro de boca grande e de boca pequena. No entanto, em vários estudos realizados nos Estados Unidos, Canadá e Inglaterra, as pesquisas mostram que, comparados com as fontes industriais e agroquímicas, os contraceptivos femininos são uma parte minúscula do ataque hormonal artificial ao meio ambiente.

Isso não significa que a tecnologia atual não precise ser melhorada; no entanto, de qualquer forma que pudermos minimizar a exposição química das mulheres e do ecossistema, melhor. Dentre as opções mais promissoras está conter a concepção por meio de um caminho bem mais simples: dando um curto-circuito na emissão de esperma.

Duas possibilidades são versões masculinas da pílula, que, ao contrário da versão feminina, não manipula hormônios. Uma, já testada em ratos, coelhos e macacos, na Universidade Estadual do Kansas, utiliza um componente chamado H2-gamendazole, que impede que espermatozoides se formem no sêmen dos homens, sem reduzir seu ímpeto sexual, e é reversível no período de semanas. A outra é um tratamento oral que utiliza um componente desenvolvido no Bradner Laboratory, no Dana-Farber Cancer Institute, em Boston, chamado JQ1, que tem como alvo uma proteína especificamente testada para baixar o número de espermatozoides e retardar sua capacidade de deslocamento. Novamente, ratos de testes não demonstraram baixa na libido e recuperaram a fertilidade quando pararam de tomar.

Duas das abordagens mais criativas não são intervenções químicas, mas mecânicas. Risug – inibição orientada e reversível do esperma – já é oferecida em várias cidades da Índia e, desde 2012, em experimentos da Food and Drug Administration (FDA), nos Estados Unidos. Ela envolve uma intervenção cirúrgica laboratorial de quinze minutos, com anestesia local, por uma minúscula incisão no saco escrotal, para se chegar ao ducto deferente, no qual o médico injeta um gel polímero de baixo custo. Em três dias, o gel forma um revestimento que permite ao sêmen passar normalmente, mas o destrói por eletrólito. O efeito espermicida dura dez anos, mas pode ser revertido injetando-se uma solução à base de bicarbonato de sódio. O mesmo desenvolvedor indiano vem testando outro método na Universidade da Carolina do Norte, que utiliza ultrassom para um aquecimento de quinze minutos, resultando na esterilidade de seis meses em testes com animais.

Cada uma dessas técnicas alega ser mais barata e segura para humanos e para o meio ambiente do que a contracepção química feminina. Para uma mulher em um relacionamento estável, com um parceiro disposto, isso poderia mudar o estresse do controle de natalidade de seu útero, conservando esse órgão para o uso exclusivo a que a natureza o destina. No entanto, depender da contracepção masculina significa, para a mulher, renunciar ao controle de sua reprodução, inserindo um novo teste de confiança na dinâmica entre os sexos. Para os homens, isso representaria a liberação da frustração interruptiva do uso de preservativos – embora, fora da monogamia, haveria a perda da proteção contra doenças sexualmente transmissíveis. Enquanto uma epidemia que ameaça a existência humana, como o HIV, se dissemina por fluidos seminais, a proteção e a contracepção precisam permanecer relacionadas, mas como questões separadas.

Para o mundo, a simples contracepção masculina não tóxica significaria um poderoso controle populacional, que compartilharia muito mais a responsabilidade pelo planejamento das famílias. A politização da contracepção, nascida das guerras entre os sexos, travadas por católicos extremistas e cristãos evangélicos, muçulmanos fundamentalistas e judeus ultraortodoxos, poderá ficar confusa, se alguém tentar proibir os homens de escolher usá-la ou não. As pílulas masculinas e vasectomias reversíveis serão elementos interessantes e bem-vindos à mistura complexa de gestão do nosso futuro, mesmo que consumamos nossos desejos.

3. Onde fazer a interrupção

Em 1971, o dr. Malcom Potts viajou de Londres para a Califórnia para se encontrar com um ex-detento chamado Harvey Karman. Potts, que lecionava na Universidade de Cambridge, era obstetra e possuía um PhD em embriologia. Karman era um defensor do aborto.

A decisão *Roe v. Wade* da Suprema Corte que viria a legalizar o aborto nos Estados Unidos, como direito fundamental, ainda estava a dois anos de distância, embora em alguns estados, como a Califórnia, os abortos fossem permitidos em casos de estupro ou se a saúde da mãe estivesse em risco. Como não era médico, Karman não podia exercer essa atividade legalmente, mas ele era bem conhecido de médicos da Califórnia que a exerciam. Em meados dos anos 1950, enquanto estava pesquisando os aspectos emocionais do aborto terapêutico, como estudante de psicologia da UCLA, Karman descobriu que uma colega havia morrido por um aborto ilegal malfeito. Outra, que se viu grávida, cometeu o suicídio. Ele começou um serviço secreto, levando mulheres para o México, para se submeterem a abortos clandestinos. Espantado pela falta de higiene e preços exorbitantes, ele próprio começou a realizá-los, em quartos de hotel, pelos quais acabou passando dois anos e meio na cadeia estadual.

Sem se intimidar, ele se tornou reincidente e defensor, advogando abertamente pelos direitos ao aborto. Também inventou algo revolucionário: uma seringa manual para conduzir abortos por aspiração a vácuo. Embora a aspiração mecânica a vácuo já fosse preferível à raspagem intrauterina, a invenção de Karman tinha vantagens proeminentes. Sendo manual, era tão silenciosa que às vezes a mulher nem sabia que o procedimento estava sendo realizado. Tampouco exigia o caro bombeamento elétrico, apenas uma seringa a vácuo, barata e reutilizável, de cinquenta mililitros. Mais importante, Karman havia desenhado um anexo feito de um tubo plástico macio que substituía a cureta de metal rígido convencional. Esse tubinho flexível, tão fino que isentava a necessidade de dilatação, era muito mais confortável e menos traumático, e minimizava a chance de perfuração no útero.

Até a época em que foi aprovada a lei *Roe v. Wade*, Karman já tinha treinado médicos em toda a América para seu uso, assim como médicos internacionais, como Malcolm Potts. Assim como Karman, o dr. Potts tinha se interessado pelo aborto ainda como aluno, nos anos 1950. Enquanto fazia seu plantão em um hospital de Cambridge, quase toda noite ele era levado a realizar dilatações e curetagens. Ele se perguntava quantos seriam abortos espontâneos e quantos eram abortos ineptamente induzidos.

"Praticamente todos eram intencionalmente induzidos", um anestesista lhe disse.

"Como você sabe?"

Curioso, o anestesista vinha perguntando às pacientes, durante os momentos de torpor que antecediam o estado de inconsciência. Potts ficou impressionado por esse colega se recusar a publicar suas descobertas, pelo fato de ter obtido informações constrangedoras de pessoas indefesas – e isso implicaria vários colegas em bicos paralelos ilegais. Mas ele ficou mais impressionado pelo aparente escopo da necessidade.

Em 1966, Malcolm Potts visitou o leste da Europa, onde o aborto era legalizado e seguro havia mais de uma década e onde as taxas de fertilidade agora eram bem baixas, embora o contraceptivo mais disponível fosse o *coitus interruptus*. Ele acabou dando consultoria ao parlamento, no que se tornou a Lei do Aborto, em 1967, legalizando o procedimento no Reino Unido. Tornou-se o primeiro médico do sexo masculino na Marie Stopes Clinic, de Londres. Em 1968, ele foi indicado diretor médico da International Planned Parenthood Federation.

Tinha essa função quando foi se encontrar com Harvey Karman. Ele imediatamente viu o quão importante a invenção de Karman seria nos países subdesenvolvidos, onde a morte pelos abortos em casebres de barro era a principal causa da mortalidade feminina. Para garantir que fosse disponibilizado nos locais mais pobres da Terra, Karman concordou em ser coautor de um artigo sobre o dispositivo, para que ninguém pudesse patenteá-lo. Mesmo antes que o artigo fosse publicado no jornal médico britânico *The Lancet*, Potts levou Karman e outros três especialistas, a convite do governo de Bangladesh, para auxiliar meninas e mulheres vítimas de estupro, durante a guerra de 1971 pela liberação do Paquistão. Muitas das 1.500 pacientes tinham sido banidas pelos maridos e famílias; muitas outras vítimas haviam cometido o suicídio. Para se evadirem da proibição do aborto em Bangladesh, eles chamavam o procedimento de Karman com a cânula de "extração menstrual" – método para regular o ciclo da mulher, que, tecnicamente, era verdade. Em cada vila que eles visitavam, eles ensinavam aos médicos, enfermeiras e parteiras essa técnica simples e indolor, que é utilizada lá até hoje.

"Como tantas outras coisas que fazemos enquanto médicos, o aborto é um processo de cura", diz Malcolm Potts, que hoje é membro da Universidade da Califórnia, Berkeley, onde dirige o Bixby Center for Population, Health and Sustainability, e é casado com Martha Campbell, defensora de direitos internacionais de reprodução. "Uma operação de cinco minutos, numa moça de 17 anos com uma gravidez não intencional, pode mudar a trajetória de sua vida pelos próximos cinquenta anos. Poucos outros procedimentos na medicina têm esse poder."

Potts conta que, até 1869, o Vaticano se recusava a comentar o assunto de quando a vida começa. A afirmação do Papa João Paulo II, em 1983, de que começa na concepção não tem base médica, ele acrescenta, já que muitos óvulos fertilizados não sobrevivem para chegar a embrião, feto e criança.

"Afirmações religiosas sobre quando a vida começa são análogas às crenças religiosas sobre a vida após a morte. São firmemente mantidas, mas estão além do território científico para serem provadas ou não. Como embriólogo, não posso dizer mais sobre o início da vida, olhando em meu microscópio, do que um astrônomo pode lhe dizer se o céu existe, vasculhando as constelações, em busca dos Portões Celestes."

O que ele sabe é que, até 2025, 3 bilhões de pessoas passarão pela escassez de água e que os países com rios secando, como o Paquistão, que fracassaram no controle da fertilidade humana, ficam mais perigosos a cada ano. Em 1958, quando havia menos de 3 bilhões de pessoas, o presidente Dwight Eisenhower identificou o crescimento da população como uma questão de segurança estratégica. O investigador que ele designou, o major-general William Draper, passou o resto da vida tentando convencer líderes mundiais a custearem o planejamento familiar. Depois de meio século e mais que o dobro daquele número, como Malcolm Potts lembra às pessoas, o Relatório da Comissão de 11 de setembro alertou que "... uma imensa população masculina, em constante crescimento, [é] uma prescrição garantida para turbulência social".

Mais da metade dos 7 bilhões de pessoas do mundo têm menos de 27 anos, mais da metade são homens e mais da metade deles está se acotovelando nas cidades, uns nos outros, desapegados das tradições baseadas na terra, que definia a maior parte da cultura humana até bem recentemente. Exceto pelas erupções vulcânicas, cada emergência na Terra agora é relacionada com ou agravada pela presença de mais gente do que as condições podem suportar. Malcolm Potts, que já trabalhou pelo mundo todo – ele deu a Mechai Viravaidya sua concessão inicial para o planejamento familiar na Tailândia –, acredita que a contracepção é uma ferramenta indispensável para devolver a saúde ao planeta e seu povo.

Ele também compreende que o aborto, repleto de ideologia, é a rede de segurança, quando a contracepção falha. "Nenhum país chega à taxa de fertilidade de substituição sem acesso ao aborto seguro", conta Potts. "Pode ser como na Irlanda, onde você precisa ir até a Inglaterra, ou Malta, onde você tem de ir à Itália. Mas esses dois países católicos agora têm a fertilidade de substituição."

Ele recentemente trabalhou em Adis Abeba, capital da Etiópia muçulmana, o país mais populoso do mundo e sem acesso ao mar, que legalizou o aborto em 2006. "Setenta por cento dos leitos hospitalares – ortopedia, neurologia, tudo – eram ocupados por abortos malfeitos. Em menos de um ano, nós os esvaziamos. Agora, o índice de fertilidade é 1,8, pois eles estão oferecendo acesso responsável aos contraceptivos e ao aborto seguro. Na verdade", acrescenta ele, "o uso mais consistente de contraceptivos é por parte das mulheres que já tiveram um aborto."

Mas, fora da capital da Etiópia, há poucas pessoas experientes para realizar os abortos e somente 14% das mulheres têm chance de receber contraceptivos, semelhante ao Níger e outros países necessitados. Estimativas feitas pelo United Nations Population Fund e pelo Guttmacher Institute, uma fonte básica para análises de políticas populacionais[5] e saúde reprodutiva, sugerem que quase um quarto de bilhão de mulheres que gostariam de adiar filhos ou parar de tê-los não tem acesso ao controle moderno de natalidade.

O que seria preciso para levá-lo até elas?

5. O fundador Alan Guttmacher (1898-1974) foi um ginecologista e obstetra que lecionou nas faculdades de medicina Johns Hopkins, Mount Sinai e Albert Einstein. Durante os anos 1960, ele foi presidente da Planned Parenthood Federation of America.

CAPÍTULO 17

O mundo com menos de nós

1. Conclusão

Se o Guttmacher Institute e o UNFPA estiverem corretos, a boa notícia é que já percorremos três quartos do caminho até lá. Segundo os números, em meados de 2012, 75% das mulheres sexualmente ativas do mundo em desenvolvimento, que não estiverem tentando engravidar ao longo dos dois próximos anos (que estiverem dando um tempo entre uma gravidez e outra ou evitando), já estão usando contraceptivos. Eles calculam que 218 milhões de gestações não intencionadas são, portanto, evitadas anualmente, evitando 138 milhões de abortos provocados, 25 milhões de abortos espontâneos e 118 mil mães mortas por complicações de parto ou abortos clandestinos.

Subtraindo-se os abortos evitados e os espontâneos, o planejamento familiar nos países em desenvolvimento evita 55 milhões de nascimentos não intencionais. Como atualmente temos um acréscimo anual de 80 milhões de pessoas – um milhão a mais de nós a cada 4,5 dias –, sem que a contracepção chegasse a essas mulheres nossos números aumentariam em um milhão a mais de humanos famintos a cada 2,5 dias. Isso equivale a sete Beijings por ano, em vez das quatro que estamos acrescentando atualmente.

Fica difícil assimilar números tão grandiosos. "Isso é porque evoluímos em pequenos grupos", diz Malcolm Potts. "Até os tempos modernos, nenhum de nós jamais viu talvez mais de mil pessoas. Então, a mente da maioria das pessoas tem um vácuo depois de 100 mil. Darwin disse que nós podemos entender algumas partes da natureza e do universo, mas não podemos *compreendê-las*. Um bilhão de segundos equivale a 31,7 anos. Nos próximos doze anos, teremos um acréscimo de outro bilhão de pessoas. Portanto, no ritmo que estamos indo, não conseguiríamos nem contar."

Imagine, pelo interesse de evitar mais um bilhão de pessoas nos próximos doze anos, que um quarto de bilhão de mulheres[6] que atualmente não planeja ou não pode planejar os filhos que terá, pudesse fazê-lo. Segundo as estimativas do Guttmacher e da UNFPA, tais mulheres anualmente têm 80 milhões de gestações não intencionais. Metade – 40 milhões – faz o aborto e mais da metade desses abortos são do tipo sem segurança e assustador. Outros 10 milhões são abortos espontâneos. Trinta milhões têm bebês, dos quais 6 milhões morrem antes do primeiro aniversário.

Se todas as necessidades contraceptivas do mundo em desenvolvimento fossem atendidas, nem todos, dos 30 milhões de nascimentos não planejados, seriam evitados: contraceptivos ocasionalmente são esquecidos e às vezes falham. Algumas mulheres param de usá-los, temendo efeitos colaterais, e engravidam antes de descobrir uma alternativa. Algumas equivocadamente acreditam que a amamentação oferece proteção total. Mas, no mínimo, haveria 21 milhões de nascimentos a menos. Subtraia-se uma Beijing por ano.

O número de abortos também cairia, de 40 milhões para cerca de 14 milhões. Para qualquer um que se opõe ao aborto, esses são números poderosos. Eles representam, neste momento, metade das mulheres pobres do mundo que engravidam quando não podem pagar para fazer

6. A estimativa Guttmacher/UNFPA de 2012 foi de 222 milhões de mulheres no mundo em desenvolvimento, cujas necessidades contraceptivas não são atendidas. Em 2013, um estudo da Divisão de População da ONU elevou esse número para 233 milhões, até 2015, para todas as mulheres em todo o mundo *atualmente casadas ou em união estável*. Aqui, a estimativa de um quarto de bilhão, ou 250 milhões, reflete um número adicional desconhecido de garotas sexualmente ativas e mulheres que não estão em uniões, sem acesso à contracepção moderna.

algo perigoso e física e emocionalmente doloroso – e, frequentemente, pecaminoso, segundo sua própria avaliação ou de outra pessoa. Elas o fazem sendo ou não legal, e independentemente do que é permitido por sua autoridade religiosa (invariavelmente masculina). O acesso aos contraceptivos para elas evitaria um adicional de 26 milhões de abortos anuais em todo o mundo, além dos 138 milhões de abortos evitados pela disponibilidade de controle de natalidade – números que excedem, em muito, qualquer total alcançado pelos movimentos pró-vida. Como um bônus humanitário adicional, já que metade dos abortos que as mulheres pobres fazem – 22 milhões – são sem segurança, esse número cairia para 7 milhões ou menos, e cerca de 50 mil mulheres teriam suas vidas salvas.

Há obstáculos para que isso aconteça, tais como levar o controle de natalidade às mulheres não casadas, para as quais o sexo pré-matrimonial é estigmatizado, ou às mulheres casadas que tradicionalmente não têm a chance de decidir quando estão prontas para ter um filho. Algumas delas até inventam histórias para conseguir um DIU ou injeções duradouras, sem o conhecimento do marido, e algumas mulheres solteiras encontram um jeito de suprir suas necessidades – se essas estiverem disponíveis localmente.

Se estão ou não, irá depender de um valor surpreendentemente pequeno para cobrir as necessidades de contraceptivos para toda mulher da Terra.

Atualmente, a cada ano, 4 bilhões de dólares são gastos em tratamentos contraceptivos no mundo desenvolvido. O UNFPA e o Guttmacher estimam que aproximadamente o dobro desse valor, ou 8,1 bilhões de dólares por ano, poderia atender inteiramente às necessidades de contracepção moderna do mundo em desenvolvimento.

Entre 2001 e 2011, os Estados Unidos frequentemente gastavam mais que isso por mês, no Iraque e no Afeganistão.

Quase um bilhão do valor atual vem de países como Reino Unido, Holanda e Alemanha. Os Estados Unidos representam o maior doador, porém, desde 1984, o valor depende de quem é o presidente. Embora os Estados Unidos tenham ajudado a criar o United Nations Population Fund (UNFPA) em 1969, no mandado de Richard Nixon, até 1973 a Emenda

Helms proibia o uso de auxílio estrangeiro para abortos como método de planejamento familiar. E, 1984, a administração Reagan proclamou, por ordem executiva, o que ainda é conhecida como política Mexico City (ou "Lei da Mordaça Global"), exigindo que as ONGs estrangeiras se comprometessem a não "exercer *ou promover* [ênfase acrescentada] o aborto como um método de planejamento familiar" – significando que a opção de aborto não poderia sequer ser mencionada – como condição para receber custeio americano, independentemente de quem fosse o dinheiro que de fato custeasse os serviços de aborto ou seu aconselhamento.

Essa política foi rescindida pelo presidente Clinton, reintegrada pelo presidente George W. Bush e novamente rescindida pelo presidente Obama. Bush pai também retirou todo o apoio financeiro americano do UNFPA, alegando que as atividades do UNFPA na China violavam a Emenda Kemp-Kasten, que proíbe o financiamento de qualquer programa de apoio coercivo ao aborto ou esterilização involuntária. Em 2009, Obama restabeleceu o programa com uma contribuição de 50 milhões de dólares, número continuamente cortado pelo congresso, nos anos seguintes.

No entanto, a maior parte das doações para programas envolvendo população não é canalizada pelas Nações Unidas, mas passa direto pela USAID, maior apoiador mundial do planejamento familiar e da saúde reprodutiva. O resto dos recursos vem de fundações privadas, governos locais e de consumidores comprando pílulas e preservativos nos balcões.

Em 2009, 98% dos recursos da fundação do UNFPA vieram de quatro fundações americanas e 81% vieram de apenas uma: Bill and Melinda Gates Foundation[7]. O fato de que o destino das mulheres do mundo dependa tanto da generosidade americana ressalta a fragilidade do planejamento familiar global – principalmente no novo milênio polarizado, como um divisor partidário brutal, não apenas sobre o aborto, mas até a contracepção deu a centelha ao que um lado alega ser o regresso aos valores morais e o outro chama de guerra contra as mulheres.

Qualquer que seja o nome, isso teria chocado os presidentes Republicanos Eisenhower, Nixon e até George Bush pai, todos apoiadores do controle populacional.

---

7. As outras foram William and Flora Hewlett Foundation, David and Lucile Packard Foundation e John D. and Catherine T. MacArthur Foundation.

Durante os anos da gestão de Bush filho, o dinheiro que teria sido destinado ao planejamento familiar internacional era dirigido a programas contra o HIV e a Aids. Ao redor do mundo, esses programas hoje recebem dez vezes mais fundos do que o planejamento familiar, fato que preocupa enormemente Malcolm Potts.

"O HIV representa 5% do fardo mundial em termos de doença e está levando 20% do dinheiro de países ricos para os pobres, para a saúde internacional", diz Potts, que foi um dos primeiros médicos a chamar atenção para a ameaça da Aids. Por mais assustador que seja, a crise da população o assusta mais. "Nos cinco primeiros meses deste ano", Potts e Martha Campbell escreveram em 2011, "a população mundial cresceu o suficiente para igualar às mortes por Aids, desde o início da epidemia, há trinta anos."

Potts diz que a maioria das conversas sobre crescimento populacional usa a estimativa média da ONU, de 9,2 bilhões de pessoas, ponto em que a população deveria se equilibrar até 2050.

"Agora, numa mudança drástica, eles dizem que irá exceder 10 bilhões até 2100. Mas as estimativas altas e baixas para 2100 são igualmente possíveis, dependendo com que seriedade o mundo irá encarar o planejamento familiar. A diferença entre elas é apenas meio filho por mulher. Com menos meio filho, você tem um valor bem mais sustentável, de 6,2 bilhões. Meio filho a mais, você tem 15,8 bilhões. Esta última possibilidade seria um desastre profundo. Portanto, o que fizermos nos próximos dez ou quinze anos fará toda a diferença do mundo."

2. Jasper Ridge

Paul Ehrlich, com um velho suéter azul e um chapéu de lona desengonçado, munido de um par de varetas de trilha, segue seu caminho pelo campo de Jasper Ridge, que ele estudou por mais de meio século. Está fazendo uma linda tarde ensolarada de março, com a brisa encobrindo os rosnados do Vale do Silício, abaixo. Aos 80 anos, Ehrlich ainda tem um passo firme que faz os amigos acelerarem para acompanhá-lo. "Subir aqui faz a vida valer a pena", diz ele, olhando alegremente em volta, para

Paul Ehrlich em Jasper Ridge.

as matas douradas, embora a população de borboletas Bay que ele veio observar, em 1959, tenha desaparecido dali, desde 1998.

Jasper Ridge, que se eleva ao longo do Falha de San Andreas, originalmente fazia parte de uma fazenda que se tornou o *campus* da Universidade de Stanford. Ehrlich sempre diz que sua contribuição substancial como ecologista foi salvar essa colina das construtoras que devoraram as fazendas e florestas dos arredores. Por uma década, as manobras para criar essa reserva biológica experimental de 3 km² ocuparam quase um quarto de seu tempo, enquanto o departamento financeiro de Stanford considerava o local ideal para uma subdivisão rentável.

Hoje o cume se parece muito com o que era — até melhor, pois a invenção de conversores catalíticos afastou bem a névoa. Os carvalhos cobertos de líquen que Ehrlich vê estão começando a perder as folhas. A colina seca do oeste do cume está coberta com chaparros; na parte norte, mais molhada, crescem os medronheiro de casco vermelho e as douglásias; e ao longo das margens estão as sequoias – aqui é o extremo sul do território. A mata dourada é mais invasiva, como a aveia selvagem que chegou em navios e dentro de tijolos: poluente, o nitrogênio de geração humana favoreceu o crescimento dessas plantas sazonais. Parte da pesquisa atual é para determinar o que seria preciso para restaurar as matas perenes que cobriam a Califórnia, antes da chegada dos europeus – um dos cinquenta projetos de pesquisa que estão em andamento ali, em qualquer época.

Um pica-pau mergulha entre dois carvalhos repletos de folhas, conforme Ehrlich passa. Durante os anos 1970, um projeto estudantil descobriu que Jasper Ridge, situado na rota migratória das aves do Pacífico, tinha a maior densidade de terras de procriação de pássaros dos Estados Unidos. Mais de 150 aves migratórias e espécies de pássaros residentes são encontradas ali, assim como o puma, as raposas vermelha e cinzenta, guaxinins, texugos, veados-mulas e leões da montanha. Um centro de pesquisas local abriga arquivos de cinquenta anos de projetos de alunos; um mapa do habitat de duas espécies de tarântulas, feito por um dos alunos de Ehrlich, Stewart Brand, que depois publicaria *The Whole Earth Catalog*, ainda é utilizado.

Anos antes do surgimento de *The Population Bomb*, Paul Ehrlich já tinha ganhado renome em meio aos ecologistas, pelo artigo do qual foi coautor, com Peter Raven, futuro diretor do Jardim Botânico do Missouri. A matéria foi a primeira a descrever a coevolução: como duas espécies interagem, tais como as borboletas e as plantas que suas larvas comem, cada uma influenciando o desenvolvimento da outra. Embora a coevolução seja frequentemente compreendida como uma corrida biológica cada vez maior – na qual as plantas desenvolvem químicos que repelem insetos que, por sua vez, desenvolvem imunidades –, a colaboração delas vem da observação de duas espécies distintas de borboletas *checkerspots*, a Bay e a Chalcedon, que estavam se alimentando de dois tipos de flores diferentes.

Do outro lado da campina, Ehrlich vê uma turma de alunos da aula de biologia examinando a flor do macaco cor de açafrão, alimento que evoluiu junto com a *checkerspot* Chalcedon. Pelo fato de brotar ao longo das trilhas e estradas, é uma boa espécie para as turmas estudarem, sem tropeçarem nas espécies botânicas mais abundantes em Jasper Ridge, como o *poison oak*, cujas folhinhas vermelhas estão por toda parte.

Ainda faltam duas semanas para a chegada da *checkerspot* Chalcedon, borboleta predominantemente preto e branca, que lembra a Bay, que já desapareceu, exceto por alguns pontinhos vermelhos. Agora Ehrlich sabe que o que extinguiu essa última foram as mudanças climáticas extremas. O ciclo da *checkerspot* Bay depende de sua lagarta entrar em hibernação antes do fim das chuvas da primavera e da secagem de sua planta hospedeira. Começando nos anos 1990, os anos de chuvas de primavera atipicamente intensas, que desaceleraram o alimento das lagartas, passaram a se alternar com anos estranhamente secos que as privaram de alimento – as duas situações resultaram na morte maciça das lagartas.

A fome em massa era o que Ehrlich temia em 1966, depois que ele, Anne e a filha dos dois, Lisa, se viram numa rua apinhada, em Délhi, com seu táxi cercado por um mar de gente. Isso foi antes da Revolução Verde; como biólogo populacional, Ehrlich conhecia a matemática das duplicações, e, quando ele e Anne compararam a escalada dos números da raça humana com os dados das colheitas, concluíram que, por volta dos anos 1970, a fome mataria centenas de milhões de pessoas – a menos que, conforme eles escrevem no prólogo de *The Population Bomb*, programas drásticos para o aumento da produção alimentar esticassem a capacidade de sustentação da Terra.

"Mas esses programas", disseram eles, "só irão abastecer um tempo determinado, a menos que sejam acompanhados por empenhos decisivos e bem-sucedidos de controle populacional."

Quando o livro deles foi publicado, o milagre dos híbridos de Norman Borlaug chegava em sua primeira colheita, na Índia e no Paquistão, e a fome que os Ehrlich haviam previsto para os anos 1970 foi evitada. Nas décadas seguintes, economistas em favor do crescimento transformaram Paul Ehrlich e seu antepassado Thomas Robert Malthus em seus sacos de pancada favoritos, sem jamais perderem uma chance de ridicularizá-los. Só que no meio científico ninguém estava rindo. Ehrlich é hoje um dos mais respeitados ecologistas, ganhador do Prêmio Crafoord da Royal Swedish Academy of Sciences, dado a disciplinas para as quais não há Prêmio Nobel, assim com o MacArthur Fellowship, um Heinz Prizes (com Anne) e o Distinguished Scientist Award do American Institute of Biological Sciences. Ele é membro da National Academy of Sciences e da British Royal Society, entre outros.

Norman Borlaug tampouco estava entre seus detratores, quando apresentou um alerta idêntico, em seu discurso de aceitação do Nobel, quanto às colheitas da Revolução Verde só darem ao mundo um tempo a mais, a menos que fossem implantados controles populacionais. No entanto, o nome de Ehrlich tem continuamente incitado escárnio fora dos círculos científicos, principalmente após uma famosa aposta com o economista Julian Simon, do Cato Institute, grupo de pesquisa interdisciplinar do mercado livre.

Autor de *The Ultimate Resource II*, Simon argumentava que a ingenuidade humana garantia que os recursos jamais acabariam e frequentemente desafiava os cientistas ambientais a provarem o contrário. Em 1980, ele apostou mil dólares com Ehrlich e os naturalistas de Berkeley, John Holdren e John Harte, que o preço de cinco *commodities* (metais) da escolha deles não subiria em decorrência da escassez da década vindoura. Eles escolheram cromo, cobre, níquel, estanho e tungstênio – e dez anos depois perderam a aposta, pois não esperavam a recessão global que durante os anos 1980 suprimiu a demanda por metais industriais.

O desfecho tornou-se uma sorte inesperada para os membros do mercado livre, e ainda é citado como prova de que Ehrlich, Malthus e os autores de *The Limits to Growth*, relato de 1972, feito para o Club of Rome, estavam e sempre estarão errados.

No entanto, no novo milênio, vários economistas – e *The Economist*, de Londres – observaram que o erro de Ehrlich foi somente em relação ao tempo: na década seguinte, ele e seus amigos teriam ganhado. Ehrlich também teria ganhado uma segunda aposta que ele propôs a Simon: que quinze indicadores ambientais *–3* incluindo a temperatura global, a concentração de CO_2, terras agrícolas, florestas e contagem de esperma humano – piorariam, ao longo de uma década. Simon declinou a aposta.

Alguns anos depois, em 1994, Simon viria a escrever: "Agora, temos em nossas mãos – na verdade, em nossas bibliotecas – a tecnologia para alimentar, vestir e fornecer energia a uma população em eterno crescimento, pelos próximos 7 bilhões de anos". Com a população mundial crescendo, na época, o equivalente a 1,4% anualmente, os Ehrlich verificaram a matemática e responderam que isso era improvável, pois, com as taxas de crescimento atuais, dentro de 6 mil anos a massa humana seria igual à massa do universo.

A justificação de Ehrlich não é nenhuma surpresa para ele, embora não haja alegria em estar certo sobre questões tão perturbadoras. O milagre agrícola improvável pelo qual ele e Anne torciam, em *The Population Bomb*, que inesperadamente chegou com a Revolução Verde, também adiou a hora do que agora parece cada vez mais inevitável. Com os ecologistas agrícolas esperando uma queda de 10% a cada 1 °C de elevação das temperaturas e com o mundo agora rumando para além de 2 °C, nas atuais taxas de emissão, a população irá aumentar, a produção de alimento irá cair e os diques talvez tenham de proteger a maior parte da produção mundial de arroz. Mesmo com um aumento de 0,8 °C, a China quase perdeu sua colheita de inverno de trigo em 2011. Graças às chuvas de março, no último minuto, a colheita foi salva; poucos se atreveram a imaginar o caos que seria, caso o Egito oscilante, maior importador de trigo do mundo, tivesse sido obrigado a disputar grãos com a China.

E ninguém pode prever o que a seca maciça de 2012, na América do Norte, prognostica para futuros desastres agrícolas. Com a maioria dos alimentos do mundo dependendo de algumas monoculturas como o arroz, o trigo e o milho – que um dia foram raros, até que nós os tornamos as três plantas mais abundantes na Terra –, a humanidade talvez esteja a apenas uma doença de distância de uma catástrofe que pode sacudir as bases da civilização. No século passado, somente na América do Norte, isso aconteceu com os elmos e castanheiros. A chance de uma epidemia como o ebola nos aniquilar é bem menos provável do que patogênicos soprados pelo mundo acabarem com nosso suprimento alimentar.

Na semana que antecedeu a Rio+20 – conferência da ONU, em 2012, realizada vinte anos após o primeiro encontro, a Eco-92 –, as 105 academias de ciências do mundo, lideradas pela Royal Society of Britain, advertiram que o fracasso em agir quanto ao crescimento populacional e o consumo excessivo teriam "implicações catastróficas no bem-estar da humanidade". Para Paul Ehrlich, não foi nenhum choque que a Rio+20, considerada a Conferência de Desenvolvimento Sustentável das

Nações Unidas, tenha ignorado a questão da população, pelos mesmos motivos que a Eco-92 o fez. Como ocorreu em 1992, o Vaticano buscou apoio de grupos de direitos humanos e feministas, argumentando que os programas populacionais culpam injustamente as mulheres pobres pelos reveses ambientais do mundo. Porém, enquanto ele dirige sua picape de volta a Palo Alto, pela rodovia de seis faixas El Camino Real, que anteriormente passava por pomares, não milhas e milhas de comércio, Paul Ehrlich não tem dúvidas de que o país mais populoso da Terra é o seu.

"Não há preservativo para o consumo", diz ele, lamentando pelas demonstrações descaradas de poder de compra do Vale do Silício. Como dominar a ganância humana é um mistério mais aflitivo do que descobrir a teoria da física. Nos últimos cinquenta anos, a população mundial mais que dobrou, mas o crescimento econômico mundial se multiplicou por sete. Com sorte e contracepção, a população do mundo talvez se estabilize, mas o consumo continua crescendo, quase de forma exponencial: quanto mais pessoas tivermos, mais elas vão querer.

"No entanto, separar o consumo da população", diz Ehrlich, "é como dizer que o comprimento de um retângulo contribui mais para sua área do que sua largura." Os Estados Unidos são os maiores consumidores *per capita* do mundo, e seus 315 milhões de pessoas rumam para estimados 439 milhões ou mais, até 2050. E um novo fator intensificou o impacto da fórmula I=PAT, que ele e John Holdren escreveram, nos anos 1970: População, Afluência e Tecnologia são exacerbadas pelo Tempo.

"Os próximos 2 bilhões de pessoas que acrescentarmos farão muito mais estrago que os últimos 2 bilhões", diz Ehrlich. Aqueles de nós que já estão vivos já arrancaram os recursos que estão pendurados mais abaixo. Assim como tirar óleo de pedra, de agora em diante adquirir coisas será muito mais difícil, envolverá muito mais energia e deixará uma bagunça bem maior em nosso rastro.

No dia seguinte à eleição presidencial americana de 2008, Paul e Anne Ehrlich escreveram uma carta rogando a Barack Obama que "nivelasse os nascimentos e as mortes". Eles escreveram que durante o século passado os humanos tinham progredido elevando a expectativa de vida. "Porém, devido às potenciais consequências assustadoras da explosão dos números humanos que se seguiu à redução da taxa de morte, é essencial dar atenção equivalente à redução das altas taxas de natalidade."

Eles escreveram ao presidente eleito que o objetivo "tem de ser parar o aumento da população, o mais depressa e humanamente possível, depois reduzir os números humanos, até que os nascimentos e as mortes se equilibrem, com um tamanho de população que possa ser mantido com os estilos de vida desejados, sem causar danos irreparáveis aos nossos sistemas de apoio à vida".

Eles não mencionaram o número de 2 bilhões que haviam sugerido anteriormente. Propuseram uma discussão global ao longo das próximas décadas "para se chegar a um consenso quanto a esses estilos de vida e, consequentemente, o tamanho máximo apropriado para a população – que já sabemos ser menor que os atuais 6,7 bilhões. Felizmente", eles acrescentaram, "o alvo pode ser experimental, já que (se tivermos sorte), pode bem levar meio século ou mais, até que o declínio mundial comece, portanto haverá décadas para se pensar e avaliar qual o melhor nível para a estabilização de nossos números."

A carta deles também evocava Obama a "imediatamente derrubar a 'política Mexico City', da administração Reagan, por matar mulheres no mundo inteiro, pelo impedimento ao acesso legal ao aborto" – o que ele fez, dias após tomar posse, para satisfação deles. Àquela altura, Obama também tinha escolhido John Holdren, melhor amigo de Ehrlich, para seu consultor científico. No ano seguinte, o presidente assinou um projeto para tornar a assistência à saúde, pública e privada, disponível para todos e, um ano depois, anunciou que, a partir de 2013, o seguro de saúde na América tinha de cobrir o controle de natalidade para as mulheres, sem pagamento conjunto. Como resultado, milhões de mulheres que pagavam até 50 dólares mensais por contraceptivos subitamente não precisavam mais escolher entre o jantar e o Depo-Provera.

Em um país onde quase metade de todas as gestações é não intencional, finalmente havia motivo para ter esperança. Como a maioria que apoiou a candidatura de Obama, Paul Ehrlich teve suas decepções com o presidente, começando por seu primeiro mandato e sua desatenção à mudança climática. No entanto, Ehrlich entende bem o que alguns americanos que esperavam que Obama fosse o novo Franklin D. Roosevelt jamais pararam para pensar:

Com mais de 300 milhões de americanos, Obama tinha quase o triplo de cidadãos para empregar, alimentar, educar e medicar do que tivera Franklin Delano Roosevelt.

Ele passa para pegar Anne e segue dirigindo pelo *campus* até o jantar que Gretchen Daily está oferecendo para seus alunos. Sua equipe da Costa Rica está ali, assim como as jovens que vêm fazendo trabalho de campo no Havaí e na Colômbia, várias pessoas da equipe de Jasper Ridge e alguns visitantes de fora da cidade. Paul, um palmo mais alto que Anne, a conduz atenciosamente pela casa bem ventilada, até uma multidão no pátio dos fundos, orgulhosamente perguntando a todos se eles conhecem sua primeira esposa.

É uma velha piada que todos já ouviram, mas é sempre encantador ver a adoração que Paul tem por ela. Anne, que é diretora associada do Centro de Conservação Biológica de Stanford, ainda publica prolificamente com o marido e é a administradora da obra dos dois. Eles servem pratos de salmão selvagem e legumes grelhados, e acomodam-se em cadeiras de varanda, mergulhando numa conversa animada com os jovens filhos de Gretchen, Luke e Carmen, ambos louros como a mãe. Gretchen aparece, com os braços carregados de travessas de saladas. Seu marido, cientista do *laser*, está na Europa; eles se viram rapidamente, quando ela voltava de Minneapolis, onde se encontrou com seus parceiros do Natural Capital Project. "Eu fiquei arrebatada!", ela anuncia, com o sorriso largo sugerindo que foi bom.

Ela explica que um desses parceiros é diretor do Institute on the Environment, da Universidade de Minnesota, um ex-astrofísico chamado Jon Foley, que passou a aplicar matemática avançada a este planeta e sua atmosfera. "Ele compilou seu fantástico conjunto de dados sobre produção alimentar mundial, detalhada em níveis municipais, para o planeta inteiro. O material excede, em muito, o vasto banco de dados da Organização das Nações Unidas para a Alimentação e a Agricultura."

Ele também é uma fonte-chave para o programa gratuito InVEST, elaborado para ajudar os tomadores de decisão a observar como a conservação pode alavancar os negócios e proteger suas comunidades. Tornar o programa amplo e potente o bastante para beneficiar usuários de qualquer lugar da Terra é algo que exige uma quantidade fenomenal de informação. Anos antes, Foley tinha percebido que, embora as imagens globais da Nasa mostrem o que é uma floresta e o que é um campo, elas não revelam quem é o dono da terra, o que está sendo cultivado, nem como. Se eles soubessem desses dados relativos a todos os locais e cruzassem as informações com o panorama geral dos satélites, ponderou ele, poderiam realmente compreender o que estava acontecendo com o planeta.

Foi-lhe dito que um projeto internacional tão gigantesco exigiria milhares de pesquisadores, levaria de dez a vinte anos e exigiria milhões de dólares. Mas Foley considerou que todos os países possuem um Ministério da Agricultura, com gente que tem prancheta circulando em caminhões, indagando agricultores: "O que você está cultivando nesta temporada? Quanto de fertilizante está utilizando? Para quem está vendendo?"

"Conversa fiada", ele disse aos detratores. "Só serão necessários dez alunos espertos que falem línguas diferentes e muita persistência – e talvez algumas dezenas de milhares de dólares, mas não milhões." Então, ele buscou alunos que lessem português, espanhol, chinês, russo, árabe, suaíli, tagalo e outras línguas, que ficassem contentes em trabalhar por 10 dólares por hora, em algo muito mais interessante do que fritar hambúrgueres. Em dois anos, usando empréstimos entre bibliotecas e escrevendo para os ministérios de Agricultura pelo mundo afora, eles compilaram a maior coletânea de dados agrícolas do mundo, cobrindo todos os países da Terra.

"Os únicos que deram trabalho foram os países onde os governos haviam caído", ele disse a Gretchen. "E não temos informações muito boas sobre a Coreia do Norte."

Mas para todos os outros lugares, eles possuem dados substanciais, desde 1960 até 2010: o período de cinquenta anos que englobou toda a Revolução Verde até o presente, traçando a quantidade de terra, água, fertilizantes e químicos utilizados para o cultivo de 175 lavouras diferentes. Subitamente, eles estavam recebendo ligações do Google, da Gates Foundation, do Banco Mundial e até de gerentes de fundos de investimentos, dizendo que esses dados eram uma mina de ouro. "Que eles disponibilizam publicamente", conta Gretchen, "repassando o mais rápido que puderem."

Mesclando as camadas de paisagens gráficas com os dados de ouro de Foley e guardando no Google, com seu poder de distribuição maciço, torna a InVEST uma das ferramentas de planejamento ambiental mais potentes que existem. No entanto, por trás desse deslumbramento, à espreita, está o mau presságio dos cientistas para sua própria espécie e o seu planeta: isso está sempre pairando no ar, em todos os encontros inspiradores com colegas e alunos brilhantes, e com suas famílias e filhos, tornando cada nova publicação e todos os prêmios internacionais agridoces.

Eles estão perguntando e tentando responder à pergunta mais séria da história: como nós, humanos, podemos seguir em frente?

Em 2008, Jonathan Foley e 28 colegas de três continentes que haviam se reunido numa conferência na Suécia reconheceram que todos se sentiam como se estivessem olhando de um penhasco: se o planeta levar um empurrãozinho, para qualquer direção, o mundo terá a mudança mais drástica que a humanidade já conheceu. Ninguém tinha certeza exata do quanto, nem se isso poderia ser conhecido. Mas eles concordavam que era importante tentar saber.

O artigo que eles publicaram no jornal *Nature* – também surgiram versões em *Ecology and Society* e na *Scientific American* – identificava nove limites planetários, além dos quais o mundo entraria numa mudança que poderia se provar sísmica para a humanidade. Eles reconheceram que, embora baseados na melhor ciência disponível, esses eram apenas "esboços estimativos iniciais cercados por incertezas e lacunas de conhecimento" que vão exigir grandes avanços científicos para serem preenchidos. Os nove limites eram a mudança climática, a perda da biodiversidade, a ruptura dos ciclos globais de nitrogênio e fósforo, a diminuição do ozônio, a acidificação dos oceanos, o uso da água doce, as mudanças na utilização do solo, a poluição química e as substâncias atmosféricas particuladas.

Por trás de cada um deles estava o mesmo motivo não dito: a presença humana cumulativa, para a qual eles não arriscaram delimitar. A decisão de limitar uma espécie é tão carregada emocionalmente que a ideia é tão preocupante para os cientistas quanto para qualquer ser humano. A tentativa de fazê-lo pode ter inevitavelmente desviado do estudo imaginativo que cruamente expôs o estado do planeta.

Duas das categorias, substâncias atmosféricas particuladas e poluição química, eles concluíram que não haviam sido estudadas suficientemente para determinar a capacidade da Terra em absorvê-las. No entanto, para três categorias, os limites propostos por eles já haviam sido ultrapassados.

Uma foi a mudança climática, para a qual eles concluíram que as concentrações de CO_2 atmosférico não deveriam exceder 350 partes por milhão. Na época da publicação, em 2009, os níveis haviam subido para 387 partes por milhão[8].

A segunda foi a quantidade de nitrogênio canalizada da atmosfera para o uso humano, principalmente pelo processo Haber-Bosch. O limite que eles encontraram foi 35 milhões de toneladas por ano *versus* os atuais 121 milhões. (O fósforo ainda estava dentro do limite proposto de 11 milhões de toneladas fluindo para dentro dos oceanos, embora os atuais 8,5 milhões a 9,5 milhões de toneladas de fosfato já estejam contribuindo para zonas mortas em grandes deltas fluviais do mundo. Outra preocupação quanto ao fósforo, no entanto, é que esse nutriente mineral essencial é escasso no solo planetário, e os depósitos de guano nos atóis do Pacífico e nas formações de calcário da Flórida estão quase esgotados. Apenas uma fonte ainda permanece, no Marrocos e em seu vizinho Saara Ocidental, em um estado de funcionamento precário, cuja estabilidade futura preocupa agrônomos de toda parte.)

A terceira é a perda da biodiversidade. Antes da Revolução Industrial, segundo os registros fósseis, de 0,1 a uma espécie em cada milhão era extinta anualmente. O limite aceitável que eles propuseram foi de dez. A perda atual é de no mínimo cem espécies por milhão, um número que se teme ser multiplicado por dez, durante este século. Nada remotamente semelhante aconteceu, desde que um asteroide exterminou os dinossauros.

Designar números quanto à dimensão do estrago à natureza permitido para que os humanos ainda sobrevivam foi algo ousado, porém potencialmente inútil. Como se quantifica a biodiversidade? Contando as espécies

8. Em 2013, 400 partes por milhão. Fonte: Global Monitoring Division of NOAA/Earth System Research Laboratory.

ou o que elas fazem? Foley se viu fazendo perguntas sem resposta, do tipo: "É mais importante perder uma bactéria ou um pássaro dodô?". Ou: "Será que realmente precisamos de 500 tipos de beija-flores? Ou precisamos de 500 tipos de bactérias que comem o lixo da floresta e o transformam em matéria orgânica e nutrientes livres?".

Em um mundo onde a biomassa animal total é predominantemente de insetos e onde a maior parte das espécies é microbiana, nossas percepções são distorcidas por haver muito mais dados sobre coisas que podemos ver, como pássaros e mamíferos, do que sobre bactérias ou nematódeos. Classificar com precisão aqueles que não podemos viver sem, na grande experiência chamada vida na Terra, mostrou-se impossível, pois não há grupo de controle. Não saberemos com certeza, até que eles tenham desaparecido, e será tarde demais para chamá-los de volta.

O que sabemos é que a vida é bem melhor quando há uma variedade maior deles. A experiência mais longa de biodiversidade do mundo, dirigida, desde 1971, por David Tilman, colega de Foley na Universidade de Minnesota, fica a 50 quilômetros ao norte do *campus* deles. Em centenas de canteiros experimentais, matos de campinas crescem em várias combinações ou em monoculturas separadas. Alguns recebem cargas extras de dióxido de carbono, ou calor a mais, provido por lâmpadas, ou níveis variados de nitrogênio, para testar o impacto de todas essas variáveis. O mais aparente é que a produção primária – a habilidade das plantas em transformar o carbono atmosférico em mais biomassa – é mais alta onde há mais biodiversidade. Quanto mais tipos de plantas, mais eficientemente elas usam os diferentes recursos da terra.

É uma analogia da zona de temperatura, da descoberta dos alunos de Gretchen Daily e Paul Ehrlich, na tropical Costa Rica. Em cada uma, há um corolário que quanto maior a diversidade das plantas, menos pestes comedoras de plantas – aparentemente porque, numa paisagem mais natural de diversidade, uma variedade maior de outros insetos, morcegos e pássaros aparece como seus predadores.

O motivo para preservar o voo dos pássaros canoros entre os hemisférios, a cada ano, não é apenas pelo nosso prazer de ouvir o som de suas vozes e ter a visão de suas plumagens. O motivo para que eles migrem é para terem seus filhotes em locais onde há um grande suprimento alimentar. Ao comerem os insetos de todos os campos e árvores, eles nos dão o mais importante controle de pestes. Se perdermos esses pássaros, ninguém vai saber o que irá acontecer.

A noite de março do norte da Califórnia vai esfriando, e a festa passa para o lado de dentro. As crianças de Gretchen estão ao piano, escolhendo melodias para Paul e Anne. Confrontados com os dados ecológicos mais profundos e a perniciosa negação política, são eles com quem os Ehrlich se preocupam.

"Não digo que não há esperança. Quando penso que há somente 10% de chance de evitarmos um colapso da civilização, continuo trabalhando por Luke e Carmen, para chegar aos 11%."

"Agora chega", diz Anne.

"Eu dou menos de 50%", diz Gretchen. "Mas mais de 10%."

Todos se abraçam. Paul tem tanto orgulho de sua ex-protegida, que aplica os princípios da ecologia populacional no desafio de gerir o mundo, de governos a negócios, e ONGs, em cujas diretorias ela participa, com a tarefa de falar pela natureza, que não tem voz, em um futuro que pode ou não conter a nós todos. Excetuando-se a origem do consumo, o que mais intriga Paul Ehrlich é por que as decisões sobre a Mãe Natureza – mãe que nos dá a vida e o ar – são tomadas por políticos e não por cientistas que conhecem a situação crítica de suas condições.

"Isso é o equivalente imoral dos contadores de uma seguradora tomando decisões sobre nossa saúde pessoal."

Mesmo um presidente astuto o suficiente para nomear seu amigo John Holdren como consultor científico aparentemente falhou em consultá-lo; se ganhar outro mandato, talvez isso mude. Porém, enquanto isso, Gretchen Daily e seus Capitalistas Naturais com a rede mundial em expansão, incluindo cientistas, geradores de recursos, ativistas e comunicadores de *software*, e o aprofundamento de dados do custo-benefício por não desperdiçar a fonte principal da natureza, talvez ainda consigam a atenção da plutocracia. Ehrlich é eternamente grato a ela por tentar.

Em 1995, o chefe do Laboratory of Populations, da Rockefeller University, o matemático e biólogo Joel E. Cohen, publicou um livro intitulado

How Many People Can Earth Support? Sua pesquisa exaustiva não oferecia uma resposta numérica única a essa pergunta, exceto dizer que não existe uma, porque isso pede muitas outras perguntas. Perguntas como: em que nível de bem-estar material e em que grau de distribuição entre as pessoas do mundo? Com que tecnologia, em que ambientes físicos e com que tipo de governos? Com que risco, robusteza ou estabilidade – ou seja, sustentar as pessoas por quanto tempo? E com que valores?

Para os ecologistas do mundo, que também são filhos, filhas e pais, e cujos amigos mais próximos são seres humanos como eles, as respostas de todas essas perguntas estão informadas em suas mentes, por montanhas de dados e observação, mas verdadeiramente respondidas em seus corações. Chega uma hora em que o que fazemos e quantos de nós estamos fazendo têm de ser razoavelmente considerado, medido e guiado, e essa hora parece ser este século.

Naquilo que parece ter se tornado uma parábola de nossa era, que remete a um matemático e meteorologista americano, e teórico do caos, Edward Lorenz, vemos que as batidas de asas de uma borboleta no Brasil talvez disparem um tufão no Texas. Em 1945, uma borboleta avistada em Vermont, num acampamento de verão, tocou a mente de um garoto de treze anos, chamado Paul Ehrlich. Uma coisa levou a outra, e o levou à Universidade do Kansas, para aprender junto com uma sábia apaixonada por abelhas, assim como ele, cuja paixão eram os lepidópteros. Lá ele conheceu sua primeira e única esposa, uma artista, ilustradora bióloga, escritora de olhos claros que conseguia desenhar borboletas perfeitas, e que o ajudou a articular que a dinâmica da população dos insetos mais frágeis diz respeito à nossa. Bastou um pequeno passo para a compreensão de que somos fundamentalmente tão frágil quanto eles. Se seu néctar for envenenado, seus campos usurpados, seu sustento exaurido, ou seu clima desorganizado e elas fracassarem, assim será conosco.

Eventualmente, a comunhão dos dois viria a reabrir uma discussão que foi tratada, pela primeira vez, no século XVIII, por um economista e clérigo bastante maligno, mas nunca realmente refutado, chamado Thomas Robert Malthus. Seu argumento havia sido esmagado pela pesada máquina do crescimento que durante os duzentos anos seguintes redefiniu o mundo. Então, no ponto onde o crescimento acelerava rumo à sua maior expressão, um livro que os Ehrlich escreveram vendeu milhões, mas trouxe o mesmo menosprezo para eles mesmos. Legiões de eruditos e sábios economistas de estilo próprio tentaram afogar a mensagem deles. Mas ela está sempre voltando à tona.

Não é tão complexa, apesar de infinita, a incrível ecologia que subjaz: mantenha tudo em equilíbrio sensato – química, variedade e números – e haverá esperança para que nossas crianças e proles de todos os pássaros e borboletas sigam em frente, juntas.

EPÍLOGO

SE A RAÇA HUMANA MANTIVER SUA TRAJETÓRIA ATUAL, ATÉ O ANO 2100 haverá mais de 10 bilhões de nós. Com ligeiras oscilações desse ritmo, talvez sejamos vários bilhões a mais.

Suponhamos, no entanto – hipoteticamente, deixando de lado as objeções sociais –, que amanhã o mundo inteiro adotasse a política de apenas um filho. Até o fim deste século voltaríamos a ser 1,6 bilhão, nossa população em 1900.

Se você pensar a respeito disso, parece incrível, mas é verdade: se parássemos totalmente de nos reproduzir, em pouco mais de cem anos nossa população seria zero. Portanto, manter somente um filho por família, por algumas gerações, voltaria a nos colocar no tamanho certo.

Isso reduziria nossos números em três quartos, liberando milhões de acres para outras espécies, cuja existência depende de um ecossistema em funcionamento – incluindo a nossa. Mas a ideia de um filho só é assustadora, até para a maioria dos chineses, que já tentaram. Ninguém quer que lhe digam o que fazer sobre algo tão pessoal e natural.

Ainda assim, hoje em dia muita gente prefere limitar sua procriação, por interesse próprio. Em 2008, durante uma palestra no estado americano de maior índice de fertilidade, o Utah, fiz uma pergunta sobre isso para o público que era, em grande parte, mórmon. Como os primeiros israelitas, os primeiros mórmons tinham várias esposas e pelo mesmo motivo: era uma estratégia para ter muitos filhos, para que a tribo crescesse rapidamente. Porém, até o fim do século XIX, os mórmons tinham sido forçados pelo governo americano a abandonar a poligamia. Mesmo assim, eles continuaram a ter muitos filhos, e logo surgiu uma crise, quando muitas mulheres mórmons começaram a morrer no parto. Para manter o alto índice de nascimentos com apenas uma esposa por família, as mulheres estavam engravidando depressa demais, depois do parto mais recente.

Em uma cultura centralizada na família, como ocorre com os mórmons, as famílias sem mãe não são apenas trágicas, mas uma ameaça estrutural à comunidade. Felizmente, os mórmons também enfatizam a educação, e até 1900, uma geração crescente de médicos mórmons percebeu que precisava aconselhar as mulheres a espaçarem as gestações, para que o modo de vida mórmon não fosse ameaçado.

"Portanto me ocorre", eu disse, "que uma cultura, que uma vez já escolheu gerir as gestações pelo bem da mãe e de sua sociedade, pode entender melhor a necessidade de fazê-lo, para salvar a Mãe Natureza. Além disso, como um povo que venera santos mais recentes, vocês podem ter uma vantagem sobre aqueles de nós que ainda estão presos a liturgias de milhares de anos. Vocês foram flexíveis o suficiente para formarem uma nova igreja cristã na era moderna. A flexibilidade é exatamente o que nós vamos precisar para reagir à crise ambiental que todos enfrentamos agora."

Na discussão que se seguiu, todos concordaram que fazê-lo era de interesse deles. Muitos reclamaram do engarrafamento ao longo de 160 quilômetros da faixa urbana que agora vai do norte de Ogden ao sul de Provo, e segue subindo cada vez mais pelas montanhas panorâmicas, onde a poluição sobe o suficiente para obscurecer as pistas de esqui. E a situação da água no estado desértico, parte da bacia desfalcada do Rio Colorado, assustava a todos.

"Não há um único problema na Terra que não seria mais fácil de resolver se houvesse menos gente", disse uma mulher em Salt Lake City, e, surpreendentemente, ninguém contestou.

Isso me fez pensar: haveria algo na história ou nos livros sagrados de outras culturas e religiões do mundo que talvez pudesse abraçar a ideia, por assim dizer, de limitar nossa descendência de volta ao equilíbrio com o restante da natureza – chegando a um ponto ideal, quando poderíamos retomar a média de dois filhos por família?

Mas conforme comecei a jornada por terras diferentes para fazer essa pergunta, surgiu outra, uma que é universal para toda a nossa espécie: temos a determinação e a presciência para tomarmos decisões pelos descendentes que jamais conheceremos?

Houve uma época em que os humanos começavam grandes catedrais, compreendendo que não seriam concluídas por 250 anos. As últimas dessas, ainda a serem terminadas, são a Catedral de São João, o Divino, em Nova York, que começou em 1892, e a Basílica da Sagrada Família, em Barcelona, que Antonio Gaudí começou em 1882, cuja projeção mais recente para conclusão é 2026 – ambas as exceções de que nossa sociedade não planeja muito para posteridade. Apelos comoventes pela conservação da natureza, pelo bem de nossos netos, mostrando crianças abraçadas a coalas ameaçados de extinção, são lamentavelmente ineficazes. Nossas necessidades imediatas acabam tendo prioridade sobre as deles.

Portanto, a questão passa a ser: será que poderemos nos beneficiar *agora*, se todos concordarem em diminuir a população, no século XXI, da forma como as nações se uniram, durante o século passado, para assinar o protocolo para salvar nossa cama de ozônio?

Numa cafeteria, na estação de Liverpool, em Londres, fiz essa pergunta a Asma Abdur Rahman, de 21 anos.

"Você quer dizer que me beneficiaria em ter somente um filho?"

"Um ou dois." Chegar à população ideal seria mais gradual, se alguns casais optassem por ter dois, mas essa opção torna a possibilidade bem mais realista. Até Paul Ehrlich garante às amigas como Gretchen Daily e à própria filha que "Dois já bastam".

Ela deu um gole em seu chá, com a expressão pensativa, por baixo de seu *hijab* vermelho e dourado. Nascida no Reino Unido, de pais imigrantes de Bangladesh, Asma era de uma família de quatro filhos; seu pai era de uma família de sete filhos, e a mãe, de nove. Ela também se formou em Oxford e está fazendo mestrado em política ambiental na London School of Economics. Recentemente fez uma apresentação na turma, argumentando que a população não podia ser tratada de forma isolada. "Se não baixarmos o consumo, paralelamente ao decréscimo da população, isso poderá ser fútil, pois uns poucos abastados podem usar tantos recursos quanto muitas pessoas."

Também existe o risco de que as famílias com menos filhos se tornem mais ricas e consumam mais. Ninguém que ela conhece da London School of Economics tinha uma solução para o consumo excessivo. Eu também não. Portanto, voltamos à ideia de baixar o número de consumidores.

Ela disse que representava uma segunda geração instruída de muçulmanos britânicos, que jamais teria famílias tão grandes quanto seus avós. Mas tampouco terão suas primas, em Bangladesh. Desde que recebeu a honra dúbia de ser o país mais densamente populoso do mundo, comprometeu-se a fazer o planejamento familiar. Agora há mais meninas que meninos no Ensino Fundamental e Médio das escolas de Bangladesh. A taxa de fertilidade total, de 6,9 filhos por mulher, quando o país se separou do Paquistão em 1971, agora é 2,25: quase a taxa de substituição. Um estudo de 2011, realizado pelo Vienna Institute of Demography, que modelou cenários educacionais distintos, concluiu que, se cada país investisse veementemente na educação das meninas, até 2050 poderia haver um bilhão a menos de pessoas, se nada mudar.

"Mas a educação das mulheres deve ser promovida por si só, não para diminuir a população", disse Asma. "Embora", ela acrescentou, "isso seja um efeito colateral natural."

Até aí, nada a argumentar, e desconfio de que um estudo que modelasse um mundo em que as mulheres tivessem todos os direitos iguais poderia ser ainda mais revelador. Canalizar o poder intelectual feminino seria uma experiência inestimável, sem qualquer ponto negativo. Também aliviaria o temor de escassez de mão de obra, à medida que as populações encolhem. Mas eu a lembrei de minha pergunta: contribuir com esse encolhimento a beneficiaria?

"Eu concordo: não é o ambiente que precisa ser administrado, somos nós. Imagine como a Inglaterra seria agradável, com metade das pessoas. Mas não acho que ficaria feliz com um filho só. Minha personalidade foi muito moldada por ter irmãos."

Assim também foi comigo, que fui o segundo de dois filhos e grato beneficiário do amor e orientação de uma irmã mais velha. Na China, fiz a mesma pergunta na Universidade de Guangzhou. Com 13 milhões de pessoas, Guangzhou, que fica a duas horas ao norte de Hong Kong, agora é a terceira maior cidade da China – se encarada isoladamente. Na verdade, ela faz parte do maior complexo industrial metropolitano: 40 milhões de pessoas no Delta do Rio Pearl, onde cinco outras cidades agora adjacentes passam de 3 milhões de pessoas. Esse crescimento espantoso se deve à migração de partes mais pobres da China, pela promessa de trabalho nas fábricas.

Eu estava conversando com quatrocentos alunos universitários que, livres das algemas que restringiram toda uma população anterior, durante a Revolução Cultural, fervilhavam com as oportunidades de aprender, conseguir empregos interessantes e ganhar dinheiro. O céu era o limite – de maneira figurada, mas também literal, e eles sabiam disso. Lá fora, podia-se olhar diretamente para o sol, um pálido disco em meio à névoa escura da Guangzhou industrial. Essa juventude sabia que o futuro lhes pertencia, de um jeito ou de outro. A devastação ambiental era o bicho-papão entre eles e seus sonhos, e eles estavam avidamente interessados em evitá-lo.

Em determinada altura, ocorreu-me uma ideia. "Todos eles são filhos únicos?", perguntei à minha intérprete.

"É claro", ela respondeu. "Todos somos."

"Vocês são um dos grupos de estudantes mais animados e inteligentes que já conheci", eu disse a eles, "Vocês não parecem psicologicamente abalados. Não sentem falta de irmãos e irmãs?"

Eles reconheceram que sentiam, mas entendiam por que a restrição reprodutiva era necessária e se adaptaram. "Nossos primos e amigos mais próximos se tornaram nossos irmãos", o aluno mediador me disse.

"Nós meio que reinventamos a família", disse um outro jovem.

Novamente, fui lembrado do quanto o *Homo sapiens* é adaptável, e como nossa flexibilidade explica a forma como sobrevivemos até agora. E talvez seja um presságio de como seremos capazes de continuar sobrevivendo.

Nossos números atuais, sem precedentes, surgiram de forma bem simples: depois de ficarmos praticamente constantes, em quase 200 mil anos, durante o último 0,1% da história humana, a cada ano, menos gente morreu do que nasceu. Isso acontece apenas de duas maneiras: mais nascimentos ou menos mortes – e os dois são inseparáveis. Ao longo dos dois últimos séculos, tornamo-nos brilhantes em eliminar doenças ou nos protegermos delas. Consertamos corpos danificados. Em grande parte do mundo, dobramos a expectativa de vida, de menos de quarenta anos para quase oitenta.

Se não tivéssemos feito isso e tivéssemos deixado que a natureza seguisse seu curso natural, ela periodicamente teria varrido nossa população com pandemias, da mesma forma como queima nossas florestas até o chão, e haveria muito menos de nós vivos. A maior parte dos 2,3 bilhões de nós que têm mais de quarenta anos hoje não estaria aqui. Quase metade de todas as crianças teria morrido antes dos cinco anos, e pelo menos um quinto de todas as mulheres teria morrido na gravidez ou de complicações no parto, antes de dar à luz os filhos que tiveram.

Como nossos ancestrais suportaram essa dor é algo inimaginável e não vamos regredir, pelo menos não voluntariamente. O uso excessivo de antibióticos, especialmente na alimentação de animais domésticos, já provou que muitos deles são inúteis; como a corrida cada vez mais acirrada entre os insetos e as plantas que coevoluem, bactérias que surgem resistentes disparam de volta contra nós. Contudo, nossa tecnologia médica é um benefício que ganhamos evoluindo nossa inteligência para criá-la – e isso também significa que há mais gente no planeta, porque ficamos por aqui mais tempo, consumindo mais alimento e muito mais de todas as outras coisas. Como poucas pessoas, exceto alguns sociopatas, se opõem à escalada das taxas de mortalidade, se algum dia diminuirmos a população, só haverá uma escolha: diminuir as taxas de natalidade.

Será que é isso que a maioria de nós escolheria? Em Utah, enquanto as pessoas lamentavam o urbanismo implacável enchendo seus vales e regiões serranas, eu novamente as ouvi expressar algo que eu ouço sempre que viajo. Independentemente de onde sejam as pessoas, que idade elas tenham, qual seja seu partido político ou em que acreditem, todas se lembram de um lugar aonde costumavam ir, para fugir do tumulto de suas vidas. Um lugar não muito distante, onde eles podiam fazer caminhadas, ou um piquenique, ou andar de bicicleta no barro. Onde pudessem observar os pássaros – ou, se gostam de caçar, matar pássaros. Onde pudessem abraçar árvores, ou cortá-las para ter lenha, ou apenas adormecerem embaixo de uma. Só que agora esse lugar favorito sumiu, desapareceu sob os centros comerciais, ou parques industriais, ou condomínios.

Todos se lembram de um mundo que era melhor. Menos populoso. Mais bonito. Onde se sentiam mais livres.

Também me lembrei, quando voltei à minha terra natal, Minneapolis, para me encontrar com Jon Foley, da Universidade de Minnesota, compilador do maior banco de dados do planeta do quanto nós humanos crescemos. Mas, primeiro, segui ao norte das Cidades Gêmeas, até a Cedar Creek Ecosystem Science Reserve, a estação de pesquisas da mata, onde há três décadas e meia o biólogo evolucionista David Tilman vem documentando, entre outras coisas, como enfraquecemos a rede da vida, sempre que subtraímos outra espécie.

Logicamente, a maioria dos assentamentos do mundo ocorreu perto de bons territórios cultiváveis, muitos dos quais, infelizmente, desapareceram embaixo do asfalto no último meio século. Cada vez que volto para casa, estou despreparado para a extensão do avanço do urbanismo. Por 72 quilômetros, descobri que a Interestadual 65 agora está perfilada de pequenos galpões, imobiliárias, copiadoras, postos de gasolina, *outlets* de pneus, hospitais veterinários, Domino's Pizza, salões de bronzeamento, estacionamentos de *trailers*, revendas de carros e caminhões usados, sindicatos, Hollywood Vídeo, Auto Zone, Chili's, Office Max e lotes de casas pré-fabricadas de estilo colonial, com laterais em vinil, à venda. Na rádio pública de Minnesota, dois economistas discutiam de quantas habitações o estado precisava para voltar a ser um mercado saudável.

Como vítimas de um naufrágio, agarradas aos coletes salva-vidas, em meio a todo o comércio clonado, estavam os vestígios espalhados da minha infância: barracas de roça vendendo milho-verde e lojas com iscas vivas. Depois de uma hora, entrei na Rodovia Municipal 24, agora conhecida como 237th Street Northeast. Ela conduzia à estação de pesquisas de campo de Tilman, um complexo de edificações de madeira ecológica, em um campo de margaridas amarelas de miolo preto e monardas roxas.

Era começo de junho: ainda não havia chegado o verão, mas o ar úmido já estava bem denso. Dois alunos formados, Jane Cowles e Peter

Wragg, me levaram para ver canteiros experimentais plantados em combinações anuais e contínuas – grama do tipo *swift*, *couch*, capim-cevadinha, *bluestem* graúda e miúda, capim *bluegrass* – junto com legumes e milefólios, cravo-do-campo, asclepiadáceas, soldago e tremoço. Lâmpadas de infravermelho aqueciam cada canteiro entre 2 °C e 5 °C acima da manhã já escaldante. No calor elevado, tudo crescia mais alto e mais depressa. Várias plantas já estavam florescendo. Perguntei se isso significava que o aquecimento global era bom para a lavoura.

"Na verdade, não", disse Cowles. "A menos que os insetos mudem o tempo de seu ciclo de vida, haverá um desencontro entre os polinizadores e as flores."

Mesmo com o aquecimento forçado, o crescimento era expressivamente mais robusto nos canteiros com biodiversidade. No entanto, infelizmente, a vasta maioria de nossa agricultura é de monocultura.

Na experiência de CO_2 elevado, três campos circulares, cada um contendo cinquenta canteiros plantados com inúmeras combinações de plantas e aplicações de fertilizantes, eram circundados por canos de PVC verticais perfurados que sopravam dióxido de carbono. Wragg explicou que um sensor, no meio de cada círculo, constantemente ajustava o fluxo para manter constante a emissão de 550 partes por milhão de CO_2, concentração atmosférica esperada para 2050[9]. Durante os primeiros anos de experiência, o CO_2 exacerbado havia incentivado o crescimento das plantas, tanto quanto o oxigênio nos revigora – até que ele se torna tóxico. Da mesma forma, em determinado ponto, a produtividade das plantas parava de crescer, a menos que fosse acrescentado fertilizante de nitrogênio – uma demanda que continuará em espiral, já que o uso excessivo de nitrogênio é, em si, uma das maiores fontes dos gases de efeito estufa.

Como na experiência de temperatura elevada, os canteiros com maior biodiversidade se saíram melhor. Estávamos indo de carro para em seguida vermos a experiência de nitrogênio aumentado, mas, subitamente, o céu escureceu como se fosse um súbito eclipse. Do sul, uma falange de nuvens cúmulo-nimbo negras fechava o tempo. Conforme passamos

9. A concentração média pré-Revolução Industrial do dióxido de carbono na atmosfera era 280 partes por milhão. Até 2016, se não antes, a queima de combustíveis fósseis irá empurrar os níveis de CO_2 para além de 400 partes por milhão, pela primeira vez, em 15 milhões de anos.

por um matagal, um pé de bétula caiu atravessado no meio da estrada, encurtando a minha visita.

No caminho de volta, ouvi as sirenes de alerta de tornado. Segurando o volante com força contra as rajadas de vento, observando o céu em busca de funis, fiquei pensando, como todos fazem agora, se o tempo drástico era por causa de nosso clima modificado. Por um lado, por ter crescido nessa parte norte do Tornado Alley, isso parecia familiar. Por outro, o rádio relatava que, embora fosse apenas primavera, a onda de calor já tinha matado o equivalente a um milhão de dólares em gado no Minnesota.

Os cientistas advertem que apenas com o tempo saberemos se os violentos acontecimentos climáticos somam uma tendência de que o clima ingressou numa mudança de fase. Mas se esperarmos para agir até que todos os números estejam somados, teremos esperado tempo demais, motivo pelo qual os cientistas estão testando todas as variáveis possíveis em modelos que possam prever nosso futuro provável. Por serem tecnicamente especulativos, eles são atacados por quem lucra no negócio, como sempre. Porém, até agora, a principal falha nos modelos de mudança climática tem sido a timidez: o pior caso previsto para um verão sem gelo ártico, previsto em 2008 para 2050, agora passou a ser tão próximo como 2016.

Em que momento, e com que provas ou palavras, podem os políticos e a indústria se convencer de que a drástica mudança climática está diante de nós, e só irá piorar – talvez, de forma fatal – se não reagirmos em conformidade? Mais adiante, naquele ano, eu seria indagado, por uma proeminente revista japonesa de negócios, se eu achava que as pessoas estavam sendo histéricas ao exigirem o fim da energia nuclear, em seguida à tragédia de Fukushima.

"Eu não chamaria de histeria", respondi, "já que todas as suas usinas nucleares estão em zonas sísmicas ou regiões costeiras, expostas a tufões e *tsunamis*."

"Mas as pessoas sofrerão ainda mais se a produção cair. Não seria histeria não levar isso em conta?", respondeu o entrevistador. Ao longo de meia hora, ele continuou reformulando a pergunta, esperando uma resposta mais satisfatória – até que, durante sua quarta tentativa, a cafeteria onde estávamos foi sacudida por um tremor que atingiu o centro de Tóquio, tornando minha resposta desnecessária.

Nenhum ciclone despencou das nuvens negras sobre as Twin Cities, mas o *campus* da Universidade St. Paul, onde Jon Foley leciona, ficou salpicado de galhos quebrados. Com seus quarenta e poucos anos, Foley tem um rosto esguio e de garoto, que sorri bem mais do que se espera de alguém que sabe tanto quanto ele, sobre o que teremos de enfrentar. Ele me mostrou um mapa do mundo, codificado em verde e marrom.

"Todo o território cultivado compilado", disse ele, indicando as manchas verdes, "totaliza cerca do tamanho da América do Sul. Toda a área de pastagens" – em marrom – "é igual ao continente da África". Ele explicou que o meu choque com a expansão urbana estava equivocado. Os humanos utilizam sessenta vezes a quantidade de terra para se alimentar. Todo o restante é deserto ou regiões montanhosas secas demais, ou íngremes para o cultivo, ou florestas que precisamos para absorver o carbono.

"Já estamos utilizando toda a terra que temos para cultivo. Nos próximos anos, teremos de alimentar 2 bilhões de pessoas a mais, usando a mesma terra. Acrescentando-se a opulência da crescente classe média asiática, isso significa que teremos de dobrar o suprimento alimentar do mundo até a metade do século. Agora, já estamos fracassando com um bilhão de pessoas desnutridas. Até o fim do século, haverá pelo menos um bilhão a mais. Teremos de triplicar a produção de hoje. A maneira como faremos isso é o maior desafio que a humanidade já enfrentou."

Já tinha ouvido tudo isso, mas vindo do homem que compilou mais informação que qualquer outra pessoa, sobre a comida que extraímos da Terra, deu uma sensação de veredito definitivo. Portanto, fiquei surpreso quando ele disse: "A boa notícia é que eu acho possível".

Como?

"Só se tudo funcionar perfeitamente – e até agora não estamos enfatizando as coisas certas. Se estabilizarmos as populações da forma mais rápida e humanamente possível. Também, se repensarmos as dietas que estão consumindo mais carne. Oito ou dez bilhões de pessoas não podem todas comer hambúrguer. Se reduzirmos pelo menos um terço do desperdício de comida do mundo. Nos países ricos, desperdiçamos nos restaurantes, deixamos estragar nas geladeiras, no fim da cadeia alimentar, com o consumidor."

Estávamos almoçando em um restaurante iluminado e ventilado, em St. Paul, chamado Bread and Chocolate, o tipo de lugar onde a comida é um assunto festivo. Culpado, comi a salsinha decorativa do meu prato. "Em países pobres", Foley prosseguiu, "geralmente é pelo lado do agricultor. Eles não conseguem armazenar os grãos sem perdas para contaminações ou pestes. Ou não conseguem fazer chegar ao mercado a tempo. Ou simplesmente se perde em algum lugar."

Ele parou para respirar. Havia mais "se" a caminho, até maiores.

"Se nós...", ele parou e se corrigiu. "Nós *temos* de acertar na mosca, para cultivarmos o máximo de comida com o mínimo de água e nitrogênio. Essas são duas questões gigantescas. E requerem uma mudança tão radical dos negócios habituais que chega a ser assustador."

Os humanos já lutavam pela água nos tempos do Antigo Testamento. Mas o nitrogênio sintético não tinha uma utilização difundida até os anos 1960. Foley disse que, desde então, "A agricultura se tornou o maior martelo com o qual golpeamos o planeta. É a maior fonte de gases de efeito estufa, emitindo mais que todas as fábricas e usinas de eletricidade juntas, e mais que todos os nossos carros, trens, barcos e aeronaves juntos".

Os culpados são o desmatamento, o metano arrotado pelo gado e as lavouras de arroz, a fabricação de fertilizantes e os derivados da fertilização excessiva: óxido nitroso, um gás trezentas vezes mais potente que o CO_2 que retém o calor.

"É a parábola da Cachinhos de Ouro", disse Foley. "Metade do mundo tem muito pouco nitrogênio. Metade do mundo tem nitrogênio demais. Ninguém tem a quantidade certa. Aqui nos Estados Unidos, e principalmente na China e na Índia, usamos muito. Somente de um quarto à metade do nitrogênio é usado pelas plantas. O restante é poluição. Porém, em um lugar como Malawi, uma pequena aplicação de fertilizante nos campos de milho pode triplicar sua produtividade. Novamente, é uma questão de acertar na mosca, em cada lugar e cada clima e solo e cultura."

O caminho para um futuro feliz agora parecia bem estreito. Principalmente do meu ponto de vantagem, lá de trás, onde eu havia começado. Minneapolis e St. Paul eram cidades prósperas de moinhos e ferrovias, cujos fundadores valorizavam profundamente a educação, as artes e a cultura, setores que recebiam grandes doações. Localizadas numa fértil paisagem ornamentada por rios de sobra, abençoadas com solos ricos e lagos limpos fervilhando de peixes, essas cidades encantadoras eram locais adoráveis, porém ilusórios, para crescer: até que eu parti e descobri o contrário; imaginava que isso fosse normal. De volta ao seu útero acolhedor, eu me esforçava para ver o panorama geral.

"E se Haber-Bosch nunca tivesse sido inventado", perguntei a Foley, "e jamais tivéssemos fixado o nitrogênio? Teríamos muito menos gente, com nosso suprimento alimentar limitado pela habilidade das bactérias de fixar nitrogênio nas raízes dos legumes. Em vez disso, estamos devorando metade da fotossíntese do planeta e roubando 70% da água doce para as lavouras. Se nunca tivéssemos inventado o fertilizante, será que teríamos precisado de uma Revolução Verde?"

Ele se retraiu. "O século XX teria sido horrendo – mais horrendo do que foi – se não tivéssemos feito isso. É necessário admitir que agora precisamos de uma segunda Revolução Verde, uma que seja muito mais verde. Porém, evitando a catastrófica escassez de alimentos e a crise malthusiana para a qual seguimos, a Revolução Verde nos permitiu passar humanamente pela transição demográfica."

A transição demográfica – passagem de um país de altos índices de natalidade para baixos índices de mortalidade – é considerada tanto um indicador e um resultado de estar se tornando desenvolvido. "Imagine se tivéssemos um mundo armado com armas nucleares e bilhões de pessoas famintas. Esse é o barril de pólvora que evitamos."

No entanto, outro cientista da Universidade de Minnesota, Norman Borlaug, fundador da Revolução Verde, advertiu que nós realmente não evitamos nada: meramente adiamos o inevitável colapso da população. E agora o Paquistão, uma potência nuclear e beneficiário inicial da Revolução Verde, está transbordando de gente que ruma em direção à fome, a menos que algum milagre restabeleça seu suprimento de água, que está acabando. Israel e Índia, ambas potências nucleares, também têm escassez de água e muita gente em ascensão.

Segundo a incrível compilação de números de Foley, a menos que reuníssemos todos os teimosos do mundo em uma administração disciplinada de recursos, usando fertilizante com precisão máxima, e minimizássemos o saboroso e lucrativo consumo de carne, símbolo de afirmação de alto *status* socioeconômico, estaríamos condenados a cumprir a profecia de Malthus.

Será que tentar gerir nossos números não seria um objetivo mais realista do que tentar tirar três vezes mais comida da mesma e já exaurida terra?

Foley aperta o osso do longo nariz irlandês. "Foi-nos dado este planeta impressionante", respondeu ele, "com imensos recursos e quantidades incríveis de energia, biologia e água. Agora, todas as trajetórias estão seguindo na direção errada. Temos gente demais querendo coisas demais, em um planeta cuja base de recursos está diminuindo. Essas coisas vão continuar se desenrolando por um bom tempo, e o fim do jogo será algo radicalmente diferente. Em algum lugar no futuro, o fim será que nós vivamos como uma civilização em um planeta com menos gente. Não sei quantos. Um ou dois bilhões. Quem sabe?"

Lá fora, agora faz uma tarde calma de junho. "Estamos presos a uma parte da história com uma inércia por trás", disse Foley, enquanto apertávamos as mãos. "Não podemos resolver esse problema em nosso tempo de vida. Serão necessárias várias gerações de trabalho. Mas isso não me faz sentir desesperançado; na verdade me deixa até fortalecido. É como se, que ótimo: tenho as duas próximas gerações com quem trabalhar. Preciso prover-lhes as melhores ferramentas possíveis com que lutar. Talvez uma tentativa seja pararmos em 8 milhões em vez de 10 milhões. Em vez de apenas 30% restantes da mata do mundo, vamos deixar 41% para eles."

Ao seguir de carro, passando pelo Rio Mississippi, pensei sobre a determinação dele. Assim como sua colega Gretchen Daily, Jon Foley não se absteve de nada do que estamos enfrentando, no entanto ele conseguiu inspirar esperança.

Um trecho do artigo escrito em coautoria por ele, que virou referência, aborda o crescimento exponencial das atividades humanas que poderiam desestabilizar os sistemas e dar origem a mudanças ambientais bruscas e irreversíveis, talvez catastróficas, para o bem-estar humano. "Esse é um dilema profundo", concluía o texto, "porque o paradigma predominante do desenvolvimento social e econômico continua amplamente alheio ao risco de desastres ambientais causados pelos humanos, em escalas continentais e planetárias." Sufocado em meio ao tom científico neutro dessa frase túrgida, havia um grito: *Não temos nem ideia do que estamos fazendo!*

Conforme a Interestadual 94 serpenteava passando pelo centro de Minneapolis, olhei à procura do estacionamento onde ficava a Biblioteca Pública de Minneapolis, um prédio de tijolinhos do século XIX, onde passei boa parte de minha infância. Eu visitava o último andar e ficava olhando os restos empalhados do pombo-passageiro, que um dia foi o pássaro mais abundante da Terra. Os humanos os aniquilaram em 1914 – no entanto, conforme li mais tarde, mesmo quando eles ainda eram um milhão, já estavam funcionalmente extintos, porque o padrão que condenou seu habitat e suprimento alimentar já estava estabelecido. Agora eu me pergunto: seria possível que minha própria espécie também já seja um bando de mortos-vivos?

Na semana anterior, em Washington DC, eu tinha conhecido o Reverendo Richard Cizik, um ex-lobista de Washington, pela Associação Nacional de Evangélicos. Em 2008, ele os deixou e fundou a New Evangelical Partnership for the Common Good (Nova Parceria Evangélica pelo Bem Comum), uma organização cristã com uma missão ambiental que ele chama de "Cuidados com a Criação". Ele me disse que, durante os três últimos anos, "Venho preparando um trabalho teológico de base para a interpretação de como o mandado pela fecundidade e multiplicação se aplica hoje, diante da atual crise do planeta". Um homem magro, de cabelos louros lisos já ralos, ele defendeu publicamente, poucas semanas antes, o apoio financeiro ao planejamento familiar, em um artigo do *Washington Post*, publicado no *blog* da fé.

"O planejamento familiar não é apenas moral: é o que deveríamos estar fazendo. Sejam fecundos e procriem foi superado pelo mandado pós-enchente, para viver pacificamente com todas as criaturas de Deus."

Ele disse que permaneceu inabalável diante do rechaço dos evangélicos conservadores e foi encorajado pela reação da nova geração de jovens cristãos preocupados.

"*Assim na terra, como no céu*, diz Jesus no pai-nosso. Se esse é o caso, então devemos trazer os valores do céu para a Terra. No céu, as coisas não são extintas. Sustentabilidade significa que você não faz as coisas serem extintas. No entanto, é isso que estamos fazendo com espécies inteiras. Simplesmente não percebemos, a menos que ouçamos os cientistas que ajudam a explicar o que a Criação não pode nos falar, mas está nos dizendo. Esse é o valor da ciência – ajudar-nos a entender o que a Criação está dizendo sobre si mesma."

Na despedida, ele me indicou o Apocalipse 11:18.

"Em sua visão do fim dos tempos, o apóstolo João antevê Deus destruindo os que destroem a Terra", disse ele. "Portanto, temos uma obrigação moral de preservá-la e viver como se nossas próprias vidas e futuro dependessem disso."

Quando garoto, aprendi a pescar e nadar nos lagos de Minneapolis. Durante a faculdade, trabalhei neles como salva-vidas, andei de canoa e de vela e corri ao redor deles, em minhas horas de folga. Agora eu parei em um dos mais bonitos, o Lake of the Isles. Pares de patos-reais e marrecos-de-asa-azul flutuam perto das plataformas de taboa, ao longo da margem. Casais da minha espécie também estavam presentes, junto com jovens mães empurrando carrinhos de bebês pelos caminhos embaixo dos salgueiros. Tanta coisa neste planeta ainda é tão bonita quanto eu me lembrava e espero que Cizik esteja certo sobre algo que ele disse: que as escrituras não previam um mundo que arde em chamas e desaparece, mas uma Terra purificada.

A transição demográfica é uma realidade: dentre os frutos do desenvolvimento, estão a longevidade e a necessidade reduzida de os pais fazerem cópias extras de si mesmos, na esperança de que pelo menos alguns sobrevivam. Com exceção dos países mais pobres da África ou do sul da Ásia, ou nos enclaves do extremismo religioso, como as Filipinas, o Afeganistão e o *haredi* de Israel, o nosso aumento declinou. Agora, à medida que nossa espécie pressiona os limites de tolerância da natureza, a questão é se é de nosso melhor interesse e do interesse das espécies semelhantes neste planeta acelerar esse processo.

Em outras palavras: será que estamos diminuindo os números com rapidez suficiente para nos salvar da catastrófica e irreversível mudança da qual nossos melhores cientistas estão tentando nos avisar?

"Demografia não é destino", disse o matemático populacional Joel Cohen, da Rockefeller University, em 2012, para um grupo da Kennedy School, em Harvard. "Podemos influenciar o mundo de nossos filhos e netos pelo que fazemos agora." Em conformidade com o especialista populacional dr. Malcolm Potts, apenas um declínio de meio filho por mulher, na taxa de fertilidade mundial, disse Cohen, já nos traria de volta a 6 bilhões até o fim do século – ou, meio filho na direção oposta, nos levaria a 16 bilhões.

Não que chegaríamos lá, pois antes entraríamos em colapso e provavelmente nunca nos recuperaríamos. Ou podemos mesmo diminuir nossos números mais depressa, com famílias do mundo todo tendo somente um ou dois filhos, até que possamos tirar nossa espécie do precipício, cuja aproximação não havíamos notado até agora.

Enquanto eu caminhava em volta do Lake of the Isles, notei que várias mansões majestosas no contorno do lago, que um dia foram endereços de famílias que trabalhavam com os moinhos e magnatas dos cereais, estavam agora à venda. Perto do fim da década passada, o mercado imobiliário, aquele padrão sacrossanto de saúde econômica, provou ser uma ilusão semelhante às correntes por carta e os esquemas Ponzi. Todos sabemos o que aconteceu em seguida: as reverberações ainda estão sacudindo as bases da União Europeia e o sistema bancário mundial.

Mas, digamos que você fosse dono de uma corporação e contratasse, como consultor, um desses economistas que falharam em enxergar a chegada do inevitável fiasco imobiliário. Embora sejam obcecados pelo crescimento como medida da força de uma empresa – mantra que eles nunca questionam –, você já sabe o que irão lhe dizer para manter sua empresa saudável:

"Você precisa ficar enxuto. Precisa cortar o excedente."

Então, na semana seguinte, seus funcionários chegam para trabalhar e 25% deles encontram cartões vermelhos. De forma um tanto brutal, sua empresa acabou de ser reduzida a um tamanho saudável. Quer dizer, a menos que você tenha uma empresa humana. Em vez de cortar um quarto de seu pessoal como se fosse um bando de alces, você usa um método mais brando: atrito. A cada ano, à medida que alguns funcionários se aposentarem ou seguirem adiante, ou vierem a falecer, você simplesmente contrata menos gente para seus lugares. Os que ficarem vão aprender novas tecnologias para realizar eficientemente o que antes era feito por mais gente e, aos poucos, a empresa chega a um tamanho bom e sustentável.

A menos que você seja realmente afortunado de possuir uma corporação, isso é uma fantasia, mas há alguma realidade em um planeta que agora é como uma empresa com gente além do que pode sustentar, seu refeitório incapaz de alimentar todo o pessoal, que passou a ser numeroso demais para que todos sejam pagos o que merecem.

A Terra não pode sustentar nosso número atual de gente, e inevitavelmente, de um jeito ou de outro, esse número precisa diminuir. Enquanto escrevo estas palavras, eu me lembro de ouvir uma entrevista dissonante, de 2011, dada pelo dr. Harold Wanless, presidente do Departamento de Ciências Geológicas da Universidade de Miami.

"Até o fim deste século", alertou Wanless, "regiões do sul da Flórida serão inabitáveis. O Condado de Miami-Dade será abandonado. Mumbai será abandonada – 15 milhões de pessoas. Atlantic City – o que vocês disserem. Com uma elevação de 1,20 metro a 1,5 metro do nível do mar, a maior parte dos deltas do mundo será abandonada."

Até recentemente, isso talvez fosse descartado como conversa de loucos. Mas o pior cenário de menos de 60 centímetros de elevação até o ano 2100, apresentado no Painel Intergovernamental de Mudanças Climáticas, de 2007, agora está sendo reconsiderado, já que os polos se derretem mais rápido que o esperado, a exposição de suas águas escuras absorve mais calor e o descongelamento dos depósitos de metano segue borbulhando. A única pessoa que encontrei contestando as previsões extremas do dr. Wanless foi um blogueiro do setor imobiliário da Flórida. Pouco depois de um ano dessas declarações, após a costa não apenas de Atlantic City mas também da cidade de Nova York sucumbirem ao mar revolto, foi ficando menos provável que outras pessoas o desafiassem.

Não quero abater ninguém que esteja vivo hoje. Desejo a todos os humanos que estão no planeta uma vida longa e saudável. Porém, ou assumimos o controle e humanamente diminuímos nossos números, recrutando menos novos membros da raça humana para assumir nossos lugares, ou a natureza vai distribuir um monte de cartões vermelhos. Quando você assiste à sobrevivência do mais forte no canal National Geographic, é divertido. Quando isso acontece com sua própria espécie, não é muito bonito.

Ainda demorei no gramado do Lake of the Isles, até que as jovens mães partiram com seus carrinhos, deixando o pessoal que vem dar uma corrida no início da noite. Conforme o crepúsculo foi chegando e Júpiter surgiu no céu aveludado, o caminho ao redor do lago ficou repleto de amantes jovens e velhos. De mãos dadas, eles representavam o grande espectro que enriqueceu a minha cidade natal, desde seu início de maioria escandinava, até a esplêndida mistura que define nossa espécie globalizada de hoje: latinos, caucasianos, asiáticos, africanos e americanos nativos se juntaram no antiquíssimo ritual de corte dos meus companheiros humanos, fazendo o que flui naturalmente.

Para que possamos continuar fazendo isso, é preciso apenas que deixemos espaço para que as nossas espécies companheiras façam o mesmo. Tão simples, tão sensato e ainda tão belo, nos dias vindouros, e no tempo além de nossa existência, ainda tão bonito.

AGRADECIMENTOS

ANOS ATRÁS, MOREI NUMA ZONA RURAL DO MÉXICO ONDE TESTEMUNHEI indivíduos chegarem de mula a vilarejos distantes, trazendo consigo bolsas térmicas repletas de vacinas e contraceptivos. As vacinas, para proteger as crianças, deram às mulheres confiança para usar pílulas anticoncepcionais – que já ansiavam por tentar –, graças à poderosa mensagem advinda de um persuasivo meio de comunicação: a telenovela, que está entre as mais amadas formas de entretenimento na América Latina.

Uma vez, no sopé do Copper Canyon, em Chihuahua, no México, vi cinco caubóis em seus cavalos assistindo à telenovela da tarde pela janela de uma mercearia, onde moradores locais se reuniam em torno de uma TV preto e branco de 13 polegadas, ligada por um gerador a diesel. Entre os programas mais populares no final dos anos 1970 estava um chamado *Acompáñame* ("Acompanha-me"), produzido, dirigido e coescrito por Miguel Sabido. Nesse drama familiar, sobre três irmãs e seus respectivos confrontos com os maridos – entre eles, planejar ou não a gravidez –, estava imbuída a mensagem que famílias menores vivem melhor.

Acompáñame é amplamente creditada pela queda de 34% na taxa de fertilidade medida no México durante o período em que a série foi ao ar. O método de Sabido inspirou o trabalho do Population Media Center (PMC) em Burlington (Vermont, EUA), que hoje produz novelas em vinte e duas línguas a fim de promover o planejamento familiar; análogos eletrônicos de uma experiência que testemunhei num teatro de rua no Paquistão. O PMC tem sido fonte de informação e novidades sobre saúde reprodutiva – as quais, calorosamente, agradeço a Bill Ryerson, Katie Elmore, e Joe Bish.

Sou grato pela orientação de outras ONGs, cada uma com sua própria abordagem para um assunto tão complexo. Meu obrigado a Marian Starkey, da Population Connection (originalmente chamada de Zero Population Growth); Jason Bremner, da Population Reference Bureau, e sua colega Karen Hardee, anteriormente na Population Action International; Musimbi Kanyoro, antigo diretor do programa Population and Reproductive Health [População e Saúde Reprodutiva], da Packard Foundation; Geoff Dabelko e Meaghan Parker, do programa Population, Health and Environment [População, Saúde e Meio Ambiente], realizado pelo Woodrow Wilson International Center; John Guillebaud e, especialmente, Roger Martin, da Population Matters (ou Optimum Population Trust), no Reino Unido.

Também estou em dívida com os recursos prontamente disponíveis do Guttmacher Institute, ligado ao Fundo Populacional das Nações Unidas (United Nations Population Fund), e do Communication Consortium Media Center, responsável pelo inestimável jornal *PUSH* (Periodic Updates of Sexual and Reproductive Health Issues Around the World [Atualizações Periódicas sobre Saúde Sexual e Reprodutiva ao Redor do Mundo]), que me iluminou diariamente enquanto trabalhava neste livro. Finalmente, uma profunda reverência a Hania Zlotnick, então diretora da divisão de População das Nações Unidas, em cujo escritório entrei em 2009, com uma ideia crua em mente – e horas depois sairia com pilhas de leituras e referências essenciais, além de sábio e paciente conselho que me sustentou continuamente pelos próximos três anos.

Heather D'Agnes, antiga diretora dos programas de população, saúde e meio ambiente da United States Agency for International Development (USAID), me ofereceu encorajamento, informações vitais e contatos cruciais. Também fui contemplado por conhecer seus mentores familiares: sua mãe, Leona D'Agnes, conselheira dos programas de saúde reprodutiva no sudeste da Ásia e quem me ajudou a comandar viagens para as Filipinas e para a Tailândia; e seu pai, Thomas D'Agnes, autor da bela biografia de Mechai Viravaidya, *From Cabbages to Condoms* ("De Repolhos a Camisinhas", em tradução livre).

Em 2003, durante conferência internacional em Hannover, na Alemanha, falei sobre a água como fonte de conflito no século XXI. O momento mais instigante foi a apresentação conjunta entre o coordenador israelense da organização ambiental Friends of the Earth-Middle East (FoEME) e o subdiretor da Palestinian Water Authority (PWA). Sem se importar com a incandescente tensão entre seus dois povos, a cada semana eles se organizavam para falar juntos, motivados pela urgência na preservação de fonte natural tão escassa – e que transcende nacionalidade. Ao ouvir estes homens corajosos, muitos de nós quase ficamos em lágrimas.

Essa lembrança inspirou minha primeira viagem para este livro: a uma terra dividida e considerada território sagrado por boa parte do mundo. Em Israel, agradeço a Daniel Orenstein e seus colegas do Instituto Tecnológico de Israel, na cidade de Haifa; Gidon Bromberg, do EcoPeace/Friends of the Earth–Middle East; Eilon Schwartz e Jeremy Benstein, da Heschel Center for Environmental Learning and Leadership; a urbanista de paisagens Rachel Landani, membro antigo do Heschel; o rabino Dudi Zilbershlag, do Haredim for the Environment; Tamar Dayan, Yoran Yom-Tov, Amotz Zahavi e o ornitólogo Yossi Leshem, do departamento de zoologia da Universidade de Tel Aviv; Naomi Tsur, vice-prefeita de Jerusalém; Binyamin Eiben Boim, da diretoria da Mea She'arim's Yeshiva Sha'ri Ha Torah; Arnon Soffer, geógrafo da Universidade de Haifa; Sergio DellaPergola, demógrafo da Universidade Hebraica; Ellie Galili, fazendeiro da região do Hula Valley; os jornalistas Zafrir Rinat (do *Haaretz*) e Sylvana Foa (do *Village Voice*); Dan Perry, planejador de dessalinização; Alon Tal, Elli Groner, David Lehrer, Tamar Norkin e Tareq Abuhamed, do Arava Institute for Environmental Studies; Phil Warburg e Tamar Gindis, por vários contatos valiosos; e ao Sheik Saed Qrinawy, e Ahmad Amrani, da cidade beduína de Rahat.

Na Palestina, meus profundos agradecimentos ao demógrafo Khalil Toufakji, da Arab Studies Society, em Jerusalém; Jad Isaac e Abeer Safar, do Bethlehem's Applied Research Institute – Jerusalém; Nader Khateb, diretor palestino de Friends of the Earth-Middle East; Shaddad Attili, diretor da PWA; Diana Bhutto, advogada e mediadora em negociações de paz; Ruwaidah Um-Said, Ayat Um-Said e seus filhos Rheem e Zacariah, todos residentes em campos de refugiados; seus vizinhos Abed, Jabert, Hayat e Ahmad Fatah; a família de Firyal, Nisreen e Ala'a ———; Mahmoud e Nidal ———; o geógrafo Khaldoun Rishmawi; e especialmente meu guia e tradutor, tanto em árabe quanto em hebreu, Nidal Rafa.

Essa viagem terminou em Aqaba, na Jordânia. E a próxima foi para o Reino Unido, onde, além do Optimum Population Trust/Population Matters, agradeço ao pintor Gregor Harvie; John Tucker, ornitólogo do condado de Shropshire; Simon Darby, vice-presidente do Partido Nacional Britânico; o dr. Mohammad Naseem, da mesquita central de Birmingham; Fazlun Khalid, da Islamic Foundation for Ecology and Environmental Science; os economistas Sir Partha Dasgupta, do St. John's College (em Cambridge), e Pavan Sukhdev, do Deutsche Bank; o diretor Abdulkarim Khalil, o vice-diretor Yusef Noden, o vice-presidente do conselho Farrid Shamsuddin, e Imam Samer Darwish, do Al-Manaar Muslim Cultural Heritage Centre, em Londres; Asma Abdur Rahman, candidata a mestre na London School of Economics; e a Sara Parkin, da Forum for the Future.

Em San José, na Costa Rica, a diretora Hilda Picado, da Asociación Demográfica Costarricense, e o demógrafo Luis Rosero Bixby, do Centroamericano de Población da Universidade de Costa Rica, gentilmente dedicaram seu tempo comigo. E então me juntei a Gretchen Daily, bióloga de conservação; a Chase Mendenhall, Danny Karp e Melinda Belisle, graduandos na Universidade de Stanford; ao naturalista Jeisson Figueroa Sandi; e a Jim Zook, ornitólogo na Las Cruces Biological Station, da Organization for Tropical Studies. Como todos os grandes cientistas de campo, eles pareciam trabalhar duro e se divertir mais do que qualquer um, e serei sempre grato por terem me incluído.

Em seguida veio Uganda, onde viajei com dois dedicados especialistas em saúde reprodutiva – o epidemiologista Lynne Gaffikin e a dra. Amy Voedisch – para o Parque Nacional Impenetrável de Bwindi. Graças a eles, conheci a inspiradora veterinária Gladys Kalema-Zikusoka; seu marido, Lawrence; e seus associados na Conservation Through Public Health

(CTPH), incluindo David Matsiko, Joseph Byonanebye, Alex Ngabirano, o dr. Abdulhameed Kateregga, Melinda Hershey, Samuel Rugaba, e o cofundador Stephen Rubanga: minha gratidão e admiração a todos. No Hospital Comunitário de Bwindi, agradeço ao dr. Mutahunga Birungi, a Isaac Kahinda e à diretora de planejamento familiar, Florence Ninsiima. No Batwa Development Programme, Richard Magezi, o falecido Blackie Gonsalves, e às famílias de pigmeus de Batwa, no assentamento de Mukongoro. Na Uganda Wildlife Authority, meu obrigado ao chefe Warden Charles Tumwesigye, que aprovou minha permissão para seguir os gorilas das montanhas, e aos guias florestais Gard Kanuangyeyo e Fred Tugarurirwe.

Em Kampala, capital de Uganda, sou grato ao dr. Peter Ibembe, da Reproductive Health Uganda; a Susan Mukasa, da Population Services International; ao radialista Pius Sawa; a Patricia Wamala, da Family Health International – Uganda; a Dorothy Balaba e Denis Mubiru, do programa Accessible Health Communication and Education; a Jan Broekhuis, da Wildlife Conservation Society – Uganda; e, especialmente, a Anne Fiedler, da Pathfinder International, e a Joy Naiga, da Uganda Population Secretariat.

Gretchen Daily amavelmente me convidou a juntar-me a ela de novo e, ao lado de seus colegas Chris Colvin, Driss Ennaanay e Luis Solórzano, do Natural Capital Project, me guiou pela região oeste da China com seus compatriotas da Chinese Academy of Sciences – que, para minha imensa gratidão, hospedaram-me tão bem: os ecologistas Ouyang Zhiyun, Wang Yukuan, e Zheng Hua; e os economistas Li Jie e Zeng Weihong. Graças a eles, minha pesquisa para este livro também foi beneficiada por conversas com moradores locais das cidades de Feng Qian e Ling'guan, além do vilarejo tibetano de Qiaoqi e da ilha Hainan. Durante todas as nossas viagens em Sichuan, desfrutei da ajuda especializada do tradutor Yan Jing.

Em Xi'an, meu grande obrigado ao demógrafo Li Shuzhou, fundador do Care for Girls — e, em Beijing, a seu mentor, o ex-cientista de mísseis, e planejador demográfico, Jiang Zhenghua. Na sempre alucinante capital chinesa, também agradeço à enfermeira obstetra Wang Ming Li, do Beijing Aobei Hospital of Traditional Chinese Medicine; Jonathan Watts, correspondente do The Guardian e autor de uma joia do jornalismo ambiental, *When a Billion Chinese Jump* [Quando um Bilhão de Chineses Pulam]; os jornalistas de Beijing Chen Ou, Yan Kai, Fu Hui e, especialmente, Cui Zheng, que também foi meu hábil tradutor. Por último, meu caloroso obrigado a "Lin Xia" e a seus parentes que carinhosamente dividiram sua história, e a meu perspicaz agente literário na China, Jackie Huang.

Minha viagem para as Filipinas deve-se imensamente à ajuda da dra. Joan Castro, da fundação PATH, e seu colega, o dr. Ron Quintana. Fui ainda mais esclarecido por Ramon San Pascual, do Legislators' Center for Population and Development; Ben De Leon, do Forum for Family Planning and Development, e pela dra. Junice Melgar, diretora executiva e cofundadora da ONG de saúde reprodutiva Likhaan: sou grato às muitas mulheres nas clínicas Likhaan por toda a Grande Manila, pelo tempo e por sua disposição em falar comigo. Obrigado também ao enfermeiro "Roland" e ao centro de saúde anônimo onde ele trabalha, por falar de forma franca sobre o conflito entre a sua fé e a sua profissão.

A fundação PATH também coordenou minhas viagens a Isla Verde – na qual fui recebido por Jemalyn Rayos –, e para Bohol, onde outra excelente guia, Geri Miasco, me apresentou ao dr. Frank Lobo em Talibon, à dona de casa Mercy Butawan em Humay-Humay, e, em Ubay, ao prefeito Eutiquio Bernales e ao gerente de recursos costeiros Alpios Delima. Além deles, Geri me acompanhou à ilha de Guindacpan, onde a nutricionista Perla Pañares, a enfermeira Estrella Torrevillas e numerosos pescadores despenderam seu tempo para mostrar como o mar está recuperando o vilarejo.

Em Luzon, Iris Dimaano-Bugayong organizou minha visita ao International Rice Research Institute (IRRI), cujo diretor, Robert Ziegler, generosamente concedeu-me seu tempo e acesso à equipe do instituto. Meu grande obrigado a ele, ao cientista agrícola Roland Buresh, ao ecologista evolucionário Ruaraidh Sackville Hamilton, e a Paul Quick, coordenador do projeto de desenvolvimento de arroz C4.

No Centro Internacional de Mejoramiento de Maiz y Trigo (CIMMYT), em Texcoco, México, fui recebido com cortesia por seu diretor, Thomas Lumpkin; Félix San Vicente, criador de milho; Hans-Joachim Braun, diretor do programa Global Wheat [Trigo Global]; Matthew Reynolds, fisiologista de trigo; Marianne Bänziger, vice-diretora geral para pesquisa; Tom Payne, chefe do Genetic Resources Center; Pedro Aquino-Mercado e Dagoberto Flores, socioeconomistas; e por Peter Wenzl, líder do laboratório Crop Research Informatics. Meu obrigado a eles e a Caritina Venado, que organizou minha visita. Na Cidade do México, agradeço aos demógrafos Silvia Elena Giorguli Saucedo, Manuel Ordorica Mellado, e José Luis Lezama, do Colegio de México; o poeta Homero Aridjis, e Betty Ferber, do Grupo de los Cien; María Luisa Sánchez Fuentes, do GIRE (El Grupo de Información en Reproducción Elegida); Nick Wright, da Casa de los Amigos; Areli Carreón, do Sin Maíz No Hay País; o arquiteto Eduardo Farah; Juan Carlos Arjona, do Centro Mexicano de Derecho Ambiental; o ativista comunitário Eduardo Farah; e Carlos Anzado, do Consejo Nacional de Población.

No estado de Morelos, meus agradecimentos vão para a dra. Estela Kempis, advogada especializada em reprodução, e a seu marido, o cineasta Gregory Berger. No orfanato Nuestros Pequeños Hermanos, *mil gracias* para o dr. Luis Moreno, o padre Phil Cleary, Paco Manzanares, Elvi Clara Jaramillo, Marisol Aguilar Castillo, Erika Klotz — e lembro com carinho do padre William Wasson, já falecido, cuja humanidade e legado permanecem vivos em milhares de crianças que ele salvou.

Logo no início da minha carreira, escrevi sobre o trabalho do padre Wasson, e ao longo dos anos ele se tornou um amigo e mentor. Nossas discussões em torno do catolicismo demonstraram ser uma valiosa preparação para a minha pesquisa acerca daquele que é o menor país do mundo, e um dos mais influentes. Agradeço ao monsenhor Marcelo Sánchez Sorondo, da Pontifícia Academia de Ciências, e ao cardeal Peter Kodwo Appiah Turkson, do Pontifício Conselho de Justiça e Paz, ambos do Vaticano, por sua boa vontade em discutir questões sensíveis com as quais fui criado. Por seus conselhos prestativos durante minha cobertura do Vaticano, agradeço também a John Allen, jornalista do *National Catholic Reporter* e à correspondente Sylvia Poggioli, da rádio NPR.

Fora dos muros do Vaticano, meus cumprimentos aos demógrafos Antonio Golini e Massimo Livi-Bacci; Giovanni Sartori, cientista político; Emma Bonino, então vice-presidente do Senado italiano, agora ministra das Relações Exteriores; o parlamentarista Claudio D'amico, do partido Liga Norte; Leonardo Becchetti e Tito Boeri, economistas; Vittorio Cogliati Dezza, presidente da Legambiente; o dr. Carlo Flamigni, obstetra e ginecologista; o dr. Giuseppe La Pera, especialista em fertilidade masculina; a professora Lucia Ercoli, do Medicina Solidale e delle Migrazioni; os estudantes e o corpo docente das escolas Scuola Media Pubblica Salvo D'acquisto (em Roma), Scuola Media Daniele Manin, e da St. George's British International School; Gianfranco Bologna, do WWF-Italy; o imigrante Amir Issa, músico e rapper; Jacopo Romoli e Claudia Ribet, do Rome Science Festival; Ornella Vitale, gerente corporativa; Licia Capparella, guia de parques; o dr. Vincenzo Pipitone e a bióloga-nutricionista Claudia Giafaglione; Emilio Vaca, designer de software; e, por toda a sua ajuda e orientação, agradeço à jornalista Sabrina Provenzani. Obrigado também à tradutora Livia Borghese, e à Betsy Krause, antropóloga da University of Massachusetts – Amherst, que generosamente dividiu suas ideias em torno do declínio da fertilidade na Itália. O mesmo assunto, levado a outro país europeu tradicionalmente católico, a Espanha, rendeu explicações precisas pela demógrafa Margarita Delgado, em minha visita ao Consejo Superior de Investigaciones Científicas, em Madri.

Em meu percurso para o Níger, fui hospedado em Tripoli, na Líbia, pela jornalista Yusra Tekbali, e mais tarde fui esclarecido sobre o país em conversas com o irmão dela, Salam Tekbali, e seus amigos Zubaida Bentaher, Moha Bensofia, Adam Hassan, e Sideq Qabaj. Naquela época, os eventos que levariam à queda do ditador Muammar Gaddafi ainda estavam em estado embrionário, e as esperanças desses jovens promissores para o despertar da Líbia eram inspiradoras. Dentro de semanas, todos estavam fugindo, lutando, protegendo suas famílias ou até mesmo reportando o que se tornaria o trágico nascimento de um futuro ainda indeterminado. Lamento apenas que logo depois que eu deixei o país, Jamal Said Fteis – da agência Arkno Tours, que facilitou meu visto – tenha sido assassinado a tiros pelos soldados de Gaddafi ao sair de uma mesquita. Espero que seu último ato neste mundo – orar – tenha lhe confortado em seus momentos finais.

Tive como guia na região do Sahel, na África Ocidental, o jornalista nigeriano Baraou Idy, um amigo que pretendo manter: minha calorosa gratidão a ele e à sua esposa, Mariana Hassane Idy. Obrigado também ao demógrafo Mounkaila Haruna, da Université Abdou Moumouni Dioffo, em Niamey; Bako Bagassa, diretor do Foula, programa de distribuição de camisinhas da Associação Nigeriana de Marketing Social (Animas-Sutura); o dr. Galy Kadir Abdelkader, da Educational Research Network for West and Central Africa [Rede de Pesquisa Educacional para a África Ocidental e Central]; a dra. Koli Lamine, Maidaji Oumarou, e Sayadi Sani, da Bien Eire el la Femme et de l'Enfant au Niger; Thierry Allafort-Duverger, diretor da Alliance for International Medical Action (ALIMA); o coronel Abdoulkarim Goukoye, líder da Haute Autorité à la Sécurité Alimentaire; Martine Camacho, do projeto demográfico multisetorial PRODEM, do Fundo Populacional das Nações Unidas; e Sahidou Abdoussalam, Navid Djewakh e Agathe Diama, do International Crops Research Institute for the Semi-Arid Tropics (ICRISAT-Niger).

Seguindo minha viagem para o oeste da capital, Niamey, onde fui recebido com carinho pela tribo Fulani no vilarejo de Bongoum, David Boureima nos levou ao leste, na região Maradi. Meu obrigado ao sultão de Maradi, Al-Haji Ali Zaki, por sua franqueza e hospitalidade; aos moradores de Bargaja, especialmente o chefe Al-Haji Rabo Mamane; suas esposas Hassana e Jaimila, e seu filho Inoussa; Noura Bako e os habitantes de Souraman; Haji Iro Dan Dadi e os locais de Madarounfa; Moktar Kassoum, candidato da maioria em Maradi; e Imam Raidoune Issaka e seu irmão Imam Chafiou Issaka. No distrito de Dakoro, obrigado ao secretário-geral Insa Adamon, que aprovou minha entrada e nos ofereceu uma escolta armada; a enfermeira Halima Dahaya, do Korahan Health Center; Mahmoud Dou Maliki e Omar Mamane Sani, do Contribution a l'Education de Base; a comunidade do vilarejo de Mailafia – e especialmente obrigado às crianças do povoado de Dan Dawaye. Finalmente, gostaria de agradecer ao sultão Al-Haji Manirou Magaji Rogo, da região de Tahoua, e ao prefeito Abdoulaye Altine, de Madaoua, por me acolher no Conselho inaugural da cidade.

Sou grato a Nadeem Ahmad Niazi, da Missão das Nações Unidas no Paquistão, que me ajudou a obter um visto de jornalista no país, e estou em dívida com o veterano jornalista Shahid Husain, por sua companhia na cidade de Karachi. Agradeço também a Syd Jaffar Ahmed, diretor de Estudos Paquistaneses na Universidade de Karachi, o sociólogo Fateh

Muhammad Burfat; Tanveer Arif e Naeem Munwar Shah, da Society for Conservation and Protection of Environment; Methab Karim, demógrafo do Pew Research Center; o dr. Nikhat Saeed Khan, do Comitê Nacional para Saúde Materna do Paquistão; a família ———, da cidade de Lyari; Jalil Abdul Ibrahim e Nazreen Chandio, do Lyari Resource Center; Asma Tabassum e Nazaqat Chandio, profissionais da saúde em Lyari; Shaikh Tanveer Ahmed, da Health and Nutrition Development Society; a dra. Sonia Poshni, o dr. Hamid Ali, e o dr. Capt. Liaquat Ali Shaikh, do Hospital Civil de Karachi; e Khair Mohammad e seu filho Nadeem, zeladores do cemitério de Moach Goth.

Meu sincero obrigado e minhas condolências às famílias de Abdul Ghani e Haji Abu Bakar – líderes assassinados da Fisherfolk Development Organisation em Karachi –, que me chamaram a suas casas em meio ao seu luto. Obrigado também a Julie McCarthy, correspondente do *National Public Radio*; Ahmed Jat e Ahmed Khan Zour, da tribo Mahar na região do Indus Valley; Shaikh Tanveer Ahmed, da ONG Health and Nutrition Development Society; e a Qari Abdul Basid, imã da mesquita Shah Jahan de Thatta. Por último, meu profundo respeito e gratidão ao diretor Afshan Tabassum e sua equipe, aos estudantes da Vohra School do TCF (The Citizens Foundation) e ao vice-presidente da fundação, Ahson Rabbini, pelo extraordinário trabalho de sua organização no Paquistão. Em um dos lugares mais difíceis do planeta, eles são um exemplo para todos de como a educação pode resolver os problemas sociais do mundo.

Judy Oglethorpe e Lee Poston, do World Wildlife Fund, me arranjaram um encontro em Kathmandu com Shubash Lohani e Bunu Vaidya (do programa Eastern Himalaya Ecoregion), que por sua vez me levaram à região Terai, no Nepal. Muito obrigado a eles e a seu colega Tilak Dhakal; a Moti Adhikiri, do incrivelmente intitulado Old Age Home for Livestock and Vulture Conservation Centre; ao guarda-florestal Barbadia Echar e ao ornitólogo Gautam Paudyl, do Bardia National Park; e às muitas pessoas com quem conversei nos vilarejos de Lalmatiya, Madhuwan, Dhallapur, e Khata Corridor, em Terai. Agradeço também ao dr. Navin Thapa, diretor da Family Planning Association of Nepal.

Na Índia, agradeço ao hidrólogo Kanwar Jit Singh, do Departamento de Agricultura de Punjab; o botânico R. K. Kohli, da Punjabi University; ao dr. G. S. Kalkat, da Punjab State Farm Commission; a Balbir Singh Rajewal, Biku Singh, e Labh Singh, representantes dos fazendeiros; e às viúvas Gurdial e Sheela Kaur. Obrigado às muitas mulheres anônimas dos distritos de Kaithal e Ambala, no estado de Haryana, que me falaram sobre o uso de aparelhos de ultrassonografia ilegais e abortos seletivos por sexo. E à minha guia em Punjab e Haryana, a premiada correspondente do *Tribune de Chandigarh*, Geetanjali Gayatri, a qual eu não conseguiria agradecer o suficiente.

Em Kerala, sou igualmente grato à hábil assistência de Anna Mathews, jornalista *freelancer* estabelecida na capital Ernakulam. Meu agradecimento também ao ex-ministro das Finanças de Kerala, Thomas Isaac; ao economista Sundari Ravindra, do Achutha Menon Centre for Health Science Studies; ao guarda-florestal James Zacariah; ao demógrafo Irudaya Radan; à dra. Theresa Susan, do Departamento de Educação da Universidade de Kerala; ao dr. C. Nirmala, obstetra e ginecologista do Trivandrum Medical College; Swami Amitavhananda, da Ordem de Ramakrishna; e, especialmente, à grande poeta malaiala Sugathakumari, fundadora da Abhaya, instituição que cuida de mulheres sofrendo de problemas mentais.

Fui apresentado a Mumbai e a Pune por Prachi Bari, colaboradora de longa data da BBC e da PBS. Meu profundo obrigado a ela e às jornalistas Nandini Rajwade e Kalpana Sharma; a Ashish Kothari, ativista ambiental de Pune; ao dr. S. B. Mujumdar, presidente da Symbiosis International University; a Jayanta e Varsha Pandit, artistas de Mumbai; a Krishna Pujari, da agência Reality Tours & Travel, e os moradores de Dharavi; aos médicos Faujdar Ram, Laishram Ladusingh e P. Arokiasamy, do International Institute for Population Sciences; a Swami Atmanandaji, da Prema Devi Ashram; ao distrito de polícia de Nagpada, em Mumbai; a madame "Rukmini", de Siddharthnagar; ao padre e líder Gajanan Modak; e ao administrador do templo Siddhivinayak em Mumbai, Nitin Kadam.

Minha última viagem para este livro começou no Japão, com Akihiko Matsutani, economista que, de maneira revigorante em sua profissão, encontra grandes oportunidades reajustando-as para realidades menores. Obrigado a ele e ao especialista financeiro Masaru Kaneko; ao arquiteto Kengo Kuma, de Tóquio; a senadora Kuniko Inoguchi; Shuhei Nishimura, descendente de samurais e membro do Grupo para Recuperação da Soberania (contrário aos imigrantes); Tetsunari Iida, antigo engenheiro nuclear e diretor do Instituto de Energias Duráveis do Japão; Hiroaki Koide, ativista antinuclear do Research Reactor Institute na Universidade de Kyoto; Atsushi Seike, reitor da Universidade de Keio; Kazuhiko Takemoto, da iniciativa Satoyama do Ministério do Meio Ambiente; Narita Toshimichi e Kawagoe Ynusube, agrônomos de Toyooka, e Itsuyoshi Nawate, produtor de arroz; Yoshimi Kashitani e Yoshio Takeya, criadores de *wasabi*, Osamu Nakatani, gerente de uma incubadora de trutas em Nosegawa, na cidade de Nara; e os engenheiros em robótica Shijie Guo, Susumu Sato e Takahisa Shiraoke, do projeto Riba II financiado pela Tokai Rubber-RIKEN.

Um obrigado especial para Keibo Oiwa, antropólogo da Universidade de Yokohama e fundador do Sloth Club, e a Mari Tokuhisa e Michiko Takizawa, do vilarejo de Shiga, na prefeitura de Nagano. Finalmente, *un abrazo caluroso* a minha ágil intérprete trilíngue e a seus amigos.

Na Tailândia, tive audiências com três monges budistas: Abbot Athikarn Somnukatti Panyo, do templo submerso Wat Khun Samut Trawat; Ajaan Boonku, do monastério da floresta Theravada, Wat Asokaram; e o renomado humanista social Sulak Sivaraksa. Agradeço a eles e a Ajaan Geoff, monge da Theravada Buddhist Society of America que me ajudou a entrar em contato com todos. E obrigado à minha excelente tradutora e guia local, Khemmapat Rojwanichkun.

No bar Condoms & Cabbages, em Bangkok, desfrutei da adorável companhia de seu proprietário, Mechai Viravaidya, e de sua equipe na Population & Community Development Association (PDA) e na Mechai Pattana School, em Buriram. Por eles já terem mostrado que o planejamento familiar pode ser não só uma responsabilidade, mas uma fonte de grande alegria, a Tailândia é um lugar mais seguro, saudável e feliz. Obrigado especial a Mechai, seu assistente Paul Salvette, a Amornrassamee Loipami e Kaensri Chaikot, que dirigem a escola, e a Isadore Reaud, coordenadora da PDA.

Em razão dos Estados Unidos não emitirem vistos para jornalistas iranianos, inversamente, também não pude conseguir um visto para o meu último país, o Irã, embora eu agradeça ao dr. Vahid Karimi, da Missão Permanente da República Islâmica do Irã para as Nações Unidas, por seus esforços. No entanto, encontrei uma agência de viagens especializada no Oriente Médio, e cujos agentes haviam recentemente percorrido o Irã. Um grande obrigado a Matthew LaPolice, da Absolute Travel, que habilmente arranjou minha viagem. Como não sabia bem o quanto eu seria capaz de realizar entrevistas no Irã, convidei minha esposa, Beckie Kravetz, para completar a pesquisa com um segundo olhar. Assim que aconteceram, fomos capazes de conversar com qualquer um, e o guia que a Absolute Travel encontrou para nós, Alireza Firouzi, tornou-se meu assistente, intérprete e um homem de conhecimento enciclopédico sobre o passado e o presente de seu país. Nunca poderei agradecê-lo suficientemente, nem a nosso motorista, o poeta Ahmad Mojalal.

Estou profundamente em dívida com o demógrafo Mohammad Jalal Abbasi-Shavazi, da Universidade de Teerã, a dra. Hourieh Shamshiri Milani, da Shahid Beheshti University of Medical Science, e o dr. Esmail Kahrom, da Islamic Azad University, por sua tremenda cooperação. Sou muito grato também ao autor americo-iraniano Hooman Majd, que ajudou a preparar minhas viagens e depois nos encontrou em Teerã; ao diretor do Australian Demographic and Social Research Institute, Peter McDonald, que me colocou em contato com demógrafos iranianos; e a Karan Vafadari e Afarin Neyssari, da Fundação de Arte Iraniana de Teerã. Obrigado também a Jafar Imani, da área protegida de Parvar; ao guarda florestal Jabad Selvari, e a Mohammad Reza Mullah Abbasi, superintendente do Parque Nacional de Golestan; Ali Abutalibi, diretor da reserva natural de Miankaleh; Hussein Nikham e Rohalah Mohamadi, do Parque Nacional de Bamou; Mehdi Basiri, Ahmad Khatoonabadi e Aghafakhr Mirlohi, da Esfahan University of Technology and Green Message; e, em particular, aos valiosos membros da Sociedade das Mulheres Contra a Poluição do Meio Ambiente.

Agradecimentos, também, a Taghi Farvar, da Centre for Sustainable Development (CENESTA) e a seus companheiros – que solicitaram a não divulgação de seus nomes –, por sua sabedoria, trabalho e hospitalidade.

Em todo lugar do Irã, de Ramsar a Rasht, de Chiraz a Qom, estranhos nos acolheram, nos convidaram para o chá e refeições, e agradeceram por termos visitado seu país. Em retribuição, agradecemos pelo seu calor, música, poesia, arte, história e experiências compartilhadas. Esperamos que em breve a desconfiança entre nossos governos fique para trás.

Em meu próprio país, o presidente do Instituto Worldwatch, Robert Engelman, foi sempre prestativo e encorajador, e uma antiga conversa com Eric Sanderson, da Wildlife Conservation Society, ajudou a formatar minhas ideias. Agradeço a eles e a Lesley Blackner, Alan Farago e Maggy Hurchalla, por explicarem seus esforços para salvar o sul da Flórida dos excessos da população, e ao ecologista da Universidade Duke, Stuart Pimm, por me mostrar a cidade de Everglades. Meus cumprimentos ao reverendo Richard Cizik, da igreja New Evangelical Partnership for the Common Good; a Albert Bartlett, físico emérito da Universidade do Colorado; a Malcolm Potts e Martha Madison Campbell, especialistas em população da Universidade da California, em Berkeley; a Aijaz Hussain, da University Islamic Financial; a Ron Pulliam, ecologista da Universidade da Geórgia; e a David Brown, biólogo da Arizona State University especializado em vida selvagem.

Logo no início das minhas pesquisas na Universidade do Arizona, fui beneficiado pelas minhas discussões com a geógrafa Diana Liverman, o etnobotânico Gary Paul Nabhan, e o físico Bill Wing, além do constante suporte de Jacqueline Sharkey, diretor da Escola de Jornalismo, e do extraordinário jornalista Mort Rosenblum. Obrigado também a Marissa Gurtler, especialista em letras clássicas, por gentilmente corrigir meu latim.

Na Prescott College, no estado do Arizona, meus agradecimentos aos ecologistas Mark Riegner, Tom Fleischner, Doug Hulmes, Carl Tomoff, e ao diretor de sustentabilidade James Pittman. Na Center for Biological Diversity, em Tucson, meu obrigado a Sarah Bergman, Randy Serraglio e ao seu cofundador Kierán Suckling.

Na Universidade Cornell, sou grato aos cientistas agrícolas Peter Hobbs, Norman Uphoff, Rebecca Nelson e David Pimentel – e, no Gund Institute for Ecological Economics, da Universidade de Vermont, a Jon Erickson e Joshua Farley.

Na Universidade de Minnesota, obrigado ao biólogo evolucionista David Tilman, aos estudantes graduados Jane Cowles e Peter Wragg, ao economista Stephen Polasky, e especialmente ao diretor do Institute on the Environment, Jonathan Foley.

A Universidade de Stanford foi uma mina inesgotável de fontes generosas e úteis. O dr. Paul Blumenthal, chefe do Stanford Program for International Reproductive Education and Services (SPIRES), me deu conselhos valiosos antes de eu me juntar a sua esposa, Lynne Gaffikin, e à dra. Amy Voedisch, colaboradora da SPIRES em Uganda. Os economistas Larry Goulder e Ken Arrow compartilharam observações preciosas sobre como podemos alcançar prosperidade sustentável, deixando espaço para outros seres vivos. Obrigado também para o neurobiólogo Robert Sapolsky; a antropóloga Jamie Jones; os biólogos Shripad Tuljapurkar e Marcus Feldman, especializados em população; David Lobell, do Center on Food Security and the Environment, da Universidade de Stanford; o biogeoquímico Peter Vitousek; Chris Field, do Departamento de Ecologia Global da Carnegie Institution; Nona Chiariello, coordenadora de pesquisas da Reserva Natural de Jasper Ridge; e Heather Tallis, cientista responsável pelo projeto Natural Capital.

Meu reconhecimento especial, mais uma vez, para a fundadora deste projeto: a ecologista e diretora do Center for Conservation Biology, Gretchen Daily, que eu tive o prazer de acompanhar em quilômetros de discussões, inspiração e chocolate. E, finalmente, por sua cooperação, humor, erudição infatigável e grande presciência, minha gratidão calorosa à diretora associada Anne Ehrlich, e ao presidente da instituição, o biólogo Paul Ehrlich.

Não poderia ter escrito este livro sem a assistência e o suporte logístico da jornalista Claudine LoMonaco — que, para minha sorte, deixou seu trabalho numa rádio para entrar em licença-maternidade assim que minhas viagens começaram, disponibilizando seus serviços para mim. Serei sempre grato a ela e a seu marido, o astrofísico Sydney Barnes, que esteve sempre lá para realizar os cálculos matemáticos.

Meu obrigado a Eileen Clinton, da agência Crowley Travel, que nunca falhou em arranjar as conexões aéreas dos meus itinerários bizantinos; a Susan Ware e Meeghan Ziolkowski, pela transcrição de centenas de horas de entrevistas gravadas; a LK James, que compilou a detalhada bibliografia deste volume; e à minha revisora Joan Matthews.

Minha gratidão – pela ajuda com este livro e pelo que fazem – também vai para Joel Simon, diretor executivo do Committee to Protect Journalists (CPJ), e Mohamed Abdel Dayem, Carlos Lauria e Bob Dietz – coordenadores, respectivamente, dos programas do CPJ no Oriente Médio e Norte da África, na América Latina e na Ásia.

Muitos colegas, amigos e parentes me deram conselhos sábios, suporte moral, reconforto, amparo e abrigo durante a pesquisa e escrita deste projeto. Obrigado por tudo, e pela constante inspiração, a meus parceiros na Homelands Productions: Jon Miller, Sandy Tolan e Cecilia Vaisman, e para o produtor associado Sam Eaton. Meu profundo reconhecimento também a Alison Hawthorne Deming, Bill McKibben, Katherine Ellison, Stephen Philbrick, Connie Talbot, Alice Cozzolino, Amy Pulley, Roz Driscoll, Alton Wasson, Karen e Benigno Sánchez-Eppler, Jim e Deb Hills, Mary e Alain Provost, Rochelle Hoffman, Peter e Zeynep Hoffman, Brian e Pahoua Hoffman, Joan Kravetz, Cindy Kalland, Jonathan e Cynthia Lunine, Clark Strand, Perdita Finn, Barry Lopez, Debra Gwartney, Tom Miller, Diana Papoulias, Francie Rich, Bill Posnick, Lynn Davis, Rudy Wurlitzer, Constanza Vieira, Mary McNamara, Richard Stayton, Nubar Alexanian, Rebecca Koch, Jeff Jacobson, Marnie Andrews, Jon Hipps, Liz Story, Ronn Spencer, Blake Hines, Dick Kamp, Barbara Ferry, Diana Hadley, e um amado visionário, o finado antropólogo Peter Warshall.

Meus agradecimentos a Richard Norris, Jennie Howland, Maria Gallo, Beth Coates, Laleh Sotoodeh, Dan Stiefl, Fernando Perez, Shahin Tabatabaei, e Joa Agnello-Traista, por, em diversas vezes, me ajudarem a restabelecer o prumo, fazendo com que eu continuasse.

Meu agente Nick Ellison, sua diretora de direitos internacionais Chelsea Lindman, e a assistente editorial Chloe Walker, da Nicholas Ellison Agency, sempre acreditaram neste livro e em mim, apesar das minhas dúvidas frequentes. Serei sempre grato a eles, e também ao firme suporte que recebi da equipe da editora americana Little, Brown and Company: David Young, Michael Pietsch, Malin von Euler-Hogan, Carolyn O'Keefe, Amanda Brown, Heather Fain, Peggy Freudenthal, e meu soberbo editor – agora (e por enquanto) de dois livros – John Parsley. Obrigado a todos vocês.

E, por último, à minha mulher, a escultora, criadora de máscaras e artista teatral Beckie Kravetz: obrigado por me ajudar a terminar este projeto; de novo, uma simplificação da verdade. Obrigado por contribuir para a criação das belas-artes na humanidade, uma das maiores razões para a continuidade de nossa espécie.

O mais é a nossa capacidade de amar. Obrigado pela sua.

— *Alan Weisman*

BIBLIOGRAFIA

Seleção de Referências Gerais

Brown, Lester R. *Plan B: Rescuing a Planet Under Stress and a Civilization in Trouble.* Nova York: W. W. Norton & Company, 2003.

———. *World on the Edge: How to Prevent Environmental and Economic Collapse.* Londres: Earthscan Publications, 2011.

Brown, Lester R., et al. *Beyond Malthus.* Nova York: W. W. Norton & Company, 1999.

Catton, William R. *Bottleneck: Humanity's Impending Impasse.* Bloomington, IN: Xlibris Corporation, 2009.

———. *Overshoot: The Ecological Basis of Revolutionary Change.* Champaign-Urbana: University of Illinois Press, 1982.

Cohen, Joel E. *How Many People Can the Earth Support?* Nova York: W. W. Norton & Company, 1995.

Connelly, Matthew. *Fatal Misconception: The Struggle to Control World Population.* Cambridge, MA: Harvard University Press, 2008.

Daily, Gretchen C., ed. *Nature's Services: Societal Dependence on Natural Ecosystems.* Washington, DC: Island Press, 1997.

Department of Economic and Social Affairs, Population Division. *World Population Prospects: The 2010 Revision.* Nova York: United Nations, 2010 (Updated: April 15, 2011).

Ehrlich, Anne H., and Paul R. Ehrlich. *The Dominant Animal: Human Evolution and the Environment*. Washington, DC: Island Press, 2008.

———. *The Population Explosion*. Nova York: Simon & Schuster, 1990.

Ehrlich, Paul R. *The Population Bomb*. Cutchogue, NY: Buccaneer Books 1997.

Engelman, Robert. *More: Population, Nature, and What Women Want*. Washington, DC: Island Press, 2008.

Foreman, Dave. *Man Swarm and the Killing of Wildlife*. Durango, CO: Raven's Eye Press LLC, 2011.

Gilding, Paul. *The Great Disruption: Why the Climate Crisis Will Bring On the End of Shopping and the Birth of a New World*. Nova York: Bloomsbury Press, 2011.

Livi-Bacci, Massimo. *A Concise History of World Population*. Hoboken, NJ: John Wiley & Sons, 2012.

Longman, Phillip. *The Empty Cradle: How Falling Birthrates Threaten World Prosperity, and What to Do About It*. Nova York: Basic Books, 2004.

Lovelock, James. *The Vanishing Face of Gaia: A Final Warning*. Nova York: Basic Books, 2009.

Malthus, Thomas R. *An Essay on the Principle of Population: Text, Sources and Background, Criticism*, edited by Philip Appelman. Nova York: W. W. Norton & Company, 1976.

———. *Population: The First Essay*. Ann Arbor: University of Michigan Press, 1959.

Mazur, Laurie, ed. *A Pivotal Moment: Population, Justice, and the Environmental Challenge*. Washington, DC: Island Press, 2009.

McKee, Jeffrey K. *Sparing Nature: The Conflict Between Human Population Growth and Earth's Biodiversity*. Piscataway, NJ: Rutgers University Press, 2003.

Pearce, Fred. *The Coming Population Crash: And Our Planet's Surprising Future*. Boston: Beacon Press, 2010.

Pimm, Stuart L. *A Scientist Audits the Earth*. Piscataway, NJ: Rutgers University Press, 2001.

Randers, Jørgen. *2052: A Global Forecast for the Next Forty Years*. White River Junction, VT: Chelsea Green Publishing, 2012.

Rees, W., and M. Wackernagel. *Our Ecological Footprint: Reducing Human Impact on the Earth*. Gabriola Island, BC: New Society Publishers, 1996.

Wilson, Edward O. *The Diversity of Life*. Nova York: W. W. Norton & Company, 1999.

———. *The Future of Life*. Nova York: Alfred A. Knopf, 2002.

Worldwatch Institute. *Vital Signs 2012: The Trends That Are Shaping Our Future*. Washington, DC: Island Press, 2012.

Capítulo 1:Uma terra exausta de quatro perguntas

Livros

Benstein, Jeremy. *The Way Into Judaism and the Environment.* Woodstock, VT: Jewish Lights Publishing, 2006.

Bernstein, Ellen. *Splendor of Creation: A Biblical Ecology.* Berea, OH: The Pilgrim Press, 2005.

Colborn, Theo, et al. *Our Stolen Future: Are We Threatening Our Fertility, Intelligence, and Survival? — A Scientific Detective Story.* Nova York: Penguin Books, 1997.

DellaPergola, Sergio. "Jewish Demography & Peoplehood: 2008," in *Facing Tomorrow: Background Policy Documents.* Jerusalem: The Jewish People Policy Planning Institute, 2008, pp. 231–50.

Hillel, Daniel. *The Natural History of the Bible: An Environmental Exploration of the Hebrew Scriptures.* Nova York: Columbia University Press, 2006.

Leshem, Y., Y. Yom-Tov, D. Alon, and J. Shamoun-Baranes. "Bird Migration as an Interdicipinary Tool for Global Cooperation," in *Aviation Migration,* edited by Peter Berthold, Eberhad Gwinner, and Edith Sonnenschein. Heidelberg and Berlin:Springer-Verlag, 2003, pp. 585–99.

Orenstein, Daniel E. "Zionist and Israeli Perspectives on Population Growth and Environmental Impact in Palestine and Israel," in *Between Ruin and Restoration: An Environmental History of Israel,* edited by Daniel E. Orenstein, Alon Tal, and Char Miller. Pittsburgh: University of Pittsburgh Press, 2013, pp. 82–105.

Status of the Environment in the Occupied Palestinian Territory. Bethlehem, Palestine: Applied Research Institute–Jerusalem (ARIJ), 2007.

Tal, Alon. *Pollution in a Promised Land: An Environmental History of Israel.* Berkeley: University of California Press, 2009.

Tolan, Sandy. *The Lemon Tree: An Arab, a Jew, and the Heart of the Middle East.* Nova York: Bloomsbury, 2007.

Vogel, Carole G., and Yossi Leshem. *The Man Who Flies With Birds.* Minneapolis: Kar-Ben Publishing, 2009.

Yom-Tov, Yoram, and Heinrich Mendelssohm. "Changes in the Distribution and Abundance of Vertebrates in Israel During the 20th Century," in *The Zoogeography of Israel,* Yoram Yom-Tov and E. Tchernov, editors. The Hague, Holland: Dr. W. Junk Publishers, 1988, pp. 515–48.

Artigos

"After 1,000 Years, Israel Is Largest Jewish Center." Arutz Sheva7, May 1, 2005.

Allen, Lori, Vincent A. Brown, and Ajantha Subramanian. "Condemning Kramer." *Harvard Crimson,* April 19, 2010.

Beit Sourik Village Council v. The Government of Israel. HCJ 2056/04, Israel: Supreme Court, May 30, 2004. http://domino.un.org/unispal.nsf.

Bystrov, Evgenia, and Arnon Soffer. "Israel: Demography and Density 2007–2020." Chaikin Chair in Geostrategy, University of Haifa. May 2008.

Cairncross, Frances. "Connecting Flights." *Conservation in Practice,* vol. 7, no. 1 (2006): 14–21.

Cunningham, Erin. *"Fertility Prospects in Israel: Ever Below Replacement Level?"* UN Population Expert Group Meeting on Recent and Future Trends in Fertility. November 17, 2009.

———. "World Water Day: Thirsty Gaza Residents Battle Salt, Sewage." *Christian Science Monitor,* March 22, 2010.

Finkelstein, Yoram, Yael Dubowski, et al. "Organophosphates in Hula Basin: Atmospheric Levels, Transport, Degradation, Products and Neurotoxic Hazards in Children Following Low-Level Long Term Exposure." *Environment and Health Fund,* http://www.ehf.org.il/en/node/243.

Greenwood, Phoebe. "Israel Threatens to Cut Water and Power to Gaza in Tel Aviv." *Telegraph* (UK), November 27, 2011.

"Israel Tops Western World in Pesticide Use." Argo News, November 1, 2012. http://news.agropages.com/News.

Jeffay, Nathan. "Sand for Sale: An Unusual Solution to Theft in the Negev." *Jewish Daily Forward,* November 26, 2008.

Kaplan, M. M., Y. Goor, and E. S. Tiekel. "A Field Demonstration of Rabies Control Using Chicken Embryo Vaccine in Dogs." *Bulletin of the World Health Organization,* vol. 10, no. 5 (1954): 743–52.

Kennedy, Marie. "7th Generation: Israel's War for Water." *Progressive Planning Magazine,* no. 196 (Fall 2006): 2–6.

Klein, Jeff. "Martin Kramer, Harvard and the Eugenics of Zion." *Counterpunch,* April 12, 2010.

Levy, Gideon. "The Threat of the 'Demographic Threat.' " Haaretz, July 25, 2007.

Orenstein, Daniel. "Population Growth and Environmental Impact: Ideology and Academic Discourse in Israel." *Population and Environment,* vol. 26, no. 1 (2004): 41–60.

"Palestine Denied Water." BBC News, October 27, 2009.

Philosophical Transactions of the Royal Society, vol. 364, no. 1532 (October 2009): 2969–3124.

Prime Minister of Israel's Office. "Cabinet Approves Emergency Plan to Increase the Production of Desalinated Water." Press release, January 30, 2011.

Rinat, Zafrir. "Panel Says Pesticides Are Harming People, Killing Birds." Haaretz, October 20, 2009. http://www.haaretz.com/print-edition/news.

———. "When Coverage of a Water Crisis Vanishes." *Nieman Report,* 2005.

Rozenman, Eric. "Israeli Arabs and the Future of the Jewish State." *Middle East Quarterly,* vol. 6, no. 3 (September 1999): 15–23. http://www.meforum.org/478.

Sanders, Edmund. "Israel Sperm Banks Find Quality Is Plummeting." *Los Angeles Times,* August 15, 2012.

"The Separation Barrier in the West Bank." B'Tselem — The Israeli Information Center for Human Rights in the Occupied Territories (map), February 2008.

Siegel-Itzkovich, Judy. "Birds on His Brain." Science section, *Jerusalem Post,* November 6, 2005, p. 7.

Sontag, Debora. "Cramped Gaza Multiplies at Unrivaled Rates." *New York Times,* February 24, 2000.

Tolan, Sandy. "It's the Occupation, Stupid." *Le Monde Diplomatique,* English edition, September 26, 2011. http://mondediplo.com/openpage/it-s-the-occupation-stupid.

Turner, Michael, Nader Kahteeb, and Kalhed Nassar. *Crossing the Jordan: Concept Document to Rehabilitate, Promote Prosperity and Help Bring Peace to the Lower Jordan River Valley.* Amman, Bethlehem, and Tel Aviv: Eco Peace/Friends of the Earth Middle East, March 2005.

Udasin, Sharon. "Israel Uses More Pesticides Than Any OECD Country." *Jerusalem Post,* November 1, 2012.

Wulfsohn, Aubrey. "What Retreat from the Territories Means for Israel's Water Supply." *Think-Israel* (website), March–April 2005. http://www.think-israel.org/wulfsohn.water.html.

Yom-Tov, Yoram, et al. "Cattle Predation by the Golden Jackal (*Canis avreus*) in the Golan Heights Israel." *Biological Conservation,* vol. 73 (1995): 19–22.

Yuval-Davis, Nira. "Bearers of the Collective: Women and Religious Legislation in Israel." *Feminist Review,* vol. 4 (1980): 15–27.

Zureik, Elia. "Demography and Transfer: Israel's Road to Nowhere." *Third World Quarterly,* vol. 24, no. 4 (2003): 619–30.

Capítulo 2: Um mundo com costuras que se esgarçam

Livros

Baird, Vanessa. *The No-Nonsense Guide to World Population.* Oxford: New Internationalist Guide Publication, 2011.

Bartlett, Albert A., Robert G. Fuller, and Vicki L. Plano Clark. *The Essential Exponential! For the Future of Our Planet.* Lincoln, NE: Center for Science, Mathematics & Computer Education, 2008.

Brown, Lester R. *Plan B: Rescuing a Planet Under Stress and a Civilization in Trouble.* Nova York: W. W. Norton & Company, 2003.

———. *World on the Edge: How to Prevent Environmental and Economic Collapse.* Londres: Earthscan Publications, 2011.

Connelly, Matthew. *Fatal Misconception: The Struggle to Control World Population.* Cambridge, MA: Harvard University Press, 2008.

Hartmann, Betsy. *Reproductive Rights and Wrongs: The Global Politics of Population Control.* Boston: South End Press, 1995.

Lovelock, James. *The Vanishing Face of Gaia: A Final Warning.* Nova York: Basic Books, 2009.

Mazur, Laurie, ed. *A Pivotal Moment: Population, Justice, and the Environmental Challenge.* Washington, DC: Island Press, 2009.

Pimm, Stuart L. *A Scientist Audits the Earth.* Piscataway, NJ: Rutgers University Press, 2001.

Randers, Jørgen. *2052: A Global Forecast for the Next Forty Years.* White River Junction, VT: Chelsea Green Publishing, 2012.

Rees, W., and M. Wackernagel. *Our Ecological Footprint: Reducing Human Impact on the Earth.* Gabriola Island, BC: New Society Publishers, 1996.

Rosenzweig, Michael L. *Win-Win Ecology: How the Earth's Species Can Survive in the Midst of Human Enterprise.* Nova York: Oxford University Press, 2003.

Shankar Singh, Jyoti. *Creating a New Consensus on Population.* Londres: Earthscan Publications, 1998.

Simon, Julian. *The Ultimate Resource 2.* Princeton, NJ: Princeton University Press, 1998.

Worldwatch Institute. *Vital Signs 2012: The Trends That Are Shaping Our Future.* Washington, DC: Island Press, 2012.

Artigos

Angus, Ian, and Simon Butler. "Panic Over 7 Billion: Letting the 1% Off the Hook." *Different Takes*, no. 73 (Fall 2011).

Bartlett, Albert A. "Arithmetic, Population and Energy." Lecture, Global Public Media, August 29, 2004. http://old.globalpublicmedia.com/lectures/461.

———. "Democracy Cannot Survive Overpopulation." *Population and Environment: A Journal of Interdisciplinary Studies*, vol. 22, no. 1 (September 2000): 63–71.

———, and Edward P. Lytwak. "Rejoinder to Daily, Ehrlich, and Ehrlich: Immigration and Population Policy in the United States." *Population and Environment: A Journal of Interdisciplinary Studies*, vol. 16, no. 6 (July 1995): 527–37.

———. "Zero Growth of the Population of the United States." *Population and Environment: A Journal of Interdisciplinary Studies*, vol. 16, no. 5 (May 1995): 415–28.

Blackner, Lesley. "Existing Residents Should Guide Community Growth." *St. Petersburg Times*, guest column, May 3, 2004.

Brill, Richard. "Earth's Carrying Capacity Is an Inescapable Fact." *Honolulu Star-Advertiser*, November 5, 2012.

Carter, Jimmy. "Address to the Nation on Energy," April 18, 1977. Transcript and video. Miller Institute of Public Affairs, University of Virginia, http://millercenter.org/president/speeches/detail/3398.

Cave, Damien. "Florida Voters Enter Battle on Growth." *New York Times*, September 27, 2010. http://www.nytimes.com/2010/09/28.

Daily, Gretchen C., Anne H. Ehrlich, and Paul R. Ehrlich. "Response to Bartlett and Lytwak (1995): Population and Immigration Policy in the United States." *Population and Environment: A Journal of Interdisciplinary Studies*, vol. 16, no. 6 (July 1995): 521–27.

Fanelli, Daniele. "Meat Is Murder on the Environment." *New Scientist*, no. 2613, July 18, 2007.

Hartmann, Betsy. "10 Reasons Why Population Control Is Not the Solution to Global Warming." *Different Takes*, no. 57 (Winter 2009).

———. "Rebuttal to Chris Hedges: Stop the Tired Overpopulation Hysteria." AlterNet, March 13, 2009. http://www.alternet.org/authors/betsy-hartmann.

———. "The Return of Population Control: Incentives, Targets, and the Backlash Against Cairo." *Different Takes*, no. 70 (Spring 2011).

Howard, Peter E. "Report Warns of State Growth to 101 Million." National/World section, *Tampa Tribune*, final edition, April 2, 1999, p. 1.

Jansen, Michael. "Palestinian Population Fast Approaching That of Israeli Jews." *Irish Times*, January 8, 2011.

Kennedy, Marie. "7th Generation Israel's War for Water." *Progressive Planning Magazine,* Fall 2006. http://www.plannersnetwork.org/publications/2006_Fall/kennedy.html.

Lori, Aviva. "Grounds for Disbelief." Haaretz, May 8, 2003.

Murtaugh, Paul A., and Michael G. Schlax. "Reproduction and the Carbon Legacies of Individuals." *Global Environmental Change,* vol. 19 (2009): 14–20.

Oldham, James. "Rethinking the Link: A Critical Review of Population-Environment Programs." A joint publication of the Population and Development Program at Hampshire College and the Political Economy Research Institute at the University of Massachusetts, Amherst, February 2006.

Owen, James. "Farming Claims Almost Half Earth's Land, New Maps Show." *National Geographic News,* December 9, 2005.

Pearce, Fred. "The Overpopulation Myth." *Prospect Magazine,* March 8, 2010.

Population and Development Program at Hampshire College. "10 Reasons to Rethink 'Overpopulation.' " *Different Takes,* no. 40, Fall 2006.

Price of Sprawl Calculator website, http://www.priceofsprawl.com.

Rees, William. "Are Humans Unsustainable by Nature?" Trudeau Lecture at the Memorial University of Newfoundland, January 28, 2009.

Tripati, A. K., C. D. Roberts, and R. A. Eagle. "Coupling of CO2 and Ice Sheet Stability Over Major Climate Transitions of the Last 20 Million Years." *Science,* vol. 326, no. 5958 (December 2009): 1394–97. doi: 10.1126/science.1178296.

Weisman, Alan. "Harnessing the Big H." *Los Angeles Times Magazine,* September 25, 1994.

Whitty, Julia. "The Last Taboo." *Mother Jones,* May/June 2010.

Capítulo 3: Contagem de corpos e o paradoxo do alimento

Livros

Catton, William R. *Bottleneck: Humanity's Impending Impasse.* Bloomington, IN: Xlibris Corporation, 2009.

———. *Overshoot: The Ecological Basis of Revolutionary Change.* Champaign-Urbana: University of Illinois Press, 1982.

Coffey, Patrick. *Cathedrals of Science: The Personalities and Rivalries That Made Modern Science.* Oxford: Oxford University Press, 2008.

Engelman, Robert. *More: Population, Nature, and What Women Want.* Washington, DC: Island Press, 2010.

Malthus, Thomas R. *An Essay on the Principle of Population: Text, Sources and Background, Criticism,* edited by Philip Appelman. Nova York: W. W. Norton & Company, 1976.

———. *Population: The First Essay.* Ann Arbor: University of Michigan Press, 1959.

McCullough, David. *The Path Between the Seas: The Creation of the Panama Canal, 1870–1914,* reprint edition. Nova York: Simon & Schuster, 1978.

Nicholson, Nick. *I Was a Stranger.* Nova York: Sheed & Ward, 1972.

Pimentel, David, and Marcia Pimentel. *Food, Energy, and Society.* Boca Raton, FL: CRC Press, 2008.

Smil, Vaclav. *Enriching the Earth: Fritz Haber, Carl Bosch, and the Transformation of World Food Production.* Cambridge, MA: Massachusetts Institute of Technology Press, 2001.

Vallero, Daniel A. *Biomedical Ethics for Engineers: Ethics and Decision Making in Biomedical and Biosystem Engineering.* The Biomedical Engineering Series. Burlington, MA: Academic Press/Elsevier, 2007.

Artigos

Ambrose, Stanley H. "Late Pleistocene Human Population Bottlenecks, Volcanic Winter, and Differentiation of Modern Humans." *Journal of Human Evolution,* vol. 34, no. 4 (1998): 623–51. doi: 10.1006/jhev.1998.0219.

Best, M., and D. Neuhauser. "Heroes and Martyrs of Quality and Safety: Ignaz Semmelweis and the Birth of Infection Control." *Quality Safe Health Care,* vol. 13 (2004): 233–34. doi:10.1136/qshc.2004.010918.

Bodnar, Anastasia. "Stress Tolerant Maize for the Developing World — Challenges and Prospects." Biology Fortified, Inc., website, The Biofortified Blog, March 20, 2010.

Borlaug, Norman. "Billions Served: An Interview with Norman Borlaug." Interviewed by Ronald Bailey. *Reason Magazine,* April 2000.

———. Nobel Peace Prize Acceptance Speech. Oslo, December 10, 1970. http://www.nobelprize.org/nobel_prizes/peace/laureates/1970/borlaug-acceptance.html.

Brown, Lester R. "Rising Temperatures Melting Away Global Food Security." Earth Policy Release, July 6, 2011. Adapted from *World on the Edge.* www.earthpolicy.org/book_bytes/2011/wotech4_ss3.

Canfield, Donald, Alexander Glazer, and Paul G. Falkowski. "The Evolution and Future of Earth's Nitrogen Cycle." *Science,* vol. 330, no. 6001 (October 2010): 192–96. doi: 10.1126/science.1186120.

Dighe, N. S., D. Shukla, R. S. Kalkotwar, R. B. Laware, S. B. Bhawar, and R. W. Gaikwad. "Nitrogenase Enzymes: A Review." *Der Pharmacia Sinica,* vol. 1, no. 2 (2010): 77–84.

Easterbrook, Gregg. "Forgotten Benefactor of Humanity." *Atlantic Monthly,* January 1997.

———. "The Man Who Defused the 'Population Bomb.' " *Wall Street Journal,* September 16, 2009.

Ehrlich, Paul R. "Homage to Norman Borlaug." *International Journal of Environmental Studies* (Stanford University), vol. 66, no. 6 (February 2009): 673–77.

Erisman, Jan Willem, Mark A. Sutton, James Galloway, Zbigniew Klimont, and Wilfried Winiwarter. "How a Century of Ammonia Synthesis Changed the World." *Nature Geoscience,* vol. 1 (October 2008): 636–39.

Fedoroff, N. V., et al. "Radically Rethinking Agriculture for the 21st Century." *Science,* vol. 327, no. 833 (2010): 833–34. doi: 10.1126/science.1186834.

Floros, John D., Rosetta Newsome, William Fisher, et al. "Feeding the World Today and Tomorrow: The Importance of Food Science and Technology." *Comprehensive Reviews in Food Science and Safety,* vol. 9, issue 5 (2010): 1–28. doi: 10.1111/j.1541-4337.2010.00127.x.

Fryzuk, Michael D. "Ammonia Transformed." *Nature,* vol. 427 (February 2004): 498–99.

Godfray, H. C., et al. "Food Security: The Challenge of Feeding 9 Billion People." *Science,* vol. 327, no. 5867 (2010): 812–18.

Goran, Morris. "The Present-Day Significance of Fritz Haber." *American Scientist,* vol. 35, no. 3 (July 1947): 400–03.

Haber, Fritz. "The Synthesis of Ammonia from Its Elements." Lecture given June 2, 1920. From *Nobel Lectures, Chemistry 1901–1921.* Amsterdam: Elsevier Publishing Company, 1966.

Hanninen, O., M. Farago, and E. Monos. "Ignaz Philipp Semmelweis: The Prophet of Bacteriology." *Infection Control,* vol. 4, no. 5 (September/October 1983): 367–70.

Harpending, Henry C., et al. "Genetic Traces of Ancient Demography." *Proceedings of the National Academy of Science,* vol. 95, no. 4 (February 17, 1998): 1961–67.

Hawley, Chris. "Mexico's Capital Is a Sinking Metropolis." *Arizona Republic,* April 9, 2010.

Hopfenburg, Russell. "Human Carrying Capacity Is Determined by Food Availability." *Population and Environment,* vol. 25, no. 2 (November 2003): 109–17.

———, and David Pimentel. "Human Population Numbers as a Function of Food Supply." Minnesotans for Sustainability, March 6, 2001. http://www.oilcrash.com/population.htm.

Lobell, David B., Wolfram Schlenker, and Justin Costa-Roberts. "Climate Trends and Global Crop Production Since 1980." *Science,* vol. 333, no. 6042 (July 2011):616–20. doi: 10.1126/science.1204531.

Madrigal, Alexis. "How to Make Fertilizer Appear out of Thin Air, Part I." *Wired,* May 7, 2008. http://www.wired.com/wiredscience/2008/05/how-to-make-nit.

Mandaro, Laura. "Better Living Through Chemistry; Innovate: Bullion Cubes, Fertilizer and Aspirin? Credit Justus von Liebig." *Investors,* June 3, 2005. http://news.investors.com/ 06/03/2005.

Matchett, Karin. "Scientific Agriculture Across Borders: The Rockefeller Foundation and Collaboration Between Mexico and the U.S. in Corn Breeding." PhD diss., University of Minnesota, 2001.

McNeily, A. S. "Neuroendocrine Changes and Fertility in Breast-Feeding Women." *Progress in Brain Research,* vol. 133, (2001): 207–14.

Morishima, Hiroko. "Evolution and Domestication of Rice," in *Rice Genetics IV,* proceedings of the Fourth International Rice Genetics Symposium, October 2000, edited by G. S. Khush et al. Enfield, NH: Science Publishers, 2001, pp. 22–27.

Nolan, Tanya. "Population Boom Increasing Global Food Crisis." ABC (Australia), May 4, 2011.

Ortiz, Rodomiro, et al. "Dedication: Norman E. Borlaug, the Humanitarian Plant Scientist Who Changed the World." *Plant Breeding Reviews,* vol. 28 (2007).

Reynolds, Matthew P. "Wheat Warriors: The Struggle to Break the Yield Barrier." *CIMMYT E-News,* vol. 6, no. 6 (October 2009).

———, ed. "Climate Change and Crop Production." International Maize and Wheat Improvement Center, 1996.

———, and N. E. Borlaug. "Centenary Review: Impacts of Breeding on International Collaborative Wheat Improvement." *Journal of Agricultural Science* (Cambridge University Press), vol. 144 (2006): 3–17.

Reynolds, Matthew P., et al. "Raising Yield Potential of Wheat. I. Overview of a Consortium Approach and Breeding Strategies." *Journal of Experimental Botany,* October 15, 2010: 1–14. doi:10.1093/jxb/erq311.

Ritter, Steven K. "The Haber-Bosch Reaction: An Early Chemical Impact on Sustainability." *Chemical & Engineering News,* vol. 86, no. 33 (August 18, 2008).

Ronald, Bailey. "Norman Borlaug: The Greatest Humanitarian." *Forbes,* September, 14, 2009. http://www.forbes.com/2009/09/14/norman-borlaug-green-revolution-opinions-contributors-ronald-bailey.html.

Singh, Salil. "Norman Borlaug: A Billion Lives Saved, a World Connected." *AgBioWorld.* http://www.agbioworld.org/biotech-info/topics/borlaug/special.html.

Skorup, Jarrett. "Norman Borlaug: An American Hero." *Men's News Daily,* December, 30,2009. http://mensnewsdaily.com/2009/12/30/norman-borlaug-an-american-hero.

Smil, Vaclav. "Detonator of the Population Explosion." *Nature,* vol. 400 (July 1999): 415.

Smith, Barry E. "Nitrogenase Reveals Its Inner Secrets." *Science,* vol. 297, no. 5587 (September 2002): 1654–55.

Stevens, Emily E., Thelma E. Patrick, and Rita Pickler. "A History of Infant Feeding." *Journal of Perinatal Education,* vol. 18, no. 2 (Spring 2009): 32–39.

U.S. Census Bureau, Current Population Reports. "Longevity and Health Characteristics," in *65+ in the United States: 2005.* Washington, DC: U.S. Government Printing Office, 2005. www.census.gov/prod/1/pop/p23-190/p23190-g.pdf.

Vidal, John. "UN Warns of Looming Worldwide Food Crisis in 2013." *Observer* (UK), October 13, 2012.

Wall, J. D., and M. Przeworski. "When Did the Human Population Size Start Increasing?" *Genetics,* vol. 155, no. 4 (2000): 1865–74.

Wigle, Donald T. "Safe Drinking Water: A Public Health Challenge." *Chronic Diseases in Canada,* vol. 19, no. 3 (1998): 103–7.

World Economic and Social Survey 2011: The Great Green Technological Transformation. Nova York: United Nations, 2011.

World Health Organization. *Malaria, Fact sheet N° 94,* January 2013. http://www.who.int/mediacentre/factsheets/fs094/en.

Capítulo 4: A capacidade de sustentar e o berço

Livros

Asbell, Bernard. *The Pill: A Biography of the Drug That Changed the World.* Nova York: Random House, 1995.

Belton, Tom. "Eugenics Board," in *Encyclopedia of North Carolina,* edited by William S. Powell and Jay Mazzocchi. Chapel Hill: University of North Carolina Press, 2006.

Brandt, Allan M. *No Magic Bullet: A Social History of Venereal Disease in the United States Since 1880*. Oxford: Oxford University Press, 1985.

Brown, Lester R., et al. *Beyond Malthus*. Nova York: W. W. Norton & Company, 1999.

Buchmann, Stephen L., and Gary Paul Nabhan. *The Forgotten Pollinators*. Washington, DC: Island Press, 1996.

Connors, R. J. *The Coming Extinction of Humanity: Six Converging Crises That Threaten Our Survival*. CreateSpace, 2010.

Ehrlich, Anne H., and Paul R. Ehrlich. *The Dominant Animal: Human Evolution and the Environment*. Washington, DC: Island Press, 2008.

———. *The Population Explosion*. Nova York: Simon & Schuster, 1990.

Ehrlich, Paul R. *The Population Bomb*. Nova York: Sierra Club/Ballantine, 1968.

———, and Anne H. Ehrlich. *Extinction: The Causes and Consequences of the Disappearance of Species*. Nova York: Random House, 1981.

Ehrlich, Paul R., John P. Holdren, and Anne H. Ehrlich. *Ecoscience: Population, Resources, Environment*. San Francisco: W. H. Freeman & Co., 1977.

Foreman, Dave. *Man Swarm and the Killing of Wildlife*. Durango, CO: Raven's Eye Press, 2011.

Gordon, Linda. *The Moral Property of Women: A History of Birth Control Politics in America*. Champaign-Urbana: University of Illinois, 2007.

Lopez, Iris. *Matters of Choice: Puerto Rican Women's Struggle for Reproductive Freedom*. Piscataway, NJ: Rutgers University Press, 2008.

McClory, Robert. *Turning Point: The Inside Story of the Papal Birth Control Commission, & How* Humanae Vitae *Changed the Life of Patty Crowley and the Future of the Church*. Nova York: Crossroad, 1995.

McKee, Jeffrey K. *Sparing Nature: The Conflict Between Human Population Growth and Earth's Biodiversity*. Piscataway, NJ: Rutgers University Press, 2003.

Myers, Norman. *A Wealth of Wild Species: Storehouse for Human Welfare*. Boulder, CO: Westview Press, 1983.

Stern, Alexandra. *Eugenic Nation: Faults and Frontiers of Better Breeding in Modern America*. Berkeley: University of California Press, 2005.

Artigos

Back, Kurt W., Reuben Hill, and J. Mayone Stycos. "The Puerto Rican Field Experiment in Population Control." *Human Relations*, vol. 10 (November 1957): 315–34.

Camp, S., and S. Conly. "Population Policy and the 'Earth Summit': The Passages of History." *Imbonezamuryango*, no. 25 (December 1992): 29–31.

Campbell Madison, Martha. "Schools of Thought: An Analysis of Interest Groups Influential in Population Policy." *Population and Environment,* vol. 19, no. 6 (November 1998): 487–512.

Cardinale, Bradley J., Kristin L. Matulich, David U. Hooper, et al. "The Functional Role of Producer Diversity in Ecosystems." *American Journal of Botany,* vol. 98, no. 3 (2011): 572–92. doi:10.3732/ajb.1000364.

Carranza, Maria. "A Brief Account of the History of Family Planning in Costa Rica," in *Demographic Transformations and Inequalities in Latin America: Historical Trends and Recent Patterns,* edited by Suzana Cavenaghi. Rio de Janeiro: Latin American Population Association, 2009, pp. 307–14.

Committee for Puerto Rican Decolonization. "35% of Puerto Rican Women Sterilized." Chicago Women's Liberation Union, Herstory Archive, ca. 1970.

Daily, Gretchen C., Anne H. Ehrlich, and Paul R. Ehrlich. "Optimum Human Population Size." *Population and Environment: A Journal of Interdisciplinary Studies,* vol. 15, no. 6 (July 1994): 469–75.

Daily, Gretchen C., Gerardo Ceballos, Jesus Pacheco, Gerardo Suzan, and Arturo Sanchez-Azofeifa. "Countryside Biogeography of Neotropical Mammals: Conservation Opportunities in Agricultural Landscapes of Costa Rica." *Conservation Biology,* vol. 17, no. 6 (December 2003): 1814–26.

Ehrlich, Paul R., and Gretchen C. Daily. "Red-Naped Sapsuckers Feeding at Willows: Possible Keystone Herbivores." *American Birds,* vol. 42, no. 3 (Fall 1988): 357–65.

———. "Sapsuckers at Work." *Whole Earth,* no. 93 (Summer 1998): 24–26.

Ehrlich, Paul R., and John P. Holdren. "Hidden Effects of Overpopulation." *Saturday Review,* August l, 1970: 52.

———. "The People Problem." *Saturday Review,* July 4, 1970: 42–43.

———. "Population and Panaceas: A Technological Perspective." *BioScience,* vol. 19, no. 12 (December 1969): 1065–71.

Ehrlich, Paul R., and Brian Walker. "Rivets and Redundancy." *BioScience,* vol. 48, no. 5 (May 1998): 1–2.

Fox, James W. "Real Progress: Fifty Years of USAID in Costa Rica." Center for Development Information and Evaluation, U.S. Agency for International Development, November 1998.

———. "U.S. Aid to Costa Rica: An Overview." Center for Development Information and Evaluation, U.S. Agency for International Development, March 1996. pdf.usaid.gov/pdf_docs/PDACK960.pdfSimilar 1996.

Fuentes, Annette. "They Call It La Operacion." *New Internationalist,* vol. 176 (October 1987). http://www.newint.org/features/1987/10/05/call.

Goldberg, Michelle. "Holdren's Controversial Population Control Past." *American Prospect,* July 21, 2009. http://prospect.org/article/holdrens-controversial-population- control-past.

Gunson, Phil. "Obituary of Jose Figueres: The Wealthy 'Farmer-Socialist' Who Turned Costa Rica into a Welfare State." *Guardian* (UK), June 13, 1990.

Hertsgaard, Mark. P. "Still Ticking." *Mother Jones,* vol. 18, no. 2 (March/April 1993): 20. Holdren, John P. "Population and the Energy Problem." *Population and Environment,* vol. 12, no. 3 (Spring 1991): 231–55.

"John Holdren, Obama's Science Czar, says: Forced Abortions and Mass Sterilization Needed to Save the Planet." Zombie Time website. http://zombietime.com/john_holdren.

Kenny, Charles. "An Aging Population May Be What the World Needs." *Bloomberg Businessweek,* February 7, 2013.

Krase, Katherine. "Sterilization Abuse." Newsletter of the National Women's Health Network, January/February 1996. http://www.ourbodiesourselves.org/book/companion.asp?id=18&compID=55.

La Federacion Alianza Evangelica Costarricense. "Lista de Afiliados." http://www.alianzaevangelica.org/index_6.html.

Lakshmanan, Indira A. R. "Evangelism Is Luring Latin America's Catholics: Charismatic Sects Focus on Earthly Rewards." *Boston Globe,* May 8, 2005.

Marks, Lara. "Human Guinea Pigs? The History of the Early Oral Contraceptive Clinical Trials." *History and Technology: An International Journal,* vol. 15, no. 4 (1999):263–88.

McCormick, Katharine. Katharine McCormick to Margaret Sanger, June 19, 1954. In *Women's Letters: America from the Revolutionary War to the Present,* edited by Lisa Grunwald and Stephen J. Adler. Nova York: Dial Press, 2005.

Mears, Eleanor, and Ellen C. G. Grant. " 'Anovlar' as an Oral Contraceptive." *British Medical Journal,* vol. 2, no. 5297 (July 1962): 75–79.

Mendelsohn, Everett. "The Eugenic Temptation: When Ethics Lag Behind Technology." *Harvard Magazine,* March–April 2000.

Moenne, Maria Elena Acuna. "Embodying Memory: Women and the Legacy of the Military Government in Chile." *Feminist Review* (Londres), no. 79 (March 2005): 150.

"Obama's Science Czar Does Not Support Coercive Population Control." Catholic News Agency, July 15, 2009.

Pacheco, Jesus, Gerardo Ceballos, Gretchen C. Daily, Paul R. Ehrlich, Gerardo Suzan, Bernal Rodriguez-Herrera1, and Erika Marce. "Diversidad, Historia Natural y Conservacion de los Mamiferos de San Vito de Coto Brus,

Costa Rica." *Revista de Biología Tropical* (San Jose), vol. 54, no. 1 (March 2006): 219–40.

Paul VI. "Humanae Vitae." Encyclical letter on the regulations of birth control, May 1, 1968.

"The Pill." *The American Experience,* February 24, 2003. http://www.pbs.org/wgbh/amex/pill/peopleevents/e_puertorico.html.

Planned Parenthood Federation of America. *A History of Birth Control Methods.* Report published by Katharine Dexter McCormick Library, November 2006.

Rodis, Rodel. "Papal Infallibility." *Inquirer Global Nation,* June 25, 2011.

Samuel, Anand A. "FDA Regulation of Condoms: Minimal Scientific Uncertainty Fuels the Moral Conservative Plea to Rip a Large Hole in the Public's Perception of Contraception." Third-Year

Paper. Harvard Law School, May 2005.

Sanger, Margaret. "A Question of Privilege." *Women United,* October 1949: 6–8.

———. *Family Limitations.* Nova York: s.n., 1917, available online at http://archive.lib.msu.edu/DMC/AmRad/familylimitations.pdf.

Shaw, Russell. "Church Birth Control Commission Docs Unveiled." *Our Sunday Visitor Newsweekly,* February 27, 2011.

Smail, J. Kenneth. "Beyond Population Stabilization: The Case for Dramatically Reducing Global Human Numbers." *Politics and the Life Sciences,* vol. 16, no. 2 (September 1997), 183–192.

———. "Confronting a Surfeit of People: Reducing Global Human Numbers to Sustainable Levels," *Environment, Development and Sustainability,* vol. 4, no. 1 (2002):21–50.

Strong, Maurice. Earth Summit address to the United Nations Conference on Environment and Development (UNCED), Rio de Janeiro, June 1992.

Swomley, John M. "The Pope and the Pill." *Christian Social Action,* February 1998: 12.

Vazquez Calzada, Jose L., and Zoraida Morales del Valle. "Female Sterilization in Puerto Rico and Its Demographic Effectiveness." *Puerto Rico Health Sciences Journal,* vol. 1, no. 2 (June 1982): 68–79.

Vidal, John. "Rio+20: Earth Summit Dawns with Stormier Clouds than in 1992." *Guardian* (UK), June 19, 2012.

Virgo, Paul. "Biodiversity: Not Just About Tigers and Pandas." Inter Press Service, May 23, 2010.

Zucchino, David. "Forced Sterilization Worth $50,000, North Carolina Panel Says." *Los Angeles Times,* January 10, 2012.

Capítulo 5: Mundo ilha

Livros

Ali, A. Yusuf. *An English Interpretation of the Holy Koran*. Bensenville, IL: Lushena Books, 2007.

Coale, Ansley J., and Susan Cotts Watson, eds. *The Decline of Fertility in Europe*. Princeton, NJ: Princeton University Press, 1986.

Longman, Phillip. *The Empty Cradle: How Falling Birthrates Threaten World Prosperity and What to Do About It*. Nova York: Basic Books, 2004.

Pearce, Fred. *The Coming Population Crash: And Our Planet's Surprising Future*. Boston: Beacon Press, 2010.

Artigos

Allen, Jr., John L. "Synod Notebook: Video on Islam Rocks the House." *National Catholic Reporter*, October 15, 2012.

Anastasaki, Erasmia. *Running Up a Down Escalator*. MSc diss., commissioned by Population Matters, September 2010. http://populationmatters.org/documents/escalator_summary.pdf.

Attenborough, David. "People and Planet." RSA President's Lecture 2011. Royal Society for the Encouragement of Arts, Manufactures and Commerce, March 11, 2011.

Beckford, Martin. "Foreigners and Older Mothers Drive Biggest Baby Boom Since 1972." *Daily Telegraph* (UK), July 14, 2011.

"BNP Leader Charged with Race Hate." BBC News, April 6, 2005.

Borland, Sophie. "Schoolgirls of 13 Given Contraceptive Implants." *Daily Mail* (UK), February 8, 2012.

Davey, E., acting chair: Optimum Population Trust. "Think-Tank Urges Population Inquiry by Government." News release, January 5, 2009. http://populationmatters.org/2009/press/thinktank-urges-population-inquiry-government.

DeParle, Jason. "The Anti-Immigration Crusader." *New York Times*, April 17, 2011.

Desvaux, Martin. "The Sustainability of Human Populations: How Many People Can Live on Earth." *Significance*, vol. 4, no. 3 (September 2007): 102–7. http://populationmatters.org/documents/sustainable_populations.pdf. Accessed: June 2009.

———. "Towards Sustainable and Optimum Populations." Optimum Population Trust, April 8, 2008. http://www.populationmatters.org/documents.

Doughty, Steve. "One in Three Babies Born Today 'Will Live for at Least 100 Years.' " *Daily Mail* (UK), March 27, 2012.

Doward, Jamie. "British Farming in Crisis as Crop Losses from 'Relentless' Floods Pile Up Woes." *Observer* (UK), February 23, 2013.

Fairlie, Simon. "Can Britain Feed Itself?" *The Land Magazine*, no. 4 (Winter 2007–2008):18–26.

Ferguson, Andrew, ed. "2nd Footprint Forum, Part II: Ethics of Carrying Capacity." *Optimum Population Trust Journal*, vol. 3, no. 2 (October 2003).

Forum for the Future. *Growing Pains: Population and Sustainability in the UK*. June 2010.

Gillis, Justin, and Celia W. Dugger. "U.N. Forecasts 10.1 Billion People by Century's End." *New York Times*, May 3, 2011.

Griffin, Nick. "A Right Menace." *Independent*, May 23, 2009.

Guillebaud, J. "Youthquake: Population, Fertility and Environment in the 21st Century." Optimum Population Trust, 2007.

———, and Hayes P. "Editorial: Population Growth and Climate Change." *British Medical Journal*, vol. 337 (2008): 247–48.

"Inside Out/West Midlands: Report on Sharia Law." *BBC Home*, January 20, 2009.

Islamic Foundation for Ecology and Environmental Sciences. *EcoIslam*, no. 8, June 2011.

Johnson, Wesley. "UK Population 'Largest in Western Europe by 2050.' " *Independent* (UK), July 30, 2010.

Kaiser, Jocelyn. "10 Billion Plus: Why World Population Projections Were Too Low." *Science/ScienceInsider*, May 4, 2011. http://news.sciencemag.org/scienceinsider/2011/05/10-billion-plus-why-world-population.html.

Khalid, Fazlun M. "Guardians of the Natural Order." *One Planet Magazine*, August 1996.

———. "Islam and the Environment," in *Social and Economic Dimensions of Global Environmental Change*. Vol. 5 of *Encyclopedia of Global Environmental Change*. Chichester, UK: John Wiley & Sons, 2002, pp. 332–39.

———. "The Copenhagen Syndrome." *Globalia Magazine*, December 1, 2010.

Knight, Richard. "Debunking a YouTube Hit." BBC News, August 7, 2009.

Levitt, Tom. "Chief Scientist Refutes Fred Pearce's Bad Logic About Population and Environment." *Ecologist*, February 14, 2012. http://www.theecologist.org/News.

Martin, Roger. "Population, Environment and Conflict." Population Matters, paper presented at the African Population Conference in Ougadougou, organized by the Union for African Population Studies (UAPS). UAPS, 2011.

McDougall, Rosamund. "The UK's Population Problem." Optimum Population Trust, 2003, updated 2010.

Morris, Steven, and Martin Wainwright. "BNP Leader Held by Police over Racist Remarks." *Guardian* (UK), December 14, 2004.

Murray, Douglas. "It's Official: Muslim Population of Britain Doubles." Gatestone Institute website, December 21, 2012. http://www.gatestoneinstitute.org/3511.

"Muslim Demographics." YouTube video. Posted by friendofmuslim, March 30, 2009. http://www.youtube.com/watch?v=6-3X5hIFXYU.

Myhrvold, N. P., and K. Caldeira. "Greenhouse Gases, Climate Change and the Transition from Coal to Low-Carbon Electricity." *Environmental Research Letters,* vol. 7 (2012): 1–8.

Nicholson-Lord, David. "The Fewer the Better." *New Statesman,* November 8, 2004.

Optimum Population Trust. "Britain Overpopulated by 70 Percent." Press release, February 18, 2008.

———. "Population Projections," June 3, 2009.

"People and the Planet." Report for the Royal Society Science Policy Centre, London. Final report, April 26, 2012.

Pipes, Daniel. "Predicting a Majority-Muslim Russia." Lion's Den (blog), *Daniel Pipes: Middle East Forum,* August 6, 2005. http://www.danielpipes.org/blog/2005/08.

"School Children Offered Contraceptive Implants." BBC News, Health, February 8, 2012. http://www.bbc.co.uk/news/health-16951331.

Snopes.com. "Muslim Demographics." Uban Legends Reference Pages, last updated April 2009. http://www.snopes.com/politics/religion/demographics.asp.

Swinford, Steven. "Contraceptive Implants and Injections for Schoolgirls Treble." *Telegraph* (UK), October 30, 2012.

———. "Girls of 13 Given Birth Control Jab at School Without Parents' Knowledge." *Telegraph* (UK), October 28, 2012.

"UK Muslim Population Doubled in a Decade." PressTV, December 22, 2012.

United Kingdom Office for National Statistics, "What Are the Chances of Surviving to Age 100?" Historic and Projected Mortality Data (1951–2060) from the UK Life Tables, 2010-based, March 26, 2012.

Vaisse, Justin. "Eurabian Follies." *Foreign Policy,* January/February 2010.

Vaughan, Adam. "UK's Year of Drought and Flooding Unprecedented, Experts Say." *Guardian* (UK), October 18, 2012.

Ware, John. "What Happens If Britain's Population Hits 70m?" *BBC Panorama*, April 19, 2010.

Whitehead, Tom. "Immigration Drives UK's Population Boom." *Telegraph* (UK), July 1, 2011.

———. "Women Wait Until 29 and Settle for Fewer Children." *Telegraph* (UK), September 24, 2010.

Wiley, David. "Letter: Optimum Population." *New Scientist*, no. 1944, September 24, 1994.

Wire, Thomas. *Fewer Emitters, Lower Emissions, Less Cost: Reducing Future Carbon Emissions by Investing in Family Planning: A Cost/Benefit Analysis*. London School of Economics, Operational Research. Sponsored by Optimum Population Trust, August 2009.

Capítulo 6: A Santa Sé

Livros

Department of Economic and Social Affairs, Population Division. *World Population Prospects: The 2010 Revision*. Nova York: United Nations, 2010 (Updated: April 15, 2011)

Hasler, August. *How the Pope Became Infallible: Pius IX and the Politics of Persuasion*. Nova York: Doubleday, 1981.

Keilis-Borok, V. I., and M. Sanchez Sorondo, eds. *Science for Survival and Sustainable Development: Proceedings of Study Week 12–16 March 1999*. Vatican City: Scripta Varia 98, 2000.

Krause, Elizabeth L. *A Crisis of Births: Population Politics and Family-Making in Italy (Case Studies on Contemporary Social Issues)*. Belmont, CA: Thomson/ Wadsworth, 2005.

———. *Unraveled: A Weaver's Tale of Life Gone Modern*. Berkeley: University of California Press, 2009.

Livi-Bacci, Massimo. *A Concise History of World Population*. Hoboken, NJ: John Wiley & Sons, 2012.

Losito, Maria. *The Casina Pio IV in the Vatican: Historical and Iconographic Guide*. Vatican City: Pontifical Academy of Sciences, 2010.

Maguire, Daniel C. *Sacred Choices: The Right to Contraception and Abortion in Ten World Religions*. Minneapolis: Fortress Press, 2001.

McClory, Robert. *Turning Point: The Inside Story of the Papal Birth Control Commission*. Nova York: Crossroad, 1995.

Mumford, Stephen. *American Democracy and the Vatican: Population Growth and National Security.* Washington, DC: American Humanist Association, 1984.

Pontifical Academy of Sciences. *Popolazione e Risorse [Population and Resources].* Vatican City: Vita e Pensiero, 1994.

Seewald, Peter, and Pope Benedict XVI. *Light of the World: The Pope, the Church and the Signs of Times.* Translated by Michael J. Miller and Adrian J. Walker. San Francisco: Ignatius Press, 2010.

Tanner, Norman, and Guiseppe Albergio, eds. *Decrees of the Ecumenical Councils.* Washington, DC: Georgetown University Press, 1990.

Artigos

Allen Jr., John L. "Vatican Studies Genetically Modified Crops." *National Catholic Reporter,* May 18, 2009.

Benedict XVI. *Caritas in Veritate:* Encyclical Letter on Integral Human Development in Charity and Truth. June 29, 2009.

"Berlusconi Investigated in Teen Dancer Case." Associated Press, January 14, 2011.

"Berlusconi's 'Party Girls' Driven by Ambitious Parents." Agence France-Presse, January 20, 2011.

Bruni, F. "Persistent Drop in Fertility Reshapes Europe's Future." *New York Times,* December 26, 2002.

Capparella v. E.N.P.A, Civil Court of Rome, February 11, 2009. Conciliation Report, p. 392.

Carr, David. "The Bible Is Pro-Birth Control." *Reader Supported News,* March 8, 2012. http://readersupportednews.org/opinion2/295-164/10356-the-bible-Is-pro-birth-control.

Catholics for Choice. "Truth and Consequence: A Look Behind the Vatican's Ban on Contraception," 2008.

Colonnello, Paolo. "Gli Amici Serpenti del Cavaliere." LaStampa.it, January 19, 2011. http://www.lastampa.it/2011/01/19/italia/politica/gli-amici-serpenti-del-cavaliere-XTm7TjZWlU8f1vvGr32FaN/pagina.html.

Cowell, Alan. "Scientists Linked to the Vatican Call for Population Curbs." *New York Times,* June 16, 1994.

Delaney, Sarah. "Genetically Modified Crops Call for Caution, Bishop Tells Synod." Catholic News Service, October 8, 2009.

Donadio, Rachel. "Europe's Young Grow Agitated over Future Prospects." *New York Times,* January 1, 2011.

———. "Surreal: A Soap Opera Starring Berlusconi." *New York Times,* January 22, 2011.

Ehrlich, Paul R., and Peter H. Raven. "Butterflies and Plants: A Study in Coevolution." *Evolution,* vol. 18, no. 4 (December 1964): 586–608.

Engelman, Robert. "The Pope's Scientists." *Conscience,* vol. 31, no. 2 (2010).

Flanders, Laura. "Giving the Vatican the Boot." *Ms. Magazine,* October/November 1999.

Fox, Thomas C. "New Birth Control Commission Papers Reveal Vatican's Hand." *National Catholic Reporter,* March 23, 2011. http://ncronline.org.

"Il fratello di Roberta. 'Brava, hai lavorato bene.' " Repubblica TV, September 21, 2010. http://video.repubblica.it/le-inchieste/il-fratello-di-roberta-brava-hai-lavorato-bene/95230/93612.

Glatz, Carol. "Synod Working Document Seeks Ways to Promote Justice, Peace in Africa." Catholic News Service, March 19, 2009.

Grandoni, Dino. "98% of Catholic Women Have Used Contraception the Church Opposes." Atlantic Wire, February 10, 2012.

Gumbel, Andrew. "Italian Men Cling to Mamma; Unemployment and a Housing Crisis Force Males to Live at Home in Their Thirties." The World section, *Independent* (UK), December 15, 1996.

Hebblethwaite, Peter. "Science, Magisterium at Odds: Pontifical Academy Emphasizes Need for Global Population Control — Pontifical Academy of Sciences." *National Catholic Reporter,* July 15, 1994.

ISTAT. *Demographic Indicators: Year 2010.* January 24, 2011. http://demo.istat.it/index_e.html.

Kertzer, David I., Alessandra Gribaldo, and Maya Judd. "An Imperfect Contraceptive Society: Fertility and Contraception in Italy." *Population and Development Review,* vol. 35, no. 3 (September 2009): 551–84.

Kessler, Glenn. "The Claim That 98 Percent of Catholic Women Use Contraception: A Media Foul." The Fact Checker (blog), *Washington Post,* February 17, 2012.

Kington, Tom. "Silvio Berlusconi Gave Me €7,000, Says 17-Year-Old Belly Dancer." *Observer* (UK), October 30, 2010.

———. "Silvio Berlusconi Wiretaps Reveal Boast of Spending Night with Eight Women." *Observer* (UK), September 17, 2011.

Kissling, Frances. "The Vatican and Reproductive Freedom: A Human Rights Perspective on the Importance of Supporting Reproductive Choices." Testimony given by Frances Kissling before the All-Party Parliamentary Group on Population, Development and Reproductive Health at a hearing in the

UK Parliament on Monday, July 3, 2006. http://www.catholicsforchoice.org/conscience/current/.

Krause, Elizabeth L. " 'Empty Cradles' and the Quiet Revolution: Demographic Discourse and Cultural Struggles of Gender, Race, and Class in Italy." *Cultural Anthropology,* vol. 16, no. 4 (2001): 576–611.

———. "Dangerous Demographies and the Scientific Manufacture of Fear," in *Selected Publications of EFS Faculty, Students, and Alumni.* Paper 4, July 2006.

———. " 'Toys and Perfumes': Imploding Italy's Population Paradox and Motherly Myths," in *Barren States: The Population "Implosion" in Europe,* edited by Carrie B. Douglass. Londres: Berg, 2005, pp. 159–82.

Krause, Elizabeth L., and Milena Marchesi. "Fertility Politics as 'Social Viagra': Reproducing Boundaries, Social Cohesion, and Modernity in Italy." *American Anthropologist,* vol. 109, no. 2 (June 2007): 350–62. doi: 10.1525/AA.2007.109.2.350.

Lavanga, Claudio. "Berlusconi Tells Businessman to Bring Girls, But Not Tall Ones, Wiretaps Reveal." NBC News, September 17, 2011.

Ludwig, Mike. "New WikiLeaks Cables Show US Diplomats Promote Genetically Engineered Crops Worldwide." Truthout, August 25, 2011. http://www.truth-out.org/new-wikileaks-cables-show-us-diplomats-promote-genetically-engineered-crops-worldwide/1314303978.

———. "US to Vatican: Genetically Modified Food Is a 'Moral Imperative.' " Truthout, December 29, 2010.

Meldolesi, Anna. "Vatican Panel Backs GMOs." *Nature Biotechnology,* vol. 29, no. 11 (2011). doi:10.1038/nbt0111-11.

Mumford, Stephen D. "Why the Church Can't Change." *Council for Secular Humanism Free Inquiry,* vol. 21, no 1 (Winter 2000/2001).

———. "Why the Pope Can't Change the Church's Position on Birth Control: Implications for Americans." Presentation to Vatican Influence on Public Policy Symposium, at the Center for Research on Population and Security: St. Louis, Missouri. January 27, 1999.

O'Brien, Jon, and Sara Morello. "Catholics for Choice and Abortion: Prochoice Catholicism 101." *Conscience,* Spring 2008: 24–26.

Partridge, Loren W. Review of *The Casino of Pius IV,* by Graham Smith. *The Art Bulletin,* vol. 60, no. 2 (June 1978): 369–72. http://www.jstor.org/stable/3049799. Accessed: 30/03/2012.

Paul VI. *Humanae Vitae:* Encyclical letter on the regulations of birth control. May 1, 1968.

Pontifical Council for the Family. "Ethical and Pastoral Dimensions of Population Trends." March 25, 1994.

Potrykus, Ingo, and Klaus Ammann, eds. "Transgenic Plants for Food Security in the Context of Development: Proceedings of a Study Week of the Pontifical Academy of Sciences." *New Biotechnology*, vol. 27, no. 5 (November 2010): 445–718.

Raven, Peter H. "Does the Use of Transgenic Plants Diminish or Promote Biodiversity?" *New Biotechnology*, vol. 27, no. 5 (2010): 528– 53.

Ravenholt, R. T. "Poorest Peasant Couple in Remotest Village Will Seize Opportunity to Control Family Size." Paper presented to the First USAID World Population Conference, Washington, DC, December 1976.

———. "World Fertility Survey: Origin and Development of the WFS." Paper presented to the Conference at the National Press Club on 30 Years of USAID Efforts in Population and Health Data Collection. Washington, DC, June 3, 2002.

Sarzanini, Fiorenza. "Fede, Mora e le Feste: 'Lui Stasera e Pimpante, Chiama le Nostre Vallette.' " *Corriere della Sera*, January 19, 2011.

Schnieder, Jane, and Peter Schneider. "Sex and Respectability in an Age of Fertility Decline: A Sicilian Case Study." *Social Science & Medicine*, vol. 33, no. 8 (1991): 885–95.

Shiva, Vandana. "The 'Golden Rice' Hoax: When Public Relations Replaces Science." Accessed at http://online.sfsu.edu/rone/GEessays/goldenricehoax.html.

Swomley, John M. "The Pope and the Pill." *Christian Social Action*, February 1998.

Urquhart, Gordon. "The Vatican and Family Politics." For Conservative Catholic Influence in Europe: An Investigative Series. Washington, DC: Catholics for a Free Choice, 1997.

"Vatican Calls for 'More Solid Morality' in Wake of Berlusconi Sex Scandal." France24 International News 24/7, January 21, 2011. http://www.france24.com/en/20110120-berlusconi-political-persecution-scandal-vows-prostitution-minor-law.

Capítulo 7: Gorilas em nosso meio

Livros

Hall, Ruth. *The Life of Marie Stopes*. Nova York: W. W. Norton & Company, 1978.

Hanson, Thor. *The Impenetrable Forest: My Gorilla Years in Uganda*, revised edition. Warwick, NY: 1500 Books, 2008.

Turner, Pamela. *Gorilla Doctors: Saving Endangered Great Apes*. Boston: Houghton Mifflin Harcourt, 2008.

Artigos

Anderson, Curt. "U.S. Arrests 3 in Uganda Tourist Slayings." Associated Press, March 3, 2003.

"Bwindi Impenetrable Forest," Tropical Ecology Assessment and Monitoring Network website. http://www.teamnetwork.org/network/sites/bwindi-national-park-0.

Caccone, Adalgisa. "DNA Divergence Among Hominoids." *Evolution,* vol. 43, no. 5 (1989): 925–41.

Clarke, Jody. "Tullow Accused of Acts of Bribery in Uganda." *Irish Times,* October 14, 2011. http://www.irishtimes.com/newspaper/world/2011/1014/1224305758151.html.

Cohen, Tamara. "What Separates Man from the Apes?" *Daily Mail* (UK), March 8, 2012.

Craig, Allison Layne. "'Quality Is Everything': Rhetoric of the Transatlantic Birth Control Movement in Interwar Women's Literature of England, Ireland and the United States." PhD diss., University of Texas at Austin, December 2009.

Gaffikin, Lynne. "Population Growth, Ecosystem Services, and Human Well-Being," in *A Pivotal Moment: Population, Justice, and the Environmental Challenge,* edited by Laurie Mazur. Washington, DC: Island Press, 2009.

———, and Kalema-Zikusoka, G. *Integrating Human and Animal Health for Conservation and Development: Findings from a Program Evaluation in Southwest Uganda.* Conservation Through Public Health, Evaluation and Research Technologies for Health, and John Snow, 2010.

Gatsiounis, Ioannis. "Uganda's Soaring Population a Factor in Poverty, Deadly Riots." *Washington Times,* June 14, 2011.

Kanyeheyo, Ivan Mafigiri. "Nation's Population Growth a Self-Laid Economic Trap." *Monitor* (Kampala), June 23, 2011.

Klein, Alice. "Uganda's Fledgling Oil Industry Could Undermine Development Progress." *Guardian* (UK), December 12, 2011.

Lirri, Evelyn. "The Tragedy of the Nation's Many Unwanted Pregnancies." *Monitor* (Uganda), May 28, 2011.

Loconte, Joseph. "The White House Initiative to Combat AIDS: Learning from Uganda." *Heritage Foundation Backgrounder,* no. 1692 (September 29, 2003).

Maykuth, Andrew. "Uncertain Times in the Impenetrable Forest." *Philadelphia Inquirer,* Sunday Magazine, April 23, 2000.

Nanteza, Winnie. "Will Mother Nature Survive Population Pressure?" *New Vision* (Uganda), July 7, 2010.

Nordland, Rod. "Death March." *Newsweek,* March 14, 1999.

Palacios, G., L. J. Lowenstine, M. R. Cranfield, K. V. K. Gilardi, L. Spelman, M. Lukasik-Braum, et al. "Human Metapneumovirus Infection in Wild Mountain Gorillas, Rwanda." *Emerging Infectious Diseases,* vol. 17, no. 4 (April 2011).

Plumptre, A. J., A. Kayitare, H. Rainer, M. Gray, I. Munanura, N. Barakabuye, S. Asuma, M. Sivha, and A. Namara. "The Socio-economic Status of People Living Near Protected Areas in the Central Albertine Rift." *Albertine Rift Technical Reports,* vol. 4 (2004): 127.

Songa, Martha. "Stop Talking and Take Action on Reproductive Health." *New Vision,* July 5, 2011.

"3 Rebels Charged in U.S. Tourist Killings." *Chicago Tribune,* March 4, 2003.

Tumusha, Joseph. "The Politics of HIV/AIDS in Uganda." Social Policy and Development Programme, Paper Number 28. United Nations Research Institute for Social Development, August 2006.

"Uganda Biodiversity and Tropical Forest Assessment." U.S. Agency for International Development. Final report, July 2006.

Wambi, Michael. "When Women Go Without Needed Contraceptives." Inter-Press Service-Uganda, June 28, 2011.

Wax, Emily. "Ugandans Say Facts, Not Abstinence, Will Win AIDS War." *Washington Post,* July 9, 2003.

Capítulo 8: A grande muralha de gente

Livros

Fong, Vanessa L. *Only Hope: Coming of Age Under China's One-Child Policy.* Palo Alto, CA: Stanford University Press, 2004.

Greenhalgh, Susan. *Just One Child: Science and Policy in Deng's China.* Berkeley: University of California Press, 2008.

Hvistendahl, Mara. *Unnatural Selection: Choosing Boys Over Girls, and the Consequences of a World Full of Men.* Nova York: Public Affairs, 2011.

Meadows, Donella, Dennis Meadows, Jørgen Randers, and W. W. Behrens III. *The Limits to Growth.* Nova York: Universe Books, 1972.

Shapiro, Judith. *Mao's War Against Nature: Politics and the Environment in Revolutionary China (Studies in Environment and History).* Nova York: Cambridge University Press, 2001.

Watts, Jonathan. *When a Billion Chinese Jump: How China Will Save Mankind — Or Destroy It.* Londres: Faber & Faber, 2010.

Artigos

Bethune, Brian. "The Women Shortage: Interview with Mara Hvistendahl, Beijing Correspondent for *Science* Magazine." *Maclean's,* June 14, 2011.

Brinkley, Joel. "Abortion Opponents Play Chinese Dissident Card." *San Francisco Chronicle,* June 30, 2012.

Brown, Lester R. "Can the United States Feed China?" Plan B Updates, Earth Policy Release, March 23, 2011.

Burkitt, Laurie. "Agency Move Hints at Shift in China's One-Child Policy." *Wall Street Journal,* Eastern edition (Nova York), March 11, 2013.

"Buying Farmland Abroad: Outsourcing's Third Wave." *The Economist,* May 21, 2009.

"China to Maintain Family Planning Policy: Official." Xinhua News Agency (China), March 11, 2013. http://english.peopledaily.com.cn/90785/8162924.html.

Collins, Gabe, and Andrew Erickson. "The 10 Biggest Cities in China That You've Probably Never Heard of." *China SignPost,* no. 37, June 1, 2011.

Cruz, Anthony dela. "Chinese Investments in the Philippines." *China Business,* June, 2008.

Daily, Gretchen C. "Conservation and Development for the 21st Century: Harmonizing with Nature." PowerPoint presentation to the Chinese Academy of Sciences, September 24, 2010.

Earle, Christopher J., ed. "Gymnosperms of Sichuan." *The Gymnosperm Database,* November 11, 2011. http://www.conifers.org/topics/sichuan.php.

Ehrlich, Paul R., Peter M. Kareiva, and Gretchen C. Daily. "Securing Natural Capital and Expanding Equity to Rescale Civilization." *Nature,* vol. 486 (June 2012): 68–73.

Ennaanay, Driss. "InVEST: A Tool for Mapping and Valuing Hydrological Ecosystem Services." PowerPoint presentation to the Chinese Academy of Sciences, September 24, 2010.

Gittings, John. "Growing Sex Imbalance Shocks China." *Guardian* (UK), May 12, 2002.

Goodkind, Daniel. "Child Underreporting, Fertility, and Sex Ratio Imbalance in China." *Demography,* vol. 48, no. 1 (February 2011): 291–316.

Greenhalgh, Susan. "Fresh Winds in Beijing: Chinese Feminists Speak Out on the One-Child Policy and Women's Lives." *Signs* (University of Chicago Press), vol. 26, no. 3 (Spring 2001): 847–86.

———. "Science, Modernity, and the Making of China's One-Child Policy." *Population and Development Review,* vol. 29, no. 2 (June 2003): 163–96.

"Growing Urban Population Strains Chinese Cities." Agence France-Presse. June 26, 2011.

Gupta, Monica Das. "Explaining Asia's 'Missing Women': A New Look at the Data." *Population and Development Review,* vol. 31, no. 3 (September 2005): 529–35.

"Hope in Reforming China's One-Child Rule?" *The Economist,* July 25, 2011.

Huang, Shu-tse.

"China's Views on Major Issues of World Population." Speech to the 1974 United Nations World Population Conference, *Peking Review,* no. 35, August 30, 1974.

Hvistendahl, Mara. "Has China Outgrown the One-Child Policy?" *Science,* vol. 329, no. 5998 (September 2010): 1458–61.

———. "Of Population Projections and Projectiles." *Science,* vol. 329, no. 5998 (September 2010): 1460.

Jiang, Steven. "Forced Abortion Sparks Outrage, Debate in China." CNN, June 15, 2012.

Jihong, Liu, Ulla Larsen, and Grace Wyshak. "Factors Affecting Adoption in China, 1950–87." *Population Studies,* vol. 58, no. 1 (March 2004): 21–36.

Johansson, Sten, and Ola Nygren. "The Missing Girls of China: A New Demographic Account." *Population and Development Review,* vol. 17, no. 1 (March 1991): 35–51.

Jones, David. "The Baby Panda Factory." *Daily Mail* (UK), July 30, 2010.

Kim, Hyung-Jin, and Yu Bing. "South Korea Finds Smuggled Capsules Contain Human Flesh." Associated Press, May 8, 2012.

Larsen, Janet. "Meat Consumption in China Now Double That in the United States." Plan B Updates, Earth Policy Institute, April 24, 2012.

"Learning Chinese: Budget Brides from Vietnam." Globaltimes.cn, April 23, 2012. http://www.globaltimes.cn/DesktopModules/DnnForge%20-%20NewsArticles/Print.aspx?tabid=99&tabmoduleid=94&articleId=706219&moduleId=405&PortalID=0.

Li, Jie, Marcus W. Feldman, Shuzhuo Li, and Gretchen C. Daily. "Rural Household Income and Inequality Under the Sloping Land Conversion Program in Western China." *Proceedings of the National Academy of Sciences,* May 10, 2011.

Li, Laifang, Xu Xiaoqing, and Xu Yang. "Population Policy to Be Improved." Xinhua News Agency (China), March 5, 2013. http://www.xinhuanet.com.

"The Loneliness of the Chinese Birdwatcher." *The Economist,* December 18, 2008.

Merli, M. Giovanna. "Underreporting of Births and Infant Deaths in Rural China: Evidence from Field Research in One County of Northern China." *China Quarterly*, no. 155 (September 1998): 637–55.

Moore, Malcolm. "China's Mega City: The Country's Existing Mega Cities." *Telegraph* (UK), January 24, 2011.

Myers, Norman, Russell A. Mittermeier, Cristina G. Mittermeier, Gustavo A. B. da Fonseca, and Jennifer Kent. "Biodiversity Hotspots for Conservation Priorities." *Nature*, vol. 403 (February 2000): 853–58.

Oster, Shai. "China: New Dam Builder for the World." *Wall Street Journal*, December 28, 2007.

———. "China Traffic Jam Could Last Weeks." *Asia News*, August 24, 2010.

Ouyang, Zhiyun. "Ecosystem Services Valuation and Its Applications." PowerPoint presentation to the Chinese Academy of Sciences, September 24, 2010.

Patranobis, Sutirtho. "China Softens Its One-Child Policy." *Hindustan Times* (Beijing), March 7, 2013.

Peng, Xizhe. "China's Demographic History and Future Challenges." *Science*, vol. 333, no. 6042 (2011): 581–87.

Pinghui, Zhuang. "Officials Suspended After Forced Late-Term Abortion." *South China Morning Post*, June 15, 2012.

Roberts, Dexter. "China Prepares for Urban Revolution." *Bloomberg Businessweek*, November 13, 2008.

Rosenthal, Elisabeth. "China's Widely Flouted One-Child Policy Undercuts Its Census." *New York Times*, April 14, 2000.

"Second Probe into Capsules 'Made from Dead Babies.' " *Shanghai Daily*, May 9, 2012.

"South-to-North Water Diversion Project, China." Water-technology.net. Net Resources International, 2012. http://www.water-technology.net/projects/south_north/.

Springer, Kate. "Soaring to Sinking: How Building Up Is Bringing Shanghai Down." *Time*, May 21, 2012.

Sudworth, John. "Chinese Officials Apologize to Woman in Forced Abortion." BBC News, June 15, 2012.

Thayer Lodging Group. "What Is the Opportunity in China?" PowerPoint Presentation, October 2, 2011. http://www.hotelschool.cornell.edu/about/dean/documents/.

Wang, Yukuan. "Ecosystem Service Assessment and Management." PowerPoint Presentation, Chinese Academy of Sciences, September 24, 2010.

Webel, Sebastian. "Sustainability Boom." *Pictures of the Future Magazine* (Siemens), Spring 2012: 90–94. http://www.siemens.com/pof.

Webster, Paul, and Jason Burke. "How the Rise of the Megacity Is Changing the Way We Live." *Observer* (UK), January 21, 2012.

Weiss, Kenneth R. "Beyond 7 Billion: The China Effect." *Los Angeles Times*, July 22, 2012.

Wines, Michael. "Qian Xuesen, Father of China's Space Program, Dies at 98." *New York Times*, November 3, 2009.

Wong, Edward. "Reports of Forced Abortions Fuel Push to End Chinese Law." *New York Times*, July 22, 2012.

"The Worldwide War on Baby Girls." *Economist*, March 4, 2010.

Yi, Zeng, Tu Ping, Gu Baochang, Xu Yi, Li Bohua, and Li Yongping. "Causes and Implications of the Recent Increase in the Reported Sex Ratio at Birth in China." *Population and Development Review*, vol. 19, no. 2 (June 1993): 283–302.

Yin, Runsheng, Jintao Xu, Zhou Li, and Can Liu. "China's Ecological Rehabilitation: The Unprecedented Efforts and Dramatic Impacts of Reforestation and Slope Protection in Western China." *China Environment Series* (Wilson Center), no. 7 (2005):17–32.

Zhao, Xing. "Chinese Men Head to Vietnam for the Perfect Wife." CNN-Go, February 19, 2010. http://www.cnngo.com/shanghai/.

Capítulo 9: O mar

Livros

Alino, Porfirio M. *Atlas of Philippine Coral Reefs*. Quezon City, Philippines: Goodwill Trading Co., 2002.

Bain, David Haward. *Sitting in Darkness: Americans in the Philippines*. Nova York: Houghton Mifflin, 1984.

Coastal Resource Management Project/Fisheries Resource Management Project/Department of Agriculture. *Coastal Resource Management for Food Security*. Makati City, Philippines: The Bookmark, Inc., 1999.

Concepcion, Mercedes B., ed. *Population of the Philippines*. Manila: Population Institute, University of the Philippines, 1977.

Goldoftas, Barbara. *The Green Tiger: The Costs of Ecological Decline in the Philippines*. Oxford: Oxford University Press, 2006.

Kiple, Kenneth F., and Kriemhild Conee Ornelas, eds. *The Cambridge World History of Food*. Cambridge: Cambridge University Press, 2000.

Artigos

Alave, Kristine L. "Contraception Is Corruption." *Philippine Daily Inquirer,* August 5, 2012.

Anderson, Maren C. "History and Future of Population-Health-Environment Programs: Evolution of Funding and Programming." MPP Professional Paper, University of Minnesota, 2010.

Annual Report 2010, PATH Foundation Philippines. Aragon-Choudhury, Perla. "11 Filipinas Die in Childbirth Daily — What About Their Rights to Prenatal Care?" *Womens Feature Service,* September 9, 2010.

Barclay, Adam. "Hybridizing the World." *Rice Today,* October/December 2010: 32–35.

Barlaan, Karl Allan, and Christian Cardiente. "So We Would All Be Informed: Dissecting the Flood Problem in Metro Manilan." *Manila Standard Today,* August 8, 2011. http://www.manilastandardtoday.com/insideOpinion.htm?f=2011/.

"Birth Control Proponents Retreat on 2 Key Fronts." *Manila Standard,* March 26, 2011.

"Bishop Open to Plebiscite on RH Bill." GMA News, November 17, 2010. http://www.gmanews.tv/story/206151/bishop-open-to-plebiscite-on-rh-billL-BG/VVP/RSJ,GMANews.TV.

Boncocan, Karen. "RH Bill Finally Signed into Law." *Philippine Daily Inquirer,* December 28, 2012.

"Budget for Condoms from P880M to Zero." *Philippine Daily Inquirer,* December 18, 2010.

Bugna-Barrer, Sahlee. "Increasing Population and Growing Demand Push Biodiversity to Its Limits." *Business Mirror,* July 8, 2012.

Cabacungan, Gil. "UN to Stop Funding Philippine Population Plan." *Philippine Daily Inquirer,* September 1, 2011. http://www.mb.com.ph/articles/351065/unity-earth-population-devt-last-two-parts.

Calonzo, Andreo. "Pacquiao Says Marquez KO Strengthened His Opposition to RH Bill." GMA News Online, December 13, 2012. http://www.gmanetwork.com/news/story/286164/news/nation/.

Carpenter, Kent E., and Victor G. Springer. "The Center of the Center of Marine Shore Fish Biodiversity: The Philippine Islands." *Environmental Biology of Fishes,* vol. 72(2005): 467–80.

Castro, Joan R., and Leona A. D'Agnes. "Fishing for Families: Reproductive Health and Integrated Coastal Management in the Philippines." *Focus on Population, Environment, and Security,* no. 15 (April 2008).

———, and Carmina Angel Aquino. "Mainstreaming Reproductive Health and Integrated Coastal Management in Local Governance: The Philippines Experience."

Prepared for the CZAP conference: Cebu, Philippines, 2004. PATH Foundation Philippines.

"Catholics Criticize, Praise Aquino over Family Planning." *Sun Star Davao,* September 30, 2010. http://www.sunstar.com.ph/davao/local-news/catholics-criticize-praise-aquino-over-family-planning.

"Catholics Launch 'Anti-RH with a Smile' Campaign." GMA News, July 22, 2011.

"China Sets Up Yuan Longping Institute of Science and Technology." *People's Daily,* August 7, 2000.

"Church OKs Info Drive on Family Planning." *Philippine Daily Inquirer,* December 20, 2010.

D'Agnes, Leona A. *Overview Integrated Population and Coastal Resource Management (IPOPCORM) Approach.* PATH Foundation Philippines, January 2009.

———, Heather D'Agnes, J. Brad Schwartz, Maria Lourdes Amarillo, and Joan Castro. "Integrated Management of Coastal Resources and Human Health Yields Added Value: A Comparative Study in Palawan (Philippines)." *Environmental Conservation,* vol. 37, no. 4 (2010): 1–12.

"Demographic Trends in Philippines Marine Biodiversity Conservation Priority Areas." PATH Foundation Philippines, November 2009.

Diokno, Benjamin E. "RH Bill over the Hump." *BusinessWorld,* December 19, 2012.

Domingo, Ronnel. "Large Population May Boost Economic Growth, Says BSP: But Raising Purchasing Power Is Crucial." *Philippine Daily Inquirer,* October 24, 2010.

Eaton, Sam. "Food for 9 Billion: Turning the Population Tide in the Philippines." *PBS NewsHour,* January 23, 2012.

Esguerra, Christian V. "Why Pacquiao Voted No Even if He's No Longer a Catholic." *Philippine Daily Inquirer,* December 14, 2012.

"EU to Infuse 35M to Support PHLs Health System Reforms." GMA News, April 15, 2011.

"Facts on Barriers to Contraceptive Use in the Philippines." Guttmacher Institute, In Brief Series, May 2010.

"Forsaken Lives: The Harmful Impact of the Philippine Criminal Abortion Ban." Center for Reproductive Rights, 2010.

Gutierrez, Jason. "Fewer Bites for Philippine Fishermen." Agence France-Presse, July 8, 2011.

Hamilton, Ruaraidh Sackville. "Agricultural Biodiversity: The Lasting Legacy of Early Farmers." *Rice Today,* October–December 2010.

Herdt, R. W., and C. Capule. *Adoption, Spread, and Production Impact of Modern Rice Varieties in Asia.* International Rice Research Institute, Los Banos, Laguna, Philippines: 1983.

IPOPCORM Monograph. "Overview, Key Lessons & Challenges." PATH Foundation Philippines, September 2007.

Javier, Luzi Ann. "Philippines May Lose 600,000 Tons Rice from Typhoon." *Bloomberg,* October 18, 2010.

Jimenez-David, Rina. "At Large: The Shadow of the A Word." *Philippine Daily Inquirer,* August 10, 2010.

Khan, Natasha, and Norman P. Aquino. "Condom Queues Incite Church Tensions in Philippines." *Bloomberg,* March 27, 2012.

Li, Jiming, Xin Yeyun, and Yuan Longping. "Hybrid Rice Technology Development: IFPRI Discussion Paper 00918." *International Food Policy Research Institute,* November 2009.

Lynch, Wyeth. "General Studies on Hybrid Rice." China National Hybrid Rice Research and Development Center, 2004.

Manson, Jamie L. "Church's Ban on Contraception Starves Families and Damages Ecosystem." *National Catholic Review,* Grace Margins (blog), February 6, 2012. http://ncronline.org/blogs.

Manthorpe, Jonathan. "Lawmakers Back Away from Family Planning Bill." *Vancouver Sun,* November 19, 2012.

Maramag, Sarah Katrina. "Overseas Filipino Nurses, Ailing Healers." *Philippine Online Chronicles,* July 10, 2010.

McDonald, Mark. "In Philippines, a Turning Point on Contraception." *New York Times,* December 18, 2012.

"Meeting Women's Contraceptive Needs in the Philippines." Guttmacher Institute, In Brief Series, no. 1, 2009.

Michael, Christopher. "C4 Rice and Hoping the Sun Can End Hunger: Tales of Plants, Evolution, Transgenics and Crisis." PhD diss., University of California, Davis, 2012. ProQuest (UMI 3540557).

"'Miracle Rice' Finding Proves We Can Never Stop Rice Breeding." International Rice Research Institute, *E! Science News, Earth & Climate,* October 8, 2010. http://esciencenews.com/articles/2010/10/08/miracle.rice.finding.proves.we.can.never.stop.rice.breeding.

Mora C., O. Aburto-Oropeza, A. Ayala Bocos, P. M. Ayotte, S. Banks, et al. "Global Human Footprint on the Linkage Between Biodiversity and Ecosystem Functioning in Reef Fishes." *PLoS Biol,* vol. 9, no. 4 (2011).

Overview Integrated Population and Coastal Resource Management (IPOP-CORM) Initiative, Overview, Key Lessons and Challenges. PATH Foundation Philippines, September 2007.

"Philippine Business Supports Birth Control Despite Church." Agence France-Presse, October 26, 2010.

"Philippine Church Hits President on Contraception." Associated Press, September 29, 2010.

"The Philippine Marine Biodiversity: A Unique World Treasure." *One Ocean Information,* OneOcean.org. http://www.oneocean.org/flash/philippine_biodiversity.html.

"Philippine President Vows to Push for Enactment of Pro-Family Planning Bill." Xinhua News Agency (China), April 17, 2011.

"Philippines Says Likely to Miss UN Millennium Goals." Agence France-Presse, September 8, 2010.

"Philippines Women's Groups Call for Legalized Abortions." Channel News Asia. August 17, 2010.

"PHS Vatican Shows Force Against RH Bill." *Philippine Daily Inquirer,* September 19, 2011.

Ramos, Fidel V. "Empowering the Filipino People." Unity of Earth, Population, Dev't (Last of Two Parts). *Manila Bulletin,* February 11, 2012.

Rauhala, Emily. "More Catholic than the Pope? Manila Suburb Cracks Down on Condoms." Global Spin (blog), *Time,* April 4, 2011. http://globalspin.blogs.time.com/2011/04/04/more-catholic-than-the-pope-manila-suburb-cracks-down-on-condoms/#ixzz1n7CTbMkj.

———. "When a Country Cracks Down on Contraception: Grim Lessons from the Philippines." Global Spin (blog), *Time,* February 21, 2012. http://globalspin.blogs.time.com/2012/02/21/when-a-country-cracks-down-on-contraception-grim-lessons-from-the-philippines/#ixzz1n7DMQusS.

"Research Report: Is Emergency Obstetric Care Within the Reach of Malabon's Poor Women?" Likhaan Center for Women's Health, Inc., n.d.

Robles, Raissa. "Bishops Swim Against the Tide on Family Planning." *South China Morning Post,* August 19, 2012.

"'Rolling Back' the Process of Overfishing: IPOPCORM Approach." Monograph Series No. 2, PATH Foundation Philippines, 2007.

Sandique-Carlos, Rhea. "Philippines Adopts Contraception Law." *Wall Street Journal,* December 29, 2012.

Singh, Susheela, et al. *Abortion Worldwide: A Decade of Uneven Progress.* Nova York: Guttmacher Institute, 2009.

———. *Unintended Pregnancy and Induced Abortion in the Philippines.* Nova York: Guttmacher Institute, 2006.

Tan, Michael, L. "Abortion: Realities and Responsibilities." Health Alert, 211. *Health Action Information Network* (Manila), January 2000.

Tulali, Carlos. "Bishops in Our Bedrooom." Philippine Legislators' Committee on Population and Development, Inc., Policy Brief, November 2009.

Walden, Bello. "Rwanda in the Pacific? Population Pressure, Development, and Conflict in the Philippines." *Philippine Daily Inquirer,* August 27, 2011.

Weiss, Kenneth R., and Sol Vanzi. "Philippine Contraceptive Bill Wins Passage." *Los Angeles Times,* December 18, 2012.

Whately, Floyd. "Bill to Expand Birth Control Is Approved in Philippines." *New York Times,* December 17, 2012.

———. "Church Officials Call on Filipinos to Campaign Against Birth Control Law." *New York Times,* December 18, 2012.

Zeigler, Dr. Robert S. "Leading Crop Scientist Warns of Potential Rice Crisis." Interview with Mike Billington and Marcia Merry Baker, *Executive Intelligence Review,* March 2, 2007: 54–63.

Capítulo 10: O fundo

Livros

Murakami, Masahiro. *Managing Water for Peace in the Middle East: Alternative Strategies.* Nova York: United Nations University Press, 1996.

Artigos

Abu, Festus. "Nigeria Population to Hit 367 Million in 2050 — UN." *Punch,* April 6, 2012.

Bilger, Burkhard. "The Great Oasis: Can a Wall of Trees Stop the Sahara from Spreading?" *New Yorker,* December 19, 2011.

Bongaarts, John. "Can Family Planning Programs Reduce High Desired Family Size in Sub-Saharan

Africa?" *International Perspectives on Sexual and Reproductive Health,* Guttmacher Institute, vol. 37, no. 4 (December 2011).

Cleland, J., S. Bernstein, A. Ezeh, A. Faundes, A. Glasier, and J. Innis. "Family Planning: The Unfinished Agenda." Sexual and Reproductive Health Series, *Lancet,* vol. 368 (2006):1810–27.

de Sam Lazaro, Fred. "Niger Famine and Re-greening." PBS Religion & Ethics, *News-Weekly*, June 29, 2012.

Margulis, Jennifer. "Backstory: Are Niger's Giraffes a Fading Spot on the Horizon?" *Christian Science Monitor*, January 11, 2007.

"Niger: Experts Explain Why Malnutrition Is Recurrent." IRIN, March 15, 2010.

"Niger: Southern Villages Emptying as Drought Bites." IRIN, March 10, 2010.

"Niger Appeals for Emergency Food Aid." Agence France-Presse, March 10, 2010.

"Niger Farmland Threatened by Locusts: Official." Agence France-Presse, June 13, 2012.

"Niger—Food Insecurity." Fact Sheet #1, Fiscal Year 2010. U.S. Agency of International Development and the Office of U.S. Foreign Disaster Assistance, March 16, 2010.

Pitman, Todd. "Niger: Once-Taboo Topic of Hunger Spoken Again." Associated Press, February 26, 2010.

———. "President's Ouster in Coup Praised in Niger." *Guardian* (UK), February 23, 2010.

Polgreen, Lydia. "In Niger, Trees and Crops Turn Back the Desert." *New York Times*, February 11, 2007.

Potts, Malcolm, Virginia Gidi, Martha Campbell, and Sarah Zureick. "Niger: Too Little, Too Late." *International Perspectives on Sexual and Reproductive Health, Guttmacher Institute*, vol. 37, no. 2 (June 2011).

Reij, Chris. "Regreening the Sahel." *Our Planet*, United Nations Environmental Programme, September 2011.

———, Gray Tappan, and Melinda Smale. "Agroenvironmental Transformation in the Sahel: Another Kind of 'Green Revolution.' " Paper prepared for the project Millions Fed: Proven Success in Agricultural Development, International Food Policy Research Institute, November 2009.

Roberts, Leslie. "9 Billion?" *Science*, vol. 333 (July 29, 2011): 540–43.

Rosenthal, Elisabeth. "Nigeria Tested by Rapid Rise in Population." *New York Times*, April 14, 2012.

Russeau, Simba. "Libya: Water Emerges as Hidden Weapon." Inter Press Service, May 27, 2011.

Werner, Louis, and Kevin Bubriski. "Seas Beneath the Sands." *Saudi Aramco World*, vol. 58, no. 1 (January/February 2007): 34–39.

World Food Programme. "Torrential Rains in Niger Lead to Prolonged Flooding and Devastated Cropland." October 2, 2012. http://www.wfp.org/node/3540/3391/317705.

Capítulo 11: O mundo se desenredando

Livros

Brown, Lester R. *World on the Edge: How to Prevent Environmental and Economic Collapse.* Nova York: W. W. Norton & Company, 2011.

Artigos

Anjum, Aliya. "Education Emergency in Pakistan." *Pakistan Observer,* April 7, 2011.

"As Pakistan's Population Soars, Contraceptives Remain a Hard Sell." December 17, 2011.

"Average Number of Children per Woman in Pakistan Declines from 6.7 to 4.1." OnePakistan News, October 21, 2011. http://pakistan.onepakistan.com/news/city/karachi/.

Baig, Khurram. "Still One of the Worst Places in the World to Be a Woman." *Express Tribune* (Pakistan), July 1, 2012.

Bano, Farida. "A Study of Physical and Major Chemical Constituents of Malir River (Within Karachi) to Determine the Extent of Pollution." Doctoral thesis, Department of Zoology, University of Karachi, 1999.

Bhatti, M. Waqar. "WWF-Pakistan Honours Nature Conservationists with Awards." *News* (Pakistan), January 11, 2013.

Brulliard, Karin. "In Pakistan, Family Planning a Hard Sell." *Washington Post,* December 15, 2011.

"Call for Greater Awareness About Contraception." *Pakistan Today,* September 27, 2011.

Constable, Pamela. "Pakistani Case Shows Limits of Women's Rights." *Washington Post,* April 25, 2011.

Cronin, Richard P. "90149: Pakistan Aid Cutoff: U.S. Nonproliferation and Foreign Policy Considerations." Foreign Affairs and National Defense Division, Congressional Research Service Reports. Updated December 6, 1996.

Daly, Herman E. "Economics in a Full World." *Scientific American,* vol. 293, no. 3 (September 2005).

Datta, Anil. "Population Planning Made More Acceptable Socially." *News* (Pakistan), January 20, 2012.

"Doctors in Rural Areas to Educate People on Population Control." *Pakistan Today,* January 16, 2012.

Dugger, Celia W. "Very Young Populations Contribute to Strife, Study Concludes." *New York Times*, April 4, 2007.

Ebrahim, Zofeen. "Lack of Access to Contraception, Abortion Persist." Inter Press Service, April 30, 2010.

———. "Pakistan: Controversial 'Abortion' Drug Worries Some Experts." Inter Press Service, August 10, 2010.

"Education Emergency Pakistan." The Pakistan Education Task Force. March for Education Campaign, 2011. http://www.educationemergency.com.pk.

Fatima, Unbreen. "Baby Hatches Are Helping to Save Lives in Pakistan." *Deutsche Welle World*, April 11, 2012.

Giosana, Liviu, et al. "Fluvial Landscapes of the Harappan Civilization." *Proceedings NAS*, vol. 109, no. 26 (June 26, 2012).

Guttmacher Institute. "Abortion in Pakistan." In Brief Series, no. 2 (2009).

Hafeez, A., B. K. Mohamud, M. R. Shiekh, S. A. Shah, and R. Jooma. "Lady Health Workers Programme in Pakistan: Challenges, Achievements and the Way Forward." *Journal of the Pakistan Medical Association*, vol. 61, no. 3 (March 2011): 210–15.

Hardee, Karen. "Where's Family Planning on Climate Change Radar?" Interview by Zofeen Ebrahim. *IPS News*, May 19, 2010.

"High Population Growth Rate Affecting Economy." *Daily Times* (Pakistan), July 12, 2011.

Husain, Shahid. "Malaria Cases Have Risen by 30–35 Percent in Sindh." *News* (Pakistan), April 26, 2012. http://www.thenews.com.pk/Todays-News-4-104990-Malaria-cases-have-risen-by-30-35-percent-in-Sindh.

———. "Salt in Wounds: Damage to the Water Flow of the Once-Mighty Indus Is Forcing Major Changes in Pakistan — and Could Lead to Conflict." *Guardian* (UK), January 14, 2003.

Joshua, Anita. "Karachi Violence Leaves 95 Dead." *Hindu*, July 8, 2011. http://www.thehindu.com/news/international/article2211601.ece.

Khambatta, Nargish. "Agents of Change." *Gulf News*, August 21, 2009.

Khan, Faisal Raza. "Mangroves Martyrs." *Islamabad Pulse*, June 1, 2012. http://www.weeklypulse.org/details.aspx?contentID=2369&storylist=2.

Kristof, Nicholas. "A Girl, a School, and Hope." *New York Times*, November 10, 2010.

Lall, Marie. "Creating Agents of Positive Change — The Citizens Foundation in Pakistan."

The Citizens Foundation, Karachi, January 2009. http://www.tcf.org.pk/ePanel/Resources/DownloadFiles/Publications/Category/8/36/Marie%20Lall%20Report.pdf.

"Letter: The Ticking Population Bomb." *Nation* (Pakistan), June 19, 2011.

"90,000 LHWs Working Across Country." Associated Press (Pakistan), May 25, 2010.

"Pakistan: Experts Warn of Desertification." *Right Vision News* (Pakistan), June 18, 2011.

"Pakistan: UNDP and the Youth." From the website of the United Nations Development Programme, Pakistan. http://undp.org.pk/undp-and-the--youth.html.

"Pakistan: Urgent Need to Fill the Funding Gap for 6,000 Pregnant Women in Sindh." *Right Vision News* (Pakistan), October 12, 2011.

"Pakistan's Rape Laws Amended." *Human Rights Defender,* February/March 2007.

"Population Explosion in Pakistan." *Business Recorder* (Pakistan), August 9, 2010.

Rauf, Saleha. "Child Protection: 'Islam Has Clear Teachings on Rights.' " *Express Tribune* (Pakistan), April 28, 2011.

Schoof, Renee. "Food Crisis Looms After Floods in Pakistan." McClatchy Newspapers, August 30, 2010.

Shah, Saeed. "U.S. Considers Funding Pakistani Dam Project, Angering India." McClatchy Newspapers, August 16, 2011. http://www.mcclatchydc.com/2011/08/16/120878/us-considers-funding-pakistani.html#ixzz1VF0ZkQQA.

"30% Marriages in Pakistan Fall into Child Marriage Category." *Baluchistan Times* (Pakistan), January 19, 2012.

Tran, Mark, et al. "Pakistan Flood Victims Flee Thatta After Another Levee Is Breached." *Guardian* (UK), August 27, 2010.

"UN: Pakistan's Population to Double Within 40 Years." Daily Clarity website, n.d. http://mydailyclarity.com/2009/07/un-pakistan-population-to-double-within-40-years/.

"UNFPA Rushes Reproductive Health Supplies to Sindh as Floods Worsen." *Pakistan Press International,* September 16, 2011.

"Victims Include 115,000 Pregnant Women." *Statesman* (Pakistan), September 18, 2011.

"World Population Day: South Asia Carries 20% of World Population Burden." *Pakistan Newswire,* July 10, 2010.

Zia, Amir. "Karachi Least Environment Friendly City in Asia: Report." *News* (Pakistan), February 15, 2011. http://www.thenews.com.pk/TodaysPrintDetail.aspx?ID=4020&Cat=13.

Capítulo 12: O aiatolá toma lá dá cá

Livros

Abbasi-Shavazi, Mohammad Jalal, Peter McDonald, and Meimanat Hosseini-Chavoshi. *The Fertility Transition in Iran: Revolution and Reproduction.* Londres: Springer, 2009.

Cordesman, Anthony H. *Iraq and the War of Sanctions: Conventional Threats and Weapons of Mass Destruction.* Westport, CT: Praeger, 1999.

Dunn, Eliza. *Rugs in Their Native Land.* Nova York: Dodd, Mead and Company, 1916.

Hiro, Dilip. *The Longest War: The Iran-Iraq Military Conflict.* Nova York: Routledge, 1989.

Humphreys, P. N., and E. Kahrom, *The Lion and the Gazelle: The Mammals and Birds of Iran.* Gwent, UK: Comma International Biological Systems, 1995.

Majd, Hooman. *The Ayatollah Begs to Differ: The Paradox of Modern Iran.* Nova York: Anchor, 2009.

———. *The Ayatollahs' Democracy: An Iranian Challenge.* Nova York: W. W. Norton & Company, 2010.

Artigos

Abbasi-Shavazi, Mohammad Jalal. "The Fertility Revolution in Iran." *Population & Sociétés,* no. 373 (November 2001): 1–4.

———, Amir Mehryar, Gavin Jones, and Peter McDonald. "Revolution, War and Modernization: Population Policy and Fertility Change in Iran." *Journal of Population Research,* vol. 19, no. 1 (2002): 25–46.

———, Meimanat Hosseini-Chavoshi, and Peter McDonald. "The Path to Below Replacement Fertility in the Islamic Republic of Iran." *Asia-Pacific Population Journal,* vol. 22, no. 2 (August 2007): 91–112.

———, S. Philip Morgan, Meimanat Hossein-Chavoshi, and Peter McDonald. "Family Change and Continuity in the Islamic Republic of Iran: Birth Control Use Before the First Pregnancy." *Journal of Marriage and Family,* vol. 71, no. 5 (December 2009): 1309–24.

"Ahmadinejad to Iran's Rulers: Keep Coed Colleges." *New York Times,* July 10, 2011.

Amjadi, Maryam Ala. "Iranian Women Shoulder to Shoulder with Men." *Tehran Times,* August 18, 2011.

Austin, Greg. "IAEA Confusion on Iran Is Not Helpful." *News Europe/EastWest Institute,* November 13, 2011.

Barford, Vanessa. "Iran's 'Diagnosed Transsexuals.' " BBC News, February 25, 2008.

Boms, Nir, and Shayan Arya. "Iran's Environmental Ticking Bomb." *Today's Shazam,* September 14, 2011. http://www.todayszaman.com/.

Brown, Lester R. "Smart Family Planning Improves Women's Health and Cuts Poverty." International Press Service, for Guardian Development Network, April 14, 2011.

Camron, Michael Amin. "Propaganda and Remembrance: Gender, Education, and 'The Women's Awakening' of 1936." *Iranian Studies,* vol. 32, no. 3 (1999): 351–86.

Chaulia, Sreeram. "Go Forth and Multiply?" *Financial Express,* July 29, 2010.

Cincotta, Richard. "Iran: Taking Aim at Low Fertility and Women's Mobility." Stimson Center, October 15, 2012. http://www.stimson.org/experts/richard-cincotta.

———. "Prospects for Ahmadinejad's Call for More Rapid Population Growth in Iran." Stimson Center, November 13, 2006. http://www.stimson.org/experts/richard-cincotta.

Dehghanpisheh, Babak. "Smugglers for the State." *Newsweek,* July 10, 2010.

"Dr. Mohammad Mossadegh Biography: Prime Minister of Iran, 1951–1953." The Mossadegh Project website. http://www.mohammadmossadegh.com/biography.

Erfani, Amir. "Abortion in Iran: What Do We Know?" *Population Studies Centre Discussion Papers Series,* vol. 22, no. 1, article 1 (January 2, 2008). http://ir.lib.uwo.ca/pscpapers/vol22/iss1/1.

Femia, Francesco, and Caitlin Werrell. "Socio-Environmental Impacts of Iran's Disappearing Lake Urmia." The Center for Climate & Security website, May 18, 2012. http://climateandsecurity.org/2012/05/18.

Ferrigno, Jane G. "Glaciers of the Middle East and Africa — Glaciers of Iran," in U.S.

Geological Survey, professional paper 1386-G-2: G31-G47, edited by Richard S. Williams Jr. and Jane G. Ferrigno.

Ghasemi, Shapour. "History of Iran: Pahlavi Dynasty." Iran Chamber Society website, History of Iran. http://www.iranchamber.com/history/pahlavi.

Girgis, Monique. "Veiling" from Women in Pre-Revolutionary, Revolutionary and Post-Revolutionary Iran, 1996. Iran Chamber Society website. http://www.iranchamber.com/society/articles.

Hersh, Seymour M. "Iran and the I.A.E.A." in Daily Comment (blog), *The New Yorker.* November 18, 2011. http://www.newyorker.com/online/blogs/comment/2011/11/iran-and-the-iaea.html#ixzz2NeT46sEd.

Higgins, Andrew. "A Feared Force Roils Business in Iran." *Wall Street Journal,* October 14, 2006.

Hoodfar, Homa. "Volunteer Health Workers in Iran as Social Activists: Can 'Governmental Non-Governmental Organisations' Be Agents of Democratisation?" Occasional Paper No. 10, Women Living Under Muslim Laws, December 1998.

Ibrahim Al Isa, Khalil. "Iraqi Scientist Reports on German, Other Help for Iraq Chemical Weapons Program." *Al Zaman* (Londres), December 1, 2003.

"Implementation of the NPT Safeguards Agreement and Relevant Provisions of Security Council Resolutions in the Islamic Republic of Iran: Report by the Director General." International Atomic Energy Agency, November 8, 2011.

"Iran: The People Take Over." *Time,* August 31, 1953.

"Iran Environment in Grave Danger." Press TV (Tehran), April 30, 2010.

"Iran Experiencing Population Decline, Growing Old." Mehr News Agency (Tehran), July 9, 2011. http://www.mehrnews.com/en.

"Iran Gives Up Birth Control Program to Boost Population." *Al Arabiya,* August 3, 2012.

"The Iranian Parliament Failed to Take an Action to Save Lake Urmia, Which Is Drying Up Rapidly." Lake Urmia Conservation Institute website, August 27, 2011. http://saveurmia.com/main/2011/08/27.

"Iran Revolutionary Guards Officers Nabbed for Child Prostitution." *Iran Focus,* April 11, 2005. http://www.iranfocus.com.

"Iran to Pay for Babies to Boost Population." *Boston Globe,* July 28, 2010.

"Iran/United Nations: Iran Is Blessed with Dynamic Young Population of 17-M — UNFPA." *Thai Press Reports,* August 12, 2010.

Kadivar, H. "Overseas Medical Elective Assessment: Primary Health Care and Family Planning in the Islamic Republic of Iran." Accessed at: http://keck.usc.edu/en/About/Administrative_Offices/Global_Health_Scholars_Program/~/media/Docs/Offices/Global%20Health/H_Kadivar_Iran.doc.

Kahrom, Esmail. "Wildlife Conservation in Iran." *Asian Affairs,* vol. 31, no.1 (2000): 49–56.

Karimi, Nasser. "Iran Urges Baby Boom." Associated Press, July 29, 2012.

Katzman, Kenneth. "Iran: U.S. Concerns and Policy Responses." Congressional Research Service CRS Report for Congress, September 5, 2012.

Kerr, Paul K. "Iran's Nuclear Program: Tehran's Compliance with International Obligations." Congressional Research Service CRS Report for Congress, September 18, 2012.

Khalaj, Monavar. "Iranians Resist Call to Boost Population." *Financial Times*, July 23, 2012.

Khosravifard, Sam. "Iran's Wildlife Under Threat." *Iran IRN*, no. 47, Institute for War & Peace Reporting, August 6, 2010. http://iwpr.net/report-news.

Koushafar, Mohammad, Farhad Amini, and Shiva Azadipour. "The Role of Environmental NGOs in Protection Zayanderood River in Isfahan." *International NGO Journal*, vol. 2, no. 2 (February 2007): 27–29. Available online at: http://www.academicjournals.org/INGOJ 27–29.

Lal, Vinay. "Iran's Revolution and the Global Politics of Resistance." *Economic & Political Weekly*, April 5, 2012.

Linzer, Dafna. "U.N. Finds No Nuclear Bomb Program in Iran." *Washington Post*, November 16, 2004.

Lutz, Wolfgang, Jesus Crespo Cuaresma, and Mohammad Jalal Abbasi-Shavazi. "Demography, Education and Democracy: Global Trends and the Case of Iran." Interim Report Paper, International Institute for Applied Systems Analysis, June 24, 2009.

MacFarquahar, Neil. "With Iran Population Boom, Vasectomy Receives Blessing." *New York Times*, September 8, 1996.

Malekafzali, H. "Primary Health Care in the Rural Area of the Islamic Republic of Iran." *Iranian Journal of Public Health*, vol. 38, supplement 1 (2009): 69–70.

Mehr, Arya, and Shahanshah. "Mohammad Reza Shah Pahlavi." Iran Chamber Society website, History of Iran. http://www.iranchamber.com/history/mohammad_rezashah/mohammad_rezashah.php.

Mehryar, Amir H., Akbar Aghajanian, Shirin Ahmad-Nia, Muhammad Mirzae, and Mohsen Naghavi. "Primary Health Care System, Narrowing of Rural-Urban Gap in Health Indicators, and Rural Poverty Reduction: The Experience of Iran." Paper accepted for presentation at the XXV General Population Conference of the International Union for the Scientific Study of Population, Tours, France. July 2005.

Mirrazavi, Firouzeh, ed. "The Removing of Hijab in Iran." *Iran Review*, February 7, 2013.

Mirzaie, Mohammad. "Swings in Fertility Limitation in Iran." Working Papers in Demography, no. 72. Australian National University, Research School of Social Sciences, 1998.

Namakydoust, Azadeh. "Covered in Messages: The Veil as a Political Tool." *Iranian,* May 8, 2003.

Obermeyer, Carla Makhlouf. "A Cross-Cultural Perspective on Reproductive Rights." *Human Rights Quarterly,* vol. 17, no. 2 (May 1995): 366–81.

"Overpopulation of Tehran Will Cause Ecological Ruin." Social Desk, *Tehran Times,* October 24, 2010.

PARSA Community Foundation. "Women Society Against Environmental Pollution (WSAEP)," in "In the Spotlight: Environmental Activists and NGOs." http://www.parsacf.org/Page/242.

Pengra, Bruce. "The Drying of Iran's Lake Urmia and Its Environmental Consequences." *UNEP Global Environmental Alert Service,* February 2012. www.unep.org/pdf/GEAS_Feb2012.pdf.

Peterson, Scott. "Ahmadinejad Calls on Iranian Girls to Marry at 16; Iranian President Mahmoud Ahmadinejad's Comment Is His Latest Effort to Create a Baby Boom, Reversing Iran's Lauded Model of Family Planning." *Christian Science Monitor* (U.S.), November 22, 2010.

Radio Zamaneh. "Fewer Female Students Admitted to Iranian University." Payvand Iran News, August 9, 2012.

"Rate of Population Decrease in Iran Is Faster Than Other Countries." Mehr News Agency (Tehran), July 29, 2012.

Risen, James. "Secrets of History: The C.I.A. in Iran — A Special Report; How a Plot Convulsed Iran in '53 (and in '79)." *New York Times,* April 16, 2000.

———, and Mark Mazzetti. "U.S. Agencies See No Move by Iran to Build a Bomb." *New York Times,* February 24, 2012.

Roudi, Farzaneh. "A Perspective on Fertility Behavior of Iranian Women." Research paper submitted to IUSSP International Population Conference, Morocco, 2009. iussp2009.princeton.edu/download.aspx?submissionId=93104.

Salehi-Isfahani, Djavad, M. Jalal Abbasi-Shavazi, and Meimanat Hosseini-Chavoshi. "Family Planning and Rural Fertility Decline in Iran: A Study in Program Evaluation." Working paper, Meimanat Hosseini-Chavoshi Ministry of Health and Medical Education Iran, October 2008.

Shamshiri-Milani, Hourieh, Abolghasem Pourreza, and Feizollah Akbari. "Knowledge and Attitudes of a Number of Iranian Policy-Makers Towards Abortion." *Journal of Reproduction and Infertility,* vol. 11, no. 3 (October/December 2010): 189–95.

Sherwell, Philip, and Colin Freeman. "Iran's Revolutionary Guards Cash In After a Year of Suppressing Dissent." *Telegraph* (UK), June 12, 2010.

Slackman, Michael. "Hard-Line Force Extends Grip over a Splintered Iran." *New York Times*, July 20, 2009.

Spindle, Bill. "As Tehran and West Face Off, Iranians Bear Down." *Wall Street Journal*, March 10, 2012.

Tait, Robert. "Iran Scraps Birth Control and Aims for a Baby Boom." *Daily Telegraph* (UK), August 2, 2012.

———. "Iran Scraps State-Sponsored Birth Control Policy." *The Daily Beast*, August 3, 2012. http://www.thedailybeast.com/articles/2012/08/03/iran-scraps-state-sponsored-birth-control-policy.html.

Tarmann, Allison. "Iran Achieves Replacement-Level Fertility." *Population Today*, vol. 30, no. 4 (May/June 2002): 8–9.

Tomlinson, Hugh. "Revolutionary Guard 'Running Iran Drug Trade.'" *Times* (Londres), November 18, 2011.

"UN Sanctions Against Iranians in Arms Smuggling." Agence France-Presse, April 21, 2012.

Warrick, Joby. "IAEA Says Foreign Expertise Has Brought Iran to Threshold of Nuclear Capability." *Washington Post*, November 6, 2011.

Wright, Robin. "Iran's Population-Control Programs Are User-Friendly." *Los Angeles Times*, May 10, 1998.

Zia-Ebrahimi, Reza. "Self-Orientalization and Dislocation: The Uses and Abuses of the 'Aryan' Discourse in Iran." *Iranian Studies*, vol. 44, no. 4 (2011): 445–72.

Capítulo 13: Encolhendo e prosperando

Livros

Daily, Gretchen C., and Katherine Ellison. *The New Economy of Nature: The Quest to Make Conservation Profitable*. Washington, DC: Island Press, 2002.

Daly, Herman E. *Beyond Growth: The Economics of Sustainable Development*. Boston: Beacon Press, 1996.

———, and Joshua Farley. *Ecological Economics*. Washington, DC: Island Press, 2010.

Dyson, Tim. *Population and Development: The Demographic Transition*. Londres: Zed Books, 2006.

Eggleston, Karen, and Shripad Tuljapurkar. *Aging Asia: The Economic and Social Implications of Rapid Demographic Change in China, Japan, and South Korea*. Washington, DC: Brookings Institution Press, 2010.

Heinberg, Richard. *The End of Growth: Adapting to Our New Economic Reality.* Gabriola Island, BC: New Society Publishers, 2011.

Jackson, Tim. *Prosperity Without Growth: Economics for a Finite Planet.* Nova York: Earthscan Publications, 2009.

Latouche, Serge. *Farewell to Growth.* Cambridge: Polity, 2009.

Matsutani, Akihiko. *Shrinking-Population Economics: Lessons from Japan.* Tokyo: International House of Japan, 2006.

Pineda, Cecile. *Devil's Tango: How I Learned the Fukushima Step by Step.* San Antonio, TX: Wings Press, 2010.

Artigos

Ackerman, Frank, Elizabeth A. Stanton, Stephen J. DeCanio, et al. "The Economics of 350: The Benefits and Costs of Climate Stabilization." Economics for Equity and Environment, October 2009. www.e3network.org.

Alpert, Emily. "Government Incentives Fail to Reverse Japan's Population Decline." *Chicago Tribune,* August 14, 2012.

Alvarez, Robert. "Why Fukushima Is a Greater Disaster than Chernobyl and a Warning Sign for the US." *Institute for Policy Studies,* April 24, 2012.

Arrow, Kenneth J., Maureen L. Cropper, George C. Eads, Robert W. Hahn, Lester B. Lave, Roger G. Noll, Paul R. Portney, Milton Russell, Richard Schmalensee, V. Kerry Smith, and Robert N. Stavins. "Is There a Role for Benefit-Cost Analysis in Environmental, Health, and Safety Regulation?" *Science,* New Series, vol. 272, no. 5259 (April 12, 1996): 221–22.

Arrow, Kenneth J., Alain Bensoussan, Qi Feng, and Suresh P. Sethi. "Optimal Savings and the Value of Population." *Proceedings of the National Academy of Science,* vol. 104, no. 47 (November 20, 2007): 18421–26.

Arrow, Kenneth J., Bert Bolin, Robert Costanza, et al. "Economic Growth, Carrying Capacity, and the Environment." *Science,* New Series, vol. 268, no. 5210 (April 28, 1995): 520–21. http://www.jstor.org/stable/2886637. Accessed: 10/04/2010.

Astor, Maggie. "Goldman Sachs Sets Aside $10 Billion for Bonuses While Hemorrhaging Money." *International Business Times,* October 21, 2011.

"Average Age of New Mothers in Japan Tops 30 for 1st Time." Jiji Press Ticker Service (Japan), June 5, 2012.

Bird, Winifred. "Japan's Creeping Natural Disaster." *Japan Times,* August 23, 2009.

Botelho, Greg. "Six Months Post-Fukushima, Weighing Costs, Risks Key to Nuclear Debate." CNN, September 10, 2011.

Brown, Lester R. "Learning from China: Why the Existing Economic Model Will Fail." Earth Policy Institute, September 8, 2011. www.earth-policy.org/data_highlights/2011/highlights18.

Burch, Thomas K. "Induced Abortion in Japan Under Eugenic Protection Law of 1948." *Biodemography and Social Biology,* vol. 2, no. 3 (1955): 140–51.

Clark, Matthew. "Germany's Angela Merkel: Multiculturalism Has 'Utterly Failed.'" *The Christian Science Monitor,* October 17, 2010.

Connolly, Kate. "Angela Merkel Declares Death of German Multiculturalism." *Guardian* (UK), October 17, 2010. http://www.guardian.co.uk/world/2010/oct/17/angela-merkel-germany-multiculturalism-failures.

"Cuban Population Declines, Numbers of Homes Increases." Fox News Latino, Efe, December 7, 2012.

Daily, Gretchen C., et al. "Ecology: The Value of Nature and the Nature of Value." *Science,* vol. 289, no. 5478 (July 2000): 395–96.

Daly, Herman E. "A Steady-State Economy: A Failed Growth Economy and a Steady-State Economy Are Not the Same Thing; They Are the Very Different Alternatives We Face." Presented to the Sustainable Development Commission, UK, April 24, 2008.

———. "Economics in a Full World." *Scientific American,* vol. 293, no. 3 (September 2005).

———. "Population and Economics: A Bioeconomic Analysis." *Population and Environment: A Journal of Interdisciplinary Studies,* vol. 12, no. 3 (Spring 1991): 257–63.

Das, Satyajit. "A World Without Growth Is a Possibility." *Global Finance Stratagy News,* August 31, 2011. http://www.gfsnews.com/article/2842/1/A_world_without_growth_Is_a_possibility.

Dasgupta, Partha. "Nature in Economics." *Environmental and Resource Economics,* vol. 39 (2008):1–7. doi: 10.1007/s10640-007-9178-4.

———. "Population, Consumption and Resources: Ethical Issues." *Ecological Economics,* vol. 24 (1998): 139–52.

———. "Regarding Optimum Population." *Journal of Political Philosophy,* vol. 13, no. 4 (2005): 414–42.

Da-ye, Kim. "Population Decrease to Stunt Korea's GDP." *Korea Times,* November 3, 2010.

"Doomsday Demographics." *Washington Times,* November 27, 2004.

Dyson, Tim. "On Development, Demography and Climate Change: The End of the World as We Know It?" *Population and Environment,* vol. 27, no. 2 (2005): 117–49.

Eberstadt, Nicholas. "Japan Shrinks: Many Nations Have Aging Populations, but None Can Quite Match Japan." *Wilson Quarterly* (Spring 2012): 30–37.

———. "Russia's Demographic Straightjacket." *SAIS Review,* vol. 24, no. 2 (Summer–Fall 2004): 9–25.

———. "Russia, the Sick Man of Europe." *Public Interest,* no. 158 (Winter 2005): 3–20.

"Economic Growth Cannot Continue." BBC News. January 28, 2010. Access at: http://news.bbc.co.uk/2/hi/science/nature/8478770.stm.

Farmer, James. "The US: Living in a Lower Population Growth Environment." *IFA Magazine,* January 6, 2012. http://www.ifamagazine.com/news.

Farrell, Paul B. "A 20-Rule Manifesto for New No-Growth Economics; Commentary: Classical Economics Is Fatally Flawed." *MarketWatch,* August 30, 2011. http://www.marketwatch.com/story/.

———. "Population Bomb: 9 Billion March to WWIII." *MarketWatch,* June 28, 2011. http://www.marketwatch.com/story/population-bomb-9-billion-march-to-wwiii-2011-06-28.

———. "Why Big-Money Men Ignore World's Biggest Problem." *MarketWatch,* October 11, 2011.

Filipo, Fabrice, and Francois Schneider, eds. Proceedings of the First International Conference on Economic De-growth for Ecological Sustainability and Social Equity, Paris, April 18–19, 2008.

Freeland, Chrystia. "Demographics Putting a Squeeze on the Debt Dilemma." Reuters, August 1, 2011.

Ghimire, Bhumika. "Germany: Population Decline and the Economy." Suite101.com, February 22, 2011. http://suite101.com/article.

Goulder, Lawrence H., and Robert N. Stavins. "Eye on the Future." *Nature,* vol. 419 (October 17, 2002): 673–74. www.nature.com/nature.

Graham, James. "Japan's Economic Expansion into Manchuria and China in World War Two." Historyorb.com, May 2004. http://www.historyorb.com/asia/japan_economic_expansion.php.

Harrop, Froma. "Birthrates Did Not Doom Japan." *The Leave Chronicle,* March 22, 2012. http://www.theleafchronicle.com/article/20120323.

Hasegawa, Kyoko. "Japan Faces 'Extinction' in 1,000 Years." Agence France-Presse, May 11, 2012.

Hayashi, Yuka. "Quake-Hit Area Was Already Reeling," *Wall Street Journal,* March 11, 2011.

Heinberg, Richard. "Gross National Happiness." *MuseLetter,* no. 232, September 2011.

———. "Welcome to the Post-Growth Economy." *MuseLetter*, no. 232, September 2011.

"HIV/AIDS in Russia & Eurasia." Center for Strategic and International Studies website, Russia and Eurasia Past Projects. http://csis.org/program/hivaids.

"Immigrants Boost German Population." *The Local*, July 2, 2012.

Jackson, Tim. "Prosperity Without Growth? — The Transition to a Sustainable Economy."

Sustainable Development Commission, March 2009.

Jacobson, Brad. "The Worst Yet to Come? Why Nuclear Experts Are Calling Fukushima a Ticking Time-Bomb." AlterNet, May 7, 2012.

Jamail, Dahr. "Fukushima: It's Much Worse Than You Think." Al-Jazeera English, June 16, 2011.

James, Kyle. "No Brakes on Germany's Population Freefall." *Deutsche Welle*, August 17, 2006.

"Japan Has 23.3% Aging Population in 2011: Gov't." Xinhua News Agency (China). April 17, 2012.

"Japanese Women Fall Behind Hong Kong in Longevity." BBC News, July 26, 2012.

"Japan Revises Up Long-Term Fertility Rate Forecast." Jiji Press Ticker Service (Japan). January 30, 2012.

"Japan's Population Declines for the 3rd Straight Year." Xinhua News Agency (China). August 7, 2012.

"Japan's Population to Shrink About 30% to 86.7 Mil. by 2060." Japan Economic Newswire, January 30, 2012.

"Japan to Test-Drill for Seabed 'Burning Ice.' " Agence France-Presse, July 26, 2011.

"Japan Vows to Continue Nuclear Plant Exports." Agence France-Presse, August 5, 2011.

Johnson, Eric. "Kansai Chiefs Accept 'Limited' Reactor Restart: Even Hashimoto Caves Amid Intense Lobbying, Now Faces Public Ire." *Japan Times*, June 1, 2012.

Kayler-Thomson, Wayne, and Darin Ritchie. "OP-ED: Demographic Debate — It's Now or Never." *Age* (Australia), May 20, 2011.

Kenny, Charles. "An Aging Population May Be What the World Needs." *Bloomberg Businessweek*, February 7, 2013.

Krugman, Paul, Krugman & Co. "Japan's Horror Story Not So Scary After All." Op-Ed, *Truthout*, October 1, 2010.

"Love Is in the Air in Singapore." *Destinations of the World News,* August 5, 2012. Accessed at http://www.dotwnews.com/focus/love-Is-in-the-air-in-singapore.

Mann, Donald. "A No-Growth, Steady-State Economy Must Be Our Goal." Position paper for Negative Population Growth Inc., August 2002.

Mauricio, Vicente. "La Poblacion Cubana Decrece Por Tercer Ano Consecutivo." *El País,* June 1, 2008.

McCurry, Justin. "Japan: Below-Par Birth Rate from Fewer Marriages Bucks World Trend and Accelerates Decline." *Guardian* (UK), October 26, 2011.

Merkel, Angela. "Multiculturalism Utterly Failed in Germany." YouTube video, PostedbyRussiaToday,October17,2010.http://www.youtube.com/watch?v=UKG76HF24_k&playnext=1&list=PL50883A09779FEA59&feature=results_video.

Mohr, Mark, ed. "Japan's Declining Population: Clearly a Problem, but What's the Solution?" Asia Program Special Report No. 141, Woodrow Wilson International Center for Scholars, July 2008.

Moore, Tristana. "Baby Gap: Germany's Birth Rate Hits Historic Low." *Time,* May 23, 2010. http://www.time.com/time/world/article.

Muzuhashi. "Hay Fever." Muzuhashi (blog), August 3, 2012. http://www.muzuhashi.com.

Normile, Dennis. "The Upside of Downsizing." *Science,* vol. 333, no. 6042 (July 2011):547. doi: 10.1126/science.333.6042.547.

Oiwa, Keibo. "Nuked and X-rayed." Keibo Oiwa (blog), April 8, 2011. http://keibooiwa.sblo.jp/article/44193716.html.

Oltermann, Philip. "Merkel's Own Goal." *Guardian* (UK), October 17, 2010.

Onishi, Norimitsu. "Japanese, in Shortage, Willingly Ration Watts." *New York Times,* July 28, 2011.

Panchaud, Christine, Susheela Singh, Dina Feivelson, and Jacqueline E. Darroch. "Sexually Transmitted Diseases Among Adolescents in Developed Countries." *Family Planning Perspectives,* vol. 32, no. 1 (January/February 2000).

Petersen, Freya. "Population Clock Shows Japanese Face Extinction in 1000 Years." *GlobalPost,* May 13, 2012.

Petrosian, Kristine. "AIDS Explodes in Russia — HIV Rate 'Fastest' in the World." Russiatoday.com. http://www.russiatoday.com/rusjournal.

Piper, David. "Lack of Babies Could Mean the Extinction of the Japanese People." FoxNews.com, May 11, 2012.

Rees, William E. "Toward a Sustainable World Economy." Presented at the Institute for New Economic Thinking Annual Conference, Bretton Woods, NH, April 8–11, 2011.

Retherford, Robert D., and Naohiro Ogawa. "Japan's Baby Bust: Causes, Implications, and Policy Responses." East-West Center Working Papers, Population and Health Series. No. 118, April 2005.

"Reversing the Population Decline." *Japan Times,* June 19, 2012.

Rodriguez, Andrea. "Cuba's Aging Population Will Test Economic Reform." Associated Press, August 7, 2012.

Romm, Joe. "Jeremy Grantham Must-Read, 'Time to Wake Up: Days of Abundant Resources and Falling Prices Are Over Forever.' " Thinkprogress.org, May 2, 2011. http://thinkprogress.org/romm/2011/05/02.

Ryall, Julian. "Japan's Population Has Contracted at the Fastest Rate Since at Least 1947." *Telegraph* (UK), January 4, 2012.

———. "Japan's Vanishing Villages; Gradual Depopulation Has Left Rural Districts Teetering on Extinction." *Straits Times* (Singapore), May 21, 2012.

Sharp, Andy. "Japan's Population Declines by Record in Challenge for Growth." *Bloomberg Businessweek,* April 17, 2012. http://www.businessweek.com/news/2012-04-17/japan-s-population-declined-by-largest-ever-0-dot-2-percent-last-year.

Sherman, Janette D., and Josephe Mango. "A 35% Spike in Infant Mortality in Northwest Cities Since Meltdown: Is the Dramatic Increase in Baby Deaths in the US a Result of Fukushima Fallout?" *Counter Punch,* weekend edition, June 10, 2011. Access at: http://www.counterpunch.org/sherman06102011.html.

Singapore government's Baby Bonus Scheme, website: http://www.babybonus.gov.sg/bbss/html/index.html.

Smith, Ron. "Population, Debt Problems So Big, They Defy Solutions." *Baltimore Sun,* July 18, 2011.

Stewart, Heather, and Phillip Inman. "Age of Austerity Set to Last for Decades: Key Factor Is the Rising Cost of Health Care for an Ageing Population." *Guardian* (UK), July 22, 2011.

Sukhdev, Pavan. "The Corporate Climate Overhaul: The Rules of Business Must Be Changed if the Planet Is to Be Saved." *Nature,* vol. 486 (June 7, 2012): 27–28.

Takahashi, Junko. "Abstinencia a la Japonesa: Crisis Sexual en el Pais del Sol Naciente." *El Mundo,* April 27, 2008.

Takeuchi, Kazuhiko. "Rebuilding the Relationship Between People and Nature: The Satoyama Initiative." *Ecological Research,* vol. 25, no. 5 (2010): 891–97.

Tavernise, Sabrina. "Dip in Birth Rates Reflects Recession, Report Suggests." *New York Times,* October 13, 2011.

United Nations, Department of Economic and Social Affairs, Population Division. *World Population to 2300.* Nova York: United Nations, 2004.

Wehner, Mike. "Sushi-Making Robots Can Crank Out Tasty Fish Rolls 24 Hours a Day." Today in Tech (blog), Tecca, Yahoo! News, April 6, 2012.

"Whose Lost Decade?" *Economist* (UK), November 19, 2011. http://www.economist.com/node/21538745.

Yamada, Takao. "Weighing Economic Growth Against Nuclear Risks Makes No Sense." *Mainichi Daily News* (Japan), August 1, 2011.

Yasunari, Teppei J., Andreas Stohl, Ryugo S. Hayano, John F. Burkhart, Sabine Eckhardt, and Tetsuzo Yasunari. "Cesium-137 Deposition and Contamination of Japanese Soils Due to the Fukushima Nuclear Accident." *Proceedings of the National Academy of Sciences*, vol. 108, no. 49 (December 2011): 1530–34. www.pnas.org/cgi/doi/10.1073/pnas.1112058108.

"Young Japanese Losing Sex Drive." Agence France-Presse, January 14, 2011.

Capítulo 14: Amanhã

Livros

Boo, Katherine. *Behind the Beautiful Forevers: Life, Death, and Hope in a Mumbai Undercity.* Nova York: Random House, Inc., 2012.

Brown, Lester R. *Outgrowing the Earth: The Security Challenge in an Age of Falling Water Tables and Rising Temperatures.* Boca Raton, FL: CRC Press, 2012.

Human Development Report 2005: Kerala. Thiruvananthapuram, Kerala, India: Centre for Development Studies, Government of Kerala, 2006.

McKibben, Bill. *Deep Economy.* Nova York: Times Books, 2007.

Minahan, James B. *Ethnic Groups of South Asia and the Pacific: An Encyclopedia. Santa Barbara, CA: ABC-CLIO, 2012.*

Sharma, Kalpana. *Rediscovering Dharavi: Stories from Asia's Largest Slum.* Nova York: Penguin Books, 2000.

Artigos

Ahuja, Charanjit. "Water Table Dips in Punjab, Haryana." *Financial Express,* September 2, 2012.

"Annual Estimates of Total Fertility Rate by Residence, India and Bigger States, 2005–10." National Family Health Survey, International Institute of Population Sciences, Mumbai. April 10, 2012. Accessed at: planningcommission.nic.in/data/datatable/0904/tab_137.pdf.

"Appeals for Sanjay Dutt, but Should He Go Free?" *Hindustan Times,* March 24, 2013.

Bagchi, Suvojit. "Punjab suicides cast shadow on polls." BBC News, April 12, 2009.

Bedi, Rahul. "Youth Drug Addiction Crisis Ravages Punjab's Heartlands." June 17, 2010. http://www.sikhphilosophy.net/hard-talk.

Central Bureau of Investigation (India). "Bombay Bomb Blast Cases." http://cbi.nic.in/fromarchives/bombayblast/mumblast.php.

Chavan, Shri S. B., Minister of Home Affairs. "Bomb Blast in Bombay." April 21, 1993. http://parliamentofindia.nic.in/ls/lsdeb/ls10/ses6/0521049301.htm.

Chu, Henry, and Mark Magnie. "For Muslims in India, an Uneasy Calm." *Los Angeles Times,* December 14, 2008.

"Dr. Gurcharan Singh Kalkat." Accessed at: pbplanning.gov.in/pdf/Biodata%20GS%20Kalkat.pdf.

"Farmer suicides: NGO points to Punjab reporting fewer numbers." *Times of India,* December 30, 2011.

Ferris, David. "Asia's Megacities Pose a Stark Environmental Challenge." *Forbes,* August 31, 2012.

Goldenberg, Suzanne. "Where a Baby Is Born Every 2 Seconds." *Guardian* (UK), Saturday 14, 1999.

Gupta, Shankar Prasad. "Forest Tenure Issues in Terai of Nepal: Understanding the Present Management Regimes." A Term Paper Report on Forestry and Wildlife. Kathmandu University, 2011.

Gwatkin, Davidson R. "Political Will and Family Planning: The Implications of India's Emergency Experience." *Population and Development Review,* vol. 5, no. 1 (March 1979): 29–59.

"India Postpones Population Stabilization Target by 15 Years." Merinews (India), May 6, 2012.

Jain, R. K., N. B. Gouda, V. K. Sharma, T. N. Dubey, A. Shende, R. Malik, and G. Tiwari. "Esophageal Complications Following Aluminium Phosphide Ingestion: An Emerging Issue Among Survivors of Poisoning." *Dysphagia,* vol. 25, no. 4 (December 2010): 271–76.

John, Mary E. "Feminism, Poverty and Globalization: An Indian View." *Inter-Asia Cultural Studies,* vol. 3, no. 3 (2002).

Kaur, Naunidhi. "Mumbai: A Decade After Riots." *Frontline,* vol. 20, no.14, July 5, 2003.

Kumar, Siddhartha. "Unwanted Daughters." Deutsche Presse-Agentur, April 18, 2012.

Lewis, Clara. "Dharavi in Mumbai Is No Longer Asia's Largest Slum." *Times of India,* July 6, 2011.

Marquand, Robert. "Six Billion People and a Countertrend: Literate Women in India's Kerala Help Hold Population Growth Nearly Flat." *Christian Science Monitor,* October 12, 1999.

Mathew, E. T. "Growth of Literacy in Kerala: State Intervention, Missionary Initiatives and Social Movements." *Economic and Political Weekly,* vol. 34, no. 39 (September 25–October 1, 1999): 2811–20.

"Methane Gas from Cows: The Proof Is in the Feces." ScienceDaily, June 7, 2011. http://www.sciencedaily.com/releases/2011/06/110606112822.htm.

"Mumbai FY09 Tax Revenue May Miss Target." *Economic Times,* December 16, 2008.

Murali, R., Ashish Bhalla, Dalbir Singh, and Surjit Singh. "Acute Pesticide Poisoning: 15 Years Experience of a Large North-West Indian Hospital." *Clinical Toxicology,* vol. 47, no. 1 (2009): 35–38.

Nag, Kingshuk. "Smaller States a Recipe for Disaster." *Times of India,* June 29, 2009.

Naidoo, G. V., R. Cuthbert, R. E. Green, D. J. Pain, et al. "Removing the Threat of Diclofenac to Critically Endangered Asian Vultures." *PLoS Biol,* vol. 4, no. 3 (2006). e66. doi:10.1371/journal.pbio.0040066.

Narayan, Shoba. "It's Mumbai, Yaar!" *Condé Nast Traveler,* October 2009. "Punjab's Killing Fields." *India Today,* April 15, 2010.

"Ruminant Livestock," U.S. Environmental Protection Agency. http://www.epa.gov/rlep.

Sekar, Rukmini. "Interview with Sugatha Kumari." *New Internationalist Magazine,* January 1996.

Sen, Amartya. "Capitalism Beyond the Crisis." *New York Review of Books,* March 26, 2009.

Shwartz, Mark. "Global Bird Populations Face Dramatic Decline in Coming Decades, Study Predicts." *Proceedings of the National Academy of Sciences,* online early edition, December 7, 2004.

Singh, D., I. Jit, and S. Tyagi. "Changing Trends in Acute Poisoning in Chandigarh Zone: A 25-Year Autopsy Experience from a Tertiary Care Hospital in Northern India." *American Journal of Forensic Medical Pathology,* vol. 20, no. 2 (June 1999): 203–10.

Sinha, Kounteya. "Average Indian's Life Expectancy up 4.6 Years." *Times of India,* October 2, 2012.

"The Situation of Children in India: A Profile." United Nations Children's Fund (UNICEF), May 2011. http://www.unicef.org/sitan/files/SitAn_India_May_2011.pdf.

Srivastava, Vivek, Mumtaz Ansari, Somprakas Basu, Damayanti Agrawal, T. K. Lahiri, and Anand Kumar. "Colonic Conduit for Esophageal Bypass in Celphos-Induced Tracheoesophageal Fistula: Our Experience of Two Cases." *International Journal of Colorectal Disease,* vol. 24, no. 6 (2009): 727–28.

Stephenson, Wesley. "Indian farmers and suicide: How big is the problem?" BBC News, January 22, 2013.

Sugathakumari. "Marathinu Sthuthi" [Hymn to Trees], in *Ambala Mani* [Temple Bells]. Kottayam, Kerala, India: National Book Stall, 1981, p. 127.

Tait, Malcolm. "Towers of Silence." *Ecologist,* vol. 34, no. 8 (October 2004): 14.

Tharu, Susie, and J. Ke Lalita. "Sugatha Kumari," in *Women Writing in India, Volume II: The Twentieth Century.* Nova York: Feminist Press at CUNY, 1993, pp. 398–401.

Thomas, Rajaji Mathew. "Kerala's Silent Revolution." Countercurrents.org, March 18, 2005.

Thomas, Shibu, Bharati Dubey, and Dhananjay Mahapatra. "1993 Bombay Bomb Blasts: Sanjay Dutt Has Little Chance of Relief." *Times of India,* March 22, 2013.

Verma, Vijay Kumar, S. K. Gupta, and Ashok Parihar. "Aluminium Phosphide Poisoning: A Challenge for the Physician." *JK Science,* vol. 1, no. 1 (January–March 2001).

Yadav, Priya. "Another Report Says 73.5% Punjab Youth Drug Addicts." *Times of India,* October 14, 2012.

Capítulo 15: Sexo seguro

Livros

D'Agnes, Thomas. *From Condoms to Cabbages: An Authorized Biography of Mechai Viravaidya.* Bangkok: Post Books, 2001.

Artigos

Corben, Ron. "Thailand Floods Worst in Five Decades." *Voice of America,* October 2, 2011.

"Could Thailand Withstand Another Flood?" *Asia Sentinel/The Irrawaddy,* August 31, 2012.

Evans, Ben. "U.S. Condom Factory Losing U.S. Contract to Asian Companies." Associated Press, March 25, 2009.

Hunter, Elise. "Transforming Communities Through Humor, Grit and Entrepreneurship: A Conversation with Thailand's 'Mr Condom.' " *Huffington Post,* March 5, 2013. http://www.huffingtonpost.com/student-reporter.

"Mechai Viravaidya: Using Condoms to Fight Poverty," YouTube video. Posted by Gates Foundation, April 14, 2011. http://www.youtube.com/watch?v=kCCJky_SC4U.

"Paticca-samuppada-vibhanga Sutta: Analysis of Dependent Co-arising" (SN 12.2). Translated from the Pali by Thanissaro Bhikkhu. *Access to Insight,* June 17, 2010. http://www.accesstoinsight.org/tipitaka/sn/sn12/sn12.002.than.html.

Simpkins, Dulcey. "Rethinking the Sex Industry: Thailand's Sex Workers, the State, and Changing Cultures of Consumption." *Michigan Feminist Studies,* vol. 12, 1997–1998.

Szuster, Brian W. "Shrimp Farming in Thailand's Chao Phraya River Delta: Boom, Bust and Echo." *International Water Management Institute River Basin Case Study Project,* January 2003.

"The Thai Floods, Rain, and Water Going into the Dams—Part 1." Bangkok Pundit (blog), *Asian Correspondent,* October 24, 2011. http://asiancorrespondent.com/67873/.

"The Thai Floods, Rain, and Water Going into the Dams—Part 2." Bangkok Pundit (blog), *Asian Correspondent,* November 2, 2011. http://asiancorrespondent.com/67987.

Thai Meteorological Department. "Monthly Current Report Rainfall and Accumulative Rainfall." March 2011. http://www.tmd.go.th.

Thielke, Thilo. "Thailand's Heavy Monsoons: Bangkok Evacuates as Floodwaters Rise." *Der Spiegel,* no. 44 (2011).

Viravaidya, Mechai. "The School That Flies." Qi: Global Network of Innovators video, 2010. http://www.qi-global.com/10mv.

Winterwerp, Johan C., William G. Borst, and Mindert B. de Vries. "Pilot Study on the Erosion and Rehabilitation of a Mangrove Mud Coast." *Journal of Coastal Research,* vol. 21, no. 2 (2005): 223–30.

Capítulo 16: Parque Terra

Livros

Bongaarts, John, John Cleland, John W. Townsend, Jane T. Bertrand, and Monica Das Gupta. *Family Planning Programs for the 21st Century: Rationale and Design.* Nova York: The Population Council, 2012.

Brinkley, Douglas. *The Wilderness Warrior: Theodore Roosevelt and the Crusade for America.* Nova York: HarperCollins Publishers, 2009.

Brown, Lester R. *Eco-Economy: Building an Economy for the Earth.* Londres: Earthscan Publications, 2003.

Carson, Rachel. *Silent Spring.* Nova York: Houghton Mifflin, 1962.

Cincotta, Richard P., Robert Engelman, and Daniele Anastasion. *The Security Demographic: Population and Civil Conflict After the Cold War.* Washington, DC: Population Action International, 2003.

Clancy, Kate. *Greener Pastures: How Grass-Fed Beef and Milk Contribute to Healthy Eating.* Cambridge, MA: Union of Concerned Scientists, 2006.

Coastal Hazards. Highlights of National Academies Reports, Ocean Science Series, Washington, DC: National Academy of Sciences, 2007.

Kean, Thomas H., Chair. *The 9/11 Commission Report: Final Report of the National Commission on Terrorist Attacks upon the United States.* Washington, DC: National Commission on Terrorist Attacks upon the United States, 2004. http://www.9-11commission.gov/report/911Report.pdf.

Leopold, Aldo. *Game Management.* Madison: University of Wisconsin Press, 1987.

———. *A Sand County Almanac: With Essays on Conservation from Round River.* Oxford, UK: Oxford University Press, 1949.

Lynas, Mark. *Six Degrees: Our Future on a Hotter Planet.* Washington, DC: National Geographic Society, 2008.

Pimentel, David, and Marcia H. Pimentel, eds. *Food, Energy, and Society,* 3d edition. Boca Raton, FL: CRC Press, 2007.

Sanger, Alexander. *Beyond Choice: Reproductive Freedom in the 21st Century.* Nova York: Public Affairs, 2004.

Artigos

"Additional Investments in Family Planning Would Save Developing Countries More Than $11 Billion a Year." Press release, UN Population Fund (UNFPA), November 14, 2012. http://www.unfpa.org/public/home/news/pid/12601.

"Ag 101: Major Crops Grown in the United States." U.S. Environmental Protection Agency. http://www.epa.gov/agriculture/ag101/cropmajor.html.

Arima, Eugenio Y., Peter Richards, Robert Walker, and Marcellus M. Caldas. "Statistical Confirmation of Indirect Land Use Change in the Brazilian Amazon," *Environmental Research Letters,* vol. 6, no. 2 (May 2011).

Bachelard, Michael. "Some Say Cows Are Killing the Earth. So Do We Need to Ban Beef?" *Sydney Morning Herald,* September 25, 2011.

Bamber, J. L., and W. P. Aspinall. "An Expert Judgment Assessment of Future Sea Level Rise from the Ice Sheets." *Nature Climate Change,* January 6, 2013.

Barnett, T. P., and D. W. Pierce. "When Will Lake Mead Go Dry?" *Water Resources Research,* vol. 44, issue 3 (March 2008).

Barrett, Julia R. "The Science of Soy: What Do We Really Know?" *Environmental Health Perspectives,* vol. 114, no. 6 (June 2006): A352–58.

Barthole, Jeffrey. "When Will Scientists Grow Meat in a Petri Dish?" *Scientific American,* May 17, 2011.

Bavley, Alan. "Researchers Hopeful About Male Partner for 'The Pill.' " McClatchy Newspapers, February 26, 2012.

Belluck, Pam. "Scientific Advances on Contraceptive for Men." *New York Times,* July 23, 2011.

Binkley, Dan, Margaret M. Moore, William H. Romme, and Peter M. Brown. "Was Aldo Leopold Right About the Kaibab Deer Herd?" *Ecosystems,* vol. 9 (2006):227–41.

Brean, Henry. "Concrete Trucks Rev Up for Third Intake Project at Lake Mead." *Las Vegas Review-Journal,* September 25, 2012.

Brown, J. M. " 'Fresh-Squeezed Water': Desalination Debate Raises Financial, Environmental and Philosophical Concerns." *Santa Cruz Sentinel,* September 27, 2012.

Chaudhury, K., A. K. Bhattacharyya, and S. K. Guha. "Studies on the Membrane Integrity of Human Sperm Treated with a New Injectable Male Contraceptive." *Human Reproduction,* vol. 19, no. 8 (Spring 2004): 1826–30.

Clinkenbeard, Jon. "The Best Birth Control in the World Is for Men." Techcitment.com, March 26, 2012. http: / / techcitement.com / culture.

Cohen, Joel E. "Meat." First Annual Malthus Lecture for Population Reference Bureau and the International Food Policy Research Institute, Washington, DC, March 2010.

Dewan, Shaila. "Georgia Claims a Sliver of the Tennessee River." *New York Times,* February 22, 2008.

Diamanti-Kandarakis, E., et al. "Endocrine-Disrupting Chemicals: An Endocrine Society Scientific Statement." *Endocrine Reviews* (2009) 30(4):293–342.

"Difference Engine: Waste Not, Want Not." *Economist,* January 20, 2012.

Doherty, Leo F., Jason G. Bromer, Yuping Zhou, Tamir S. Aldad, Hugh S. Taylor. "In Utero Exposure to Diethylstilbestrol (DES) or Bisphenol-A (BPA) Increases EZH2 Expression in the Mammary Gland: An Epigenetic Mechanism Linking Endocrine Disruptors to Breast Cancer." *Hormones and Cancer,* June 2010, 1(3):146-55.

Draper Jr., William H. "Oral History Interview with General William H. Draper Jr.," by Jerry N. Hess. Harry S. Truman Library, January 11, 1972. http://www.trumanlibrary.org/oralhist/draperw.htm.

Eaton, Sam. "Antarctica Warming Raises Sea Level Rise Risk." *World*, January 28, 2013.

———. "Sea Levels May Rise Faster than Expected." *World*, December 6, 2011.

Edwards, Haley Sweetland. "From Abortion to Contraception." Latitude (blog), *New York Times*, July 20, 2012. http://latitude.blogs.nytimes.com/2012/07/20/from-abortion-to-contraception-in-georgia.

Erb, Karl-Heinz, Andreas Mayer, Thomas Kastner, Kristine-Elena Sallet, and Helmut Haberl. "The Impact of Industrial Grain Fed Livestock Production on Food Security: An Extended Literature Review." Institute of Social Ecology, February 2012. http://www.uni-klu.ac.at/socec.

Field, Christopher. Testimony to the House Energy and Commerce Committee Climate Science Hearing, Carnegie Institution for Science, March 8, 2011.

"Finally, the Promise of Male Birth Control in a Pill: Compound Makes Mice Reversibly Infertile." ScienceDaily, August 16, 2012. http://www.sciencedaily.com/releases/2012/08/120816121950.htm.

Food and Drug Administration, Department of Health and Human Services. "2009 Summary Report on Antimicrobials Sold or Distributed for Use in Food-Producing Animals." Accessed at: http://www.fda.gov/downloads/ForIndustry/UserFees/AnimalDrugUserFeeActADUFA/UCM231851.pdf.

Foster, J. C. "The Deer of Kaibab: Federal-State Conflict in Arizona." *Arizona and the West*, vol. 12, no. 3 (1970): 255–68.

Goodland, Robert, and Jeff Anhang. "Livestock and Climate Change." *World Watch Magazine*, vol. 22, no. 6 (November/December, 2009): 10–19.

Gwynne, S. C. "The Last Drop." *Texas Monthly*, February 2008.

Hallmayer, Joachim, Sue Cleveland, Andrea Torres, et al. "Genetic Heritability and Shared Environmental Factors Among Twin Pairs With Autism." *Archives of General Psychiatry*, vol. 68, no. 11 (2011):1095–102.

Hansen, James, Ken Caldeira, and Eelco Rohling. "Paleoclimate Record Points Toward Potential Rapid Climate Changes." *American Geophysical Union*, Fall Meeting (slide presentation), San Francisco, December 6, 2011. http://www.nasa.gov/pdf/608352ma in_AGU_paleo_final.pdf.

Harvey, Fiona. "Artificial Meat Could Slice Emissions, Say Scientists." *Guardian* (UK), June 20, 2011. http://www.guardian.co.uk/environment/2011/jun/20/artificial-meat-emissions.

Hay, William W. "Could Estimates of the Rate of Future Sea-Level Rise Be Too Low?" Presentation to Geological Society of America Annual Meeting, Session No. 14, November 4, 2012.

Hertel, Thomas W., Marshall B. Burke, and David B. Lobell. "The Poverty Implications of Climate-Induced Crop Yield Changes by 2030." *Global Trade Analysis Project,* Working Paper No. 59, 2010.

Hickman, Leo. "Why I'd Happily Eat Lab-Grown Meat." *Guardian* (UK), November 30, 2009.

Hinck, J. E., V. S. Blazer, C. J. Schmitt, D. M. Papoulias, and D. E. Tillitt. "Widespread Occurrence of Intersex in Black Basses (Micropterus spp.) from U.S. Rivers, 1995–2004." *Aquatic Toxicology,* vol. 95, no. 1 (October 2009): 60–70.

Hinrichson, D., and B. Robey. "Population and Environment: the Global Challenge." *Population Reports,* series M, no. 15. Johns Hopkins University School of Public Health, Population, and Information Program, Fall 2009.

Howden, Daniel. "Toxic Chemicals Blamed for the Disappearance of Arctic Bays." *Independent,* September 12, 2007.

Hungerford, C. R. "Response of Kaibab Mule Deer to Management of Summer Range." *Journal of Wildlife Management,* vol. 34, no. 4 (October 1970): 852–62.

Joshi, Manoj, Ed Hawkins, Rowan Sutton, Jason Lowe, and David Frame. "Projections of When Temperature Change Will Exceed 2 [deg]C Above Pre-industrial Levels." *Nature Climate Change* 1, no. 8 (November 2011): 407–12.

Karman, Harvey, and Malcolm Potts. "Very Early Abortion Using Syringe as Vacuum Source." *Lancet,* vol. 300, no. 7786 (May 1972): 1051–52.

Koneswaran, G., Nierenberg, D. "Global farm animal production and global warming: impacting and mitigating climate change." *Environmental Health Perspectives,* 2008; 116:578–582.

La Jacono, S. "Establishment and Modification of National Forest Boundaries: A Chronological Record, 1891–1973." U.S. Forest Service, Division of Engineering, 1973.

Lewis, Marlo. "House Energy and Commerce Climate Science Hearing: Is U.S. Corn Doomed?" GlobalWarming.org (blog), March 11, 2011. http://www.globalwarming.org/2011/03/11/house-energy-and-commerce-climate-science-hearing-Is-u-s-corn-doomed.

Lewis, Tanya. "Sea Level Rise Overflowing Estimates: Feedback Mechanisms Are Speeding Up Ice Melt." *Science News,* November 8, 2012.

Lobell, D. B., W. Schlenker, and J. Costa-Roberts. "Climate Trends and Global Crop Production Since 1980." *Science,* vol. 333, no. 6042 (July 2011): 616–20.

Marcott, Shaun A., Jeremy D. Shakun, Peter U. Clark, and Alan C. Mix. "A Reconstruction of Regional and Global Temperature for the Past 11,300 Years." *Science,* vol. 339, no. 6124 (March 2013): 1198–201.

Matzuk, Martin M., et al. "Small-Molecule Inhibition of BRDT for Male Contraception." *Cell,* vol. 150, no. 4 (August 2012): 673–84.

McGrath, Matt. "Climate Change 'May Shrink Fish.' " BBC World Service, September 30, 2012.

McKenna, Maryn. "Update: Farm Animals Get 80 Percent of Antibiotics Sold in U.S." *Wired,* Science Blog, December 24, 2010. http://www.wired.com/wiredscience/2010/12/news-update-farm-animals-get-80-of-antibiotics-sold-in-us.

McKibben, Bill. "Global Warming's Terrifying New Math." *Rolling Stone,* July 19, 2012.

Meinshausen, Malte, et al. "Greenhouse-Gas Emission Targets for Limiting Global Warming to 2°C." *Nature,* vol. 458: 1158–62. April 30, 2009.

Mellon, Margaret, Charles Benbrook, and Karen Lutz Benbrook. "Hogging It: Estimates of Antimicrobial Abuse in Livestock." *Union of Concerned Scientists,* January 2001. http://www.ucsusa.org/food_and_agriculture/our-failing-food-system/industrial-agriculture/hogging-it-estimates-of.html.

Nicholls, R. J., et al. "Ranking Port Cities with High Exposure and Vulnerability to Climate Extremes: Exposure Estimates." *OECD Environment Working Papers,* OECD Publishing, no. 1, November 19, 2008. http://dx.doi.org/10.1787/011766488208.

Onishi, Norimitsu. "Arid Australia Sips Seawater, but at a Cost." *New York Times,* July 10, 2010.

Parry, Wynne. "2 Degrees of Warming a Recipe for Disaster, NASA Scientist Says." *LiveScience,* December 6, 2011. http://www.livescience.com/17340-agu-climate-sensitivity-nasa-hansen.html.

Peters, Glen P., Robbie M. Andrew, Tom Boden, Josep G. Canadell, Philippe Ciais, Corinne Le Quere, Gregg Marland, Michael R. Raupach, and Charlie Wilson. "The Challenge to Keep Global Warming Below 2 °C." *Nature Climate Change,* vol. 3 (January 2013). www.nature.com/natureclimatechange.

Philpott, Tom. "Attack of the Monsanto Superinsects." *Mother Jones,* August 30, 2011.

———. "The Meat Industry Now Consumes Four-Fifths of All Antibiotics." *Mother Jones,* February 8, 2013.

Potsdam Institute for Climate Impact Research and Climate Analytics. "Turn Down the Heat: Why a 4°C Warmer World Must Be Avoided." A report for the World Bank, November 2012. http://climatechange.worldbank.org/sites/default/files/Turn_Down_the_heat_Why_a_4_degree_centrigrade_warmer_world_must_be_avoided.pdf.

Potts, Malcolm. "Abortion Perspectives." *The European Journal of Contraception and Reproductive Health Care,* vol. 15 (June 2010): 157–59.

———. "Global Population Growth — Is It Sustainable?" Presented to the Parliamentary and Scientific Committee, October 22, 2007. *Science in Parliament,* vol. 65, no. 1 (Spring 2008): 18–19.

Prins, Gail S. "Endocrine disruptors and prostate cancer risk." *Endocrine-Related Cancer,* vol. 15 (2008) 649–56.

Rettner, Rachael. "Steak Made from Human Excrement: Is It Safe?" MyHealthNewsDaily.com, June 17, 2011. http://www.myhealthnewsdaily.com/1400-poop-meat-safety.html.

Richards, Gwendolyn. "Him or Herring? Chemicals Causing 'Gender- Bending' Fish in Alberta." *Calgary Herald,* July 29, 2010.

Roosevelt, Theodore. "A Cougar Hunt on the Rim of the Grand Canyon." *Outlook,* October 4, 1913: 259–65.

Sansoucy, R. "Livestock: A Driving Force for Food Security and Sustainable Development." *World Animal Review Series* (FAO), 1995: 5–17. http://www.fao.org/docrep/V8180T/V8180T00.htm.

Schellnhuber, Hans Joachim. "Global Warming: Stop Worrying, Start Panicking?" *Proceedings of the National Academy of Science,* vol. 105, no. 38 (September 23, 2008): 14239–40.

Schlenker, Wolfram, and Michael J. Roberts. "Estimating the Impact of Climate Change on Crop Yields: The Importance of Nonlinear Temperature Effects." *National Bureau of Economic Research,* Working Paper No. 13799, February 2008. http://www.nber.org/papers/w13799.

———. "Nonlinear Temperature Effects Indicate Severe Damages to U.S. Crop Yields Under Climate Change." *Proceedings of the National Academy of Science,* vol. 106, no.37 (2009): 15594–98.

Singh, Susheela, and Jacqueline E. Darroch. "Adding It Up: Costs and Benefits of Contraceptive Services — Estimates for 2012." Guttmacher Institute. http://www.guttmacher.org/pubs/AIU-2012-estimates.pdf.

Sohn, Emily. "More Hermaphrodite Fish in U.S. Rivers." *Discovery News,* September 15, 2009. http://news.discovery.com/animals/whales-dolphins.

"Soybean Demand Continues to Drive Production." Worldwatch Institute, http://www.worldwatch.org/node/5442.

"Soy Facts." Soyatech, http://www.soyatech.com/soy_facts.htm.

Squires, Rosie. "Male Pill a Step Closer to Reality." *Advertiser* (Australia), August 17, 2012.

"The State of World Population 2012." UN Population Fund (UNFPA), November 14, 2012.

Steinfeld, H., et al. "Livestock's long shadow: environmental issues and options." LEAD/FAO publication, Rome, 2006.

Tash, Joseph S., et al. "Gamendazole, an Orally Active Indazole Carboxylic Acid Male Contraceptive Agent, Targets HSP90AB1 (HSP90BETA) and EEF1A1 (eEF1A), and Stimulates Il1a Transcription in Rat Sertoli Cells." *Biology of Reproduction,* vol. 78, no. 6 (June 2008): 1139–52.

Tavernise, Sabrina. "Farm Use of Antibiotics Defies Scrutiny." *New York Times,* September 3, 2012.

Thornton, Philip K. "Livestock Production: Recent Trends, Future Prospects." *Philosophical Transactions of the Royal Society, Biological Sciences,* vol. 365, no. 1554 (September 27, 2010): 2853–67. http://rstb.royalsocietypublishing.org/content/365/1554/2853.full.

"The U.S. Government and International Family Planning and Reproductive Health Fact Sheet." Henry J. Kaiser Family Foundation Menlo Park (CA), with Henry J. Kaiser Family Foundation, April 2012.

Vidal, John. "One Quarter of US Grain Crops Fed to Cars — Not People, New Figures Show." *Guardian* (UK), January 22, 2010.

Weisman, Alan. "Endgame." *Dispatches,* August 2009.

———. "Three Planetary Futures." *Vanity Fair,* April 21, 2008. http://www.vanityfair.com/politics/features/2008/04/envirofuture200804?currentPage=1.

Weiss, Kenneth R. "Tinderbox of Youth: Runaway Population Growth Often Fuels Youth-Driven Uprisings." *Los Angeles Times,* July 22, 2012.

Wilonsky, Robert. "Thanks to Drought, Houston's Drinking More of Dallas's Wastewater Than Ever Before." Unfair Park (blog), *Dallas Observer,* December 21, 2011.

http://blogs.dallasobserver.com/unfairpark/2011/12/thanks_to_drought_houstons_dri.php.

Wise, Amber, Kacie O'Brien, and Tracey Woodruff. "Are Oral Contraceptives a Significant Contributor to the Estrogenicity of Drinking Water?" *Environmental Science & Technology,* vol. 45 (2011): 51–60.

Woo, Elaine. "Creator of Device for Safer Abortions; Harvey Karman, 1924–2008." *Los Angeles Times* (obituary), May 18, 2008.

Young, C. C. "Defining the Range: Carrying Capacity in the History of Wildlife Biology and Ecology." *Journal of the History of Biology,* vol. 31, no. 1 (1998): 61–83.

Capítulo 17 (O mundo com menos de nós) e Epílogo

Livros

Cincotta, Richard P., Robert Engelman, and Daniele Anastasion. *The Security Demographic: Population and Civil Conflict After the Cold War.* Washington, DC: Population Action International, 2003.

Cohen, Joel E. *How Many People Can the Earth Support?* Nova York: W. W. Norton & Company, 1995.

Ehrlich, Paul R., and Ilkka Hanski, eds. *On the Wings of Checkerspots: A Model System for Population Biology.* Oxford: Oxford University Press, 2004.

Gilding, Paul. *The Great Disruption: Why the Climate Crisis Will Bring on the End of Shopping and the Birth of a New World.* Nova York: Bloomsbury Press, 2011.

Klare, Michael T. *The Race for What's Left: The Global Scramble for the World's Last Resources.* Londres: Macmillan, 2012.

Myers, N., and J. Simon. *Scarcity or Abundance: A Debate on the Environment.* Nova York: W. W. Norton & Company, 1994.

Wilson, Edward O. *The Future of Life.* Nova York: Alfred A. Knopf, 2002.

Artigos

"'233 million women' lacking contraception in 2015." Agence France-Presse, March 11, 2013.

Alkema, Leontine, et al. "National, regional, and global rates and trends in contraceptive prevalence and unmet need for family planning between 1990 and 2015: a systematic and comprehensive analysis." *Lancet*, March 12, 2013.

Ashford-Grooms, Meghan. " 'Mexico City Policy' or No, U.S. Aid Can't Be Used on Abortion." *Austin American Statesman*, July 1, 2011.

"Bangladesh's Population Stands at 164.4 Million: UNFPA." *Asia Pulse*, October 21, 2010.

Barnosky, Anthony D., Elizabeth A. Hadly, Jordi Bascompte, et al. "Approaching a State Shift in Earth's Biosphere." *Nature*, vol. 486 (June 7, 2012): 52–58.

———, Nicholas Matzke, Susumu Tomiya, et al. "Has the Earth's Sixth Mass Extinction Already Arrived?" *Nature*, vol. 471 (March 2011): 51–57.

Bartoli, Gretta, Barbel Honisch, and Richard Zeebe. "Atmospheric CO2 decline during the Pliocene intensification of Northern Hemisphere glaciations." *Paleoceanography*, vol. 26, no. 4 (December 2011).

"Bay Checkerspot Butterfly: Euphydryas Editha Bayensis." EPA Endangered Species Facts. Office of Pesticide Programs, February 2010. http://www.epa.gov/espp.

"Biography: George H. W. Bush." PBS American Experience documentary series. http://www.pbs.org/wgbh/americanexperience/features/biography/bush-george.

Bonebrake, Timothy C., et al. "Avian Diversity at Jasper Ridge: Exploring Dynamics Across Habitats and Through the Decades." https://lbreapps.stanford.edu/searsville/Biology%20studies/StateofPreserve-BirdsDraft1a.pdf.

Boyce, Daniel G., Marlon R. Lewis, and Boris Worm."Global Phytoplankton Decline over the Past Century." *Nature*, vol. 466, no. 7306 (July 2010): 591–96.

Bradsher, Keith. "Rain and Snowfall Ease Drought in China." *New York Times*, March 7, 2011.

Brill, Richard. "Earth's Carrying Capacity Is an Inescapable Fact." *Honolulu Star-Advertiser*, November 5, 2010.

Bump, Philip. "The Arctic Could Be Ice-Free by 2016." *Grist*, September 18, 2012.

Cabal, Luisa. "Regressive Contraception Policies 'Failing Women' in EU." *Public Service Europe*, March 23, 2012. http://www.publicserviceeurope.com/article/1694.

Cafaro, Philip. "Climate Ethics and Population Policy." *WIREs Climate Change*, vol. 3 (2012): 45–61. doi: 10.1002/wcc.153.

Campbell, Martha. "Why the Silence on Population?" *Population Environment*, vol. 28 (2007): 237–46.

Carpenter, Stephen R. "Phosphorus: Approaching Fundamental Limits?" *Stockholm Water Front Magazine*, no. 2 (2011): 4.

Childers, Daniel L., Jessica Corman, Mark Edwards, and James J. Elser. "Sustainability Challenges of Phosphorus and Food: Solutions from Closing the Human Phosphorus Cycle." *BioScience*, vol. 61, no. 2 (2011): 117–24.

Cincotta, Richard P., Jennifer Wisnewski, and Robert Engelman. "Human Population in the Biodiversity Hotspots." *Nature*, vol. 404 (April 27, 2000): 990–92.

Cizik, Rev. Richard, and Rev. Debra W. Haffner. "Shared Commitment to Women and Children," On Faith, *Washington Post*, March 3, 2011. http://onfaith.washingtonpost.com/onfaith/guestvoices.

"Climate Change: Local Governments Should Wait." *South Dade Matters*, February 9, 2012. http://southdadematters.com/tag/sea-level-rise.

Cohen, Susan A. "The United States and the United Nations Population Fund: A Rocky Relationship." *The Guttmacher Report on Public Policy*, vol. 2, no. 1 (February 1999).

Coleman, Les. "Alarming Climate Change Effects on FL." *Public News Service,* November 21, 2011. http://www.publicnewsservice.org/index.php?/content/article/23338-1.

"Consumption Driving 'Unprecedented' Environment Damage: UN." Agence France-Presse. June 6, 2012.

DeFillipo, Valerie. "House Appropriations Committee Votes to Defund UNFPA." Another Blow Against Women (blog), *Huffington Post,* May 17, 2012.

Dilorenzo, Sarah. "Energy Agency Warns World Must Take Action to Greatly Reduce Emissions by 2017

— or Else." Associated Press, September 9, 2011.

Ehrlich, Anne H., and Paul R. Ehrlich. "Can a Collapse of Global Civilization Be Avoided?" *Proceedings of the Royal Society: Biological Sciences,* vol. 280 (2013). http://rspb.royalsocietypublishing.org/content/280/1754/20122845.full.html#ref-list-1.

Ehrlich, Paul R., and Anne H. Ehrlich. "Letter to Barack Obama: What Needs to Be Done." Department of Biology, Stanford University, November 6, 2008.

Ehrlich, Paul R., and Raven, P. H. "Butterflies and Plants: A Study in Coevolution." *Evolution,* vol. 18 (1964): 586–608.

Engelman, Robert. "Population, Climate Change, and Women's Lives." World Watch Report 183, Worldwatch Institute, 2010.

Financial Resource Flows for Population Activities 2009. Nova York: United Nations Population Fund, 2009.

Foley, Jonathan A. "Living on a New Earth." *Scientific American,* April 2010: 54–60.

———, et al. "Global Consequences of Land Use." *Science,* vol. 309 (July 22, 2005):570–74.

———, Navin Ramankutty, Elena M. Bennett, et al. "Solutions for a Cultivated Planet: Addressing Our Global Food Production and Environmental Sustainability Challenges." *Nature,* vol. 478 (October 20, 2011): 337–42.

Food and Agriculture Organization of the United Nations. "Global Information and Early Warning System on Food and Agriculture Country Briefs: Egypt." September 6, 2012. http://www.fao.org/giews/countrybrief/country.jsp?code=EGY.

"Future Agricultural Demands for Phosphorus, a Finite and Dwindling Resource That Is Essential for Plant Growth, May Be Lower than Previously Projected." *Proceedings of the National Academy of Science,* vol. 109, no. 16 (2012). http://www.pnas.org/cgi/doi/10.1073/pnas.1113675109.

Gates, Melinda. "Let's Put Birth Control Back on the Agenda." TED video. April 2012. http://www.ted.com/talks/melinda_gates_let_s_put_birth_control_back_on_the_agenda.html.

Guttmacher Institute. "Costs and Benefits of Investing in Contraceptive Services in the Developing World." UNFPA Fact Sheet, June 2011.

Haq, Naimul. "Bangladesh Scores on Girls' Schooling." Inter Press Service, May 1, 2012.

Hardin, Garrett. "From Shortage to Longage: Forty Years in the Population Vineyards." *Population and Environment: A Journal of Interdisciplinary Studies,* vol. 12, no. 3 (Spring 1991): 339–49.

Heller, Karen. "Some Family-Planning Wisdom from Nixon." *Philadelphia Inquirer,* April 13, 2011.

Hooper, David U., E. Carol Adair, Bradley J. Cardinale, Jarrett E. K. Byrnes, Bruce A. Hungate, et al. "A Global Synthesis Reveals Biodiversity Loss as a Major Driver of Ecosystem Change." *Nature,* vol. 486 (June 2012): 105–8.

Horton, Tom. "Concerns over U.S. Population Growth Date Back to Nixon Era." *Chesapeake Bay Journal,* April 2012.

IAP: The Global Network of Science Academies. Statement on Population and Consumption, June 2012.

Johnson, Robert. "What the Money Spent in Iraq and Afghanistan Could Have Bought at Home in America." *Business Insider,* August 16, 2011. http://articles.businessinsider.com/2011-08-16/news.

Kareiva, Peter, and Michelle Marvier. "Conservation for the People." *Scientific American,* October 2007: 2–9.

———, Robert Lalasz, and Michelle Marvier. "Conservation in the Anthropocene." *Breakthrough Journal,* no. 2 (Fall 2011).

Kennedy, Kelly. "Drugmakers Have Paid $8 Billion in Fraud Fines." *USA Today,* March 6, 2012.

Kiel, Katherine A., Victor A. Matheson, and Kevin Golembiewski. "Luck or Skill? An Examination of the Ehrlich-Simon Bet." Research Series, Paper no. 09-08. College of the Holy Cross, Department of Economics Faculty, July 2009.

LaFranchi, Howard. "Rio+20 Earth Summit: Why Hillary Clinton Won Applause for Statement on Women." *Christian Science Monitor,* June 22, 2012. http://www.csmonitor.com/USA/Foreign-Policy/2012.

Lewis, Leo. "Scientists Warn of Lack of Vital Phosphorus as Biofuels Raise Demand." World Business, *Times* (Londres), June 23, 2008.

Lutz, Wolfgang, and K. C. Samir. "Global Human Capital: Integrating Education and Population." *Science,* vol. 333, no. 6042 (July 29, 2011): 587–92.

Malter, Jessica. "Trends in US Population Assistance." *Population Action International,* Guttmacher Institute, October 4, 2011. http://populationaction.org/articles.

Martin, Glen. "Taking the Heat: Bay Area Ecosystems in the Age of Climate Change." January 1, 2008. http://baynature.org/articles/taking-the-heat.

Martin, Jack, and Stanley Fogel. "Projecting the U.S. Population to 2050: Four Immigration Scenarios." A report by the Federation of American Immigration Reform, March 2006. http://www.fairus.org/site/DocServer/pop_projections.pdf.

"Melinda Gates' New Crusade: Investing Billions in Women's Health." *Daily Beast,* May 7, 2012.

Melnick, Meredith. "Is the Catholic Church's Argument Against IVF a Bit Holey?" Heathland.Times.com, October 8, 2010.

Moore, Malcolm, and Peter Foster. "China to Create Largest Mega City in the World with 42 Million People." *Telegraph* (UK), January 24, 2011.

Mora, Camilo, and Peter F. Sale. "Ongoing Global Biodiversity Loss and the Need to Move Beyond Protected Areas: A Review of the Technical and Practical Shortcomings of Protected Areas on Land and Sea." Marine Ecology Progress Series. doi: 10.3354/meps09214.

Moreland, Scott, Ellen Smith, and Suneeta Sharma. "World Population Prospects and Unmet Need for Family Planning." Washington, DC: Futures Group, April 2010.

Nordhaus, Ted, Michael Shellenberger, and Linus Blomqvist. *The Planetary Boundaries hypothesis: A Review of the Evidence.* Oakland, CA: The Breakthrough Institute, June 11, 2012.

"Obama Administration: Health Insurers Must Cover Birth Control with No Copays." *Huffington Post,* August 1, 2011.

O'Neill Brian C., Michael Dalton, Regina Fuchs, Leiwen Jiang, Shonali Pachauri, and Katarina Zigova. "Global Demographic Trends and Future Carbon Emissions." *Proceedings of the National Academy of Sciences,* August 27, 2010.

Oppenheimer, Mark. "An Evolving View of Natural Family Planning." *New York Times,* July 9, 2011.

Oreskes, Naomi, and Conway, Erik M. "The Collapse of Western Civilization: A View from the Future." *Dædalus, the Journal of the American Academy of Arts & Sciences.* The Alternative Energy Future issue, vol. 2 (Winter 2013): 40–58.

Pimm, S. L., and P. H. Raven. "Extinction by Numbers." *Nature,* vol. 403 (February 2000): 843–45.

———, A. Peterson, C. H. Sekercioglu, and P. Ehrlich. "Human Impacts on the Rates of Recent, Present and Future Bird Extinctions." *Proceedings of the National Academy of Sciences,* vol. 103, no. 29 (2006): 10941–46.

"Policy Fact Sheet," The Henry J. Kaiser Family Foundation, April 2012. http://www.kff.org/globalhealth/8073.cfm.

Potts, Malcolm. "A Game-Changer Again." *Los Angeles Times,* February 20, 2012.

———. "Global Population Growth — Is It Sustainable?" Presented to the Parliamentary and Scientific Committee, October 22, 2007. *Science in Parliament,* vol. 65, no. 1 (Spring 2008): 18–19.

———, and Martha Campbell. "The Myth of 9 Billion." *Foreign Policy,* May 9, 2011.

———, and Roger Short. "The Impact of Population Growth on Tomorrow's World." *Philosophical Transactions of the Royal Society,* vol. 364, no. 1532 (October 2009): 2969–3124.

Powell, Alvin. "A Close Eye on Population Growth." *Harvard Gazette,* October 6, 2012. *Report to Prohibit Funding to the United Nations Population Fund.* U.S. House of Representatives, 112th Congress, 2d session, January 17, 2012, 112–36.

"The Revenge of Malthus: A Famous Bet Recalculated." *Economist,* August 6, 2011.

"Rio+20 Conference Rejects Calls to Support Abortion, Population Control." *Catholic World News,* June 20, 2012. http://www.catholicculture.org/news.

Rockstrom, J., W. Steffen, K. Noone, A. Persson, F. S. Chapin, III, E. Lambin, T. M. Lenton, M. Scheffer, C. Folke, H. Schellnhuber, B. Nykvist, C. A. De Wit, T. Hughes, S. van der Leeuw, H. Rodhe, S. Sorlin, P. K. Snyder, R. Costanza, U. Svedin, M. Falkenmark, L. Karlberg, R. W. Corell, V. J. Fabry, J. Hansen, B. Walker, D. Liverman, K. Richardson, P. Crutzen, and J. Foley. "Planetary Boundaries: Exploring the Safe Operating Space for Humanity." *Ecology and Society,* vol. 14, no. 2, Article 32 (2009).

———. "A Safe Operating Space for Humanity." *Nature,* vol. 461 (September 24, 2009): 472–75.

Sample, Ian. "Earth Facing 'Catastrophic' Loss of Species." *Guardian* (UK), July 19, 2006.

Schneider, Keith. "China's Water Crisis Threatens to Leave Economy High and Dry." *Nation* (Thailand), July 15, 2011.

Schol, John R. "The Christian Case for Environmentalism: The Confluence of Good Friday and Earth Day Is a Reminder of Our Duty to Protect God's Creation." *Baltimore Sun,* May 2, 2011. http://www.baltimoresun.com/news/opinion.

Secretariat of the Convention on Biological Diversity. *Global Biodiversity Outlook 3 — Executive Summary*. Montreal, 2010.

Sethi, Nitin. "Reproductive Rights Fail to Find Mention in Rio Declaration." *Times of India,* June 22, 2012.

Shahriar, Sharif. "Bangladesh Achieves Equality in Education." *Khabar South Asia,* June 22, 2012. http://khabarsouthasia.com/en_GB/articles/apwi/articles/features/2012/06/22/feature-02.

Singh, S., and J. E. Darroch. *Adding It Up: Costs and Benefits of Contraceptive Services — Estimates for 2012*. Nova York: Guttmacher Institute and United Nations Population Fund (UNFPA), 2012.

Steffen, Will, Paul J. Crutzen, and John R. McNeill. "The Anthropocene: Are Humans Now Overwhelming the Great Forces of Nature?" *Ambio,* vol. 36, no. 8 (December 2007): 614–21.

Suckling, Kieran. "Conservation for the Real World." *Breakthrough Journal,* April 2012.

Sulat, Nate. "Feasibility Study: Reintroduction of the Bay Checkerspot Butterfly to Stanford University Lands." http://woods.stanford.edu/environmental-venture-projects/feasibility-study-reintroduction-bay-checkerspot-butterfly-stanford.

Temmerman, M., D. Van Braeckel, and O. Degomme. "A Call for a Family Planning Surge." *FVV in ObGyn,* vol. 4, no. 1 (2012): 25–29.

Tilman, David, and John A. Downing. "Biodiversity and Sustainability in Grasslands." *Nature,* vol. 367 (January 27, 1994): 363–65.

———, ———, and David A. Wedin. Letter from Scientific Correspondence in *Nature,* vol. 371 (September 8, 1994): 114.

Tilman, David, Kenneth G. Cassman, Pamela A. Matson, Rosamond Naylor, and Stephen Polasky. "Agricultural Sustainability and Intensive Production Practices." *Nature,* vol. 418 (August 8, 2002): 671–77.

Turner, Tom. "The Vindication of a Public Scholar." *Earth Island Journal,* Summer 2009.

U.S. Environmental Protection Agency. "Nitrous Oxide Emissions," in Greenhouse Gas Emissions. Last updated: June 14, 2012. http://epa.gov/climate-change/ghgemissions.

"The U.S. Government and International Family Planning & Reproductive Health." Fact sheet, U.S. Global Health Policy, The Henry J. Kaiser Family Foundation, April 2012.

United Nations Population Fund (UNFPA) Annual Report: 2010.

United States Census Bureau. "U.S. & World Population Clocks." http://www.census.gov/main/www/popclock.

"Universal Ownership: Why Environmental Externalities Matter to Institutional Investors." Report by United Nations Environment Programme Finance Initiative, and Principles for Responsible Investment, October 2010.

Vitousek, Peter M., Harold A. Mooney, Jane Lubchenco, and Jerry M. Melillo. "Human Domination of Earth's Ecosystems." *Science,* vol. 227 (July 25, 1997): 494–99. doi: 10.1126/science.277.5325.494.

"Why Biodiversity Matters," in *Ecosystems and Biodiversity.* Population Matters, 2011.

Wile, Rob. "America 2050: Here's How the Country Will Look Three Decades from Now." *Business Insider,* October 19, 2012. http://www.businessinsider.com.

"World Population to Hit 10 Billion, but 15 Billion Possible: UN." Agence France-Presse. October 26, 2011.

Youssef, Nancy A. "True Cost of Wars in Afghanistan, Iraq Is Anyone's Guess." McClatchy Newspapers, *Stars and Stripes,* August 15, 2011.

ÍNDICE

As páginas em itálico se referem a ilustrações.

SOBRE O AUTOR

ALAN WEISMAN É AUTOR DE VÁRIOS LIVROS, INCLUINDO *O MUNDO SEM NÓS*, *best-seller* traduzido para 34 línguas, finalista do National Book Critics Circle Award e ganhador do Wenjin Book Prize, da Biblioteca Nacional da China. Seu trabalho foi selecionado para muitas antologias, incluindo *Best American Science Writing*. Jornalista premiado, seus relatos já figuraram na *Harper's*, *New York Times Magazine*, *Atlantic Monthly*, *Discover*, *Vanity Fair*, *Wilson Quarterly*, *Mother Jones* e *Orion*, e na NPR (Rádio Pública Nacional). Ex-editor colaborador da *Los Angeles Times Magazine*, é produtor sênior da Homelands Productions. Vive no oeste de Massachusetts.

QUER SABER MAIS SOBRE A LEYA?

Fique por dentro de nossos títulos, autores e lançamentos.

Curta a página da LeYa no Facebook, faça seu cadastro na aba *mailing* e tenha acesso a conteúdo exclusivo de nossos livros, capítulos antecipados, promoções e sorteios.

A LeYa está presente também no Twitter e Google+

www.leya.com.br

facebook.com/leyabrasil

@leyabrasil

google.com/+LeYaBrasilSãoPaulo

Este livro foi composto em
Dante MT Std para LeYa
em agosto de 2014.